Xifang Wenhua

西方文化

教育部教学改革重点项目
——『文化原典导读与本科人才培养』成果

教育部新文科研究与改革实践项目
——『文史哲拔尖创新人才培养创新与实践』成果

（第2版）

曹顺庆　赵渭绒　**主编**

丁三东　吴永强　**副主编**

汉语言文学专业系列教材　　　　　重庆大学出版社

内容提要

本教材分文学、艺术和哲学三部分对西方文化作整体勾勒,精选了西方文化中兼具典型性和代表性的作品,旨在让读者形成整体认识。教材遵循人类文明互鉴规律,体现了人类命运共同体意识,突出了文明互鉴内容,展示了东方文明对西方文化的重要影响。文学部分选取了从古希腊到现当代的重要作品,让读者直接领略西方文学的魅力;艺术部分按时间顺序呈现各个时期的艺术代表作,使读者在阅读和观赏中了解西方艺术的演变历程;哲学部分编选了西方哲学史上重要哲学家的经典作品,带读者徜徉在思想的丛林中。

图书在版编目(CIP)数据

西方文化 / 曹顺庆,赵渭绒主编. -- 2 版. -- 重庆:
重庆大学出版社,2024.5
汉语言文学专业系列教材
ISBN 978-7-5689-3790-0

Ⅰ.①西… Ⅱ.①曹… ②赵… Ⅲ.①西方文化—高
等学校—教材 Ⅳ.①G11

中国国家版本馆 CIP 数据核字(2023)第 195031 号

西方文化(第2版)

主 编 曹顺庆 赵渭绒
副主编 丁三东 吴永强
策划编辑:陈 曦

责任编辑:李桂英 版式设计:张 晗
责任校对:谢 芳 责任印制:张 策

*

重庆大学出版社出版发行
出版人:陈晓阳
社址:重庆市沙坪坝区大学城西路 21 号
邮编:401331
电话:(023) 88617190 88617185(中小学)
传真:(023) 88617186 88617166
网址:http://www.cqup.com.cn
邮箱:fxk@ cqup.com.cn(营销中心)
全国新华书店经销
重庆正文印务有限公司印刷

*

开本:787mm×1092mm 1/16 印张:28 字数:696千
2011 年 1 月第 1 版 2024 年 5 月第 2 版 2024 年 5 月第 8 次印刷
ISBN 978-7-5689-3790-0 定价:68.00 元

总序

这是一套以原典阅读为特点的新型教材,其编写基于我担任教育部教学改革重点项目——"文化原典导读与本科人才培养"和教育部新文科研究与改革实践项目——"文史哲拔尖创新人才培养创新与实践"的理论探索与长期的教学实践。

大学肩负着文化传承与创新、人才培养、科学研究、社会服务、国际交流合作的重要使命。近年来,我国高等教育取得长足进步,已建成世界最大规模的高等教育体系,2021年在学总人数超过4430万人。然而,尽管高校学生数量在世界上数一数二,但是人才培养质量仍然不尽如人意,拔尖人才、杰出人才比例仍然严重偏低。半个多世纪以来,中国在人才培养质量上没有产生一批堪与王国维、鲁迅、钱锺书、钱学森、钱三强等人相比肩的学术大师。

钱学森提出"为什么我们的学校总是培养不出杰出人才?"这个著名的"钱学森之问",体现的问题是当代教育质量亟待提高。其根本原因就是学生基础不扎实,缺乏创新的底气和能力。人才培养的关键还是基础,打基础很辛苦,如果不严格要求,敷衍了事,小问题终究会成为大问题。基础不牢,地动山摇;基础精通,一通百通。基础就是学术创新的起点,起点差,就不可能有大造化、大出息,就不可能产生真正的学术大师。怎样强基固本,关键就是要找对路径。古今中外的教育事实证明,打基础应当从原典阅读开始,一步一个脚印地扎扎实实前进。中华文化基础不扎实的现象不仅仅体现在文科学生上,我国大学的理、工、农、医科学生的文化素养同样如此。

针对基础不扎实的问题,基于培养一批拔尖创新人才的教学理念,我主编了这套以原典阅读为特点的新型教材,希望能够弥补教育体制、课程设置、教学内容、教材编写等方面的不足,解决学生学术基础不扎实、后续发展乏力这个难题。根据我的观察,目前高校中文学科课程设置的问题可总结为四个字:多、空、旧、窄。

所谓"多",即课程设置太多,包括课程门类多、课时多、课程内容重复多。不仅本科生与硕士生,甚至与博士生开设的课程内容也有不少重复,而且有的课程如"大学写作""现代汉语"等还与中学重复。而基础性的原典阅读反而被忽略，陷入课程越设越多、专业越分越窄、讲授越来越空、学生基础越来越差的恶性循环。其结果就是，不仅一般人读不懂中华文化原典，就连我们的大学生、研究生和一些学者的文化功底也堪忧。不少人既不熟悉中华文化原典，也不能用外文阅读西方文化原典，甚至许多大学生不知道十三经（《周易》《尚书》《诗经》《周礼》《仪礼》《礼记》《春秋左传》《春秋公羊传》《春秋穀梁传》《论语》《孝经》《尔雅》《孟子》）是哪十三部经典，也基本上没有读过外文原文的西方文化经典。就中文学科而言，我认为对高校中文学科课程进行"消肿"，适当减少课程门类、减少课时，让学生多一些阅读作品的时间，改变中文系本科毕业生读不懂中华文化原典、外语学了多年仍没有读过一本原文版的经典名著的现状，这是我们进行课程和教学改革的必由之路与当务之急。

所谓"空"，即我们现在的课程大而化之的"概论""通论"太多，具体的"原典阅读"较少，导致学生只看"论"，只读文学史便足以应付考试，而很少读甚至不读经典作品，即使学经典的东西，学的方式也不对。比如，《诗经》、《论语》、《楚辞》、唐诗宋词，我们多少都会学一些，但这种学习基本是走了样的，不少课程忽略了一定要让学生直接用文言文来阅读和学习这样一种原典阅读的规律，允许学生用"古文今译"读本，这样的学习就与原作隔了一层。因为古文经过"今译"之后，已经走样变味，不复是文化原典了。以《诗经·周南·关雎》为例："关关雎鸠，在河之洲。窈窕淑女，君子好逑。"余冠英先生将这几句诗译为："水鸟儿闹闹嚷嚷，在河心小小洲上。好姑娘苗苗条条，哥儿想和她成双。"余先生的今译是下了功夫的，但无论怎样今译，还是将《诗经》译成了打油诗。还有译得更好玩的："河里有块绿洲，水鸭勒轧朋友；阿姐身体一扭，阿哥跟在后头。"试想，读这样的古文今译，能真正理解中国古代文学，能真正博古吗？当然不可能。诚然，古文今译并非不可用，但最多只能作为参考。这种学习方式不仅导致空疏学风日盛，踏实作风渐衰，还会让我们丢失了文化精髓。不能真正理解中华文化原典，也就谈不上文化自信。针对这种"空洞"现象，我们建议增开中华文化原典和中外文学作品阅读课程，减少文学概论和文学史课时，真正倡导启发式教育，让学生自己去读原著、读作品。在规定的学生必读书目的基础上，老师可采取各种方法检查学生读原著（作品）的情况，如课堂抽查、课堂讨论、诵读、写读书报告等。这样既可养成学生的自学习惯，又可改变老师"满堂灌"的填鸭式教学方式。

所谓"旧"，指课程内容陈旧。多年来，教材老化的问题并没有真正解决。例如，现在许多大学所用的教材，包括一些新编教材，还是多年前的老一套体系。陈旧的教材体系，不可避免地造成了课程内容与课程体系陈旧,学生培养质量上不去的严重问题,这应当引起我们的高度重视。

"窄",也是一个亟待解决的问题。自20世纪50年代以来,高校学科越分越细,专业越来越窄,培养了很多精于专业的"匠人",却少了高水平的"大师"。现在,专业过窄的问题已经引起了教育部的高度重视。教育部提出"新文科",就是要打破专业壁垒和限制,拓宽专业口径,加强素质教育,倡导跨专业学习,培养文理结合、中西相通、博古通今的高素质通才,"新文科"正在成为我国大学人才培养模式的一个重要改革方向。中文学科是基础学科,应当首先立足于培养基础扎实、功底深厚、学通中西的高素质拔尖人才。只要是基本功扎实、眼界开阔的高素质的中文学科学生,我相信他们不但适应面广、创新能力强,而且在工作岗位上更有后劲。

基于以上形势和判断,我们在承担了教育部教学改革重点项目——"文化原典导读与本科人才培养"和教育部新文科研究与改革实践项目——"文史哲拔尖创新人才培养创新与实践"的教学改革实践和研究的基础上,立足原典阅读,着力夯实基础,培养功底深厚、学通中西的高素质拔尖人才,编写了这套原典阅读新型教材。本系列教材特色鲜明、立意高远、汇集众智,希望能够秉承百年名校的传统,再续严谨学风,为培养新一代基础扎实、融汇中西的高素质、创新型中文拔尖人才贡献绵薄之力。

本系列教材共18部,分别由一批学科带头人、教学名师、著名学者、学术骨干主编及撰写,他们是:四川大学文科杰出教授、教育部社会科学委员会委员、四川大学"985"文化遗产与文化互动创新平台首席专家项楚教授,四川大学文科杰出教授、欧洲科学与艺术院院士、国家级教学名师曹顺庆教授,伦敦大学原教授、现任四川大学文学与新闻学院符号学-传媒学研究所所长赵毅衡教授,四川大学文学与新闻学院院长李怡教授,哲学社会科学教学名师傅其林教授,著名学者冯宪光、周裕锴、阎嘉、谢谦、刘亚丁、俞理明、雷汉卿、张勇(子开)、杨文全,以及干天全、刘荣、邱晓林、刘颖等教授。需要特别指出的是,本系列教材在主编及编写人员的组织遴选上不限于四川大学,而是邀请国内外高校中一些有专长、有影响力的著名学者一起编写,如韩国又松大学甘瑞媛教授、四川师范大学文学院李凯教授、西南交通大学艺术与传播学院徐行言教授、西南民族大学文学院徐希平教授、西南大学文学院肖伟胜教授、成都理工大学传播科学与艺术学院刘迅教授、西南财经大学国际教育学院邓时忠教授、成都信息工程大学人文学院廖思湄教授等。

本系列教材自出版以来,被多所高校选作本科生、研究生的教材,或入学考试的参考用书,读者反响良好。在出版社的倡议和推动下,我们启动了这18部教材的新版修订编写工作。此次修订编写依然由我担任总主编,相信通过这次精心的修订,本系列新版教材将更能代表和体现"新文科"教学的需要,更好地推进大学培养优秀拔尖创新人才的教学实践。

　　路虽远,行则将至。事虽难,做则必成。是为序。

2022 年 12 月于四川大学新校区寓所

目　录

第一编　文　学

第一章　古希腊古罗马文学 ………………………………………… 5

一、历史背景 ……………………………………………………… 5

二、古希腊文明的东方渊源 ……………………………………… 7

三、古希腊的文学概况 …………………………………………… 22

四、古罗马的文学概况 …………………………………………… 28

五、原典选读 ……………………………………………………… 30

·伊利亚特（节选） ……………………………………………… 30

·奥德修纪（节选） ……………………………………………… 37

·普罗米修斯（节选） …………………………………………… 43

第二章　中世纪文学 ……………………………………………… 46

一、历史背景 ……………………………………………………… 46

二、文学概况 ……………………………………………………… 48

三、原典选读 ……………………………………………………… 53

·新约·马太福音（节选） ……………………………………… 53

·罗兰之歌（节选） ……………………………………………… 57

·神曲（节选） …………………………………………………… 67

第三章　文艺复兴时期的文学 …………………………………… 72

一、历史背景 ……………………………………………………… 72

二、西方文艺复兴的东方影响 …………………………………… 74

三、文艺复兴时期的文学概况 ·· 83

四、原典选读 ·· 89

· 贾科莫·达·伦蒂尼十四行诗(节选) ·· 89

· 秘密(节选) ·· 91

· 疯狂的奥兰多(节选) ·· 96

· 坎特伯雷故事集(节选) ·· 101

· 扈从的故事(节选) ·· 103

· 平民地主的故事(节选) ·· 106

· 堂吉诃德(节选) ·· 108

· 论死后才能判定我们的幸福(节选) ·· 112

· 巨人传(节选) ·· 114

· 哈姆雷特(节选) ·· 118

第四章　启蒙运动时期的文学 ·· 132

一、历史背景 ·· 132

二、启蒙运动与文明互鉴 ·· 134

三、启蒙运动时期的文学概况 ·· 137

四、原典选读 ·· 144

· 老实人(节选) ·· 144

· 忏悔录(节选) ·· 146

· 浮士德(节选) ·· 151

· 阴谋与爱情(节选) ·· 168

第五章　19 世纪及现当代西方的文学 ·· 176

一、历史背景 ·· 176

二、当代西方文学的东方因素 ·· 178

三、当代西方文学概况 ·· 188

四、原典选读 ·· 193

· 荒原(节选) ·· 193

· 变形记(节选) ·· 200

· 尤利西斯(节选) ·· 203

· 等待戈多(节选) ·· 210

· 第二十二条军规(节选) ·· 218

· 百年孤独(节选) ·· 228

第二编　艺　术

第六章　古希腊古罗马艺术 ……………………………………… 236

　一、古希腊艺术 ……………………………………………………… 236

　二、古罗马艺术 ……………………………………………………… 247

第七章　中世纪艺术 ……………………………………………… 256

　一、早期基督教艺术 ………………………………………………… 256

　二、拜占庭艺术 ……………………………………………………… 257

　三、蛮族艺术 ………………………………………………………… 259

　四、罗马式艺术 ……………………………………………………… 260

　五、哥特式艺术 ……………………………………………………… 262

第八章　文艺复兴艺术 …………………………………………… 264

　一、意大利文艺复兴艺术 …………………………………………… 264

　二、文艺复兴时期的非意大利艺术 ………………………………… 273

第九章　从巴洛克到罗可可艺术 ………………………………… 281

　一、巴洛克时代的艺术 ……………………………………………… 281

　二、罗可可时代的艺术 ……………………………………………… 291

第十章　近现代西方艺术 ………………………………………… 299

　一、近代西方艺术 …………………………………………………… 299

　二、西方现代艺术的开端 …………………………………………… 312

　三、西方现代主义艺术 ……………………………………………… 318

第十一章　当代西方艺术 ………………………………………… 333

　一、先锋艺术的美国化 ……………………………………………… 333

　二、波普化与观念化 ………………………………………………… 335

　三、多元的景观 ……………………………………………………… 338

第三编　哲　学

　一、哲学与哲学史 …………………………………………………… 344

　二、西方哲学的历史分期和基本特征 ……………………………… 346

　三、学习西方哲学的意义和方法 …………………………………… 348

第十二章　古希腊哲学 …………………………………………… 351

　原典选读 ……………………………………………………………… 352

　　·古希腊哲学的起源和传承等情况 ……………………………… 352

　　·研究哲学的缘由 ………………………………………………… 357

·事物分有同名理念而存在 ·········· 358

·什么是科学与智慧 ·········· 360

·科学的分类及三种思辨科学的研究对象 ·········· 362

·思辨是最大的幸福 ·········· 363

第十三章　中世纪哲学 ·········· 366

原典选读 ·········· 367

·安瑟伦对上帝存在的证明 ·········· 367

·阿奎那对上帝存在的证明 ·········· 369

·阿奎那:神学高于哲学,哲学是神学的奴仆 ·········· 370

第十四章　现代哲学 ·········· 372

原典选读 ·········· 373

·培根:《新工具》选读 ·········· 373

·笛卡尔:《哲学原理》选读 ·········· 378

·康德:回答这个问题——什么是启蒙? ·········· 386

·康德:《纯粹理性批判·第二版序言》选读 ·········· 390

·康德:《道德形而上学奠基》选读 ·········· 398

·黑格尔:《精神现象学·序言》选读 ·········· 405

·黑格尔:《哲学史讲演录·导言》选读 ·········· 411

第十五章　当代哲学 ·········· 415

原典选读 ·········· 416

·海德格尔:"哲学的终结和思的任务" ·········· 416

·维特根斯坦:《哲学研究》选读 ·········· 426

参考文献 ·········· 434

后记 ·········· 437

第一编 文 学

西方文化源远流长、内容丰赡,时间上跨越三千年,空间上纵横数万里,其中涌现了大批对人类思想文化起了巨大影响的伟人。在文学领域,西方作家数量之巨大,作品题材之繁丰,人物形象之丰富,主题内容之广博,文学流派之繁杂,艺术成就之突出让人惊叹——任何人穷其毕生精力也无法尽览西方文学。因此,本书节选了一些重要篇目供学生以此为线索在课外自学,教师则在课堂上认真讲授要点、难点,以课外自学、课堂点拨相结合为主要形式。学生与教师"奇文共赏,疑义相析",课外与课内"有机结合,互动生发",从而避免课堂时间有限、课余时间荒废的问题。

本书文学部分没有采用传统的编著体例,即以时代、国别、作家、作品、主题思想、人物形象、艺术成就的编写模式,而是以原文为主,让学生直接阅读原文,强化学生的阅读体验。学生只有通过深入阅读,才能真正成为学习的主体,从原文中受益,进而真正实现中西文化的融会贯通。在以往的教学中,我们对学生自主学习这一重要环节强调得不够,事实上,只有学生真正坐下来,静心阅读,进行了一番咀嚼、消化,西方文化的精华才能真正成为滋养学子心田的精神财富,真正为本民族文化提供重要借鉴。因此,教学方式应以学生自主学习为主,老师的讲授与解惑为辅,两者有机结合,才能产生效果,从而弥补现有教学模式的不足。同时,教师的教学绝不是教师才华与学问的展示,而是让学生从教学中受益,教师正确地指导学生,让他们真正掌握学习的方法;学生的学习也不应是被动的,而是自主创新与自我超越。本教材注重原文的目的,就是力图让学生真正动起来,深入原文,自主进行回归原典的阅读,真正用心去体会文学艺术的魅力,获得宝贵的精神享受;真正解决学生提出的"学问是别人的,自己到头来什么也没有"的求知困惑,反对凌空蹈虚,提倡扎实学风,使学生真正地领略西方文学的发展轨迹与文学特色,掌握西方文学的精髓。

文学部分仅对西方文学各个历史分期的基本特征和主要文学成就进行基本介绍,接着让读者直接进入"原文"阅读。当然,这里所称"原文"依然是翻译过来的间接资料,这是由于西方文学涉及的语言种类众多,要求大学本科生掌握多种语言进行纯正的原典阅读并不现实,我们只是借此对西方文化的学习加以指引,指出现存教材的不合理处。因而,我们精心地选择了一些译文,让学生直接阅读好的译文,让他们自己从阅读中得出感受,而不是先入为主地传授给学生一些成说和已经定型的理解。应当强调的是:选用译文虽然不能做到最好,但也足以改变"教师简要概述故事情节、学生死记硬背故事梗概"的教学现状。在一次硕士研究生的面试中,有学生对歌德的《浮士德》分析得头头是道,令在座老师也叹服不已,但当问到《浮士德》是什么体裁时,他却支支吾吾,原来他那么多精彩论断,那么多分析解释全是从教材作品简介部分学来的,自己嘴里说的全是别人的话,难怪我们的学生难有创新了,这就是不读原文的严重后果。其实,这不是学生的过错,而是我们的教育方法出了问题。

文学部分采用的是译文,这是没有办法的办法,读者还应该认识到即使最完美的译文也是对原著的扭曲,正如翻译史中讨论的"翻译的不可译性"一样,任何文本一旦经过翻译进入新的语言文化环境难免会出现不同程度的变形。翻译中译者的"创造性叛逆"使译文深深地带有译者的主观色彩。同时,接受国的语言文化背景形成的文化过滤机制也让读者在接受过程中出现不同程度的文化误读,这样就出现了在中外文化交流的过程中,"为什么一只绵羊根据不同的情况被改变成一头狮子、一只老虎或者一头豹,甚至一条五颜六色的岩间巨蟒"①的现象。因此,目前的这种做法只是权宜之计,针对的是

①艾金伯勒.比较文学的目的,方法,规划[M].戴耘,译//干永昌,廖鸿钧,倪蕊琴.比较文学研究译文集.上海:上海译文出版社,1985:107-108.

现阶段还不具备多种外语阅读能力或外语水平有限的读者群体,阅读好的译文总比将时间浪费在背诵大段大段的故事梗概上要好得多。我们的目的是通过好的"译文"激起学生的阅读与研究的兴趣,进而促使他们在课外提升自己的语言能力,主动寻找原汁原味的"原典"进行深入阅读,企图从根本上对当前的教学现状进行改变。

回顾历史,改革开放以来,我国部分学者在学习西方文化时多抱有崇拜心理,对民族文化缺乏自信,忽视了学习西方文化的目的应是为中国文化提供借鉴,以至于在文学、艺术甚至哲学领域,进一步加深了西方近代以来逐渐形成的偏见与傲慢。如德国哲学家黑格尔对东方哲学,特别是中国和印度的哲学不屑一顾,甚至错误地认为"中国根本没有哲学"。他在《哲学讲演录》中说:"我们看到孔子和他的弟子们的谈话,里面所讲的是一种常识道德,这种常识道德我们在哪里都找得到,在哪一个民族里都找得到,可能还要好些,这是毫无出色之点的东西。孔子只是一个实际的世间智者,在他那里思辨的哲学是一点也没有的⋯⋯我们根据他的原著可以断言:为了保持孔子的名声,假使他的书从来不曾有过翻译,那倒是更好的事。"黑格尔这种充满偏见的看法,受到了美国夏威夷大学安乐哲教授的批评,他指出:如果说中国没有历史,这是一个笑话,每个民族、每个文明传统都有自己的历史;如果说中国没有文化,没有文学,这是一个笑话,因为中国有杜甫、李白等著名的文学家;同样,"中国没有哲学"根本是说不通的,如果哲学是追求一种智慧,是为了帮助我们生活得更好,那么中国当然是有哲学的。西方人对"哲学"的理解是与西方传统结合在一起的,中国人对"哲学"的理解也同样与自身的文明传统结合在一起。中西方作为异质性文明,无论拿哪一种文明的观点来贬低另一种文明,都是武断而危险的。对于黑格尔带有西方文明优越感的典型谬论,钱锺书先生曾严厉批评。《管锥编·论易之三名》中,钱锺书先生如此写道:"黑格尔尝鄙薄吾国语文,以为不宜思辨;又自夸德语能冥契道妙,举'奥伏赫变'(Aufheben)为例,以相反两意融会于一字(einund dasselbe Wort fur zwei entgegengesetzte bestimmungen),拉丁文中亦无义蕴深富尔许者。其不知汉语,不必责也;无知而掉以轻心,发为高论,又老师巨子之常态惯技,无足怪也;然而遂使东西海之名理同者如南北海之马牛风,则不得不为承学之士惜之。"

　　如果追溯西方文明的源头,我们便可发现西方文化在其文明形成的早期也有向东方文明学习借鉴的地方。四大文明古国都有自己的原创文字,而古希腊文字正来源于亚洲腓尼基字母。近现代考古学家们在乌加里特古城发现了数以千计的用楔形符号书写的字母文字泥版,学者们还在这里发现了《识字读本》,其被认为是世界上第一本带有字母文字表的书。腓尼基字母是公元前1500年左右,腓尼基人在美索不达米亚楔形文字的基础上,将原有的几十个简单的象形字转化形成的。这一史实说明文明互鉴是人类文明发展的基本规律,昭示着我们今天在学习西方文化时,应持有一种平等交流的心态,不能盲目崇拜,这样才能达到良好的学习效果,增强民族自信与文化自信。

　　21世纪面临着时代变革与文化转型,科学技术的迅速发展和后疫情时代的到来,使人类文化的交流与碰撞带来更多的思考与难题。在人类命运共同体中,东西方文明与文化需要更多的交流与对话。第十三届中国比较文学年会上,北京大学乐黛云教授提到,面临世界新变,人类文明与文化之间需要的是更多的沟通、交流与对话,不对话就会产生对抗,对抗就会产生文明的冲突,就会将人类引入困境。近年来,地震、洪水、台风、山火等自然灾害,以及伴随而来的全球气候骤变促使人类需要更多的合作,共同应对自然环境的变化,时代呼吁更多的对话与交流,而不是对抗与背离。习近平主席在联合国教科文组织总部发表演讲时提出"文明因交流而多彩,文明因互鉴而丰富"的核心理念,其与之后的一系列深刻阐述,引起了全球范围内的共鸣与认可。不得不说,文明互鉴是解决时代变革与文化转型时期许多问题的一剂良方。

　　信息技术的突飞猛进使人们面临着越来越多的交流与碰撞,一种中外皆通,具有深厚的文化传统积淀与深厚的人文底蕴,具备世界性眼光和国际性视野的新型创新人才越来越受到各国的欢迎。西方文学作为西方文化的重要组成部分,其中包含的博爱精神、理性意识、积极进取精神和创新观念对大学生人文素质的培养必将起到积极的作用,在进行反思的同时,希望他们能够从这本教材中获得应有的知识与训练。

第一章　古希腊古罗马文学

一、历史背景

一般认为，古典时代的希腊文明是人类智慧和精神的一个伟大胜利，而古希腊通常被认为是西方文化的源头。古希腊人居住于希腊半岛和地中海东部爱琴海一带的岛屿及小亚细亚沿海地区。由于地理位置，古希腊文化又称为爱琴文化。

希腊人居住的地方离埃及和美索不达米亚等最早的文明中心很近，这使得他们在保持自身文明特性的同时能够吸收这些古老的外部文明的精华，事实上希腊的哲学与科学很大程度上受益于埃及，希腊字母则是从腓尼基字母发展而来，希腊对艺术、美与自由的追求则是受米诺斯·迈锡尼文化的影响。

希腊早期史分为两个基本时期：一为迈锡尼时代，时间跨度为约公元前1500年到公元前1100年；二为黑暗时代，时间跨度为约公元前1100年到公元前800年。公元前16世纪希腊民族中的阿卡亚人征服了迈锡尼，以迈锡尼为自己的主要城堡，他们因此在历史上被称为迈锡尼人，由他们创造的文明被称为迈锡尼文明，迈锡尼文明的衰亡导致了希腊历史上的黑暗时代，希腊文化进入漫漫长夜，但是一些历史学家认为，专制暴戾的迈锡尼文明的破灭乃是出现更加辉煌的后世希腊文明不可回避的先导。在黑暗时代，文学方面的成就仅限于形式比较简单的民歌、民谣和短诗，这些早期的文学形式由传唱诗人在民间广为流布。这些诗是反映这个时代的一个侧影，然而它们大部分都亡佚了，其中最著名的两部因盲诗人荷马而流传至今，这就是著名的"荷马史诗"，即《伊利亚特》(又译《伊利昂纪》)和《奥德赛》(又译《奥德修纪》)。

公元前8世纪，希腊奴隶制社会开始形成，境内出现了许多奴隶制城邦，出于防卫的需要,希腊人建立的城邦逐渐成为他们的政治单位。在所有的城邦中最著名的要数雅典。在伯里克利统治时期,雅典达到了发展的顶峰,这是古典希腊的黄金时期。希腊的其他城邦除斯巴达可以和雅典相提并论外,科林斯、底比斯、墨伽拉、米太林、萨莫斯等城邦在势力上都与雅典相去甚远。正如公元前431年伯里克利在悼念与斯巴达人战斗而牺牲的士兵时所说:"我们的城市向全世界开放……雅典是希腊的学校。"公元前493年开始的希波战争,希腊取得了决定性胜利,成功地击退了波斯人的进攻,促进了雅典的民主政治的发展,使雅典成为希腊的霸主。雅典在希波战争中的主导地位使其在战后依然野心勃勃。在为了抵御波斯结成的同盟中,雅典处于霸主地位,在经济、政治、军事上都压过了其他同盟成员。这激起了原本与其在文化体制上有很大差异的斯巴达人的愤怒,冲突日益激烈,战争于公元前431年开始一直持续到公元前404年,这场战争对于雅典是一场空前劫难,商业瘫痪、民主颠覆、瘟疫横行、道德沦丧,最终导致众叛亲离,彻底告败。与斯巴达的伯罗奔尼撒战争使斯巴达人称霸希腊三十多年,公元前371年,底比斯人打败斯巴达军开始称霸希腊,但是不久随着首领伊巴密浓达阵亡,底比斯建立的霸权迅速崩溃。连绵的战火使希腊内部元气大伤,诸城邦亦陷入困顿之中,马其顿的腓力嗅到了南方城邦衰败的气息,于公元前338年取得决定性胜利,除斯巴达外,全希腊都在他的统治之下了。在一系列的雄伟计划还没有充分展开的时候,腓力于公元前336年因家族争端被谋杀,政权转到腓力之子亚历山大手中,他就是举世闻名的亚历山大大帝。在短短的12年时间里,年轻的亚历山大大帝(当时仅二十几岁)取得一系列的胜利,从印度河到尼罗河的整个古代近东地区都被并入了希腊版图,但是与他的父亲一样,当他还没有来得及充分享受战果便在公元前323年因疟疾病逝,享年32岁。亚历山大大帝在征服希腊后,古典希腊文明普及到了整个中东,而东方的宗教也在这一时期传播到了西方,于是出现了一个新的文明即希腊化文明。在亚历山大极力推崇希腊文明的同时,东方的影响也以不可阻挡之势涌入西方,东西文明的冲撞在这一时期达到一定高峰。正因为此,后世历史学家在评论亚历山大时认为他最重要的功绩是:"用最迅速最深入的方式将希腊文化注进了亚洲。他确实使希腊的影响更广泛地为大多数人所感知了。"[1]公元前2世纪中叶崛起于意大利半岛上的罗马征服整个希腊,希腊文化被罗马继承并发展。

罗马人居住在意大利的台伯河两岸,意大利的地形使它更易遭受到外来侵略,外来者一旦定居常常诉诸武力解决问题,这就不得不使罗马人用武力来抵御入侵者。这种历史地理原因使罗马人热衷军事活动,整个罗马的征战史及统治者内部喜好用武力解决问题的特点足以证明此点。大约在公元前500年,罗马开启了独立城邦的历史,并在几年

---

①爱德华·麦克诺尔·伯恩斯,菲利普·李·拉尔夫.世界文明史[M].罗经国,沈寿源,袁士槟,等译.北京:商务印书馆,1987:230.

内征服了周围各民族,控制了从亚平宁山脉到海岸的整个拉丁平原。公元前 295 年罗马人夺得意大利中部,并向南推进到半岛后背位置的希腊殖民城市塔伦坦。公元前 264 年罗马和伽太基的战争在西西里岛开战,伽太基是罗马最大的对手,罗马通过三次布匿战争直到公元前 146 年才将伽太基彻底击败。之后罗马迅速吞并了马其顿、希腊以及小亚细亚的帕加马、比希尼亚和西利西亚,又征服了塞琉西王朝的叙利亚,最后在公元前 31 年吞并了埃及,成为横跨欧、亚、非三洲的大国。著名的恺撒大帝在公元前 49 年征服了英吉利海峡与地中海之间的整个高卢地区,罗马逐渐从一个小共和国慢慢向伟大的帝国演变。公元前 49 年恺撒击败对手庞培指挥的元老院的军队,自己却在公元前 44 年被暗杀。政权转到他的养子屋大维手中,公元前 27 年执政官屋大维适应奴隶主阶级强化奴隶主专政的需要建立帝制,并在三年后击败了安东尼和克娄巴特拉开始独揽大权,罗马从此开始了长达 200 年的和平稳定期。正如恩格斯说:"只有奴隶制才使农业和工业之间的更大规模的分工成为可能,从而为古代文化的繁荣,即为希腊文化创造了条件。没有奴隶制,就没有希腊国家,就没有希腊的艺术和科学;没有奴隶制,就没有罗马帝国。……没有希腊文化和罗马帝国所奠定的基础,也就没有现代的欧洲。"①罗马的政治扩张却给内部带来危机,文化遭到破坏,罗马政权一直处于上层将领的争权夺利和下层奴隶的起义的困扰之中,罗马曾多次爆发大规模的奴隶起义,公元前 73 年爆发的斯巴达克起义就曾一度威胁过罗马的政权。3 世纪中期,罗马帝国急剧衰落,476 年罗马帝国终于在奴隶起义、外族入侵和内部争斗的三重压力下崩溃。

二、古希腊文明的东方渊源

许多教材几乎不提希腊与东方文明的关系,"希腊奇迹"既独立又优秀,它的文明成果更是凭空而产生。大部分西方学者认为西方的文明源于古希腊,古希腊是西方文明的唯一源头。塞缪尔·亨廷顿认为人类文明大部分是封闭的、不交流的,他说:"在人类生存的大部分时期,文明之间的交往是间断的或根本不存在。"②但事实是古希腊与古埃及、古苏美尔、古巴比伦的文化很早就通过移民和海上贸易,展开互动与交流,如今也有大量的研究表明主要是东方文明影响古希腊文明,而对大多西方学者来说并不愿承认这一事实。西方学者对希腊文明独立性的推崇,并不符合历史事实,从而误导了中外学界。长久以来的"西方中心论""西方文明优越论"的根源就在于此,他们否认了这些史实,形成了一种不正确的文明观。在新时代下,我们应该纠正这样的看法,古希腊文明受到东方

---

① 恩格斯.反杜林论[M]//马克思,恩格斯.马克思恩格斯选集:第 4 卷.北京:人民出版社.1995:220.
② 塞缪尔·亨廷顿.文明的冲突与世界秩序的重建.[M]周琪,等译.北京:新华出版社,1998:8,18,5.

文明的影响。因此,这一部分旨在通过史实的陈述来说明古希腊文明并非原生性文明,古希腊文明是深受东方文明影响的次生性文明。

历史上,文明成果往往通过贸易的途径得到更加广泛的传播。丝绸之路的开通,为东西方文明成果的传播提供了基本的渠道。而希腊与东方文明的交往,则要从地中海一带海上贸易的兴起展开。

(一)古希腊与东方文明交流的动因:海上贸易

古希腊由于其独特的地理因素,需要发展海上贸易,从而满足自己的内部需求。希腊,地处欧洲大陆的东南部,东邻爱琴海和小亚细亚,南临地中海;地形以岛屿、山地居多,岛屿密布、海岸线众多,山地占据国土面积的80%,如著名的奥林匹斯山脉以及品都斯山脉等;平原相对较少,主要集中于沿海地区,如塞萨利盆地。如此的地理环境致使希腊可耕种面积狭小,农业并不可能成为其优势,甚至农产品都无法满足希腊的内部需求。[①] 古斯塔夫·格洛茨在其《古希腊在劳作》一书中说到"除了农场的产品、牛和少量的奴隶以外,希腊什么都没有"[②],因此,希腊物质因素的匮乏,成为它向外索取的重要动力。海洋航运成为因自然环境而制宜的事业,来自埃及、两河流域、小亚细亚的丰富物资,吸引着希腊通过其特殊的地理位置开展海洋贸易,引进自己所需(金器、银器、象牙、农产品、玻璃等),并出口自己所长(如葡萄酒、橄榄、陶器等)。

古希腊在基本供给需求的推动下,在地域优势的加持中,与东方国家的海上贸易自文明诞生之时便已出现,并在希腊、埃及、两河流域文明的发展壮大中更加频繁地开展。大量研究表明古希腊与东方国家海上贸易悠久的历史与贸易的繁盛。王小波在《罗得海商法》中论述到"公元前4000年前后,克里特岛与埃及在东部地中海已有贸易活动"[③];刘昌玉的《上古时期地中海贸易活动探析》更是以丰富的资料说明了从公元前四千纪开始,便已有的希腊与东方各个区域(如安纳托利亚、叙利亚-巴勒斯坦地区、塞浦路斯、埃及)的海上贸易活动[④];李永斌的《古风时代早期希腊与东方的文明交流图景》也表明,"克里特岛由于其特殊的地理位置,早在公元前19世纪甚至更早就与东方有着密切的往来"[⑤]等等,古希腊以获取粮食和原材料为对外贸易的动力,很早就与东方国家建立了贸易交往的关系,也在与东方贸易的航海线路中,形成了一些中转与固定的港口,这些港口优越的地理位置,充当着沟通古希腊与东方的经济、文化要塞,并见证了希腊与东方文明的

①约翰内斯·哈斯布鲁克.古希腊贸易与政治.[M].陈思伟,译.北京:商务印书馆,2019:94.作者说到希腊"粮食的出口不会成为我们讨论的话题,因为其产量还不够满足当地人的需求"。

②Gustave Glotz, Ancient Greece at Work[M]. New York:Alfred A.Knopf Press,1926:53.

③王小波.《罗得海商法》研究[D].吉林:东北师范大学,2010.

④具体细节请参见:刘昌玉.上古时期东地中海贸易活动探析[J].外国问题研究,2018(3):51-57,118.

⑤李永斌.古风时代早期希腊与东方的文明交流图景[J].历史研究,2018(6):105-119,190.

交流。

古希腊与东方的贸易交往中,不可忽视的是塞浦路斯,它是古希腊与东方贸易往来的最重要港口之一。塞浦路斯,古称阿拉西亚,是一个地中海东部的岛屿,东与腓尼基临近,西与希腊、爱琴海相望,南靠埃及,北与土耳其南部隔海相望,它是沟通亚、非、欧的要道、地中海贸易航线的重要据点,很早便发挥其地域与贸易的优势,在古希腊与苏美尔、古埃及的贸易中起着至关重要的作用。苏美尔文明时期(约公元前 3200—公元前1800),古希腊的克里特岛与东方的苏美尔地区就已经出现了通过塞浦路斯贸易港口进行的贸易活动,刘昌玉在《上古时期东地中海贸易活动探析》一文中论述道:"在公元前 3千纪的苏美尔文明时期,海上贸易有明显的发展,主要有两个方向,……二是沿幼发拉底河向上到达叙利亚-巴勒斯坦地区,再由沿海港口跨海驶向爱琴海诸岛(如塞浦路斯、克里特岛)以及埃及三角洲沿岸地区。后一条商路属于地中海贸易。"① 希腊与埃及的贸易中,塞浦路斯同样重要,如在埃及阿玛尔纳时代(约公元前 14 世纪中期),"塞浦路斯成为埃及和迈锡尼希腊贸易网络的一个中转站"②。希罗多德在其所著的《历史》中,也提及希腊人梭伦去往埃及向祭司学习后,经塞浦路斯去往吕底亚的路线。③ 可见,塞浦路斯不仅沟通了希腊与东方国家的贸易往来,还是希腊哲人与东方思想交流的重要转折中心,也是文明沟通的桥梁与纽带。

与塞浦路斯相距 50 英里的腓尼基,在希腊与东方的文明交往中的作用仍不可小觑。腓尼基人,除了因希罗多德《历史》描述的与卡德摩斯一道来到希腊,并给希腊地区带去字母书写闻名外,还以出色的航海技术与海上贸易而闻名。腓尼基位于地中海东部,地形以山地居多,因此木材良多,奠定了腓尼基人造船的原材料基础。同时,腓尼基的造船技术与航海技术居于世界前列。大约在公元前 12 世纪,腓尼基在地中海贸易中首屈一指,甚至成为东地中海贸易的控制者。据考古学家的研究表明,克里特岛发现了古风时代来自腓尼基的物品,如腓尼基陶瓶、圣石④。希罗多德在《历史》中也曾对希腊与腓尼基的贸易往来有所提及,他说"腓尼基人当中凡是和希腊人做过生意的"⑤,这就说明希罗多德之前,希腊与腓尼基人的贸易往来就已存在。同时,通过上述材料,东方文明成果(如腓尼基陶瓶、埃及哲学)也基于古希腊向外索取的原动力,借由海上贸易向古希腊传播。

古希腊的地理环境具有较强的开放性,再加上其无法满足自给自足的生活条件,较早进入了海洋文明的发展。与东方国家贸易往来获得经济利益的同时,也接触到东方优

①刘昌玉.上古时期东地中海贸易活动探析[J].外国问题研究,2018(3):51-57,118.
②李永斌.迈锡尼时期希腊与埃及的物质文明交流[J].首都师范大学学报(社会科学版),2023(1):28-35.
③希罗多德.历史[M].徐松岩,译注.上海:上海人民出版社,2018:68.
④李永斌.古风时代早期希腊与东方的文明交流图景[J].历史研究,2018(6):105-119,190.
⑤希罗多德.历史[M].徐松岩,译注.上海:上海人民出版社,2018:242.

秀的文明成果,在政治体制、文化艺术、哲学思想等多方面均从埃及、美索不达米亚等东方民族中汲取养分,如铸币、造船技术、字母、医学、天文、数学等等,并在后期对东方文明的借鉴和自身的发展壮大中,一定程度地革新这些文明成果,从而使得希腊文明在世界文明中脱颖而出。

(二)被忽略的史实:希腊对东方文明的借鉴

研究古希腊与东方文明的交流史,除现代科技考古资料外,还包括古代的文学等古文献资源,如希罗多德、荷马、赫西俄德以及修昔底德等人的著作,这些著作中的记录也在后世的考古中得到印证,证明了它们并非只具有文学性,同时也具有真实性。我们将结合上述两方面资料,简要介绍不同历史时期东方移民至古希腊的情况,并着重论述古风时代希腊从东方移民以及贸易过程中借鉴的文明成果的史实,因为古风时代是希腊文明形成的关键期,也是古希腊文明大量向东方借鉴的重要时期。

自早期新石器时代(约公元前6100—公元前5100),非希腊地区的移民(包含小亚细亚、土耳其、叙利亚、美索不达米亚),长途跋涉来到希腊地区,为希腊地区带来石器、陶器、印章等的制作技艺。至早期青铜时代(约公元前3000—公元前2000),来自小亚细亚的移民定居于克里特岛、希腊半岛地区,与前期定居于此地的居民融合。青铜时代后期,希腊与近东地区联系日益频繁,海上贸易与移民浪潮,使希腊地区的文化艺术,诸如金属的锻造技术、武器以及象牙雕刻、更高的陶器制作技艺等深受这些外来文化的影响。[1] 发表在 *Science* 期刊中的一篇文章也指出欧洲人是由旧石器时代与新石器时代的近东移民迁至欧洲各地组成的。[2] 公元前2000年末,希腊地区遭遇印欧人的入侵,这些印欧人带来了马以及马拉的战车、青铜长剑和带有长方形大厅的建筑。[3] 人口的迁徙、因社会发展而带来的海上贸易等,成为希腊地区与东方交往的主要社会动因,这一时期的文明交流主要集中在东方国家对希腊地区的输出,这为后期的希腊铺筑了一定的物质与文化基础。

大约在公元前1200年—公元前900年,希腊因多利亚人入侵、迈锡尼文明灭亡,而进入了黑暗时代,《荷马史诗》则记录了这一时期特洛伊战争的故事。在《奥德赛》中,斯巴达国王墨涅拉奥斯述说了自己在塞浦路斯等东方国家游历的经历:"第八年才用船载着它们返回家乡,我曾在塞浦路斯、腓尼基和埃及游荡,见过埃塞俄比亚人、西顿人和埃楞

---

①哈蒙德.希腊史:迄至公元前322年[M]朱龙华,译.北京:商务印书馆,2016.内容参见上册第一卷"希腊远古诸文明和大移民运动(约公元前6000年—前850年)",第29-72页。

②Semino, Ornella et al. The Genetic Legacy of Paleolithic Homo Sapiens Sapiens in Extant Europeans: A Y Chromosome Perspective[J]. Science,290,5494 (2000):1155-1159.

③晏绍祥.古代希腊[M].北京:北京师范大学出版社,2018:16.

波伊人,还去过利比亚,那里新生羊羔带犄角,母羊一年之内能生育三胎羔仔。那里的主人和牧人从不缺少干酪,也不缺少各种肉类和甜美的鲜奶,一年到头都备有充足的奶液吮饮。"①从上述引文中不难看出斯巴达国王墨涅拉奥斯对利比亚的饮食风俗比较熟悉,并可窥见希腊与埃及的交往。

希腊经历了黑暗时代后,在公元前900年左右,与近东地区的交往沿着塞浦路斯—克里特—米诺斯—希腊的"故交路线"而逐渐恢复。② 希腊也因此而迎来了复兴时期,即历史学界通常所说的古风时代(公元前850—公元前546)。古风时代的希腊大规模殖民扩张,并与埃及、腓尼基、赫梯等近东地区的联系甚密,希罗多德在《历史》开篇中说到"腓尼基人……以前是住在艾利特莱海沿岸的,在迁移到地中海沿岸并在这些地方定居下来以后,立即开始踏上远航的征程;他们运载着埃及和亚述的货物,在许许多多地方靠岸,其中也在阿尔戈斯这样的一个地方登陆。"③阿尔戈斯,即希腊城市。也正是这一时期希腊与近东的交流,使希腊文明具有了早期的雏形。

古风时代,腓尼基字母传入希腊。腓尼基字母(二十二个辅音字母),诞生于大约公元前1000年,大约公元前850年—公元前750年区间内,④相传由卡德摩斯(腓尼基国王阿格诺尔之子)传给希腊的伊奥尼亚人,希腊人应用并在其基础上加入两个元音字母,进一步发展为自己的文字,腓尼基人也因此具有了"希腊人的老师"的称号。文字产生的原动力可能是多因素的,或是神话基础,或是贸易发展的需要,又或是人类语言交流更深层的诉求,等等,而不论是何种原因促成了文字的诞生,文字——都成为象征进入文明的最重要指标。希腊的文字是借鉴腓尼基字母后的结果。腓尼基字母的传入,更加便利了希腊与近东地区的贸易往来,钱币与物品的等价交换信息,走向精确以及被交易双方共识。

那么,希腊交易中钱币以及可以书写交易信息的纸张来源是希腊吗? 非也。钱币最早出现在公元前7世纪末期小亚细亚的吕底亚王国,早期,他们的钱币以金银合金为材料制作而成(名为琥珀金),多为椭圆形,直到公元前561年—公元前547年,小亚细亚才出现了金、银材料分开铸币的情况。正如希罗多德在其《历史》中说道:"吕底亚人……据我们所知,他们是最早铸造和使用金银货币的民族。"⑤小亚细亚的吕底亚王国铸造钱币的技术,在与地中海的贸易交往和人口、工匠的迁移中,将钱币传播至希腊,并将技术传授给希腊人,希腊人也因此具有了铸币的能力,并深刻影响了欧洲城市钱币的使用(希腊和罗马将其用于贸易、军事、战争以及祭神仪式中等⑥)。钱币的发明无疑是一次重大的

---

①荷马.奥德赛[M].王焕生,译.北京:光明日报出版社,2007:40.
②哈蒙德.希腊史:迄至公元前322年[M]朱龙华,译.北京:商务印书馆,2016:138.
③希罗多德.历史[M].徐松岩,译注.上海:上海人民出版社,2018:52.
④哈蒙德.希腊史:迄至公元前322年[M]朱龙华,译.北京:商务印书馆,2016:139.
⑤希罗多德.历史[M].徐松岩,译注.上海:上海人民出版社,2018:113.
⑥比尔·莫勒.货币文化史Ⅰ:希腊罗马时期钱币的诞生与权利象征[M].侯宇,译.上海:文汇出版社,2022:71-102.

社会发展革命,而它的铸造工艺的对外传播更是促进了世界一体化的发展。纸莎草纸(希腊语称 papyrus)是古埃及的特产物,由尼罗河的纸莎草这一水生植物制作而成,后通过埃及与地中海的贸易传播,成为埃及与地中海地区(希腊、罗马等)主要的书写纸张。古希腊对外贸易发展的动力,促成了近东、埃及的铸币技术以及纸张文化成果的传入,除了此之外,希腊科学技术的向外借鉴也在并行发生着。

　　希腊几何学创始人泰勒斯,曾在埃及学习,这段学习经历奠定了他发表几何学基本定理和公理的基础。不仅如此,让-皮埃尔·韦尔南指出:"米利都人显然对巴比伦天文学欠了债,他们借用了巴比伦天文学的观测结果和方法,据传这曾帮助泰勒斯预报过一次日食。"①泰勒斯——"希腊七贤"之一的哲学家、科学家的理论,建立在向东方学习甚至是"拿来"之上,从而引领了希腊科学甚至哲学的发展。他的"万物源于水"之说,据古希腊普鲁塔克的《论埃及神学与哲学》一书中"他们还认为荷马像泰勒斯一样,从埃及人那里学会将水看作一切生命的本原和生产的力量"②的说法,可见希腊人对泰勒斯的"水本原说"持外源态度。泰勒斯的学生——阿那克西曼德,曾带给斯巴达的日晷,也来源于巴比伦。③ 古希腊向东方借鉴的不止天文学,还包括数学:毕达哥拉斯,提出的"毕达哥拉斯数"(即中国的勾股定理理论)我们尽然知晓,但是对巴比伦早在此前一千多年前便已经发现了该定理的事实却知之甚少,④只是毕达哥拉斯证明了这一理论。梭伦也曾在埃及跟随祭司学习,在希罗多德的《历史》中有对梭伦出访埃及的记载:"雅典人梭伦从埃及人那里学到了这条法律,并且在他的同胞中间加以推行,时至今日他们还遵守着这条法律,这的确是一种很好的风俗习惯。"⑤正如普鲁塔克说:"比如梭伦、泰勒斯、柏拉图、欧多克索斯和毕达哥拉斯等人,根据某些人的说法,还包括吕库古(传说中的斯巴达大改革家)本人。他们都曾到过埃及并与祭司们同吃同住。因为有记载说,欧多克索斯听过孟菲斯的克努菲斯(Chonupis)讲学,梭伦在塞易斯听过宋西斯(Sonchis)的课,而毕达哥拉斯曾经与太阳城人俄努菲斯(Enuphis)交谈。"⑥

　　古风时代,希腊的科学发现,并不是一蹴而就的孤立发展,而是基于处于希腊范围内的哲学家、立法者、数学家等在埃及、巴比伦长久以来沉淀下来的科学知识的学习与借鉴的基础上的结果。这些在希腊范围内生活的哲学家、立法者、数学家等(泰勒斯、阿那克西曼德、阿那克西米尼、赫拉克利特、色诺芬尼)也并非完全本土的希腊人,而是生活在小

---

①让-皮埃尔·韦尔南.希腊思想的起源[M].秦海鹰,译.北京:北京大学出版社,2012:110.
②普鲁塔克.论埃及神学与哲学:伊希斯与俄赛里斯[M].段映虹,译.北京:华夏出版社,2009:74.
③让-皮埃尔·韦尔南.希腊思想的起源.[M].秦海鹰,译.北京:北京大学出版社,2012:110.
④瓦尔特·伯克特.东方化革命:古风时代前期近东对古希腊文化的影响[M].刘智,译,上海:上海三联书店,2010:12.
⑤希罗多德.历史[M].徐松岩,译注.上海:上海人民出版社,2018:289.
⑥普鲁塔克.论埃及神学与哲学:伊希斯与俄赛里斯[M].段映红,译,北京:华夏出版社,2009:28-29.

亚细亚沿岸的爱奥尼亚城邦。[①] 同时,根据徐松岩的推论,伊奥尼亚人(亦即爱奥尼亚人)是希腊化了的皮拉斯基人,[②]而皮拉斯基人是来自西亚的移民。因此,爱奥尼亚人的文化是希腊与西亚文化的融合,而爱奥尼亚城邦的哲学家、立法者、数学家等或许有着东方的基因。再加上此时期文化间的频繁交流,更加印证了希腊科学的非原创性。

希腊在文化艺术方面对东方的借鉴,亦不胜枚举。小到生活装饰,大到希腊建筑、雕塑,甚至有学者认为城邦制度等也是向东方借鉴而来。

古希腊大多神祇源于埃及,且这些神祇传播至希腊后或多或少发生了些许变异。例如上文提到的伊希斯,是埃及赫里奥波里斯神系中的九柱神之一,象征着生殖、生命、养育的女性神祇,柏拉图称之为"乳母"和"包含一切的女人",在埃及神话中,伊希斯与俄赛里斯在母腹中因相爱结合,[③]何露斯是两人爱情的结晶,希腊人将何露斯称为阿波罗。又如,埃及神话中的堤丰,被认为是沙漠、干燥之神,他的妻子是涅夫提斯,即伊希斯的妹妹。而因俄赛里斯在一次误会中与堤丰的妻子交合,堤丰与俄赛里斯结仇并设法报复,设圈套使其进入事先准备好的匣子中,使其死亡。堤丰的形象在希腊神话中,是风暴的巨人、妖魔。伊希斯知晓装俄赛里斯匣子的下落后,坐在河边痛苦不已,而就在此时遇到了埃及的一位王后,叫阿斯塔特或萨奥希斯,后来,希腊人称之为雅典娜希斯,即雅典娜女神,等等。正如希罗多德指出的:"几乎所有神祇的名字都是从埃及传入希腊的。我的调查研究证明,所有神祇都是源起于异乡的;而我的意见是他们大多数都是起源于埃及的。除了我之前所提到的波塞冬和狄奥斯库里之外,赫拉、赫斯提亚、塞米斯、卡莉特斯和涅雷德斯这些名字,其他诸神的名字都是从远古时代就为埃及人所知晓了。……"[④]埃及的神话故事随着人口迁移、贸易因素的发展,传播至希腊,同一神祇的名称以及内涵在希腊地域内产生变化,依然是古希腊神祇向东借鉴的例证。

陶器,也是东方艺术风格在希腊艺术中体现的物证之一。在这里,我们尤其要提到的是科林斯(科林斯,位于伯罗奔尼撒半岛的东北部,处于希腊与伯罗奔尼撒半岛的交接处)陶器,因为它生产出的几何风格陶器具有较多东方元素,同时也是生产东方艺术风格陶器最多的工场。在古风时代,尤其在公元前 800 年—公元前 700 年,科林斯陶器图案,绘制东方神话中的野兽、动物、神祇形象居多,如斯芬克斯形象、鸟身人头形象、格里芬、生命之树、狮子、豹子、野山羊等。斯芬克斯起源于埃及神话,后也出现在西亚和希腊神

---

①瓦尔特·伯克特.东方化革命:古风时代前期近东对古希腊文化的影响.[M].刘智,译.上海:上海三联书店,2010.见"导读"第 8 页.

②徐松岩."希腊人"与"皮拉斯基人":古代希腊早期居民源流考述[J].西南大学学报(社会科学版),2016,42(1):163-172.

③普鲁塔克.论埃及神学与哲学:伊希斯与俄赛里斯[M].段映虹,译.北京:华夏出版社,2009:34.

④希罗多德.历史[M].徐松岩,译注.上海:上海人民出版社,2018:215-216.

话中,而这一形象流传至不同区域都发生了变异,具体我们在这里不做展开。格里芬形象,最早出现于公元前 3000 年的尼罗河流域,公元前 2400 年左右两河流域也出现了此形象,出现在希腊则是公元前 1600 年左右,有学者提出尼罗河流域和两河流域是传播格里芬形象的中心①。仅从神话形象的起源角度来看,很显然,科林斯陶器的东方元素,就已经足以说明古希腊陶器的绘画受到了东方艺术风格的影响。

古希腊的建筑、雕塑,同样是受东方影响的例证。古希腊建筑对石材的运用,成为它独特的"灵魂",如帕提农神庙、雅典卫城等都以其壮观、高大的石柱立面而独具魅力。而这样用巨石搭建建筑的观念,是从古埃及借鉴而来的。古埃及的法老利用巨石建筑象征自己的王权和国家的实力,胡夫金字塔就是印证。埃及的巨石雕像也是巨石建筑的一部分,有法老雕像还有动物异类形象雕像(斯芬克斯)。除巨石建筑,值得一提的是苏美尔文明的拱形建筑风格,影响了希腊甚至整个欧洲的拱形建筑风格。古希腊建筑、雕塑受东方影响的研究不在少数,如"不令人感到惊讶的是公元前 4 世纪埃及的金字塔影响了哈利卡纳苏斯摩索拉斯陵的建筑风格"②。又如,"去往埃及的希腊人不仅看到了巨大的石头建筑,也看到了同真人大小的巨型雕像","另外,埃及的雕像是穿衣服的,而希腊的雕像是裸体的。尽管两种雕像有着非常明显的相似之处,但是雕凿的方法(从四面入手,在每个面都有直线的方格图打底)和比例的体系上,希腊雕像都在很大程度上受到了埃及人的影响。埃及雕塑的尺寸对希腊雕塑产生了显著的影响"③。再如,"如同这一时期的东方风格陶器一样,也受到埃及、西亚雕刻的影响"④,以及"博德曼也认为,西地中海的希腊殖民者,很多来自希腊本土那些尚未城市化的地区,他们在殖民过程中学习借鉴了腓尼基人的城市规划和建筑特征,促进了希腊殖民地的城市化,而殖民地的城市化又通过殖民者自身的纽带影响了希腊本土的城市化。"⑤还有研究者认为两河流域的芦秆式建筑,可能是古典时期希腊爱奥尼亚圆柱形房屋建筑结构的起源。⑥ 综上所述,古希腊的建筑、雕刻艺术、陶器、绘画等要素,显现出近东文化影响之下的影子。这些显性的文化元素,成为后来希腊文化创造发展的有力支撑。

综上所述,被视为西方文明起源的古希腊文明是在东方文明成果的基础上发展起来的。我们并非否定希腊在荷马时代后期本身对科学、哲学等方面的自主创造,只是希望

①仪德刚,钱怡.格里芬纹样在中国的传播与会通[J].丝绸,2023,60(7):124-134.

②西蒙·霍恩布洛尔.希腊世界[M].赵磊,译,北京:华夏出版社,2015:80.

③佩德利.希腊艺术与考古学[M].李冰清,译,桂林:广西师范大学出版社,2005:149.

④朱伯雄.世界美学史(第三卷)[M].山东:山东美术出版社,1989:141.

⑤李永斌.希腊与东方:文明交流与互鉴[M].北京:商务印书馆,2023:75.

⑥李政.神秘的古代东方[M].北京:中国青年出版社,1999:96.

通过对历史史实的陈述，澄清一些以德国学者为代表的西方学者并不愿意大方承认的事实①。同时，也可思考这样一个问题：如果希腊没有对东方文明成果的借鉴，那么后期它逐渐突出的文明创造会出现吗？或是会在何时出现？根据经验，"无源之水，无本之木"的事物几乎不存在，因此，希腊文明的诞生是借鉴大量东方文明成果后而产生了质的突破的过程。

认识到古希腊对东方文明的借鉴，我们更加明白了文明交流与互鉴的意义。逐渐对古希腊甚至西方文化成果祛魅，基于文明交流与互鉴的视角看待西方文化及文明成果。

（三）古希腊文学对东方文学的借鉴

中西方学界关于希腊文学对东方文学借鉴的细节指证不在少数。有学者指出希腊神话有赫梯神话的影子，堤丰形象源于赫梯神话中的伊卢延卡②、赫西俄德《神谱》中乌拉诺斯和克洛诺斯的情节，与赫梯神话中库玛毕的故事相似③，还有学者认为《荷马史诗》运用了近东元素，如"《伊利亚特》和《奥德赛》是从青铜时代及近东地区长久流传的故事宝库中汲取的精华，并被重构为具有独特希腊英雄气概的史诗传统"④。类似的研究还有很多，限于篇幅不再一一列举。这一部分，旨在通过陈述我们所熟知的文学母题，来论证古希腊文学对东方文学的借鉴。

1.《圣经·旧约》的洪水故事对东方文学的借鉴

众所周知，洪水神话始终是世界主要的文学母题，西方世界以《圣经·旧约》作为了解洪水神话故事的主要媒介，东方世界要属苏美尔的洪水神话为最古老。1872 年，英国学者乔治·史密斯解读出记录在泥板上的苏美尔史诗——《吉尔伽美什史诗》，大约在公元前 2900 年—公元前 2800 年，就以口头形式流传于民间，成文时间大约在公元前 1300 年。《吉尔伽美什史诗》并非苏美尔文学中最早记录洪水故事的史诗，而是古巴比伦时期的《阿特拉哈西斯》，大约成文于公元前 1600 年。学者们对记录洪水故事泥板的解读，使《圣经·旧约》中洪水故事（成文于公元前 500 年）与苏美尔洪水故事的相似性为人所知。《圣经·旧约》原是希伯来经文，与希腊《新约》合并后形成了影响西方基督教、犹太教的

①依据《东方化革命》一书中提及"'不爽快地承认'，是指但凡遇到东方影响绕不过时，便支支吾吾，语焉不详，尽量淡化、简化、抽象化，或仅只提及，一笔带过"。（导读第 1 页）以及"两次世界大战之间，在德国有一种新的诠释学方法，提倡在解读文化成就时关注独特的、'内部的'形式和风格，而轻视外来影响"（导论第 4 页），笔者进而如此说。

②瓦尔特·伯克特.东方化革命：古风时代前期近东对古希腊文化的影响［M］.刘智，译，上海：上海三联书店，2010：5.

③瓦尔特·伯克特.东方化革命：古风时代前期近东对古希腊文化的影响［M］.刘智，译，上海：上海三联书店，2010：5.

④Ian Morris, Barry Powell. A new companion to Homer［M］. Leiden, New York, Koln：Brill, 1996：599."In their final form, the Iliad and the Odssey are harvested from a rich heritage of stories long alive in the Bronze Age and in the Near East, reconstituted into an epic tradition of uniquely Greek heroic dimensions."

宗教经典(还体现在对思想、文化及政治方面的影响),是东方文学影响西方的最佳例证。

首先,是洪水起因的相似性。在《圣经·创世纪》与《阿特拉哈西斯》中诱发洪水的原因均是凡人的行为引起了神的不满。在《阿特拉哈西斯》中,恩利尔作为大神,对人类的过度繁衍心生不满,起初通过瘟疫消灭人类,这时,国王阿特拉哈西斯请求智慧神恩基帮忙,帮助人类脱离瘟疫的影响。第二次,人类同样在恩基的帮助下,躲过了旱灾。第三次,即为恩利尔决定发动洪水消灭不断增长的人类。《圣经·创世纪》的洪水起因,亦是因为神不满人类的行为。亚当、夏娃繁衍一代又一代的人类,也使得人间充满罪恶,进而引发众神决定消灭人类。由此可见,《圣经·创世纪》与《阿特拉哈西斯》中记录洪水的起因都是在神创造人类后,由于人类的种种行为引发了神的愤怒,于是神通过引发洪水灾难,消灭人类或减少人类的数量。

其次,是方舟规格的相似性。在《阿特拉哈西斯》中,恩基托梦给国王阿特拉哈西斯建造怎样规格的方舟:"密封船顶,使其不透阳光,把船舱分为上下两层,索具和沥青都要结实。"[1]在《圣经·创世纪》中,神对诺亚说:"你要为自己用柏木建造一只方舟,里面要有船舱,而且内外都要涂上沥青,船顶要有透光的窗,门开在船的侧面,全船要分为上、中、下三层。"[2]尽管神对船的规格的嘱咐有所差异,但是船有分层以及用沥青的材料具有极强的相似性。同时,我们还应注意到方舟上所载的内容也具有一定的相似性:《阿特拉哈西斯》中,除阿塔拉哈西斯一家外,还载有"飞禽、野兽、家畜"[3]等,而《圣经·创世纪》的方舟容纳了诺亚一家以及"飞鸟、牲畜和爬行的生物"[4]。阿特拉哈西斯与诺亚携带的生物种类,也是不容忽视的相似性。共有的飞禽生物,也为洪水后的"放鸟探水"母题做了铺陈。

再次,"放鸟探水"情节尽管具有小的差异,但其相似性却让人无法认为两者相似只是偶然。《吉尔伽美什史诗》中分别放出鸽子、燕子、乌鸦三只鸟禽,鸽子与燕子因洪水肆虐无处落脚而返回船上,最后一次乌鸦放出后,因为水位下降,而不再返回到船上;依据《圣经·创世纪》记载,分别在第一次放出乌鸦与第二、三、四次放出鸽子,第一次与第二次,飞禽返还方舟,第三次的鸽子由于水位下降,衔橄榄枝而归方舟,最后一次放出鸽子未返,使诺亚明白洪水已退。两者的相似性一目了然,乌鸦和鸽子是两者共同采用的飞禽,最后一次放鸟未返还表明洪水退去的信息。尽管放鸟的次数和个别情节不一,但是依然可以推出后者借鉴前者或者两者具有同源性的可能。

①拱玉书,译注.吉尔伽美什史诗[M].北京:商务印书馆,2020.

②马克·布林德,等:发现挪亚方舟:大洪水:人类文明的毁灭与重建之谜[M].刘丽,编译.西安:陕西师范大学出版社,1999:10.

③拱玉书,译注.吉尔伽美什史诗[M].北京:商务印书馆,2020.

④拱玉书,译注.吉尔伽美什史诗[M].北京:商务印书馆,2020.

《圣经·旧约》与苏美尔文学的洪水故事在洪水起因、方舟规格、放鸟探水情节上具有极强的相似性,有研究表明犹太教、伊斯兰教、基督教中有关于大洪水的故事可追溯到中东古代民族的传说①,这一文学母题是东方共同的民族文学财富,它们的传播也成为西方的宝贵财富。《圣经·旧约》的向西传播,对西方神话文学形成深刻的影响并产生了形态各异的新的洪水神话及方舟故事②。同时,有大量的研究表明《圣经·旧约》对西方社会的影响,如刘义青的《略谈作为意识形态文本的<圣经·旧约>对西方思想、文化和政治的影响》一文中指出:"具体地讲,她试图揭示的是:20世纪后半叶以来盛行的弗洛伊德心理分析和德里达的解构主义等理论与实践都来自希伯来的认识论和读经模式。"③可以见得,苏美尔洪水故事为"源"并广为流传,加上公元前700年—500年左右的犹太人向希腊、罗马的迁移,犹太教的经文(此处指《旧约》)被翻译成希腊文、拉丁文等多种语言后,形成了影响西方社会方方面面的《圣经》。

2.《荷马史诗》对《吉尔伽美什史诗》的借鉴

《吉尔伽美什史诗》歌颂了乌鲁克第一王朝国王吉尔伽美什的功绩,并记录了吉尔伽美什与恩启都并肩作战的友谊、对死亡的恐惧和永生的追求、宇宙观等主题。而《荷马史诗》中也存在这些故事情节,两者以不同的人物和故事线表现着同样宏大的主题。

《吉尔伽美什史诗》与《荷马史诗》中,主要人物的行为具有对应性。《荷马史诗》的主人公阿基琉斯,其母是海洋女神忒提斯与凡人佩琉斯之子,《吉尔伽美什史诗》的主人公吉尔伽美什是野牛女王宁荪与半神半人卢伽尔班达之子,两者的母亲为神,父亲均具有人性,因此两位英雄均具人性与神性;两位英雄的母亲在预知她们儿子出战的境况后,都请求神对其子多加庇佑,忒提斯坐在宙斯面前向宙斯提出自己的请求,宁荪面对沙玛什举起双臂进行祷言,都希望神祇护佑她们儿子的生命与安全;英雄都有一位与其有亲密关系并愿意与其并肩作战的男性朋友。《荷马史诗》中的帕特洛克洛斯甘愿在与赫克托尔的决斗中为阿基琉斯赴死,《吉尔伽美什史诗》中的恩启都在与吉尔伽美什除掉雪松林守护着胡瓦瓦后,最终走向死亡,并且,两者都以两位英雄厚葬其密友为友谊故事叙述的结尾。同时,在友谊故事情节的一个共同修辞细节值得我们注意,当恩启都和帕特洛克洛斯死后,英雄们都被比拟成保护幼崽的狮子。《吉尔伽美什史诗》第八块泥板如下说:

"他围着他(恩启都)转来转去,就像老鹰一样。

①马克·布林德,等.发现挪亚方舟:大洪水:人类文明的毁灭与重建之谜[M].刘丽,编译.西安:陕西师范大学出版社,1999:164.

②限于篇幅,不再赘述,具体请参考:陈建宪.多维视野中的西方洪水神话研究[J].华中师范大学学报(人文社会科学版),2006(2):81-89.

③刘意青.略谈作为意识形态文本的《圣经·旧约》对西方思想、文化和政治的影响[J].英美文学研究论丛,2002(00):1-15.

像失去幼崽的母狮，

他踱来踱去,踟蹰彷徨。"①

《伊利亚特》如下说:

"埃阿斯这时站到帕特罗克洛斯近前,

用那面宽阔的盾牌掩护他的尸体,

有如狮子在林间突然遇见猎人,

掩护自己的幼狮,它深信自己的力量,

把额上的皮毛紧皱,横遮眼睛上方。"②

以上的呈示中,不难看出两者都运用自然世界的生物本能来比拟人类行为的修辞。需要提及的是"狮子"这一动物在希腊是没有的,同时,狮子是埃及和两河流域的雕刻艺术中频繁出现的动物,如埃及的司芬克斯像或现存大英博物馆的苏美尔浮雕中记载了猎杀狮子的生动画面。因此,"狮子"的修辞手法,两者谁向谁借鉴,答案已经较为明朗了。综上,《荷马史诗》与《吉尔伽美什史诗》不仅仅在人物对应关系、故事情节具有一定的相似性,对人物内心情感的修辞也存在相似之处。

除上述相似处以外,两者也均表现相同的主题,即永生。在《伊利亚特》中,永生一词多频次地以修饰词出现,如"永生的神""永生的神明""永生永乐的神",在《奥德赛》中,"死亡"一词,始终指向凡人,并且,明确出现对死亡的恐惧和对死亡的接纳,如"可悲的死亡将会降临到他头上"③和奥德修斯说"我也该在那一天丧生,接受死亡的命运"④。《吉尔伽美什史诗》中,英雄吉尔伽美什目睹密友的死亡后,开始惧怕死亡,便开启了追求永生的道路,他说"我的先祖乌塔纳皮什提,他走过的道路我在寻觅。他获得了永生,与众神站在一起。他将告诉我死与生的奥秘。"⑤但酒肆女主人回应他说:"神创造人类之时,已规定人生死有期。而把永生牢牢握在他们自己手里。"⑥可见,两者都表达凡人对死亡的恐惧,并表现出只有神才会永生的理念。

学者瓦尔特·伯克特曾对《荷马史诗》与《阿特拉哈西斯》具有相同的宇宙观做了细致的研究。他认为,"两者都将宇宙划分为天、水、地下三界;两者不仅都将三个世界分配给众神中身份最高的三个神祇,而且这三个神祇都是男性;两者都以占阄来决定各神祇

---

①拱玉书,译注.吉尔伽美什史诗[M].北京:商务印书馆,2020:165.

②荷马.荷马史诗·伊利亚特[M].罗念生,王焕生,译.北京:人民文学出版社,2020:466.

③荷马.奥德赛[M].王焕生,译.北京:光明日报出版社,2007:26.

④荷马.奥德赛[M].王焕生,译.北京:光明日报出版社,2007:26.

⑤拱玉书,译注.吉尔伽美什史诗[M].北京:商务印书馆,2020:189.

⑥拱玉书,译注.吉尔伽美什史诗[M].北京:商务印书馆,2020:220.

的势力范围"①。且希腊关于宇宙的起源观——天地混沌——实则也是来自古埃及的三大神学体系,赫里奥波斯神学、赫尔莫波利斯神学、孟菲斯神学中都表明天地在一片混沌中诞生。

希腊文学与东方文学在故事情节、修辞细节以及神话中的相似性数不胜数,限于篇幅,暂且论述至此。尽管目前,学界没有东方文学传至希腊的具体历史文献,但是,通过上述对希腊与东方海上贸易以及文明成果借鉴史实的阐述,如果认为在这样的交流背景下,口头流传于东方国家的文学不可能甚至不会传至希腊,那几乎是在回避根本的实质性问题。同时,随着对苏美尔、亚述、巴比伦、埃及考古的发展,我们也拭目以待关于东方文学传播至古希腊的具体指向性证据浮出水面。

(四)西方学者的希腊文明书写

历史的书写,是以文字书写为媒介的个人或群体对文化认同的记录,并在传播的过程中,形成数代群体的集体记忆。在古希腊群体中,古希腊文明的书写,集中于像泰勒斯、希罗多德、苏格拉底、伊索克拉底、梭伦、柏拉图、亚里士多德、修昔底德等教育家、作家、立法者、哲学家等人的手中,这些学者对古希腊文明的看法也存在差异:一部分学者持古希腊文明与东方文明有割舍不断的渊源;而另一部分学者在这一观点的基础上,依仗希腊文明"后起之秀"的特性傲视与其有"师生关系"的东方文明。

通过前述希罗多德的《历史》以及《荷马史诗》的部分内容,我们可以看出,这两位希腊古典主义作家并不回避希腊与东方国家交往的史实,且基于自己的所闻,向后人呈示了希腊与东方文明互鉴的史实。而在希腊古典主义作家之后,希腊文明的东方渊源更像是让他们所觉得"耻辱历史"一般对其闭口不谈,甚至抹黑东方。

伊索克拉底(Isocrates,公元前436—公元前338),他被认为是这一时期最杰出的演讲师②,他曾在一次演讲中说道:"雅典在思想和语言的力量方面已经与世界拉开了很大的距离,以至于她的门徒已经成为其他所有人的老师。她已经使得希腊这个名字不再被看作是种族的问题,而是智慧的问题;她应该被赋予那些参与我们文化的人,而不是那些与我们有共同起源的人。"③希腊的种族问题实则与希腊民族的形成相关联,这一问题在

---

①瓦尔特·伯克特.东方化革命:古风时代前期近东对古希腊文化的影响[M].刘智,译,上海:上海三联书店,2010:86.

②Bury, J.B. A History of Greece[M]. Macmillan:London,1913."The most illustrious instructor in oratory at this period was Isocrates." p583.

③Bury, J.B. A History of Greece[M]. Macmillan:London,1913."He says that 'Athens has so distanced the rest of the world in power of thought and speech that her disciples have become , the teachers of all other men. She has brought it to pass that the name of Greek should be thought no longer a matter of race but a matter of intelligence ; and should be given to the participators in our culture rather than to the sharers of our common origin. '"P.584。

文章第二部分略也有涉及。实际上，希腊地区最早的居民并非操希腊语的希腊人，而是一批非希腊语居民，如皮拉斯基人、腓尼基人、勒勒吉人、利比亚人等民族混合定居于希腊地区。学界主流观点认为，在公元前2100年左右，操希腊语的居民才进入希腊地区，影响了原住希腊地区居民的语言。很显然的是，伊索克拉底对希腊的种族历史应该是了解的，但他在此处的演讲对这一问题用"不再被看作是种族的问题"一言避之。同时，他也对与希腊有共同起源的民族不屑一顾。显然，伊索克拉底已经有了希腊文明的优越感，并且具有非常强烈的"自我"与"他者"的对立感。

柏拉图说："大家应该看到希腊有被蛮族征服的危险，因此希腊人应该团结起来，互不伤害。只有希腊人与蛮族之间的斗争，才叫作'战争'，因为蛮族是希腊天生的敌人。希腊人之间的争斗只能叫'内讧'，不能叫'战争'，当希腊人抗拒野蛮人，或者野蛮人侵略希腊人，他们才是天然的敌人，他们之间的冲突才必须叫作'战争'。"[1]就连古希腊伟大的哲学家柏拉图，都将其他民族称为"野蛮人"，且将野蛮人视为希腊天生的敌人，这种希腊与其他民族的对立观念，作为古希腊伟大的思想家，无疑影响希腊人。而作为老师，这样的观念影响了他的学生亚里士多德。亚里士多德的《政治学》，将希腊文明的优越感尽显无遗。亚里士多德认为希腊人适合自由，而野蛮人适合被统治，且亚里士多德认为希腊人不仅与众不同，而且在军事等其他事务方面更聪明、更富有创造性、更能干。[2]他还认为对蛮族发动战争是正当的。[3]亚里士多德言语中无不透露着希腊文化的优越感以及对非希腊民族的讥讽、抵抗与蔑视，且对蛮族发动战争属正当行为竟出自希腊伟大哲学家之口。伊索克拉底、柏拉图、亚里士多德对古希腊文明的书写，影响了后世西方学者甚至整个世界对古希腊文明的无限推崇，也为后世对东西方对立观点的形成做了铺垫。这样书写的"初衷"，则是与希腊人为始终保持本民族的文明优越性以及对本民族文化认同的精神追求，有着不可摒弃的关系，这样的观念则像被激起的一圈圈"涟漪"，在西方学界扩散、荡漾，并溅起层层水花。

温克尔曼（Johan J.winckelmann，1717—1768）、黑格尔（G.W.F.Hegel，1770—1831）、歌德（Johann Wolfgang von Goethe，1749—1832）等人则是受"希腊文明优越论"影响最具代表性的学者。艺术史家温克尔曼，从艺术领域对希腊无限推崇，他认为埃及的绘画"一成不变……尚未达到完美"并"最后在古希腊人中把艺术提升到最高的美"[4]。著名哲学家黑格尔说："在希腊生活的历史中，当我们进一步追溯时，以及有追溯之必要时，我们可

①李永斌.希腊与东方：文明交流与互鉴[M].北京：商务印书馆，2023：4.

②Aristotle.The Politics.[M].New York：Oxford University Press，2009：24—25.

③Aristotle.The Politics.[M].New York：Oxford University Press，2009：24—25.

④温克尔曼.希腊人的艺术[M].邵大箴，译.桂林：广西师范大学出版社，2001：108.

以不必远溯到东方和埃及。"①笔者认为,黑格尔说出此话的前提是他本人知晓东方与埃及曾对希腊文明的形成有所裨益,但却选择视而不见。歌德这样评价希腊文学:"应该回到古希腊人那儿去寻找我们需要的典范,因为在他们的作品里,始终塑造的是美好的人。其他文学都只能以历史的眼光看待。"②歌德与黑格尔的相似之处在于,他的话也透露着对真相的漠视,并以"以历史的眼光看待"的话语,框定后人欣赏非希腊文学的视角——非希腊文学已成为历史与记忆,而这样的话语从古希腊时期到黑格尔,已发展了1000多年,并且仍在继续。法国哲学家丹纳(Hippolyte Adolphe Taine,1828—1893)称"浏览一下他们的文学作品,拿来和东方的、中世纪的以及近代的文学相比;念一遍《荷马》,拿来同《神曲》《浮士德》或印度的史诗相比;研究一下希腊人的散文,拿来跟任何民族,任何时代,任何国家的散文相比,你们马上就会接受上面的结论。和他们的文体相比之下,别的文体都显得浮夸、笨重、不健全;和他们的诗歌与论说的体裁相比,一切不从他们那儿脱胎的体裁都显得内容比例不当,结合不够紧凑,彼此脱节。"③类似于温克尔曼、黑格尔、歌德与丹纳论点的西方学者并不在少数,他们在采取"拿来主义"的同时,久而久之忘却了本源。

西方学者对东方的鄙夷和对东方对西方文明影响的无视,使我们对希腊从东方"拿来"的文明相对陌生。鲁迅先生的"拿来主义"劝诫国人"我们要拿来。我们要或使用,或存放,或毁灭……没有拿来的,人不能自成为新人,没有拿来的,文艺不能自成为新文艺"。希腊对东方文明的"拿来"正符合鲁迅先生所言,拿来加创新,成就自己的新文艺。我们对希腊文明的了解,更多被灌输了诸如从伊索克拉底、柏拉图、亚里士多德到温克尔曼、黑格尔、歌德等人所述的"希腊文明是最优秀的""东方是野蛮的"等的话语,进而造成全球范围内对此话语的"嵌入式"印象,而这,或许也正是西方学者所期望的效果。通过以上哲学家的言论,其实不难看出,他们当中有些学者对希腊对东方文明有所借鉴的历史并非陌生,但他们采用一定的修辞,形成了具有延续性、持久性、影响性的一套话语——希腊/西方具有优越性,并运用这一套话语,对希腊与东方文明交往的历史采取压制与漠视的心态,对东方文明的本质与形式采取贬低与鄙夷的态度,对希腊/西方文明表示极力推崇并选择性遗忘对自身文明优越性不利的史实。

如今,越来越多的学者参与到希腊文明对东方文明的借鉴的研究中去,越来越多的研究成果指向希腊与东方文明属"流"与"源"的关系。西方如英国奥斯温·默里(Oswyn Murray)的《早期希腊》、德国瓦尔特·伯克特(Walter Burkert)所著的《东方化革命:古风时代前期近东对古希腊文化的影响》、美国马丁·贝尔纳(Martin Bernal)《黑色雅典娜:古

①黑格尔.哲学史讲演录:第1卷[M].贺麟,王太庆,译.北京:商务印书馆,1983.
②王宁.世界文学中的西方中心主义与文化相对主义[J].人民论坛·学术前沿,2022(2):32-39,99.
③丹纳.艺术哲学[M].傅雷,译.北京:北京大学出版社,2017:268,269.

典文明的亚非之根》、法国让-皮埃尔·韦尔南的《希腊思想的起源》等著作,结合文献资料与考古研究,从文学、艺术、建筑到医学、哲学,再到政治、法律、天文,均找出了希腊向东方借鉴的史实以及希腊文明对东方文明的映射;中国学者如李永斌的《希腊与东方:文明交流与互鉴》《地中海共同体:古代文明交流研究的一种新范式》,郭丹彤的《论古代埃及文明与爱琴文明的关系》等,中西方学者们的研究,为我们冲破希腊文明的自主性、独立性观点提供有利、有力的论据,同时也为我们提供了推翻西方文明优越论的基石,更为我们识破西方中心主义的迷雾中照进光亮。

三、古希腊的文学概况

希腊神话是人类早期的口头文学宝藏。马克思指出:"希腊神话不仅是希腊艺术的武库,而且是它的土壤。"[1]希腊神话对后世文学有着深刻的影响,对于后来的西方文学贡献不菲,是人类重要的文化遗产。

(一) 神话、荷马史诗、抒情诗

希腊神话是古代希腊关于神的故事和英雄传说的总和。希腊神话及荷马史诗是希腊人由野蛮时代进入文明时代的主要遗产,凝聚着人类早期文明的精髓。希腊神话内容丰赡、富于艺术表现力,是古代希腊人探寻世界企图对周围世界作出自己的解释的结晶,同时希腊神话与宗教有着密不可分的关系。希腊人想象中的神与人一样,有着人的喜怒哀乐、七情六欲,同时兼具人的一些性格缺点如嫉妒等,而希腊神话中的"不和的金苹果""阿喀琉斯的脚踵""达乃依的水桶""金羊毛"等已经渗透到后世生活当中成为了西方人的口头语。

希腊神话自诞生后就开始长期口头流传,关于希腊神话最早的文字记载是荷马史诗,赫希俄德的《神统计》及《历史》中描述了希腊诸神的历史渊源,这两部书被誉为"有关希腊神祇和英雄体系的标准著作"。希腊神话后来得到后世悲剧家埃斯库罗斯、索福克勒斯、欧里庇得斯的加工和整理,在他们的戏剧作品中得以流传及发挥。希腊神话分为神的故事和英雄传说两大部分,与世界其他民族的神话传说一样最早的希腊神话内容包括开天辟地、神的诞生、人类起源等。希腊人认为宇宙最早是一片混沌,从混沌中最先出现了大地,在大地的底层出现了黑暗,在大地的上面出现了黑夜,黑暗和黑夜结合产生了光明和白昼,这时大地又生出了天空。这就是希腊人最早的宇宙观。之后地母盖亚与自己的儿子天神乌拉诺斯结合生下了十二个提坦巨神(六男六女),这些神彼此结合,又

---

①马克思,恩格斯.马克思恩格斯选集:第 2 卷[M].北京:人民出版社,1972:113.

生出了日、月、黎明、星辰等诸多神。在提坦巨神中,普罗米修斯是创造人类把天火送给人类的伟大的神。乌拉诺斯是第一个统治全宇宙的天神,后被他的儿子克洛诺斯推翻。克洛诺斯和提坦女神瑞亚结合生下了六个儿女(三男三女),宙斯是最小的儿子,后来推翻了克洛诺斯建立了以他为首的俄林波斯山众神。

除保留了原始图腾和自然崇拜的痕迹外,希腊神话最大的特点就是神人同形,希腊人按照自己的形象建构神的形象并赋予神以人的性格。在希腊人的想象中,众神居住在希腊最高的俄林波斯山上,宙斯是最高的神,以雷电为武器统治着天上与人间。宙斯的兄弟波塞冬和哈得斯分别统治着海洋和冥间。宙斯与天后赫拉及其他神生的孩子中,有太阳神阿波罗掌管着光明、医药与文艺;阿耳忒弥斯是月神与狩猎之神;阿佛洛狄忒是美和恋爱之神;赫淮斯托斯掌管着火与冶炼;阿瑞斯是战神;雅典娜是智慧之神,她全副武装地从宙斯的头脑里跳出来,勇武善战,成为雅典城邦的保护神。

英雄传说是希腊神话的重要组成部分。希腊英雄多是神与人的后代,英雄传说虚幻成分也很强,但比之神话已经增添了历史与现实因素,反映了早期希腊人与自然力量斗争的情景与场面,体现了他们智慧勇敢勤劳的美好品性。英雄传说最著名的有赫拉克勒斯的十二件大功、忒修斯为民除害、伊阿宋夺取金羊毛、特洛伊战争等。赫拉克勒斯是宙斯与阿尔克墨涅生的儿子,力大如神,还在摇篮时就曾用双手捏死了两条毒蛇,后来又射杀恶鹰解救了被囚的普罗米修斯,并敢于和冥王、战神作战,是一个英勇无畏的英雄。伊阿宋夺取金羊毛的英雄传说则记叙了他们如何驶船远航,经历艰难险阻取回金羊毛的故事。

希腊神话是人类艺术的童年,它的产生离不开当时未成熟的社会条件,用马克思的话来说,古典时代的希腊文学,出色地表现了"人类最美丽地发展着的人类史之童年","他们的艺术对我们所发生的那种强烈的吸引力,同它的生长所依据的不发达的社会阶段,并不矛盾"。古希腊文学中的形象和题材一直被后世所重复与模仿,希腊文学中普罗米修斯的光辉形象被马克思誉为"哲学日历上最高贵的神圣和殉道者"。希腊神话对后世西方文化产生了了巨大的影响,在文学方面的各种主题,如变形、乌托邦等;在其他方面也产生了巨大影响,"以希腊神话而言,它就是西方语源、象征和隐喻,以及世界观的基本参考和架构,许多后来的想法都从它的土壤里发生。它是经典中的经典,也是通向西方心灵的第一把钥匙"①。

相传荷马所作的两部史诗《伊利亚特》和《奥德赛》是古代西方文化最著名的叙事长诗。荷马史诗每篇都长达万行以上,《伊利亚特》有一万五千六百九十三行,《奥德赛》有一万二千一百一十行,两部史诗的形成大概是在公元前9至公元前10世纪,两千多年来一直被西方人公认为是最伟大的史诗,马克思也给予其极高的评价,说它至今"仍然能够

---

① 凡尔农.人神宇宙:为你说的希腊神话[M].马向民,译.台北:城邦文化事业股份有限公司,2003.

给我们以艺术享受，而且就某方面说还是一种规范和高不可及的范本"①。荷马史诗形成于人类的幼年阶段，确切地说形成于早期奴隶社会阶段，对后世文学产生了极大的影响，罗马诗人维吉尔的《埃尼阿纪》、英国诗人密尔顿的《失乐园》、葡萄牙诗人加慕恩的《卢西阿纪》都有荷马史诗的影子。荷马史诗在西方古典文学中享有崇高的地位原因在于它不但是真正的古代史诗，还是具有很高艺术水平的文学作品。《伊利亚特》叙述的是古希腊人在公元前12世纪初远征特洛伊城，和特洛伊人进行了长达十年的战争的故事，《伊利亚特》描写的并不是全部战争，而是战争第十年的五十一天的事情，以"阿喀琉斯的愤怒"开始。在传说中，特洛伊战争的起因是古希腊国王珀里斯与海神的女儿西蒂斯结婚邀请了俄林波斯山的众神，唯独忘记邀请不和之神厄里斯，于是她偷偷前来，在筵席上丢下了一个上面刻着"送给最美丽的女神"字样的"金苹果"，立刻引起了天后赫拉、智慧女神雅典娜和爱与美之神阿佛洛狄忒的争夺。宙斯让她们找帕里斯评判，每个女神都许给帕里斯最大的好处，阿佛洛狄忒许他得到世界上最美丽的女人，帕里斯就将金苹果判给了她。于是她暗中帮助帕里斯拐走了斯巴达国王墨涅拉俄斯的妻子海伦，还带走了大量的财宝。海伦被拐事件激起了希腊人的愤怒，墨涅拉俄斯与他的哥哥邀请了希腊各地的英雄，调集了十万大军，由阿伽门农担任统帅，率领大军攻打特洛伊，从此爆发了长达十年的特洛伊战争。《奥德赛》描写了英雄奥德修在特洛伊战争结束后还乡途中漂流十年的经历，但实际上只叙述了十年漂流的最后四十天的事情。根据传说，奥德修杀死求婚子弟后又到外地漫游，后来同女神刻尔吉生了一个儿子叫帖雷恭诺；帖雷恭诺长大后，女神刻尔吉嘱他去寻找自己的父亲，他来到伊大嘉抢劫粮食，奥德修赶来同他交战，帖雷恭诺不知道奥德修是自己的父亲杀死了他。后来，帖雷恭诺又娶了潘奈洛佩，潘奈洛佩的儿子帖雷马科则娶了女神刻尔吉。同样的主题出现在悲剧《俄狄浦斯王》里，这里大概是西方文学"弑父娶母"主题的源头。

古希腊的抒情诗几乎与荷马史诗同时诞生，古希腊的抒情诗按照伴奏乐器分类，可以分为笛歌和琴歌两大支。笛歌是用笛子伴奏，是一种六音节和五音节混合的诗体，不同于全用六音节诗的荷马史诗。笛歌多是在筵席上的乐曲或出征时的战歌，相传活跃于公元前7世纪初年的屠尔泰欧斯就是雅典的一个跛足的教师，古代记载："每当斯巴达人要出征的时候，根据法律每人都要先到国王的营帐去听屠尔泰欧斯的战歌。这样就使得每一个人都愿意为他的祖国牺牲了。"除屠尔泰欧斯外，阿尔希洛科斯、加利诺斯、密勒摩斯也是这时代著名的"笛歌"诗人。用弦琴伴奏的歌就是琴歌，古希腊的琴是拿在手里弹奏的，刚开始只有三两根弦，后来发展到五弦、七弦。特盘得、阿克曼、西摩尼底斯都是当时著名的琴歌诗人，女诗人萨福写过9卷诗，共9000余行，流传下来的却只有完整的两首

①马克思，恩格斯.马克思恩格斯选集：第2卷[M].北京：人民出版社，1972：114.

及一些残篇断句。萨福被认为是西方文化中最伟大的女诗人之一,拜伦将她的诗歌比作炽热的火焰,梭伦老年非常喜欢萨福的诗,认为是最美妙的歌。萨福的诗语言朴素、感情真挚,音乐性很强,具有一种感人的力量。

(二)悲剧、喜剧、散文

希腊悲剧是从祭祀祈祷和赞美酒神的活动中发展而来的。悲剧(Tragoidia)一词原意是"山羊之歌",古希腊每年在春冬时举行酒神祭祀,参与祭祀者穿上羊皮毛,模拟酒神的从者是半人半羊的神叫作萨提洛斯,举行祭仪时由披着山羊皮的合唱队歌唱"酒神颂",后来合唱队中增加了一个演员,跟合唱队对答歌词。这就形成了戏剧表演中对白的基础,早在公元前6世纪已经创作了最早的悲剧。在爱奥尼亚起义时代,佛律尼科斯的悲剧《米利都的陷落》使观众潸然泪下。

古希腊第一个伟大的悲剧诗人是埃斯库罗斯,他生活在公元前525年到公元前456年,他在戏剧中增加了第二个演员,使剧情更加生动,在戏剧动作、戏剧道具等方面多有改良,可以说希腊戏剧的历史是从埃斯库罗斯开始的。埃斯库罗斯出生于厄琉息斯的贵族家庭,拥护民主制,参加过雅典人抗击波斯入侵的马拉松之役和萨拉弥斯之役。据说他一生创作过73部悲剧和多部萨提洛斯剧,得过13次奖,流传下来的完整剧作有7部,分别是《奥瑞斯忒亚》三部曲(《阿伽门农》《奠酒人》《降福女神》)以及《波斯人》《七雄攻忒拜》《被缚的普罗米修斯》《求援女》。埃斯库罗斯认为命运是人和神都无法克服的,而个人的自由意志与这个不可克服的命运之间的冲突就是戏剧冲突的根源,他的作品凸显罪与罚的主题,体现了因果报应的观念及人与宇宙发生冲突违背宇宙道德体系后的受罚。《被缚的普罗米修斯》是埃斯库罗斯最重要的一部悲剧,它是《普罗米修斯》三部曲的第一部,其他两部《普罗米修斯获释》和《带火的普罗米修斯》已经失传。埃斯库罗斯将普罗米修斯塑造成了一个为人类生存和幸福敢于与神抗争的形象,他的献身精神及后来的受罚给人类文学史上树立了一个大无畏的庄严形象,马克思称他为"哲学日历中最高尚的圣者和殉道者"。喜剧之父阿里斯托芬对埃斯库罗斯推崇备至,埃斯库罗斯是马克思最喜欢的作家之一,马克思每年都重读一遍埃斯库罗斯的希腊原文剧本,其中《普罗米修斯》是他最爱的作品。

索福克勒斯(公元前496—公元前406)是一位才华横溢的悲剧家,出身兵器作坊主家庭,受过良好的教育。他一生写了120部剧本,现存7部悲剧。他将喜剧演员增至三个,使戏剧对话更为突出。《俄狄浦斯王》是索福克勒斯著名的悲剧,长期以来得到人们的喜爱。命运观念在索福克勒斯的作品中得以完美体现,在其代表作《俄狄浦斯王》中表现得最为彻底。俄狄浦斯王讲述了一个古老的传说:忒拜国王拉伊俄斯受到神示自己将死于自己亲生儿子手中,为了摆脱厄运,儿子即俄狄浦斯一出生便被他派人刺穿脚跟抛弃于山野之中。科林斯王波吕玻斯的牧人捡回了他并将他送给了国王波吕玻斯。俄狄浦斯长大后得到神示自己将犯下杀父娶母的罪行,为了避免即将发生的罪行,他离家出走,在一个路口与年老的生父拉伊俄斯相逢,二人互不认识发生口角,俄狄浦斯误杀了自己的父亲。俄狄浦斯回到忒拜,帮忒拜除掉了可怕的怪物斯芬斯,感恩的忒拜人民拜他为王。根据当时的法律,新王必须娶前王后为妻,于是,俄狄浦斯进入自己父亲的宫殿并在不知情的情况下娶了自己的亲生母亲约卡斯塔。神示一一应验,不幸的俄狄浦斯的厄运还没有结束,过了十几年,忒拜发生瘟疫,神示必须找到杀死前国王的凶手瘟疫才能消失。俄狄浦斯设法寻找却在最后发现凶手就是他自己,俄狄浦斯悲愤地刺瞎了自己的双眼并且自我流放,而他的母亲也在悲愤中上吊身亡。《俄狄浦斯王》一剧反映的是人与可怕的命运的抗争,俄狄浦斯是一个勇敢、真诚、勇于担当、积极行动、具有坚强的意志的人,他行动的每一步都彰显了一个大写的人的精神力量,他积极地反抗已经被命运安排好的命运,企图通过自己的努力改变自己的命运轨道,最终却随着反抗的升级离命运设计的结局越来越近,最终落入命运的罗网之中。《俄狄浦斯在科隆诺斯》与《安提戈涅》两部悲剧是著名悲剧《俄狄浦斯王》的续写,前者是索福克勒斯晚年的作品,仍然显示出诗人非凡的创作才华。在《安提戈涅》中,安提戈涅是俄狄浦斯的长女,她在经历了父亲流放、母亲身亡、两个哥哥在同一天死在彼此手中等一连串的沉重打击之后,毅然地与城邦作对,勇敢地埋葬了尸首被暴于荒野的哥哥的尸体。她自己因此被囚禁在墓室,最后自缢身亡。索福克勒斯具有乐观通达的性格,但也能看到生活中不幸的一面,他笔下的人物都是无辜的英雄,俄狄浦斯、安提戈涅、厄勒克特拉、菲罗克忒等都是孤身一人与巨大的势力作斗争;他笔下的人物都具有美好的品性,诚实、乐观、刚毅、积极,同时又充满苦难、无奈、悲恸,无论从哪个方面来说他们都是无罪的,但却承担着最悲惨的命运惩罚;在某种程度上,正是人物的美好品性造就了他们不幸的命运,无论是俄狄浦斯对凶手的无限追查还是安提戈涅对禁葬令的勇敢挑战都显示了人物在厄运面前毫不畏缩的勇气与魄力。这也是他笔下的人物打动人心的地方,索福克勒斯本人也被后世赞誉:"索福克勒斯被誉为戏剧艺术的荷马,那就是说,索福克勒斯这样全面而且鲜明地反映伯里克理斯的'黄金时代',正如荷马那样把史诗时代希腊的生活、风俗、观念一一铭记在他的史诗里面。"[①]

欧里庇得斯(公元前485—公元前406),出身贵族家庭,少年时学习过摔跤与拳术,曾继承过大笔财产,并用这笔钱购买了大量书籍,是第一个有大藏书室的雅典人。他性格孤僻,极少参加公共活动,也不愿担任公共职务,反对战争,反对男女地位的不平等。欧里庇得斯处于一个雅典社会由盛而衰的时期,妇女地位在这一时期已经远远不如在氏

---

①塞尔格叶夫.古希腊史[M].缪灵珠,译.北京:高等教育出版社,1955:322.

族社会瓦解时高,私有财产使家庭作为基本的社会单位固定下来,婚姻制度也逐渐转变为一夫一妻制,但这种规定仅针对妇女,男子可以在外胡作非为。在家庭利益面前,作出牺牲的首先是妇女,妇女无论反抗与否,都会酿成自身悲剧,这一点已经体现在欧里庇得斯的剧作中,《美狄亚》中的美狄亚是不甘于被抛弃的命运而奋起抗争的形象;《阿尔刻提斯》中的阿尔刻提斯自愿替丈夫送死,也是一个被冤枉的牺牲品。关于《阿尔刻提斯》的剧情是这样的:裴赖城国王阿德墨托斯命中注定要短命而亡。神示如果能在亲人中找到一个替身则可免于难,所有的亲友都拒绝做替死鬼,连国王年老的父母也拒绝了。最后,他的妻子阿尔刻提斯自愿替他送死。表面上反映的是妇女的美德,其实是当时社会要求妇女作出牺牲的表现。诗人通过戏剧对雅典不合理的家庭制度及男女地位的不平等表示不满。欧里庇得斯的悲剧作品中,有一系列描绘妇女,尤其是妇女的变态心理的剧作,《希波吕托斯》写变态的恋爱心理,《伊翁》写嫉妒的心理,《酒神的伴侣》写疯狂的心理,《赫卡帕》写复仇的心理,《美狄亚》更将妇女的复仇推向高潮,这一点后来成为喜剧之父阿里斯托芬谴责他的理由,认为他不该在悲剧里描写妇女不健康的心理和不道德的行为。然而,也有人认为这是他不同于埃斯库罗斯和索福克勒斯的地方,说他首先在希腊文学领域发现了女人这一长期以来被遮蔽的对象。《美狄亚》是成就欧里庇得斯悲剧大师美名的著名悲剧,自古以来一直在世界范围内被认为是最优秀、最动人的悲剧之一。主人公美狄亚热情、聪明、勇敢,为了跟随爱人伊阿宋,她背叛祖国杀死弟弟,帮助伊阿宋取得金羊毛。几年后,贪心的伊阿宋为了财富和权力背弃了她,打算另娶科任托斯的公主刻劳格为妻,而国王克瑞翁还要将美狄亚驱逐出境。命运的不公点燃了一个女人的仇恨,美狄亚决定复仇,她决定杀死公主并杀死自己与伊阿宋所生的两个孩子,然而慈母的爱在内心深深地折磨着她,为了惩罚伊阿宋,也为了宣告整个社会对女人的不公,弃妇的恨占了上风,她杀了自己的两个儿子和丈夫的新欢,然后乘龙车逃往雅典。兼具智慧与美貌的年轻公主美狄亚敢爱敢恨,当爱情到来时,她不惜一切代价全身心为爱付出,当失去爱情时,她由爱而恨愤然抗争,其惨烈的报复方式,毁灭一切的决绝态度,处处牵动人心,产生了强烈的悲剧效果。《美狄亚》是“一个被侮辱的妇人对弃她而别恋的丈夫抱着不能自制的复仇的激情,构成欧里庇得斯最有力的而且在技巧上最完美的悲剧《美狄亚》的基础”①。

　　古希腊喜剧的历史已经无法考证,但有一点可以明确,古希腊的喜剧发展比悲剧晚一些,直到公元前487年,雅典城才正式上演喜剧。今天所知道的最早的喜剧家有克剌提诺斯、克剌忒斯、欧波利斯等,最负盛名的喜剧诗人阿里斯托芬约活动在公元前446年到前385年间,是雅典公民,一生共写过44出喜剧,流传下来的有11出。从取材来看,古

---

①塞尔格叶夫.古希腊史[M].北京:高等教育出版社,1957:325.

希腊悲剧多取材于神话,喜剧则取材于现实生活,从阿里斯托芬的喜剧来看,当时的主战派头子拉马科斯、当权人物克瑞翁、悲剧诗人欧里庇得斯等现实人物都进入他的喜剧作品中。从戏剧气氛来看,古希腊喜剧虽然在气氛上是轻松的,但却有着严肃的目的,剧场实际上是剧作家宣扬自己政治见解的舞台,阿里斯托芬就曾因此给自己带来麻烦,克瑞翁就曾控告过他,雅典当局也曾两次明文禁止在喜剧中攻击活着的人。诗人反对内战,《阿卡奈人》攻击主战派拉马科斯,《骑士》和《马蜂》攻击煽动战争的克瑞翁,《和平》号召希腊人拯救和平女神,《云》讽刺"诡辩派"苏格拉底毒害青年,《地母节妇女》和《蛙》则挖苦悲剧诗人欧里庇得斯,《公民大会妇女》批判财富不平等号召财产公有。阿里斯托芬的《鸟》是最早的乌托邦文学之一,描写了一个没有压迫、剥削、敲诈、欺骗现象的鸟城理想国。阿里斯托芬还是古希腊文艺批评的奠基人,《蛙》是最早把文艺批评写成喜剧形式的文艺批评著作。

古希腊散文是在历史著作出现之时,古希腊著名历史学家希罗多德(公元前485？—公元前425？)的《历史》开创了欧洲散文文学的源头。此外,修昔底德的《伯罗奔尼撒战争史》,色诺芬的《长征记》,苏格拉底和狄摩西尼的演说辞也都显示出了散文的发展。在文艺理论方面,柏拉图的《理想国》和亚里士多德的《诗学》是著名的文艺理论作品,《诗学》是西方第一部系统的美学专著,它的文艺观点是整个西方文艺理论思想的源头。

四、古罗马的文学概况

公元前3世纪在罗马的军事扩张下,吸收了先进的希腊文化并将之融入罗马文化当中,使自己的戏剧很快发展起来,形成具有民族特点的罗马文学。罗马的第一位诗人是李维乌斯,他首次将荷马史诗《奥德赛》译成拉丁文,他的戏剧作品虽然粗糙,但却对罗马戏剧的发展起了促进作用。他之后的奈维乌斯用拉丁文和罗马题材写成在当时被称作"紫袍剧"的戏剧,使罗马戏剧更加民族化。普劳图斯和泰伦提乌斯根据希腊新喜剧改编的"披衫剧"得名于希腊人披在身上的衣服,披衫剧一方面继承了希腊戏剧艺术的传统,另一方面融合了意大利民间戏剧的因素。普劳图斯的喜剧《一坛金子》描写老人欧克利奥得到一坛金子后患得患失的矛盾心理,此剧后来被莫里哀改编为《悭吝人》。泰伦提乌斯的喜剧《福尔弥昂》剧情生动活泼,兼有闹剧成分,身为门客的福尔弥昂聪明机智、喜欢成人之美又保持着自己的独立人格,莫里哀后来曾仿照它改编成《司卡班的诡计》。罗马文学的繁荣是在屋大维时期,这一时期被认为是罗马文学的"黄金时期",出现了维吉尔、贺拉斯和奥维德三位著名诗人。

普布里乌斯·维吉尔·马洛(公元前70—公元前19)是罗马著名的诗人,出身富裕农民家庭,在米兰、罗马受到良好的教育,写有《牧歌》《农事诗》和《埃涅阿斯纪》。《牧歌》抒写田园之乐,由 10 首短歌组成,受到希腊诗人忒俄克里托斯的影响,作品流露出对当时社会的怀疑和担忧,给作品蒙上一层感伤气氛。《农事诗》写种谷、植树、畜牧、养蜂,共 4 卷,2188 行。作品旨在配合屋大维振兴农业的政策,政治目的强烈,其中并无农业技术的描写,仅仅是呼唤农民回归农村,单方面地描绘了农村生活的乐趣。《埃涅阿斯纪》(又译《伊尼德》)是维吉尔的杰作,对后世欧洲文学产生了巨大影响。这部史诗创作于诗人生命的最后十年,曾准备用 3 年时间进行修改,诗人逝世未能如愿,诗人曾立遗嘱毁掉史诗,后来屋大维出面才得以保存。史诗分为 12 卷,描述了特洛亚王子埃涅阿斯在国家灭亡后到意大利建功立业的英雄伟绩。前 6 卷模仿荷马史诗《奥德赛》叙述王子埃涅阿斯在特洛亚亡国后率领众人逃离家园,经过 7 年的漂泊到达北非迦太基受到女王狄多的热情款待。王子讲述了自己的遭遇,得到狄多的同情与爱,和女王结婚。后来他得到神示要到意大利重建邦国,狄多愤而自杀。埃涅阿斯在意大利登陆后,女先知西比尔带他到冥府见他的父亲,父亲一一将罗马的一系列统治者罗慕路斯、恺撒、屋大维等指给他看,并将罗马未来的命运告诉他,要他担当重任。史诗后 6 卷模仿《伊利亚特》,叙述了埃涅阿斯到达意大利后,国王拉提努斯热情地接待了他并且愿意将女儿嫁给他,这就惹怒了另一名求婚者鲁图利亚人的国王图尔努斯。双方作战 3 天,天上诸神也各帮一方,最后埃涅阿斯杀死了图尔努斯。《埃涅阿斯纪》深受荷马史诗的影响,二者最大的区别是前者是文人创作后者则是口头文学,因此荷马史诗自然纯真、活泼明快的色彩在维吉尔这里要逊色得多,但是作为欧洲文学史上第一部文人史诗,它仍显示了很高的文学价值及创作成就,尽管维吉尔本人天生谦虚,对自己的作品不满,甚至要将之付之一炬,但是后世文人仍然给予它极高的地位,欧洲后来的诗人但丁及弥尔顿都曾取法于它。

贺拉斯(公元前 65—公元前 8)是奥古斯都时期与维吉尔齐名的诗人,出身意大利南部一个获释奴隶家庭,父亲是税务员,收入颇丰,得以送他去罗马接受教育。维吉尔去世后,贺拉斯成为罗马最著名的诗人。著作有《长短句》1 卷 17 首,《闲谈集》(又名《讽刺诗集》)2 卷 18 首,《歌集》(又称《颂歌集》)4 卷百余首,《诗简》2 卷 23 首。著名的文艺理论著作《诗艺》是贺拉斯的创作经验谈,来自《诗简》。《诗艺》提出了一系列写诗的原则和规律,是西方较早的文艺理论著作之一,对欧洲文艺理论的发展产生了重要影响。

奥维德(公元前 43—公元 18)是古罗马著名诗人,出身富裕骑士家庭,受过良好教育,著有《爱情诗》3 卷,《古代名媛》21 首,《爱的艺术》3 卷等描写爱情和恋爱的诗。这些诗作语言优美、技巧娴熟,用哀歌体写成,却违背了屋大维的道德改革政策,奥维德受到流放后客死他乡。流放期间著有 5 卷《哀怨集》、4 封《黑海书简》,流放前的《罗马岁时记》按照时间顺序叙述罗马宗教节日以及有关传说、事件及祭祀仪式等。奥维德最主要的作品是《变形记》,共 15 卷,由 250 个神话构成,叙述人变成鸟兽、花草树木、顽石等故事,用故事套故事的写法构成全书的环环相扣,人物的变形受到当时"一切都在变易"中哲学的影响。《变形记》内容丰富,从开天辟地一直写到当代罗马,通过生动多变的故事反映当代罗马的生活,《变形记》中的故事生动感人,其中刻宇克斯和阿尔库俄涅夫妻死后双双变鸟仍恩爱如初,俄耳浦斯对妻子坚贞不渝及他感动鬼神鸟兽及顽石的音乐,皮格马利翁爱上自己用象牙雕刻的美女,代达罗斯父子制造飞翼飞上天,乡下人变成蛙的故事等给人留下深刻的印象,其变形的主题对欧洲后世文学也产生了极深的影响。

古罗马文学虽然取得了一定的成就,但从总体上看受到希腊文学影响极深,在成就上也要比希腊文学逊色许多。罗马文学的成就离不开它所受到的希腊影响,虽然罗马在军事上征服了希腊,在文化上却被希腊所征服:"希腊的思想,希腊的物品,以及希腊的素材已经流入罗马。罗马的将军们和冒险家们洗劫了希腊的旧地,并掳走了重要的物品去装饰他们在意大利的别墅、花园和公共场所;希腊雕塑和绘画一再被复制。罗马的建筑师沿用希腊柱式,他们也采用多利亚式以及爱奥尼亚式,但是更直白地表现出对科林斯式的偏好。希腊化世界所经历的政治上的罗马洗礼,同罗马所受到的艺术上的希腊化改造并驾齐驱。"[1]希腊文化希腊文学的成就比罗马高得多,希腊文化是西方文化的源头已经成为一个公认的事实。西方近代文明植根于这一基础,它的政治制度、民主观念、哲学艺术等都源于希腊:"在希腊这块留存了这些遗迹的地方,植根着许多我们西方文明的基础。它的伟大的哲学家、历史学家、诗人、剧作家、建筑师、雕塑家和画家,至今仍影响着我们的思想、行为和创作方式。"[2]在文艺复兴时期,古希腊罗马的文学艺术再一次地在整个西方面前大放异彩,让整个西方世界刮目相看,正如恩格斯所说:"拜占庭灭亡时抢救出来的手抄本,罗马废墟中发掘出来的古代雕像,在惊讶的西方面前展示了一个新世界——希腊的古代;在它的光辉形象面前,中世纪的幽灵消逝了,意大利出现了前所未有的艺术繁荣,这种艺术繁荣好像是古典主义的反照,以后就再也不曾达到了。"[3]

五、原典选读

伊利亚特(节选)

第二十卷

这时,在弯翘的海船边,阿开亚人正武装起来,围绕着你,阿基琉斯,裴琉斯嗜战不厌的儿郎,面对武

---

[1]佩德利.希腊艺术与考古学[M].李冰清,译.桂林:广西师范大学出版社,2005:386.
[2]佩德利.希腊艺术与考古学[M].李冰清,译.桂林:广西师范大学出版社,2005:1.
[3]恩格斯.自然辩证法·导言[M].//马克思,恩格斯.马克思恩格斯选集:第3卷.北京:人民出版社,1972:444-445.

装的特洛伊人,排列在平原上,隆起的那一头。与此同时,在山脊耸叠的俄林波斯的峰巅,宙斯命嘱塞弥丝召聚所有的神祇聚会;女神各处奔走传告,要他们前往宙斯的房居。除了俄开阿诺斯,所有的河流都来到议事地点,还有所有的女仙,无一缺席——平日里,她们活跃在婆娑的树丛下,出没在泉河的水流边和水草丰美的泽地。神们全都汇聚在啸聚乌云的宙斯的房居,躬身下坐,在石面溜滑的柱廊里,赫法伊斯托斯的杰作,为父亲宙斯,以他的工艺和匠心。

众神汇聚在宙斯的家居,包括裂地之神波塞冬,不曾忽略女神的传谕,从海里出来,和众神一起出席,坐在他们中间,出言询问宙斯的用意:“这是为什么,闪电霹雳之王,为何再次把我们召聚到这里?还在思考特洛伊人和阿开亚人的战事吗?两军即将开战,战火即将燃起。”

听罢这番话,啸聚乌云的宙斯说讲,答道:“裂地之神,你已猜出我的用意,我把各位召聚起来的目的。我关心这些凡人,虽然他们正在死去。尽管如此,我仍将待在俄林波斯的山脊,静坐观赏,愉悦我的心怀。你等众神可即时下山,前往特洛伊人和阿开亚人的群队,任凭你们的喜好,帮助各自愿帮的一边。如果我们任由阿基琉斯独自厮杀,特洛伊人便休想挡住裴琉斯捷足的儿子,一刻也不能。即便在以前,他们见了此人也会索索发抖;现在,由于伴友的死亡,悲愤交加,我担心他会冲破命运的制约,攻下特洛伊人的城堡。”

言罢,宙斯挑起持续不断的战斗众神下山介入搏杀,带着互相抵触的念头。赫拉前往云集滩沿的海船,和帕拉丝·雅典娜一起,还有环绕大地的波塞冬和善喜助佑的赫耳墨斯——此神心智敏捷,无有竞比的对手。赫法伊斯托斯亦和他们同行,凭恃自己的勇力,瘸拐着行走,灵巧地挪动干瘪的腿脚。但头盔闪亮的阿瑞斯去了特洛伊人一边,还有长发飘洒的阿波罗,射手阿耳忒弥丝,以及莱托、珊索斯和爱笑的阿芙罗底忒。在神们尚未接近凡人之时,战场上,阿开亚人所向披靡,节节胜利。阿基琉斯已重返疆场,虽然他已长时间地避离惨烈的战斗。特洛伊人个个心惊胆战,吓得双腿发抖,看着裴琉斯捷足的儿子,铠甲铮亮,杀人狂阿瑞斯一样的凡人。但是,当俄林波斯众神汇入凡人的队伍,强有力的争斗,兵士的驱怂,抖擞精神;雅典娜咆哮呼喊,时而站在墙外的沟边,时而又出现在海涛震响的岩岸,疾声呼号。在战场的另一边,阿瑞斯吼声如雷,像一股黑色的旋风,时而出现在城堡的顶楼,厉声催督特洛伊人向前,时而奋力疾跑,沿着西摩埃斯河,卡利科洛奈的坡面。

就这样,幸运的神明催励敌对的双方拼命,也在他们自己中间引发激烈的竞比。天上,神和人的父亲炸起可怕的响雷地下,波塞冬摇撼着无边的陆基,摇撼着巍巍的群山和峰峦。大地震颤,那多泉的伊达,它的每一个坡面,每一峰山巅,连同特洛伊人的城堡,阿开亚人的海船。埃多纽斯,冥府的主宰,心里害怕,从宝座上一跃而起,嘶声尖叫,惟恐在他的头上,环地之神波塞冬可能裂毁地面,暴袒出死人的房院,在神和人的眼前,阴暗、霉烂的地府,连神祇看了也会恶厌。就这样,众神对阵开战,撞顶出轰然的声响。福伊波斯·阿波罗手持羽箭,稳稳站立,攻战王者波塞冬,而灰眼睛女神雅典娜则敌战厄努阿利俄斯。对抗赫拉的是啸走山林的猎手,带用金箭的捕者,泼箭如雨的阿耳忒弥丝,远射手阿波罗的姐妹。善喜助佑的赫耳墨斯面对女神莱托,而迎战赫法伊斯托斯的则是那条漩涡深卷的长河,神祇叫它珊索斯,凡人则称之为斯卡曼得罗斯。

就这样,双方互不相让,神和神的对抗。其时,阿基琉斯迫不及待地冲入战斗,寻战赫克托耳,普里阿摩斯之子,渴望用他的,而不是别人的热血,喂饱战神、从盾牌后杀砍的阿瑞斯的胃肠。但是,阿波罗,兵士的驱怂,却催使埃内阿斯攻战裴琉斯之子,给他注入巨大的力量。摹仿普里阿摩斯之子鲁卡昂的声音和形貌,宙斯之子阿波罗对埃内阿斯说道:"埃内阿斯,特洛伊人的训导,你的那些豪言壮语,就着杯中的饮酒,对特洛伊人的王者发出的威胁,现在何方你说,你可一对一地和阿基琉斯、裴琉斯之子开打。"

听罢这番话,埃内阿斯说讲,答道:"鲁卡昂,普里阿摩斯之子,为何催我违背自己的意愿,迎着他的狂怒,和裴琉斯之子面对面地对打这将不是我第一次和捷足的阿基琉斯照面。那次,在此之前,他手持枪矛,把我赶下伊达;那一天,他抢劫我们的牛群,荡毁了鲁耳奈索斯和裴达索斯地方。幸得宙斯相救,给我注入勇力,使我快腿如飞。否则,我早已倒在阿基琉斯的枪下,死在雅典娜的手里,后者跑在他的前头,洒下护助的明光,激励他奋勇前进,用他的铜枪,击杀莱勒格斯和特洛伊兵壮。所以,凡人中谁也不能和阿基琉斯面战,他的身边总有某位神明,替他挡开死亡。即使没有神助,他的投枪像长了眼睛,一旦击中,紧咬不放,直至穿透被击者的身躯。但是,倘若神祇愿意拉平战争的绳线,他就不能轻而易举地获胜,即便出言称道,他的每块肌肉都是用青铜铸成!"

听罢这番话,宙斯之子、王者阿波罗说道:"英雄,为何不对长生不老的神明祈祷?你亦可以这么做。人们说,你是宙斯之女阿芙罗底忒的骨肉,而阿基琉斯则出自一位身份相对低下的女神的肚腹;阿芙罗底忒乃宙斯之女,而塞莱丝的父亲是海中的长老。去吧,提着你那不知疲倦的铜矛,往前冲捣!切莫让他把你顶退回来,用含带蔑视的吹擂,气势汹汹的恫吓!"

此番催励在兵士的牧者身上激起巨大的力量,他头顶闪亮的头盔,阔步穿行在前排壮勇的队列。安基塞斯之子穿过人群,意欲寻战裴琉斯的儿郎。白臂膀的赫拉马上发现他的行踪,召来己方的神祇,对他们说道:"好好商讨一番,你们二位,波塞冬和雅典娜;认真想想吧,这场攻势会引出什么结果。看,埃内阿斯,顶着锃亮的头盔,正扑向裴琉斯之子,受福伊波斯·阿波罗的遣送。来吧,让我们就此行动,把他赶离;否则,我们中的一个要前往站在阿基琉斯身边,给他注入巨大的勇力,使他不致心虚手软。要让他知道,高高在上的神祇,他们中最了得的几位,全都钟爱着他,而那些个至今一直为特洛伊人挡御战争和毁败的神们,则像无用的清风!我们合伙从俄林波斯下来,参与这场战斗,使阿基琉斯不致在今天倒死在特洛伊人手中。日后,他将经受命运用纺线罗织的苦难,早在他出生入世,他的母亲把他带到人间的那一刻。倘若阿基琉斯对此未有所闻,听自神的声音,那么,当一位神祇和他开打较量,他就会心虚胆怯。谁敢看了不怕,如果神明出现,以自己的形貌?"

听罢这番话,裂地之神波塞冬答道:"赫拉,不要感情用事,莫名其妙地动怒发火。至少,我不愿催领这边的神明,和对手战斗;我们的优势太过显著。这样吧,让我们离开此地,避离战场,端坐高处,极目观赏;让凡人自己对付他们的战杀。但是,如果阿瑞斯或福伊波斯·阿波罗参战,或把阿基琉斯推挡回去,不让他冲杀,那时,我们便可即刻出动,和他们对打较量。这样,用不了多久,我相信,他们就会跑回俄林波斯,躲进神的群队,带着我们的手力,难以抗拒的击打!"

言罢,黑发的波塞冬领头前行,来到神一样的赫拉克勒斯的墙堡,两边堆着厚实的泥土,一座高耸的堡垒,特洛伊人和帕拉丝·雅典娜为他建造,作为避身的去处,以便在横冲直撞的海怪,把壮士从海边赶往平原的时候,躲防他的追捕。波塞冬和同行的神灵在那里下坐,卷来大片云朵,筑起不可攻破的雾障,围绕在他们的肩头。在远离他们的另一边,神们在卡利科洛奈的悬壁上下坐,围聚在你俩的身边,射手阿波罗和攻城略地的阿瑞斯。

就这样,两边的神祇分地而坐,运筹谋划,哪一方都不愿首先挑起痛苦的击打,虽然高坐云天的宙斯催愿着他们战斗。

然而,平原上人山人海,铜光四射,到处塞满了人和战马,两军进逼,人腿和马蹄击打着地面,大地为之摇撼。两军间的空地上,两位最杰出的战勇迎面扑进,带着仇杀的狂烈,埃内阿斯,安基塞斯之子,和卓越的阿基琉斯。埃内阿斯首先走出队列,气势汹汹地迈着大步,摇晃着脑袋,在沉重的帽盔下,挺着凶莽的战盾,挡在胸前,挥舞着青铜的枪矛。迎着他的脸面,裴琉斯之子猛扑上前,像一头雄狮,凶暴的猛兽,招来猎杀的敌手,整个村镇的居民。一开始,它还满不在乎,放腿信步,直到一个动作敏捷的小伙投枪捅破它的肌肤。其时,它蹲伏起身子,张开血盆大口,齿龈间唾沫横流,强健的狮心里回响着悲沉的呼吼它扬起尾巴,拍打自己的肋肌和两边的股腹,抽激起厮杀的狂烈,瞪着闪光的眼睛,狂猛地扑向人群,抱定一个决心,要么撕裂他们中的一个,要么在首次扑击中被他们放倒! 就像这样,高傲的心灵和战斗的狂烈催激着阿基琉斯奋勇向前,面对心志豪莽的埃内阿斯。他俩相对而行,咄咄逼近捷足和卓越的阿基琉斯首先发话,喊道:"埃内阿斯,为何远离你的队伍,孤身出战是你的愿望吧? 是它驱使你拼命,企望成为驯马好手特洛伊人的主宰,荣登普里阿摩斯的宝座然而,即使你杀了我,普里阿摩斯也不会把王冠放到你的手里——他有亲生的儿子,何况老人自己身板硬朗,思路敏捷。也许,特洛伊人已经答应,倘若你能把我杀了,他们将给你一块土地,一片精耕的沃野,繁茂的果林,由你统管经营? 不过,要想杀我,可不是件容易的事情。我似乎记得,从前,你曾在我枪下九死一生。忘了吗? 我曾把你赶离你的牛群,追下伊达的斜坡;你,孤零零的一个,撒开两腿,不要命似的奔跑,连头都不曾回过。你跑到鲁耳奈索斯,但我奋起强攻,碎毁了那座城堡,承蒙雅典娜和父亲宙斯的助佑,逮获了城内的女子,剥夺了她们的自由,当做战礼拉走,只是让你活着逃生,宙斯和诸神把你相救。这一回,我想,神明不会再来助佑,虽然你以为他们还会这么做。退回去吧,恕我直言,回到你的群队,不要和我交手,省得自找麻烦! 那是个傻瓜,在事情做下后知悉!"

听罢这番话,埃内阿斯答道:"不要痴心妄想,裴琉斯之子,试图用言语把我吓倒,把我当做一个毛孩! 不,若论咒骂侮辱,我也是一把不让人的好手。你我都知道对方的门第和双亲,我们已从世人的嘴里听说过,他们的光荣可追溯到久远的年代,只是你我都不曾亲眼见过对方的父母。人们说,你是豪勇的裴琉斯的儿子,你的母亲是长发秀美的塞提丝,海洋的女儿。至于我,不瞒你说,我乃心志豪莽的安基塞斯之子,而我的母亲是阿芙罗底忒。今天,你我的双亲中,总有一对,将为失去心爱的儿子恸哭。相信我,我们不会就此撤离战斗,像孩子似的,仅仅吵骂一通,然后各回家门。虽然如此,关于我的宗谱,如果你想知道得清清楚楚,不遗不误,那就听我道来,虽说在许多人心里,这些已是掌故。我的家世,可以上溯到达耳达诺斯,啸聚乌云的宙斯之子,创建达耳达尼亚的宗祖;那时,神圣的伊利昂尚未出现,这座耸立在平原之上,庇护着一方民众的居城。人们营居在伊达的斜面,多泉的山坡。以后,达耳达诺斯生养一子,王者厄里克索尼俄斯,世间最富有的凡人,拥有三千匹母马,牧养在多草的泽地,盛年的骒马,高傲地看育着活蹦乱跳的仔驹。北风挟着情欲,看上了草地上的它们,化作一匹黑鬃飘洒的儿马,爬上牝马的腰身。后者怀受他的种子,生下十二匹幼驹。这些好马,嬉跳在精耕的农田,丰产的谷地,掠过成片的谷穗,不会踢断一根杆茎。他们蹄腿轻捷,蹦跳在宽阔的洋面,踏着灰蓝色的长浪,水头的峰尖。厄里克索尼俄斯得子特罗斯,特洛伊人的主宰,而特罗斯生养了三个豪勇的儿郎,伊洛斯、阿萨拉科斯和神一样的伽努墨得斯,凡间最美的人儿——诸神视其俊秀,把他掠到天上,当了宙斯的侍斟,生活在神族之中。伊洛斯得养一子,豪勇的劳墨冬;劳墨冬有子提索诺斯、普里阿摩斯、朗波斯、克鲁提俄斯和希开塔昂,阿瑞斯的伴从。阿萨拉科斯有子卡普斯,而卡普斯得子安基塞斯,我乃安基塞斯之子,而卓越的赫克托耳是普里阿摩斯的男嗣。这,便是我要告诉你的家世,我的血统。至于勇力,那得听凭宙斯的增减,由他随心所欲地摆布,因为他是最强健的天神。动手吧,不要再像孩子似的唠唠叨叨,站在即将开战的两军间。我们可在此没完了地互相讥辱,难听的话语可以压沉一艘安着一百条凳板的船舟。人的舌头是一种曲卷油滑的东西,话语中词汇众多,五花八门,应用广泛,无所不容。你说了什么,就会听到什么。然而,我们并没有这个需要,在此争吵辱骂,你来我往,像两个街巷里的女人,吵得心肺俱裂,冲上街头,互相攻击,大肆诽谤,其中不乏真话,亦多谎言;暴怒使她们信口开河。我嗜战心切,你的话不能驱我回头——让我们用铜枪打出输赢。来吧,让我们试试各自的力气,用带着铜尖的枪矛!"

言罢,他挥手掷出粗重的投枪,碰撞在森严可怕的盾面,战盾顶着枪尖,发出沉重的响声。裴琉斯之子大手推出战盾,心里害怕,以为心志豪莽的埃内阿斯,他的投影森长的枪矛,会轻松捅穿盾牌——愚蠢得可笑。他不知道,在他的心魂里,神祇光荣的礼物不是一捅即破的摆设,凡人休想毁捣。这次,身经百战的埃内阿斯,他的粗重的枪矛,也同样不能奏效;黄金的层面,神赐的礼物,挡住了它的冲扫。事实上,枪尖确实捅穿了两个层面,留下后面的三层瘸腿的神匠一共铸了五层,表之以两层青铜,垫之以两层白锡,铜锡之间夹着一层黄金,就是这层金属,挡住了桦木杆的枪矛。

接着,阿基琉斯奋臂投掷,落影森长的枪矛击中埃内阿斯溜圆的战盾,盾围的边沿,铜层稀薄,亦是牛皮铺垫最薄弱的部位。裴利昂的桦木杆枪矛把落点破底透穿,盾牌吃不住重击,发出沉闷的声响。埃内阿斯屈身躲避,撑出战盾,挡在头前,吓得心惊肉跳——枪尖飞越肩背,呼啸着扎入泥尘,捣去两个层面,从护身的皮盾。埃内阿斯躲过长枪,站起身子,眼里闪出强烈的忧愤,怕得毛骨悚然:枪矛扎落在如此近身的地点。阿基琉斯拔出锋快的利剑,全力扑进,挟着狂烈,发出粗野的喊叫。埃内阿斯抱起石头,一块巨大的顽石,当今之人,即便站出两个,也动它不得,而他却仅凭一己之力,轻松地将其高举过头。其时,埃内阿斯的石头很可能已击中冲扫过来的阿基琉斯,砸在头盔或盾牌上,而后者会用战盾挡住石块,趋身近逼,出剑击杀,夺走他的生命,若不是裂地之神波塞冬眼快,当即发话,对身边的诸神说道:"各位听着,我真为心志豪莽的埃内阿斯难过;他将即刻坠入死神的地府,趴倒在阿基琉斯手下,只为他听信远射手阿波罗的挑唆——可怜的蠢货,而阿波罗却不会前来,替他挡开可悲的死亡。但是,一个像他这样无辜的凡人,为何要平白无故地受苦受难,为了别人的争斗他总是给我们礼物,愉悦我们的心房;我们,统掌天空的仙神。赶快行动,我们要亲自前往,把他救出,以免克罗诺斯之子生气动怒,倘若阿基琉斯杀了此人。他命里注定可以逃生,而达耳达诺斯的部族也不会彻底消亡,后继无人——他是宙斯最钟爱的儿子,在和凡女生养的全部孩男中。克罗诺斯之子现已憎恨普里阿摩斯的家族,所以,埃内阿斯将以强力统治特洛伊民众,一直延续到他的儿子的儿子,后世的子子孙孙。"

听罢这番话,牛眼睛天后赫拉答道:"此事,裂地之神,由你自个思忖定夺,是救他出来,还是放手让他死去,带着他的全部勇力,倒在裴琉斯之子阿基琉斯面前。我们两个,我和帕拉丝·雅典娜,已多次发誓宣称,当着所有神祇的脸面,决不为特洛伊人挡开他们的末日,凶险的死亡,哪怕猖葬的烈焰吞噬整座特洛伊城堡,在阿开亚人嗜战的儿子们放火烧城的时候!"

听罢这番话,裂地之神波塞冬穿行在战斗的人群,冒着纷飞的枪矛,找到埃内阿斯和光荣的阿基琉斯战斗的地方。顷刻之间,他在阿基琉斯、裴琉斯之子眼前布起一团迷雾,从心志豪莽的埃内阿斯的盾上拔出安着铜尖的桦木杆枪矛,放在阿基琉斯脚边,从地上挽起埃内阿斯,抛向天空,让他掠过一支支战斗的队伍,一行行排列的车马,借助神的手力,神的抛投,避离混战的人群,落脚在凶烈战场的边沿。其时,那里的考科尼亚人正在穿甲披挂,准备介入战斗。裂地之神波塞冬行至他的身边站定,对他说话,用长了翅膀的言语"埃内阿斯,是哪位神明使你疯癫至此,居然敢和裴琉斯心志高昂的儿子面对面地打斗,虽然他比你强壮,也更受神的钟爱你要马上撤离,无论在哪里碰上此位壮勇,以免逾越你的命限,坠入死神的家府。但是,一旦阿基琉斯命归地府,实践了命运的安排,你要鼓起勇气,奋发向前,和他们的首领战斗——那时候,阿开亚人中将不会有杀你的敌手。"

言罢,告毕要说的一切,此神离他而去,旋即驱散阿基琉斯眼前神布的迷雾。阿基琉斯睁大眼睛,注目凝望,窘困烦恼,对自己豪莽的心魂说道:"可能吗? 我的眼前真是出现了奇迹! 我的枪矛横躺在地,但却不见了那个人的踪影,那个我拼命冲扑、意欲把他杀死的家伙,现在哪里看来,埃内阿斯同样受到长生不老的神明的钟爱;我还以为,他的那番说告是厚颜无耻的吹擂。让他去吧! 从今后,他将再也不敢和我战斗,因为就是今天,他也巴不得逃离死的胁迫。眼下,我要召呼嗜喜拼搏的达奈兵勇,试试他们的身手,一起敌杀其余的特洛伊兵众!"

言罢,他跳回己方的队阵,催励着每一个人:"勇敢的阿开亚人,不要再站等观望,离着特洛伊人。各位都要敌战自己的对手,打出战斗的狂勇! 凭我单身一人,虽说强健,也难以对付如此众多的敌人,和所有的他们拼斗。即便是阿瑞斯,不死的神明,即便,甚至是雅典娜,也不能杀过战争的尖牙利齿,如此密集的队阵。但是,我发誓,只要能以我的手脚和勇力身体力行的战事,我将尽力去做;我将一步不让,决不退缩,冲打进敌人的营阵。我敢说,特洛伊人中,谁也不会因此感到高兴,倘若置身我枪矛的投程!"

他的话催励着阿开亚人。其时,光荣的赫克托耳放开嗓门,激励他的兵勇,盼想着和阿基琉斯拼斗:"不要惧怕裴琉斯的儿子,我的心志高昂的特洛伊人若用言词,我亦能和神祇争斗,但若使枪矛,那就绝非易事,神明要比我们强健得多。就是阿基琉斯,也不能践兑所有的豪言:有的可以实现,有的会遭受挫阻,废弃中途。我现在就去和他拼斗,虽然他的双手好似一蓬柴火是的,就像烈火,而他的心灵好像一个闪光的铁砧!"

他的话催励着特洛伊人,后者举起枪矛,准备杀搏;双方汇聚起胸中的狂烈,喊出暴虐的呼嚎。其时,福伊波斯·阿波罗站到赫克托耳身边,喊道:"赫克托耳,不要独自出战,面对阿基琉斯。退回你的队伍,避离混战拼杀,以免让他投枪击中,或挥剑砍翻,于近战之中!"

阿波罗言罢,赫克托耳一头扎进自己的群伍,心里害怕,听到神的话音。挟着战斗的狂烈,阿基琉斯扑向特洛伊人,发出一声粗蛮的号叫,首先杀了伊菲提昂,俄特仑丢斯骠勇的儿子,率统大队兵丁的首领,出自河湖女仙的肚腹,荡劫城堡的俄特仑丢斯的精血,在积雪的特摩洛斯山下,丰足的呼德乡村。强健的阿基琉斯出枪击中风风火火冲扑上来的伊菲提昂,捣在脑门上,把头颅劈成两半,后者随即倒地,轰然一声。骁勇的阿基琉斯欢呼,傲临身前的对手:"躺着吧,俄特仑丢斯之子,人间最凶狂的战勇! 这里是你挺尸的去处，远离古格湖畔，你的家乡，那里有你父亲的土地，伴随着呼洛斯的鱼群和赫耳摩斯的漩流。"

阿基琉斯一番炫耀；黑暗蒙起伊菲提昂的眼睛，任由阿开亚人飞滚的轮圈，把尸体压得支离破碎，辗毁在冲战的前沿。接着，阿基琉斯扑奔德摩勒昂，安忒诺耳之子，一位骠勇的防战能手，出枪捅在太阳穴上，穿过青铜的颊片，铜盔抵挡不住，青铜的枪尖，长驱直入，砸烂头骨，溅捣出喷飞的脑浆。阿基琉斯放倒了怒气冲冲的德摩勒昂。然后，阿基琉斯出枪刺中希波达马斯，在他跳车逃命，从他面前跑过之际，枪尖扎入后背，壮士竭力呼叫，喘吐出生命的魂息，像一头公牛，嘶声吼啸，被一伙年轻人拉着，拖去敬祭波塞冬，赫利开的主宰——裂地之神喜欢看到拖拉的情景。就像这样，此人大声啸吼，直到高傲的心魂飘离了躯骨。接着，阿基琉斯提枪猛扑神一样的波鲁多罗斯，普里阿摩斯之子——老父不让他参战，因为他是王者最小、也是最受宠爱的儿子，腿脚飞快，无人可及。但现在，这个蠢莽的年轻人，急于展示他的快腿，狂跑在激战的前沿，送掉了卿卿性命。正当他撒腿掠过之际，卓越和捷足的阿基琉斯飞枪击中他的后背，打在正中，金质的扣带交合搭连，胸甲的两个半片衔接连合的部位，枪尖长驱直入，从肚脐里穿捅出来。波鲁多罗斯随即倒下，大声哀号，双腿跪地，眼前黑雾弥漫，瘫倒泥尘，双手抓起外涌的肠流。

其时，赫克托耳眼见波鲁多罗斯，他的兄弟，跌跌撞撞地瘫倒在地上，手抓着外涌的肠流，眼前迷雾笼罩，再也不愿团团打转在远离拼搏的地方，而是冲跑出去，寻战阿基琉斯，高举锋快的枪矛，凶狂得像一团烈火。阿基琉斯见他扑来，跑上前去，高声呼喊，得意洋洋"此人到底来了；他杀死我心爱的伴友，比谁都更使我恼火！不要再等了，不要再互相回避，沿着进兵的大道！"

言罢，他恶狠狠地盯着卓越的赫克托耳，嚷道："走近点，以便尽快接受死的捶捣！"

然而，赫克托耳面无惧色，在闪亮的头盔下说道："不要痴心妄想，裴琉斯之子，试图用言语把我吓倒，把我当做一个毛孩。不，若论咒骂侮辱，我也是一把不让人的好手。我知道你很勇敢，而我也远不如你强壮，这不假，但此类事情全都平躺在神的膝头。所以，虽然我比你虚弱，但仍可出手投枪，把你结果在此之前，我的枪矛也一向利落！"

言罢，他举起枪矛，奋臂投掷，但经不住雅典娜轻轻一吹，把它拨离光荣的阿基琉斯，返回卓越的赫克托耳身边，掉在脚前的泥地上。与此同时，阿基琉斯凶猛狂烈，怒气咻咻，奋勇击杀，发出一声粗野的吼叫，但福伊波斯·阿波罗轻舒臂膀，神力无穷，把赫克托耳抱离地面，藏裹在浓雾里。一连三次，捷足的勇士、卓越的阿基琉斯向他冲扫，握着铜矛；一连三次，他的进击被浓厚的雾团消融。阿基琉斯随即发起第四次冲击，像一位出凡的超人，对着敌手发出粗野的喊叫，用长了翅膀的话语："这回，又让你躲过了死亡，你这条恶狗！虽说如此，也只是死里逃生；福伊波斯·阿波罗又一次救了你，这位你在投身密集的枪雨前必须对之祈诵的仙尊。但是，我们还会再战；那时，我会把你结果，倘若我的身边也有一位助佑的尊神。眼下，我要去追杀别的战勇，任何可以赶上的敌人！"

言罢，他一枪扎入德鲁俄普斯的脖子，后者随即倒地，躺死在他的腿脚前。他丢下死者，投枪阻止德慕科斯的冲击，打在膝盖上，菲勒托耳之子，一位高大强健的壮勇，随后猛扑上前，挥起粗大的战剑，夺杀了他的生命。接着，阿基琉斯放腿扑向达耳达诺斯和劳格诺斯，比阿斯的两个儿子，将其从马后摞下战车，打倒在地，一个投枪击落，另一个，近战中，挥剑砍翻。其后，特罗斯，阿拉斯托耳之子，跌撞到阿基琉斯跟前，抓抱他的双膝，盼望他手下留情，保住一条性命，心想他会怜惜一个和他同龄的青壮，不予斩夺。

这个笨蛋！他哪里知道，阿基琉斯根本不会听人求劝；他的心里没有一丝甜蜜，一缕温情——他怒火中烧，凶暴狂烈！特罗斯伸手欲抱他的膝腿，躬身祈求，但他手起一剑，扎入肝脏，把它搠出腹腔，黑血涌注，淋湿了股腿；随着魂息的离去，黑暗蒙住了他的双眼。接着，阿基琉斯扑近慕利俄斯，出枪击中耳朵，铜尖长驱直入，从另一边耳朵里穿出。随后，他杀了阿格诺耳之子厄开克洛斯，用带柄的劈剑，砍在脑门上，整条剑刃鲜血模糊，暗红的死亡和强有力的命运合上了他的眼睛。接着，阿基琉斯出枪击断丢卡利昂的手臂，膀肘上，筋脉交接的地方。铜尖切开肘上的筋腱，丢卡利昂垂着断臂，痴等着，心知死期不远。阿基琉斯挥剑砍断他的脖子，头颅滚出老远，连着帽盔，髓浆喷涌，从颈骨里面。他随之倒下，直挺挺地躺在地面。其后，阿基琉斯扑向裴瑞斯豪勇的儿子，里格摩斯，来自土地肥沃的斯拉凯，出枪搠在肚子上，枪尖扎进腹中，把他捅下战车。驭手阿雷苏斯调转马头，试图逃跑，阿基琉斯出枪猛刺，锋快的枪尖咬入他的脊背，把他摞下战车。惊马撒蹄狂跑。

一如暴虐的烈焰，横扫山谷里焦干的树木，焚烧着枝干繁茂的森林，疾风卷着熊熊的火势，阿基琉斯到处横冲直撞，挺着枪矛，似乎已超出人的凡俗，逼赶，追杀敌人，鲜血染红了乌黑的泥尘。像农人套起额面开阔的犍牛，踏踩着雪白的大麦，在一个铺压坚实的打谷场上，哞哞吼叫的壮牛，用蹄腿很快分辗出麦粒的皮壳，就像这样，拉着心胸豪壮的阿基琉斯，坚蹄的快马踢踏着死人和战盾，轮轴沾满飞溅的血点，马蹄和飞旋的轮缘压出四散的血污，喷洒在围绕车身的条杆。裴琉斯之子催马向前，为了争夺光荣，克敌制胜的大手上涂染着泥血的斑痕。

——陈中梅,译.上海译文出版社,2018.

奥德修纪（节选）

卷 九

足智多谋的奥德修回答道："阿吉诺王,最显耀的人,能够听到这样好的乐师歌颂是很幸运的,他的声音同天神一样;我认为没有比这个更大的享受;现在大家喜气洋洋,顺序坐在堂上饮宴,听着歌曲,面前的餐几摆满麦饼和肴肉,有侍者从碗里倒出酒来,把每人前面的酒杯斟满;我想这是最幸福不过的了。但是你偏要问我为什么心情沉重,这只能使我更加难受。主掌苍穹的天神给了我很多苦难;我先讲什么,后讲什么好呢？我现在先告诉你们我的名字,让你们知道,如果将来我能逃脱不幸的命运,我也许会接待你们的,虽然我住的地方很远。我就是拉埃提之子奥德修斯,我的名声远达苍穹,世人都称道我的足智多谋。我住在天气清明的伊大嘉岛,岛上有山,俯视一切,林木茂盛,附近有许多海岛,都有人居住,那就是杜利奇岛、萨弥岛和林木茂盛的查昆陀岛;伊大嘉实海中最西边的岛,别的岛都在东边。伊大嘉虽然是山地,但对年轻人的锻炼很有好处;我认为我从来没有见过更可爱的地方。辉煌的女神卡吕蒲索曾把我留在她深深的山洞里,要我做她的丈夫;还有埃亚依的女神刻尔吉也想把我留下,要我做她的丈夫;可是她们都不能让我改变心意。任何东西也不如故乡和自己的父母更可爱,即使一个人离开父母,远在异乡,住在富裕的人家里。现在让我给你讲讲,在我离开特洛亚之后,上天在我归家路上给我的种种苦难。

"离开特罗之后,风把我们带到吉康人的地方伊斯马洛;我们攻下那座城,屠杀了当地居民,俘获了城里居民的妻子和许多财宝;我们平分了战利品,不让任何人失掉他应得的一份;那时我叫大家快快逃走,但是他们很糊涂,没有听我的劝告;他们喝了很多酒,在海岸边又宰了许多羊和肥牛;这时吉康人叫来了住在邻近的更多更勇猛的战士;那些吉康人是住在大陆上的,擅长在马上战斗,也能步战;到了清晨他们就来了,像春天出现的花叶一样茂盛;宙斯要让我们饱尝苦难,为我们这些倒霉的人安排了恶劣的命运;我们摆好阵式,在快船旁边开始战斗,用青铜枪矛互攻;从清晨到神圣的白昼增强的时候,我们还能守住阵地,打退比我们人数更多的敌人,可是到了太阳西下,停止驾牛的时候,吉康人终于占了上风,打垮了阿凯人;我们每船损失了六个披甲的伙伴,其余的人逃脱了死亡的命运。

"我们离开那里继续航行,心情沉重,庆幸自己逃脱死亡,但是丢掉一些亲爱的伙伴;我是等到向那些不幸的伙伴呼唤了三次,才允许我们的长船离开的,但是他们都在原野上被吉康人杀掉了。那时聚集云雾的宙斯唤起北风,带来狂风暴雨,大地和海洋都隐藏在云雾里,黑夜自天涌下,船被风吹走,船帆给撕成碎片;我们害怕遭到不幸,赶快把船帆放下,靠近陆地;两天两夜,我们躺在船里;疲倦和忧愁折磨着我们;华鬓的曙光带来了第三天;这时我们才竖起桅杆,扬起白帆,坐到桨位上,让风和舵手引导着我们前进;当时看起来我们就要安全回到故乡了,可是当我们绕过马雷雅的时候,风浪又把船带走,离开了鸠塞罗,在海上漂流。一连九天时间,狂风把我们又带到鱼龙起伏的大海上;到了第十天,我们到达了吃萋陀果的种族的地方,那里的人以花果为粮食;我们登陆打了水,然后在快船旁边吃饭;在我们吃完饭喝完酒之后,我决定派遣几个伙伴去打听住在这片土地上吃粮食的人是什么种族;我挑了两个人去,又派了另一个回来报告;他们到了吃萋陀果的种族那里,那里的人并没有杀死他们,只给了他们一些萋陀果吃;他们吃了这种甜蜜果实,就只想同那些人留在一起,吃着果实,不想回来报告,也不想回家了。我强迫他们哭哭啼啼的回到船上,把他们绑在弯船的桨位下面,然后命令别的忠实伙伴赶快登上快船,免得有人吃了这种果实不想回家;他们立刻上了船,在桨位上按次序坐好,用桨打着幽暗的海水。

"我们继续航行,心情沉重;我们又来到狂妄野蛮的独目巨人的地方;这里的人依靠永生天神的帮助,不用手种植也不用耕田,所有五谷都不需耕种,而能自己生长;这里有小麦大麦和一串串制酒的葡萄,上天降下的雨使它们成长;这些人没有聚会的场所,没有法律规章;他们都住在高山顶峰深深的石洞里;他们彼此都不关心,只管自己的妻子儿女。距离独目巨人的大陆不远,海湾外面有一片荒岛,上面林木茂盛,无数野羊繁殖在那里,因为没有人的脚步惊走它们,那些爬山越岭穿林过莽的猎人也不到那里去;那里没有牧场,也没有耕地,无人播种,无人耕锄,没有居民,只有咩咩的羊群;要是独目巨人们有赤舾的船,或者有能造带排桨的船的工匠,可以像一般航海的人那样,到其他种族和城邦那里去处理事务,他们本来可以把那个岛变成很好的属地;因为那个岛并不坏,四季都有收成;在幽暗大海的岸边,有潮润柔软的草地;那里的葡萄永不枯谢;岛上还有平坦可耕的土地,每季可以得到很好的收成,因为土壤很肥沃;岛上也有可以安全停泊的地方,不必下锚也不必用绳索把船拴住;航海的人可以随意停泊,到了有顺风的时候再离开;从山洞下面流出一股清亮的泉水,流入海湾;山洞旁边生长着茂盛的白杨树;好像有天神在黑暗里引导我们,我们就进入停泊的地方;我们什么也看不见,四面都是很厚的雾;上面也看不见天空和月亮,都被云雾遮盖起来了;在我们有排桨的船靠岸之前,谁也没有看到这个岛,也没有看到岸边的滚滚巨浪;我们停下船,把帆放下,登上海岸,就倒下睡觉,等待灿烂的曙光来临。

"当那初生的有红指甲的曙光刚刚呈现的时候,我们在岛上游荡,观赏风景;为了让我们饱餐一顿,持盾的宙斯的女儿山林女神们唤起山野的羊群；我们立刻从船上拿来弯弓和长矛，分成三队去射猎；上天立刻让我们得到所希望的猎物；当时有十二只船跟随我，每只船上分到九头羊；我自己分到十头；这一整天，直到日落时分，我们坐着吃喝大量的肉和甜酒；船上的红酒还没有喝完，还有剩余；这是因为当我们打下吉康人的神圣王城时，我们大家又用坛子装了不少酒；我们远望隔岸独目巨人的地方，看到了炊烟，也听到了人声和羊羔的叫声；太阳落下，夜色降临，我们又躺在海岸上睡觉。

"当那初生的有红指甲的曙光刚刚呈现的时候，我把大家召集起来，对他们说道：'我的忠实的伙伴们，你们都留在这里；我要带着我的船和我船上的伙伴去看看那边的人是些什么人，是狂暴野蛮不讲道理的呢，还是尊重客人敬畏天神的人。'

"我说完就上了船，并且吩咐我的伙伴们也上船，解下船缆；他们立刻上船，在桨位上按次序坐好，用桨打着幽暗的海水。我们来到距离不远的对岸，就看到海岸边有一个高大的山洞，上面月桂低垂，有许多山羊绵羊在那里歇息，旁边有石筑的高台、高大的松树和茂盛的栎树；有一个异常巨大的人在那里；他不同别的人在一起，独据一方，单独在那里放牧，无拘无束；他的形象好像是一个庞大的怪物，不像是一个吃粮食的凡人，而是像一个林木繁茂的山峰，高出在众人之上。

"我挑选了十二个最勇敢的伙伴和我同去。吩咐其余的忠实伙伴留在船边，保护船只。我还带去一羊皮口袋的黑色甜酒，那是尤安底之子马罗给我的；马罗是伊斯马洛的保护神阿波龙的祭师，住在阿波罗的神薮里；他送给我这酒，因为我尊敬他，并且保护了他的妻子儿女；他送给我一些贵重礼物，七镒纯金和一个银碗，又给我满满十二坛的不掺水的甜酒；这是一种神奇的酒，他家里的女奴和侍女都不知道这种酒，只有他自己、他妻子和一个女管家知道；他们喝这种蜜甜的红酒的时候，他每杯都掺上十二倍的水；那时酒碗里发出一种神奇的香味，使得任何人都无法拒绝不喝。我就装了一大皮袋这种酒，又带上一袋干粮；因为虽然我心里毫无恐惧，但也感觉到我们要遇到一个威力极大的对手，一个不讲道理无法无天的野蛮人。

"我们很快就到了洞口；我们发现他带着肥羊去放牧了，不在洞里，我们就进洞观看一切东西；洞里有整筐的干酪，羊圈里挤满幼小绵羊和山羊，早生的、后生的和初生的都分开饲养；一切精制器皿、一切装奶的碗罐里都装满羊奶；我的伙伴们建议拿走这些奶酪，再快快把幼小的山羊、绵羊从羊圈里带出来，就离开这里，回到快船上，继续在海上航行；那样着实要好得多；但是我没有听他们的劝告；我想看一看这个人，看他会不会招待我们，但是他的出现结果对我的伙伴们并不是一件愉快的事。

"我们生起火来，向天神献了祭，然后吃着奶酪，就在洞里等候那独目巨人放牧归来；那巨人带回一大捆木柴来烧饭；他把木柴丢到洞里，发出巨响；我们都畏缩地躲到山洞深处；他又把所有挤奶的母羊赶进山深洞，把公羊留在门外的大院子里；他举起一块大石头作为洞门，这块放在门口的石头是那样巨大，就是二十二辆精造的马车也不能把它拖开；他就坐下依次给那些咩咩的绵羊和山羊挤奶，又让母羊喂了每头小羊；然后他把雪白的羊奶分一半作成干酪放在篮子里，另一半留在碗罐里，等到吃晚饭时再喝；他忙完这些事，就来生火；这时他看到我们，就问道：'你们这些外地人是干什么的？你们是从什么地方航海来到这里的？你们是有事要办呢，还是随意漫游像海盗那样？那些人冒险到处游荡，给各处居民带来灾祸。'

"他这样说，他的响亮声音和巨大形象把我们吓呆了，使我们胆战心惊，但是我还是回答他说道：

'我们是阿凯人，从特罗地方来的，经历了多次风浪，才飘游经过大海的深渊；我们本想回家，但是走了错路，来到这里，这大概是上天的旨意；我们是阿特留之子阿加门农的藩属；阿加门农是天下最有威望的大王；他打下了最强大的城镇，屠杀了许多居民；我们既然来到这里，我们就请求你招待我们，按礼节送给我们待客的礼物；最伟大的人也要敬畏天神；我们现在向你求援；宙斯是保护求援者和外乡人的神；敬神的外乡人永远是得到他的帮助的。'

"我这样说，他立刻毫不留情的回答道：'外乡人，你是个糊涂人，也许你是远处来的；你居然认为我应该畏惧天神；告诉你，独目巨人们从来不怕持盾的宙斯或其他极乐天神们，因为我们比他们强大；除非我自己情愿，我是不会为了害怕宙斯动怒而饶了你和你的伙伴的。你告诉我你的精造船停在哪里？离这里很远呢还是很近？我希望知道哩。'

"他这样说来试探我，但是他的意图瞒不了我，因为我是很有智谋的；我就向他说假话回答道：'摇撼大地之神波塞冬已经打烂了我的船；风从海上吹过来，把它撞坏在岸边岩石上，只有我们几个人逃掉不幸的死亡。'

"我这样说，这个凶暴的巨人没有回答；他跳起来，伸手抓我的伙伴，一把就抓住两个，拿他们像小狗一样在地上撞；他们的脑浆流出来，沾湿了土地；巨人又弄断了他们的肢体，做晚饭吃；就像山野生长的狮子一样，把他们的肠子、肉和骨髓都吃得干干净净，一点也没有留下。我们眼看这种残忍行为，无计可施，只有向上天伸着手哭泣。这个独目巨人吃完人肉，又喝了不掺水的羊奶，填满了肚子，然后就在洞里的羊群中间躺下；这时我很想鼓足勇气向他进攻，从腰旁拔出利剑，用手摸到他肝脏所在地方，再把剑刺进他的胸膛；但是又一个念头阻止了我，因为我们无法用手推开洞口所放的巨石，那样我们也必然要遭到死亡；我们只好叹息着等待灿烂的曙光。

"当那初生的有红指甲的曙光刚刚呈现的时候，巨人生起火，又依次给他的美好羊群挤奶，又让母羊喂了每头小羊；他忙完他的工作之后，又立刻抓起两个人做他的早饭；他吃完了，就轻易地把巨大的石门移开，把肥羊赶到洞外，又把石头放回原处，像人盖上箭袋那样容易；独目巨人然后呼啸着，把他的肥羊赶到山里。我留在洞里，考虑怎样能把他杀死，希望雅典娜能赐给我荣耀，给我复仇的机会；我最后想出我认为是最好的办法；在羊圈旁边有巨人的一根青绿的橄榄木棍，那是他砍下留待干后使用的；看到这根棍子，令人想起渡过大海的有二十名桨手的黑色载货大船的桅杆；它正是那么长，那么粗；我走过，砍下大约六尺长的一段，把它交给伙伴们，叫他们把它削光；在他们削光棍子的时候，我在旁边把它一头弄尖，然后拿到熊熊的火上，把他烧硬；洞里堆积了很多羊粪，我就把棍子藏好在粪污下面；我叫伙伴们抓阄，当巨人正做着好梦的时候，看哪几个来同我一起冒险的木棍抬起，去刺巨人的眼睛；结果决定的人正是我所希望的人；他们一共四个人，加上我是五个。

"在黄昏时分，巨人赶着毛茸茸的羊群回来；他立刻把肥羊都赶进深洞，没有留下一个在外面大院子里，不知道是由于疑心什么，还是天神给了他什么暗示，他又高举那巨大门石，把它放好；然后他又坐下依次给咩咩的绵羊和山羊挤奶，又让母羊喂了每头小羊；他忙完他的工作之后，又抓起两个人做他的晚饭；这时我手捧一个藤根做成的酒杯，盛着黑色的酒，走近独目巨人，对他说道：'巨人，你吃完人肉，请喝酒吧，让你也知道我们船上带来多么好的酒；我本来给你带来这个酒作为献礼，希望你会可怜我，好送我回家；可是你胡作非为，令人无法忍受；你太残暴了，你做事这样不讲道理，旁的地方的人以后还

怎么敢到这里来?’

"我这样说,他把酒接过去喝干;尝了甜酒,他非常欢喜,就又向我要酒喝:‘快快再给我一些酒,并且立刻告诉我你的名字,那样我就要把你所喜欢的礼物送给你;虽然生长五谷的大地给了我们巨人可以酿酒的葡萄,又有天帝的雨使得葡萄成熟,但是这种酒简直是仙液神浆。’

"他这样说,我又给了他一些灿烂的酒浆;我给他斟上三次,三次他都糊里糊涂地喝干了;当酒的力量已经到了他心里的时候,我就用甜言蜜语向他说道:‘独目巨人,你既然要问我显耀的称号,我就告诉你;你可要如你所说的那样,送给我一件礼物;我的名字叫"无人",我的父母和所有伙伴都这样称呼我。’

"我这样说,他无情无义的回答道:‘我要先吃旁人,把"无人"留到最后再吃,这就是我的礼物。’

"他说完话,就晃晃悠悠的仰面倒下,歪着粗壮的脖子躺在地上,被战胜一切的睡眠所征服;他醉得呕吐起来,嘴里流出酒和嚼碎的人肉。这时我把木棍深深插到炭火里,等它烧热,又用话鼓励伙伴们,免得哪一个害怕退缩;那橄榄木棍虽然还是青的,但在火里渐渐变红,快要燃着了;我过去把它从火里拿出来;伙伴们站在身边;上天使得我们大胆;伙伴们抓住一头削尖的橄榄木,刺进巨人的眼睛;我在上面用身体重量使木棍转动;正像人用钻子钻船板,旁边又有人抓住皮带两头,使它来回旋转,一直不停,我们就这样把烧热的木棍在他眼里转动,血从炽热的钻子四周流下;当眼珠烧着了的时候,眼皮和眉毛都被火灼焦,眼里的神经在火里爆炸,又像一个铁匠把大斧头或铁锛浸在冷水里淬砺,发出巨大响声,这样铁才会更加坚硬,巨人的眼珠就这样在橄榄木的周围发出响声。巨人大吼一声,声音洪亮可怕,岩石发出回响;我们畏惧退缩;他把木棍从眼里拔出,流了很多血,然后他把木棍扔开,两手乱摇,向着住在附近风撼的山巅上岩洞里的独目巨人们大声呼唤;巨人们听见他的叫喊,从各地集合,到了洞外,问他有什么痛苦。‘波吕菲谟,你有什么痛苦? 干什么在神圣的黑夜里喊叫,使得我们无法安睡? 是有人用强力赶走你的羊吗? 还是有人用阴谋或暴力来杀害你?’

"在洞里的有巨大力量的波吕菲谟向他们说道:‘唉,朋友们,"无人"用阴谋,不是用暴力,在杀害我哩。’

"他们就认真地回答道:‘要是你一个人在那里,又无人用暴力对付你,那一定是伟大的宙斯降下了无法逃避的病患了;你向我们的父亲,尊贵的波塞顿祷告吧。’

"他们就这样说着走开了;我心里暗笑,因为我的假名和高明的计策骗了他们。那独目巨人呻吟着,疼得打转,用手摸索着把石头从门口拿开;他坐在门口,伸着手,希望能够捉到一个跟着羊群走出去的人;他以为我是那样糊涂哩。我就计划怎样做最妥当,怎样想一个办法使得伙伴们和我自己能够逃脱死亡;我考虑了各种策略;因为我们面临巨大危险;这是性命攸关的事;最后我想了一个主意,我认为那是最好的;洞里有一些肥壮的长毛公羊,美好而魁伟,毛是紫黑色的;我一声不响,用编好的芦苇把它们绑在一起;那些芦苇是独目巨人,那个无恶不作的怪物,平日用来作床铺的;我把三头羊绑在一起,中间的一头羊绑上一个人,其余的两头在旁边保护我的伙伴;这样就是每三头羊带一个人;至于我自己,我看到有一头公羊是整个羊群里最好的;我抓住羊身,蜷伏在它多毛的肚皮上,脸面朝上,用手抓住厚厚的羊毛,心情镇定;我们就忧心忡忡地等待灿烂的曙光。

"当那初生的有着红指甲的曙光刚刚呈现的时候,羊群里的公羊都要去吃草;等着挤奶的母羊在羊圈里咩咩叫着,因为它们的奶房都胀满了。虽然羊群的主人受到痛苦的折磨,当羊来到他面前,他还是用手摸了每头羊的背上,但是这个糊涂家伙并不知道在毛茸茸的羊肚下有人被绑在那里。最后出门的就是那头公羊,它不但毛厚,还有聪明的奥德修斯这个沉重的负担,力大无穷的波吕菲谟抚摸着公羊的背,对它说道:'亲爱的公羊,你为什么是最后一个走出山洞? 你以往并不经常留在羊群后面,总是远远头一个大步走去吃青草的嫩芽,头一个到达河水,头一个在黄昏时分转回羊圈的,但是现在你却是最后一个;你一定是为你主人的眼睛悲伤吧;那是一个恶人弄瞎的;他同他可怜的伙伴先用酒灌醉了我,他叫做"无人";我敢赌咒他还没有逃脱死亡。要是你跟我有同样知觉,能够说话,能告诉我他在哪里躲避我的愤怒,那就好了;那样我就可以打击他,把他的脑浆溅到地上各处,那个可恶的"无人"给我心里带来的痛苦就会减轻一些了。'

"他说完话,就把公羊放出大门。等到我们离开山洞和院子一些距离,我首先把自己从羊身下解放出来,然后把伙伴们放开;我们立刻把那些肥壮长腿的羊群赶走,不断转身观望,一直到我们到达船边。我的亲爱的伙伴们看到我们很高兴,庆幸我们逃脱死亡,但是又为死去的人悲悼;我向他们点头示意,阻止他们发声哭泣,命令他们赶快把这许多长毛的羊放到船上,然后开到苦咸的海上;他们立刻上船,在桨位上按次序坐好,用桨打着幽暗的海水。

"当我们离开海岸大约有一个人呼声所及的距离时,我又用嘲笑的话对独目巨人喊道:'独目巨人,你虽然在你的深深的山洞里把我的伙伴残暴地吃掉,看来我也不是一个无用的人。你这个可恶的东西,居然胆敢在家里吃掉你的客人,可是你作的恶事遭到了足够的报应,宙斯和其他天神到底让你偿还了血债。'

"我这样说;独目巨人心里更加恼恨,就弄断一块巨大的山峰,向我们扔过来;那块岩石正落在黑船前面。岩石落处海里掀起一阵波浪,浪落下来把船推向陆地,靠近岸边,我拿起长竿把船推开,同时向伙伴们点头示意,叫他们赶快拿起桨来,离开险地;我们立刻摇动船桨;等到我们离开海岸两倍于方才的距离,我又想对独目巨人讲话;每个伙伴都好言劝阻我说道:'你这个坏家伙,干什么要向那个野蛮人挑战? 方才他往海里投下石头,把我们的船又带到岸边,我们以为真要死在这里了哩。要是他听到我们讲话的声音,他会再扔一块大石头,打烂我们的船和我们的头的;这么远的距离他是扔得到的。'

"他们都这样说,但是我胆子太大,没有听他们的话;我又愤怒地向他喊道:'独目巨人,要是哪一个凡人问你,谁让你遭受耻辱,弄瞎了眼睛,你可以告诉他,这是攻城夺寨的奥德修,拉埃提的儿子干的;他的家在伊大嘉。'

"我这样说,独目巨人叹息着回答道:'唉! 过去的预言居然应验了;过去尤吕弥底的儿子提勒摩,一个身材高大一表堂堂的人,是个非常出色的预言家;他年老时在独目巨人当中作过预言,告诉我将来要应验的种种事情,说我在奥德修的手下将失去视觉。我一直注意看着,生怕有一个魁伟壮美、有巨大力气的人会到这里来;现在却被一个卑微弱小的家伙用酒灌醉,弄瞎了眼睛。可是奥德修,请你回来吧,让我招待招待你,然后请伟大的撼地之神送你回家;他说他是我的父亲,我是他的儿子哩。只要他高兴,他是能够医好我的瞎眼的,其他的极乐天神和凡人都不行。'

"他这样说,我回答他说道:'我真希望我能让你送命,让你到阴间去;那样就连撼地之神也医不好你的眼睛了。'

"我这样说;独目巨人向着繁星灿烂的天空伸着手,对大神波塞顿祷告道:'环绕大地的青发神波塞顿,请听我祈求;要是你说你是我的父亲,我真是你的儿子,就请你不要让那个住在伊大嘉的拉埃提的儿子,攻城夺寨的奥德修,回到他的家乡;要是他命中注定可以回到他的故乡和家室,可以看到他的亲人,至少让他遇到重重障碍,失去全部伙伴,乘旁人的船,狼狈回家,而且让他在家里再次遇到灾难。'

"他这样做了祷告;青发之神接受了他的请求。这时独目巨人又一次举起一块岩石,比上次还要大得多,把它飞旋着扔过来;岩石来势很猛,仅仅擦过船上的舵,落到黑船后面;波涛涌起,把船前冲,推到海岛旁边;在海岛上我们留下的有排桨的船只正集合在一起等待我们回来;伙伴们都坐在那里,哭泣着怀念我们;我们的船到达海岛,停在沙岸上;我们上岸,把从弯船里带出来的独目巨人的羊群分掉,每人都得到他应有的一份;穿戴甲胄的伙伴们在分羊时又把那头公羊例外送给我一个人;我在岸上就贡献了这头羊,把羊股肉烧了,献给那乌云之神阆阆之子宙斯,但是宙斯并没有接纳我的祭礼,还是打算要把一切有排桨的船和我的忠实伙伴都毁掉。

"这一整天,一直到日落时分,我们坐着吃喝大量的肉和甜酒;后来太阳落下,夜色降临,我们就在海岸上睡觉;当那初生的有红指甲的曙光刚刚呈现的时候,我叫起伙伴们,吩咐他们上船,解开船缆;他们立刻上了船,在桨位上按次序坐好,用桨打着幽暗的海水。我们继续航行,心情沉重,庆幸自己逃脱死亡,但是丢掉了一些亲爱的伙伴。"

——杨宪益,译.上海译文出版社,1979.

普罗米修斯(节选)

天和地被创造了,大海涨落于两岸之间。鱼在水里面嬉游。飞鸟在空中歌唱。大地上拥挤着动物。但还没有有灵魂可以支配周围世界的生物。这时有一个先觉者普罗米修斯,降落在大地上。他是宙斯放逐的神祇的后裔,是地母该亚与乌剌诺斯所生的伊阿珀托斯的儿子。他机敏而睿智。他知道天神的种子隐藏在泥土里,所以他撮起一些泥土,用河水使它润湿,这样那样地捏塑着,使它成为神祇——世界之支配者的形象。为要给予泥土构成的人形以生命,他从各种动物的心摄取善和恶,将它们封闭在人的胸膛里。在神祇中他有一个朋友,即智慧的女神雅典娜;她惊奇于这提坦之子的创造物,因把灵魂和神圣的呼吸吹送给这仅仅有着半生命的生物。

这样,最初的人类遂被创造,不久且充满远至各处的大地。但有一长时期他们不知怎样使用他们的高贵的四肢和被吹送在身体里面的圣灵。他们视而不见,听而不闻。他们无目的地移动着,如同在梦中的人形,不知怎样利用宇宙万物。他们不知道磐石,烧砖,从树木刻削椽梁,或利用这些材料建造房屋。他们如同忙碌的蚂蚁,聚居在没有阳光的土洞里,不能辨别冬天,花朵灿烂的春天,果实充裕的夏天的确切的征候。他们所做的事情都没有计划。于是普罗米修斯来帮助他们,教他们观察星辰的升起和降落,教他们计算和用写下的符号来交换思想。他指示他们怎样驾驭牲畜,让它们来分担人类的劳动。他训练马匹拉车,发明船和帆在海上航行。他也关心人类生活中别的一切活动。从前,生病的人没有医药知识,不知道应该吃喝什么,或不应该吃喝什么,也不知道服药来减轻他的痛苦。因为没有医药,人们都极悲惨地死亡。现在普罗米修斯指示他们怎样调治药剂来医治各种的疾病。其次他教他们预言未来,并为他们解释梦和异象,看鸟雀飞过和牺牲的预兆。他引导他们作地下勘探,好让他们发现矿石,铁,银和金。总之他介绍给他们一切生活的技术和生活上的用品。

现在,在天上的神祇们,其中有着最近才放逐他的父亲克洛诺斯建立自己的威权的宙斯,他们开始注意到这新的创造物——人类了。他们很愿意保护人类,但要求人类对他们服从以为报答。在希腊的墨科涅,在指定的一天,人、神集会来决定人类的权利和义务。在这会上,作为人类顾问而出现的普罗米修斯设法使诸神——在他们作为保护者的权力中——不要给人类太重的负担。

这时,他的机智驱使他欺骗神祇。他代表他的创造物宰杀了一匹大公牛,请神祇拿他们所喜欢的部分。他杀完之后,将它分为两堆:一堆放上肉,内脏和脂肪,用牛皮遮盖着,顶上放牛肚子;另一堆,他放上光骨头,巧妙地用牛的板油包蒙着。而这一堆却比较大一些! 全知全能的宙斯看穿了他的骗局,说道:"伊阿珀托斯之子,显赫的王,我的好朋友,你的分配如何地不公平哟!"这时普罗米修斯相信他已骗过宙斯,暗笑着回答:"显赫的宙斯,你,万神之王,取去你随心所喜的罢。"宙斯着恼了,禁不住心头火起,但却从容地用双手去拿雪白的板油。当他将它剥开,看见剔光的骨头,他假装只是这时才发觉被骗似的,严厉地说:"我深知道,我的朋友,啊,伊阿珀托斯之子! 你还没有忘掉你的欺骗的伎俩!"

为了要惩罚普罗米修斯的恶作剧,宙斯拒绝给人类为了完成他们的文明所需的最后一物——火。但机敏的伊阿珀托斯的儿子,马上想出办法,补救这个缺陷。他摘取木本茴香的一枝,走到太阳车那里,当它从天上驰过,他将树枝伸到它的火焰里,知道树枝燃烧。他持着这火种降到地上,即刻第一堆丛林的火柱就升到天上。宙斯,这发雷霆者,当他看见火焰从人类中间升起,且火光射得很广很远,这使他的灵魂感到刺痛。

现在人类既经有火,就不能从他们那里夺去。为抵消火所给予人类的利益,宙斯立刻为他们想出了一种新的灾害。他命令以巧妙著名的火神赫淮斯托斯创造一个美丽少女的形象。雅典娜由于渐渐嫉妒普罗米修斯,对他失去好意,亲自给这个妇人穿上灿亮雪白的长袍,使她戴着下垂的面网(妇人手持面网,并将它分开),在她的头上戴上鲜花的花冠,束以金发带。这条发带也是赫淮斯托斯的杰作,他为了取悦于他的父亲,就十分精巧地制造它,细致地用各种动物的多彩的形象来装饰它。神祇之使者赫耳墨斯馈赠这迷人的祸水以言语的技能;爱神阿佛洛狄忒则赋予她一切可能的媚态。于是在最使人迷恋的外形下面,宙斯布置了一种眩惑人的灾祸。他命这女子为潘多拉,意即"有着一切天赋的女人。"因为每一个天上的神祇都给了她一些对于人类有害的赠礼。最后他让这女子降落在人间,神都在游荡并寻欢取乐的地上。他们都十分惊奇于这无比的创造物,因为人类自来还没有看见过这样的妇人。同时,这女人去找"后觉者"厄庇墨透斯,他是普罗米修斯的兄弟,为人比较少有计谋。

普罗米修斯警告他的兄弟不要接受俄林波斯圣山的统治者的赠礼,立刻把它退回去,恐怕人类会从它那里受到灾祸。厄庇墨透斯忘记了警告,他十分欢喜地接受这美丽年轻的妇人,在吃到苦头之前,看不出有什么祸害。在此以前——感谢普罗米修斯的劝告啊! ——人类还没有灾祸,也无过分的辛劳,或者长久疾病的苦痛。但这个妇人双手捧着一种赠礼来了———一只巨大的密闭着的匣子。她刚刚走到厄庇墨透斯那里,就突然掀开盖子,于是飞出一大群的灾害,迅速地散布到地上。但匣子底上还深藏着唯一美好的东西:希望! 由于万神之父的告诫,在它还没有飞出以前,潘多拉就放下盖子,将匣子永久关闭。现在数不清的不同形色的悲惨充满大地,空中和海上。疾病日夜在人类中间徘徊,秘密地,悄悄地;因为宙斯并没有给它们声音。各种不同的热病攻袭着大地,而死神,过去原是那么迟缓地趔趄着步履到人间,现在却以如飞的步履前进了。

这事完成以后,宙斯转而向普罗米修斯本人复仇,他将这个罪人交给赫淮斯托斯和他的外号叫做强力和暴力的两个仆人克剌托斯和比亚。他吩咐他们将他拖到斯库提亚的荒原。在那里,下临凶险的巉谷,他用强固的铁链将他锁在高加索山的悬岩绝壁上。赫淮斯托斯很勉强地执行他父亲的命令,因为他爱着这提坦之子,他是他的同类、同辈,也是神祇的后裔,他的曾祖父乌剌诺斯的子孙。他被逼迫不能不执行残酷的命令,但却说着比他残暴的两个仆人所不喜悦的同情的言语。因此普罗米修斯被迫锁在悬岩绝壁上,笔直地吊着,不能入睡,而且永不能弯曲他的疲惫的双膝。"你将发出多少控诉和悲叹,但一切都没有用,"赫淮斯托斯说,"因为宙斯的意志是不会动摇的,凡新从别人那里夺得权力而据为己有的人都是最狠心的!"

这囚徒的苦痛被判定是永久的,或者至少有三万年。他大声悲吼,并呼叫着风,河川和无物可以隐藏的虚空和万物之母的大地,来为他的苦痛作证,但他的精神仍极坚强。"无论谁,只要他学会承认定数的不可动摇的威力,"他说,"便必须忍受命运女神所判给的痛苦。"宙斯的威胁也没能劝诱他去说明他的不吉的预言,即一种新的婚姻将使诸神之王败坏和毁灭。宙斯是言出必行的。他每天派一只鸷鹰去啄食囚徒的肝脏,但肝脏无论给吃掉多少,随即又复长成。这种痛苦将延续到有人自愿出来替他受罪为止。

就宙斯对他所宣示的判决来说,这事总算出乎提坦之子的意想之外更早地来到了。当他被吊在悬岩绝壁上已经有许多悲苦的岁月以后,赫拉克勒斯为寻觅赫斯珀里得斯的金苹果来到了这里。他看见神祇的后裔被锁在高加索山上,正想询问他怎样才可以寻到金苹果,却禁不住同情他的命运,因为他看见鸷鹰正栖止于不幸的普罗米修斯的双膝上。赫拉克勒斯将他的木棒和狮皮放在身后的地上,弯弓搭箭,从苦难的普罗米修斯的肝脏旁射落凶鸷的鸷鸟。然后他松开链锁,解下普罗米修斯,放他自由。但为满足宙斯所规定的条件,他使马人喀戎作了他的替身。喀戎虽也可以要求永生,但却愿意为这位提坦付出自己的生命。为了充分履行克洛诺斯之子宙斯的判决,被判决在悬岩绝壁长期受苦的普罗米修斯也永远戴着一只铁环,并镶上一块高加索山的石片,使宙斯能夸耀他的仇人仍然被锁在山上。

——楚图南,译.人民文学出版社,1977.

思考题

1.古希腊文学的主要成就是什么?

2.试阐述希腊戏剧产生的历史原因。

3.试说明荷马史诗的重要意义及叙事特点。

扩展阅读

斯威布.希腊的神话和传说[M].楚图南,译.北京:人民文学出版社,1978.

荷马.伊利亚特[M].罗念生,译.北京:人民文学出版社,1979.

第二章　中世纪文学

一、历史背景

　　欧洲历史上的中世纪是从476年西罗马帝国衰亡至17世纪中叶这一历史时期。西罗马帝国的灭亡标志着欧洲古代奴隶制的结束,在这长达1200年的时间里,欧洲处于封建社会状态。这一历史阶段的早期和中期(至15世纪)便是所谓的中世纪。与古代欧洲相比,中世纪西方的社会历史与思想文化呈现出这样的特征。

　　首先,封建国家的形成、庄园制及封建等级制度的形成。罗马帝国统治的后期,由于内外两股力量的夹击,内部的隶农、奴隶的不断反抗及外部北方日耳曼"蛮族"的大规模迁徙及进攻,西方开始从奴隶制社会向封建社会进行历史过渡。在西罗马帝国土地上出现的封建性"蛮族"国家,大多都是氏族社会末期直接进入封建社会的。5世纪末,攻占西罗马帝国的日耳曼部落开始封建化,其中最强大的法兰克王国在查理大帝的带领下建立起封建国家制度,之后,他的三个儿子分别建立了后来的法兰西、德意志和意大利三个国家。这些国家内部在经济上实行的是自给自足的庄园制,这是欧洲封建社会的基本经济单位,采取封闭型的生产与消费模式,庄园内部自给自足,庄园可以拥有自己的武装力量,甚至自铸货币、自定法律,国王为了拉拢他们会特许他们免纳赋税,地方割据现象严重。在政治上,以封建国王为最高统治者,以下层层分封形成上下尊卑的等级关系,在这种经济与政治制度的影响下,在文学方面出现了依附于这一制度而产生的骑士文学。

　　其次,在思想统治上,基督教文学占统治地位。在古典罗马文学陨落与北方"蛮族"文明入侵带来的文明真空下,以崇高的超越性和伟大的牺牲精神来安抚苦难民众的基督教给文明的发展带来一丝曙光,基督教所倡导的克己、宽恕与博爱在中世纪的初期发挥了巨大的社会功能,起到了维持社会文明秩序的积极作用,4 世纪后,基督教由下层民众信奉的宗教上升为罗马帝国的国教。在统治者的支持下各地原有的神庙被改造成教堂,基督教享有种种特权,教会拥有大量土地,教会内部的等级制度也逐渐建立起来。作为一个具有普遍影响的精神统治工具,新的统治者很快地发现基督教的强大的安世功能,于是对其加以吸收和利用。基督教所信奉的《圣经》分为《旧约》《新约》两部分,基督教将从犹太教那里继承下来的《圣经》叫《旧约》,是来自希伯来民族的古典文献,他们将自己在 1 世纪时候形成的经典叫《新约》,《圣经》因此也叫《新旧约全书》,作为基督教思想的载体,《圣经》对整个西方文化产生了巨大的影响。在中世纪,教会高于一切,统领着意识形态的各个领域,真理归于《圣经》,在他们看来一切都是围绕着基督教的,处于附属地位,这样,哲学便沦为"神学的婢女",科学则沦为"宗教的奴仆",天文学用来计算宗教庆典的日期,几何学用来建造教堂,修辞学、逻辑学用来传经布道和驳斥异说。基督教文化的专制在后期极大地阻碍了欧洲文化的进展,它宣扬的禁欲主义、忍耐节制及救赎思想也给西方文明的发展带来消极影响。

最后,在文化形态上,出现了夹缝中生存的非基督教文化。在欧洲中世纪除占统治地位的基督教文化外,其他文化如西方古代文化、世俗文化及东方文化并没有销声匿迹,而是在等待时机,蓄势而发。古希腊罗马时代的文化遗产在中世纪的拜占庭帝国得以保存,拜占庭是地跨欧亚两洲的帝国,其前身是东罗马帝国,当古希腊罗马文化在中世纪被基督教视为异端剧烈摧残的时候,在东罗马帝国强大的王权的庇护下古代文化得以继续存在与发展,这一支力量犹如暗流涌动在中世纪的土壤下直到文艺复兴时其精彩的绽放才给西方人以意外的惊喜。与基督教宣扬的禁欲主义、来世哲学与神秘主义相对立的是中世纪的世俗文化,它的基本精神是注重现实、以人为本、积极乐观,世俗文化在 13 至 14 世纪随着城市经济的发展而发展起来,13 世纪完成于法国的《列那狐的故事》曾得到城市市民的热烈喜爱。东方文化在中世纪时传入欧洲,11 至 13 世纪,西欧教会和封建主发动的十余次对外战争,其主观目的虽然是掠夺财富,在客观上却促进了东西方文化交流,东西方文化的大碰撞与古代西方文化、世俗文化扭成一股合力逐渐打破了基督教文化一统天下的坚冰。

在历史阶段上处于罗马黄金时代和意大利文艺复兴黄金时代中间的中世纪,长期以来被人们看作一个忧伤的千年,这个时代的特点被人描述为"一个漫长而毫无目标的迂回时代——穷困、迷信、黯淡的一千年","人类的意识'处于梦寐或半睡半醒状态'",而一位十分注重整洁的作家用"不曾沐浴的千年"①来暗喻这个时期的昏昏沉沉、消磨意志及愚昧无知。更多的人则将简单地称它为"黑暗的中世纪"。在今天看来,这种观点过于

---

①C.沃伦·霍莱斯特.欧洲中世纪简史[M].陶松寿,译.北京:商务印书馆,1988:2.

消极,应该认识到,这个时代既有黑暗反动的一面,同时也有进步光明的一面,看不到这种二重性就很难对滋生于这一土壤中的中世纪文学作出正确评价。恩格斯对于中世纪的评价在今天看来仍具借鉴意义,他指出:"中世纪是从完全原始的状态发展出来的,它毁灭了古代文明、古代哲学、政治和法学,而在一切方面都从头开始。中世纪从已经灭亡的古代世界得到的唯一东西,就是基督教,以及一些破坏了的完全丧失了自己过去文明的都市。"另一方面他又认为:"中世纪有巨大进步——欧洲文化领域扩大……一个挨一个形成了富有生命力的大民族,以及14世纪和15世纪巨大的技术进步。"

二、文学概况

欧洲中世纪文学由英雄史诗、教会文学、骑士文学和市民文学四个部分组成。

中世纪早期产生的英雄史诗源自氏族社会晚期各族人民的口头创作,其主题大多歌颂英雄的丰功伟绩,宣扬英雄气概及建立的英雄业绩,早期的史诗有日耳曼民族的《希尔德布兰特之歌》、盎格鲁-撒克逊人的《贝奥武甫》、冰岛人的《埃达》和《萨迦》、芬兰人的《卡列瓦拉》等。早期英雄史诗中最主要的是《贝奥武甫》,它形成于8世纪,史诗中的英雄贝奥武甫是瑞典南部的贵族青年,在他身上展示了氏族首领崇高的道德规范及英雄人物的伟力与气概。他徒手杀死巨怪格伦德尔,接着又杀死了为子复仇的母怪。在晚年他亲自与一条喷火的毒龙搏斗并与之同归于尽,他传奇的武功、不计一切的牺牲精神与强烈的集体责任感满足了当时人们对氏族首领寄予的厚望。

中世纪后期的英雄史诗是欧洲封建社会全盛时期的产物,产生于11至13世纪。后期的英雄史诗主要有法兰西民族的《罗兰之歌》、西班牙民族的《熙德之歌》、德意志民族的《尼伯龙根之歌》和俄罗斯民族的《伊戈尔远征记》,这些史诗表现出了各民族的生活情形,表现出英雄人物的勇敢奋斗、不怕牺牲的精神气质。《罗兰之歌》共有八个抄本,其中最完备的是英国牛津大学收藏的一个抄本,共有三千九百九十八行;现有的中译本就是根据这一抄本综合其他抄本补上四行组成四千零二行。《罗兰之歌》根据查理大帝远征西班牙的史实写成,塑造了一位忠君爱国的青年将军罗兰的英雄形象,史诗为谁所写何时产生至今已经无法考证,有两位诺尔曼作家在他的作品里曾提到诺尔曼大公在进行决定性战役时就会让职业歌人歌唱《罗兰之歌》从而激励士兵。史诗描写了查理大帝远征西班牙时,贵族甘尼仑怨恨英雄罗兰,设下圈套使罗兰、奥利维等大将落入敌手在昂塞瓦英勇就义。查理大帝为罗兰报仇征服西班牙,并将叛徒甘尼仑处死。德国的《尼伯龙根之歌》又称为《尼伯龙根族的惨史》,是德国的一部伟大的英雄史诗。全诗三十九歌,二千三百七十九节,每节四行,共有九千五百十六行。第一部从第一歌到第十九歌称为《西格弗里之死》,第二部从第二十歌到第三十九歌称为《克琳希德的复仇》。《尼伯龙根之歌》取材于两部不同的传说,一部是英雄西格弗里的传说,一部是匈奴人灭亡勃艮第族人的历史传说,后来两部传说融合在一起形成了《尼伯龙根之歌》。史诗的主人公西格弗里是尼德兰国的王子,如同希腊神话中的阿喀琉斯一样浑身刀枪不入。由于杀死过毒龙,用龙血沐浴,只是在沐浴时有一片菩提叶子落在背部,所以只有这个地方成了他的致命点。他拥有尼伯龙根的宝物还会隐身。为了和勃艮第国王恭太的妹妹结婚,他帮助恭太王战胜了冰岛女王布伦希德并使之娶冰岛女王为妻。后来两位女性发生矛盾,朝臣哈根从克琳希德那里骗到西格弗里背部的秘密要害将他害死。克琳希德愤而报复,她利用宝物培植力量蓄势而发,哈根将宝物沉入莱茵河中。十三年后,为了复仇,克琳希德又嫁给了匈奴王艾柴尔为妻,并使匈奴与哈根方展开决斗。为了重新得到宝物,克琳希德不惜杀害自己的哥哥恭太王威逼哈根,哈根最后还是不肯吐露宝物在何处,于是克琳希德砍下了哈根的头,这时寄居在匈奴的老将希尔代布朗看见英雄死在女子手中,上前将克琳希德杀死,全剧沉浸在悲痛的气氛中。《熙德之歌》是西班牙民族的英雄史诗,歌颂英雄熙德在国王阿方索六世的误解下奋力战斗的故事。英雄熙德在遭到国王误解后仍然对国王忠贞不二,他同自己的随从征讨摩尔人的王国获得战利品向国王进贡。贪心的卡里翁两公子觊觎熙德的财产,央求国王做媒向熙德的两个女儿求婚,在得到大量财产后带走了熙德的女儿并抛弃了她们。在国王的审判席上,三名骑士向卡里翁两公子挑战,后来有两位王子向熙德的女儿求婚,熙德在女儿结婚后安然离开人世。《伊戈尔远征记》是古代俄罗斯民族的英雄史诗,史诗充满爱国主义热情,夹叙夹议,提出了如何拯救俄罗斯命运的重大问题,号召俄罗斯王公们应该团结起来抵御外来侵略,通过基辅大公的形象指出俄罗斯的根本出路在于消除内讧、团结一致。

教会文学是中世纪特有的文学类型,教会文学的创作思想多来源于《圣经》,为了满足教会的需要由僧侣阶层撰写而成,体裁有宗教故事、圣徒传记、祷告文、赞美诗、苦修传说,劝导世人放弃世俗生活,脱离现实、清心寡欲获得来世幸福。其思想内容千篇一律,艺术成就不高,是基督教麻痹人民意志的麻醉剂。在教会文学中,出现了极少一部分反映世俗思想的文学,歌颂爱情与青春的美好,诅咒修道院非人性化的生活,中世纪时法国著名僧侣阿伯拉尔爱慕其女弟子爱洛绮丝写下的恋歌就与其他教会文学有着很大的不同。

骑士文学是反映封建主思想感情的文学,盛行于 10 至 13 世纪,骑士文学是封建社会骑士制度的产物。最早的骑士社会地位并不高,通过为大封建主作战获得土地为生,骑士在屡次作战后成为小封建主,他们的子孙可以世袭土地形成骑士阶层。在十多次对外战争中,骑士屡建功勋同时又接受了东方文化熏陶,地位逐渐提高。中世纪骑士文学分为骑士抒情诗和骑士传奇,骑士抒情诗起源于法国南部的普罗旺斯,中世纪德国的宫廷诗,意大利"温柔的新体"诗,西班牙、葡萄牙的抒情诗都是在普罗旺斯抒情诗的影响下产生的。恩格斯认为骑士抒情诗中的"破晓歌"反映的骑士之爱是历史上最早的个人之爱。骑士传奇以法国北方为中心,其情节多为虚构,爱情是骑士最重要的精神寄托,为了爱情不惜冒险,为了博得贵妇人的赞赏他们过着单枪匹马的冒险生涯,每一个骑士心中都有一个幻想中的贵妇人,他们崇尚"忠君、护教、行侠、尚武"的信条,为了爱情不惜牺牲一切。

市民文学是反映城市市民阶层的文学类型,11 世纪,由于手工业和商业的发展,城市经济发达起来,逐渐取代庄园经济而取得主要地位,市民阶层也开始活跃起来。在思想文化领域,市民阶层开始创办学校,打破教会对文化教育的垄断。接着到了 13 世纪,随着对外战争的结束,骑士阶层的社会地位下降,市民阶层的地位逐渐上升。市民文学正是反映了市民阶级的精神状态,赞扬市民阶层为了实现自己的目的表现出来的机智灵巧,市民文学中最著名的作品是法国的《列那狐的故事》,故事以列那狐为主角,他在本质上是市民阶层的代表,一方面,通过智巧与雄狼伊桑格兰和狮王诺勃勒等最高封建统治者进行斗争,另一方面对鸡、狗、猫、乌鸦、麻雀等一些弱小动物又显示出欺凌的本性。《列那狐的故事》假托动物世界来描述当时社会生活情景,列那狐又是当时新兴资产阶级的代表,它通过智慧与代表封建统治阶级的权力和武力作出挑战,其身上具有的机智和灵巧为市民阶层所赞誉和喜爱,如列那狐以剃发入戒可以吃到烤鱼为诱饵用开水将伊桑格兰狼烫伤;它欺骗伊桑格兰狼把吊桶拴在尾巴上伸入河中钓鱼,结果被冰冻住被人痛打一顿;它以给狮王治病为由借狮子之手杀死狼,这些情节反映出中世纪世俗文化对智性因素的肯定及市民阶层独立意识主体意识的增强。《列那狐的故事》在中世纪法国可谓妇孺皆知,"列那狐"这一形象长期以来得到市民阶层的喜爱,"列那"一度成为"狐狸"的代名词,在欧洲的一些国家出现了不少仿写,13 世纪中叶出现了无名氏的《列那狐加冕》,13 世纪末叶出现了雅克马尔·谢列的《新列那狐》,14 世纪上半叶出现作者不详的《冒充的列那狐》,19 世纪时歌德就根据这一题材仿写了《列那狐》。①

13 世纪始,中世纪欧洲的文人创作开始兴盛,洛利斯(? —1235)、墨恩(1240 —1305)、吕特博夫(1230 —1285)、维庸(1431—1480),这当中还包括最著名的意大利诗人但丁。

但丁·阿里盖利(1265—1325)是中世纪最著名的文人诗人,恩格斯对他的评价十分高,他说:"封建的中世纪的终结和现代资本主义纪元的开端,是以一位大人物为标志的。这位人物就是意大利人但丁,他是中世纪的最后一位诗人,同时又是新时代的最初一位诗人。"②但丁出身佛罗伦萨一个没落贵族家庭,在同龄孩子还在玩耍的时候,他就将全部身心投入到学习文艺当中,他悉心研究维吉尔、贺拉斯、奥维德、斯坦希乌斯和其他诗人,

---

①柳鸣九,郑克鲁,张英伦.法国文学史:上册[M].北京:人民文学出版社,1979:60-66.
②恩格斯.共产党宣言·1893 年意大利文版序言[M]//马克思,恩格斯.马克思恩格斯选集:第 1 卷.北京:人民出版社,1972:249.

并留下了大量的仿作。他非常喜欢维吉尔并奉他为导师,他使佛罗伦萨方言得以大放光彩,他自行安排时间学习历史,从各种老师那里学习哲学,长时间苦读获得神学和其他各门知识上的造诣,可以说在非常年轻的时候他在家乡已掌握了他所需的全部知识,成为一位学富五车的学者。后来在巴黎,他卓越的辩才与丰富的知识使人民对他佩服得五体投地;他不完全是文学家,在当时,有人称他为诗人,有人称他为哲学家,有人称他为神学家。他生活的年代是意大利封建制度走向溃灭,资本主义逐渐兴起的时代,他的才华与学识使他成为旧时代的终结者,同时又成为新时代的启蒙人。

但丁著有抒情诗集《新生》(1295),在《新生》中诗人表达了他对恋人贝雅特丽齐的爱慕与崇拜,这部十四行诗集在风格上深受"温柔的新体"诗派的影响,带有中古文学的浪漫色彩。如上面所言,但丁不但是一位文化巨人,还是一个心智早熟的痴情儿,在贝雅特丽齐8岁时诗人对她一见钟情,对她的深爱一直延续到诗人去世。贝雅特丽齐在24岁时离世,这给诗人造成了无与伦比的沉重打击,他终日流泪,痛苦不堪,这种哀思一直渗透到诗人的文学生命,《新生》就是诗人用佛罗伦萨方言写成的赞美爱人的韵文。在后来的不朽名著《神曲》中贝雅特丽齐再次作为引导者出现。《飨宴》(1304—1307)是一部学术性著作,具有百科全书的性质,通过解释诗歌含义将当时各种知识介绍给读者。《论俗语》强调民族语言的重要性,是最早的探讨意大利语文体和诗律的著作。《帝制论》通过中世纪经院哲学推理的方式阐述了自己主张政教分离的政治观。

《神曲》是但丁最伟大的作品,是一部长达14233行的叙事诗,分为《地狱》《炼狱》《天堂》三部,每部33曲,加上序曲正好100曲。故事采用中世纪梦幻文学的形式,以但丁本人第一人称口吻叙述。在序曲中,诗人在35岁那年迷途于一个黑暗的森林,三只野兽豹、狮、狼挡住去路,它们分别象征淫欲、傲慢与贪婪,是天主教推崇的禁欲、谦逊、贫寒三大美德的死敌。危急时刻,古罗马诗人维吉尔受贝雅特丽齐的嘱托来搭救但丁,维吉尔引导他游历了地狱和炼狱,接着贝雅特丽齐带领诗人游历了天堂。在但丁的眼中,维吉尔是理性与哲学的代表,贝雅特丽齐是信仰和神学的代表,通过理性人类可以认识错误悔过自新;通过神学的启发人类可以认识最高真理达到至善的境界。今天看来,但丁的思想受中世纪的一些限制,但其对人类命运体现出来的普遍关怀的热情是非常可贵的。《地狱》是罪人接受酷刑的场所,呈上宽下窄的漏斗形态,共九层。犯罪的灵魂按生前罪孽大小在各个层面接受不同的刑罚:第一层放着未经基督教洗礼的人,他们在这里等候上帝的审判,包括荷马、苏格拉底、柏拉图等基督诞生之前的人,也包括未接受洗礼就死去的婴儿。第二层关着好色的灵魂,他们一刻不停地接受暴风雪袭击,有埃及艳后克利奥帕特拉,也有叔嫂相恋的保罗和弗兰齐斯嘉,其中两位恋人向但丁哭诉的情景导致但丁感动得晕倒在地,这是《神曲》的著名片段。第三层饕餮之徒终日匍匐在泥里忍受风雨的袭击及恶魔的撕咬。第四层里贪婪者和挥霍无度者相互辱骂,费力地推着偌大的重球。第五层是易怒的灵魂在污泥里厮打。第六层是一片坟场,宗教异端分子在烈火燃烧的墓穴里哀号,包括许多教皇和红衣主教。第七层是强暴者的惩罚地,分为内、中、外三圈,外圈是一条血河,浸泡着暴君和凶手。中圈是环形的毒刺树林,有赌博和其他恶习的灵魂在树林里被成群恶狗追赶,自杀者则变成这里的树木。内圈是下着火雨的沙漠,亵渎上帝者、同性恋者、高利贷者、重利盘剥者赤身裸体受着折磨。第八层是欺诈者的灵魂,分为十条环形恶沟,各类骗子在这里接受惩罚。如在第四条沟里,占卜师、巫师和占星者被扭转脑袋,永远朝后看,预示他们永远看不到未来;第七条沟里爬满各种毒蛇,它们追咬一些光着身子的盗贼等。第九层是地狱的最底层,在冰湖里冻结着卖国卖主的叛徒和背信弃义之人。湖的中央是地球的中心站着地狱王撒旦,他的嘴里衔着三个罪大恶极的人:出卖耶稣的犹大,谋杀恺撒大帝的布鲁托和卡西奥。

《炼狱》也称《净界》,是指生前犯有罪过但临终前忏悔死后灵魂的净化过程。但丁将炼狱设计成一座高山,炼狱山呈金字塔形,分为七级,加上山脚和山顶的"伊甸园"共九层。死去的灵魂要在山脚下排很长时间的队才能根据所犯的罪过分配在各层受惩罚。炼狱的第一级里,傲慢的灵魂身负重物在陡峭的山路上行走。第二级里,嫉妒者的灵魂相互搀扶,他们的眼皮被人用铁线缝在一起,看不见路。第三级里,愤怒者的灵魂在浓黑的烟雾里前行。第四级里,怠惰者的灵魂拼命狂奔。第五级里,吝啬鬼和败家子被绑着趴在地上动弹不得。第六级里,贪食者的灵魂忍受饥饿的折磨,面对着清泉和鲜果无法触及。第七级里,好色者在火海中接受炙烤。位于山顶的"伊甸园"是一片花木盛开的园地,里面有两条溪水,一条帮助人们洗掉邪恶,一条帮助人们牢记善与美。灵魂在水里洗涤后才能进入天堂。诗人喝过溪水后,随贝雅特丽齐进入天堂。

《天堂》篇描写灵魂在极乐世界的情景,这里居住着行善者、主动者、哲学家、神学家、殉教者、贤明君主、基督和众天使,升天的灵魂按照功绩的高低出现在不同的境界,最后与上帝一起居住在净火天里。第一重天是月亮天,这里的灵魂希望从善,但意志薄弱。第二重天是水星天,追求个人荣耀的行善者居住在这里。第三重天是金星天,居住着恋爱的灵魂。第四重天是太阳天,智慧的灵魂在这里载歌载舞,许多著名的哲学家、神学家居住在这里。第五重天是火星天,为信仰而放弃生命的英雄们在这里高唱凯歌。第六重天是木星天,贤明的皇帝在这里飞舞歌唱。第七重天是土星天,隐修的僧侣们在这里向净火天默默行走。第八重天是恒星天,圣母玛利亚和众圣徒居住在这里,绿地上鲜花盛开。第九重天是水晶天,它是整个宇宙的发源地,无数天使按等级站在九重天内,中心离上帝最近。九重天之上便是上帝的居所,即净火天。

《神曲》熔铸了诗人内心的生活情感,同时又将爱国热情、宗教体验与政治抱负等一系列重大问题结合在一起,是一部现实主义与浪漫主义相结合的经典作品。它涉及了多种学科知识,运用了神学、哲学、天文、地理等诸方面的知识,巧妙地将它们结合在一起。

通过诗人自己的一次梦幻之旅将一个庞大的世界统一在一起,通过地狱、炼狱、天堂三个境界收罗了众多的历史传奇、神话故事及传奇人物,内容涉及文学、艺术、政治、历史、哲学、宗教等方面,是献给人类的一次文化盛宴。《神曲》还是一部动人的教育诗篇,启迪了人们为完善自身道德、实现理想奋斗不息;《神曲》是但丁用意大利民族语言创作的长诗,对意大利民族语言的形成和统一奠定了基础;《神曲》艺术性极强,具有极高的审美价值,对后世欧洲文化影响极大,文艺复兴以来的诗人、艺术家都从中汲取灵感进行创作,但丁生前曾预言《神曲》将使他享殊荣于后世,他的预言的正确性已经经历了历史的认定。

三、原典选读

新约·马太福音(节选)

第一章

亚伯拉罕的后裔、大卫的子孙、耶稣基督的家谱("后裔""子孙"原文都作"儿子"。下同):

亚伯拉罕生以撒,以撒生雅各,雅各生犹大和他的弟兄;犹大生希斯仑,希斯仑生亚兰;亚兰生亚米拿达,亚米拿达生拿顺,拿顺生撒门;撒门从喇合氏生波阿斯,波阿斯从路得氏生俄备得,俄备得生耶西,耶西生大卫王。

大卫从乌利亚的妻子生所罗门;所罗门生罗波安,罗波安生亚比雅,亚比雅生亚撒;亚撒生约沙法,约沙法生约兰,约兰生乌西亚;乌西亚生约坦,约坦生亚哈斯,亚哈斯生希西家;希西家生玛拿西,玛拿西生亚们,亚们生西亚。百姓被迁到巴比伦的时候,约西亚耶哥尼雅和他的弟兄迁到巴比伦之后,耶哥尼雅生撒拉铁,撒拉铁生所罗巴伯;所罗巴伯生亚比玉,亚比玉生以利亚敬,以利亚敬生亚所;亚所生撒督,撒督生亚金,亚金生以律;以律生以利亚撒,以利亚撒生马但,马但生雅各;雅各生约瑟,就是玛利亚的丈夫。那称为基督的耶稣,是从玛利亚生的。

这样,从亚伯拉罕到大卫共有十四代,从大卫到迁至巴比伦的时候也有十四代,从迁至巴比伦的时候到基督又有十四代。

耶稣基督降生的事记在下面:他母亲玛利亚已经许配了约瑟,还没有迎娶,玛利亚就从圣灵怀了孕。她丈夫约瑟是个义人,不愿意明明地羞辱她,想要暗暗地把她休了。正思念这事的时候,有主的使者向他梦中显现,说:"大卫的子孙约瑟,不要怕,只管娶过你的妻子玛利亚来,因她所怀的孕是从圣灵来的。她将要生一个儿子,你要给他起名叫耶稣,因他要将自己的百姓从罪恶里救出来。"这一切的事成就,是要应验主借先知所说的话,说:

"必有童女怀孕生子,人要称他的名为以玛内利。"

("以玛内利"翻译出来就是"神与我们同在"。)约瑟醒了,起来,就遵着主使者的吩咐,把妻子娶过来,只是没有和她同房,等她生了儿子(有古卷作"等她生了头胎的儿子")就给他起名叫耶稣。

第二章

当希律王的时候,耶稣生在犹太的伯利恒。有几个博士从东方来到耶路撒冷,说:"那生下来作犹太人之王的人在哪里? 我们在东方看见他的星,特来拜他。"希律王听见了,就心里不安;耶路撒冷合城的人也都不安。他就召齐了祭司长和民间的文士,问他们说:"基督当生在何处?"他们回答说:"在犹太的伯利恒。因为有先知记着,说:

'犹太的伯利恒啊,

你在犹太诸城中并不是最小的,

因为将来有一位君王要从你那里出来,

牧养我以色列民。'"

当下希律暗暗地召了博士来,细问那星是什么时候出现的,就差他们往伯利恒去,说:"你们去仔细寻访那小孩子,寻到了,就来报信,我也好去拜他。"他们听见王的话就去了。在东方所看见的那星,忽然在他们前头行,直行到小孩子的地方,就在上头停住了。他们看见那星,就大大地欢喜,进了房子,看见小孩子和他母亲玛利亚,就俯伏拜那小孩子,揭开宝盒,拿黄金、乳香、没药为礼物献给他。博士因为在梦中被主指示不要回去见希律,就从别的路回本地去了。

他们去后,有主的使者向约瑟梦中显现,说:"起来! 带着小孩子同他母亲逃往埃及,住在那里,等我吩咐你,因为希律必寻找小孩子,要除灭他。"约瑟就起来,夜间带着小孩子和他母亲往埃及去,住在那里,直到希律死了。这是要应验主借先知所说的话,说:"我从埃及召回我的儿子来。"

希律见自己被博士愚弄,就大大发怒,差人将伯利恒城里并四境所有的男孩,照着他向博士仔细查问的时候,凡两岁以里的,都杀尽了。这就应了先知耶利米的话,说:

"在拉玛听见嚎啕大哭的声音,

是拉结哭她的儿女,

不肯受安慰,

因为他们都不在了。"

希律死了以后,有主的使者在埃及向约瑟梦中显现,说:"起来! 带着小孩子和他母亲往以色列地去,因为要害小孩子性命的人已经死了。"约瑟就起来,把小孩子和他母亲带到以色列地去,只因听见亚基老接着他父亲希律作了犹太王,就怕往那里去,又在梦中被主指示,便往加利利境内去了。到了一座城,名叫拿撒勒,就住在那里。这是要应验先知所说,他将称为拿撒勒人的话了。

第三章

那时,有施洗的约翰出来,在犹太的旷野传道,说:"天国近了,你们应当悔改!"这人就是先知以赛亚所说的,他说:"在旷野有人声喊着说:

'预备主的道,

修直他的路'"

这约翰身穿骆驼毛的衣服,腰束皮带,吃的是蝗虫、野蜜。那时,耶路撒冷和犹太全地,并约旦河一带地方的人,都出去到约翰那里,承认他们的罪,在约旦河里受他的洗。约翰看见许多法利赛人和撒都该人也来受洗,就对他们说:"毒蛇的种类!谁指示你们逃避将来的愤怒呢?你们要结出果子来,与悔改的心相称。不要自己心里说:'有亚伯拉罕为我们的祖宗。'我告诉你们:神能从这些石头中给亚伯拉罕兴起子孙来。现在斧子已经放在树根上,凡不结好果子的树,就砍下来丢在火里。我是用水给你们施洗,叫你们悔改;但那在我以后来的,能力比我更大,我就是给他提鞋也不配,他要用圣灵与火给你们施洗。他手里拿着簸箕,要扬净他的场,把麦子收在仓里,把糠用不灭的火烧尽了。"

当下,耶稣从加利利来到约旦河,见了约翰,要受他的洗。约翰想要拦住他,说:"我当受你的洗,你反倒上我这里来吗?"耶稣回答说:"你暂且许我,因为我们理当这样尽诸般的义(或作"礼")。"于是约翰许了他。耶稣受了洗,随即从水里上来。天忽然为他开了,他就看见神的灵仿佛鸽子降下,落在他身上。从天上有声音说:"这是我的爱子,我所喜悦的。"

第四章

当时,耶稣被圣灵引到旷野,受魔鬼的试探。他禁食四十昼夜,后来就饿了。那试探人的进前来,对他说:"你若是神的儿子,可以吩咐这些石头变成食物。"耶稣却回答说:"经上记着说:

'人活着,不是单靠食物,

乃是靠神口里所出的一切话。'"

魔鬼就带他进了圣城,叫他站在殿顶上("顶"原文作"翅"),对他说:"你若是神的儿子,可以跳下去,因为经上记着说:

'主要为你吩咐他的使者

用手托着你,

免得你的脚碰在石头上。'"

耶稣对他说:"经上又记着说:'不可试探主你的神。'"魔鬼又带他上了一座最高的山,将世上的万国与万国的荣华都指给他看,对他说:"你若俯伏拜我,我就把这一切都赐给你。"耶稣说:"撒但退去吧("撒但"就是"抵挡"的意思,乃魔鬼的别名)!因为经上记着说:

'当拜主你的神,

单要侍奉他。'"

于是魔鬼离了耶稣,有天使来伺候他。

耶稣听见约翰下了监,就退到加利利去;后又离开拿撒勒,往迦百农去,就住在那里。那地方靠海,在西布伦和拿弗他利的边界上,就是要应验先知以赛亚的话,说:

"西布伦地,拿弗他利地,

就是沿海的路,约旦河外,

外邦人的加利利地。

那坐在黑暗里的百姓看见了大光;

坐在死荫之地的人有光发现照着他们。"

从那时候,耶稣就传起道来,说:"天国近了,你们应当悔改!"

耶稣在加利利海边行走,看见弟兄二人,就是称呼彼得的西门和他兄弟安得烈,在海里撒网。他们本是打鱼的。耶稣对他们说:"来跟从我!我要叫你们得人如得鱼一样。"他们就立刻舍了网,跟从了他。从那里往前走,又看见弟兄二人,就是西庇太的儿子雅各和他兄弟约翰,同他们的父亲西庇太在船上补网,耶稣就招呼他们,他们立刻舍了船,别了父亲,跟从了耶稣。

耶稣走遍加利利,在各会堂里教训人,传天国的福音,医治百姓各样的病症。他的名声就传遍了叙利亚。那里的人把一切害病的,就是害各样疾病、各样疼痛的和被鬼附的、癫痫的、瘫痪的,都带了来,耶稣就治好了他们。当下,在许多人从加利利、低加波利、耶路撒冷、犹太、约旦河外来跟着他。

第五章

耶稣看见这许多的人,就上了山,既已坐下,门徒到他跟前来。他就开口教训他们,说:

"虚心的人有福了,

因为天国是他们的。

哀恸的人有福了,

因为他们必得安慰。

温柔的人有福了,

因为他们必承受地土。

饥渴慕义的人有福了,

因为他们必得饱足。

怜恤人的人有福了,

因为他们必蒙怜恤。

清心的人有福了,

因为他们必得见神。

使人和睦的人有福了,

因为他们必称为神的儿子。

为义受逼迫的人有福了,因为天国是他们的。

人若因我辱骂你们,逼迫你们,捏造各样坏话毁谤你们,你们就有福了。应当欢喜快乐,因为你们在天上的赏赐是大的。在你们以前的先知,人也是这样逼迫他们。"

"你们是世上的盐。盐若失了味,怎能叫它再咸呢?以后无用,不过丢在外面,被人践踏了。你们是世上的光。城造在山上,是不能隐藏的。人点灯,不放在斗底下,是放在灯台上,就照亮一家的人。你们的光也当这样照在人前,叫他们看见你们的好行为,便将荣耀归给你们在天上的父。"

"莫想我来要废掉律法和先知;我来不是要废掉,乃是要成全。我实在告诉你们,就是到天地都废去了,律法的一点一画也不能废去,都要成全。所以,无论何人废掉这诫命中最小的一条,又教训人这样作,他在天国要称为最小的;但无论何人遵行这诫命,又教训人遵行,他在天国要称为大的。我告诉你们:你们的义若不胜于文士和法利赛人的义,断不能进天国。"

"你们听见有吩咐古人的话,说:'不可杀人',又说:'凡杀人的,难免受审判。'只是我告诉你们:凡向弟兄动怒的,难免受审判(有古卷在"凡"字下添"无缘无故地"五字)。凡骂弟兄是拉加的,难免公会的审断;凡骂弟兄是魔利的,难免地狱的火。所以,你在祭坛上献礼物的时候,若想起弟兄向你怀怨,就把礼物留在坛前,先去同弟兄和好,然后来献礼物。你同告你的对头还在路上,就赶紧与他和息,恐怕他把你送给审判官,审判官交付衙役,你就下在监里了。我实在告诉你,若有一文钱没有还清,你断不能从那里出来。"

"你们听见有话说:'不可奸淫。'只是我告诉你们:凡看见妇女就动淫念的,这人心里已经与她犯奸淫了。若是你的右眼叫你跌倒,就剜出来丢掉,宁可失去百体中的一体,不叫全身丢在地狱里;若是右手叫你跌倒,就砍下来丢掉,宁可失去百体中的一体,不叫全身下入地狱。"

"又有话说:'人若休妻,就当给她休书。'只是我告诉你们:凡休妻的,若不是为淫乱的缘故,就是叫她作淫妇了。人若娶这被休的妇人,也是犯奸淫了。"

"你们又听见有吩咐古人的话,说:'不可背誓,所起的誓,总要向主谨守。'只是我告诉你们,什么誓都不可起。不可指着天起誓,因为天是神的座位;不可指着地起誓,因为地是他的脚凳;也不可指着耶路撒冷起誓,因为耶路撒冷是大君的京城;又不可指着你的头起誓,因为你不能使一根头发变黑变白了。你们的话,是,就说是;不是,就说不是;若再多说,就是出于那恶者(或作"是从恶里出来的")。"

"你们听见有话说:'以眼还眼,以牙还牙。'只是我告诉你们:不要与恶人作对。有人打你的右脸,连左脸也转过来由他打;有人想要告你,要拿你的里衣,连外衣也由他拿去;有人强逼你走一里路,你就同他走二里;有求你的,就给他;有向你借贷的,不可推辞。"

"你们听见有话说:'当爱你的邻舍,恨你的仇敌。'只是我告诉你们:要爱你们的仇敌,为那逼迫你们的祷告。这样,就可以做你们天父的儿子,因为他叫日头照好人,也照歹人;降雨给义人,也给不义的人。你们若单爱那爱你们的人,有什么赏赐呢? 就是税吏不也是这样行吗? 你们若单请你弟兄的安,比人有什么长处呢? 就是外邦人不也是这样行吗? 所以你们要完全,像你们的天父完全一样。"

罗兰之歌(节选)

一五七

异教徒说,"皇帝就要来到,
你听法兰西人都吹起了号角。
如果查理来到,我们性命难保;
罗兰要是生还,战争就会再起,
我们就要丢掉西班牙,我们的土地。"
四百个戴着头盔的人集合在一起,
他们都被认为是最好的战士,
他们对罗兰展开凶猛攻击,
伯爵对付他们要费些力气。

一五八

当罗兰伯爵看到他们又来进攻，
他打起精神，变得非常勇猛；
只要他还活着，他就不会退让。
他骑在名为维昂提的马上，
用精金的马刺摧着马去打仗，
向着层层敌阵里直闯。
主教屠宾也同他一样；
敌人彼此说，"朋友们，快跑，
法兰西人的号角我们已经听到，
那威力强大的查理王就要来到。"

一五九

罗兰伯爵不喜欢人贪生怕死，
不喜欢人骄傲自大，和坏人坏事，
也不喜欢不能奋勇作战的骑士；
他叫主教屠宾，同他说话，
"你是站在地上，我却骑着马，
为了我们友爱，我也要停下；
我们要在一起祸福同享，
我不会为旁人把你遗忘。
今天异教徒的进攻我们要阻挡，
杜伦达宝剑要作出最好榜样。"
主教说道，"谁不好好作战，谁就最可羞！
查理就要回来，他要给我们好好报仇。"

一六〇

异教徒们说，"我们真糟糕，
这一天对我们非常不好！
我们的公侯将军都损失殆尽。
查理王又带回他的大军。
我们听到法兰西人响亮的角声，
他们高呼着'蒙鸠依'，声音远震，
罗兰伯爵又是这样精神振奋，

世上没有人能把他战胜。

让我们向他投枪,然后离开他们。"

他们就射出许多短镖,

带羽的箭和各种枪矛;

罗兰的盾牌被他们刺穿,

他的铠甲也被他们打烂,

可是他们没有伤到他的身躯,

可是战马维昂提受伤三十处,

它被打死,倒在伯爵身底。

异教徒都跑掉,留下他在那里。

罗兰伯爵被留下,失去坐骑。

一六一

异教徒都跑了,愤怒慌张,

他们匆忙逃向西班牙地方;

伯爵罗兰也不能去追,

他失去了维昂提,他的坐骑,

不管怎样只好留在原地。

他去把主教屠宾扶起,

把他镀金的盔从头上脱下,

又脱掉他的白色轻甲,

把他衬衫全部撕掉,

用布把他巨大的伤口塞好,

又抱着他身体,靠着自己胸膛,

然后轻轻把他放倒在绿草上。

罗兰非常温柔地对他讲,

"啊,我的好人,允许我离开你,

我们最亲爱的伙伴们在那里

都已战死,我们不能把他们抛弃,

我要前去把他们寻觅,

在你面前把他们排列整齐。"

"你快去快回,"主教说道,

"感谢上帝,这战场属于你我二人了!"

一六二

罗兰转身单独穿过战场,

他巡视谷里又巡视山上，

他找到解林和他的伙伴解瑞，

又找到了阿屯和贝伦吉，

又找到安歇依和桑申，

又找到解拉，那鲁西荣的老人，

侯爷将他们一个又一个抬起，

把他们都带到主教那里，

放在他膝前摆整齐；

主教不能遏止他自己啼哭，

他举起了手，给他们祝福，

他又说道，"你们的命真苦，

望荣耀的上帝把你们的魂灵保护，

带到乐园里，同圣洁的花放在一处；

我非常痛苦，我就要死亡，

我将见不到那强大的君王。"

一六三

罗兰又转身去到战场寻找，

他把伙伴奥利维也找到，

靠着胸膛，把奥利维紧抱；

他用尽力气回到主教身旁，

把奥利维放倒在旁边的盾牌上。

主教给他赎了罪，作了十字记号。

他们这时更加哀悼，

罗兰说道，"好伙伴，奥利维，

你是瑞奈公爵的后裔，

他拥有卢奈山谷封地。

你曾把枪矛打断，盾牌打碎，

战胜狂妄敌人，使他们丧气，

你支持正义的人，给他们出主意，

打败贪恶的人，使他们战栗，

在任何地方没有战士能胜过你。"

一六四

伯爵罗兰看到牺牲了这些英豪，

他最亲爱的奥利维也死掉，

他为他们伤心，开始悲泣哀悼，

面容变得苍白枯槁，

他是那样伤心，他支持不住了，

他不由得在地上晕倒，

"将军，你多么不幸，"主教说道。

一六五

主教看见罗兰晕倒过去，

他的悲痛达到最大程度！

他伸出手来把号角抓住；

在荆棘谷有一条小河，

他想到那里去给罗兰取点水喝，

他就离开罗兰，一步一步向前挪，

他太虚弱了，不能走到小河，

他没有气力，失血过多，

他走了还不过一里之遥，

心跳停止，就向前扑倒，

在非常痛苦中死掉。

一六六

罗兰伯爵从昏迷中苏醒，

他站立起来，但是非常悲痛，

他看看山谷又望望山顶，

在青草上，在他的伙伴尸体附近，

他看见那位死掉的高贵将军，

就是那主教，上帝的代言人。

他作了忏悔，他向上看，

他合起双手，举手向天，

向上帝祷告让他进入乐园。

屠宾死了，查理王的伙伴，

无论高明的讲道还是激烈征战，

他永远是反对异教徒的骨干，

愿上帝赐给他神圣恩典！

一六七

罗兰伯爵看见主教躺在地上，

从他身体里流出了肚肠，

他前额涌出了脑浆，

他合起他的白手，手很漂亮，

在他锁骨中间，正当胸膛。

罗兰就按照家乡习惯为他悼丧。

"啊！好伙伴，名门的骑士，

今天我把你交给上帝的恩慈。

从来没有人更积极把上帝服侍，

在十二门徒之后从没有过这样先知，

你引人为善，又坚持真理，

愿你的灵魂平安无恙，

愿乐园的门为你开放。"

一六八

罗兰感到死亡已经临近，

他的脑浆从双耳向外喷迸，

他为将军们向上帝祈祷，

然后又为自己向天使加百列①祷告。

为了不让人责备他，他拿起号角，

另一只手又抓住杜伦达，他的宝刀，

他走过弓弩能射到的距离，

朝着西班牙方向，到了一块荒地，

他登上山巅，在两株美好的树后，

那里有四块白色的石头，

在绿草上面他仰身躺倒，

死亡就要来临，他又晕倒了。

一六九

山峰高耸，树木阴森，

有四块白石亮晶晶，

_____

①加百列，《圣经》中的大天使之一，他曾向玛利亚预言耶稣的诞生。见《新约·路加福音》。

62

罗兰晕倒在绿草中心。

这时一个大食人正对他观望，

那人假装死掉，躺在别人身旁，

用血涂满身体和脸上，

现在他站起身来，奔跑匆忙。

这人很勇敢，身躯强壮，

他的骄傲要使他遭到灭亡。

他触动罗兰身体和兵仗；

就说道，"查理的外甥已被打败，

这把宝刀我要带回大食地带"。

他拔刀的时候，伯爵又醒了过来。

一七〇

罗兰觉到有人在拔他的宝刀，

他睁开眼，对那人说道：

"我看得出，你同我们不是一道。"

罗兰抓起号角，他不愿把它丢掉，

向着敌人镶着金宝的头盔猛砍，

把铁盔和他的头骨打烂，

从敌人头上迸他的双眼，

敌人被打死，倒在脚边。

罗兰对他说道，"奴才，你怎么敢？

你敢碰我？道理你都不管，

任何人听到都会说你太大胆，

我的号角也被打坏了一边，

上面的水晶和黄金落到地面。"

一七一

罗兰感觉眼睛看不见东西，

他站立起来，用了全部力气，

他的面容变得非常惨白。

在他面前有赭色石头一块，

他悲伤愤怒，拿刀十次猛砍，

刀锋发出响声，但是没有折断；

"啊！"伯爵说道，"圣玛利亚，请你帮忙，

63

啊！杜伦达宝刀,你也遭了殃,

我要死了,我不能将你保障,

我曾许多次用你打了胜仗,

用你打下来许多重要地方,

那些都归白须的查理执掌;

我不能让你落在从敌前逃走的人手里,

你曾多年是勇敢的人的武器,

在圣洁的法兰西再没有那样的战士。"

一七二

罗兰拿刀在赭色石头上猛砍,

刀锋作响,但是没有折断,

当他看到不能把刀打烂,

他开始对着自己埋怨:

"啊！杜伦达,你多么雪白明亮好看,

在阳光下你闪耀璀璨;

查理王当时在摩利安山谷进兵,

上帝派天使送来命令,

要他把这把宝刀赠给一位将军;

那好国王、伟大的查理就给我这把剑,

我用这剑打下了昂儒和不列坦①,

用这剑打下了贝都②和麦安③,

用它把高贵的诺曼帝攻占,

用它打下了普罗旺斯④和阿基坦⑤,

还在伦巴第和罗马一带征战,

还有巴伐利亚、佛兰德⑥地面

和勃艮第,还把整个阿普里亚跑遍,

使得君士坦丁堡向他贡献,

让撒克逊人听他差遣;

我还为他攻下了苏格兰,

---

①不列坦,今译布列塔尼。法国西部地区名,濒临大西洋。
②贝都,法国西部地区名,位于旺代地区与贝里地区之间。
③麦安,法国西部沿海地区名,位于诺曼底和昂儒之间。
④普罗旺斯,法国南部地区名,濒临地中海。
⑤阿基坦,又译阿奎坦,法国西南部地区名。
⑥佛兰德,法国西北部地区名,位于今法国和比利时境内。

还把英格兰变成他的属县；

我打下了那么许多地域，

都交给白须的查理王守护。

为了这把剑我悲伤痛苦，

不能让异教徒占有它，我宁愿死去，

天父啊，决不能让法兰西蒙受耻辱。"

一七三

罗兰向一块赭色石头上猛砍，

他砍下了那么大的一片，

刀锋发出响声，但是并没有折断，

它反跳出去，直飞上了天，

伯爵看到他不能打断这把剑，

他非常温柔地对自己埋怨：

"啊！杜伦达，你是多么圣洁美好，

你的金柄上镶满神圣珍宝，

有圣巴西的血和圣彼得的牙，

还有我主圣但尼的遗发，

还有衣服属于圣玛利亚。

不能让异教徒占有这把刀，

它应该为基督教人效劳；

行为懦怯的人也不能占有你！

我用你攻下了许多大片土地，

交给花白胡须的查理王治理，

他是一位高贵强大的皇帝。"

一七四

罗兰感觉死亡已经不远，

死亡从头上渐渐降到胸间，

他跑到一株松树下面，

他伏身倒向青绿的草原，

在他身上放好他的号角和剑，

向着异教徒的大军转过了脸；

他这样做是因为他要让人明了，

查理和他的全军都将称道，

65

高贵的伯爵是在胜利时死掉。

他低弱地频频做了祈祷，

请求恕罪，他向上帝举起了手套。

一七五

罗兰感到他的生命已经不长，

他伏在陡险的山坡上，向着西班牙地方，

用一只手，他痛击自己胸膛，

"上帝，我祈求你，以你的善良，

将我的大小罪过加以原谅，

一切罪过从我出生的时光，

直到我最后遭到了死亡！"

他把右手手套向天高扬，

天使们这时从天上下降。

一七六

罗兰伯爵躺在一株松树下面，

向着西班牙他转过了脸；

许多事情他开始回忆，

这位侯爷征服的许多土地，

他的亲人，可爱的法兰西，

抚养他的君王查理大帝，

他不能遏止伤心叹息；

可是他不愿让自己归入沦亡，

他承认罪过，请上帝原谅，

"天父啊，你从来不会说谎，

你挽救拉撒路脱离死亡，

在狮子面前把但以理保障；

请保卫我的灵魂不遭灾祸，

虽然在我一生中我犯下许多罪过。"

他向上帝献出右手手套，

圣加百列从他手上把它拿掉；

他把头放在手臂当中，

合起双手，一命告终。

上帝派来了天使切鲁宾，

和圣米迦勒救苦救难的大神,

同他们一起还有圣加百列,

他们把伯爵的灵魂带到乐园里。

一七七

罗兰死了,上帝让他灵魂升天。

皇帝又来到荆棘谷地面;

没有一条大路或小道上,

一片空地或一尺地方,

没有布满法兰西人和异教徒的尸体。

查理王喊道,"我的好外甥,你在哪里?

还有主教和伯爵奥利维,

还有解林和他伙伴解瑞,

阿屯在哪里和伯爵贝伦吉?

还有我非常亲爱的伊温和伊沃里,

哪里是加斯科涅人安格雷?

还有公爵桑申和侯爷安歇依,

还有解拉,鲁西荣的年老侯爷,

我留下来的十二位勇士?"

他叫有什么用? 没有人搭理。

查理王说,"天啊! 我多么后悔,

战争开始时我没有在这里!"

他狂怒地撕着他的胡须,

他的骑士们都眼中流泪,

两万人都昏倒在地,

奈蒙公爵也非常痛惜。

——杨宪益,译.人民文学出版社,2000.

神　曲(节选)

第五章

　　我就这样从第一层下到了第二层,这一层的圈子比较小,其中的痛苦却大得多,它使受苦者发出一片哭声①。

---

　　①第二层地狱是犯邪淫罪者的灵魂受苦的地方。地狱共分为九层,由上而下,一层比一层小,痛苦则一层比一层大。第一层("林勃")中只有叹息的声音,第二层中受苦的灵魂就发嚎哭的声音。

那里站着可怕的米诺斯①,龇着牙咆哮:他在入口处审查罪行,作出判决,把尾巴绕在自己身上,表示怎样发落亡魂,勒令他们下去。我是说,不幸生在世上的人②的灵魂来到他面前时,就供出一切罪行:那位判官就判决他该在地狱中什么地方受苦,把尾巴在自己身上绕几遭,就表明要让他到第几层去。在他面前总站着许多亡灵,个个都依次受审判,招供罪行,听他宣判,随后就被卷下去了。

"啊,来到愁苦的旅舍③的人,"米诺斯瞥见我,就中断执行这样重大的职务,对我说:"你要想一想,自己是怎么进来的,依靠的是什么人;不要让宽阔的门口把你骗进来④!"我的向导对他说:"你为什么直叫嚣!不要阻止天命注定他做的旅行。这是有能力为所欲为者所在的地方决定的⑤,不要再问。"

现在悲惨的声音开始传到我耳边;现在我来到许多哭声向我袭击的地方。我来到一切光全都喑哑⑥的地方,这里如同大海在暴风雨中受一阵阵方向相反的风冲击时那样怒吼。地狱里的永不停止的狂飙⑦猛力席卷着群魂飘荡;刮得他们旋转翻滚,互相碰撞,痛苦万分。每逢刮到断层悬崖⑧前面,他们就在那里喊叫、痛哭、哀号,就在那里诅咒神的力量。我知道,被判处这种刑罚的,是让情欲压倒理性的犯邪淫罪者⑨。犹如寒冷季节,大批椋鸟密集成群,展翅乱飞⑩,同样,那些罪恶的亡魂被狂飙刮来刮去,忽上忽下,永远没有什么希望安慰他们,不要说休息的希望,就连减轻痛苦的希望也没有。

犹如群鹤在空中排成长行,唱着它们的哀歌飞去⑪,同样,我看到一些阴魂哀号痛哭着被上述的狂

---

①希腊神话中的米诺斯(Minos)是克里特岛的国王,在位时公正严明,死后成为冥间判官。荷马史诗《奥德修纪》叙述奥德修游冥界时见到了他:"我就又看到宙斯的显耀儿子弥诺(即米诺斯),他手里拿着黄金的王杖,坐在那里,给鬼魂们宣判;鬼魂们在阴府的大门里,有的坐着,有的站着,请他裁判"(《奥德修纪》卷十一)。维吉尔在《埃涅埃斯纪》中叙述埃涅阿游冥界时,沿袭荷马史诗的传统,也把米诺斯作为冥界判官,诗中说:"……在这里,有选任的陪审官指定他们席位,米诺斯任审判官,掌有决定权,他把这些默不作声的灵魂召集起来开会。听取他生前的经历,决定处分"(《埃涅阿斯纪》卷六)。在荷马史诗中,米诺斯作为庄严的王者形象出现,在维吉尔史诗中,则把他描写成具有罗马法官开庭审判时的气派。但丁从维吉尔诗中借用了这个神话中的人物作为地狱判官,但他根据基督教关于异教的神祇皆是鬼物的说法,把米诺斯塑造成有尾巴、狰狞可怖的魔鬼形象。

②指在地狱里受苦的罪人。他们正如耶稣关于叛徒犹大所说的,"不生在世上倒好"(《新约·马太福音》第七章),因为这样他们就不至于入地狱。

③指地狱。第三卷第一章称地狱为"愁苦之城"。

④这句话是有所本的,"下到阿维尔努斯(罗马神话传说中阴府入口处)是容易的;狄斯(罗马神话中的冥神,亦作冥界)的黑门昼夜开着;但是掉转脚步,再走出来,到阳间的空气里,那是困难和危险的"(《埃涅阿斯纪》卷六)。耶稣登山训众时留有话语,"你们要进窄门,因为引到灭亡,那门是宽的,路是大的,进去的人也多"(《新约·马太福音》第七章)。

⑤维吉尔对运载亡灵渡阿刻隆河的船夫卡隆说过同样的话(参看第三章注)。

⑥即没有一点光明之意。诗人在这里又大胆使用了一个以声觉代替视觉构成的隐喻(参看第一章注)。

⑦这些犯邪淫者受苦的方式是一报还一报,罪与罚关系极为密切:地狱里的狂飙是他们的情欲的象征;他们生前爱情欲驱使,不能自制,死后灵魂就被地狱里的狂飙刮来刮去,永远不得安息。

⑧原文是ruina,注释家对这个词有不同的解释。萨佩纽注释本和波斯科-雷翁奈注释本都认为,指的是耶稣死后在十字架上时发生的大地震使地狱里塌方所形成的断层悬崖。犯邪淫罪者的灵魂受审判后,就被卷下这个悬崖,到第二层地狱受苦,所以每逢被狂飙刮到悬崖前面,他们就想起,是神的力量使他们陷入万劫不复的境地,因而诅咒"神的力量"。译文根据这种解释。

⑨但丁怎么知道,受这种惩罚的是犯邪淫罪者,诗中没有说明;可能是维吉尔告诉他的,也可能是他看到惩罚方式后,自己猜想到的,从诗中的情景看来,后一种可能似乎更大。

⑩这里用椋鸟密集成群,展翅乱飞的状况,来比拟大批阴魂被狂飙刮得凌乱翻腾的状况。

⑪这个比喻不仅以群鹤的哀鸣来比拟亡魂们的悲号,还以群鹤齐飞时排成行列来比拟其中的一批阴魂结成队形随风飘来飘去,这一批就是那些"因为爱情离开人世的灵魂"(自杀者和被杀者)。

飘卷来。因此我说:"老师,这些受漆黑的空气这样惩罚的,都是什么人哪?""你想知道情况的那些人之中的第一个,"他随即对我说:"是许多语言不同的民族的女皇帝。她沉溺于淫乱的罪恶那样深,竟然在她的法律中把人人恣意淫乱定为合法,来免除她所遭到的谴责。她是塞米拉密斯①,据史书记载,她是尼诺的妻子,后来继承了他的帝位,拥有如今苏丹所统治的国土②。另一个是因为爱情自杀的对希凯斯的骨灰背信失节的女性③,她后面来的是淫荡的克利奥帕特拉④。你看那是海伦⑤,为了她,多么漫长的不幸的岁月流转过去,你看那是伟大的阿喀琉斯,他最后是同爱情战斗⑥。你看那是帕里斯⑦,那是特里斯丹⑧;他还把一千多个因为爱情离开人世的人指给我看,并且一一说出他们的名字。我听了我的老师说出古代的贵妇人和骑士们⑨的名字以后,怜悯之情抓住了我的心,我几乎神志昏乱了。我开始说:"诗人哪,我愿意同那两个在一起的、似乎那样轻飘飘地乘风而来的灵魂说话。"他对我说:"你注意着他们什么时候离我们近些;那时,你以支配他们的行动的爱的名义恳求他们,他们就会来的。"当风刚把他们刮向我们这里时,我就开始说:"受折磨的灵魂们,过来同我们交谈吧,如果无人禁止的话!"

犹如斑鸠受情欲召唤,在意愿的推动下,伸展着稳健的翅膀,凌空而过,飞向甜蜜的鸠巢,同样,那两个灵魂走出狄多所在的行列⑩,穿过昏暗的空气向我们奔来,因为我那充满同情的呼唤是如此强烈

①塞米拉密斯是传说中的亚述女王(公元前14世纪或公元前13世纪),但丁从公元5世纪历史家奥洛席乌斯(Orosius)的《七卷反异教徒史》中得知她的事迹。书中说她淫荡无度,甚至和儿子乱伦,最后被他杀死。中世纪以她为纵欲淫乱的典型。

②"拥有如今苏丹所统治的国土"这句话不符合历史事实:"如今"指1300年但丁游地狱的时间,"苏丹"指当时统治埃及的马木路克王朝的君主;但是,除埃及以外,马木路克苏丹只占有巴勒斯坦和叙利亚的一部分,古代亚述王国的本土则属于伊尔汗国,并不在他的版图之内。注释家认为,诗中出现这一历史地理上的错误,是由于但丁把亚述所征服的古巴比伦王国(Babylonia)和埃及尼罗河畔的城市巴比伦(Babylon,即古开罗)混淆了。这种差错无关宏旨,并不使但丁的诗减色。

③指迦太基女王狄多。伊利昂城被攻破后,埃涅阿斯经历千辛万苦来到迦太基。狄多对他发生了爱情,并且背弃了对临死的丈夫希凯斯所发的永不再嫁的誓言,同他结了婚。后来,埃涅阿斯服从神意,离弃了她,到意大利重建邦国,她因此自杀(见《埃涅阿斯纪》卷四)。

④克利奥帕特拉(约公元前69—公元前30)是埃及托勒密王朝女王,姿容秀媚,罗马大将军恺撒进军埃及时,她深得他的欢心,并且给他生了一个儿子;恺撒被刺死后,罗马"后三头"之一的执政官安东尼也对她十分迷恋;安东尼在阿克兴角海战(公元前31年)中被屋大维击败,她和他一同逃亡埃及亚历山大城,在敌军围城时自杀。

⑤海伦是斯巴达墨涅拉俄斯的妻子,具有绝代姿容。伊利昂城的王子帕里斯渡海来到斯巴达,爱上了海伦,把她拐走。希腊人动了公愤,共同兴师问罪,渡海讨伐特洛伊人。"多么漫长的不幸的岁月流转过去"指经过十年战争才攻破伊利昂城,夺回海伦。荷马史诗《伊利亚特》集中描述十年战争中的五十一天的事情。

⑥阿喀琉斯是《伊利亚特》中的希腊英雄,武艺高强,所向无敌,由于他退出战斗,希腊大军被特洛亚人击败,后来,他重上战场,杀死了伊利昂城的主将赫克托尔,希腊大军转败为胜。据奥维德的《变形记》和中世纪的《特洛亚传奇》所说,阿喀琉斯爱上了伊利昂城老王普里阿摩斯的女儿波利克塞娜,被诱入神庙,由埋伏在那里的帕里斯用毒箭射死;所以诗中说"他最后是同爱情战斗",结果失败。

⑦帕里斯是普里阿摩斯的儿子,赫克托尔的弟弟。他娶了河神凯勃伦的女儿奥诺娜为妻,但他骗到海伦后,就离弃了奥诺娜;伊利昂城被攻破时,他被菲洛克特特斯用毒箭射伤,奥诺娜精通医术,他求她医治,遭到拒绝,毒发身死。

⑧特里斯丹是法国骑士传奇《特里斯丹和绮瑟》(12世纪)中的人物,奉命航海去邻国为他叔父国王玛克迎接新娘绮瑟公主,在归途中误饮了为玛克和绮瑟结婚准备的一种神秘饮料,结果对绮瑟发生了永远不变的爱情。玛克发现了他们相爱之后,把他们逐出王宫,但最后宽恕了绮瑟。薄伽丘在《神曲》注释中说,特里斯丹"被国王玛克用毒箭射伤,垂死之际,王后前来探视,他顿时把她搂在怀里,因用力太猛,他和她的心都迸裂了,这样他们俩就一同死去。"

⑨"骑士"泛指上述的英雄人物,其中只有特里斯丹是骑士,其余的人本来不是骑士,但在中世纪流行的属于古代系统的传奇中都被塑造成骑士的形象。

⑩指狄多等因爱情自杀或被杀的灵魂排成的行列。

动人。

"啊,温厚仁慈的活人哪,你前来访问我们这些用血染红大地的阴魂,假如宇宙之王是我们的朋友的话①,我们会为你的平安向他祈祷,因为你可怜我们受这残酷的惩罚。在风像这里现在这样静止的时候,凡是你们喜欢听的和喜欢谈的事,我们都愿意听,都愿意对你们谈。我出生的城市②坐落在海滨,在波河汇合它的支流入海得到安息的地方③。在高贵的心中迅速燃烧起来的爱,使他热恋上我的被夺去的美丽的身体④;被夺的方式至今仍然使我受害⑤。不容许被爱者不还报的爱⑥,使我那样强烈地迷恋他的美貌,就像你看到的这样,直到如今仍然不离开我。爱引导我们同死。该隐环等待着害我们性命的人⑦。"他们对我们说了这些话⑧。

听了这两个受伤害的灵魂所说的话,我低下头来,一直没有抬起,诗人对我说:"你在想什么?"我向他回答时说:"哎呀,多少甜蜜的思想,多么强烈的欲望把他们引到那悲惨的关口啊!"接着,我又转身对着他们,开始说:"弗兰齐斯嘉,你的痛苦使得我因悲伤和怜悯而流泪。但是,你告诉我:在发出甜蜜的叹息时,爱通过什么迹象、什么方式使你们明白了彼此心里的朦胧的欲望?"她对我说:"再没有比不幸

---

①"宇宙之王"指上帝。"是我们的朋友"意即怜悯我们,肯接受我们的祷告。原文是不现实条件句,表示很想为但丁祈祷,无奈上帝决不会听地狱里的罪人的祷告。

②"城市"指腊万纳。波河是意大利最大的河,发源于阿尔卑斯山,流入亚得里亚海。"汇合它的支流入海得到安息"这句话流露出说话的灵魂渴望安息而不能如愿的悲哀情绪。她是弗兰齐斯嘉·达·里米尼(Francesca da Rimini),腊万纳的封建主多·达·波伦塔的女儿,后来邀请但丁定居腊万纳的小圭多·达·波伦塔的姑母。1275年以后不久,她嫁里米尼的封建主简乔托·马拉台斯塔为妻,这纯粹是一种政略婚姻,因为简乔托跛脚,相貌丑陋,举止粗野。简乔托的弟弟保罗是个美少年,后来,叔嫂二人私下里相爱,简乔托发现后,当场把他们杀死。这一事件发生在 1283—1285 年,曾轰动一时。1282—1283 年,保罗曾在佛罗伦萨担任人民首领和维持和平专员的职务,但丁可能在家乡见到过他。所以但丁对他们的痛苦表示深切的同情和怜悯是有特殊原因的。

③这是"温柔的新体"诗派对爱情的看法,圭多·圭尼采里的诗"爱总逃避到高贵的心里",但丁的一首十四行诗的第一行"爱河高贵的心是一回事",都表达了这种思想。在《神曲》中,但丁改变了这种看法,认为爱既可以使人产生高尚的情操,也可以使人犯罪。保罗和弗兰齐斯嘉叔嫂相爱,由于不能以理性克制情欲,反而"让情欲压倒理性",结果演成悲剧。

④"被夺去的美丽的身体"这句话里,"被夺去"指弗兰齐斯嘉被她丈夫杀死。多数注释家把后面的句子"e'l modo ancor m'offende"和"被夺去"联系起来,认为意即:我被杀方式如今还使我受害,也就是说,在他们俩犯罪时,当场被杀,来不及忏悔,以致死后永远在地狱里受苦。萨佩纽注释本和波斯科-雷吉奥注释本则认为,根据上下文的逻辑关系,这个句子的意义同"使他爱上"(Amor...prese costui)衔接,说明爱得多么强烈。译文根据多数注释家的解释。

⑤这种说法来源于安德莱亚·卡佩拉诺(Andrea Cappellano,12 世纪、13 世纪间)的《论爱情》(De amore)一书,对普罗旺斯骑士抒情诗和意大利"温柔的新体"诗派的抒情诗都有影响。弗兰齐斯嘉是宫廷中的贵妇人,当然也接触到这种思想。爱不容许被爱者不以爱还爱,是不符合生活实际的说法,但对她来说,却是不可抗拒的法则;她觉得,既然保罗这样爱她,她就非得爱他不可,这足以表明她的爱是多么强烈。

⑥弗兰齐斯嘉预言,她丈夫简乔托(死于 1304 年,但丁游地狱时还在世)由于犯了杀弟杀妻罪,死后注定在第九层地狱(寒冰地狱)中的"该隐环"受苦。"该隐环"(Caina)得名于第一个犯杀弟杀妻罪的该隐(见《旧约·创世纪》第四章),是科奇土斯冰湖划分成四个同心圆形的受苦处之一,凡是出卖和杀害亲属者的灵魂都在此受寒冰封冻之苦。

⑦诗中虽是弗兰齐斯嘉一个人说话,但她同时代表保罗,因此这里代词用第三人称复数。

⑧维吉尔生前是赫赫有名的诗人,受到罗马皇帝奥古斯都的敬重和优遇,死后灵魂永远留在第一层地狱里,不能进天国,抚今追昔,自然感到莫大的痛苦。

中回忆幸福的时光更大的痛苦了;这一点你的老师是知道的①。但是,如果你有这样热切的愿望,想知道我们的爱的最初的根苗,我就像一面哭,一面说的人那样说给你听。

"有一天,我们为了消遣,共同阅读朗斯洛怎样被爱所俘虏的故事②;只有我们俩在一起,全无一点疑惧③。那次阅读促使我们的目光屡屡相遇,彼此相顾失色,但是使我们无法抵抗的,只是书中的一点。当我们读到那渴望吻到的微笑的嘴被这样一位情人亲吻时④,这个永远不会和我分离的人就全身颤抖着亲我的嘴。那本书和写书的人就是我们的加勒奥托⑤:那一天,我们没有再读下去⑥。"

当这一个灵魂说这番话时,那一个一直在啼哭;使得我激于怜悯之情仿佛要死似的昏过去。我像死尸一般倒下了。

——田德望,译.人民文学出版社,1990.

思考题

1.中世纪文学的主要类型有哪些?

2.中世纪诞生的英雄史诗有哪些? 有何特点?

3.为什么说但丁是中世纪最后一位诗人同时又是新世纪第一位诗人?

扩展阅读

杨慧林,黄晋凯.欧洲中世纪文学史[M].南京:译林出版社,2001.

梁工.基督教文学[M].北京:宗教文化出版社,2001.

但丁.神曲[M].王维克,译.北京:人民文学出版社,1980.

---

①弗兰齐斯嘉和保罗共同阅读的书是法国骑士传奇《湖上的朗斯洛》(12 世纪)。传奇主人公朗斯洛是布列塔尼王的儿子,幼年被"湖上夫人"窃走养大,送到亚瑟王的宫廷,故称"湖上的朗斯洛";他是亚瑟王的第一名圆桌骑士,和王后圭尼维尔秘密相爱。书中叙述王后的管家加勒奥(意大利语为加勒奥托)把朗斯洛带到菜园里和王后幽会,他在王后面前比较羞怯,加勒奥劝说王后主动和他亲吻,王后就吻了他很久。

②意即他们完全没有料到,这种心心相印的爱,受阅读这部传奇的刺激,会产生什么严重的后果。

③但丁把传奇中圭尼维尔主动吻朗斯洛改为圭尼维尔的"微笑的嘴"被朗斯洛亲吻,有些注释家认为他根据的是这部传奇的另一种抄本,但更可能的是为了适应诗中的人物和情境。"微笑的嘴"原文是 riso(笑、微笑),较早的注释家布蒂(Buti)认为这里指"喜悦的面孔"或者指嘴,因为"嘴比面孔的任何其他部分更能显示笑容";后来的注释家大都同意这种解释;但是,著名的文学批评家德·桑克蒂斯(1817—1883)认为,指的不是具体的嘴,而是微笑,"微笑是嘴的表情、诗意和情感,是某种空灵的东西,看到它在嘴唇间浮动,又仿佛离开了嘴唇,你能看到它,却不能触摸它"。这话确说出了原诗的妙处。"被这样一位情人亲吻",意即被朗斯洛这样一位著名的、英勇的骑士情人亲吻。

④这句话的大意是:骑士传奇《湖上的朗斯洛》及其作者在保罗和我之间所起的作用,如同加勒奥托在朗斯洛和圭尼维尔之间所起的作用一样,也就是说,起了海淫的作用。由于《神曲》在意大利广泛流传,Galeotto(加勒奥托)这个人名后来变成了具有"淫媒"含义的普通名词。弗兰齐斯嘉这句话表明,但丁很重视文艺的教育作用,看到当时宫廷中风行的骑士文学的不良影响,借保罗和弗兰齐斯嘉的悲剧给人们敲起警钟。

⑤这句平常的话十分含蓄,为弗兰齐斯嘉的叙述作了耐人寻味的结束,注释家对这句话有不同的解释,译者不敢妄加论断,但是,认为字里行间流露出这位贵妇人羞于出口的隐情的看法,似乎合情合理。

⑥表示突然倒下。原诗 e caddi come corpo morto cadde 连用五个两音节的词,其中四个是由颚音 c 构成的双声,读起来使人仿佛听到死尸突然倒下的沉重声音,这种音韵效果是译文无法模拟的。

第三章　文艺复兴时期的文学

一、历史背景

从时间上看,文艺复兴时期是指欧洲历史上从 14 世纪到 17 世纪这一段时期。这一时期欧洲的社会形态依然是封建社会,城市经济的发展在封建社会内部萌动,新兴的资产阶级势力逐渐增强,资本主义文明逐渐形成,科学技术进一步发展,文学主流呈现出人文主义特征。

首先,在经济形态上,资本主义经济开始萌芽并得到迅速发展。14 世纪时,地处东西贸易枢纽的意大利城市经济迅速发展,商业、银行业、手工业欣欣向荣,出现了新的经济关系,这种新生的生产关系不断地冲击着旧有的封建生产关系。接着,在欧洲其他国家如法国、德国、西班牙的城市经济也迅速发展起来,工商业呈现出繁荣景象。16 世纪时期的英国圈地运动促使农村经济向城市工商业经济转化,资本主义经济迅速发展。城市新兴的资产阶级力量成为新的阶层,成为变革封建制度的革命因素,旧有的封建制度成为新兴经济发展的束缚逐渐走向衰亡。

其次,新兴资产阶级的崛起、经济发展的需要、文明的开化及人类探索客观世界的内在需求,促使科学技术进一步发展。科学摆脱中世纪依附于教会与神学的附庸地位开始取得独立,以往时代里通过《圣经》来解释和统领客观世界的经验主义与教条主义的做法被否定,人们追求真理和科学知识的意识日渐加强,在这样的思想氛围下,天文学、机械学、物理学、解剖学和生理学的研究开始复兴并得到良好的发展。从 13 至 14 世纪起,欧洲各国的科学技术发展迅速,出现了脚踏纺车、织布机、水力和风力发动机、千吨风帆快艇等促进生产力的机器与工具。在中西文化交流日益频繁的形势下,东方文明流传到欧洲,哥伦布通过马可·波罗的《中国游记》确立了他发现东方的航海志向,中国的指南针促进了航海技术的迅速发展,中国人发明的火药通过阿拉伯人传到欧洲,促使了他们军事技术的发达,中国的造纸术和印刷术替代了古老的羊皮卷,打破了文化与教育由教会等特权人士垄断的格局,在思想文化上,一次大规模的反封建反教会文化运动一触即发。

再次,经济发展与社会制度之间的不协调使资产阶级与封建势力之间展开激烈较量。由于直接的利害关系,新兴资产阶级同封建势力之间的冲突不可避免,在当时的情况下,每一次反对封建制度的斗争必然将矛头指向代表最腐朽封建势力的教会,而且农民阶级为了自己的生存也不得不响应反对教会的号召。在资产阶级反对教会的斗争中,宗教改革作为有力的突破口,在德国以马丁·路德(1493—1564)为首的宗教改革家创立了路德教,在英国以加尔文(1509—1604)为首的宗教改革家创立了加尔文教,抨击教阶制,反对铺张的宗教仪式,倡导人人可以直接与上帝沟通,建立起了符合资产阶级利益的宗教制度。另一方面,资产阶级开始积极地寻找适合自身发展的文化,1453 年东罗马灭亡时大批学者出逃,他们携带了大量古希腊罗马文物典籍及古代罗马的古代雕像被重新发现,他们模仿古希腊、罗马的文化,反对中世纪法则,欣赏和赞誉充满着人文主义气息和现实主义精神的古代文化,正如恩格斯所说:"拜占庭灭亡时抢救出来的手抄本,罗马废墟中发掘出来的古代雕像,在惊讶的西方面前展示了一个新世界——古希腊的古代;在它的光辉的形象面前,中世纪的幽灵消逝了;意大利出现了前所未见的艺术繁荣,这种艺术繁荣好像是古典古代的反照,以后就再也不曾达到了。"①

最后,浓郁的人文主义气息是文艺复兴时期的主要时代精神。资产阶级思想家利用人文主义的思想作为争取本阶级利益的斗争武器,概括地说,对中世纪神秘主义的蔑视,对知识的追求,对人类自身的人文关怀,提倡人性、人权、理性、知识,反对神性、神权、禁欲主义和蒙昧主义就是文艺复兴时期人文主义的思想特点。这一时期的空想社会主义的代表人物托马斯·摩尔和汤玛索·康帕涅拉的著作里体现出了人文主义的民主倾向,意大利人文主义代表人物留乔·萨留塔提和利奥多·布鲁尼认为,人类生活的目的就在于获取幸福,而幸福只有通过科学研究和公民活动才能够实现。罗伦梭·瓦拉坚决反对禁欲主义,认为需要在灵魂和肉体之间建立和谐,获取现世的幸福。人文主义颂扬人的精神,提倡以人为本或者说人道主义精神,歌颂人的智慧和才能,宣扬"我是人,人的一切特性我无所不有"。然而,人文主义从一诞生就带有资产阶级的局限性,资产阶级对于金钱与权力的过分追逐,体现出严重的利己主义色彩,他们的目标不是为整个社会谋求福利,而是为了满足自身的最大利益,因此在追求利益的过程中表现出了伪善、贪婪与道德不良现象,甚至宣扬为了目的不惜采用一切办法的观念,出现了像尼科罗·马基雅维里

---

①恩格斯.自然辩证法.导言[M]//马克思,恩格斯.马克思恩格斯选集:第 3 卷.北京:人民出版社,1972:444.

(1469—1529)这样的铁拳人物。人文主义者的特点之一还有对于古典文化的重视,他们宣言被中世纪遗忘和歪曲的古代希腊罗马文化,重视它们的价值,开始收集、印刷、注释、翻译希腊和拉丁著作,薄伽丘与彼特拉克曾在欧洲一切城市搜集古代的手抄本,重新恢复古代文化,荷马、维吉尔、亚里士多德的著作开始印行。

这一时期诞生了许多人文主义者,对时代的进步作出重大贡献,正如恩格斯指出:"这是一次人类从来没有经历过的最伟大的、进步的变革,是一个需要巨人而且产生巨人——在思维能力、热情和性格方面,在多才多艺和学识渊博方面的巨人的时代。"[①]的确,在这个时代涌现了大批精神文化的巨人和富有人文主义气息的科学家、艺术家;在这个时代,一位名人如果没有长途旅行过或不懂得四五种语言将是一件不可思议的事情,诞生于这一时代的达·芬奇不仅是著名的画家而且还对物理有所研究,同时又是数学家、力学家和工程师。阿尔勃莱希特·丢勒是画家、铜板雕刻家、雕刻家与建筑师。马基雅维利是政治家、历史学家、诗人兼军事著作家。路德扫清了教会和德国语言的障碍,创造了现代德国散文,并且创作了享誉于16世纪的《马赛曲》。在实际生活中,这些透露出人文主义信息的伟人,有的用剑,有的用笔,有的用舌,同代表旧文化的封建统治者和教会势力进行斗争。他们不是碌碌无为的庸人或执迷于蝇头小利的怯儿,他们中的很多人为了科学的发展与人文主义的传播作出了巨大的牺牲:哥白尼学说的拥护与继承者——意大利物理学家伽利略遭到教会的种种折磨;法国学者多雷因为否认灵魂说被教会处以极刑;意大利哲学家布鲁诺被宗教裁判所活活烧死;法国著名作家拉伯雷因攻击天主教遭到终身流放;英国戏剧家马洛宣传无神论被暗杀;他们在科学进步文明发展方面显示出的英勇无畏与坚持真理勇于抗争的坚韧精神至今仍具有激励意义。

二、西方文艺复兴的东方影响

文艺复兴一般被定义为14世纪到17世纪初发生在欧洲的思想解放运动,并以其鲜明的文艺成就、科技成果、地理发现、人文精神等,被看作是一个特殊的历史事件或历史时期。作为智识运动的文艺复兴于14世纪发端于意大利,15世纪后期逐步扩展到欧洲各地。尽管文艺复兴一直被定义为西欧内生的思想解放运动,但是培育文艺复兴的沃土,实际上得益于自中世纪开始西欧持续从东方汲取的文化养料。东方文化与文学直接或间接地促进了文艺复兴时期文学与思想的发展,如萨义德所说:"欧洲人的想象力从这些剧目中得到了广泛的滋养:从中世纪到18世纪,像阿里奥斯托、弥尔顿、马洛、塔索、莎士比亚、塞万提斯等主要作家,以及《罗兰之歌》和《熙德之歌》的作者,都在他们的作品

---

①恩格斯.自然辩证法.导言[M]//马克思,恩格斯.马克思恩格斯选集:第3卷.北京:人民出版社,1972:445.

中汲取了东方的财富,以使其中的意象、思想和人物轮廓更加清晰。"①

　　一方面,文艺复兴时期西欧对古典传统的重新发现,与其和拜占庭文化、阿拉伯文化的接触有关。阿拉伯文明对古典传统人文科学文献的保存、整理与翻译,是在"百年翻译运动"的历史背景中进行的。约从 8 世纪中叶到 10 世纪末,叙利亚文、波斯文、希伯来文、梵文等多种文字的人文和科学典籍,以及几乎所有在拜占庭和近东地区可以找到的非文学和非历史的希腊世俗书籍都被翻译成阿拉伯语,许多文献被重新校订、考证和增补,为传承人类文明之火种做出了巨大贡献。拉丁西方世界"在整个中世纪,懂希腊语成了一种极为罕见的造诣"②。与此同时,中世纪的阿拉伯学者却保存、整理并翻译了大量亚里士多德的著作,并在此基础上形成了阿拉伯哲学史上的"亚里士多德派(Hukama)"。菲利普·K.希提(Philip K. Hitti)在其《阿拉伯通史》一书中指出,"柏拉图的学说和亚里士多德的学说,凭借伊本·西那(阿维森纳)和伊本·鲁世德(阿维罗伊)两人而传入拉丁世界"③。11 世纪末至 13 世纪末,"西方世界兴起了一场规模宏大、蔚为壮观的翻译运动。这是中世纪时代继阿拉伯人的'百年翻译运动'之后的又一次学习古典文化与外来文化的热潮"④。阿拉伯语版的古希腊、印度、波斯等地的科学文化著作重又被翻译为拉丁语和各欧洲语言,"亚里士多德、托勒密、希波克拉底和盖伦等许多古代作家的著作就是从其阿拉伯文译本翻译成拉丁语的"⑤。如恩格斯所言:"在罗曼语诸民族那里,一种从阿拉伯人那里吸收过来并从新发现的希腊哲学那里得到营养的明快的自由思想,愈来愈根深蒂固,为十八世纪的唯物主义做了准备。"⑥这场文明互鉴中的"二次翻译"运动,反哺了西方文明,有力地推进了欧洲文艺复兴的思想进程。

　　另一方面,阿拉伯文明并不仅是一间古典传统的"藏书阁",其自身的文明传统亦光照了欧洲的人文和科学领域。并且,作为联通欧亚非、融汇东西文明的纽带,阿拉伯文明"在世界文化史上起到了承前启后、连贯东西的作用,它传承了前人的文化业绩,并把东方的文化成果传到西方"⑦。如我们谈起文艺复兴的代表人物之一莱昂纳多·达·芬奇时,往往会提到他坚持认为绘画应该以数学为基础——尤其是几何和光学,但实际上"他所依赖的技术原理,是由中东和北非的穆斯林发展和传承的"⑧。迈克尔·爱德华兹(Michael Edwardes)则指出:"那些负责建造欧洲第一批分段拱桥的人——比如 1345 年跨

①E. W. Said. Orientalism[M]. New York:Vintage, 1994:63.
②雷诺兹,威尔逊.抄工与学者:希腊、拉丁文献传播史[M].苏杰,译.北京:北京大学出版社,2015:118.
③希提.阿拉伯通史(上)[M].马坚,译.北京:商务印书馆,1979:369.
④徐善伟.东学西渐与西方文化的复兴[M].上海:上海人民出版社,2002:46.
⑤彼得·伯克.欧洲文艺复兴:中心与边缘[M].刘耀春,译.北京:东方出版社,2007:24.
⑥中共中央马克思恩格斯列宁斯大林著作编译局,编.马克思恩格斯选集(第3卷)[M].北京:人民出版社,1972:445.
⑦孟昭毅.丝路驿花:阿拉伯波斯作家与中国文化[M].银川:宁夏人民出版社,2002:4.
⑧John M. Hobson. The Eastern Origins of Western Civilisation[M]. Cambridge:Cambridge University Press,2004:133.

越佛罗伦萨阿诺河的维奇奥桥(Ponte Vecchio)———一定受到了中国先进技术的影响。"[1]
另外,中国的造纸术亦是由阿拉伯文明传入欧洲,不仅推动了 11—13 世纪的西欧翻译运动,而且使地理、建筑、医学等领域科学图表的批量印制成为可能,也有助于翻译机构和图书馆的建立、大学教育和典籍校勘学的发展。乔治·马克迪西(George Makdisi)则论证了现代意义上的大学概念,通常被认为是在开罗的爱资哈尔大学首先发展起来的。正是与阿拉伯世界接壤的城市,即萨莱诺、那不勒斯、博洛尼亚、蒙彼利埃和巴黎,成为基督教世界建立大学的先驱地[2]。15 世纪,"佛罗伦萨和米兰许多医院的设计就直接或间接借鉴了大马士革和开罗的医院的设计"[3]。而在文学领域,古典拉丁诗歌有格无韵,十四行诗却一反常态注重押韵,这一艺术特征显然是东西方文学文化融会贯通的产物[4]。因而,我们今天读到的精美动人的彼特拉克、莎士比亚、勃朗宁、波德莱尔等人所作的十四行诗,实际上都有一个得益于东西文明交流互鉴的最初源头。

　　简而言之,文艺复兴的背后是东方。文艺复兴在各方面的成就,并非仅靠西欧内生动力促成,而是东西文明交流互鉴的产物。从东方寻回的古典遗产,以及东方文明独创的人文科学成就,共同促进了文艺复兴的产生,展现了不同文明自古以来同呼吸共命运的动态历史。鲁迪亚·基普林(Rudyard Kipling)著名的诗句"东方就是东方,西方就是西方,二者永不相会"[5],常被引用以论述东西方文化的不可通约性,以及因思维模式差异造成的不可译性。但东西交通史相关研究揭示了一个客观事实:丝绸、香料、茶叶、工艺器皿、珠宝、纸张及抄本、画卷与雕塑等实体物品,以及来往于东西之间的僧人、教士、商人、旅客、艺术家、工程师等各色人等,都成为向西方传递东方的工艺成就、审美意识、文化思

---

①Michael Edwardes. East‐West Passage[M]. New York:Taplinger, 1971:85. 关于维奇奥桥,李约瑟认为:"一座具有更高级特征的可与之相比的桥……是由一位杰出的中国工程师李崇(Li Chhun)在公元 610 年修建的。此外,在 14 世纪之前,中国还有近 20 个类似的地方。考虑到许多西方人参观过这样的桥梁并对其惊叹不已(包括马可·波罗),很有可能是这种知识的传播直接激励了意大利工程师。"(Joseph Needham, Wang Ling and Lu Gwei‐Djen. Science and Civilisation in China, IV (3)[M]. Cambridge:Cambridge University Press, 1971:177.)

②See George Makdisi. The Rise of Colleges:Institutions of Learning in Islam and the West[M]. Edinburgh:Edinburgh University Press, 1981. and The Rise of Humanism in Classical Islam and the Christian West[M]. Edinburgh:Edinburgh University Press, 1990. See also Hugh Goddard. A History of Christian‐Muslim Relations [M]. Edinburgh:Edinburgh University Press, 2000.转引自 Gerald M. MacLean. Re‐Orienting the Renaissance:Cultural Exchanges with the East[M]. New York:Palgrave Macmillan, 2005:x.

③彼得·伯克.欧洲文艺复兴:中心与边缘[M].刘耀春,译.北京:东方出版社,2007:4.

④"尽管韵(rhyme)通常被认为是大部分现代语言诗歌的典型特征,但这一特征在古典拉丁语(classical Latin)中基本不存在。"(参见 Venla Sykäri and Nigel Fabb, eds. Rhyme and Rhyming in Verbal Art, Language, and Song (vol. 14)[M]. Hallituskatu:Finnish Literature Society, 2022:63.)并且"古代中东或南亚的文学传统都没有强制使用尾韵:梵语、圣经希伯来语、苏美尔语、巴比伦语、阿卡德语、古埃及语、赫梯语、乌加里特语、古波斯语或中古波斯语、阿拉姆语、希腊语或拉丁语都没有使用尾韵。"(参见 Venla Sykäri and Nigel Fabb, eds. Rhyme and Rhyming in Verbal Art, Language, and Song (vol. 14) [M]. Hallituskatu:Finnish Literature Society, 2022:47.)按:相较而言,中国和阿拉伯诗歌则早就注重诗歌尾韵。

⑤Rudyard Kipling. Barrack‐room Ballads and Other Verses[M]. London:Methuen and Co., 1892:75.

维、知识技术等精神财富的纽带。丝绸之路的文明交流互鉴史实重构的全球史,揭示了自古以来便存在于异质文明间的基本规律:文明是平等的,文明是交流互动的,文明是由人类智慧共同构成,当今的文明,没有哪一个不是在交流互鉴中形成的。作为欧洲崛起进程关键节点的文艺复兴,亦是在文明交流互鉴基本规律的基础上发展起来的。

文艺复兴文学领域的革新与繁荣,在很大程度上得益于对东方文化的广泛吸收与再创造。如阿曼德·巴塔尔塞(Amanda Batarseh)所说:"伊比利亚和西西里的文化之都被描述为关键的知识和文化中心,对随后从文艺复兴到启蒙运动的欧洲知识运动至关重要。……与阿拉伯科学和哲学文献的翻译同时发生和重叠的是音乐、艺术、建筑和文学的传播,虽然不那么有形。"①随着十字军东征带来的接触的增加,以及在安达卢西亚、西西里岛等地对阿拉伯文本的翻译,大量口头及书面故事交流的机会在地中海地区涌现。因此在当时的东西文明间,除商品之外,故事也在来回"交易"。早在9世纪,《一千零一夜》各类手抄本已经广泛出现在阿拉伯帝国境内,说唱艺人以这些抄本为底稿,将这些故事传播到安达卢西亚和西西里等地,又由欧洲"游吟诗人"传到北部的基督教王国。11—13世纪的十字军东征亦是《一千零一夜》向欧洲传播的途径。现存较早的能够证明一些欧洲故事起源于阿拉伯文明的记载,是彼得鲁斯·阿方西(Petrus Alfonsi)12世纪创作的《神职人员的纪律》(*Disciplina Clericalis*)一书,此书将一些阿拉伯语故事(以及诗行)翻译为拉丁语②。

由此可见,和歌颂神明与英雄的古希腊罗马文学、受神学思想限制的中世纪欧洲文学不同,文艺复兴时期的寓言故事、骑士抒情诗、叙事诗、戏剧剧本,都具有鲜明的民间性、大众性和娱乐性,这些特征都与阿拉伯民间文学的影响分不开。而除了阿拉伯独创文学,经由阿拉伯文明间接传入欧洲的印度、波斯,乃至中国文学,也均以其丰富的叙事技巧、深邃的哲学思想、独特的艺术风格、精湛的韵律表现等,为文艺复兴时期的欧洲文学注入了新的活力与灵感。

(一) 十四行诗所受东方文化文学影响

文艺复兴时期极具代表性的文学体裁十四行诗和阿拉伯文学以及阿拉伯文明间接传入欧洲的其他东方文学间,有着千丝万缕的联系。1570年,意大利人贾马里亚·巴尔别里(Giammaria Barbieri)就撰文称,罗曼语诗人所采用的韵脚,借鉴了阿拉伯诗歌③。仲

---

① Amanda Batarseh. "Re/Writing the Orient: Ludovico Ariosto's Orlando Furioso, the Thousand and One Nights, and the Hundred and One Nights"[J]. California Italian Studies, vol. 9, no. 1, 2019: 4.

② A. A. Seyed-Gohrab, ed. Metaphor and Imagery in Persian Poetry[M]. Leiden: Brill, 2012: 139.

③ Richard Lemay. "A propos de l'origine arabe de l'art des troubadours"[J]. Annales, Economie, Société, Civilisation, 21e année, no 5, 1966: 990. 转引自杨胜强. 波斯-阿拉伯文化与法国骑士抒情诗和中国词的起源[J].人文新视野, 2021(2):215-233.

跻昆则认为:"11—13 世纪西班牙、法国南方及意大利北方的普罗旺斯游吟诗人(Troubadour)乃至'十四行诗'体的出现,都在一定程度上受到这种'彩诗''俚谣'的影响,而与阿拉伯诗歌有渊源关系。"①十四行诗一方面得益于近代各欧洲民族国家的民间文化资源;另一方面则汲取了异质东方文明带来的文学财富,因而其生成与彼时拥有丰富民间文学资源、东西文化交流最为活跃的地域有关,即意大利、南部法国,以及阿拉伯-西班牙(安达卢西亚)。

卡墨·阿布-迪布(Kamal Abu-Deeb)指出:"无论是普遍常识还是专业研究,都认为彼特拉克是十四行诗的发明者,这显然是错误的。如果这一假设成立,那就意味着这位意大利诗人在萌芽状态下也没有任何先前的模式的情况下,突然发明了一种复杂的结构,乃至文体。"②确如卡墨所言,彼特拉克并非"发明"了十四行诗,而是在前人创作的基础上进一步发展完善。在彼特拉克之前,但丁已开始创作十四行诗,但他亦非首创者,在他之前,13 世纪初西西里岛弗里德里克二世(Frederick II)的宫廷中,有大量用普罗旺斯语而非拉丁语创作的诗歌。据学者考证,十四行诗"几乎可以确定起源于弗里德里克二世执政时期(1194—1250)的西西里宫廷……同样,也几乎可以确定的是,它的发明者是一位来自普利亚的王公贵族,名叫贾科莫·达·伦蒂尼(Giacomo da Lentini)的诗人"③。

贾科莫·达·伦蒂尼作为西西里诗派的佼佼者,"将噢西坦(普罗旺斯)诗歌……带到了意大利海岸……对他自己和后代诗人均产生了重大影响,其中包括被称为'新体'(Stilnovist)派的诗人群体,他们中最著名的代表是但丁"④。贾科莫继承了普罗旺斯诗歌传统,并对弗里德里克宫廷中的诗歌体式进行了广泛的实验,最终定型了十四行诗体,进而影响了但丁和彼特拉克的诗歌创作。

从词源来看,无论是十四行诗,还是其承续的游吟诗人诗歌传统,词源都应追溯至阿拉伯语。十四行诗的英文和法文名称为 sonnet,源于意大利文 sonetto,又可前溯至古普罗旺斯语"sonet"。通常学者们对 sonnet 词源的追溯仅止于此,然而实际上,sonnet 读音和含义都与阿拉伯语(歌词、曲调、旋律、音调等)极为接近。卡墨·阿布-迪布认为:"看到阿拉伯语单词 saot/sawt 以 sonet 的面貌出现并不奇怪,在阿拉伯传统中,sawt 是诗歌作为歌曲的起源,这是伊斯法哈尼的《歌诗》所记载的,它写于 10 世纪,在整个帝国广为流传,

①仲跻昆.阿拉伯现代文学史[M].北京:昆仑出版社,2004:35.

②Kamal Abu-Deeb. "The Quest for the Sonnet:The Origins of the Sonnet in Arabic Poetry"[J]. Critical Survey(Oxford, England), vol. 28, no. 3, 2016:139.

③Christopher Kleinhenz. The Early Italian Sonnet:The First Century(1220—1321)[M]. Lecce:Edizioni Milella,1986:74-76. 转引自张德明.外国文学经典生成与传播研究[M].北京:北京大学出版社,2019:6.

④Giacomo Da Lentini, translation and notes by Richard Lansing, introduction by Akash Kumar. The Complete Poetry of Giacomo Da Lentini[M]. Toronto:University of Toronto Press, 2018:3.

包括阿拉伯-西班牙(Arab Spain)。"①从形式来看,尾韵的概念,应是从阿拉伯治下的安达卢西亚传播到西欧各国的。格律严正,韵律分明是十四行诗的一大特色。然而"古典拉丁诗歌讲究长短音步的数量,少论声调节奏,尾韵几乎是一种忌讳;而新欧洲诗歌,包括中古拉丁诗歌(刻意仿古者除外),讲究音节数量,论抑扬节奏,不论音步长短,而头韵、内韵和尾韵更是诗人刻意经营之处"②。相较而言,阿拉伯诗歌"严守着韵律规范,格律有16个,每首诗歌都有固定的韵脚"③。显然,从有格(律)而无韵的古典拉丁诗歌,到注重押韵的新欧洲诗歌,这一转变过程受到了异质东方文化的影响。

在丝绸之路构建的历史文化语境下,有一些学者还提出了"中国诗歌可能影响十四行诗"的学术猜想。20世纪80年代,杨宪益提出:欧洲十四行诗的源头可追溯到李白诗歌,又经由阿拉伯人传至西欧④。据载,唐宣宗大中年间,有"大食国人李彦昇……以进士第"⑤,足见唐时中阿文化交流之深之广。尼古拉·康拉德(Nikolai Konrad)则认为:阿拉伯世界与中国一直联系密切,故而《乐府》和《玉台新咏》两部诗集,其艺术象征结构渗透至阿拉伯文学修辞中,最终影响了12到15世纪宫廷普罗旺斯诗歌(courtly Provençal poetry)的主题和结构⑥。克里斯蒂娃认可这一猜想,亦认为"法国南方的贵族爱情文学……对女性的崇敬与中国古代诗歌之间(存在)一些相似"⑦。这些学者的观点,为我们在文明交流互鉴历史认知框架下重新审视十四行诗的生成过程提供了新视角。

(二)文艺复兴"文学三杰"作品所受东方文化文学影响

被誉为文艺复兴"文学三杰"的但丁、彼特拉克、薄伽丘,他们的作品中都能看到东方文学的影响。1919年,西班牙著名东方学家米格尔·阿辛·帕拉西奥斯(Miguel Asín Palacios)出版了《〈神曲〉中的伊斯兰来世说》(*La escatologia musulmana en la Divina Comedia*),正式提出对"但丁《神曲》中的伊斯兰影响"这一命题的研究。米格尔的研究中提到,先知穆罕默德夜行和登霄的故事、苏非派哲学家伊本·阿拉比关于先知升天的著

---

①Kamal Abu-Deeb. "The Quest for the Sonnet: The Origins of the Sonnet in Arabic Poetry"[J]. Critical Survey (Oxford, England), vol. 28, no. 3, 2016: 142.

②李耀宗.噢西坦抒情诗:欧洲诗歌的新开始[M].杭州:浙江大学出版社,2019:153.

③艾哈迈德·爱敏.阿拉伯—伊斯兰文化史(第七册)正午时期(三)[M]. 史希同,等译.北京:商务印书馆,2007:120.

④杨宪益.试论欧洲十四行诗及波斯诗人莪默凯延的鲁拜体与我国唐代诗歌的可能联系[J].文艺研究,1983(4):23-26.

⑤董诰,等.全唐文(卷七百六十七)[M].北京:中华书局,1983:7986.

⑥Nikolai Konrad, "Contemporary Problems in Comparative Literature," in Izvestija Akademii nauk SSSR, "Literature and Language" series (1959), 18: fasc. 4, p. 335. 转引自 Julia Kristeva. Desire in Language: A Semiotic Approach to Literature and Art[M]. New York: Columbia University Press, 2024: 51.

⑦Julia Kristeva. Desire in Language: A Semiotic Approach to Literature and Art[M]. New York: Columbia University Press, 2024: 51.

述、艾布·阿拉·麦阿里对伊斯兰教来世思想的表述在中世纪欧洲的传播影响了《神曲》的创作[1]。后诸多阿拉伯学者和西方的东方学者都对这一命题作出分析与论证,如1928年埃及学者阿卜杜·拉提夫·提巴威《阿拉伯伊斯兰苏非主义:阿拉伯思想发展研究》一书认为《神曲》中的许多场景与伊本·阿拉比《麦加的开拓》一书有惊人的相似。1995年,埃及学者萨拉赫·法德尔《伊斯兰文化对但丁<神曲>的影响》一书则系统论述了影响但丁的各伊斯兰思想的来源和表现[2]。德国学者吉格雷德·洪克在其《阿拉伯的太阳照亮了西方》一书中言,但丁"关注阿拉伯诗歌、苏非主义和安达卢西亚的哲学和伊本·鲁世德",我们能在但丁的诗歌中"发现伊本·阿拉比及其著作十分明显的影响"[3]。但丁师从布鲁内托·拉蒂尼(Brunetto Latini),拉蒂尼对阿拉伯语著作非常熟悉[4]。但丁视贝阿特丽齐为神性的体现,这一观点可能被伊本·阿拉比和其他苏非派神秘主义者所接受,但这一观点从未成为基督教传统的一部分。1576年,基督宗教裁判所拒绝重印但丁的《新生》,直到一些描述贝阿特丽齐的词被修改。当但丁说她是上帝的化身,甚至是基督的第二次降临时,这被认为是亵渎神明。而柏拉图式的爱人可以是神性的表现或神的化身,这种精神之爱的艺术至晚在公元8世纪就出现在巴格达宫廷中,因而在阿拉伯抒情诗中并不鲜见[5]。中世纪宣扬禁欲主义、贬抑妇女的基督教会,显然不是孕育骑士抒情诗的合适土壤。圣托马斯认为对妻子的爱可能会令人在美德的等级中找到一个位置,但他对但丁对贝阿特丽齐的迷恋感到困惑,他很可能会认为这是一种微妙的"奢侈",对世俗物品的过度依恋[6]。虽然历史中存在"圣母崇拜",但这是后来的产物,与11世纪兴起的"宫廷爱情""骑士精神"是相互促进的[7]。而骑士所追求的那种罗曼蒂克的爱情理想,之所以成为原本暴力野蛮的骑士行为[8]的一部分,是由于"兴起于中世纪法国南部的封建

---

①转引自孔令涛.文化大背景中的阿拉伯文学和欧洲文学影响研究[M].银川:宁夏人民出版社,2014:109.

②转引自孔令涛.文化大背景中的阿拉伯文学和欧洲文学影响研究[M].银川:宁夏人民出版社,2014:109-112.

③转引自仲跻昆.阿拉伯古代文学史[M].北京:昆仑出版社,2015:39.

④Samar Attar. "Divided Mediterranean, Divided World: The Influence of Arabic on Medieval Italian Poetry"[J]. Arab Studies Quarterly, vol. 40, no. 3, 2018: 201.

⑤徐善伟.东学西渐与西方文化的复兴[M].上海:上海人民出版社,2002:158.详参此书"阿拉伯抒情诗对中世纪游吟诗人的启示"部分,第156-180页。

⑥Irving Singer. The Nature of Love (vol. 2): Courtly and Romantic[M]. Chicago: The University of Chicago Press, 1984: 162.

⑦"在基督教历史上很长时期内,教徒们颂扬和崇拜耶稣的12门徒和其他圣徒,许多教堂以他们的名字命名,而玛利亚却几乎完全被忽视。在上千年里,因为夏娃的'过失',神甫们在每一个圣坛上都在无休止地谴责女人的罪孽。直到11世纪,耶稣的母亲才逐渐受到重视,被尊为人与上帝之间的'中保'(mediator),许多教堂开始以她命名,颂扬玛利亚的圣歌也大量出现和流传。"(参见肖明翰.中世纪欧洲的骑士精神与宫廷爱情[J].外国文学研究,2005(3):61-69.

⑧"中世纪骑士,特别是早期的封建骑士,几乎都是残酷、野蛮、无法无天的武夫。他们欺负弱者,抢劫农民,强奸妇女,滥杀无辜,而这些暴行并不违背当时的骑士行为规范。"(参见肖明翰.中世纪欧洲的骑士精神与宫廷爱情[J].外国文学研究,2005(3):61-69.

社会同仍然是西方伊斯兰文化中心的地中海地区更高文明的接触之中"①。

以爱情崇拜为核心的骑士文学,是"十字军东侵后,骑士把东方文化带回西欧的结果"②,无论是希腊、罗马文学,还是当时的社会现实,都很难为西欧中世纪这类理想化爱情和女性形象提供土壤。"相反,最早把柏拉图式爱情和为情人不惜牺牲一切的骑士精神贯彻实践于现实生活中的是中古时期的阿拉伯人。"③阿塔尔(Samar Attar)指出:"彼特拉克排斥阿拉伯人,但他似乎非常熟悉他们的爱情诗人和苏菲派的诗歌。"④苏菲派诗歌"产生于7世纪末,盛行于阿拔斯朝后期……他们继承了俊马亚朝贞情诗的传统,并与劝世诗相融合,用象征的手法描述自己在出世苦修以求与真主神交过程中那种苦恋、相思、失眠、憔悴的状况"⑤。苏菲派"将爱看作是人的灵魂与上帝相统一的象征。爱是创造的一个主要原因。爱意味着对所有创造物的爱,也意味着男女之爱"⑥。如具有苏菲神秘主义哲学思想的伊本·阿拉比在诗中写道:"爱就是我的宗教,/就是我的信仰。"⑦彼特拉克《歌集》将劳拉这一女性形象升华为近乎偶像崇拜的完美存在,并将精神恋爱化为超验的、宗教式的歌咏对象。在他的拉丁散文作品《秘密》(The Secretum,约1342)中,彼特拉克和圣奥古斯丁就诗人对劳拉的痴迷进行了假想的讨论。彼特拉克以他爱人的完美形象开始了讨论,他相信人类的爱和宗教的爱能够结合在一起,他爱的是劳拉的灵魂而不是她的身体,他的爱能把他带到天堂。因此阿塔尔认为:"如果你仔细研究彼特拉克用白话写的精彩十四行诗,描绘了一个理想化的女人的一生,你肯定会在每一行中听到一个来自七世纪的疯狂阿拉伯诗人的声音。"⑧

作为文艺复兴"文学三杰"之一的薄伽丘,"从口传的资料中汲取了东方的故事,编成《十日谈》"⑨。《十日谈》中各自成篇又相互连贯的100个故事,"仿照了《一千零一夜》和《卡里莱和笛木乃》的某些内容和框架式故事结构"⑩。F. D.刘易斯(F. D. Lewis)举例说明了阿拉伯和波斯故事是如何在中世纪传播到欧洲,认为薄伽丘和乔叟作品中梨树上女

①克里斯托弗·道森.宗教与西方文化的兴起[M].长川某,译.成都:四川人民出版社,1989:172.转引自徐善伟.东学西渐与西方文化的复兴[M].上海:上海人民出版社,2002:171.

②仲跻昆.阿拉伯文学与西欧骑士文学的渊源[J].阿拉伯世界研究,1995(3):29-33.

③仲跻昆.阿拉伯文学与西欧骑士文学的渊源[J].阿拉伯世界研究,1995(3):29-33.

④Samar Attar. "Divided Mediterranean, Divided World: The Influence of Arabic on Medieval Italian Poetry"[J]. Arab Studies Quarterly, vol. 40, no. 3, 2018: 204.

⑤仲跻昆.阿拉伯文学与西欧骑士文学的渊源[J].阿拉伯世界研究,1995(3):29-33.

⑥Claude Marks. Pilgrims, Heretics, and Lovers: A Medieval Journey[M]. New York: Macmillan, 1975: 54. 转引自徐善伟.东学西渐与西方文化的复兴[M].上海:上海人民出版社,2002:158.

⑦仲跻昆.阿拉伯古代文学史(下)[M].北京:昆仑出版社,2015:636.

⑧Samar Attar. "Divided Mediterranean, Divided World: The Influence of Arabic on Medieval Italian Poetry"[J]. Arab Studies Quarterly, vol. 40, no. 3, 2018: 198.

⑨希提.阿拉伯通史[M].马坚,译.北京:商务印书馆,1979:796.

⑩孟昭毅.丝路驿花:阿拉伯波斯作家与中国文化[M].银川:宁夏人民出版社,2002:7.

人和波斯人这一故事主题,至少出现在四个早期的阿拉伯语和波斯语文本中①。而《一千零一夜》中沙赫拉扎德通过讲述一系列看似无穷无尽的故事,使自己免于被国王沙赫拉亚尔处决。这种叙述结构起源于印度,也是薄伽丘《十日谈》所采用的大故事套小故事框架思想的来源。

(三)文艺复兴受东方影响作家作品举例

欧洲文艺复兴时期许多诗歌天才与小说巨匠,他们的作品是与东方文化文学的影响分不开的。除了薄伽丘《十日谈》、乔叟《坎特伯雷故事集》的内容和框架式故事结构实际上也受到了《一千零一夜》的影响,希提指出:"乔叟所作的《情郎的故事》(Squieres Tale)②就是《天方夜谭》的一个故事。"学者们已经在《坎特伯雷故事集》中找到了许多不同的对于阿拉伯或东方的摹仿,尤其是在《骑士的故事》《平民地主的故事》《商人的故事》《律师的故事》《赦罪者的故事》《伙夫的故事》以及其他的故事中③。

阿里奥斯托《疯狂的奥兰多》一书中也可看到阿拉伯文化的影响,比如奥兰多精神崩溃的催化剂是《疯狂的奥兰多》中著名的"东方铭文",当奥兰多偶然发现安杰莉卡和梅多罗私会之处时,那首刻在洞穴里的情歌是用阿拉伯语写就的。又如此书的关键人物,鲁杰罗,是非洲公主和基督教骑士的儿子;安杰莉卡则来自中国。巴塔尔塞(Amanda Batarseh)则指出,《疯狂的奥兰多》第二十八章保留了《一千零一夜》框架故事的核心元素——意外发现偷情;作为目击不忠的手段的隐瞒;踏上了补救父权统治被颠覆的旅程——但故事在关键点上有所不同,即缺乏最后一个拯救主题,这种差异来自对《一百零一夜》(Mi'at laylah wa-laylah)的化用④。并且,有相当数量的学者认为,在阿迦汗博物馆(Aga Khan Museum)中保存的现存最早的《一百零一夜》抄本,以及《一千零一夜》中的姊妹叙事,均能提炼出一个比二者更古老的叙事结构,这个框架结构与中国佛教典籍《大藏经》(Tripitaka)有着惊人的共鸣,后者大约公元 9 世纪从梵文翻译而来,约起源于公元前 1 世纪⑤。

塞万提斯曾经在阿尔及利亚生活,因此他的小说《堂吉诃德》充满了阿拉伯式的幽默、笑话,还嵌有不少阿拉伯的成语、格言,从而可以说明该书所受的阿拉伯影响成分。

①A. A. Seyed-Gohrab, ed. Metaphor and Imagery in Persian Poetry[M]. Leiden: Brill, 2012: 137-204.

②此篇国内学界一般译为"扈从的故事"或"侍从的故事"。见杰弗雷·乔叟.坎特伯雷故事集[M].黄杲炘,译.上海:上海译文出版社,2013:643. 以及杰弗雷·乔叟.坎特伯雷故事集[M].方重,译.上海:上海译文出版社,1993:202.

③Norman Daniel. The Arabs and Mediaeval Europe[M]. London and New York: Longman, 1979: 310. 转引自孙锦泉.东方文化西传及其对近代欧洲的影响[M].成都:四川人民出版社,2012:130.

④Amanda Batarseh. "Re/Writing the Orient: Ludovico Ariosto's Orlando Furioso, the Thousand and One Nights, and the Hundred and One Nights"[J]. California Italian Studies, vol. 9, no. 1, 2019: 9.

⑤Amanda Batarseh. "Re/Writing the Orient: Ludovico Ariosto's Orlando Furioso, the Thousand and One Nights, and the Hundred and One Nights"[J]. California Italian Studies, vol. 9, no. 1, 2019: 9.

希提指出："从西班牙文学丰富的幻想，可以看出阿拉伯文学的楷模作用。塞万提斯所著的《堂吉诃德》一书里的才华，就是最好的例证。作者一度被俘获道阿尔及利亚去，曾经诙谐地说过，这部书是以阿拉伯语的著作为蓝本的。"①陈众议指出，"阿拉伯文学对骑士道的奇思妙想，首先在《安塔拉传奇》中得到集中的体现"，其中的英雄描写，"显然影响了西班牙骑士小说的发展走向，并最终使之成为骑士小说的定式……抗击摩尔人或保卫基督教神圣教义的宗旨，是西班牙骑士小说的重要内容，但阿拉伯'异教'文化（尤其是阿拉伯传奇），却润物无声地浸入了它们的字里行间和艺术想象"②。

三、文艺复兴时期的文学概况

欧洲文艺复兴时期文学上成就最高的国家有意大利、法国、西班牙和英国。意大利是文艺复兴的发源地，意大利在文学、绘画、建筑以及科学方面取得了辉煌的成就并对欧洲各国产生了重要的影响。这一时期的文学先驱有彼特拉克、薄伽丘、阿利奥斯托和塔索等人，其中彼特拉克和薄伽丘最为著名。

彼特拉克（Francisco Petrarca，1304—1374），是意大利文艺复兴时期的代表人物，出生于佛罗伦萨，漫游过欧洲很多地方，喜欢搜集古希腊罗马典籍。抒情诗集《歌集》继承了普罗旺斯抒情诗和"温柔的新体"的诗歌传统，歌颂女友劳拉的爱情，诗集中大部分诗歌都是十四行诗，形式完美，对后世欧洲诗歌影响很大，被称为"彼特拉克体"。由于《歌集》的巨大影响，诗人自己也被誉为"近代爱情诗的始祖"。彼特拉克的《秘密》虚拟了彼特拉克和中世纪教父圣奥古斯丁的对话，就人世间的幸福与上天幸福之间展开激烈的争辩，彼特拉克坦言了自己对心上人劳拉的炽热的爱，圣奥古斯丁则劝彼特拉克放弃世俗之爱，认为这是灵魂的毒草，只会将人投入更坏的罪恶："她已经使你的灵魂离开了对于天上事物的热爱，已经使你的心念爱造物主所造之物甚于爱造物主自己；而这条路就会比别条路更快导致死亡。"针对教会的禁欲主义，彼特拉克辩称："我看出来了，你要把我逼到那儿去。你要使我和奥维德一起说，'我同时爱她的形体和灵魂'。"最后，彼特拉克唤出了内心的真正需求，也是文艺复兴时期普通民众的心灵真实："我不想变成上帝，或者居住在永恒中，或者把天地抱在怀抱里。属于人的那种光荣对我就够了。这是我所祈求的一切，我自己是凡人，我只要求凡人的幸福。"③人的意识的觉醒，反对禁欲主义，向往现实幸福与世俗生活是彼特拉克文学的重要特征，也是从中世纪而来的文艺复兴对文学

①希提.阿拉伯通史［M］.马坚，译.北京：商务印书馆，1979：667.按：见后文《堂吉诃德》（节选）第九章。
②陈众议.西班牙语小说发展史［M］.杭州：浙江工商大学出版社，2022：52-53.
③北京大学西语系资料组.从文艺复兴到十九世纪资产阶级文学家艺术家有关人道主义人性论言论选辑［M］.北京：商务印书馆，1971.

的重大变革,由于历史的进步而带来的人的思想意识的进步,布克哈特在《意大利文艺复兴时期的文化》一书中指出了西方人在这一时期在思想意识上的转变:"在中世纪,人类意识的两方面——内心自省与对外观察都一样——一直是在一层共同的纱幕之下,处于睡眠或半醒状态。这层纱幕是由信仰、幻想和幼稚的偏见织成的,透过它向外看,世界和历史都罩上了一层奇怪的色彩。人只能意识到他自己是一个种族、民族、党派、家族或社会集团的一分子——人只有透过某种普通的类来认识自己。在意大利,这层纱幕最先烟消云散;对于国家和这个世界上的一切事物做客观的处理和考察成为可能的了。同时,主观方面也相应地强调表现它自己;人成了精神的个体,并且也这样认识自己。"[1]人的主体意识的加强,不但体现在科学领域如哥白尼、伽利略、布鲁诺等坚持真理的伟大形象上,在文学领域,人的意识也开始觉醒以致完全从宗教神学的阴影下走了出来。

乔万尼·薄伽丘(1313—1375)是意大利文艺复兴时期的另一位代表人物,同时是第一个通晓希腊文的人文主义者。薄伽丘的父亲老薄伽丘是一个富有的商人,诗人是他的私生子,喜欢作诗,七岁时已经会赋诗,被小伙伴们称为"小诗人"。成年后,父亲令他学习经商,有六年的时间白白空逝,之后父亲又令他学习法律,也用了六年时间,同样一无所获。内心对诗歌的迷恋使他无法静下心来从事任何与诗无关的工作,这样,一个偶然的机会,在一次瞻仰古罗马诗人维吉尔的坟墓时,他终于下定决心,顺从心灵的召唤,决定将终身献给诗。他和彼特拉克是好朋友,在初学写作时,曾读了彼特拉克的诗而将自己的诗付之一炬,之后,他终生是彼特拉克的好友,晚年时听闻彼特拉克的死讯而一病不起,紧随他而去。

薄伽丘曾深入研究过但丁,在佛罗伦萨大学主持过《神曲》讨论课,著有《菲娅美塔的哀歌》《十日谈》《爱情的幻影》《但丁传》及《异教诸神谱系》等著作。《菲娅美塔的哀歌》是薄伽丘写给爱人菲娅美塔的诗集,她是国王罗勃忒的外室所生的女儿,薄伽丘与她在教堂第一次遇见并且一见钟情的时候,她已经是一个有夫之妇。薄伽丘热烈地爱上了她,而她也十分热烈地回应他,经过了很长时间,她终于不顾自己的尊贵地位冒着违背妇德的风险与自身良心的谴责而委身于他。"菲娅美塔"并不是她的真名,而是她的化名。《十日谈》创作于 1353 年,是著名的短篇小说集,采用了故事套故事的"洋葱式"结构,以包孕的形式通过十个青年之口讲述了 100 个故事。大故事是为了逃避 1348 年发生于佛罗伦萨的大瘟疫,三男七女逃到乡村避难,用 10 天时间轮流讲的 100 个故事,故名《十日谈》。《十日谈》中的故事取材广泛,历史故事、传说典故、中世纪的逸闻趣事、东方的民间传说、当时的宫廷传说、街谈巷议等无所不包、无所不有。这些故事的主要人物不是帝王将相、英雄美女,而是普通人的生活及情欲。薄伽丘反对宗教对人的精神桎梏,在第四

①雅各布·布克哈特.意大利文艺复兴时期的文化[M].何新,译.北京:商务印书馆,1979:125.

天,作者讲述了这样一个故事:天主教教徒腓力在丧偶之后带着两岁的儿子上山修行,过着隐居生活。除了父亲,儿子没有见过第二个人。当儿子18岁的时候,腓力带儿子下山,在佛罗伦萨街头,他们遇见一个年轻貌美的女人,儿子立即问父亲:"这是什么东西?"腓力回答她们全是祸水,叫作"绿鹅"。儿子对所有的东西都不感兴趣,唯独要求爸爸为自己带回去一个"绿鹅"。父亲于是觉得自己多年的苦心劝诫根本无法抵挡自然的力量。接着,作者议论道:"谁要是想阻挡人类的天性,那可得好好儿拿点本领出来呢。如果你非要跟它作对不可,那只怕不但枉费心机,到头来还要弄得头破血流。"①《十日谈》是一部现实主义作品,塑造了农夫、商人、手工业者、僧侣、国王等社会各个阶层的形象,高举反对封建主义、反对封建教会统治的旗帜,宣传人文主义思想,以轻松诙谐的语言、故事套故事的形式,达到批判的目的,被批评家认为具有在笑声中摧枯拉朽的力量。

法国由于百年战争和长期的封建割据,城市的发展比意大利晚一些,直到16世纪才进入文艺复兴时期。在法国远征意大利的过程中,意大利文艺的繁荣很大地影响了法国人,促使他们对意大利的模仿。文艺复兴时期法国文学的代表人物是蒙田和拉伯雷,前者以他的知识散文著名,后者以小说著名。蒙田(Michel de Montaigne,1533—1592),从小受到良好的教育,学习过法律,曾在法院当推事。38岁那年回乡闭门读书,他结合自己的体会将读书心得记录下来,先后出版了《随笔集》三卷。其思想平和中庸,主张追求现实幸福、顺应自然,认为宇宙万物皆为人而设。蒙田开创了随笔的体裁,对后世文学产生重要影响。弗朗索瓦·拉伯雷(Francois Rabelais,约1494—1553),出生于法国中部,父亲是律师,拥有种植葡萄的庄园,拉伯雷的童年就在父亲的庄园里度过。他知识渊博,在医学、神学、数学、法律、天文、地理、考古、哲学、音乐、种植学等许多领域都有造诣,是欧洲文艺复兴时期重要的人文主义作家。他医术精湛,曾成为红衣主教让·迪贝莱的私人医生,据说他写作是为了写故事供病人消遣。长篇小说《巨人传》原名《卡冈都亚和庞大固埃》,分为五部,取材法国的民间传说,叙述了卡冈都亚和他的儿子庞大固埃两个巨人国王的故事。小说体现了浓郁的人文主义精神,小说中的英雄们的出身都是"割草的、打谷的、管仓库的、养猪的、提灯的、烧炭的、赶马的、包装的、种菜的以及铜匠、园丁、无家可归的流浪汉、牧人、理发师、酿造麦酒的、身上连衬衫都没有的人们"。《巨人传》具有鲜明的反封建意义,作者本人被郭沫若认为是从文学阵地向中世纪进攻的先锋:"如果说哥白尼是从科学阵地进攻西欧封建中世纪的先锋之一,拉伯雷便是从文学阵地进攻的先锋之一。"②

由于西班牙皇权力量及教权力量的强大,人文主义发展比较缓慢,16世纪人文主义

---

①薄伽丘.十日谈[M].方平,王科一,译.上海:上海译文出版社,1983.
②郭沫若.争取世界和平的胜利与人民文化的繁荣:在北京纪念世纪四位文化名人大会上的报告[N].光明日报,1953-09-28.

才繁荣起来，在西班牙骑士文学较为流行，国内文学以戏剧和小说成就最高，代表人物是维伽和塞万提斯。洛佩·德·维伽（1562—1635），是西班牙戏剧的奠基人，曾写过 1800 多部剧本，有 400 多部传世，作品体现爱情家庭与社会政治两大主题，代表作是属于后者的《羊泉村》（1609）。这一时期，西班牙诞生了一位伟大的文学天才，那就是米盖尔·德·塞万提斯·萨维德拉（Miguel de Cervantes Seavedra，1547—1616）。他出生于西班牙中部阿尔加拉·得·恩纳勒斯镇的一个破落贵族家庭，一生穷困，有着传奇般的经历。著作有戏剧《奴曼西亚》、长诗《帕尔纳索山游记》、短篇小说集《惩恶扬善故事集》及长篇小说《堂吉诃德》。《堂吉诃德》原名《奇情异想的绅士堂吉诃德·台·拉·曼却》，最初的创作动机是讽刺骑士文学、摧毁骑士文学的地盘，后来却成为一部真实反映 16 至 17 世纪西班牙社会现实的伟大作品。《堂吉诃德》塑造了封建地主、公爵、僧侣、牧师、手工业者、牧羊人、农民、兵士等社会各层的人物，表现了在资产阶级上升阶段骑士精神已经显得荒诞可笑的主题，尖锐地批判了走向没落的骑士制度和骑士文学，《堂吉诃德》被誉为是"一部行将灭亡的骑士阶级的史诗"。作品塑造了堂吉诃德这个典型形象，他由于爱读骑士小说入了迷，离开家去外出当游侠并给自己取名堂吉诃德。他说服邻居桑丘·潘沙为自己的侍从，他模仿古代骑士为贵妇人效忠，将一个农村姑娘作为自己的意中人，并给她取名杜尔西内亚·台尔·托波索，决定终身为她效劳。他身穿破旧的盔甲，手持长矛和盾牌，骑着一匹瘦弱的老马驽骍难得，冒充游侠到处冒险；他生活于自己的幻想当中，把乡村城堡当成城堡、把旋转的风车当巨人与之大战、将羊群当军队冲上去厮杀、把理发匠当武士给予痛击，闹了许多笑话，直到临死才幡然醒悟。堂吉诃德的性格具有两重性，一方面，他鲁莽行事、疯癫可笑、神志不清；另一方面，他又品德高尚、行侠仗义、英勇无畏。他做每一件事情都怀有美好的品德往往却造成了灾难性的后果，他对被压迫者和弱小者给予无限同情，路见不平不顾双方实力悬殊立即上阵，事情的结果却往往违背美好的初衷。在他的身上既充满了喜剧又充满了悲剧，让人在笑的同时对他的遭遇报以无限的惋惜，这种对立性格完美地糅合在一个人的身上，使堂吉诃德的形象深入人心，也使塞万提斯享誉后世。正如有批评家指出："在一切著名的欧洲文学作品中，像这样把严肃与滑稽、悲剧与喜剧、生活中的庸俗糟粕与伟大美丽的东西交融在一起的例子，甚至还是不完善的例子，只能在塞万提斯的《堂吉诃德》里找到。"[①]与堂吉诃德的浪漫主义不同，桑丘·潘沙则是一个现实主义者，他事事从实际出发，反对禁欲主义，主张及时享乐，朱光潜先生在评价这两个人物时说："一个是满脑子虚幻理想、持长矛来和风车搏斗，以显出骑士威风的吉诃德本人，另一个是要从美酒佳肴和高官厚禄中享受人生滋味的桑丘·潘沙。他们一个是可笑的理想主义者，一个是可笑的实用主义者。但是堂吉诃德属于过

①别林斯基.别林斯基论文学[M].梁真，译.上海：新文艺出版社，1958.

去,桑丘・潘沙却属于未来。随着资产阶级势力的日渐上升,理想的人就不是堂吉诃德,而是桑丘・潘沙了。"滑稽可笑的喜剧因素与发人深思的悲剧因素的完美结合是《堂吉诃德》一个十分重要的特点,它的出现标志着欧洲长篇小说创作进入新的阶段,塞万提斯得到后世作家的赞赏,歌德曾说:"我感到塞万提斯的小说,真是一个令人愉快又使人深受教益的宝库。"拜伦则说:"《堂吉诃德》是一个令人伤感的故事,它越是令人发笑,则越使人感到难过。这位英雄是主持正义的,制服坏人是他的唯一宗旨。正是那些美德使他发了疯。"①

英国文艺复兴略晚于意大利,主要代表人物有杰弗利・乔叟(1340—1400),他是英国文学的奠基人,被称为"英国诗歌之父"。代表作《坎特伯雷故事集》是一部杰出的作品,受到意大利薄伽丘《十日谈》的深远影响。15 世纪出现的托马斯・莫尔的《乌托邦》描绘了一个没有剥削的理想世界,是空想社会主义最早的代表作之一。16 世纪中叶英国剧坛出现以克利斯托弗・马洛为代表的"大学才子派",马洛的三大著名悲剧是《帖木儿》(1587)、《马尔他的犹太人》(1590)和《浮士德博士的悲剧》(1592)。大学才子派的戏剧创作为戏剧事业的繁荣打下基础,之后英国文坛出现了享誉世界文坛的威廉・莎士比亚,他是欧洲文艺复兴时期最伟大的作家。

威廉・莎士比亚(1564—1616),出生于英国中部斯特拉夫镇,父亲约翰是个经销羊毛、皮革、谷物和木材的商人,之后逐渐富裕。莎士比亚是家中长子,他出生后的十年中,家境富裕,父亲当选为镇长。后来,家道中落,18 岁时与邻乡富裕自耕农的女儿安妮・哈撒维结婚,生有三个孩子,其中一个在 11 岁时夭折。在 23 岁时,莎士比亚离开故乡来到伦敦。当时的伦敦正处于文艺复兴运动的高潮,也是英王伊丽莎白一世统治的鼎盛时期。剧坛活跃,产生了许多戏剧家,莎士比亚吸取众家之长,创作了许多流传千古的优秀剧作。他一生创作了大量的戏剧,曾被马克思称为"人类最伟大的天才之一",被本・琼斯称为"时代的灵魂",一生共创作出 37 部戏剧,还有两部长诗和一百多首十四行诗。他的戏剧大多来自古代或外国的神话、历史故事和传说故事。著名悲剧《哈姆雷特》取材于 12 世纪末丹麦流传的一个故事传说。其故事梗概与《哈姆雷特》大为相似,这一故事曾为丹麦编年史家萨克松・格拉玛蒂克记述,此后在 15 世纪曾被法国文艺复兴时期的作家贝尔福列在其《悲剧故事集》中采用。据传在莎士比亚之前,英国已经有了悲剧《哈姆雷特》。《罗密欧与朱丽叶》是莎士比亚著名的悲剧,但罗密欧与朱丽叶这个悲剧故事并不是莎士比亚的原创,而是改编自阿瑟・布卢克 1562 年的小说《罗密欧与朱丽叶的悲剧历史》。《威尼斯商人》的题材来源于民间故事,类似的故事长期在欧洲流传,在中世纪故

---

①中国大百科全书总编辑委员会《外国文学》编辑委员会,中国大百科全书出版社编辑部.中国大百科全书・外国文学[M].北京:中国大百科全书出版社,1982.

事集《罗马的事业》中就有类似的故事。《奥瑟罗》的故事取材于 16 世纪中叶意大利作家钦提奥的短篇小说《威尼斯的摩尔人》。《李尔王》的本事最早见于 12 世纪的《不列颠诸王本纪》，16 世纪的《英格兰·苏格兰·爱尔兰编年史》也有叙述，莎士比亚的《李尔王》是根据 16 世纪 90 年代伦敦上演的悲剧《李尔王和他的三个女儿的真实编年史》。《麦克白》则是根据一个苏格兰贵族杀害国王篡位的历史故事改编。而在创作著名的历史剧《亨利五世》时，明显地参考了拉斐尔·豪林锡特的《英格兰·苏格兰·爱尔兰编年史》、爱德华·豪尔的《兰卡斯特和约克两大尊贵望族的联合》、尼柯拉斯的《阿金库尔》战史和约翰普涅特的《政权简论》。其 10 部写英王的戏都取材于英国历史，尤其是 14 至 15 世纪的英国历史，这十部戏分别是《亨利六世》上、中、下三篇，《理查三世》，《理查二世》，《约翰王》，《亨利四世》上、下篇，《亨利五世》，《亨利八世》。《安东尼与克莉奥佩特拉》取材于希腊语作家普鲁塔克的《希腊、罗马名人传》的英译本。《奥瑟罗》来源于意大利作家钦提奥的故事集《寓言百篇》。

　　《哈姆雷特》是莎士比亚的杰出悲剧，讲的是年轻的丹麦王子哈姆雷特复仇的故事。正在威登堡大学读书的哈姆雷特接到父王猝死的消息赶回宫中，却发现父死母嫁，自己的母亲嫁给了自己的叔父克劳狄斯。父亲的鬼魂昭示他是被奸王克劳狄斯毒害，哈姆雷特设计了"戏中戏"来探测真假。结果证明，新王正是杀害他父亲的凶手。在错过了一次杀死仇敌的机会后，哈姆雷特在同母亲谈话时，错杀了躲在幕后的老臣波洛涅斯，此人恰恰是哈姆雷特的情人奥菲莉娅的父亲。为了达到复仇目的，哈姆雷特装疯卖傻，不知真相的奥菲莉娅深受刺激，加之父亲的死亡导致奥菲莉娅疯癫并落水而死。父亲与妹妹的死激怒了奥菲莉娅的哥哥雷欧提斯，加上奸王的教唆，他提出与哈姆雷特决斗。奸王在他们的剑上涂上剧毒物质，无论哪方受伤都难逃一死，同时，准备了一杯毒酒，假如哈姆雷特侥幸取胜，则会赐上这杯假意祝贺的毒酒。最后，哈姆雷特的母后乔特鲁德替儿子喝下了毒酒，两位青年彼此受伤，雷欧提斯临死前说出了奸王的阴谋，哈姆雷特拼尽全力杀死了奸王。在父死母嫁之前，哈姆雷特王子是一个拥有美好品性的青年男子，对于人及世界寄予美好的愿望，在他心中人是"宇宙的精华，万物的灵长"。在命运转折后，他开始感叹："这一个泥土塑成的生命算得了什么？人类不能使我发生兴趣"，到后面悲观失望，深度质疑世界是"一所很大的牢狱，丹麦是最坏的一间牢房"，再到后面消极厌世甚至想用自杀来逃避这一切："人世间的一切在我看来是多么可厌、陈腐、乏味而无聊！哼！那是一个荒芜不治的花园，长满了恶毒的莠草。"[①]关于这个人物的评价，学术界并不统一，有的说他具有矛盾的性格，如弗朗西斯·兼特尔曼在《戏剧批评》中谈到他时说："至于人物，非常遗憾，作者本意把他写得可爱，而实际上却是一大堆显著的矛盾：他好冲动，

---

①莎士比亚.莎士比亚全集：第 9 卷[M].朱生豪，译.北京：人民文学出版社，1978：15.

又富于哲理;受损害时很敏感,但要反抗又畏缩不前;他精明,而缺乏策略;他充满孝心,但长亲受欺辱自己反而软弱无能;语言上大胆妄为,行动上优柔寡断。"关于它的主题,至今以来学术界亦众说纷纭,歌德称莎士比亚是想描写一件伟大的事业担负在一个不能胜任的人身上,他在《威廉·麦斯特的学习时代》中说:"'时代整个儿是脱节了;啊,真糟,天生我偏要把它重整好!'我以为这句话是哈姆雷特全部行动的关键,我觉得这很明显,莎士比亚要描写:一件伟大的事业担负在一个不能胜任的人身上。这出戏完全是在这个意义里写成的……一个美丽、纯洁、高贵而道德高尚的人,他没有坚强的精力使他成为英雄,却在一个重担下毁灭了,这个重担他既不能捐起,也不能放下;每个责任对他都是神圣的,这个责任却是太沉重了。他被要求去做不可能的事,这事本身不是不可能,对于他却是不可能的。他是怎样地徘徊、辗转、恐惧、进退维谷,总是触景生情,总是回忆过去,最后几乎失却他面前的目标,可是再也不能变得快乐了。"[①]弗洛伊德则认为哈姆雷特复仇活动的延宕,是因为他具有恋母情结,他迟迟杀不了叔父不是因为他没有这个能力,而是因为从这个人物身上他看到了自己,叔父在某种程度上就是自我的化身。不管怎么说,莎士比亚在文学上取得的重大成就是一般文人无法企及的,他对当代及后世都产生了重大的影响,马克思非常喜欢莎士比亚的作品,认为埃斯库罗斯与莎士比亚是人类两个最伟大的戏剧天才,马克思的三个女儿都能背诵莎士比亚的作品。莎士比亚同时代的本·琼生把他称为"时代的灵魂",并说他"不属于一个时代而属于所有的世纪"。

四、原典选读

贾科莫·达·伦蒂尼十四行诗(节选)

十四行(21)

恰如日光
穿透而非打碎玻璃,
又如淑女的镜像,
穿过眼睛,延伸入心。

爱亦如此
从他站立的地方发出飞镖:

---

① 外国文学教学参考资料:第 1 册[M].福州:福建人民出版社,1980:582-583.

袭击最意想不到之处，

穿过眼睛，劈开心灵。

爱的飞镖所到之处，

腾起熊熊烈火，

在目难所及处燃烧。

它将两颗心合二为一，

教他们爱的艺术，

彼此平等地爱着对方。

十四行(26)

我见过晴朗的日子下雨，

见过黑暗中闪烁光芒，

闪电变为冰雹，

雪地生出热浪；

甜中有苦，

苦中有甜；

两方敌人重归于好，

两位朋友渐生嫌隙。

然而我见过最奇特的要属"爱"，

那人用伤害的方式治愈我，

用火焰熄灭我内心之火；

那人给予我生命就是我的死亡；

杀死我的火焰再度燃烧，

一旦从爱中获救，我就会被重新俘获。

十四行(27)

我一心侍奉上帝

以升入天堂

我听说那个圣地

充满欢笑、乐趣和游戏。

但我不愿抛下我的爱人

她脸庞明媚、长发金黄，

没有她陪伴，

就没有快乐。

然而我并非以此

表明我沉沦于罪孽，

只为望见她优雅仪态，

她可爱的脸庞，柔和的关怀：

带给我极大的欢欣，

让我意识到，她已然身处那荣耀的国度。

——Giacomo Da Lentini. The Complete Poetry of Giacomo Da Lentini, University of Toronto Press, 2018. ①

秘　密(节选)

序

我们的诞生以及离世，是我脑中经常寻思好奇的事物。② 最近，在一次冥思的时刻，未若患病般沉睡于梦中，反而是绷紧神经保持着清醒的我，万分惊讶地发觉，似乎有一位女人站在面前。我无法知道她如何至此，更无法形容她的朝阳般的光芒与美丽，因为那只能不完美地对应到人世间的所有；但从仪态和外貌来看，我认定她是个年轻的女子。环绕在她身边的万丈光芒③使我昏眩，而我更不敢直视那些从她眼眸中散发出的亮如日光的射线。她说："勿惧怕；亦勿让我不适切的出现吓着了你。我为你的困惑感到同情，于是从天上下来救助你。④ 长久以来，你的双眼已陷着黑暗，并以此看尽尘世俗物⑤。若你从如此腐败之物获得快乐，那么当你转而注视一切永恒不朽，将得着的超凡喜悦又当是什么？"听见如此，尽管恐惧依旧，但我结巴地勉强说道："告诉我，女士，我能用什么名字来称呼您？ 因为您的样子

---

①贾科莫诗集未见中译本，所选三首十四行诗中文为编者据全集译出。

②这里彼特拉克呼应了塞涅卡著名的伊壁鸠鲁式论点："当死亡来临时，没人能够幸免。"(Nemo non eta exit e vita tamquam modo intraverit.) 见塞涅卡《给路西利乌斯的 124 封道德书信集》(*Ep.ad lucil.*),22,14-7。同见西塞罗《论演说家》(*De or.*), I, i, 1；奥古斯丁：《独语录》(*Sol.*), I, i, 1；以及波爱修斯《哲学的安慰》(*De cons. Phil.*), I, i, pr. i, 8。

③波爱修斯《哲学的安慰》(*De cons. Phil.*),I, pr. i, 13；I, pr. ii, 4。

④波爱修斯《哲学的安慰》(*De cons. Phil.*),I, pr. ii, 1, "medicinae…tempus est"。

⑤波爱修斯《哲学的安慰》(*De cons. Phil.*),I, pr. ii, 6。同见彼特拉克：《歌集》(*Canzoniere*),CCLXIV,37-38,48-54,下文。

与谈吐不属于这个人世。"①

"我就是那位"，她回答道，"你在诗作《阿非利加》（Africa）中以超凡技艺描绘的圣母；且同那底比斯（Thebes）的安菲翁（Amphion）②一样，为了我，你用精湛诗艺在遥远西方的亚特拉斯山（Atlas）顶峰上，建造了辉煌壮丽的王宫。来吧，听我说，不要害怕，不要因我的出现而畏缩。你诗中复杂错综的典故证明你早已熟识我。"

当这些话一从她嘴里冒出，我便开始明白，③与我交谈的不是别人，正是"真理女神"（Truth）本尊④。我回忆起自己的确描述过一座位于亚特拉斯高山的宫邸⑤；虽然无法说出她自哪个方向而来，但我可以确信她来自天上。我热切地渴望能看着她，于是我抬起头来，却发现双眼无法忍受那异常的光线。再一次，我只好将视线转开。见状，在短暂沉默⑥之后，她问我一系列寻常的问题，引我同她进行一次长谈。从此之后，我意识到自己在两方面受益：一是在交谈中增了知识；再者是这非同寻常的谈话给了我信心，可以直视那张原本光芒万丈令我惊惧不已的脸庞。⑦ 很快，我已能毫无恐惧地望着她；而在凝视的同时，我被无可比拟的喜悦征服。于是，我便环顾四周查看有无她的同伴，是否她独自一人进入我的隐逸住所。就在此时，我注意到她身旁有位男人，上了年纪，其形象似一尊者，甚为庄严。

我们实在不需要查问他的名字⑧。他像个教士——神态自若、严肃庄重且崇高。他穿着一件阿非利加省区的衣裳，却使着高贵的罗马口语演说；这些再清楚不过地表明，他就是那伟大的教父——奥古斯丁。⑨ 尤其是他那胜于凡人的仁慈胸怀，那爱的流露，扫尽了我的犹疑；正由于此，我不能再保持沉默了。而当我正要开口发问时，却听见真理女神自己说出了这亲爱的名字。她转身向他，似要打破他的静默沉思。"我最亲爱的奥古斯丁"，她说，"你知道这人是如此的崇拜你，而你也明白他长久以来为着一种痼疾备受折磨；⑩讽刺的是，他离死神越近，对自己患疾之深越发无知。若要使此病人继续活着，就必须要医治他。既然他总是最为敬奉你，由你施予此慈悲再合适不过。学生越敬重为师者，便越乐于接受

---

①引自维吉尔《埃涅阿斯纪》（Aen.），I，327—328。维吉尔的英雄埃涅阿斯（Aeneas）向他那伪装成女射手的母亲维纳斯（Venus）说了这些话。同见塞涅卡《给路西利乌斯的124封道德书信集》（Ep.ad Lucil.）：115，4-5；以及波爱修斯《哲学的安慰》开头前几行。

②希腊神话中，安菲翁以他的里尔琴（lyre）盖好了底比斯的城墙，众多石头为他的乐音所幻，主动地移至定位，从而竣工。

③彼特拉克：《备忘录》（Rerum mem.），I，i。

④此处所指并非希腊神话中的真理女神阿勒忒亚（Alethea），而是作者对波爱修斯《哲学的安慰》中哲学女神（Lady Philosophy）的有意模仿，参见《哲学的安慰》，I，pr. 1。作者为了引入奥古斯丁，未让真理女神完全取代哲学女神的功能，真理女神仅有引导功能。有关两者的比较，见托马斯·博金《彼特拉克》（Thomas G. Bergin，Petrarch，New York；Twayne Publishers，1970，pp. 119 120）。

⑤现有版本的《阿非利加》中没有对真理女神宫殿的相关描述，但在同书第三卷第90-264页当中有对西庇阿（Scipio）皇宫的大段叙述。

⑥波爱修斯《哲学的安慰》（De cons. Phil.），I，pr. ii，3-4。

⑦波爱修斯《哲学的安慰》（De cons. Phil.），I，pr. iii，1-2。

⑧彼特拉克在此表明了奥古斯丁对他的启示作用，然而此书与奥古斯丁《忏悔录》（Confession）的关系并非表面上的比附。关于彼特拉克与14世纪奥古斯丁修会（Augustinians）的关系，见皮耶·库塞尔《彼特拉克、圣·奥古斯丁以及14世纪的奥古斯丁修会》（Pierre Courcelle，"Pétrarque entre Saint Augustin et les Augustins du XIV Sièle"，Studi Petarcheschi 7 [1961]：pp. 58-71）。此英译本见《秘密》英文版第四部分第三章217页。

⑨奥古斯丁仍未开口，这段关于他辞令的描述应当是预想的。

⑩波爱修斯《哲学的安慰》（De cons. Phil.），I，pr. iii，1-2。

建议，此众所皆知。我知道，现在的幸福易使你忘了过去的悲苦，但在那些为肉体囚禁的日子里，你也曾多少有过与此人同样的遭遇。自身的经历使你最胜任拯救的重责。我知道，沉思（meditation）使你充盈满足，但请让他同我一样，听见你那神圣之声、愉悦之音。看看你能否找到法子释放他严重的抑郁之病（depression）①。"

奥古斯丁言："您是我的导领、我的指引、我的女王，也是我的恩师②。但为何您请求我来谈话，在这儿您比我更为适合。"

"如果他能听见一个同他相似的人谈话，"她说，"他将不至于太惊恐。不过，我会留下。这样我的在场应能向他表明你所说的都是我赞同的。"

"我对这不幸之人的爱及对您的忠诚，使我服从这差遣。"奥古斯丁回答道。

他深感同情地看着我，接着拥抱我，如同父子一般；然后让真理女神先于我们，他领我到一个更为僻静的地方，在那儿我们三人一同坐下。由于讨论话题之广，奥古斯丁同我的长谈超过三天。在此期间，真理女神沉默地评判我们谈及的每一件事，而附近再没有别人为此见证。其中有许多指责是针对我们这个时代的作为，以及常人普遍所犯的过错，而看来似乎不止于我一人，所有的人类都受到责备；然而，我却特别清楚记得那些对我提出的责难。因此为了不使自己遗忘细节，我决定将此次私密的谈话内容记录下来，其结果便是这本小书③。我既不希望它与我的其他著作置于同样的类别，也不愿借此提高自己的声名，本书的目的超越这些功利考虑。而作成此书，正如我平日所愿，望人可通过阅读它，体验到那几天里我们对话所带来的喜悦。成此书，正如我平日所愿，望人可通过阅读它，体验到那几天里我们对话所带来的喜悦。

因此，此书虽不为流行，但它仍将存于我的私人书信之列——与它的标题一致，因为它本身即是私密的谈话记录，它的名称亦由此而来。④ 当我日夜思考，自身为关乎人类存在的玄奥问题所缠绕时，我便有了忠实的记录可供依靠，去回忆那些对话之所言所说。"为求免于究竟是他说还是我说此类难解的重述问题，以及为使对话尽可能地充满戏剧性"⑤，如西塞罗所言，我使用讲话者之名前于陈述内容此简单方法加以解决。这样，我便可以西塞罗为师，如同西塞罗以柏拉图师一样。我现在离题太远，奥古斯丁将以下面难解的挑战作为对话的开场。

---

① depression 此处翻译为"抑郁"，与另一英语词 melancholy（忧郁）及拉丁词 aegritudo、acedia（心病）于本著理解上为同义词，皆来源于中世纪的拉丁词 accidie。不同于现代医学意义上的抑（忧）郁症，当时对此病症的解释是源于神学中的第四宗罪"懒惰"（sloth），本序中奥古斯丁训诫弗朗西斯科所使用的 aegritudo，则由奥古斯丁诠释的西塞罗式字眼 aegritude 而来，意指萎靡的沮丧心态，较接近于现代英语中的 depression。参见本书第 38 页。关于 14 世纪忧郁症的相关研究，见恩斯特·威尔金《论彼特拉克的心病和他的金刚石锁链》（Ernst H. Wilkins, "On Petrarch's 'Accidia' and His Adamantine Chains", *Speculum*, 37［1962］, pp. 589-594。以下文中此四字交替出现，按上下文意调整翻译。

② 参见但丁《神曲·地狱篇》（*Inf.*），II，140。同见彼特拉克：《论隐居》（*De vita solitaria*），II，"因此我们逐渐知道（基督）是伟大的救主"（ita sensisse magistrum et dominum nostrum［Christ］scimus）。

③ 参见奥古斯丁《独语录》（*Sol.*），I,i,1。

④ 关于《秘密》的成书，见汉斯·巴伦《彼特拉克的〈秘密〉：它被修改过吗？ 一为何它被修改？》（Hans Baron, "Petrarch's Secretum: Was It Revised – And Why?", *From Petrarch to Leonardo Bruni: Studies in Humanistic und Political Literature*, Chicago and London: 1968, pp. 51-54）。

⑤ 西塞罗：《莱伊利乌斯：论友谊》（*De am.*），1,3。

第三卷(节选)

弗朗西斯科:在您开始前,容我插句话。您是否了解您所谈论的女人?

圣奥古斯丁:我知道所有事情。我们将谈到一个终会死去的女人,为了赞美和歌颂她,你已耗费了大半的生命。我很惊讶像你这样的有才之人,会执迷不悟这么久。

弗朗西斯科:请作出您的批评吧。泰伊和莉薇亚①皆为凡人之躯,但可知道你将谈到的会是一位清新脱俗、虔诚向往天国的女子,千真万确的是这女子的面庞闪耀着圣洁的美②,她的性情正是完美贞洁的写照,她的整个外表——她的声音、发亮的双眼、走路的姿态——是举世皆无的?反复好好想想此点,我确信您会找到合适的话语。

圣奥古斯丁:喔,愚蠢的人啊。这就是十五年来,你用来满足自己灵魂之火的图像吗?即使全意大利最闻名的敌人汉尼拔也未能形成更长的占领;即使意大利再度遭受更频繁的袭击,也未若你心中燃起的更猛烈的火焰。在那些年,你忍受最猛烈的情感攻击——不像最终某人找到了赶走汉尼拔的方法——但谁能帮你将入侵者赶出喉咙,要是你禁止他离开或邀请他留下?不幸的人,你以自己的不幸取乐,但当末日终究阖上那些愉悦你的危险双瞳,当你看到她四肢苍白、容貌因死亡而改变,你便会惭愧自己曾将不朽的灵魂,与这样即将腐坏的身体联系在一起。如今你固执赞美的东西,到那时你便会不好意思记起。

弗朗西斯科:请上帝万万不要!我不要看见。

圣奥古斯丁:那注定是会来的。

弗朗西斯科:我知道,我的星辰这样保护我,以至搅扰了自然的秩序,让她的死亡先我而来。我比她早来人世,理应先她离去。③

圣奥古斯丁:我相信你记得那时,你因害怕此事发生而为她吟唱了一首悲痛不已的悼歌④,状似她即将要死去一样。

弗朗西斯科:我当然记得那时我哀悼的情景,甚至如今想起来都还会发抖。我是如此的愤慨于自身被分裂开来,这么说吧,是与灵魂最高贵的部分给分割开⑤;而唯有那女子使我的生活甘甜,仅靠她我才得以存活。这就是那首歌表达的感情。它伴随着眼泪的汪洋出自我心,即便我不能逐字复颂,但大致上就是如此。

圣奥古斯丁:我并非责怪你因此流了多少眼泪,或感到多少悲伤;我所关心的是同样的恐惧还会返回。而且实际上越来越是如此,因为每天她都更靠近死亡,那非凡的身体正为疾病和频繁的生育摧残,她已然失去了很多年轻的元气。

---

①泰伊(Thais)即德兰斯《阉奴》中的名妓(hetaira),莉薇亚(Livia)是朱里乌斯·恺撒的妻子,素有政治野心。参见但丁《神曲·地狱篇》(*Inf.*),XVIII, 133。

②参见维吉尔《埃涅阿斯纪》(*Aen.*),V, 629-631。

③西塞罗:《莱伊利乌斯:论友谊》(*De am.*),IV, 15。

④此处提到的或许是《哀歌:劳拉之死》(Elegia ritmica in morte di Laura)。见威尔金斯《〈歌集〉的创作》(E.H. Wilkins, *The Making of the Canzoniere*, Rome:1951), p. 303。

⑤模仿自贺拉斯《歌集》(*Carm.*),I, iii, 8。

弗朗西斯科:我同样也为劳碌和年岁摧残,所以如果她正接近死亡,那么我要比她更近。

圣奥古斯丁:按出生先后来衡量死亡的次序是多么愚蠢啊,有多少白发人送走了黑发人,有多少老保姆在为他们所抚育的幼儿早夭而哭泣,"那个黑色的日子剥光了生活的甜蜜,/刚才还在吃奶的现在已为苦涩的死亡覆盖"①。你先于她出生不过几年,不足以让你期待可以先于这你热恋不已的女人而去。你只是在假装这种自然的秩序是不可变动的。

弗朗西斯科:没有我说的那么绝对,但我是真诚地为此祈祷,每当我想到她的死亡,就会忆起奥维德的诗句:"愿那一日远远地,于我身后到来。"②

圣奥古斯丁:我无法再忍受这些毫无意义的话了,既然你承认她有可能先你而死,那若她真的死了你将如何?

弗朗西斯科:我还能说什么呢? 这样的灾难将是我不幸的顶点。我只能试着通过回忆往日安慰自己。但愿风能带走我们所说过的话,吹散这个凶兆。

圣奥古斯丁:多么盲目啊,难道你不知道让灵魂受此支配是多么愚蠢之事? 难道你不知道欲望之火既不能令人平静,也无法长久维系吗? 它们许下甜蜜诺言,但转眼便将你残忍折磨。③

弗朗西斯科:如果您有更有效的药方,请拿出来吧。我不会被这样的谈话吓倒,因我的灵魂尚未如您以为的那样受俗物支配。您该知道我热爱她的灵魂胜于肉体;其超越凡人的品行,才最令我快乐。从她那里,我可以想象天堂般的生活。若您问我她先我而去我会如何(这问题听起来就令人难受)——我会用西塞罗笔下那位最明智的罗马人莱伊利乌斯(Laelius)的话来安慰自己,他在失去爱人之后说,"正是她的美德让我热爱,而这永不死去"④。

圣奥古斯丁:你正误人自我虚假的无懈可击中,想使你清醒很不容易。既然我见你拒绝听我批评她甚于你自己,那么就用你想要的所有赞美来保护那亲爱的女郎吧。我不再反对什么。让她成为女王,成圣人,让她"是女神,是阿波罗的妹妹,或是仙女之母"⑤。但她的完美并不是你犯错的借口。

弗朗西斯科:我等着看您又要开始什么新的争吵。

圣奥古斯丁:无可否认,美丽的事物常被卑鄙地爱着。

弗朗西斯科:我早就回应过那个罪名。如果任何人见着爱情在我心中的图像,他将发现这图像与我赞美的真实面孔毫无二致,而真实只会更值得人们赞美。请真理女神见证,我对她的爱中没有任何卑鄙、任何可耻、任何可指责之事,除了我对她的爱还不够。若您补充道我的爱从未跨出那条正确的界线,我则认为没有任何事可比这更美的了。

圣奥古斯丁:我能以西塞罗的话回答你,"你正定下罪恶本身的界线"⑥。

弗朗西斯科:不是罪恶,是爱。

——方匡国,译.广西师范大学出版社,2008.

---

① 维吉尔:《埃涅阿斯纪》(*Aen.*),VI,428—429。
② 奥维德:《变形记》(*Met.*),XV,868。
③ 参见彼特拉克《歌集》(*Canzoniere.*),CCLXIV,23—31,下文。同参见波爱修斯《哲学的安慰》(*De cons. Phil.*),II,pr. iv,12,20—21。
④ 西塞罗:《莱伊利乌斯:论友谊》(*De am.*),27,102。此处莱伊利乌斯说的是西庇阿。
⑤ 维吉尔:《埃涅阿斯纪》(*Aen.*),I,323—329。
⑥ 西塞罗:《图勒库勒论辩》(*Tusc.*),IV,18,41。

疯狂的奥兰多(节选)

第一篇

5

长久以来,奥兰多痴恋①

美丽的公主安杰莉卡,②

为她留下无尽不朽的战利品,

在印度、米底亚和鞑靼。③

他带她一道返回西方,

只见巍巍的比利牛斯山下,

查理曼国王正与德法两国军队

在旷野上驻扎。

第二十三篇

102

他向四周环视。

岸边的树苗上刻着字,

于是很快停下脚步定睛观看,

确实是他的女神的笔体。

麦多罗和美丽的契丹公主

从牧屋出来后常会到附近散步,

之前我曾描述过一些地方,这也是其中之一。

103

他看到的一千个地方

就有一千个结将他们连在一起,

---

①阿里奥斯托在此快速地总结了另一位大诗人马泰奥·马里亚·博亚尔多(1441—1494)在他的诗作《热恋的奥兰多》中讲述的奥兰多的前事。"疯狂"怡好在"热恋"中断的地方开始。更确切地说,阿里奥斯托是在博亚尔多停笔的那一点稍稍靠后的地方重新开始讲述的,博亚尔多描述基督徒打了败仗,因此他已经开始讲述有关巴黎围困的事情。而在《疯狂的奥兰多》中,我们又回到发生在比利牛斯山区冲突的高潮部分。

②安杰莉卡,契丹(Catai 是中世纪欧洲国家对中国的称号,长期以来欧洲人对中国的认识,多为模糊之词,称呼也不统一,在众多关于中国的叫法中,部分欧洲国家曾使用契丹)国王加拉弗洛尼的女儿,非常美丽且不可捉摸。在《热恋的奥兰多》中她已经令很多基督教骑士神魂颠倒,其中包括奥兰多和里纳尔多。两个圣骑士追随安杰莉卡来到东方时发生的事情构成了博亚尔多诗歌的主题。

③印度泛指整个亚洲南部;米底亚对应的是里海以南的中部地区;鞑靼是指契丹以亚历山德拉,贝努奇西的地区,阿里奥斯托用这三个地名借指东方。

那些文字如同爱神手中的钉子

根根刺痛他的心底。

他怎能让自己相信，

千方百计不让自己怀疑，

而后自欺欺人地说服自己，

不是安杰莉卡将名字写在树皮。

104

"然而，我认识这种笔体。"

接下来他说道，

"我不知读过见过多少次，

也许她假托麦多罗的名义，

从心底勾起对我的回忆。"

伤心不悦的奥兰多

用空洞的希望安慰欺骗自己，

这一切只是他辛苦酝酿的虚拟。

105

越是竭力扑灭怀疑之火，

那团火反而在心中越烧越旺。

如同一只鲁莽的大鸟

落入猎人的大网或粘在胶上，

想要尽快挣脱罗网，

徒劳地拍击翅膀。

奥兰多走进一个岩洞，

一汪泉水澄净明亮。

106

洞口爬满蔓生的藤草。

歪歪斜斜，芊芊长长。

这里就是那对幸福的恋人

艳阳当空时恩爱拥抱的地方。

洞内洞外刻满了他们的名字，

多过周围的任何地方。

有的用木炭，有的用粉笔，

有的甚至用刀尖刻上。

107

伤心的骑士来到此处，

看到洞口有许多字

出自麦多罗之手，

似乎就写在此刻此时，

为了表达他的欣喜（对安杰莉卡）

他用诗句创造了献词，

我想那些诗是用阿拉伯语（麦多罗的语言）写的，

用我们的语言讲是这个意思：

108

"快乐的植物，绿油油的草。清流的水呀，

还有舒适的山洞提供新鲜凉爽的空气，

美丽的安杰莉卡是加拉弗洛尼之女，

多少人爱她也枉然无益，

她时常裸身躺在我怀里，

给我带来多少欢愉，

我穷小子麦多罗无以为报，

只能每时每刻歌颂您。

109

祈求每一个当地或外国、爱您的君王、骑士、

少女和每一个人

有意或偶然来至此地

对绿草、树荫、山洞、河流和植物说：

仁慈的您同时拥有太阳和月亮，

但愿永远如此，宁芙们不要

让牧羊人把羊群领到这里。"

110

这段文字用阿拉伯语写就，

骑士懂这种语言就像懂拉丁语，

圣骑士会很多种语言，

阿拉伯语尤为熟悉。

当他置身于撒拉逊人中间，

这个能力让他避免了许多灾祸和冲突；

如果以前对他有利，现在却高兴不起来，

懂阿拉伯语带给他的伤害足以抵消所有益处。

111

他把那首令他伤心的诗读了三遍、四遍、六遍，

不幸的他徒劳地试图想象，

事实不是诗中所写的那样，

但结果越发清晰，很容易理解；

每次读那首诗，他都感觉胸闷惆怅，

感觉一只冰冷的手抓住了他的心脏，

他的眼睛和心思转向那块石头，

哑口无言，好似在那里冻僵。

112

他从那时开始疯狂，

任凭痛苦折磨侵犯，

有过这种体会的人都会明白，

爱情的痛苦令一切痛苦暗淡。

他的下巴搭在胸口，

没有皱纹的前额低垂，

痛苦占据全部心绪，

欲哭无泪，悲极无语。

……

116

他神情倦怠地下马。

把马交给老练的仆役。

有人取下兵器，有人擦亮盔甲。

有人摘掉他的黄金马刺，

麦多罗曾在这里养伤，

体验二人的幸福安逸。

奥兰多躺在床上，饭也不吃，

痛苦将肚子填饱,无须进食。

117
越是寻求宁静和安心,
越是找到烦恼和痛楚,
可恨的笔迹无处不在,
写满出口和每扇窗户。
害怕表现得不够平静,
本想探问却双唇紧闭,
清晰的事物要用云彩遮蔽,
这样就会少一点悲戚。

118
自我欺骗绝少获益,
无须询问这是常理。
牧羊人见他伤心不已,
试图让他开心解颐。
他总是能找到合适的听众,
向他们讲述两个恋人的故事,
很多人侧耳倾听,
讲给奥兰多也毫无顾忌。

119
安杰莉卡几番劝说祈求,
终将麦多罗背到这个地方,
他实在伤得不轻,
安杰莉卡为他疗伤、
麦多罗很快痊愈,
她的心却为爱情所伤。
星星之火,熊熊燎原,
燃遍全身,心神惆怅。

120
全然不顾自己的身份,
强烈的爱情令她心神不宁,

东方最强大国家的公主

嫁给了一个贫穷的步兵。

要知故事的结局，

要回到公主临行，

为了感谢牧人的款待，

安杰莉卡以宝石相赠。

121

这个结局就像一把斧头

当即将奥兰多的头颅砍下，

斧头无数次抬起落下，

爱情刽子手才满意地把斧头放下。

奥兰多试图掩饰悲伤，

越是努力越易被觉察，

眼中的泪水，口中的叹息，

愿意与否，最终都会爆发。

——赵文伟,译.吉林出版集团股份有限公司,2018.

坎特伯雷故事集（节选）

律师的故事（节选）

从前在叙利亚住着一批富商，

他们的为人都非常严谨公道。

他们向遥远的地方运送奇香、

花色锦缎和金丝织就的衣料；

那些东方的货品精致又新巧，

所以大家喜欢买他们的货品，

也乐于把自己的货卖给他们。

一次他们的几位领头人决定，

大家一起去罗马城游历游历——

既是为了观光也为了生意经；

于是并没有派人送信去那里，

就径直去了罗马这个目的地，

到达那里后找到了一家旅店

觉得很合适,就住在了里面。

几位商人惬意地在该城居住,
不知不觉中就有了一些时日。
且说那罗马皇帝的一位公主
有名地贤淑,名叫康斯坦丝;
有关她各种事迹的传说故事
那些叙利亚商人天天都听到,
听到的内容我下面作点介绍。

请听听人们异口同声的话语:
"愿上帝眷顾我们罗马皇帝,
他有个天下独一无二的闺女,
这公主既有德性又非常美丽,
自古以来没有人能同她相比;
我祈求上苍,永保她的好声望,
但愿她成为整个欧洲的女王。

"她极其美丽却一点也不骄傲,
虽非常年轻却又成熟而稳重,
她的谦逊使专横显得很渺小,
她以德性指导她所有的行动;
她是面镜子反映出一切雍容,
她的心就是圣洁的神龛一座,
她的手总在执行慷慨的施舍。"

这些话说得像上帝一样没错,
但是让我们回到故事上来吧。
且说商人们把船重新装了货,
看过了这位赐人以福的娇娃,
心满意足地把船驶回叙利亚;
然后像往常那样经商和生活——
这方面我能说的只有这么多。

这些商人在本国非常受优待,

102

每次那位统治叙利亚的苏丹
一听说他们从异国他乡回来，
总格外开恩把他们款待一番，
频频询问他们在国外的观感，
以了解不同国家的武功文治
和他们看到听到的奇闻轶事。

这些商人介绍了各方面情形，
特别就提到那公主康斯坦丝，
认真细讲她优秀高贵的品性；
这就引起了苏丹极大的兴致，
心思里总有康斯坦丝的影子，
结果，他的最大愿望和关注
就是要终生不渝爱那位公主。

也许，早在他刚出世的时候，
在那称作上苍的特大天书上，
那些决定他命运的有关星宿
已经表明他将为爱情而死亡！
因为上帝知道，在那些星宿上
人的死期写得比玻璃还清楚——
当然要有专门的本领去解读。

那些星宿上，多少个冬季以前
就写明希腊、罗马英雄的死亡，
而且都写在他们的出生之前；
除写出大批历史名人的死亡，
星宿还表明底比斯成为战场——
可惜人们的智力实在太不济，
竟然没有人完全读出那含义。

扈从的故事（节选）

萨莱是那片鞑靼地区的城池，①

---

①萨莱又称拔都萨莱，是金帐汗国（又称钦察汗国，为蒙古帝国的西方部分）都城，建于伏尔加河一支流旁，现名扎列夫，仅存废墟。坎宾思汗指成吉思汗（1162—1227）或其孙子忽必烈，但入侵俄罗斯的是成吉思汗的另一位孙子拔都。又：弥尔顿在其名篇《沉思的人》中也讲到这故事。

那里的君王曾经进攻俄罗斯，
战争中死了许多勇猛男子汉。
这位高贵的君主叫坎宾思汗。
在他的那个时代，他赫赫有名，
整个世界上没有其他的国君
可以比得上他的任何一方面；
王者应有的一切，他一应俱全。
对于他生来就已信奉的宗教，
既然早就起誓，就笃信其教条；
不但如此，他勇敢英明而富有；
与此同时，他公正仁慈又宽厚；
他说话算话，为人可亲又可敬。
他内心的稳健，就像是个圆心。
他年轻活跃刚强，爱驰骋疆场，
同他麾下的年轻武士一个样。
他深受上天宠幸，长得既英俊，
君临天下的地位也极其稳定，
这样的威权真可谓举世无双。

这位坎宾思汗，高贵的鞑靼王，
同王后埃尔菲塔生两个儿子。
阿尔加西夫是他长子的名字，
而那次子的名字叫做坎巴罗；
国王有三个孩子，最小的一个
是位女儿，她名字叫做卡纳丝——
若要给你们讲她的丰采秀姿，
我实在没有这种口才和本领，
不敢承担这样高难度的事情。
如果谁想比较全面地描述她，
就必须是位高超的修辞学家——
知道用什么修辞能恰到好处；
但我的英语还没有这种功夫。
尽管不合格，我仍要尽力而为。

这一天，从坎宾思汗登上王位、

戴上王冠,已整整二十度春秋,
他历年来的规矩这回仍照旧,
要把盛大的诞辰庆宴准备好,
并派人在萨莱城中大声宣告。
且说那一天正是三月十五日,
明亮的太阳也显出洋洋喜气,
因为在火星面前已近升腾点,
而它现在所处的白羊宫里面
颇为燥热:这是个燥热的宫座。
这一天天气晴朗又相当暖和,
鸟雀在朗朗阳光下歌声宛转,
唱春天已经到来,唱青翠满眼;
同时也为它们的爱情而高唱,
因为感觉到大家都有了保障,
不用再担心刀似的严冬酷寒。

我对你们讲的这位坎宾思汗
正在大殿里,高高坐在宝座上;
他头戴王冠,身穿帝王的服装,
大开华筵,那排场的富丽宏大
难有其匹,哪怕是找遍了天下;
如果把所有的场面统统讲遍,
那就得花掉长长的一个夏天。
再说,我也用不到一一道来:
不用讲他们按什么次序上菜;
用了什么奇妙的酱料和佐料,
那些小鹭鸶与天鹅烧得多好。
有些老骑士说过,在他们那里,
某些食品被认为非常地珍奇,
但是在我们这里觉得很平常;
可没人能全部报出那些名堂。
我不想耽搁你们:现在快九点,
而那样做的话,只是浪费时间;
还是回到我先前的故事上来。

平民地主的故事（节选）

布列塔尼在古代叫阿莫利凯，
当初有一位骑士满怀着挚爱，
竭尽全力地追求着一位女子，
既用事实证明了自己是勇士，
也献足殷勤，总算赢得芳心。
因为她是太阳底下最美的人，
而且出身于非常高贵的门第，
当初这骑士感到心里没有底，
不大敢吐露自己的万般苦恼。
后来，那女子看他忠诚可靠，
特别是感到他一向温顺听话，
就为他受的苦恼开始怜悯他，
最后私下里同意接受他的爱，
让他来做自己的丈夫和主宰，
就像一般的妻子听命于丈夫。
这丈夫为了生活的美满幸福，
以骑士名义自愿向妻子保证：
无论白天或黑夜，他整个一生
绝对不会凭着做丈夫的权利
强迫妻子，或者表现出妒忌，
而要像追求女子的男人一样，
听从她的话并尊重她的愿望；
只是考虑到他的身份和体面，
需要保持表面、名义上的夫权。

妻子向丈夫道谢，谦卑地说道：
"夫君，既然你这样体谅和周到，
主动给我这样宽大的自主权，
我但愿天主让我俩亲密无间，
别让我出错而使我们起争执——
我愿做你卑顺而忠诚的妻子。
我向你保证，我一定至死不渝。"
这样，他们俩过得安宁又欢愉。

各位,有一点我敢肯定地讲,
就是朋友间彼此都必须谦让,
这样才会有天长日久的友谊。
爱情同样不能靠压力来维系,
你一用压力,爱神就拍动翅膀
立刻飞走,再不回你这个地方!
爱情这东西同灵魂一样自由,
而女人的天性就是爱好自由,
不愿像奴仆受人家颐指气使——
我还要说句实话:男人也如此。
看看求爱中最有耐心的是谁,
他就占了比别人有利的地位。
可以肯定,忍耐是高尚的品德,
因为学者们对此讲得很透彻:
它能克服压力压不服的东西。
所以,别为了一言半语而怄气。
要学会忍耐,否则我可以保证:
管你愿意不愿意,都得学着忍。
因为这世界上,可以肯定的是:
人人都会偶尔讲错话、做错事。
发火、生病、星象对世人的影响,
体液组合的变化、喝酒或悲伤,①
经常会使人们做错事、说错话。
所以别为一点错而大张挞伐。
每一个懂得要控制自己的人
都会根据情况,作必要的容忍。
所以,这可敬的骑士就很明智,
为生活安宁,就这样许诺妻子;
而妻子也很明智地向他保证:
在她这方面也会尽自己本分。

这里可看到谦让、明智的约定:
妻子得到了她的仆人和夫君,
这是婚姻中的君,爱情中的仆;

----

① 西方古代生理学认为,生物体冷、热、干、湿四种体液的组合决定生物体的体质等。

而丈夫则既有权威又受束缚。
受束缚？不,他是一家的主宰,
因为他已赢得心上人、赢得爱;
这是他最忠实的情人和妻子,
这种关系与爱情的法则一致。
我们的这位骑士得意又风光,
带上了他的新娘一起回故乡,
回到他离彭马克不远的老宅,①
日子始终过得既美满又安泰。

除了结过婚的人,谁能说得出
夫妻之间的那种美满和幸福,
那种和谐又舒适的快活日子?
且说我上面所讲的这位骑士
名叫阿维拉古斯,住在凯鲁特,
这样甜美的日子过了一年多,
这时决定要去英格兰一两年
(当时英格兰被人叫做不列颠),②
要去凭武艺博取名望和荣誉,
因为他爱在这方面作出努力——
结果待两年,这是书上的原话。

——黄杲炘,译.上海译文出版社,2013.

堂吉诃德(节选)

上册第九章(节选)

有一天,我正在托雷都的阿尔咖那市场。有个孩子跑来,拿着些旧抄本和旧手稿向一个丝绸商人兜售。我爱看书,连街上的破字纸都不放过。因此我从那孩子出卖的故纸堆里抽一本看看,识出上面写的是阿拉伯文。我虽然认得出,却看不懂,所以想就近找个通晓西班牙文的摩尔人来替我译读。要找这种翻译并不困难,即使要翻译更好更古的文字③也找得到人。我可巧找到一个。我讲明自己的要求,把本子交给他。他从半中间翻开,读了一段就笑起来。我问他笑什么,他说:笑旁边加的一个批语。我叫他讲给我听;他一面笑一面说:

---

①彭马克是布列塔尼西端地区,下面第 79 行中的凯鲁特是当地一地名。
②在中古英语中,"不列颠"和"布列塔尼"往往拼法相同。
③指希伯来文,当时认为是最古老的文字。

108

"书页边上有这么一句批语:'据说,故事里时常提起的这个杜尔西内娅·台尔·托波索是腌猪肉的第一把手,村子里的女人没一个及得她'。"

我听他提起杜尔西内娅·台尔·托波索这个名字,不胜惊讶;立刻猜测到这些抄本里有堂吉河德的故事。我心上这么想,就直催他把开头一段翻给我听。他依言把阿拉伯文随口译成西班牙文,说这是《堂·吉河德·台·拉·曼却传》,作者是阿拉伯历史学家熙德·阿梅德·贝南黑利。我听到这个书名,真是十二分的乖觉才没把快活露在脸上。我从丝绸商人手里抢下这笔买卖,花半个瑞尔收买了那孩子的全部手稿和抄本。如果他是个机灵的小子,看透我多么急切,为这笔交易尽可以讨价六个瑞尔以上,稳稳的可以成交。我马上带着摩尔人走出市场,跑到大教堂的走廊里。我请他把抄本里讲到堂吉河德的部分全翻成西班牙文,不得增删;随他要多少代价我都愿意。他要两个阿罗巴①的葡萄干,两个法内加②的小麦,答应一定翻得又好、又忠实、又迅速。我为了工作方便,又要把这么名贵的稿本留在手边,就把他请到家里。一个半月以后,他全部翻完。以下都是他的译文。

上册第二十二章(节选)

曼却的阿拉伯作家熙德·阿默德·贝南黑利在这部正经、夸张、细致、有趣而又异想天开的故事里记述如下。在上文二十一章末尾,著名的堂·吉河德·台·拉·曼却和他的侍从桑丘·潘沙一番谈话之后,堂·吉河德抬眼看见前面路上来了十一二个步行的人,一条大铁链扣着他们一个个的脖子,把他们联成念珠似的一串;他们都戴着手铐。一起还有两人骑马,两人步行;骑马的拿着新式火枪,步行的拿着标枪和剑。桑丘见了说:

"这队人是国王强迫着送到海船上去划船的。"

堂吉河德问道:"怎么强迫? 难道国王强迫了谁吗?"

桑丘说:"不是的,我只是说,这些人是犯了罪罚去划船,强迫他们为国王当苦役。"

堂吉河德说:"不管是怎么回事吧,这些人反正是硬押着走的,不是自愿的。"

桑丘说:"对啊。"

他主人说:"照这么说,恰好就是我的事了;锄强救苦正是我的责任。"

桑丘说:"您小心啊,国王是最公道不过的;他强迫这些人因为他们犯了罪,惩罚他们。"

……

这个因徒是大学生装束,据一个护送的公人说,他很有口才,而且精通拉丁文。

这队因犯的末尾一人三十岁左右,相貌很好,不过两个眼珠子是对接的。他的枷锁和别人的不同:脚上拖一条很长的铁链,缠住全身;脖子上套着两个铁圈,一个圈扣在铁链上,另一个圈是所谓护身枷或叉形护身枷③上的。这个铁圈下面垂着两条铁棍,到齐腰的地方装一副手铐,把两手套住,再用大锁锁上。这就使他不能把手举到嘴边,也不能把脑袋低到手边。堂·吉河德问为什么这人和别人不同,要

---

① 1 阿罗巴合 11.5 千克。

② 1 法内加合 55.5 公升。

③ 护身枷或叉形护身枷(guardaamigo o pie de amigo) ,是一个有脚的铁架,撑在犯人颔下,管住脑袋,鞭打时不能躲闪。

这么许多枷锁。护送公人回答说:因为他一人犯的案,比所有别人的案总在一起还多;而且他非常胆大狡猾,就是这样押着,还保不定会逃走。

堂吉诃德说:"如果他不过是罚去划船,他又能犯下什么罪呢?"

护送公人说:"他判了十年苦役,这就相当于终身剥夺公权了。咱们只要一句话就说得明白:这家伙是大名鼎鼎的希内斯·台·巴萨蒙泰,诨名'强盗坏子小希内斯'。"

那囚犯接口道:"说话客气点儿啊,差拨先生,这会儿可别给人家起诨名,扣绰号。我名叫希内斯,不是小希内斯;我姓巴萨蒙泰,不是什么'强盗坏子'。各人自己瞧瞧自己吧,这就够了。"

那差拨说:"天字第一号的贼强盗,你如果不指望人家给你封上嘴巴,别这么标劲十足。"

那囚犯答道:"'人的行为得顺从上帝的意旨'①,这是没什么说的。不过总有一天,人家会知道我是不是'强盗坏子小希内斯'。"

护送的公人说:"你这撒谎的混蛋,他们不是这样称呼你吗?"

希内斯说:"是这样称呼,可是我自有办法叫他们不这样称呼,不然的话,我捋掉他们的毛!我甭说生在哪里的毛!绅士先生,您要是有什么东西给我们,快给了我们走吧。您只顾打听人家的历史,真叫人不耐烦。您如要问我的历史,我告诉您,我是希内斯·台·巴萨蒙泰,我的历史已经亲手写下来了。"

差拨说:"这是真的。他写了自己的传,写得没那么样儿的美。他在牢里把那本自传押了二百瑞尔。"

希内斯说:"即使押了二百杜加,我也要赎它回来的。"

堂吉诃德说:"就那么好吗?"

希内斯说:"好得很呢!压倒了《托美思河上的小癞子》②那类的书,不管是从前的或将来的,比了我的自传都一钱不值了。我可以告诉您,我这部自传里写的全是事实;谎话决不能编得那么美妙。"

堂吉诃德问道:"书名叫什么呢?"希内斯说:"《希内斯·台·巴萨蒙泰传》。"

堂吉诃德问道:"写完了吗?"他回答说:"我一生还没有完,怎么能写完呢。我从自己出世写起,到最近这次又罚去划船为止。"

堂吉诃德说:"那么,你从前已经去划过船?"

希内斯答道:"我为上帝和国王当差,去过一次,待了四年,尝过硬面包和牛筋鞭子的味道。到海船上去我也不怕,那里有机会续写我的书。因为我还有许多事情要写,西班牙的海船上多的是闲工夫。当然,我也用不了很多时间,因为心里已经有稿子了。"

下册第二章(节选)

罗梅·加尔拉斯果的儿子刚从萨拉曼加大学得了学位,昨晚回家。我去欢迎他,他告诉我说,您的事已经写成书了,书名是《奇情异想的绅士堂·吉诃德·台·拉·曼却》。他说书上也有我,名字就叫桑丘·潘沙;还有杜尔西内娅·台尔·托波索小姐,还讲些事光是咱们两人经历的,不懂那个写传的怎么都知道,我诧异得直在自己身上画十字。"

---

①西班牙谚语。
②西班牙 16 世纪无名氏作,是流浪汉体小说的鼻祖。

堂吉诃德道:"我告诉你,桑丘,写咱们这部传记的一定是个法师或博士,这种人笔下要写什么,眼睛里就看见什么。"

桑丘说:"怪道呢!原来是法师和博士,所以我刚才讲起的那个参孙·加尔拉斯果学士说,那个写传的名叫熙德·阿默德·贝兰黑那!"

堂吉诃德说:"这是个摩尔人的名字。"

桑丘说:"准是的。我听说摩尔人都爱吃'贝兰黑那'。"①

堂吉诃德说:"桑丘啊,'熙德'按阿拉伯文就是'先生';你一定把这位熙德的姓说错了。"

桑丘说:"很可能。您这会儿要我去把那位学士找来吗?我立刻就去。"

堂吉诃德说:"那好极了。你那些话说得我心里痒痒,不把事情问个明白,吃一口东西都在胸口堵着。"

桑丘说:"那么我就找他去。"他撇下主人去找那位学士,一会儿就带了学士回来。他们三人谈的话很有趣。

下册第三章(节选)

堂吉诃德一面等着加尔拉斯果学士,一面默想桑丘的话。他打算问问那位学士,人家把他写到书上去,讲了他些什么。他不信真会有那么一部传记。他的剑上敌人余血未干,难道他发扬骑士道的丰功伟业已经写成书出版了吗?可是他想准有一位善意或恶意的法师靠魔术干了这件事。假如那人出于善意,就是要把他干的事抬得比骑士里最杰出的成就还高;假如出于恶意,就是要把他那些事贬斥得比历史上卑微的侍从里最卑鄙的行为还低。不过他想,书上从来不写侍从的事;假如确有桑丘说的那么一部传记,叙述的既是游侠骑士的事,那就必定是严肃、正经、堂皇而且真实的。他这么一想,稍为放心些。可是作者称为熙德,想必是摩尔人;摩尔人都不老实,而且诡计多端,不能指望他们说真话。他想到这层,又放心不下。他又怕书上把他的恋爱描写得不端重,损害了杜尔西内娅·台尔·托波索小姐的清名。他希望书上能写出他对这位小姐一心一意,毕恭毕敬,把王后、女皇和形形色色的女人都不放在眼里,而且总是严肃地抑制着自己的情欲。他正在这样反复寻思,桑丘已经带着加尔拉斯果来了。他连忙殷勤接待。

那位学士虽然名叫参孙,并不是名副其实的大个子②,只是个大滑头。他脸色苍白,心思却很伶俐,大约有二十四岁,圆圆的脸,扁塌鼻子,大嘴巴;照这副相貌,好像是个调皮促狭的性格儿,喜欢开玩笑、捉弄人的。他一见堂吉诃德,果然本性流露,对堂吉诃德双膝跪倒,说道:

"堂·吉诃德·台·拉·曼却先生,请您伸出贵手,让我亲吻。我虽然只是教会里下四等的职员③,却要凭我这件圣贝德罗式的道袍④发誓宣言:全世界古往今来最有名的游侠骑士就是您!熙德·阿默德·贝南黑利把您的丰功伟业写成书,我真要祷告上帝为他赐福!那位搜求奇书的人不辞辛苦,把这

---

①桑丘把贝南黑利(Benenjeli)说成贝兰黑那(Berenjena),这个字的意思是"茄子"。

②参孙是古犹太的大力士,体格很魁伟。看看《旧约全书·士师记》十三、十四章。

③天主教教会里最低级的四个职位:一是门房(menores),二是教师(lector),三是驱邪祛魔者(exorcista),四是辅助神父做弥撒的助手(acólito)。

④学士穿的袍子。

111

部阿拉伯文的故事翻成西班牙语,让大家都能欣赏,我更祝他福上添福!"

堂吉诃德扶了他起来,说道:

"照您这话,真是出了一部写我的传记吗? 作者真是个摩尔博士吗?"

参孙道:"这是千真万确的,先生;据我估计,现在这部传记至少已经出版了一万二千册①,不信,可以到出版这部书的葡萄牙、巴塞罗那和巴伦西亚去打听。据说也在安贝瑞斯排印呢。我看将来每个国家、每种语言,都会有译本。"

堂吉诃德说:"一个有声望的好人生前看到自己的美名在各种语言里流传,那一定是最称心的。不过我说的是'美名';如果是丑名,那就比什么样的死都难受了。"

学士说:"要讲美名呀,所有的游侠骑士里数您第一了。您为人多么高尚,您冲锋冒险的时候多么勇敢,困苦的时候多么坚定,倒了霉、受了伤多么能够忍耐,您对堂娜杜尔西内娅·台尔·托波索小姐那种超脱肉体的爱情多么贞洁等等,那摩尔作者和基督教译者各用自己的语言刻意描摹,写得活灵活现。"

下册第六十七章(节选)

堂吉诃德说:"啊呀! 桑丘朋友,咱们的生活该多美啊! 满处都吹箫吹笛,敲打手鼓,摇动响片儿,弹弄三弦琴,如果再有个铜钹,那就更妙,牧羊人的乐器差不多就齐全了。"

桑丘问道:"什么铜钹? 我一辈子也没听见看见过。"

堂吉诃德答道:"铜钹就是像蜡烛盘似的两个铜盘儿,中部隆起,相拍的时候,当中是空的,就激荡出声音来,虽然不怎么好听,也不很和谐,却不讨厌。这和笛子、手鼓一样朴质。铜钹,albogues,是从摩尔文来的。西班牙字凡是 al 开头的,都是这个来源②,例如 almohaza, al-morzar, alfombra, alguacil, alhucema, almacén, alcancía 等,不用一一列举。从摩尔文来的西班牙字,末一个字母是 i 的只有三个:borceguí, zaguizamí 和 maravedí。alhelí 和 alfaguí,开头是 al,而末尾是 i,那是阿拉伯文。我因为说起铜钹,联想到这些,顺便和你讲讲。你知道,我稍为有点儿诗才,参孙·加尔拉斯果学士更有了不起的诗才,我们凭这种才情可以成为十全的牧羊人。咱们神父怎样我不说,不过我可以打赌,他准也有几分诗人气息。理发师尼古拉斯放定也有几分,因为理发师一般都会编几句词儿,弹弹吉他琴。我就诉说情人分离的苦恼,你就夸耀自己用情专一;牧羊人加尔拉斯公可算是遭了女人唾弃;古良布洛神父随他爱充什么角色都行。咱们照这样过日子多乐呀!"

——杨绛,译.人民文学出版社,2015.

论死后才能判定我们的幸福(节选)

但是,呀! 谁敢,当生命的末日来临,或死和丧礼把我们的荣名定谳,谁敢

称谁幸运?

(阿微特)

---

①当时各地出版的《堂·吉诃德》总数约一万五千册。

②但也有很多 al 开头的字(如 alba, alma)来源于拉丁文。

每个学童都知道这个关于克勒苏(Croesus)王的故事:他被西路(Cyrus)俘虏和判处死刑。临刑的时候,他喊道:"啊,苏龙(Solon),苏龙!"西路听到这话,究诘他这是什么意思。他解释道,"他不幸而证实了从前苏龙给他的警告:一个人,无论命运怎样笑颜相向,非等到他生命的末日过去了,才能称为幸福;为的是人世间变幻无常,只要轻轻一动,便可以面目全非,前后迥异。"所以亚支士路(Aglsilaus)回答那些欣羡波斯王那么年轻便大权在握的人道:"不错,但是,披里安(Priam)在这样的年纪命运亦不差。"我们可以看见马薛当纳的国王,那伟大的亚历山大的后裔,变为罗马的木匠,史西利的暴君变为哥林多的教师。一个统率大兵、征服了半个世界的霸主成了埃及的叫花子般的乞怜者;苟延了五六个月的时间,那伟大的庞培的损失便那么大!

我们父亲在时,卢多韦哥士科查(Ludovlcostorzd),米兰的第十代公爵,在他统治下全意大利曾经威震全球了多时,终于囚死罗克(Loches)城;而且死前还受了十年牢狱之灾,那才是他一生中最倒霉的日子。最美丽的皇后,基督教中最伟大的国王的媚妇,可不是刚死于刽子手的刀下不久吗?这样的例子何止千百个?因为,正如狂风暴雨怒殛我们的高楼的骄矜和傲岸,似乎上天亦有神灵嫉恶这下界的显赫。

> 唉!毫无怜恤的那冥冥的权威把人世玩弄和摧毁,一样地踹碎元老的赫赫的杖和凶暴的椎。

(鲁克烈斯)

似乎命运有意窥伺我们生命的末日,把它积年累月建就的一旦推翻,以表示它的权威而使我们跟着拉比利乌(Laberius)叫道:

> 为什么我要多活这一天!

我们可以把苏龙这句格言这样看:他不过是一位哲学者,命运的宠辱于他本无所谓幸与不幸,显赫和权力亦不过是道德的偶然的附属品。我猜想他瞩目必定较远,意思是指我们生命的幸福,既然要倚赖一个禀赋优良的心灵的知足与宁静,和一颗秩序井然的灵魂的坚决与镇定,不宜诉诸任何人,除非我们已经看见他表演最后的、也是最难的一幕。其余都有装腔作势的可能;或者这种连篇累牍的哲理的名言也只是一副面具;或者厄运并不曾探触到我们的要害,因而让我们有保持我们那副宁静的面孔的工夫。但是在这最后一幕,死和我们各表演了一场,也就不能再有所掩饰,我们要说土话,要把坛底所有良好的及清白的通通摆出来。

> 于是至诚的声音从心底溅射出来,面具卸了,真态毕露。

(鲁克烈斯)

所以我们毕生的行为应该受我们最后这一口气的试验和点化,那是主要的日子,是其余的日子的审判官。正如一位古人说的,审判我们过去一切时光的日子(洗尼卡)。我把我研究的果实交付给死亡去实验。那时候才清楚我的话毕竟是从心出。

我看见好些人由他们的死而获得终身的荣枯。司比洪(Seipion)——庞培的岳父,临死把毕生的恶名完全洗刷净。爱巴明那大,人家问他三人中最看重哪一位,夏比利亚(Chabrias)、伊非克拉特(Iphiclates)还是他,答道:"要到我们死时才能决定。"真的,我们必定会把那人的价值抹煞掉不少,如果

113

我们评价他时不把他死时的光荣与伟大计算进去。

上帝照他的意旨成全;但与我同时有三个我所认识的对于生命无论什么罪孽都是最卑鄙最可咒骂的人,他们皆得善终,而且事事都安排得极为周到。

有许多死勇敢而且运气。我曾经看见死把一个人的非常超升的进步线在最红的当儿剪断,他的末日是那么绚烂。据我的私见,死者的野心和勇敢再不能企求什么比它就这样中断更高尚的了。他用不着走路便达到他所想到达的目的地,比他所向往、所希冀的都更光荣、更显赫。由于他的坠落,他预先取得了他毕生所企求的权力与荣名。

我评判他人的生命时,常常体察他死时的情景怎样:至于研究我自己生命的一个主要目的,便是希望我可得以善终。

——梁宗岱,杨元良,译.湖南文艺出版社,2005.

巨人传(节选)

第二章　庞大固埃的诞生

卡冈都亚活到四百八十,再加四十又四岁上,和他老婆,乌托邦阿摩罗陀大王的女儿白贝克公主,生下一子,便是庞大固埃,公主却因产子丧身,因为庞大固埃的躯体如此肥大,如此笨重,在他闯进我们这光明世界里来的时候,便非闷死自己的母亲不可。

如果你想知道,他受洗之日,命名为庞大固埃,是根据怎样的充足的道理和缘由,你只需记住这一点:那年天时大旱,非洲境内,历时三十六月,三星期,四天又十三个时辰零几分,滴雨未降。太阳大肆炎威,整个大地晒得一片燥热,即使以利亚①在位之日,也没见热到这般地步。地面上赤土千里,不见一花一叶。野草失去绿色,河渠没有滴水,泉井连底朝天;鱼鳖失去河水,躺在河底呻吟;飞鸟得不到甘露,从空中纷纷掉落地面,田垄里俯拾即是;狼、狐、鹿、野猪、麋、灰兔、黄狼、鼬鼠、猪獾等野兽张口死在地上。至于人,那景象更是凄惨,委实可怜,像奔驰了六七个时辰的猎狗,一个个伸着舌头喘息;许多人自己投身井里;有的躲在母牛肚子底下,找点荫凉。这些人诗翁荷马称之为旱地忽律。国里人人都像在地上生了根,不见移动一步。为解除难堪的口渴,看他们如何劳心费神,也就足以叫你伤心酸鼻;维护教堂圣水池里的圣水不让枯竭,这不是一件简单的事情。幸尔枢机主教和大教宗召开了教廷会议,特颁圣谕,每人只准沾一指,不得贪多。然而每逢有人进入教堂,你必然看见一二十个渴死鬼张着口紧紧跟随在施圣水的教士的后面,希望得到一些残滴,就像《路加福音》里伤天害理的富户,不让漏掉一星半点。唉,这一年,家里既阴凉又充实的地窖的人们是多么值得羡慕呵!

某哲学家提出海水因何味咸这个问题时,说当年太阳神费布斯将火轮管理权交给他的儿子费东的时候,费东年幼,尚未掌握技术,不晓得遵循太阳南北回归线之间的椭圆形轨道,而逸出了路线,偏近地球,将太阳直照下的国家,统统晒得焦干;天被烧坏一大块,这一块哲学家称之为银河,愚昧无识之辈却称为圣雅克之路,还有许多自命风雅的诗人,硬说这是朱诺给赫鸠力士喂奶时,奶汁滴落的地方。地球

---

①《旧约·列王纪》,耶和华依以利亚的请求,降大旱三年。

被烘得灼热,出了一身大汗,汗水流出来,汇集而成大海,海水之有咸味,因为汗水都是咸的;你如果舔一点你自己身上的汗水,或者在害花柳病的人服药出汗的时候,你去他身上舔一点尝尝——二者任你选择,其效果都是一样,你便会承认我之所言不谬了。

这一年就发生了如下的情况:有一天是星期五,所有人等正在虔诚地做着法事,举行巡行祈祷,大唱其颂歌、赞美词,祈求法力无边的天主,睁开一只慈悲的眼睛,垂顾他们深重的灾难,其时大家眼看着从地底下冒出许多大水珠,正像人身上大汗的模样。可怜的百姓欢天喜地,仿佛遇到了什么便宜事情;因为有人说,空气里缺乏水分,下雨没有希望,这是大地给他们的赔补。有学问的人物说,这是对石庶国里降了大雨,赛内克在《自然问题》卷四论尼罗河发源的一章里就有类似的记载。然而他们终于大失所望,因为当巡行祈祷做完,每人打算收一些这样的露水,开怀畅饮几碗的时候,却发现那原来是硷露,味道比海水还咸,还要难喝。

孩子就诞生在这一天,因此他父亲给他起了庞大固埃这样一个名字。"庞大"在希腊语义为"十分","固埃"在哈卡莱语训为"干渴",意思是说,在他诞生的时候,世界正害干渴。卡冈都亚以先知的睿见,已早料到将来有一天他这儿子要在干渴国里称王;这事情,在同一时刻,还有另一预兆可作旁证。

因为,正当他母亲白贝克临盆,收生婆准备接生的当儿,从产妇肚里首先跑出来六十八个驴夫,每人手里牵着一头驴子,驴背上满满地驮着海盐;随后又出来九只单峰骆驼,背着火腿和熏牛舌;七只双峰骆驼,背着暴腌小鳗鱼;最后是二十五辆大车载着绿头葱、大蒜、洋葱、胡葱。一班收生婆见了,几乎吓得半死,有的则啧啧称奇:

"这下可足吃一阵子了。说真的,我们从来小家气,不曾放量喝。今儿才是好气象,来了劝酒料头。"

她们正在叽叽喳喳,说个没完,庞大固埃便出世来了。他长着狗熊似的一身毫毛,一个收生婆见了,灵机忽动,即口占一诗预祝道:

"孩子生来一身毛,将来功业定然高;如果把他抚养大,长命长寿活到老。"

第三章　卡冈都亚遇丧妻之痛

庞大固埃诞生之后,感到悲喜交集啼哭皆非的是谁? 是他父亲卡冈都亚。因为,一方面,他看见老婆白贝克产子身亡;另一方面又看见刚生下来的儿子庞大固埃天庭饱满,肢体长大,一时神思迷乱,不知道该为死了老婆而感哀伤,还是该为生了儿子而表示喜悦。不论该哭,还是该笑,他都有一肚子诡辩式的理论,在脑子里纠缠不清,因为三段论法里那些翻云覆雨的论调和格式正是他的拿手好戏;但是这不能解决问题,因此,他像一只中了机关的耗子,或者落进圈套的鹞鹰,彷徨迷惑,不知所措了。

"我该哭么?"他说。"对,还不该么? 我的白贝克死了,那是举世无匹,最这么又最那么贤妻。我再也不能见她的面了,我再也找不到这样的好老婆了,这真是无法估量的损失呀! 呵,天主呀,我犯了什么罪孽,你这样惩罚我? 你为什么不叫我先死,倒叫她先去呀? 没有了她,我活着也没味儿。唉,白贝克,我的小宝贝,乖乖,小穴道儿呀,(她那穴道儿,少说点,口径也有三尺六。)我的心肝儿,行货袋儿,我的破鞋儿,套裤裆儿呀! 我再也看不见你了呀! 唉,死的真不是时候,你好蛮横呀! 你怎么专同我作对,欺侮我,夺走我的爱妻,应该不死不朽的好人儿呀。"

他嘴里一面诉说,一面像母牛似的荷荷大哭;但是,突然他想起孩子,又豁拉一声像牛犊似的笑起来。

"嗨,我的乖儿子,"他说,"我的小家伙,我的小脚儿,你长得多俊! 天主给我一个这般胖大,这般愉快,这般爱笑,这般好看的儿子,我真不知该怎么感激他! 哈,哈,哈,哈,乐死我了呀! 让我们喝酒吧,哈,哈! 忘掉伤心事! 拿上好酒来! 擦干酒杯,铺上台布,赶走狗子,吹旺炉火,点起台烛,关上大门,切些面包做面汤;把这些穷汉子打发出去,他们要什么就给什么! 拿住我的长袍,让我穿上贴身小袄,陪娘儿们痛痛快快地乐一阵,喝一饱。"

他嘴里这般叨咕着,突然听见僧众道徒诵经和追荐亡灵哀乐,又想起正在入土的老婆,于是打断了快乐的话头,思想转换了方向,说:"我的天主老爷,又该我伤心难过了么? 我心上真悲哀;我已经不年轻,一天比一天老起来;天时又不正,我如果传染上什么疫病,即使不完蛋,也得病一场。君子说话不作假,还不如少流眼泪,多喝好酒! 我的老婆已经一命呜呼,不怕天主恼,我眼泪哭干了也不能叫她起死回生;她现在很好,至少已经升了天堂,如果不是到了更好的去处;她在为我们向天主祈祷;她进了极乐世界,再不受我们人世的穷困和折磨。她已经偿清了债,人人都逃不过这一关,我的罪孽还满眼都是,愿天主保佑没有过关的人! 我还是打主意,趁早另娶一个是正经。"

"听说你们应该怎么办,"他对收生婆们说,"她们上哪里去了? 奶奶们,我怎么不看见你们呀! 你们都去送我的老婆,让我留在家里,给我儿子摇摇篮。我嗓子干得要死,出去怕受风寒;但是你们也先喝上几口再去,保你们身心舒泰,腰腿轻健。我说的是正经话,你们莫不理会。"

收生婆们依他的吩咐,都去给白贝克送殡,卡冈都亚独自留在家里,趁空给死者写了一篇墓志铭,其词曰:

> 高贵的白贝克是朴实的妇人,
> 她的脸颊像泥塑的土地奶奶,
> 头如巴篓,配着戏班牙式的细腰,
> 和瑞士人的巨腹,不幸于分娩之夕,
> 一命呜呼,求天主大开圣恩,
> 宽赦她的灵魂,如果她还有罪孽。
> 她的遗体,清白无辜,在此安憩,
> 痛悼她身死于绝命的某年、月、日。

第四章 庞大固埃的童年

古代的史家和诗人曾提到不少人出世方式的离奇古怪,如果在这里一一叙述,未免过于冗长。你如有工夫,不妨一读希列纳《自然研究》第七卷;但是你决没有听过比庞大固埃的诞生更稀罕奇妙的事情。因为他的身材和体力成长之速,真是难以令人置信。人人都夸赫鸠力士在摇篮里便扼死了两条长蛇,简直算不了什么,因为那不过是两条小蛇,容易对付;而庞大固埃在摇篮里面干出来的事情真会把人吓得半死。

在这里我且说一说,他如何每一顿饭要喝四千六百条母牛的奶,为了铸造一只铁炉,给他煮麦糊,就动员了昂热省的莎市、诺曼底省的维尔第欧和洛林省的勃拉蒙所有铁铺。人们把他的麦糊盛在一只铜盆里,这只铜盆至今还保存在布尔日市政厅前面的广场上,但是,他的牙齿是那么长大而有力,连铜盆也被咬去一大块,你只要去一看那只盆便知端的。

一天清早,人们让母牛给他喂奶(因为,史书特别注明,除了母牛,他没有别的奶妈),他一手挣脱了把他系在摇篮上的绳索,抓住母牛一条小腿,把它的两个奶头,半边肚腹,连同肝肾,一齐啃将下来吃下肚去,如不是母牛拼命吼叫,像狼在咬他的后腿一样,非整个身子给他吞下肚去不可。人们听见牛叫,连忙起来,从孩子手中夺下母牛;然而,尽管他们抢夺,庞大固埃还是撕下了一条牛腿。他手执牛腿,啃得津津有味,像人们吃香肠似的;人们又想夺他手里的骨头,他便连骨头也吞下了肚,像鸬鹚吞食小鱼一样,嘴里还直哼:"好吃!好吃!好吃!"那时候他还不大会讲话,意思是牛腿味儿真美,恨不得再吃一条才好。人们看了这般情况,就用粗大缆绳把他捆绑起来。那缆绳和唐市为拉挽里昂盐车而制造的绳子一样粗细,和废弃在诺曼底天恩海港里那只弗朗索瓦号①大海船上用的船缆也不相上下。

有一天,他父亲豢养的一只大狗熊,来舔他的面颊,因为他的奶妈们没有把他的嘴巴洗干净。他一下子扭断捆住他的绳索,毫不费力,就像参孙干掉非利士人一样,一把抓住那位狗熊老爷,像撕小鸡一般,把它撕成几片,然后放进嘴里大嚼,当作点心,吃下肚去。

为此,卡冈都亚担心孩子遭受意外,命人特制四根粗大的铁链,将他绑住,又在他摇篮四边,装上许多粗硬的木条,将摇篮紧紧箍住。后来这四根铁链,一根在拉洛仙尔,每天晚上,人们把它连在海港两个灯塔中间;一根在里昂;一根在安夫茹;另一根被魔鬼偷走,将去捆绑魔王吕西夫,因为那天吕西夫进早餐,厨师上了一碟巡官灵魂炒杂烩,吃了之后大闹肚皮痛,搅得个天翻地覆。尼古拉·德·列拉诵圣经赞美巴桑大王奥格的一章说,奥格少时,力大无穷,家人用铁链把他绑在摇篮里。据此,我这项记载是信而有证的,列位不该再有任何怀疑。从此,庞大固埃乖乖地躺在摇篮里,一声不响;因为这些铁链不能轻易扭断,尤其是他躺在摇篮里,伸不开手,使不上劲。

然而有一天,适逢节日,他父亲卡冈都亚大开筵席,欢宴亲王大臣。不难想象,满朝官员忙于准备筵席,将可怜的庞大固埃撇在一旁,没人理睬。你猜他干些什么?

干些什么,朋友们,你且听我道来。

他先想用手扭断摇篮上边的铁链,但是不成,因为铁链太粗。于是他用两脚乱蹬,直把摇篮一头蹬穿,尽管这一头有一根三尺见方的木棍挡着。等他两脚伸出摇篮,便顺势一滑,两脚着地;然后,他使足劲头,站将起来,脊梁上还背着他的摇篮,活像一只向城墙进攻的乌龟;从后面看去,又像是一艘竖立在地面上的五百吨货船。他就这般打扮,大摇大摆走进宴会大厅,把满堂宾客吓得要死。这时他两只手臂仍被绑住,不能伸出来抓东西吃,只得低下头去,很费力地用舌头到盘子里舔。见到这般情况,他父亲明白就里,人们不该把他撇在一边,什么东西也不给他吃。经在场亲王大臣们的建议,命人解开他的铁链。宫廷里的一班御医们也纷纷议论,说如果长期将他绑在摇篮里,就会终身害淋漓之症。

铁链解去之后,人们让他坐下,他就大吃起来,同时心头发恨,对准摇篮,一拳打去,打成五十万个碎片,一面宣称从此不回摇篮里睡觉。

——鲍文蔚,译.人民文学出版社,2015.

①这是为献给国王弗朗索瓦一世而造的一艘船,重2000吨,是法国第一艘大海船。1533年11月下水时,在滩上搁浅,遂废弃,后被拆毁。

哈姆雷特(节选)

第五幕

第一场　墓地

二小丑携锄锹等上。

小丑甲　她存心自己脱离人世,却要照基督徒的仪式下葬吗?

小丑乙　我对你说是的,所以你赶快把她的坟掘好吧;验尸官已经验明她的死状,宣布应该按照基督徒的仪式把她下葬。

小丑甲　这可奇了,难道她是因为自卫而跳下水里的吗?

小丑乙　他们验明是这样的。

小丑甲　那一定是为了自毁,不可能别的原因。因为问题是这样的:要是我有意投水自杀,那必须成立一个行为;一个行为可以分为三部分,那就是干、行、做;所以,她是有意投水自杀的。

小丑乙　嗳,你听我说——

小丑甲　让我说完。这儿是水;好,这儿站着人;好,要是这个人跑到这个水里,把他自己淹死了,那么,不管它自己愿不愿意,总是他自己跑下去的;你听见没有?可是要是那水到他的身上把他淹死了,那就不是他自己把他自己淹死;所以,对于他自己的死无罪的人,并没有缩短他自己的生命。

小丑乙　法律上是这样说的吗?

小丑甲　嗯,是的,这是验尸官的验尸法。

小丑乙　说一句老实话,要是死的不是一位贵家女子,他们决不会按照基督徒的仪式把她下葬的。

小丑甲　对了,你说得有理;有财有势的人,就是投河上吊,比起他们同教的基督徒来也可以格外通融,世上的事情真是太不公平了!来,我的锄头。要讲家世最悠久的人,就得数种地的、开沟的和掘坟的;他们都继承着亚当的行业。

小丑乙　亚当也算世家吗?

小丑甲　自然要算,他在创立家业方面很有两手呢。

小丑乙　他有什么两手?

小丑甲　怎么?你是个异教徒吗?你的《圣经》是怎么念的?《圣经》上说亚当掘地;没有两手能够掘地吗?让我再问你一个问题;要是你回答得不对,那么你就承认你自己——

小丑乙　你问吧。

小丑甲　谁造出东西来比泥水匠、船匠或是木匠更坚固?

小丑乙　造绞架的人;因为一千个寄寓在上面的人都已经先后死去,它还是站在那儿动都不动。

小丑甲　我很喜欢你的聪明,真的。绞架是很合适的;可是它怎么是合适的?它对于那些有罪的人是合适的。你说绞架造得比教堂还坚固,说这样的话是罪过的;所以,绞架对于你是合适的。来,重新说过。

小丑乙 谁造出东西来比泥水匠、船匠或是木匠更坚固?

小丑甲 嗯,你回答了这个问题,我就让你下工。

小丑乙 呃,现在我知道了。

小丑甲 说吧。

小丑乙 真的,我可回答不出来。

　　哈姆雷特及霍拉旭上,立远处。

小丑甲 别尽绞你的脑汁了,懒驴子是打死也走不快的;下回有人问你这个问题的时候,你就对他说"掘坟的人",因为他造的房子是可以一直住到世界末日的。去,到约翰的酒店里去给我倒一杯酒来。(小丑乙下。小丑甲且掘且歌)

> 年轻时候最爱偷情,
>
> 觉得那事很有趣味;
>
> 规规矩矩学做好人,
>
> 在我看来太无意义。

哈姆雷特 这家伙难道对于他的工作一点没有什么感觉,在掘坟的时候还会唱歌吗?

霍拉旭 他做惯了这种事,所以不以为意。

哈姆雷特 正是;不大劳动的手,它的感觉要比较灵敏一些。

小丑甲 (唱)

> 谁料如今岁月潜移,
>
> 老景催人急于星火,
>
> 两腿挺直,一命归西,
>
> 世上原来不曾有我。(掷起一骷髅)

哈姆雷特 那个骷髅里面曾经有一条舌头,它也会唱歌哩;瞧这家伙把它摔在地上,好像它是第一个杀人凶手该隐的颚骨似的!它也许是一个政客的头颅,现在却让这蠢货把它丢来踢去;也许他生前是个偷天换日的好手,你看是不是?

霍拉旭 也许是的,殿下。

哈姆雷特 也许是一个朝臣,他会说,"早安,大人!您好,大人!"也许他就是某大人,嘴里称赞某大人的马好,心里却想把它讨来,你看是不是?

霍拉旭 是,殿下。

哈姆雷特 啊,正是;现在却让蛆虫伴寝,他的下巴也脱掉了,一柄工役的锄头可以在他头上敲来敲去。从这种变化上,我们大可看透了生命的无常。难道这些枯骨生前受了那么多的教养,死后却只好给人家当木块一般抛着玩吗?想起来真是怪不好受的。

小丑甲 (唱)

> 锄头一柄,铁铲一把,
>
> 殓衾一方掩面遮身;
>
> 挖松泥土深深掘下,
>
> 掘了个坑招待客人。(掷起另一骷髅)

哈姆雷特 又是一个;谁知道那不会是一个律师的骷髅?他的玩弄刀笔的手段,颠倒黑白的雄辩,现在都到哪儿去了?为什么他让这个放肆的家伙用龌龊的铁铲敲他的脑壳,不去控告他一个殴打罪?哼!这家伙生前也许曾经买下许多地产,开口闭口用那些条文、具结、罚款、双重保证、赔偿一切的名词吓人;现在他的脑壳里塞满了泥土,这就算是他所取得的罚款和最后的赔偿了吗?他的双重保证人难道不能保他再多买点地皮,只给他留下和那种一式二份的契约同样大小的一块地面吗?这个小木头匣子,原来要装他土地的字据都恐怕装不下,如今地主本人却也只能有这么一点地盘,哈?

霍拉旭 不能比这再多一点了,殿下。

哈姆雷特 契约纸不是用羊皮做的吗?

霍拉旭 是的,殿下,也有用牛皮做的。

哈姆雷特 我看痴心指靠那些玩意儿的人,比牲口聪明不了多少。我要去跟这家伙谈谈。大哥,这是谁的坟?

小丑甲 我的,先生——

挖松泥土深深掘下,

掘了个坑招待客人。

哈姆雷特 我看也是你的,因为你在里头胡闹。

小丑甲 您在外头也不老实,先生,所以这坟不是您的;至于说我,我倒没有在里头胡闹,可是这坟的确是我的。

哈姆雷特 你在里头,又说是你的,这就是"在里头胡闹"。因为挖坟是为死人,不是为会蹦会跳的活人,所以说你胡闹。

小丑甲 这套胡闹的话果然会蹦会跳,先生;等会儿又该从我这里跳到您那里去了。

哈姆雷特 你是在给什么人挖坟?是个男人吗?

小丑甲 不是男人,先生。

哈姆雷特 那么是个女人?

小丑甲 也不是个女人。

哈姆雷特 不是男人,也不是女人,那么谁葬在这里面?

小丑甲 先生,她本来是一个女人,可是上帝让她的灵魂得到安息,她已经死了。

哈姆雷特 这混蛋倒会分辨得这样清楚!我们讲话可得字斟句酌,精心推敲,稍有含糊,就会出丑。凭着上帝发誓,霍拉旭,我觉得这三年来,人人都越变越精明,庄稼汉的脚趾头已经挨近朝廷贵人的脚后跟,可以磨破那上面的冻疮了。——你做这掘墓的营生,已经多久了?

小丑甲 我开始干这营生,是在我们的老王爷哈姆雷特打败福丁布拉斯那一天。

哈姆雷特 那是多久以前的事?

小丑甲 你不知道吗?每一个傻子都知道的;那正是小哈姆雷特出世的那一天,就是那个发了疯给他们送到英国去的。

哈姆雷特 嗯,对了;为什么他们叫他到英国去?

小丑甲　就是因为他发了疯呀;他到英国去,他的疯病就会好的,即使疯病不会好,在那边也没有什么关系。

哈姆雷特　为什么?

小丑甲　英国人不会把他当作疯子;他们都跟他一样疯。

哈姆雷特　他怎么会发疯?

小丑甲　人家说得很奇怪。

哈姆雷特　怎么奇怪?

小丑甲　他们说他神经有了毛病。

哈姆雷特　从哪里来的?

小丑甲　还不就是从丹麦本地来的?我在本地干这掘墓的营生,从小到大,一共有三十年了。

哈姆雷特　一个人埋在地下,要经过多少时候才会腐烂?

小丑甲　假如他不是在未死以前就已经腐烂——就如现在有的是害杨梅疮死去的尸体,简直抬都抬不下去——他大概可以过八九年;一个硝皮匠在九年以内不会腐烂。

哈姆雷特　为什么他要比别人长久一些?

小丑甲　因为,先生,他的皮硝得比人家的硬,可以长久不透水;倒霉的尸体一碰到水,是最会腐烂的。这儿又是一个骷髅;这骷髅已经在地下二十三年了。

哈姆雷特　它是谁的骷髅?

小丑甲　是个婊子养的疯小子;你猜是谁?

哈姆雷特　不,我猜不出。

小丑甲　这个遭瘟的疯小子!他有一次把一瓶葡萄酒倒在我的头上。这一个骷髅,先生,是国王的弄人郁利克的骷髅。

哈姆雷特　这就是他!

小丑甲　正是他。

哈姆雷特　让我看。(取骷髅)唉,可怜的郁利克!霍拉旭,我认识他;他是一个最会开玩笑、非常富于想象力的家伙。他曾经把我负在背上一千次;现在我一想起来,却忍不住胸头作呕。这儿本来有两片嘴唇,我不知吻过它们多少次。——现在你还会挖苦人吗?你还会蹦蹦跳跳,逗人发笑吗?你还会唱歌?你还会随口编造一些笑话,说得满座捧腹吗?你没有留下一个笑话,讥笑你自己吗?这样垂头丧气了吗?现在你给我到小姐的闺房里去,对她说,凭她脸上的脂粉搽得一寸厚,到后来总要变成这个样子的;你用这样的话告诉她,看她笑不笑吧。霍拉旭,请你告诉我一件事。

霍拉旭　什么事情,殿下?

哈姆雷特　你想亚历山大在地下也是这副形状吗?

霍拉旭　也是这样。

哈姆雷特　也有同样的臭味吗?呸!(掷下骷髅)

霍拉旭　也有同样的臭味,殿下。

哈姆雷特　谁知道我们将来会变成一些什么下贱的东西,霍拉旭!要是我们用想象推测下去,谁知道亚历山大的高贵的尸体,不就是塞在酒桶口上的泥土?

霍拉旭 那未免太想入非非了。

哈姆雷特 不,一点不,我们可以不作怪论、合情合理地推想他怎样会到那个地步;比方说吧:亚历山大死了;亚历山大埋葬了;亚历山大化为尘土;人们把尘土做成烂泥;那么为什么亚历山大所变成的烂泥,不会被人家拿来塞在啤酒桶的口上呢?

> 恺撒死了,你尊严的尸体
>
> 也许变了泥把破墙填砌;
>
> 啊! 他从前是何等的英雄,
>
> 现在只好替人挡雨遮风!
>
> 可是不要作声! 不要作声! 站开;国王来了。

教士等列队上;众舁奥菲利娅尸体前行;雷欧提斯及诸送葬者、国王、王后及侍从等随后。

哈姆雷特 王后和朝臣们也都来了;他们是送什么人下葬呢? 仪式又是这样草率的? 瞧上去好像他们所送葬的那个人,是自杀而死的,同时又是个很有身份的人。让我们躲在一旁瞧瞧他们。(*与霍拉旭退后*)

雷欧提斯 还有些什么仪式?

哈姆雷特 (*向霍拉旭旁白*)那是雷欧提斯,一个很高贵的青年;听着。

雷欧提斯 还有些什么仪式?

教士甲 她的葬礼已经超过了她所应得的名分。她的死状很是可疑;倘不是因为我们迫于权力,按例就该把她安葬在圣地以外,直到最后审判的喇叭召她起来。我们不但不应该替她祷告,并且还要用砖瓦碎石丢在她坟上;可是现在我们已经允许给她处女的葬礼,用花圈在她的身上,替她散播鲜花,鸣钟送她入土,这还不够吗?

雷欧提斯 难道不能再有其他仪式了吗?

教士甲 不能再有其他仪式了;要是我们为她唱安魂曲,就像对于一般平安死去的灵魂一样,那就要亵渎了教规。

雷欧提斯 把她放下泥土里去;愿她的娇美无瑕的肉体上,生出芬芳馥郁的紫罗兰来! 我告诉你,你这下贱的教士,我的妹妹将要做一个天使,你死了却要在地狱里呼号。

哈姆雷特 什么! 美丽的奥菲利娅吗?

王　后 好花是应当散在美人身上的;永别了! (*散花*)我本来希望你做我的哈姆雷特的妻子;这些鲜花本来要铺在你的新床上,亲爱的女郎,谁想到我要把它们散在你的坟上!

雷欧提斯 啊! 但愿千百重的灾祸,降临在害得你精神错乱的那个该死的恶人头上! 等一等,不要就把泥土盖上去,让我再拥抱一次。(*跳下墓中*)现在把你们的泥土倒下来,把死的和活的一起掩埋吧;让这块平地上堆起一座高山,那古老的丕利恩和苍秀插天的俄林波斯都要俯伏在它的足下。

哈姆雷特 (*上前*)哪一个人的心里装载得下这样沉重的悲伤? 哪一个人的哀恸的词句,可以使天上的行星惊疑止步? 那是我,丹麦王子哈姆雷特! (*跳下墓中*。)

雷欧提斯 魔鬼抓了你的灵魂去! (*将哈姆雷特揪住。*)

哈姆雷特 你祷告错了。请你不要掐住我的头颈;因为我虽然不是一个暴躁易怒的人,可是我的火性发作起来,是很危险的,你还是不要激恼我吧。放开你的手!

国 王 把他们扯开!

王 后 哈姆雷特! 哈姆雷特!

众 人 殿下,公子——

霍拉旭 好殿下,安静点儿。(侍从等分开二人,二人自墓中出。)

哈姆雷特 嘿,我愿意为了这个题目跟他决斗,直到我的眼皮不再瞬动。

王 后 啊,我的孩子! 什么题目?

哈姆雷特 我爱奥菲利娅;四万个兄弟的爱合起来,还抵不过我对她的爱。你愿意为她干些什么事情?

国 王 啊! 他是个疯人,雷欧提斯。

王 后 看在上帝的情分上,不要跟他认真。

哈姆雷特 哼,让我瞧瞧你会干些什么事。你会哭吗? 你会打架吗? 你会绝食吗? 你会撕破你自己的身体吗? 你会喝一大缸醋吗? 你会吃一条鳄鱼吗? 我都做得到。你是到这儿来哭泣的吗? 你跳下她的坟墓里,是要当面羞辱我吗? 你跟她活埋在一起,我也会跟她活埋在一起;要是你还要夸说什么高山大岭,那么让他们把几百万亩的泥土堆在我们身上,直到把我们的地面堆得高到可以被"烈火天"烧焦,让巍峨的奥萨山在相形之下变得只像一个瘤那么大吧! 嘿,你会吹,我就不会吹吗?

王 后 这不过是他一时的疯话。他的疯病一发作起来,总是这个样子的;可是等一会儿他就会安静下来,正像母鸽孵育它那一双金羽的雏鸽的时候一样的温和了。

哈姆雷特 听我说,老兄;你为什么这样对待我? 我一向是爱你的。可是这些都不用说了,有本领的,随他干什么事吧;猫总是要叫,狗总是要闹的。(下)

国 王 好霍拉旭,请你跟住他。(霍拉旭下。向雷欧提斯)记住我们昨天晚上所说的话,格外忍耐点儿吧;我们马上就可以实行我们的办法。好乔特鲁德,叫几个人好好看守你的儿子。这一个坟上要有个活生生的纪念物,平静的时间不久就会到来;现在我们必须耐着心把一切安排。(同下。)

第二场 城堡中的厅堂

哈姆雷特及霍拉旭上。

哈姆雷特 这个题目已经讲完,现在我可以让你知道另外一段事情。你还记得当初的一切经过情形吗?

霍拉旭 记得,殿下!

哈姆雷特 当时在我的心里有一种战争,使我不能睡眠;我觉得我的处境比锁在脚镣里的叛变的水手还要难堪。我就鲁莽行事。——结果倒鲁莽对了,我们应该承认,有时候一时孟浪,往往反而可以做出一些为我们的深谋密虑所做不成功的事。从这一点上,我们可以看出来,无论我们怎样辛苦图谋,我们的结果却早已有一种冥冥中的力量把它布置好了。

霍拉旭 这是无可置疑的。

哈姆雷特 我从舱里起来,把一件航海的宽衣罩在我的身上,在黑暗之中摸索着找寻那封公文,果然给我达到目的,摸到了他们的包裹;我拿着它回到我自己的地方,疑心使我忘记了礼貌,我大胆地拆开了他们的公文,在那里面,霍拉旭——啊,堂皇的诡计!我发现上道严厉的命令,借了许多好听的理由为名,说是为了丹麦和英国双方的利益,绝不能让我这个险恶的人物逃脱,接到公文之后,必须不等磨好利斧,立即削下我的首级。

霍拉旭 有这等事?

哈姆雷特 这一封就是原来的国书;你有空的时候可以仔细读一下。可是你愿意听我告诉你后来我怎么办吗?

霍拉旭 请你告诉我。

哈姆雷特 在这样重重诡计的包围之中,我的脑筋不等我定下心来思索,就开始活动起来了;我坐下来另外写着一通国书,字迹清清楚楚。从前我曾经抱着跟我们那些政治家们同样的意见,认为字体端正是一件有失体面的事,总是想竭力忘记这一种技能,可是现在它却对我有了大大的用处。你知道我写些什么话吗?

霍拉旭 嗯,殿下。

哈姆雷特 我用国王的名义,向英王提出恳切的要求,因为英国是他忠心的藩属,因为两国之间的友谊,必须让它像棕榈树一样发荣繁茂,因为和平的女神必须永远载着她的荣冠,沟通彼此的情感,以及许许多多诸如此类的重要理由,请他在读完这一封信以后,不要有任何的迟延,立刻把那两个传书的来使处死,不让他们有从容忏悔的时间。

霍拉旭 可是国书上没有盖印,那怎么办呢?

哈姆雷特 啊,就在这件事上,也可以看出一切都是上天预先注定。我的衣袋里恰巧藏着我父亲的私印,它跟丹麦的国玺是一个式样的;我把伪造国书照着原来的样子折好,签上名字,盖上印玺,把它小心封好,归还原处,一点没有露出破绽。下一天就遇见了海盗,那以后的情形,你早已知道了。

霍拉旭 这样说来,吉尔登斯吞和罗森格兰兹是去送死的了。

哈姆雷特 哎,朋友,他们本来是自己钻求这件差使的;我在良心上没有对不起他们的地方,是他们自己的阿谀献媚断送了他们的生命。两个强敌猛烈争斗的时候,不自量力的微弱之辈,却去插身在他们的刀剑中间,这样的事情是最危险不过的。

霍拉旭 想不到竟是这样一个国王!

哈姆雷特 你想,我是不是应该——他杀死了我的父王,奸污了我的母亲,篡夺了我的嗣位的权利,用这种诡计谋害我的生命,凭良心说我是不是应该亲手向他复仇雪恨?如果我不去剪除这一个戕害天性的蟊贼,让他继续为非作恶,岂不是该受天谴吗?

霍拉旭 他不久就会从英国得到消息,知道这一回事情产生了怎样的结果。

哈姆雷特 时间虽然很局促,可是我已经抓住眼前这一刻工夫;一个人的生命可以在说一个"一"字的一刹那之间了结。可是我很后悔,好霍拉旭,不该在雷欧提斯之前失去了自制;因为他所遭遇的惨痛,正是我自己的怨愤的影子。我要取得他的好感。可是他倘不是那样夸大他的悲哀,我也决不会动起那么大的火性来的。

霍拉旭 不要作声,谁来了?

奥斯里克上。

奥斯里克　殿下,欢迎您回到丹麦来!

哈姆雷特　谢谢您,先生。(向霍拉旭旁白)你认识这只水苍蝇吗?

霍拉旭　(向哈姆雷特旁白)不,殿下。

哈姆雷特　(向霍拉旭旁白)那是你的运气,因为认识他是一件丢脸的事。他有许多肥田美壤;一头畜生要是作了一群畜生的主子,就有资格把食槽搬到国王的席上来了。他"咯咯"叫起来简直没个完,可是——我方才也说了——他拥有大批粪土。

奥斯里克　殿下,您要是有空的话,我奉陛下之命,要来告诉您一件事情。

哈姆雷特　先生,我愿意恭聆大教。您的帽子是应该戴在头上的,您还是戴上去吧。

奥斯里克　谢谢殿下,天气真热。

哈姆雷特　不,相信我,天冷得很,在刮北风哩。

奥斯里克　真的有点儿冷,殿下。

哈姆雷特　可是对于像我这样的体质,我觉得这一种天气却是闷热得厉害。

奥斯里克　对了,殿下;真是说不出来的闷热。可是,殿下,陛下叫我来通知您一声,他已经为您下了一个很大的赌注了。殿下,事情是这样的——

哈姆雷特　请您不要这样多礼。(促奥斯里克戴上帽子。)

奥斯里克　不,殿下,我还是这样舒服些,真的。殿下,雷欧提斯新近到我们的宫廷里来;相信我,他是一位完善的绅士,充满着最卓越的特点,他的态度非常温雅,他的仪表非常英俊;说一句发自衷心的话,他是上流社会的指南针,因为在他身上可以找到一个绅士所应有的品质的总汇。

哈姆雷特　先生,他对于您这一番描写,的确可以当之无愧;虽然我知道,要是把他的好处一件一件列举出来,不但我们的记忆将要因此涌乱,交不出一篇正确的账目来,而且他这一艘满帆的快船,也绝不是我们失舵之舟所能追及;可是,凭着真诚的赞美而言,我认为他是一个才德优异的人,他的高超的禀赋是那样稀有而罕见,说一句真心的话,除了在他的镜子里以外,再也找不到第二个跟他同样的人,纷纷追踪求迹之辈,不过是他的影子而已。

奥斯里克　殿下把他说得一点不错。

哈姆雷特　您的用意呢?为什么我们要用尘俗的呼吸,嘘在这位绅士的身上呢?

奥斯里克　殿下?

霍拉旭　自己所用的语言,到了别人嘴里,就听不懂了吗?早晚你会懂的,先生。

哈姆雷特　您向我提起这位绅士的名字,是什么意思?

奥斯里克　雷欧提斯吗?

霍拉旭　他的嘴里已经变得空空洞洞,因为他的那些好听话都说完了。

哈姆雷特　正是雷欧提斯。

奥斯里克　我知道您不是不明白——

哈姆雷特　您真能知道我这人不是不明白,那倒很好;可是,说老实话,即使你知道我是明白人,对我也不是什么光彩的事。好,您怎么说?

奥斯里克　我是说,您不是不明白雷欧提斯有些什么特长——

哈姆雷特　那我可不敢说,因为也许人家会疑心我有意跟他比高下;可是要知道一个人的底细,应该先知道他自己。

奥斯里克　殿下,我的意思是说他的武艺;人家都称赞他的本领一时无两。

哈姆雷特　他会使些什么武器?

奥斯里克　长剑和短刀。

哈姆雷特　他会使这两种武器吗? 很好。

奥斯里克　殿下,王上已经用六匹巴巴里的骏马跟他打赌;在他的一方面,照我知道的,押的是六柄法国的宝剑和好刀,连同一切鞘带钩子之类的附件,其中有三柄的挂机尤其珍奇可爱,跟剑柄配得非常合适,式样非常精致,花纹非常富丽。

哈姆雷特　您所说的挂机是什么东西?

霍拉旭　我知道您要听懂他的话,非得翻查一下注解不可。

奥斯里克　殿下,挂机就是钩子。

哈姆雷特　要是我们腰间挂着大炮,用这个名词倒还合适;在那一天没有来到以前,我看还是就叫它钩子吧。好,说下去;六区巴巴里骏马对六柄法国宝剑,附件在内,外加三个花纹富丽的挂机;法国产品对丹麦产品。可是,用你的话来说,这样"押"是为了什么呢?

奥斯里克　殿下,王上跟他打赌,要是你们两人交起手来,在十二个回合之中,他至多不过多赢您三招;可是他却觉得他可以稳赢九个回合。殿下要是答应的话,马上就可以试一试。

哈姆雷特　要是我答应"不"字呢?

奥斯里克　殿下,我的意思是说,您答应跟他当面比较高低。

哈姆雷特　先生,我还要在这儿厅堂里散散步。您去回陛下说,现在是我一天之中休息的时间。叫他们把比赛用的钝剑预备好了,要是这位绅士愿意,王上也不改变他的意见的话,我愿意尽力为他博取一次胜利;万一不幸失败,那我也不过丢一次脸,给他多剁了两下。

奥斯里克　我就照这样去回话吗?

哈姆雷特　您就照这个意思去说,随便您再加上一些什么新颖词藻都行。

奥斯里克　我保证为殿下效劳。

哈姆雷特　不敢,不敢。(奥斯里克下)多亏他自己保证,别人谁也不会替他张口的。

霍拉旭　这一只小鸭顶着壳儿逃走了。

哈姆雷特　他在母亲怀抱里的时候,也要先把他母亲的奶头恭维几句,然后吮吸。像他这一类靠着一些繁文缛礼撑撑场面的家伙,正是愚妄的世人所醉心的;他们的浅薄的牙慧使傻瓜和聪明人同样受他们的欺骗,可是一经试验,他们的水泡就爆破了。

　　一贵族上。

贵　族　殿下,陛下刚才叫奥斯里克来向您传话,知道您在这儿厅上等候他的旨意;他叫我再来问您一声,您是不是仍旧愿意跟雷欧提斯比剑,还是慢慢再说。

哈姆雷特　我没有改变我的初心,一切服从王上的旨意。现在也好,无论什么时候都好,只要他方便,我总是随时准备着,除非我丧失了现在所有的力气。

贵　族　王上,娘娘,跟其他的人都要到这儿来了。

哈姆雷特　他们来得正好。

贵　族　娘娘请您在开始比赛以前,对雷欧提斯客气几句。

哈姆雷特　我愿意服从她的教诲。(贵族下)

霍拉旭　殿下,您在这一回打赌中间,多半要失败的。

哈姆雷特　我想我不会失败。自从他到法国去以后,我练习得很勤;我一定可以把他打败。可是你不知道我的心里是多么不舒服;那也不用说了。

霍拉旭　啊,我的好殿下——

哈姆雷特　那不过是一种傻气的心理;可是一个女人也许会因为这种莫名其妙的疑虑而惶惑。

霍拉旭　要是您心里不愿意做一件事,那么就不要做吧。我可以去通知他们不用到这儿来,说您现在不能比赛。

哈姆雷特　不,我们不要害怕什么预兆;一只雀子的死生,都是命运预先注定的。注定在今天,就不会是明天;不是明天,就是今天;逃过了今天,明天还是逃不了,随时准备着就是了。一个人既然在离开世界的时候,只能一无所有,那么早早脱身而去,不是更好吗? 随它去。

国王、王后、雷欧提斯、众贵族、奥斯里克及侍从等持钝剑等上。

国　王　来,哈姆雷特,来,让我替你们两个和解和解。(牵雷欧提斯,哈姆雷特二人手使相握。)

哈姆雷特　原谅我,雷欧提斯;我得罪了你,可是你是个堂堂男子,请你原谅我吧。这儿在场的众人都知道,你也一定听见人家说起,我是怎样被疯狂害苦了。凡是我的所作所为,足以伤害你的感情和荣誉、激起你的愤怒来的,我现在声明都是我在疯狂中犯下的过失。难道哈姆雷特会做对不起雷欧提斯的事吗? 哈姆雷特绝不会做这种事。要是哈姆雷特在丧失他自己的心神的时候,做了对不起雷欧提斯的事,那样的事不是哈姆雷特做的,哈姆雷特不能承认。那么是谁做的呢? 是他的疯狂。既然是这样,那么哈姆雷特也是属于受害的一方,他的疯狂是可怜的哈姆雷特的敌人。当着在座众人之前,我承认我在无心中射出的箭,误伤了我的兄弟;我现在要向他请求大度包涵,宽恕我的不是出于故意的罪恶。

雷欧提斯　按理讲,对这件事情,我的感情应该是激动我复仇的主要力量,现在我在感情上总算满意了;但是另外还有荣誉这一关;除非有什么为众人所敬仰的长者,告诉我可以跟你捐除宿怨,指出这样的事是有前例可援的,不至于损害我的名誉,那时我才可以跟你言归于好。目前我且先接受你友好的表示,并且保证决不会辜负你的盛情。

哈姆雷特　我绝对信任你的诚意,愿意奉陪你举行这一次友谊的比赛。把钝剑给我们。来。

雷欧提斯　来,给我一柄。

哈姆雷特　雷欧提斯,我的剑术荒疏已久,只能给你帮场;正像最黑暗的夜里一颗吐耀的明星一般,彼此相形之下,一定更显得你的本领的高强。

雷欧提斯　殿下不要取笑。

哈姆雷特　不,我可以举手起誓,这不是取笑。

国　王　奥斯里克,把钝剑分给他们。哈姆雷特侄儿,你知道我们怎样打赌吗?

哈姆雷特　我知道,陛下;您把赌注下在实力较弱的一方了。

国　王　我想我的判断不会有错。你们两人的技术我都领教过;但是后来他又有了进步,所以才规定他必须多赢几着。

雷欧提斯　这一柄太重了;换一柄给我。

哈姆雷特　这一柄我很满意,这些钝剑都是同样长短的吗?

奥斯里克　是,殿下。(二人准备比剑。)

国　王　替我在那桌子上斟下几杯酒。要是哈姆雷特击中了第一剑或是第二剑,或者在第三次交锋的时候争得上风,让所有的雉堡上一齐鸣起炮来;国王将要饮酒慰劳哈姆雷特,他还要拿一颗比丹麦四代国王戴在王冠上的更贵的珍珠丢在酒杯里。把杯子给我;鼓声一起,喇叭就接着吹响,通知外面的炮手,让炮声震彻天地,报告这一个消息,"现在国王为哈姆雷特祝饮了!"来,开始比赛吧;你们在场裁判的都要留心看着。

哈姆雷特　请了。

雷欧提斯　请了,殿下。(二人比剑。)

哈姆雷特　一剑。

雷欧提斯　不,没有击中。

哈姆雷特　请裁判员公断。

奥斯里克　中了,很明显的一剑。

雷欧提斯　好,再来。

国　王　且慢,拿酒来。哈姆雷特,这一颗珍珠是你的;祝你健康!把这一杯酒给他。(喇叭齐奏。内鸣炮。)

哈姆雷特　让我先赛完这一局;暂时把它放在一旁。来。(二人比剑)又是一剑;你怎么说?

雷欧提斯　我承认给你碰着了。

国　王　我们的孩子一定会胜利。

王　后　他身体太胖,有些喘不过气来。来,哈姆雷特,把我的手巾拿去,揩干你额上的汗。王后为你饮下这一杯酒,祝你的胜利了,哈姆雷特。

哈姆雷特　好妈妈!

国　王　乔特鲁德,不要喝。

王　后　我要喝的,陛下;请您原谅我。

国　王　(旁白)这一杯酒里有毒;太迟了!

哈姆雷特　母亲,我现在还不敢喝酒;等一等再喝吧。

王　后　来,让我擦干你的脸。

雷欧提斯　陛下,现在我一定要击中他了。

国　王　我怕你击不中他。

雷欧提斯　(旁白)可是我的良心却不赞成我干这件事。

哈姆雷特　来,该第三个回合了,雷欧提斯。你怎么一点不起劲? 请你使出你全身的本领来吧;我怕你在开我的玩笑哩。

雷欧提斯 你这样说吗？来。（二人比剑。）

奥斯里克 两边都没有中。

雷欧提斯 受我这一剑！（雷欧提斯挺剑刺伤哈姆雷特；二人在争夺中彼此手中之剑各为对方夺去，哈姆雷特以夺来之剑刺雷欧提斯，雷欧提斯亦受伤。）

国　王 分开他们！他们动起火来了。

哈姆雷特 来，再试一下。（王后倒地。）

奥斯里克 哎哟，瞧王后怎么啦！

霍拉旭 他们两人都在流血。您怎么啦，殿下？

奥斯里克 您怎么啦，雷欧提斯？

雷欧提斯 唉，奥斯里克，正像一只自投罗网的山鹬，我用诡计害人，反而害了自己，这也是我应得的报应。

哈姆雷特 王后怎么啦？

国　王 她看见他们流血，昏了过去了。

王　后 不，不，那杯酒，那杯酒——啊，我的亲爱的哈姆雷特！那杯酒，那杯酒；我中毒了。（死。）

哈姆雷特 啊，奸恶的阴谋！喂！把门锁上！阴谋！查出来是哪一个人干的。（雷欧提斯倒地。）

雷欧提斯 凶手就在这儿，哈姆雷特。哈姆雷特，你已经不能活命了；世上没有一种药可以救治你，不到半小时，你就要死去。那杀人的凶器就在你的手里，它的锋利的刃上还涂着毒药。这奸恶的诡计已经回转来害了我自己；瞧！我躺在这儿，再也不会站起来了。你的母亲也中了毒。我说不下去了。国王——国王——都是他一个的罪恶。

哈姆雷特 锋利的刃上还涂着毒药！——好，毒药，发挥你的力量吧！（刺国王。）

众　人 反了！反了！

国　王 啊！帮帮我，朋友们；我不过受了点伤。

哈姆雷特 好，你这败坏伦常、嗜杀贪淫、万恶不赦的丹麦奸王！喝干了这杯毒药——你那颗珍珠是在这儿吗？——跟我的母亲一道去吧！（国王死。）

雷欧提斯 他死得应该；这毒药是他亲手调下的。尊贵的哈姆雷特，让我们互相宽恕；我不怪你杀死我和我的父亲，你也不要怪我杀死你！（死。）

哈姆雷特 愿上天赦免你的错误！我也跟着你来了。我死了，霍拉旭。不幸的王后，别了！你们这些看见这一幕意外的惨变而战栗失色的无言的观众，倘不是因为死神的拘捕不给人片刻的停留，啊！我可以告诉你们——可是随它去吧。霍拉旭，我死了，你还活在世上；请你把我的行事的始末根由昭告世人，解除他们的疑惑。

霍拉旭 不，我虽然是个丹麦人，可是在精神上我却更是个古代的罗马人；这儿还留剩着一些毒药。

哈姆雷特 你是个汉子，把那杯子给我；放手；凭着上天起誓，你必须把它给我。啊，上帝！霍拉旭，我一死之后，要是世人不明白这一切事情的真相，我的名誉将要永远蒙着怎样的损伤！你倘然爱我，请你暂时牺牲一下天堂上的幸福，留在这一个冷酷的人间，替我传述我的故事吧。（内军队自远处进行及鸣炮声)这是哪儿来的战场上的声音?

奥斯里克 年轻的福丁布拉斯从波兰奏凯班师,这是他对英国来的钦使所发的礼炮。

哈姆雷特 啊!我死了,霍拉旭;猛烈的毒药已经克服了我的精神,我不能活着听见英国来的消息。可是我可以预言福丁布拉斯被推戴为王,他已经得到我这临死之人的同意;你可以把这儿所发生的一切事实告诉他。此外仅作沉默而已。(死。)

霍拉旭 一颗高贵的心现在碎裂了!晚安,亲爱的王子,愿成群的天使们用歌唱抚慰你安息!——为什么鼓声越来越近了?"(内军队行进声。)

福丁布拉斯、英国使臣及余人等上。

福丁布拉斯 这一场比赛在什么地方举行?

霍拉旭 你们要看些什么?要是你们想知道一些惊人的惨事,那么不用再到别处去找了。

福丁布拉斯 好一场惊心动魄的屠杀啊!啊,骄傲的死神!你用这样残忍的手腕,一下子杀死了这许多王裔贵胄,在你的永久的幽窟里,将要有一席多么丰美的盛筵!

使臣甲 这一个景象太惨了!我们从英国奉命来此,本来是要回复这儿的王上,告诉他我们已经遵从他的命令,把罗森格兰兹和吉尔登斯两人处死;不幸我们来迟了一步,那应该听我们说话的耳朵已经没有知觉了,我们还希望从谁的嘴里得到一声感谢呢?

霍拉旭 即使他能够向你们开口说话,他也不会感谢你们;他从来不曾命令你们把他们处死。可是既然你们都来得这样凑巧,有的刚从波兰回来,有的刚从英国到来,恰好看见这幕流血的惨剧,那么请你们叫人把这几个尸体抬起来放在高台上面,让大家可以看见,让我向那懵无所知的世人报告这些事情的发生经过;你们可以听到奸淫残杀、反常悖理的行为、冥冥中的判决、意外的屠戮、借手杀人的狡计,以及陷入自害的结局;这一切我都可以确确实实地告诉你们。

福丁布拉斯 让我们赶快听你说;所有最尊贵的人,都叫他们一起来吧。我在这一个国内本来也有继承王位的权利,现在国中无主,正是我要求这一个权利的机会;可是我虽然准备接受我的幸运,我的心里却充满了悲哀。

霍拉旭 关于那一点,我受死者的嘱托,也有一句话要说,他的意见是可以影响许多人的;可是在这人心惶惶的时候,让我还是先把这一切解释明白了,免得引起更多的不幸、阴谋和错误来。

福丁布拉斯 让四个将士把哈姆雷特像一个军人似的抬到台上,因为要是他能够践登王位,一定会成为一个贤明的君主;为了表示对他的悲悼,我们要用军乐和战地的仪式,向他致敬。把这些尸体一起抬起来。这一种情形在战场上是不足为奇的,可是在宫廷之内,却是非常的变故。去,叫兵士放起炮来。(奏丧礼进行曲;众异尸同下。内鸣炮。)

——朱生豪,译.陕西师范大学出版社,2013.

思考题

1.结合你的阅读经历,谈谈你在文艺复兴时期西方文学中发现的东方文学影响。

2.试论述文艺复兴时期意大利十四行诗的艺术特点及贾科莫·达·伦蒂尼的文学

成就。

　　3.试论述《堂吉诃德》中出现的《堂·吉诃德·台·拉·曼却传》阿拉伯语抄本的叙事作用。

　　4.试论述文艺复兴时期的西方文学对后世西方文学的影响。

　　5.试论述中世纪骑士文学的艺术特点及塞万提斯的文学成就。

　　6.谈谈你对莎士比亚戏剧的理解。

扩展阅读

阿里奥斯托.疯狂的奥兰多[M].赵文伟,译.长春:吉林出版集团股份有限公司,2018.

薄伽丘.十日谈[M].王永年,译.北京:人民文学出版社,2005.

彼特拉克.秘密[M].方匡国,译.桂林:广西师范大学出版社,2008.

乔叟.坎特伯雷故事集[M].黄杲炘,译.上海:上海译文出版社,2013.

塞万提斯.堂吉诃德[M].杨绛,译.北京:人民文学出版社,2015.

一千零一夜[M].纳训,译.北京:人民文学出版社,2003.

伊本·穆加发.卡里来和笛木乃[M].林兴华,译.北京:商务印书馆,2019.

拉伯雷.巨人传[M].鲍文蔚,译.北京:人民文学出版社,1998.

莎士比亚.莎士比亚全集[M].朱生豪,译.北京:人民文学出版社,1978.

第四章 启蒙运动时期的文学

一、历史背景

（一）在政治上，表现出宪政制国家与专制君主国家的形成的新特点

在国家政体上，经过"三十年战争"之后，17 至 18 世纪的欧洲开始发展起来两种国家政体：一种是以英格兰和荷兰为代表的宪政国家；另一种是以法国、西班牙、奥地利、普鲁士和俄国为代表的专制君主制国家。这一时期，英国国内的政治与宗教的争端导致了 1642—1649 年的英国内战，最开始国王和议会之间的矛盾非常深刻，关系一度陷入僵局，国王查理一世就被议会一方送上断头台，之后，经过妥协，国王同意保证贵族、商人的利益，促进商业繁荣，这也加强了国家的实力。这一时期在荷兰的情况也和英国相仿，国内政治宗教问题冲突不断，最终，荷兰通过武力建立起了宪政国家，商人开始在国家政务中扮演重要角色。英国和荷兰在这一时期成为海上强国，在海外贸易中赚取大量金钱，商人用金钱来支持国家，国家政策也开始向商人倾斜，为资本主义经济的发展保驾护航。

法国是当时最著名的君主主义国家，君权神授是君主主义国家的思想基础，这种思想认为国王是上帝在人间的代表，享有至高无上的权力，其他人只有听命于国王，最高权力集中于国王一个人手中。国王路易十四是绝对权力的代表，他为自己修建了富丽堂皇的寝宫凡尔赛宫，其奢侈程度达到无以复加的程度，他把所有贵族都安置在凡尔赛宫四周，密切监视他们的行动，保证君权的统一。他拥有强大的军队，保证自己的绝对权力，他常说的一句话是"朕即国家！"反映了他是一个唯我独尊、自命不凡的绝对君主。西班牙、奥地利、普鲁士也建立起君主国家，俄国通过发展专制主义走向强大，沙皇彼得一世

梦想将俄国建设成一个与当时欧洲大国匹敌的军事强国,他出访欧洲,学习德国、荷兰和英国的政府管理模式和军事技术,着手进行改革,从军事改革入手,创建海军,为军队装备最先进的武器;在官僚制度上,他致力于提高政府效率,推动城市经济的发展;在社会习俗上,要求俄国人向西欧人学习,学习西欧人的着装、要求俄国人刮掉大胡子等。他之后的统治者叶卡捷琳娜二世(1762—1796)除了在政府功能上的改革,还限制贵族地主对农奴的惩罚,着力于废除一些残酷的刑罚,废除了泯灭人性的鞭、割鼻、割耳、断舌等酷刑。她的改革在一定程度上促进了经济发展与社会进步,但一旦威胁到自己的独裁统治时,则表现出封建专制残酷、落后的局限性。

(二)在经济上,人口的迅猛增长与经济的飞速发展促进了资本主义的发展

马铃薯、番茄、胡椒等食材出现在欧洲人的餐桌上,人们的营养水平普遍提高,抵抗力增强,困扰欧洲中世纪的黑死病、天花、流感、痢疾、肺结核、伤寒等疾病明显减少,人口死亡率降低,这就确保了人口的增长。1500年时,包括俄国在内的欧洲人口在8100万;1700年欧洲人口增加到1.2亿;1800年,人口又增加到1.8亿。随着人口稳定增长,欧洲加快了城市化过程,巴黎、伦敦、阿姆斯特丹、柏林、斯德哥尔摩、维也纳成为著名的城市。人口的增长与城市的急剧化进程促进了经济的飞速发展。资本主义经济的基本构成因素,资本家、市场、雇佣关系等已经形成,资本家雇佣工人,在自己的生产线上生产自己需要的商品并拿到市场上去销售,获取巨额利润。商人的政治影响使他们获取了政权的支持,私有财产得到保护,便利的交通使经济发展进一步繁荣,私有经济发展的服务业随之兴起,银行出现在重要的商业城市,保险业也开始出现,保障了商业行为中的冒险,降低了不必要的损失。股票贸易如同买卖其他商品一样开始出现在人们的日常生活中。资本主义经济的发展使欧洲社会在动荡中嬗变,给整个社会伦理道德、家庭观念、婚姻爱情等方面带来深刻影响。

(三)在自然科学领域,出现了"科学革命";在哲学社会科学方面,兴起了一场在欧洲有着重要影响的启蒙运动

17至18世纪时,在科学观念上人们对地球和宇宙提出了全新的看法,一些知识分子开始用科学和理性的方法思考社会,削弱了教会的传统权威,科学观念进一步发展。17世纪中期,精确观测和数学推理已经成为力学和天文学的主要研究方法,依靠推测与数学,人们逐渐改变了对自然界的研究模式,并引发了一场科学革命。数学家开普勒和伽利略的学说为托斯密宇宙观敲响了丧钟,开普勒证明了行星的运行轨道是椭圆形的,推翻了托勒密星体圆周运动方式,伽利略运用望远镜在太阳上发现耀斑在月球上发现山脉,证明了宇宙并不是托勒密设想的那样完美无瑕。这一时期,在英国还出现了伟大的

数学家牛顿。牛顿(Isaac Newton,1642—1727)是新科学方法的创立者。1687 年他发表了具有划时代意义的论文《自然哲学中的数学原理》,将天体、地球放在一起进行研究,开创性地提出了万有引力定律,认为整个宇宙都遵守这一定律,并运用数学推理的方法证明这套理论适用于世界上的一切运动着的物体。牛顿的万有引力定律解决了潮汐涨落、行星和彗星的运行轨迹等自然现象,直到 20 世纪仍在物理学中占有很高的地位。在天文学与物理学家的感召下,其他科学领域的科学家也开始大胆质疑古典科学权威,努力以新的方法解释自然界,在解剖学、微生物学、化学和植物学方面都出现了彻底的变革,这一场运动史称为"科学革命"。

1680 年发生于英国的启蒙运动很快传到北欧许多国家,其重要发展阶段则在 18 世纪的法国。启蒙运动宣称理性是通向智慧的向导,宇宙有着自身的演变规律,不受神学领导,人们必须放弃迷信与偏见,按照理性要求生活,人没有什么原罪,也并不是天生堕落,人应该在理性指导下获取个人自由与幸福。启蒙运动的中心是法国,伏尔泰(原名为弗朗索瓦-玛丽·阿鲁埃,1694—1778)是这一时期启蒙精神的重要代表。他的思想倡导个人自由,在思想上极为宽容,他在给他的反对者的信中曾说:"我不同意你说的每一个字,但是我愿意誓死保卫你说话的权利。"[①]他讽刺法国君主和罗马天主教会,他认为对人类社会和自然界的理性思考将会使社会前进,使每一个人获得自由,建立起一个繁荣、公正、平等的社会。启蒙运动使理性的价值观代替了基督教的价值观,使政治文化领袖理性地分析社会,并积极地投身于繁荣社会的伟大事业,对后世欧洲产生了深远的影响。

二、启蒙运动与文明互鉴

17、18 世纪以来,启蒙运动、工业革命和更大范围的资产阶级革命运动,进一步促进了西方思想解放、技术变革和现代化国家的成型,奠定了美国、英国、德国、法国等西方列强在世界的霸权,快速推进的现代化,以及几个世纪以来在世界的统治地位,加剧了西方人的傲慢和对非西方文明的偏见,西方人将自身视为世界的中心,形成"西方中心主义"观念,并且建构了一系列理论神话,将西方文明当作人类文明的典范,认为西方文明相对于非西方文明来说,是先进的、进步的,并在世界范围内灌输西方文化及价值观。西方人将西方文明视作人类文明的源头,并认为一切人类文化、文学、艺术都可以追溯到西方文明的源头,即"两希文化",对于西方以外的文明,西方人习惯以居高临下的心态,否定其他文明在历史上的价值和地位。然而,在上述章节对人类文明和文学发展史回顾中,我

---

①赫尔.伏尔泰书信[M]//爱德华·麦克诺尔·伯恩斯,菲利普·李·拉尔夫.世界文明史:第 2 卷.罗经国,等,译.北京:商务印书馆,1987:304.

们发现,人类文明的发展演进史就是一部不同文明的交流互鉴史,世界文明的源头实际上是西方人所贬低和蔑视的东方文明,西方人所引以为傲的古希腊文明并非原生文明,西方文明本身就是向东方文明学习而形成,是文明互鉴的结果,而西方文化、文学的发展、演变也离不开对东方文化、文学的借鉴和吸收。

17、18 世纪,东方文化和思想对欧洲的启蒙运动、政治革命产生过一定影响,推动了西方的思想变革和制度创新。就中国文化和思想对西方启蒙运动的影响而言,当时《利玛窦中国札记》(China in the Sixteenth Century:The Journals of Mathew Ricci, 1583—1610)、杜赫德《中华帝国全志》(Description géographique, historique, chronologique, politique et physique de l'Empire de la Chine et de la Tartarie chinoise)等西方人所书写的关于中国文化的作品在西方世界的流行,以及西方学者对儒家经典和中国文学作品的翻译,再加上中国丝绸、瓷器、茶叶的广泛销售,都激发了西方社会对中国文化的热情。作为启蒙运动的先驱者,伏尔泰(Voltaire)对中国的政治制度和儒家思想产生了浓厚兴趣,"伏尔泰认为,导致当时中国有如此良好政治制度和政治实践的根源,就是孔子所制定的道德,孔子的道德和中国的法律实际上合二为一"①。启蒙运动另一位重要思想家卢梭(Jean-Jacques Rousseau)也在《论政治经济学》(Political Economy)一书中颂扬中国的行政和司法。法国启蒙思想家、哲学家狄德罗(Denis Diderot)在《百科全书》(Diderot's Encyclopedia)中更是对中华文明给予了高度评价,"人们一致认为,中华民族优于亚洲其他民族,因为他们历史悠久,精神高尚,艺术精湛,才智出众,政治清明,还具有哲学素养。在以上各方面,根据某些人的看法,他们甚至可以和欧洲文明最发达的国家相媲美"②。西方启蒙思想家盛赞中国的道德素养和治国之道,并以中国为例证捍卫自己的论战观点,且在与中国的对比中更深刻地反思西方的制度、文化,从而推进了启蒙新学说、新制度的生成。

18 世纪东方文学在西方的译介与传播,进一步推动了西方文学与东方文学的互动与交流,西方人通过东方文学来了解东方人的思想、风俗和文化,在其文学创作中更是吸收、借鉴了不少东方元素。比如,18 世纪欧洲兴起一股"中国热",中国古代小说备受西方人的青睐,不断被翻译和介绍到西方。1735 年,法国耶稣会士杜赫德编著的《中华帝国全志》收录了耶稣会士殷弘绪(Père Francois Xavier d'Entrecolles,)翻译的《今古奇观》译文,包括《今古奇观》中《吕大郎还金完骨肉》《怀私怨狠仆告主》《庄子休鼓盆成大道》三篇小说作品。③ 1736 年,英文版的《中华帝国全志》(The General History of China)在伦敦出

①张国刚. 中国文化对启蒙时代欧洲的影响[N]. 光明日报. 2020-06-13.
②张国刚、吴莉苇. 启蒙时代欧洲的中国观念:一个历史的巡礼和反思[M]. 上海:上海古籍出版社,2006:231.
③宋丽娟. "中学西传"与中国古典小说的早期翻译 1735—1911 以英语世界为中心[M]. 上海:上海古籍出版社,2017:31.

版,该书第三卷转译了法文版中《今古奇观》三篇作品,这也是最早在英语世界译介的中国古代小说。殷弘绪翻译的这三篇作品在中国古代小说在西方的翻译和传播史上具有重要意义,不仅是西方译介中国古代小说的滥觞,翻译至西方的这三篇中国古代小说作品也在西方广为流传,对包括英语世界在内的西方文学产生着影响。比如,18 世纪英国作家奥利弗·哥德史密斯(Oliver Goldsmith)在他的作品《世界公民》(*The Citizens of the World*, *or*, *Letters from a Chinese Philosopher*, *Residing in London to his Friends in the East*)中,借用了不少中国的小说、故事、寓言和哲理来讽刺英国的道德风尚,其中就引用和改编了《庄子休鼓盆成大道》的故事。① 最早被翻译至西方的中国古代中长篇小说则是清代的《好逑传》(《侠义风月传》)。《好逑传》最早问世的是英译本,其译者为英国东印度公司职员詹姆斯·威尔金森(James Wilkinson),译稿完成于 1719 年,译文经过托马斯·帕西(Thomas Percy)编辑,1761 年在伦敦出版。② 《好逑传》英译本出版后,又被转译成法语、德语、荷兰语,引发了欧洲翻译中国古代小说的第一次热潮。《好逑传》英译本附有大量注释,注释内容十分庞杂详尽,涉及从政治体制到宗教思想等中国社会生活方方面面,而且作者自觉将其与西方社会的情况进行比较,由此,《好逑传》在一定程度上也是一本反映中国及其文化生活的百科全书,成为西方人了解中国文学及其文化的重要参考资料。此外,《好逑传》在西方的传播正值西方启蒙思想盛行时期,"《好逑传》对名教和道德的严格恪守满足了西方人对道德和克己行为的要求,而且《好逑传》中人物以理智控制自己感情的行为也无形中契合了西方启蒙运动对理性的宣扬,以及以理性控制情感,从而达到完美人格的主张"③。与此同时,《好逑传》亦符合基督教严格控制情欲的观念主张,因此,《好逑传》通过英译本传入西方后,广受西方读者欢迎,成为 18 世纪在西方声名最著和流传最广的中国古代小说。

18 世纪下半叶,中国戏曲《赵氏孤儿》的剧本译本和改编本陆续出现。对于 17、18 世纪的欧洲人来说,中国几乎可以称为"理想之邦",东方艺术,特别是中国艺术渐渐为欧洲艺术家们所欣赏和模仿。与此同时,《赵氏孤儿》故事中所蕴含的对人性和人道主义精神的弘扬,所体现的邪不胜正的信念,引起了当时欧洲人的强烈共鸣,有助于推动当时启蒙运动的理性精神,抨击宗教神权对人的压制。在这种背景下,18 世纪下半叶,欧洲以中国为背景或是撷取中国题材的戏剧风行一时,《赵氏孤儿》通过法译本传入欧洲后,在欧洲文学界乃至戏曲界都引起了极大轰动,英译本、德译本、俄译本等在法译本的基础上很快

---

①宋丽娟."中学西传"与中国古典小说的早期翻译 1735—1911 以英语世界为中心[M].上海:上海古籍出版社,2017:54.

②Thomas Percy, ed. Hau Kiou Choaan: Or, The Pleasing History. London: R. and J. Dodsley, 1761.

③宋丽娟."中学西传"与中国古典小说的早期翻译 1735—1911 以英语世界为中心[M].上海:上海古籍出版社,2017:68.

也相继问世,并且出现了诸多改编本。其中,1741 年,英国剧作家威廉·哈切特(William Hatchett)根据《赵氏孤儿》法译本,创作并出版了《赵氏孤儿》的第一个英语改编本《中国孤儿:一个历史悲剧》(*The Chinese Orphan: An Historical Tragedy*)①,在这一改编本中,威廉·哈切特保留了法译本的基本结构,但对人物改变较大,屠岸贾被改成了萧何,程婴改成了开封,韩厥成了苏生,公孙杵臼成了老子,赵氏孤儿成了康熙,当时这部剧并没有被搬上舞台。此后,法国启蒙主义哲学家、文学家伏尔泰也将《赵氏孤儿》的中国戏曲故事改成了五幕剧《中国孤儿》,于 1755 年在巴黎上演并获得巨大成功;英国作家亚瑟·墨菲(Arthur Murphy)认为伏尔泰的剧本并不令人满意,他也创作了自己的《中国孤儿》剧本,他的这部剧在 1759 年于英国伦敦的剧院首演,产生了强烈反响。②

三、启蒙运动时期的文学概况

诞生于法国的古典主义是这一时期欧洲文学的最高成就,欧洲各国文学都不同程度地模仿法国,产生了各自的古典主义文学,这一时期史称古典主义时期。古典主义以理性为标准,以古希腊罗马文学为典范,主张效法古典,从古典中汲取创作经验及营养,认为这样便可取得成功。法国杰出的古典主义悲剧作家拉辛就曾说过:"关于情绪方面,我力求更紧密地追随欧里庇得斯。我要承认我的悲剧中最受赞赏的一些地方都要归功于他……我很高兴地从我们法国舞台上所产生的效果中看到群众所赞赏的都是我从荷马或欧里庇得斯那里模仿来的,从此我也看到良知和理性在一切时代都是一样的。"③古典主义作家按照严格的"三一律"进行创作,即情节、时间、地点的统一,要求一部剧本:"要用一地、一天内完成的一个故事从开头直到末尾维持着舞台充实。"④结构严谨、情节精练、语言的准确性与逻辑性是古典主义文学的主要特点,古典主义文学影响欧洲文学长达 200 年之久,直到 19 世纪初才被后来崛起的浪漫主义所替代。

(一)启蒙运动时期的法国文学

彼埃尔·高乃依(1606—1684)是古典主义文学的开创者,他创作了《贺拉斯》《西拿》《波利厄克特》《熙德》等悲剧,艺术风格庄严崇高,主张悲剧要写"著名的、非同寻常的、严峻的情节",将人物关系放到激烈的冲突中,在同一人物身上让感情与理性展开角逐,如悲剧《熙德》中罗狄克的一段道白:"要成全爱情就得牺牲我的荣誉,要替父亲复仇,

---

①William Hatchett. The Chinese Orphan: An Historical Tragedy[M]. London: Charles Corbett, 1741.

②董晓波. 从《赵氏孤儿》到《中国孤儿》:中国古代戏剧与欧洲启蒙思想的交汇[N]. 光明日报,2022-05-14.

③朱光潜.西方美学史:上卷[M].北京:人民文学出版社,1979:190.

④布瓦洛.诗的艺术[M].任典,译.北京:人民文学出版社,1959:33.

就得放弃我的爱人,一方面是高尚而严厉的责任;一方面是可爱而专横的爱情! 复仇会引起她的怨恨和愤怒,不复仇会引起她的蔑视。复仇会使我失去我最甜蜜的希望,不复仇又会使我不配爱她。"悲剧《熙德》取材于 17 世纪西班牙诗人卡斯特罗的历史剧《熙德的青年时代》,是古典主义悲剧的代表,1636 年在法国上演后取得巨大成功。剧本讲述贵族青年罗狄克和施曼娜的恋爱故事,在他们即将订婚的时候,施曼娜的父亲因嫉妒罗狄克的父亲当上太子师傅而打了对方一记耳光。罗狄克为了家族荣誉和岳父决斗并杀了他。深爱着罗狄克的施曼娜在家庭责任和荣誉感的压迫下要求国王处死罗狄克。恰在此时,摩尔人入侵,罗狄克临危受命在战争中英勇战斗成为民族英雄,被尊称为"熙德"。国王劝施曼娜以国为重、抛弃前嫌,施曼娜最终与罗狄克结亲。

让·拉辛(1639—1699)是法国古典主义时期杰出的悲剧诗人,他的创作以悲剧为主,但也有喜剧作品问世,喜剧《讼棍》流传后世,抒情诗《心灵雅歌》也显示出诗人才华。此外,还有悲剧作品《安德洛玛克》《布里塔尼居斯》《蓓蕾尼丝》《费德尔》和《阿塔莉》,其中《安德洛玛克》最为著名。《安德洛玛克》讲述特洛伊主将赫克托耳的遗孀安德洛玛克和儿子在城邦被攻陷后沦为希腊爱庇尔王庇吕斯的奴隶。庇吕斯爱上了安德洛玛克,遭到她的严词拒绝。希腊其他城邦要求庇吕斯王交出安德洛玛克的儿子以斩除后患,庇吕斯借机要挟。安德洛玛克被迫答应庇吕斯,这却惹恼了庇吕斯的未婚妻斯巴达公主。公主指使深爱着自己的使节俄瑞斯忒斯杀死了庇吕斯,事成后,当俄瑞斯忒斯要求带走公主时,公主突然翻脸悲愤地斥骂他并跑到神庙自杀,死在了庇吕斯的身旁。安德洛玛克原本打算在举行婚礼时自杀,结果,庇吕斯为俄瑞斯忒斯所害,连俄瑞斯忒斯本人也惊恐发疯,安德洛玛克最终成为爱庇尔的统治者。

莫里哀(1622—1673)是欧洲杰出的喜剧大师,父亲是一名富商,他自愿放弃了长子继承权,投身于自己喜爱的喜剧事业,在外浪迹 12 年后于 1658 年重回巴黎,开始在路易十四的特许下演出,成为宫廷内最有影响的戏剧领班人。接连推出了《丈夫学堂》和《太太学堂》来探讨爱情、婚姻、家庭、教育及社会问题,他的剧作充满人文主义气息,为人民大众服务,却触怒了一部分贵族的利益。1664 年推出喜剧《伪君子》,声名鹊起达到创作最高巅峰,《唐·璜》《恨世者》《悭吝人》《乔治·唐丹》也成为不朽名作。《伪君子》又译《达尔杜弗或者骗子》或《答尔丢夫》,刻画了貌似虔诚、内心贪婪的伪君子达尔丢夫的形象,富商奥尔贡在教堂巧遇达尔丢夫,被他伪装的虔诚打动,将他领回家中。达尔丢夫通过伪善获取了奥尔贡及他的母亲白尔奈耳夫人的信任,奥尔贡甚至强迫女儿毁掉婚约嫁给达尔丢夫。在达尔丢夫的教唆下,奥尔贡取消了儿子的继承权改立字据要把全部家产送给达尔丢夫,最后,还把自己窝藏叛逆者黑匣子的事告诉了达尔丢夫。在无限的信任与盲目崇拜下,达尔丢夫变得愈加猖狂,他竟然调戏奥尔贡的妻子并企图将她占为己有。聪明的女仆道丽娜发现了一切,她与奥尔贡的妻子艾耳密尔、妻舅克莱昂特想出了一个好办法让奥尔贡发现真相。他们事先将奥尔贡藏在桌子下面,让艾耳密尔和达尔丢夫单独见面,奥尔贡终于发现达尔丢夫的真实面目。达尔丢夫却以到国王那里告发奥尔贡窝藏的事情,逼迫奥尔贡离家。最后,国王英明察觉,奥尔贡被免罪,达尔丢夫被投入监狱。《伪君子》具有强烈的喜剧效果,民间的插科打诨、情节的快速推进、语言的滑稽幽默显示了莫里哀高超的艺术水平。他打破了古典主义将喜剧与悲剧严格区分开来的做法,将喜剧置于一种事实悲剧当中,女儿被逼婚、儿子被驱逐、妻子被调戏、财产被霸占及自己的命运被威胁的险境中,收到了良好的喜剧效果。歌德非常赞赏莫里哀,认为:"莫里哀是很伟大的,我们每次重温他的作品,每次都感到惊讶。他是个与众不同的人,他的喜剧作品跨到了悲剧界限边上,都写得很聪明,没有人有胆量去模仿他。"①

伏尔泰(1694—1778)是18世纪最负声望的启蒙作家,自小受过良好的教育,他思想进步,主张法律面前人人平等,要求人人享有自然权利,他为当时法国社会上的冤案"卡拉事件"四处奔走,终于还给老卡拉清白。他抨击天主教会的黑暗统治,将教皇比作"两只脚的禽兽",把教士称作"文明的恶棍",说天主教是"一些狡猾的人布置的一个最可耻的骗人罗网"。同时,他的思想又有一定的局限性,他对劳动人民十分轻视,认为"当庶民都思考时,那一切都完了"。他著作等身,内容涉及哲学、历史、史诗、抒情诗、讽刺诗、哲理小说等,一生创作了52个剧本。他根据中国的《赵氏孤儿》创作了《中国孤儿》,在法国和欧洲上演后引起轰动。伏尔泰的哲理小说中以《老实人》和《天真汉》最为著名。《老实人》描写了善良、单纯的老实人从小受到哲学家邦葛罗斯博士的教育,相信"一切皆善"。然而,成年后由于与表妹相恋而被赶了出来,在欧美流浪、受尽磨难,他到处上当受骗,从未遇到好的命运。表妹居内贡遭到敌兵强奸并被贩卖几次,老师邦葛罗斯也染上梅毒,差点被宗教裁判所吊死,后来在船上服苦役。从小构建的十全十美的理想世界被颠覆后,老实人终于认识到世间充满污垢,到处都是灾难。他最终信守诺言娶了居内贡,但从此不再信奉乐天主义精神了。《天真汉》的主人公质朴、天真,他让恋人圣伊弗主持他的洗礼,恋人由此成为他的圣母,两人不能结婚。他寻求国王的保护却因议论教会而被投入监狱。圣伊弗为了救他失身于大臣,最终痛苦死去。小说通过天真汉的经历,批判路易十四时期的法国社会,揭露了封建社会的一切丑恶和弊端。

让·雅克·卢梭(1712—1778),法国杰出的启蒙运动家,他创作了《新爱洛绮丝》《社会契约论》《爱弥儿》等著作。《忏悔录》是卢梭用散文体写成的自传,忏悔自己一生中犯过的错误,这种自传体的方式对后世影响非常大。他的科学论文《论科学与艺术》提出科学发展会给人类带来灾难,《论人类不平等的起源和基础》批判了私有观念。

(二)启蒙运动时期的英国文学

17至18世纪的英国发生了资产阶级革命,但是革命不够彻底。在文学上出现了新

---

①爱克曼.歌德谈话录[M].朱光潜,译.北京:人民文学出版社,1978:88.

古典主义文学、感伤主义文学、哥特式小说等文学类型，亚历山大·蒲柏成为新古典主义的代表，乔纳森·斯威夫特是著名的讽刺散文作家，劳伦斯·斯特恩的《感伤的旅行》成为 18 世纪英国感伤小说的典范。这一时期英国最为著名的作家是弥尔顿、丹尼尔·笛福、乔纳森·斯威夫特。

弥尔顿（1608—1674）出生于伦敦一个富裕的清教徒家庭，学习古代和文艺复兴时期的文学，深受人文主义影响，创作出了《失乐园》《复乐园》和《力士参孙》三部伟大作品。长诗《失乐园》取材于《旧约》，描写了原是天国天使的撒旦，带领天使反抗上帝被打入地狱，从地狱逃出后来到上帝给人类制造的乐园，引诱亚当和夏娃偷吃了智慧树上的禁果，人类由此被逐出乐园的故事。该诗肯定了撒旦的叛逆，以此来反映当时资产阶级反对封建专政的革命，但同时又显示出一定的局限性，如他认为人类由于缺乏理性而迷失自我才导致丧失乐园。《复乐园》以《新约·路迦福音》耶稣被诱的故事为素材，耶稣在约旦河畔经圣徒约翰洗礼，准备开始公开布道。圣灵对他进行考验，让撒旦来引诱他，第一天用筵席引诱耶稣，第二天以城市的繁华和古希腊罗马的艺术来引诱耶稣，均遭到耶稣的拒绝。第三天撒旦使用暴力，依然没有得逞，耶稣成功地接受了考验，开始面道替人类恢复失去了的乐园。《力士参孙》取材于《旧约·士师记》，参孙被情妇大利拉出卖，囚于狱中并被刺瞎了双眼，在一个节日里，敌人从牢里提出参孙拿他取乐，结果参孙走到支撑大厦的大柱子跟前用力推倒柱子与敌人同归于尽。

丹尼尔·笛福（1661—1731）是英国启蒙时期现实主义小说的奠基人，被誉为"英国小说之父"。他生于伦敦，父亲从事屠宰业，他本人在当过多年牧师后觉得自己并不适合宗教生活，转而经商并广泛游历。之后经历生意上的失意，转而为报社撰写政论文章，结果得罪政界人物被数次投入监狱。迫于无奈，笛福转而从事小说创作，1719 年，近 60 岁的笛福发表了第一部小说《鲁滨孙漂流记》，成为世界上最著名的冒险小说之一。《鲁滨孙漂流记》是一部流传很广的小说，至今仍然脍炙人口。小说受到当时的一个历史事件的启发，1704 年苏格兰水手赛尔科克在海上叛变，被抛到智利的一个荒岛，一个人度过了 5 年才得救。笛福的小说中，主人公鲁滨逊不听从父亲劝告，放弃舒适的家庭生活，私自出海经商贩卖黑奴，在海上遇难，孤身一人流落到南美附近的无人荒岛 28 年，他以坚强的意志和非凡的努力，修建住所、制造工具，获取食物，与自然作斗争并收留了当地一位土著人作为自己的奴隶，给他取名"星期五"。一次偶然的机会，他帮助船长制服叛变的水手，乘船回到文明世界最终成为富翁。

斯威夫特（1667—1745）生于爱尔兰的都柏林，自幼喜爱诗歌，14 岁进入都柏林三一学院学习哲学和神学，他唯一的一部小说《格列佛游记》是一部杰出的讽刺小说。小说叙述一名叫格列佛的英国医生航海漂流的故事，描写他在几个幻想的国度的经历，通过对小人国会因鞋跟的高低、吃蛋先敲哪一端而分裂出两党之争，宫廷内部充满争权夺利的斗争,格列佛在战争中为小人国立了功,国王却听信谗言要处死他;格列佛逃到大人国,大人国的人尽管身材高大却并不喜好战争,对大人国的描写反映了作者理想中的政治;飞岛对其领地的统治让人看不下去;慧骃国的马儿却具有理性及各种美德。斯威夫特通过幻想的旅行揭露了英国君主政体、司法制度、殖民主义、金钱关系等方面的腐败,对其进行无尽的讽刺。

(三)启蒙运动时期的德国文学

17世纪德国由于爆发了30年战争,导致德国政治、经济、文化处于停滞,这一时期虽然出现了奥皮茨(1597—1639)、弗莱明(1609—1640)、格吕菲乌斯(1616—1664)等诗人及小说家格里美尔斯豪生(1622—1676)等,但总体看来成就不大。德国文学的主要成就是在18世纪,资本主义生产关系在这一时期虽然已经诞生,但力量十分薄弱,贵族王公与普通民众之间的矛盾日益尖锐,18世纪的德国出现了政治、经济的落后与文学艺术繁荣的不平衡状态。恩格斯曾经形象地描绘过这一时期的德国社会:"这是一堆正在腐朽和解体的讨厌的东西。没有一个人感到舒服。国内的手工业、商业、工业和农业极端凋敝。农民、手工业者和企业主遭到双重的苦难——政府的搜刮,商业的不景气。贵族和王公都感到,尽管他们榨尽了臣民的膏血,他们的收入还是弥补不了他们日益庞大的支出。一切都很糟糕,不满情绪笼罩了全国。没有教育,没有影响群众意识的工具,没有出版自由,没有社会舆论,甚至连比较大宗的对外贸易也没有,除了卑鄙和自私就什么也没有;一种卑鄙的、奴颜婢膝的、可怜的商人习气渗透了全体人民。一切都烂透了,动摇了,眼看就要坍塌了,简直没有一线好转的希望,因为这个民族连清除已经死亡了的制度的腐烂尸骸的力量都没有。唯有在我国的文学中才能看出美好的未来。这个时代在政治和社会方面是可耻的,但是在德国文学方面却是伟大的。"[1]

这一时期在思想方面德国出现了莱布尼茨和沃尔夫等启蒙主义者;在美学方面出现了鲍姆加登这样著名的美学家,他第一次把美学作为一门独立的科学;在文学方面出现了莱辛、席勒、歌德这样的文学巨子。高特荷德·埃夫拉姆·莱辛(1729—1781)是德国著名的文艺批评家和剧作家,德国民族文学的奠基人。著名美学论文《拉奥孔·论画和诗的界限》通过古代造型艺术与诗歌对同一艺术对象即特洛亚祭司拉奥孔父子三人被蛇缠死的不同处理,来说明画和诗反映生活的不同方法。他认为雕刻、绘画的艺术表现方式在于抓住艺术中最精彩的瞬间,只能反映一个时间点上最传神的一幕,而诗歌艺术则是在时间的推动中连续不断地反映艺术形象,使审美个体的情感逐渐走向高潮。莱辛的《汉堡剧评》是对汉堡民族剧院历次演出的剧目所写的评论的一个辑录,分为上、下卷,每

---

① 恩格斯.德国状况[M]//马克思,恩格斯.马克思恩格斯全集:第2卷.北京:人民出版社,1957:633-634.

卷各 52 篇。《汉堡剧评》是德国资产阶级戏剧理论的重要文献,涉及戏剧的审美功能、戏剧人物性格论、市民剧理论、历史剧问题等,反对作家对法国古典主义的模仿,号召向莎士比亚学习,认为莎士比亚能够真实地表现感情和生活。他认为剧作家不是历史学家,剧作家撷取历史题材只是创作上的需要,没有必要去追究历史细节是否真实,但要求人物性格必须符合特定环境,性格与环境要有内在逻辑关系。作为民族文学的奠基人,莱辛一直以来受到批评家和文学家的重视,车尔尼雪夫斯基说:"莱辛是历史的必然律令为了使他的祖国活跃起来所召唤来的活动家中的第一代的主要人物。他是德国新文学之父……"①韦勒克在《近代文学批评史》中称:"他是近代德国所产生的第一个伟大的文学巨子,他把德国文学从平庸的戈特舍德所代表的法国新古典主义的统治下解放出来。"②

约翰·克里斯朵夫·费利德利希·席勒(1759—1805)是德国 18 世纪杰出的戏剧家、诗人。18 世纪 70 至 80 年代,德国展开了一场声势浩大的运动,这场运动得名于作家克林格尔的同名剧《狂飙与突进》,取名为狂飙突进运动。运动的宗旨是反对封建制度,要求民族统一,在文学创作上要求创作自由与个性的解放,青年席勒就在这一运动中投身文学创作。1785 年他完成诗歌《快乐颂》,此文后来被贝多芬纳入《第九交响曲》,同年完成政治悲剧《唐·卡洛斯》,之后陆续完成了《尼德兰独立史》(1788)、《三十年战争史》(1793)、《论悲剧艺术》(1793)、《论秀美与庄严》(1793)、《美育书简》(1795)、《论素朴的诗与感伤的诗》(1796)等,其中《强盗》和《阴谋与爱情》最为著名。《阴谋与爱情》写于 1783 年,讲述了宰相之子斐迪南与穷乐师之女露易丝相爱的故事,宰相为了达到自己的政治目的逼迫儿子斐迪南娶某公爵的情妇,遭到斐迪南的拒绝。权臣瓦尔特献上奸计,找借口逮捕了露易丝的父亲将他关入大牢,胁迫露易丝给宫廷侍卫队长写下一封情书,为了救父亲露易丝答应了。瓦尔特假装无意之间让斐迪南看到这封信,一时间所有的爱化成了愤恨,他跑到露易丝家质问信的真假,露易丝违心地说是的,因为她要遵守与瓦尔特之间定下的救父诺言。当心目中一直被信奉为神圣的爱情遭到毁灭时,斐迪南愤怒了,感到自己的感情遭到了欺骗,于是他亲手给柠檬水里下了毒药,先后让露易丝和自己喝下。临终前,露易丝要求最后一次拥抱斐迪南,遭到了对方拒绝,她最后说出了一切都是他父亲的安排与指使。斐迪南痛苦欲绝,他痛骂父亲是刽子手和阴险毒恶的阴谋家,很快也气绝身亡。

约翰·沃尔夫冈·歌德(1749—1832)是德国文学中最重要、最杰出的作家,同时也是一位百科全书式的人物,对于德国文学及后世文学产生了重要的影响。歌德出生于莱茵河畔的法兰克福,父亲是该市的参议员,母亲是市长的女儿,富裕的家庭和良好的教育

---

①车尔尼雪夫斯基.论文学:中卷[M].辛未艾,译.上海:上海译文出版社,1979:265.
②雷纳·韦勒克.近代文学批评史:第 1 卷[M].杨岂深,杨自伍,译.上海:上海译文出版社,1987:202.

使歌德早慧。歌德早期在莱比锡大学学习法律,获得法学博士学位,但一直喜好文学创作。1773 年写成的戏剧《铁手骑士葛兹·封·伯利欣根》已经显示出文学才华,次年发表的日记体小说《少年维特之烦恼》使他声名大振。他的作品充满叛逆和反抗精神,他与当时的精神领袖赫尔德尔相识,共同在德国掀起了"狂飙突进"运动,为建立德国新文学作出了自己的贡献。1775 年,歌德曾到魏玛公国担任宰相,积极从事政务,同时不放弃诗歌研究。1794 年,歌德与席勒在魏玛结识,此后亲密合作了十年,直到席勒逝世。歌德给后世留下了传记体长篇小说《威廉·麦斯特的学习时代》、叙事长诗《赫尔曼与窦绿苔》、小说《亲和力》、抒情诗集《西东合集》、自传性著作《诗与真》《意大利纪行》等著作。《浮士德》是歌德倾注一生精力和心血创作的伟大作品,这部悲剧耗时 60 年之久,几乎贯穿歌德创作生涯的始终,是诗人思想精神的最集中体现。《浮士德》取材于德国中世纪民间传说,用多种诗体韵文写成,分上、下两部,共一万两千余行。浮士德在历史中确有其人,传说中是一位 16 世纪不满当时经院哲学的一派人物,当时人们在聚会或者酒宴上常常谈到浮士德的故事,可以说浮士德是一个有着巨大精神追求的人,在这一点上与诗人歌德的精神非常相似。从民间传说到马洛的《浮士德博士的悲剧》,从德国木偶剧院的《浮士德博士或大巫师》到歌德的《浮士德》,"浮士德"这一形象被反复构建,最终歌德笔下的"浮士德"取得了最大的成功。《浮士德》中的浮士德是一位知识渊博的学者,同魔鬼签订了协议,魔鬼帮助他追求各种知识与享乐,合约满后他的灵魂则由魔鬼带走。浮士德经历了书斋生活、爱情生活、政治生活等阶段,同时每个阶段都充满悲剧色彩,在书斋中他感到暗淡无光、死气沉沉,渴望思想的自由探索。在魔鬼的帮助下,浮士德品尝了爱情甜蜜的世俗生活,但还没过多久,爱人玛甘泪就因杀死了亲生子,被处以极刑。通过爱情悲剧,他了解到中世纪陈旧的社会制度及其对人性的压抑和扼杀,于是将自己的抱负投向政治生活,却发现自己的政治抱负与封建腐朽制度相矛盾;他狂热地追求古典美,在靡非斯特的帮助下与海伦结婚并生有一子福良,福良一出生便要无休止地向上发展,结果跳得太高而摔死,海伦悲痛欲绝,化作白云消逝。浮士德晕倒在地被魔鬼背回原书斋,重新投入到填海造田、为民造福的伟大事业中,他终于在这种事业中得到精神上的满足,喊出了:"我愿意看见这样熙熙攘攘的人群,/ 在自由的土地上住着自由的国民。/ 我要呼唤对于这样的刹那……/ '你真美呀,请停留一下!'"①浮士德倒地而死,魔鬼欲收回他的灵魂,这时天使下凡带走了浮士德的灵魂。《浮士德》的思想庞杂多样,既有狂飙突进式的激昂与充沛,又有古典时期的明净与稳健,同时作品中浮士德在魔鬼靡非斯特的帮助下穿越时空、上天入地等情节又充满了浪漫主义与乐观情怀。浮士德身上所体现出来的不满、骚动、追求、进取及其对真、善、美的热烈追求形成了文学史上所谓的"浮士德

---

①歌德.浮士德:第 2 部[M].郭沫若,译.北京:人民文学出版社,1959:356.

精神"。正如歌德自己所言："浮士德身上有一种活力,使他日益高尚化和纯洁化,到临死,他就获得了上界永恒之爱的拯救。"①浮士德在经历了知识悲剧、爱情悲剧、政治悲剧、美的悲剧及事业悲剧后已经是一个百岁老人,他双目失明却仍然操劳不息,在为广大人民谋利益的宏伟事业中找到灵魂的归宿,终于感到生活的充实与意义。郭沫若曾高度评价过《浮士德》,说它是诗人歌德对自己一生的总结和时代精神的浓缩,是一部伟大的作品:"它(指《浮士德》)披着一件中世纪的袈裟,而包裹着一团有时是火一样的不知满足的近代人的强烈的冲动。那看来分明就是矛盾,而这矛盾的外表也就形成了《浮士德》的庞杂性。不过我们不要为这庞杂的外表所震惊,尽管诗人在发挥着他的最高级的才华,有时是异想天开地闹一个神本鬼突,甚至乌烟瘴气,但你不要以为那全部都是幻想,那全部都是主观的产物,都是所谓'由内而外'。它实在是一个灵魂的忠实的纪录,一部时代发展的忠实反映。因此我也敢于冒险地说,这是一部极其充实的现实的作品,但它所充实着的不全是现实的形,而主要的是现实的魂。一个现实的大魂包括各种各样的现实小魂,诗人的确是紧紧地把它们抓住了,而且时而大胆,时而细心地把它们形象化了。"②

除以上三个国家的文学外,西班牙文学、意大利文学及俄国文学也取得了不同程度的成就。

四、原典选读

老实人(节选)

第三十章 结局

老实人其实绝无意思和居内贡结婚。但男爵的蛮横恼了他,觉得非结婚不可了。何况居内贡逼得那么紧,他也不便翻悔。他跟邦葛罗斯,玛丁和忠心的加刚菩商量。邦葛罗斯写了一篇出色的论文,证明男爵绝无权利干涉妹子的事;她依照德国所有的法律,尽可嫁给老实人。玛丁主张把男爵扔在海里;加刚菩主张送还给小亚细亚船主,仍旧教他做苦工;有了便船,再送回罗马,交给他的总会会长。大家觉得这主意挺好,老婆子也赞成,便瞒着妹子,花了些钱把这件事办妥了:教一个耶稣会士吃些苦,把一个骄傲的德国男爵惩罚一下,谁都觉得高兴。

经过了这许多患难,老实人和情人结了婚,跟哲学家邦葛罗斯,哲学家玛丁,机灵的加刚菩和老婆子住在一起,又从古印加人那儿带了那么多钻石回来,据我们想象,老实人应当过着世界上最愉快的生活了。但他被犹太人一再拐骗,除掉那块分种田以外已经一无所有;他的女人一天丑似一天,变得性情

---

①爱克曼.歌德谈话录[M].朱光潜,译.北京:人民文学出版社,1978:244.
②郭沫若.《浮士德》简论[M]//浮士德:第1部.北京:人民文学出版社,1983:9-10.

暴戾,谁见了都头痛;老婆子本来是残废的人,那时比居内贡脾气更坏。加刚菩种着园地,挑菜上君士坦丁堡去卖,操劳过度,整天怨命。邦葛罗斯因为不能在德国什么大学里一露锋芒,苦闷不堪。玛丁认定一个人到处都是受罪,也就耐着性子。老实人,玛丁,邦葛罗斯,偶尔谈玄说理,讨论讨论道德问题。窗下常常看见一些船只,载着当地的贵族,官员,祭司,充军到来姆诺斯,米底兰纳,埃斯卢姆。又看见一些别的祭司,贵族,官员来接任,然后再受流配。也看到一些包扎得挺好的人头送往大苏丹的宫门。这些景象增加了他们辩论的题材;不辩论的时候,大家就厌烦得要死,甚至有一天老婆子问他们:"我要知道,被黑人海盗强奸一百次,割掉半个屁股,被保加利亚人鞭打,在功德大会中挨板子,上吊,被解剖,在苦役船上划桨,受尽我们大家所受的苦难,跟住在这儿一无所事比起来,究竟哪一样更难受?"老实人道:"嗯,这倒是个大问题。"

这一席话又引起众人新的感想:玛丁下了断语,说人天生只有两条路:不是在忧急骚动中讨生活,便是在烦闷无聊中挨日子。老实人同意这话,但提不出别的主张。邦葛罗斯承认自己一生苦不堪言;可是一朝说过了世界上样样十全十美,只能一口咬定,坚持到底,虽则骨子里完全不信。

那时有出了一件事,使玛丁那种泄气的论调多了一个佐证,使老实人更加彷徨,邦葛罗斯更不容易自圆其说。有一天他们看见巴该德和奚罗弗莱修士狼狈不堪,走到他们的分种田上来。两人把三千银洋很快就吃完了,一忽儿分手,一忽儿讲和,一忽儿吵架,坐牢,越狱,奚罗弗莱终于改信了回回教。巴该德到处流浪,继续做她的买卖,一个钱也挣不到了。玛丁对老实人道:"我早跟你说的,你送的礼不久就会花光,他们的生活倒反更苦。你和加刚菩发过大财,有过几百万银洋,却并没比巴该德和奚罗弗莱更快活。"邦葛罗斯对巴该德说:"啊,啊,可怜的孩子,你又到我们这儿来了,大概是天意吧!你知道没有,你害我损失了一个鼻尖,一只眼睛和一只耳朵?如今你也完啦!这世界真是怎么回事啊!"这件新鲜事儿,使众人对穷通祸福越发讨论不完。

附近住着一位大名鼎鼎的回教修士,公认为土耳其最有智慧的哲学家;他们去向他请教,由邦葛罗斯代表发言,说道:"师傅,请你告诉我们,世界上为什么要生出人这样一种古怪的动物?"

修道士回答:"你问这个干什么?你管它做什么?"老实人道:"可是,大法师,地球上满目疮痍,到处都是灾祸啊。"修道士说:"福也罢,祸也罢,有什么关系?咱们的苏丹打发一条船到埃及去,可曾关心船上的耗子舒服不舒服?"邦葛罗斯问:"那么应当怎办呢?"修道士说:"闭上你的嘴。"邦葛罗斯道:"我希望和你谈谈因果,谈谈十全十美的世界,罪恶的根源,灵魂的性质,先天的谐和。"修道士听了这话,把门劈面关上了。

谈话之间,听到一个消息,说君士坦丁堡绞死了两个枢密大臣,一个大司祭;他们不少朋友都受了木柱洞腹的极刑。几小时以内,这桩可怕的事沸沸扬扬,传遍各地。邦葛罗斯,老实人,玛丁,回去的路上遇到一个和善的老人,在门外橘树阴下乘凉。邦葛罗斯好奇不亚于好辩,向老人打听那绞死的大司祭叫甚名字,老人回答:"我素来不知道大司祭等等姓甚名谁。你说的那件事,我根本不晓得。我认为顾问公家事情的人,有时会死于非命,这也是他们活该。我从来不打听君士坦丁堡的事;我不过把园子里种出来的果子送去卖。"他说着把这几个外乡人让进屋子:两个儿子和两个女儿端出好几种自制的果子露敬客,还有糖渍的佛手,橘子,柠檬,菠萝,花生,纯粹的莫加咖啡,不羼一点儿巴太维亚和中美洲群岛的坏咖啡的。回教徒的两个女儿又替老实人、邦葛罗斯、玛丁的胡子上喷了香水。

老实人问土耳其人："想必你有一大块良田美产了？"土耳其人回答："我只有二十阿尔邦地；①我亲自和孩子们耕种；工作可以使我们免除三大害处：烦闷、纵欲、饥寒。"

老实人回到自己田庄上，把土耳其人的话深思了一番，对邦葛罗斯和玛丁说道："那个慈祥的老头儿安排的生活，我觉得比和我们同席的六位国王好多了。"邦葛罗斯道："根据所有哲学家的说法，荣华富贵，权势地位，都是非常危险的；摩阿布的王埃格隆被阿奥特所杀；阿布萨隆被吊着头发缢死，身上还戳了三枪；泽罗菩阿姆的儿子内达布王，死于巴萨之手；伊拉王死于萨勃利之手；奥谷齐阿斯诸王死于奚于；阿太里亚死于约伊阿达约金，奚谷尼阿斯，赛台西阿斯诸王，都沦为奴隶。② 至于克雷絮斯，阿斯蒂阿琪，阿利俄维斯塔，恺撒，庞培，尼罗，奥东，维德卢维斯，多密喜安，③英王理查二世，爱德华二世，亨利四世，理查三世，玛丽·斯丢阿德，查理一世，法国的三个亨利，罗马日耳曼皇帝亨利四世，他们怎样的结局，你是都知道的。你知道……"老实人说："是的，我还知道应当种我们的园地。"邦葛罗斯道："你说得很对：上帝把人放进伊甸园是叫他当工人，要他工作的；足见人天生不是清闲度日的。"玛丁道："少废话，咱们工作罢；唯有工作，日子才好过。"

那小团体里的人一致赞成这个好主意，便各人拿出本领来。小小的土地出产很多。居内贡固然奇丑无比，但变成了一个做糕饼的能手；巴该德管绣作；老婆子管内衣被褥。连奚罗弗莱也没有闲着，他变了一个很能干的木匠，做人也规矩了。有时邦葛罗斯对老实人说："在这个十全十美的世界上，所有的事情都是互相关联的；你要不是为了爱居内贡小姐，被人踢着屁股从美丽的宫堡中赶出来，要不是受到异教裁判所的刑罚，要不是徒步跋涉美洲，要不是狠狠的刺了男爵一剑，要不是把美好的黄金国的绵羊一齐丢掉，你就不能在这儿吃花生喝糖渍佛手。"老实人道："说得很妙；可是种咱们的园地要紧。"

——傅雷，译.天津人民出版社，2018.

忏悔录（节选）

第一章

Intus et in cute④

我现在要做一项既无先例、将来也不会有人仿效的艰巨工作。我要把一个人的真实面目赤裸裸地揭露在世人面前。这个人就是我。

只有我是这样的人。我深知自己的内心，也了解别人。我生来便和我所见到的任何人都不同；甚至于我敢自信全世界也找不到一个生来像我这样的人。虽然我不比别人好，至少和他们不一样。大自然塑造了我，然后把模子打碎了，打碎了模子究竟好不好，只有读了我这本书以后才能评定。

不管末日审判的号角什么时候吹响，我都敢拿着这本书走到至高无上的审判者面前，果敢地大声

①一阿尔邦等于五十亩，每亩等于一百方呎。
②以上均系古希伯来族的王，见圣经。
③以上均为自利提亚起至罗马帝国为止的国王、将军及皇帝。
④这几个拉丁字是卢梭从古罗马讽刺诗人波斯斯（34—62）的一句诗里摘引来的（讽刺诗第3首第30句），意思是"深入肺腑和深入肌肤"；卢梭把这几个字放在本书第一部和第二部的前面，是为了表明他借自己这部《忏悔录》把内心深处的隐私披露出来的愿望。

说:"请看! 这就是我所做过的,这就是我所想过的,我当时就是那样的人。不论善和恶,我都同样坦率地写了出来。我既没有隐瞒丝毫坏事,也没有增添任何好事;假如在某些地方作了一些无关紧要的修饰,那也只是用来填补我记性不好而留下的空白。其中可能把自己以为是真的东西当真的说了,但绝没有把明知是假的硬说成真的。当时我是什么样的人,我就写成什么样的人:当时我是卑鄙龌龊的,就写我的卑鄙龌龊;当时我是善良忠厚、道德高尚的,就写我的善良忠厚和道德高尚。万能的上帝啊! 我的内心完全暴露出来了,和你亲自看到的完全一样,请你把那无数的众生叫道我跟前来! 让他们听听我的忏悔,让他们为我的种种堕落而叹息,让他们为我的种种恶行而羞愧。然后,让他们每一个人在您的宝座前面,同样真诚地披露自己的心灵,看看有谁敢于对您说:'我比这个人好!'"

我于 1712 年生于日内瓦,父亲是公民伊萨克·卢梭,母亲是女公民苏萨娜·贝纳尔。祖父留下的财产本来就很微薄,由十五个子女平分,分到我父亲名下的那一份简直就等于零了,全家就靠他当钟表匠来糊口。我父亲在这一行里倒真是个能手。我母亲是贝纳尔牧师的女儿①,家境比较富裕;她聪明美丽,我父亲得以和她结婚,很费了一番苦心。他们两人的相爱,差不多从生下来就开始了:八、九岁时候,每天傍晚他们就一起在特莱依广场上玩耍;到了十岁,已经是难舍难分的了。两人心心相印和相互同情,巩固了他们从习惯中成长期来的感情。两人秉性温柔和善感,都在等待时机在对方的心里找到同样的心情,而且宁可说,这种时机也在等待着他们。因此两个人都心照不宣,谁也不肯首先倾吐衷肠:她等着他,他等着她。命运好像在阻挠他们的热恋,结果反使他们的爱情更热烈了。这位多情的少年,由于情人到不了手,愁苦万分,形容憔悴。她劝他去旅行,好把她忘掉。他旅行去了,但是毫未收效,回来后爱情反而更热烈了。他心爱的人呢,还是那么忠诚和温柔。经过这次波折以后,他们只有终身相爱了。他们海誓山盟,上天也赞许了他们的誓约。

我的舅舅嘉伯利·贝纳尔爱上了我一个姑母,可是我的姑母提出了条件:只有他的姐姐肯嫁给她自己的哥哥,她才同意嫁给他。结果,爱情成全了一切,同一天办了两桩喜事。这样,我的舅父便也是我的姑丈,他们的孩子和我是双重的表兄弟了。过了一年,两家各自生来一个孩子,不久便因事不得不彼此分手了。

贝纳尔舅舅是一位工程师:他应聘去帝国②和匈牙利,在欧仁亲王麾下供职。他后来在贝尔格莱德战役中建立了卓越的功勋。我父亲在我那唯一的哥哥出生之后,便应聘到君士坦丁堡去当了宫廷钟表师。我父亲不在家期间,我母亲的美丽、聪慧和才华③给她招来了许多向她献殷勤的男人。其中表现得最热烈的要算法国公使克洛苏尔先生。他当时的感情一定是非常强烈的,因为在三十年后,他向我谈

①事实上,卢梭的母亲是贝纳尔牧师的侄女。

②指奥地利哈布斯堡王朝的"日尔曼神圣罗马帝国"。

③就我母亲的出身来说,她的才华的确太绚烂多彩了。她的父亲是一个牧师,对她十分钟爱,在她的教育方面费了不少心血。她擅长绘画、唱歌,唱时能自己弹竖琴伴奏,她读过不少书,而且能写相当不坏的诗。当她的丈夫和哥哥不在家时,有一次,她同嫂嫂领着她们的孩子去散步,有人向她问起她们的丈夫,她就信口吟成这样的诗句:

> 不在我们身边的两位先生,
> 处处令我们觉得可爱可亲,
> 他们是我们的朋友和爱侣,
> 是我们的兄弟与夫君,
> 又是这些孩子的父亲。

——作者原注

起我母亲的时候还十分动情呢。但是我母亲的品德是能够抵御这些诱惑的,因为她非常爱她的丈夫,她催他赶紧回来。他急忙放下一切就回来了。我就是父亲这次回家的不幸的果实。十个月后生下了我这个孱弱多病的孩子。我的出生使母亲付出了生命,我的出生也是我无数不幸中的第一个不幸。

我不知道父亲当时是怎样忍受这种丧偶的悲痛的,我只知道他的悲痛一直没有减轻。他觉得在我身上可以重新看到自己妻子的音容笑貌,同时他又不能忘记是我害得他失去了她的。每当他拥抱我的时候,我总是在他的叹息中,在他那痉挛的紧紧拥抱中,感到他的抚爱夹杂着一种辛酸的遗恨:唯其如此,他的抚爱就更为深挚。每次他对我说:"让-雅克,我们谈谈你妈妈吧。"我便跟他说:"好吧,爸爸,我们又要哭一场了。"这一句话就使他流下泪来。接着他便哽咽着说:"唉!你把她还给我吧!安慰安慰我,让我能够减轻失掉她的痛苦吧!你把她在我心里留下的空虚填补上吧!孩子!若不是因为你是你那死去的妈妈生的孩子,我能这样疼你吗?"母亲逝世四十年后,我父亲死在第二个妻子的怀抱里,但是嘴里却始终叫着前妻的名字,心里留着前妻的形象。

赐给我生命的就是这样两个人。上天赋予他们的种种品德中,他们遗留给我的只有一颗多情的心。但,这颗多情的心,对他们来说是幸福的源泉,对我来说却是我一生不幸的根源。

我生下来的时候几乎是个死孩子,能否把我养活,希望很小。我身上还带着一种生来的病根,它随着年岁而加重,现在虽然有时稍微减轻,但那只是为了叫我换一种方式挨受更残酷的痛苦。我父亲有一个妹妹①,她是个聪明亲切的姑娘,她对我照拂备至,终于把我救活了。我写这本书的时候她还健在,不过已经是八十高龄的老人了,她还侍候着比她年轻、但因饮酒过度而损伤了身体的丈夫。亲爱的姑姑,我不怨你把我救转来让我活下去,我痛心的是,你在我年幼时尽心力照顾我,而我在你的晚年却不能有所报答。还有我那位亲爱的老乳母雅克琳娜,她也健在,精神矍铄,身体壮实。在我出生时给我扒开眼睛的手,很可能还要在我死的时候给我合上眼睛。

我先有感觉后有思考,这本是人类共同的命运。但这一点我比别人体会得更深。我不知道五六岁以前都做了些什么,也不知道是怎样学会阅读的,我只记得我最初读过的书,以及这些书对我的影响:我连续不断地记录下对自己的认识就是从这时候开始的。我母亲留下了一些小说,吃过晚饭我就和父亲读这些小说。起初,父亲不过是想利用这些有趣的读物叫我练习阅读,但是不久以后,我们就兴致勃勃地两个人轮流读,没完没了,往往通宵达旦。一本书到手,不一气读完是决不罢休的。有时父亲听到早晨的燕子叫了,才很难为情地说:"我们去睡吧;我简直比你还孩子气呢。"

这种危险的方法,不久便使我非但获得了极端娴熟的阅读能力和理解能力,还叫我获得了在我这样年龄的人谁也没有的那种关于情欲方面的知识。我对事物本身还没有一点儿概念,却已经了解到所有的情感了。我什么都还不理解,却已经感受到了。我接二连三感受到的这些混乱的激情,一点也没有败坏我的理智,因为我那时还没有理智,但却给我造成了一种特型的理智,使我对于人生产生了荒诞而奇特的看法,以后不管是生活体验或反省,都没能把我彻底纠正过来。

到了1719年夏季的末尾,我们读完了所有的那些小说。当年冬天又换了别的。母亲的藏书看完了,我们就拿外祖父留给我母亲的图书来读。真幸运,里面有不少好书;这原是不足为奇的,因为这些图书是一位牧师收藏的,按照当时的风尚,牧师往往是博学之士,而他又是一个有鉴赏力、有才能的人。勒

---

①指苏萨娜·卢梭,即贡赛路夫人。

苏厄尔著的《教会与帝国历史》、包许埃的《世界通史讲话》、普鲁塔克的《名人传》、那尼的《威尼斯历史》、奥维德的《变形记》、拉勃吕耶的著作、封得奈尔的《宇宙万象解说》和《死人对话录》①，还有莫里哀的几部著作，一齐搬到我父亲的工作室里来了。每天父亲工作的时候，我就读这些书给他听。我对这些书有一种罕有的兴趣，在我这个年纪便有这样一种兴趣，我一遍又一遍，手不释卷地读他的作品，其中的乐趣总算稍稍扭转了我对小说的兴趣；不久，我爱阿格西拉斯、布鲁图斯、阿里斯提德②便甚于爱欧隆达特、阿泰门和攸巴③了。由于这些有趣的读物，由于这些书所引起的我和父亲之间的谈话，我的爱自由爱共和的思想便形成了；倔强高傲以及不肯受束缚和奴役的性格也形成了；在我一生中，每逢这种性格处在不能发挥的情况下，便使我感到苦恼。我不断想着罗马与雅典，可以说我是同罗马和希腊伟人在一起生活了。加上我自己生来就是一个共和国的公民，我父亲又是个最热爱祖国的人，我便以他为榜样而热爱起祖国来。我竟自以为是希腊人或罗马人，每逢读到一位英雄的传记，我就变成传记中的那个人物。读到那些使我深受感动的忠贞不二、威武不屈的形象，就使我两眼闪光，声高气壮。有一天，我在吃饭时讲起西伏拉④的壮烈事迹，为了表演他的行动，我就伸出手放在火盆上，当时可把大家吓坏了。

我有一个比我大七岁的哥哥。那时，他正学我父亲那一行手艺。由于家人对我过分疼爱，对他就未免有些漠不关心，这样厚此薄彼，我并不赞成。这种漠不关心影响了他的教养。还不到放荡的年龄，他就真正放荡起来了。后来把他送到别的师傅那里去学艺，他依旧像在家里一样经常跑出去。我几乎根本见不着他，只能勉强说我跟他相识罢了；但我确实非常喜爱他，他也像一个顽劣少年能爱别人似的爱我。记得有一次，父亲生气了，狠狠地打他，我急忙冲到他们两人中间，紧紧地搂住他，最后，父亲只好把他饶了；这也许是因为我连哭带喊，弄得父亲没有办法，也许是不愿意叫我比哥哥吃更大的苦头。后来我的哥哥越来越堕落下去，终于由家里逃走，一去无踪。过了一些时候，才听说他在德国。他连一封信也没给家里来过。从那时候起，就再没得到他的消息，这样一来，我就成为我父亲的独子了。

如果说这个可怜的孩子的教养从小被忽略了，他的兄弟可就不是那样了。即便是国王的儿子，也不会像我小时候那样受到无微不至的关怀和周围人们的钟爱；非常罕见的是，我是一个一向只被人特别疼爱而从来不曾被人溺爱的孩子。在我离开家庭之前，从来没有让我单独在街上和其他孩子们一起乱跑过，也从来没有抑制或放任过我那些稀奇古怪的脾气，这些古怪脾气，有人说是天生的，其实那是教育的结果。我有我那个年龄所能有的一些缺点；我好多说话，嘴馋，有时还撒谎。我偷吃过水果，偷吃过糖果或其他一些吃食，但我从来不曾损害人，毁坏东西，给别人添麻烦，虐待可怜的小动物，以资取乐。可是我记得有一次，我曾趁我的一位邻居克罗特太太上教堂去的时候，在她家的锅里撒了一泡尿。说

---

①勒苏厄尔(1602—1681)，法国新教牧师与教会史作家；包许埃(1627—1704)，法国传教士，专制政体的思想家；普鲁塔克(约46—120)，古希腊传记作家；那尼(1616—1678)，威尼斯共和国历史学家和政治家；奥维德(公元前43—17)，古罗马诗人；拉勃吕耶(1645—1696)，法国作家；封得奈尔(1657—1757)，法国作家。

②阿格西拉斯、布鲁图斯、阿里斯提德均为古希腊、罗马时代的人物。其传记见普鲁塔克的《名人传》。

③欧隆达特、阿泰门、攸巴是当时三部流行小说中的人物；作者为17世纪法国贵族社会的作家斯居台里和卡尔普勒奈。

④西伏拉是罗马英雄。根据传说，当伊特拉坎人于公元前507年包围罗马时，他曾前往行刺侵略者的国王波森纳，但认错人，刺死了国王的助手，他在被逮捕审问时，把手勇敢地放在火盆上烧，一声不响，以显示罗马人抵抗侵略的决心。

真的,我至今想起这件事还觉得十分好笑,因为那位克罗特太太虽然是个善良的女人,但实在可以说是我一生中从没有遇见过的爱唠叨的老太婆。这就是我幼年时期干过的种种坏事的简短而真实的历史。

既然我所见到的人都是善良的榜样,而我周围的人又都是最好的人物,我怎能变坏了呢?我的父亲,我的姑姑,我的乳母,我的亲戚,我们的朋友,我们的邻居,总之所有跟我接近的人,并不都是一味地顺从我,而是爱我,我也同样爱他们。我的遐想很少受刺激和拂逆,因此我竟觉得我根本没有什么遐想。我敢发誓,在我没有受到老师辖制以前,从来不知道什么叫做幻想。我除了在父亲身边念书写字以及乳母带我去散步的时间以外,别的时间总跟姑姑在一起,在她身边坐着或站着,看她绣花,听她唱歌,我心中十分快活。姑姑为人好说好笑,很温柔,容貌也可爱,给我留下了极为深刻的印象,她的精神、目光和姿态,如今还都历历在目,她跟我说的那些惹人欢喜的话至今也还记得。我可以说出她那时穿的衣服和她的发髻式样,当然也忘不了她两鬓上卷起的两个黑发小鬈,那是当时流行的式样。

我对于音乐的爱好,更确切地说,我在很久以后才发展起来的音乐癖,确信是受了姑姑的影响。她会唱无数美妙的小调和歌曲,以她那清细的嗓音,唱起来十分动听。这位出色的姑娘的爽朗心情,可以驱散她本人和她周围一切人的怅惘和悲愁。她的歌声对我的魅力是那样大,不仅她所唱的一些歌曲还一直留在我的记忆里,甚至在我的记忆力已经衰退的今天,有些在我儿童时代就已经完全忘却了的歌曲,随着年龄的增长,又浮现在我的脑海中,给了我一种难以表达的乐趣。谁相信,像我这样一个饱受焦虑和苦痛折磨的老糊涂,在用颤巍巍的破嗓音哼着这些小调的时候,有时也会发现自己像个小孩子似的哭泣起来呢?特别是其中有一支歌,调子我清清楚楚想得起来,可是它那后半段歌词,我却怎么也想不起来了,虽然它的韵脚还隐隐约约在我脑际盘旋。这支歌的开始和我所能想起来的其余几句是这样:

> 我真没有胆量啊,狄西!
> 再到那小榆树下,
> 倾听你的牧笛;
> 因为在我们的小村里,
> 已经有人窃窃私议。
> ……
> ……一个牧童,
> ……一往情深;
> ……无所畏惧①,

为什么我一回忆起这支歌曲,就产生一种缠绵悱恻的感情?这种奇异的情趣,我真是百思不得其解。然而,我怎样也不能把这支歌曲一气唱到底,而不被自己的眼泪打断。我曾无数次打算写信到巴黎去,请人设法补全其余的歌词,如果有人还能记得的话。但是,我几乎可以断定,假如我准知道这支歌曲除了我那可怜的苏森姑以外,还有别人唱过,那么,我这种一心要追忆这支歌曲的乐趣,恐怕就会消失

---

①本书1834年的版本补正如下:
心儿是冒着危险的,
如果对一个牧童
太那么一往情深。

大半。

这就是我踏入人世后的最初的感情;这样,我就开始养成或表现出一种既十分高傲而又非常温柔的心灵,一种优柔怯懦却又不受约束的性格,这种性格永远摇摆于软弱与勇敢、犹疑与坚定之间,最后使我自身充满了矛盾,我连节制与享受、欢乐与慎重哪一样都没有得到。

——黎星,译.人民文学出版社,1982.

浮士德(节选)

第二场

城堡内院

四周为中世纪富丽的幻想式建筑物所包围。

合唱队长

你们轻率、愚蠢的地地道道的女流!
只能受制于眼前,听凭气候的玩弄,
不论是幸与不幸! 你们对于这两者
都不能沉着应付。你们总有人对别人
进行激烈的反对,别人又反唇相讥;
是喜是悲,同一个调子嬉笑悲啼。
现在住嘴吧! 且洗耳恭听,听我们王后
为她和我们作出何种高尚的决定。

海 伦

你在哪里,皮托尼萨①? 不管你叫什么?
从这阴郁的城堡的拱顶室里出来吧。
如果你去对那位不可思议的英主
报告我已经莅临,叫他准备欢迎我,
我就感激不尽,快领我进去见他;
我很想结束漂泊的生涯。我很想安静。

合唱队长

王后,你向四面环顾,总是徒然;
那个丑女人已经不见,也许她滞留在
那边的雾中,我们从那里不知怎样

---

①希腊得尔福(古名皮托)阿波罗神庙作预言的女祭司。福耳库阿斯没有说她的名字,故海伦这样称她。

就来到此处,来得很快,却并未走动。
也许她正在这座由许多建筑奇妙地
合成一体的城堡的迷路上迟疑地彷徨,
去寻访主上,要求王家的欢迎仪式。
瞧那上边,已有许多人拥拥挤挤,
在回廊里面,在窗口,在大门口,大家
来来去去地走动,很多很多的仆役;
预示他们正准备隆重地欢迎贵宾。

合唱

我觉得多开心! 请看看那一边①,
一大群好青年排好了队伍,
迈着悠闲的步伐,恭敬地、
文雅地走下来。是谁的命令
叫这些堂堂的年轻的小伙子
这么早就编好队伍而降临②?
什么最可人? 是优美的步武?
是飘在光亮的鬓边的发鬈发?
还是那像红桃一样的双颊?
那上面还生着柔软的汗毛。
我真想咬一口,可是我又害怕;
因为我上过当,只弄得满嘴里
都是灰③,
说起来真可恶!
可是最美的
已经走来;
拿来了什么?
宝座之梯,
毛毡和坐椅,
帷幕和华盖
一类之物。
它飘拂在

---

①这一段合唱,原文用抑抑扬格,四步体,仿希腊诗中的进行曲格律。
②合唱队从没有见过侍童列队而行,以为这样年轻的人就老早当兵,故感到诧异。
③传说四海沿岸的罪恶城市所多玛产有一种苹果,外表很好看,摘下来就成灰(Sodomsapfel)。这里合唱队把年轻人的脸蛋比作所夺玛苹果,寓有以色为戒之意,或怀疑他们跟自己一样也是虚幻的形象。

我们王后头上，

像一朵祥云，

她已被接待，

坐在华丽的椅垫上。

你们过来，

一步一步

认真排好。

应当，应当，应当加倍

祝福这样的欢迎！

（按合唱队所说者逐步进行。）

（浮士德，在少年和侍童排成长队下来以后，出现在台阶上面，身穿中世纪骑士式宫廷服装，慢慢地、庄严地走下来。）

合唱队长（很注意地观看他。）

如果天神并排像寻常一样，只是

短暂的时期把这种令人惊叹的姿态，

这种高尚的举止，这种可爱的风采，

临时赋予他，那么不管他干啥，

每一次都会成功，无论是跟男的交战，

或是跟美貌妇女进行小小的交锋。

被高度评价的人，我亲眼见过许多，

我觉得他确实比其他许多人更胜一筹。

瞧这位王者迈着从容、严肃、恭敬、

沉着的步伐走来；转身作礼吧，王后！

浮士德（身边带着一个被绑着的人走来。）

我本该向你致以崇高的敬礼，

表达恭敬的欢迎，现在却带上

这个用锁链紧紧缚住的奴仆，

他玩忽职守，使我有失远迎。

在这里下跪！对这位崇高的王后

坦白招认你所犯下的罪行。

我的高贵的女主，这一个男子

具有稀世的眼力，我派他守在

高塔上瞭望四方，远处的天空，

辽阔的大地,都要敏锐地侦察,

看这边那边有什么应当汇报,

从丘陵直到谷中坚固的城堡,

有什么动静,不论是牛羊的往来

或者也许是敌兵;前者要保护,

后者要迎击。今天,他多么疏忽!

你来了,他没有报告;使我未能

尽我的责任,恭恭敬敬地欢迎

这样高尚的贵宾。他大胆丢了

自己的性命,该让他卧在血泊中

接受应得的死刑;可是只有你

可以随意给他惩罚或饶赦。

海伦

你授予我这么高的地位,

叫我当法官,叫我当女主,据我

推测,无非是试试我的本领;

我就来执行法官的首要任务,

先听被告的申辩。你且讲吧!

守塔人林叩斯①

让我下跪,让我瞻顾,

让我死去,让我生存,

我对这位天赐的妇人,

已经完全听凭她作主。

我窥探地注视东方,

等待日出时的欣喜,

想不到不可思议的太阳

却突然间从南方升起。

我把视线转向那边,

不看峡谷,不看山冈,

不看大地,不看辽天,

只探视这唯一的太阳。

---

①希腊神话中原来有一位英雄叫林叩斯(Lynkeus),以目光敏锐闻名。此处借用其名。

就像高树上的山猫，
我有那种锐利的眼光，
如今却要吃力地观瞧，
像从昏梦中醒来一样。

我真有点捉摸不定，
城垛？高塔？关着的门？
雾气迷漫，雾气消隐，
竟出现了这位女神。

眼望着她，心对着她，
我吸收她柔和的辉光；
这美色的耀目的光华，
直刺得我眼花目盲。

我忘记了守望的责任，
忘记吹号的本分工作；
请你从严，让我丧命，
美色能熄灭一切怒火。

海　伦

由我造成的过失，我不能加以
惩罚。我真倒霉！苛酷的命运
纠缠住我，到处把男子的心
蛊惑得这样，使他们顾不得自己，
顾不得任何大事。总是抢夺啊，
勾引啊，战斗啊，带到东又带到西，
半神、英雄、天神、甚至恶灵①，
他们都领着我去各处漂流。
单身时搅乱世界，双身时更糟；
如今三重身，四重身②，祸上加祸。

---

①半神指忒修斯，英雄指帕里斯，天神指赫耳墨斯，恶灵指福耳库阿斯。
②单身指她在斯巴达的阶段，造成特洛伊战争。双身指她真身在埃及，化身在特洛亚。三重身指她最近回到斯巴达（或谓与阿喀琉斯结婚，是为三重身）。四重身指她现在来到阿耳卡狄亚浮士德的城堡。

把这个好人带走，将他释放；
耻辱不加于被神①迷惑的人。

浮士德

女王，我不胜惊讶，同时看到
准确的射手和那中箭的人；
我看到那张弓，射出爱情之箭，
射伤了他。一支接一支的箭
也射中了我。我觉得城堡之中
羽箭横飞，到处有鸣镝之声。
我算个什么？你在一刹那之间
使我的忠良背叛，使我的城墙
不稳。我已经担心我的军队
会服从你这常胜不败的夫人。
我有何良计，除了把自己和妄想
属于自己的一切全奉献给你？
让我跪在你足边，坦率而忠诚，
承认你做我的女主，你一进来，
立即赢得了我的财产和王位。

林叩斯（带来一只箱子，后面跟着一些人，搬着其他的箱子。）
女王，我又回到你面前！
富人求你赐以一见，
他见到你，就觉得自己
贫如乞丐，富比天子。

我当初如何？现在如何？
想望什么？该做什么？
锐利的眼光无所作为！
碰到你宝座就要缩回。

我们是从东方而来，
来到西方泛滥成灾；
民族大军浩浩荡荡，

---

①指爱神，即下文中的射手。希腊神话中的小爱神手持弓箭，为彼金箭射中者即坠入情网。

前面不知后面的情况。

第一个倒下,第二个跟上,
第三个拿起手中的枪。
人人奋起百倍的勇气,
死者成千,毫不在意。

我们推进,我们直闯,
一处一处称霸称王;
今天在某处发号施令,
明天又被别人占领。

我们四顾——仓皇四顾,
有的抓去最美的妇女,
有的抓去健步的公牛,
马匹也要全部带走。

我却喜爱到处搜寻
人所未见的稀世珍品;
别人所占有的东西,
对我只像枯草而已。

我只一味探索珍宝,
凭我的眼光,明察秋毫,
我能看出囊中之物,
也能透视任何衣橱。

我获得了大堆金子,
尤以宝石最为华丽:
绿宝最宜佩在你胸前,
使你显得碧绿新鲜。

在你耳朵和嘴之间,
可用海底的珍珠装点;
红宝恐怕容身不得,

你的红颊使它失色。

我把这些无上的珍藏，
献到你的宝座之上；
几次血战获得的战利品，
也要拿到你面前献呈。

我拖来了这许多箱子，
还有铁箱不可胜计；
你如允许我随侍身旁，
我将装满你的库房。

因为你一登上王位，
智慧、财富以及权威
全要对你低首下心，
朝拜你这唯一的天人。

我珍藏这些，作为私有，
如今放手，归你所有；
我曾当作贵重值钱，
如今觉得非常微贱。

我的所有，全部消亡，
像割下的枯草一样。
请高兴地过目一下，
让它恢复原有的真价！

浮士德
快搬走这些大胆弄来的东西，
虽不受责怪，却也不能受表扬。
在这城堡内部收藏一切
已属于她；特别提出来呈献，
无此必要。去把宝物堆叠得
齐齐整整。布置出一幅美景，
显示罕见的荣华！让这座拱顶

像晴空一样辉煌,用无生命之宝
建成一座有生命的天堂。
赶在她举步之前,给她铺上
一幅幅华丽的地毯;让她的脚步
踩着柔软的地面;视线接触到
不使神仙刺眼的、无上的光辉。

林叩斯

主人命令的是区区小事,
仆人办的也只是儿戏:
这位美人的高超的心志,
生命财产都受其统治。
整个军队已对她效忠,
刀剑都失锋,不起作用。
对着这个壮丽的形象,
太阳也显得寒冷无光,
对着她这盈盈的秋波,
一切都显得空虚薄弱。(下。)

海　伦(对浮士德)

我想要跟你谈话,请你上来,
靠在我的身旁! 这个空位
等主人就座,好使我坐得安稳。

浮士德

先让我跪下,允许我向你敬献
悃诚,高贵的夫人;你邀我就座,
让我对你这高抬的贵手亲吻。
确定我做你这个无边王国①的
共同统治者,请你将我录用,
我一身兼任崇拜者、臣仆和侍卫。

海　伦

我看到、听到各种各样的奇事,

---

①美的王国。

不胜惊异,我要问好些问题。
我先要请问,为什么此人的言语
使我感到异样①,异样而亲切。
一个音和另一个音好像相呼应,
头一句话刚刚听得很悦耳,
另一句话又跟来向它调情。

浮士德

我们国民的语调已使你喜爱,
唱起歌来也一定使你高兴,
它能使耳和心彻底得到满足。
最好的办法是我们赶快练习;
对口答话②尽可以呼之而出。

海　伦

请问我怎样能说得这样好听?

浮士德

这很容易,必须要言出由心。
如果胸中充满热情的向往,
就要四顾而发问——

海　伦

谁与同享。

浮士德

心灵就不瞻望未来,不回顾过去,
只有现在才是——

海　伦

我们的幸福。

---

①海伦听到林叩斯的诗句押韵,感到异样。因为古希腊诗不押韵。
②歌德在《东西诗集》的《苏来卡篇》中这样写道:"据说是贝朗古尔发明押韵,他欣然说出纯洁的心里的话;他一生中的女友迪拉腊姆,立即用用样的词儿和音调回答他。"

浮士德

现在是珍宝、高利、财产、担保品；

可是由谁来批准？

海 伦

我的手就行①。

合 唱

谁猜忌我们的王后？

她对城堡的主人

作出友好的表示。

老实说，我们大家

像往常一样，依旧是俘虏，

自从伊利俄斯屈辱地

沦亡，自从踏上忧患的

迷惘的征途以来。

惯尝男子之爱的妇女，

虽不能自由选择，

却有辨别的眼光。

不论金发的牧人，

黑鬃毛的森林之神，

一遇到适当的机会，

就献出丰满的肢体，

对他们一视同仁。

他们俩坐得越来越近，

互相偎依在一起，

肩并肩，膝并膝，

手搀手，摇摇晃晃，

坐在垫得厚厚的、

华丽的宝座之上，

身居高位，竟将

内心的欢喜

---

①以上海伦和浮士德的八行对话用双行押韵。是以诗的形式暗示北欧文化和希腊文化的融合。

在众目睽睽之下
放纵地显露无遗。

海　伦
我觉得身在远处,却又在近处①,
我只想说:我现在此处! 此处!

浮士德
我觉得闷气、发抖、口舌粘滞;
像做梦,时间和空间全都消失。

海　伦
我像已过时,却又像开始新生,
跟你融合,忠于你这位陌生人。

浮士德
唯一的运命,不要想得太复杂!
生存是义务,哪怕只有一刹那。

福耳库阿斯(慌张地走来)
拼读恋爱的识字课本,
嬉戏地探讨调情的学问,
在探讨中悠闲地调情,
可是已经没有时间。
你们没留意隐隐的雷声?
请你们听听喇叭之声。
你们的毁灭已经不远。
墨涅拉斯率领大军②。
浩浩荡荡向你们逼近;
赶快准备鏖战一场!
你被征服的大军包围,
像代福玻斯被搞成残废,
这是保护女性的下场。

---

①海伦是古代希腊人,跟德国中世纪的骑士世界相隔很远,但却觉得非常亲近,感到浪漫派爱情的奇异的喜悦。
②靡非斯特的虚声恫吓。

先把那些贱货①吊死,

然后为了将王后处死,

将利斧放在祭台之旁。

浮士德

大胆的干扰!令人可恶地闯了进来;

在危急时期我也不愿作无谓的慌张。

最美的使者,报忧会使他变得丑陋;

你是最丑者,只爱报告不好的消息。

这次却不能得逞;你尽管口吐虚言

制造恐怖的气氛。这里并没有危险,

即使有危险,也不过是一场虚惊。

(信号,从塔楼上传来的炮声②、喇叭声、木笛声、军乐、大军经过声。)

浮士德

你就会看到勇士相聚,

济济成群,团结一心:

只有大力保护妇女,

才配获得妇女的爱情。

(对离开纵队走向前来的指挥官们。)

抑制住沉静的愤怒心情③,

会确保你们获得胜利,

你们,北方的年轻的群英,

你们,东方的精华的实力。

身披钢甲,光辉灿烂

击破一国一国的大军,

他们走来,大地震撼,

他们走过,雷鸣殷殷。

我们在皮罗斯④登陆,

---

①指合唱队。

②原文 Explosionen,译为炮声,与时代不合,故 Loeper 认为应解释为军乐的突然吹奏。此处仍译为炮声。

③受军纪约束。

④皮罗斯墨塞涅的海港。荷马史诗中的老将涅斯托耳就是皮罗斯的统治者。《伊利亚特》第四歌。

老涅斯托耳已不在世上，
我们的军队无拘无束，
击溃所有的各个小邦。
赶快去把墨涅拉斯
从城墙边逐回大海；
让他在那里抢掠袭击，
这是他的命运和喜爱。

是斯巴达女王陛下
命我向各位将帅问好；
把山河献给她的足下，
新得的国土给你们酬劳。

日耳曼人①！科林斯海港
由你们去筑垒防守；
多峡谷的阿开亚②地方，
哥特人，由你们去战斗。

法兰克人开往厄利斯③，
墨塞涅④由萨克森人应战，
诺尔曼人去歼灭水师，
扩充阿耳戈利斯⑤地盘。

然后就可以各自安居，
向外发扬你们的威光；
而斯巴达是女王故土，
却高高地君临万方。

她将看你们各自安守
封疆，享受一切福祉；

①歌德在此处将日耳曼人作为一个部落的族名使用，不确。实际，以下的哥特人、法兰克人、萨克森人、诺尔曼人均包括在日耳曼人之内。
②阿开亚为希腊伯罗奔尼撒半岛的北部海岸地方。
③厄利斯维伯罗奔尼撒半岛的西部海岸的地方。
④伯罗奔尼撒半岛的西南部地方。
⑤伯罗奔尼撒半岛东北部沿海平原。

你们可在她足下要求

给你们保证、权利和指示。

（浮士德走下来,诸侯们围成一圈,更进一步接受命令和指示。）

合 唱

谁想要弄到绝世美人,

最有效的办法

是首先精明地谋求武器;

光靠嘴巴他也许能骗到

人世间的至宝;

可是却不能安稳保牢;

阴险者会用计把她骗去,

强人会大胆把她抢去,

他要小心加以提防。

因此我赞美我们的主上,

我认为他比别人崇高,

他贤明地团结勇敢的人,

使强者都唯命是从,

随时听他指使。

忠实地执行他的命令,

这对他们自己有利,

也可以得到主上赏谢,

双方都获得至高的荣誉。

现在谁能把她从这位

强力的主人手里夺去?

她是他的人,希望如此,

我们加倍希望如此,

因此他内用坚城,外用大军,

保卫她,也一起保卫我们。

浮士德

人人都授以领土一份,

给在座勇士们的奖赏

165

巨大而豪华;让他们出征!
我们两人守在中央①。

半岛②啊,他们争着保卫你,
你的四周波涛澎湃,
你以轻松的连山③连接
欧洲最后④的高山支脉。

超越天下万国的此邦⑤,
愿它给各族人民赐福,
它早已盼望我的女王,
现在成为女王的领土。

听欧洛塔斯河芦荻之声,
她辉煌地破卵出世⑥,
她的眼光闪闪刺人,
凌驾她的母亲和兄弟⑦。

我们此邦,它只向你
献出它的最美的花朵;
哪怕全球都属于你,
请你先爱你的祖国!

尽管山背上的锯齿形山顶
还在忍受太阳发出的冷箭,
岩边已可以看到绿意清新,
山羊在贫乏的草地上大啖。

泉水涌进,汇成奔腾的小川,

---

①阿耳卡狄亚。
②原文 Nichtinsel 即半岛之意,指伯罗奔尼撒半岛。
③科林斯地峡。
④最南端的。
⑤此邦指阿耳卡狄亚。
⑥海伦从欧洛塔斯河岸上的天鹅蛋中破卵而出世。
⑦母亲指勒达,兄弟指卡斯托耳和波吕丢刻斯。

溪谷、山坡、草地已碧绿青葱。
在断断续续的无数丘陵上面，
可以看到分布的羊群移动。

长角的牛，非常小心慎重，
分头向着险峻的悬崖走去；
凹陷的岩壁形成无数山洞，
可供一切牲畜躲避风雨。

那里有牧神保护，活泼的水仙
在谷间滋润、爽朗的林莽中栖身，
密密麻麻的树木伸出枝干，
好像对上空怀着向往之情。

古老的森林！挺着雄姿的橡树
将它自己的树枝任意交合，
饱含甘美汁液的婀娜的枫树，
清纯地高升，摇弄着它的枝叶。

在那静静的树阴，微温的母乳
涌出乳房，喂哺羔羊和娃娃；
平原熟食的果实就挂在近处，
剜开小洞的树干有蜂蜜滴下。

这里的传统就是安乐，
面颊和嘴都很明朗，
人人长生不死，各安其所①：
他们都很满足而健康。

娇儿在纯洁的生涯中长成，
都能学到父亲的本领。
我们很吃惊；总是禁不住要问：
他们到底是神？是人？

_____

①世世代代住在同一处地方，上一代的一切都保存在下一代身上，人人都生活在理想的仙乡，满足而健康，没有死的恐惧，故云不死。

所以阿波罗化为牧人之姿①，

最美的牧人就像他一样；

只要清净的地境受自然统治，

一切世界都沟通交往②。

（坐到海伦身旁）

这样你我都能称心如意；

让我们把过去的一切丢开！

记住你是最高之神③的后裔，

唯有你才是属于第一世界。

坚固的城堡关闭你不住！

斯巴达邻邦阿耳狄亚④，

形成了永葆青春的一区，

让我们去过欢乐的生涯。

你被吸引到福地去栖身，

遁入快活的命运中悠游！

我们的宝座化为凉亭，

让我们享受乐园式自由！

——钱春绮,译.上海译文出版社,2007.

阴谋与爱情(节选)

第二场

公爵的一名老侍从捧着首饰匣。

前场人物。

侍　从　公爵殿下向夫人致意,派我送来这些钻石作为您结婚的礼物。它们刚从威尼斯运到这里。

夫　人　（揭开首饰匣,惊讶得往后退）天哪！公爵为这些宝石花了多少钱？

侍　从　（脸色阴沉地）没花一个子儿。

夫　人　什么？你疯了吗？没花一个子儿？——瞧你（从老人身边后退了一步）——怎么这样瞪着我,

①阿波罗在青年时曾在忒萨利亚为阿德墨托斯放牧。
②神变得像人一样,人也变得像神一样。
③宙斯。
④阿耳卡狄亚在伯罗奔尼撒半岛中部,古代即已被认为是理想的仙乡。

好像要看穿我一样！——这些无价之宝没花他一个子儿？

侍　从　昨天，又有七千子弟出发去美洲①——他们偿付了一切。

夫　人　（突然放下首饰匣，急步穿过大厅，一会儿又回到侍从跟前）喂，你怎么啦？我看，你在哭？

侍　从　（擦干眼泪，浑身战栗，嗓音凄惨）这儿的宝石——我也有几个儿子跟着去了。

夫　人　（一怔，转开脸，握住老人的手）总不会有谁被迫的吧？

侍　从　（狂笑）呵，上帝——不——全是心甘情愿！当时有那么几个多嘴的小伙子走出队列，问上校，公爵将他们卖出去多少钱一对？——谁知咱们仁爱无比的国君命令所有团队一齐开到阅兵场上，当众枪决了那几个快嘴多舌的小子。我们听见劈劈啪啪一阵枪响，看见他们的脑浆飞溅在广场的石头地上，与此同时全军齐声呼喊：嗨嘿，去美洲啰！——

夫　人　（震惊，跌倒在沙发上）上帝！上帝！——我却什么也没听见！我却什么也没察觉！

侍　从　是喽，夫人——不然在擂响起程鼓的时候，您和咱们主上干吗偏偏要去追捕狗熊呢？——您倒是真不该错过那辉煌的场面！当刺耳的鼓声向我们宣布，出发时间到了，便只见这儿一群哭喊着的孤儿在追赶还活着的父亲，那儿一个母亲发了疯，正跑上前准备把尚在吃奶的婴儿串在刺刀上去；为了把新婚的夫妇分开，军官们只好用刀劈；咱们老头子只好绝望地站在原地，临到最后也把手杖仍给孩子们，让手杖陪伴他们到新世界去——呵，鼓声一直擂得震天价响，为的是全能的主听不见我们的祷告声——

夫　人　（从沙发上站起，激动异常）把这些钻石拿走——它闪闪灼灼，把地狱的火焰射进了我心里！（温和地转向侍从）别太难过，可怜的老人。他们会回来的。他们会再见到自己的祖国。

侍　从　（动情地，专注地）只有上帝知道！他们会的！——到了城门口他们还转过身来高呼："上帝与你们同在，老婆和孩子们——咱们的国君万岁——等到接受上帝审判之日，咱们会回来的！"——

夫　人　（大步绕室急走）可耻！可怕！——他们骗我说，我已拭干了公国所有的眼泪——现在我算睁开了眼睛——去吧——去告诉你的主上——我将当面向他道谢！（侍从准备退下，她将自己的钱包扔进他帽子里。）拿去吧，作为你对我说了真话的报答——

侍　从　（轻蔑地将钱包扔回桌上）请留下，对您来说是不会嫌多的。（下）

夫　人　（惊讶地目送着他）索菲，快追上去，问他叫什么名字。我要让他再见到他的儿子。（索菲下。夫人沉思着走上走下。少顷，对重新上场的索菲）最近不是传说边境上有座城市发生了火灾，使得四百个家庭沦为乞丐了吗？（按铃）

索　菲　你怎么突然想到这个？是有这么回事，那些不幸的人现在多数成了他们债主的奴隶，不然就在公爵的银矿里卖命。

仆　人　（走进来）夫人有何吩咐？

夫　人　（把首饰匣递给他）立刻送到市里去！——马上换成现钱，我命令；然后把换来的钱分给那四百户遭了火灾的穷人。

索　菲　夫人，您考虑考虑，您这样做会失去公爵的恩宠的。

夫　人　（庄严地）难道要我头上戴着全国的诅咒吗？（挥手示意仆人离去）或者你愿意这些眼泪凝成

---

①美国独立战争期间，德国的诸侯们曾出卖农奴给英王乔治三世作炮灰。

的可怕首饰压得我倒下吧?——去,索菲——还是头上戴一些假珠宝,心里意识到做过这样的善事更好。

索 菲　可刚才那样的珠宝!难道您不能拿您次一点的去卖吗?不,真的,夫人,你那样做太不该!

夫 人　傻丫头!这样做了,刹那间我便得到了更多的钻石和珠宝,比十个国王戴在王冠上的还更多,还更美——

仆 人　(又走进来)封·瓦尔特少校到。

索 菲　(冲向夫人)天哪!您有多苍白——

夫 人　这是第一个使我惊慌的男人——索菲——我不舒服,爱德华①——等一等——他开心吗?他面带笑容吗?他说什么来着?呵,索菲!我很难看,是不是?

索 菲　我求求您,夫人……

仆 人　您吩咐我打发他走吗?

夫 人　(结结巴巴地)说我欢迎他。(仆人下)告诉我,索菲——我对他讲什么好?我怎样接待他?——我会哑口无言的。——他将讥讽我软弱——我心多么虚啊——你要离开我吗,索菲?——留下——唉不!走吧!——还是留下好些。(少校穿过前厅,走进屋来)

索 菲　精神一点!他已经来了。

第三场

斐迪南·封·瓦尔特。前场人物。

斐迪南　(微微一鞠躬)要是我打扰了您,夫人……

夫 人　(心激烈跳着)一点也没有,少校先生,您来再好不过。

斐迪南　我来是奉家父之命……

夫 人　我该感谢他。

斐迪南　奉他之命告诉您,我俩将要结婚——父亲吩咐的就这些。

夫 人　(失色,战栗)不是您自己的心愿吗?

斐迪南　大臣们和拉牵做媒的人一样,从来不问这个。

夫 人　(惊惧,语塞)而您自己就没有一点补充的话吗?

斐迪南　(瞅了使女一眼)还有很多,夫人。

夫 人　(示意索菲,索菲退出)可以请您坐在这张沙发上吗?

斐迪南　我尽量简短,夫人。

夫 人　喏?

斐迪南　我是个堂堂男子汉。

夫 人　我敬重这样的男人。

斐迪南　是个骑士。

---

①仆人名。

夫 人 在公国里出类拔萃。

斐迪南 还是位军官。

夫 人 (讨好地)您只是提到这些还有其他人与您同样具备的优点。您干吗对那些您更加重要的独特之处,避而不谈呢?

斐迪南 (冷冷地)我在这儿用不着它们。

夫 人 (越来越恐惧)可是,我该如何理解您这开场白呢?

斐迪南 (缓慢而加重语气)理解为自尊心的抗议,如果您真有兴趣来强迫我娶您的话。

夫 人 (生气地)这是什么话,少校先生?

斐迪南 (从容地)我心里的话——我族徽的话——这把宝剑的话。

夫 人 这把宝剑是公爵赐给您的。

斐迪南 是国家假公爵之手将它给了我——我的心就是我的上帝——我家庭的纹章已有五百年历史。

夫 人 公爵的名字……

斐迪南 (激动地)公爵难道能歪曲人类的准则,或者像铸造他的三分铜币一样任意支配人的行动吗?——他自己不威严、崇高,却能够用金子堵住尊严的嘴巴。他可以用银鼬皮袍遮盖他的耻辱。我请求别再扯这些,夫人——这儿要谈的不再是抛弃了的前程和祖先——不再是这剑上的穗子——不再是世人的看法。我作好了准备,一当您能证明,获得的奖赏不低于付出的代价,上面说的一切我通通可以抛弃。

夫 人 (痛心地离开他)少校先生!我不配让你作出这么大的牺牲。

斐迪南 (抓住她的手)请原谅。我们在这儿谈话没有第三者。使您和我今天——除了今天再也不会——走到一起来的情况迫使我,使我有理由对您不再隐讳我心灵深处的情感。——我真不敢相信,夫人,一位这么美丽、这么富有灵气的女子——她这些品质会得到男人的尊重——怎么可能委身于一位公爵,这位公爵只懂得欣赏她的肉体;这个女子怎么不害羞,竟然同时又向另一位男子献上她的心。

夫 人 (睁大眼睛瞪着他的脸)痛痛快快地说完吧。

斐迪南 您自称是一个英国人。恕我冒昧——我不能相信您真是英国人——一个天底下最自由的人民的生而自由的女儿。她太骄傲了,对别国的德行尚且不屑一顾,受其影响,更永远别提会附和他人的罪孽呐。不可能,您不会是一位英国女子——要不,您这英国女人的心必定太小太小,不配有真正英国女子豪迈而勇敢地跳动的脉搏!

夫 人 您说完了吗?

斐迪南 有人也许会回答,这是妇女的虚荣心——重感情——易冲动——好享受。经常是德行比名声更能持久。曾经有过一些人,开始时名誉扫地,后来却以自己的高尚行为取得了世人的谅解,用善举把丑恶化为了高贵——可是,目前公国内为何压榨空前未有的深重、可怕?——一切都盗用了国家的名义!——我没什么说的了。

夫 人 (温柔地,庄重地)瓦尔特,这是头一次有人敢对我讲这种话;而您,是唯一一个我愿意给予回答的男子。——你鄙视与我结合,我因此尊重您。您亵渎我的心,我不怪罪您。我不相信,您真这么鄙弃我。一个敢于去这样侮辱一位翻掌之间就可以毁掉他的妇女,必定是相信这位妇女有一颗博大的心,要不然——就是他精神失常了。——您把国家的灾难归罪到我身上,但愿万能的上帝会原谅您;有朝一日,他将让您和我和公爵对质的。——可您竟然怀疑我身为一名英国女子:对您这样的指责,我的祖国不会不给予回答的。

斐迪南 (身子倚着佩剑)我急欲马上知道。

夫　人 那就听着吧。除您之外,我还从未告诉任何人,也不愿告诉任何人。——我不是一个冒险家,瓦尔特,像您认为的那样。我本可以趾高气扬地说:我有着高贵的血统——出身在为苏格兰女王玛利亚而牺牲了的不幸的托马斯·诺弗克的家族。① ——先父是国王陛下的侍从长官,受人诬陷,被认定背叛国家,勾结法兰西。议会判他有罪,他被斩了首。——我家的所有财产都归王室所有了。我们自己被驱逐出了英国。我母亲死在父亲被处决的当天。我本人——一个 14 岁的小姑娘——跟着保姆逃到了德国,带着一盒珠宝——还这个家传的十字架;我母亲在弥留之际一边给我最后的祝福,一边把它戴在我胸前。

斐迪南 (慢慢陷入沉思,盯着夫人的目光变得温暖起来)

夫　人 (越往下说越是激动)带着病——没有名声——没有保护人和财产——我一个异国孤女来到了汉堡。我除了一点法语——一点针线活儿和会弹钢琴之外,别无任何本领;相反倒习惯了使用金银餐具——盖锦缎被褥,呼奴使婢,颐指气使,接受大人先生们的阿谀奉承。——终于哭着过完了六年。——最后一件首饰飞掉了——我那保姆也一命呜呼——这时我的命运将您的公爵带到了汉堡来。那天我在易北河边散步,正望着江水开始胡思乱想,要弄清楚究竟是这江水更深呢,还是我的痛苦更深?公爵看见了我,跟踪我到了我的住处——跪在我脚下发誓说他爱我。(激动得停下来,然后哽咽着往下说)我幸福的童年又带着美丽迷人的色彩,一幕一幕呈现在眼前——可是未来却黑暗如同墓穴,令我毛骨悚然——我的心渴望从另一颗心获取温暖——于是便与他的心靠在了一起。(从斐迪南身边跑开。)现在您可以诅咒我了!

斐迪南 (非常感动,追上去拉住她)夫人!呵,天哪!我听见什么啦?我干了些什么?——我的罪孽突然摆在我面前,可怕啊!您再也不可能原谅我啦。

夫　人 (走回来,努力克制着自己)您往下听。公爵虽然使我这个没有反抗能力的少女感到措手不及——可我身上的诺弗克家庭的血液却提出抗议:你,一位天生的侯爵小姐,艾密莉,竟甘当一个国君的情妇吗?——公爵将我带到这儿,在我眼前突然展现出最可怕的情景,于是自尊和命运在我心里开始了长期的斗争。——这个世界的大人物荒淫纵乐,就像永远不知饱足的鬣狗,老是在贪婪地搜寻着牺牲品。——在这个公国内他们横行肆虐——拆散一对对新婚夫妇——撕碎神圣的婚姻纽带——破坏家庭的幸福温馨——让年幼无知的心遭受黑死病的传染毒害,而一些女学生在临死前一边痉挛,一边诅咒,流着泡沫的嘴里泄露出来的竟是她们教师的名字。——我被夹在了羔羊和虎狼之间,常在温情的时刻逼他许下王侯的誓愿;这样可憎的牺牲该是到了头啦!

---

①苏格兰女王玛利亚·斯图亚特(1542—1587)于新旧教之争中偏袒旧教,失败后逃往英格兰向伊丽莎白求救不成反遭囚禁。托马斯·诺弗克公爵(1536—1572)在审判她时暗中予以保护,企图与教皇和西班牙一起帮助她复辟,事情败露后被处死。本剧的故事发生在 18 世纪,剧中人所述并不完全符合历史事实。

斐迪南 （激动得绕室狂走）别说了,夫人! 别再说下去!

夫 人 这可悲的时期后面还接着更加可悲的时期。一时间,宫廷和后宫中充斥着意大利来的下流货,风骚的巴黎女人用可怕的权杖打情骂俏,民众在她们喜怒无常的摆布下流着鲜血——你们全都经历过当时的情景。是我,后来让她们失了势,因为我比她们更风流。我让暴君在我的怀抱中飘飘然,从他有气无力的手中夺过了权柄——你的祖国,瓦尔特,才第一次感受到人的抚慰,信赖地靠到了我的胸口上。（停下来,含情脉脉地望着他）呵,这个唯一我不愿意他误解我的男子,现在逼得我只好夸夸其谈,把我秘而不宣的德行讲出来,任赞叹的阳光暴晒! ——瓦尔特,我砸碎过牢狱的铁锁——撕碎过死刑判决书——缩短过苦役船上可怕的终身流放。在无法治愈的创伤中,我至少注入减轻痛苦的油膏——并且常常叫有权有势的罪犯倒霉,叫清白无辜的受害者得救,用一个婊子的眼泪! ——嗨,年轻人,那才叫痛快呀! 任何对于我高贵出身的责难,我的心都可以无比骄傲地予以驳斥! ——可那唯一能够给我所作所为以报偿的男子——那我多咎的命运创造来弥补我过去的痛苦的男人——那我在梦中已热烈渴慕和拥抱的男子,他现在竟来……

斐迪南 （抢过话头,极度震惊地）够啦! 够啦! 这违反了约定,夫人! 你可以洗刷对您的责难,指出我的罪过。可请您怜惜——我请求您——怜惜我的心;它快被惭愧和悔恨撕碎啦——

夫 人 （紧握他的手）要么现在讲,要么永远别讲了。这个女人已经勇敢地坚持了很长时间——现在必须让您再感到她泪水的分量。（语气温柔地）听我说啊,瓦尔特——如果一个不幸的女子——受到你不可抗拒的强有力的吸引——用她满怀着无限热爱的胸脯贴近你的身体——瓦尔特呵——你此刻还冷冰冰地谈什么荣誉吗? ——如果这个不幸的女子——忍辱含羞——厌倦了行恶——在德行的召唤下勇敢地站起来——这么样投身你的怀抱（边说边抱住瓦尔特,恳求地、庄严地）——希望你拯救她——希望由你重新送进天国,或者（背转脸,嗓音空虚而颤抖）从你的面前逃开,发出可怕的绝望的嚎叫,听天由命,重新沦落进更可憎的深渊……

斐迪南 （挣脱她的怀抱,狼狈之极）不,伟大的上帝知道,我受不了啦! ——夫人,我必须——凭着天与地起誓——我必须向您承认一件事情,夫人。

夫 人 （从他身边逃开）现在别! 现在别! 我以对我神圣的一切的名义求你——在这可怕的一刻,我的心像被万千支匕首刺破了似的在流血——死也罢,活也罢——我现在不能——我现在不愿——听你表白。

斐迪南 你得听,你得听,好夫人! 您必须听我讲。我现在要对您讲的话,将减轻我的罪过,稍微表示一下我对刚才发生的事的歉意——我看错了您,夫人。我曾期待——我曾希望您是该受我蔑视的。我所以来府上,就是下定决心要侮辱您,招您的恨——要是我这打算成功了,我俩会多幸福啊!（沉默片刻,然后更加轻声,更加羞怯）我爱上了,夫人——爱上了一个市民姑娘——露意丝·米勒小姐,一位音乐家的女儿。（夫人脸色苍白地背转身去。他更兴奋地往下讲）我知道我堕入了怎样的境地;可是智慧能让激情沉默,责任的声音却更加响亮——我负有罪责! 一开头,我撕碎她处女的金子般的宁静——用痴心妄想迷住她的心,把它出卖给了狂野的激情。——您会提醒我注意我的地位——我的出身——我父亲的信条——可我爱她! ——我天性的要求与种种陈规陋习越是背道而驰,我抱的期望就越高。——我的决心与成见势不两立! ——让我们看看,是时尚或是人的本性,能永远存在下去。(这期间,夫人已退到大厅的尽头上,双手捂住脸。斐迪南一直紧跟着她)您还想对我讲什么吗,夫人?

夫　人　(表情异常痛苦)没有了,封·瓦尔特先生!除去您将毁掉自己,毁掉我,并且毁掉另外一个女人之外,什么都没有了!

斐迪南　还有另外一个女人?

夫　人　我们在一起不会幸福。可我们又不得不成为您父亲急性子的牺牲品。一个只是被迫将手伸给我的男人,我一辈子不可能得到他的心。

斐迪南　被迫,夫人?被迫给您?可到底给了没有呢?您难道能够强夺一只并不情愿伸给您的手?您难道能从一个姑娘身边抢去她视之如整个世界的男子?您难道能强使一个视这姑娘为整个世界的男子,立刻地来到您的身边?您,夫人啊——在一刹那之前您还是一位令人钦敬的英国女子——您能够这样做吗?

夫　人　因为我必须这样做。(严肃而坚定地)我的热情,瓦尔特,强不过我对您的柔情。我的名声,再也不能……全城的人都在谈论我俩的结合。所有的眼睛,所有嘲讽的利箭,都瞄准了我。要是公爵的一个臣仆都拒绝了我,对我将是永远洗刷不掉的奇耻大辱。和您的父亲论理去吧!尽可能地反抗吧!——我将一不做,二不休!(快步走下。少校瞠目结舌,呆若木鸡,随后也冲出门去)

第四场

乐师家的房间

米勒、米勒太太、露意丝同上

米　勒　(急步走进房来)我早说过了不是!

露意丝　(胆怯地迎上去)怎么啦,爸爸,怎么啦?

米　勒　(绕室狂奔)拿我的礼服来——快点——我必须赶在他前边——还有一件活袖头的白衬衫!——我早想到会出事!

露意丝　看在上帝的份上!怎么啦?

米勒太太　出了什么事?到底什么事?

米　勒　(将假发扔得老远)快拿去理发师梳一下!——怎么啦?(跳到镜子面前)还有胡子又半卡长了!——出了什么事?——还会出什么事哟,你这个私人!——报应到啦,活该你遭雷打!

米勒太太　瞧瞧吧!啥事儿总赖着我。

米　勒　赖着你?是啊,不赖你这该死的尖嘴婆娘还赖谁?今儿个一早,和你那恶魔少爷——我不是马上说了吗?——伍尔穆那家伙给叨叨出去啦!

米勒太太　嗨,什么!你怎么会知道?

米　勒　我怎么会知道?——得!——在大门口已经有宰相的一个狗杂种在探头探脑,打听提琴师家的情况。

露意丝　我快完了。

米　勒　不只是你,还有你那对情意绵绵的眼睛!(恶狠狠地大笑)真是不错:魔鬼在谁家下了蛋,谁家就会养出个漂亮妞儿。——我现在算领教了！

米勒太太 你从哪儿知道是冲咱露意丝来的？——没准儿有谁向公爵推荐了你。没准儿他要你进他的乐队。

米 勒 （跳过去抓棍子）倒你鬼老婆子的邪霉！还乐队咧！——可不，叫你这老媒婆哭喊着充女高音，叫我这青紫的屁股给你作低音伴唱。（猛地坐到椅子上）天上的主啊！

露意丝 （脸色惨白，坐下）妈！爸！怎么我突然心慌意乱？

米 勒 （从椅子上跳起来）可要是那要笔杆儿的什么时候让我撞上？——让我撞上？不管是在阳世还是在阴间——我要不把他的肉体和灵魂捶成烂酱，要不拿他的狗皮来抄《圣经》的"十诫"和七篇"悔罪雅歌"，抄《摩西五书》以及先知穆罕默德的经文，让世人到亡灵复活之日还看得见他皮上的蓝色字迹，那我……

米勒太太 是的是的！你就咒吧，你就跳吧！你这样就可以镇住魔鬼啦！救救咱们啊，仁慈的主！现在怎么办？谁给咱们出主意？怎么才收得了场啊？米勒老爹，你可是说呀！（哭喊着在房中乱跑一气）

米 勒 我这就去见宰相。我要抢先开口——要自己说明原委。你呢，知道得比我早，本该提醒我一下。这丫头也许还劝得转来。也许时间还来得及——可是没有！——这里边没准儿能捞到点好处哩，这里边没准儿能钓上条大鱼哩！于是你火上加油！——现在该你去领你的媒婆赏钱啦！你这叫自作自受！我只管带着我的女儿，离开这个国家。

——杨武能,译.四川文艺出版社,2018.

思考题

1.什么是"三一律"？

2.试论述《浮士德》的艺术特点及浮士德形象的演变。

3.卢梭文学创作的艺术特点。

扩展阅读

笛福.鲁滨逊漂流记[M].徐霞村,译.北京:人民文学出版社,1982.

伏尔泰.伏尔泰小说选[M].傅雷,译.北京:人民文学出版社,1980.

莫里哀.莫里哀喜剧全集[M].李健吾,译.长沙:湖南文艺出版社,1993.

卢梭.忏悔录[M].黎星,译.北京:人民文学出版社,1992.

歌德.浮士德[M].郭沫若,译.北京:人民文学出版社,1959.

第五章 19世纪及现当代西方的文学

一、历史背景

19世纪的西方历史呈现出以下特点：

(一)如火如荼的民主运动和工人运动

19世纪初，封建王朝与新兴的资产阶级展开了激烈的斗争。1830年，法国爆发了"七月革命"，它是资产阶级对贵族的胜利，标志着法国社会进一步向资本主义发展，虽然革命的果实最终落入大资产阶级手中，但这次革命对欧洲其他地区的革命运动起到了鼓舞作用。1830年在比利时爆发了革命，比利时因此脱离荷兰的统治。同时，在波兰、德意志、意大利、英国也爆发了革命。19世纪中期，上层资产阶级与工人阶级的矛盾日益突出，工人与农民的生活更加悲惨，工人们每天工作15或16小时左右却得不到温饱，他们在经济上处于赤贫状态，政治上处于无权状况，在勤劳工作生活却得不到保障的情况下各地纷纷爆发了工人起义。在法国爆发了里昂工人起义；在德意志爆发了西里西亚纺织工人起义；在英国，群众运动高涨要求议会进行改革，在改革希望落空，工人遭遇欺骗的情况下，工人开始着手组建自己的组织，1837年英国遭受新一轮的经济危机，工人生活更加恶化，这样就产生了工人阶级要求夺取国家政权的"宪章运动"。

(二)资本主义经济关系的确立及欧洲各国的对外殖民

19世纪中期后，资本主义经济关系逐渐在欧洲各国确立，各国经济出现一定程度的增长。英国在19世纪中叶完成工业革命，号称"世界工厂"，其经济发展水平超越世界上任何国家。纺织、冶金、交通运输、汽船航运、原煤制造等的发展水平均居世界前列。法国在这一时期成为仅次于英国的经济大国,丝织业、葡萄酒、香水的生产闻名全球,同时信贷业和高利贷资本特别发达逐渐超过工业资本。俄国资本主义经济的发展与当时的封建农奴制度展开了尖锐的冲突,商品货币关系不断冲击封建自然经济的基础,农奴制使农民的经济濒临破产,资本主义生产关系与社会生产力受到农奴制的严重束缚,农民起义和革命民主主义者的斗争连绵不断,迫使沙皇不得不进行改革,1861 年 2 月 19 日沙皇正式签署了关于废除农奴制度的特别宣言,农奴制彻底废除。

随着经济的发展,英国等国家野心勃勃展开了对其他国家的掠夺和侵略。这一时期的英国发动了侵略中国的鸦片战争,强迫中国签订不平等条约;英国用野蛮的手段侵略印度,使印度沦为自己工业品的倾销市场和农产品的源地;英国连续三次发动了对缅甸的战争,使缅甸沦为英国的殖民地;英国还对阿富汗、伊朗等国进行惨无人道的掠夺与战争。

(三)从空想社会主义到马克思、恩格斯科学社会主义思想的诞生

在思想领域,空想社会主义诞生了,在法国以圣·西门和傅立叶为代表,圣·西门对处于下层的被压迫的人民报以无限同情,并把自己的精力投入到为被压迫者服务的事业中去,他认为贵族、官吏、僧侣等是民族体内的寄生虫,创造财富的劳动人民却备受压迫。但他反对阶级斗争和革命,主张和平实现社会主义,具有一定局限性。英国的罗伯特·欧文也是空想社会主义的重要代表人物。马克思、恩格斯密切地关注着欧洲各国的工人运动,吸取了空想社会主义、古典哲学中的辩证法和唯物主义、古典政治经济学等学说创立了科学社会主义。

(四)19 至 20 世纪科学技术的突飞猛进及其带来的经济飞跃

19 世纪科学与技术相结合带来了经济的飞速发展,人们的生活水平与质量也得到一定程度的提高,人类历史上的第二次和第三次技术革命都发生在这一时期,在科学革命方面,出现了电磁理论、量子力学、相对论等重大发现;在技术革命方面,19 世纪 70 年代电力的广泛应用及 20 世纪至今的电子计算机、网络信息技术的应用给人们的生活带来空前的变化;在产业革命方面,19 世纪 70 年代以来的生产流水线、全自动生产线、信息产业、生物工程等大大地提升了生产力,促进了经济的发展;在自然科学方面,19 世纪的三大重要发现:细胞学说、达尔文进化论、能量守恒与转化定律揭示了自然界的奥秘,带来了思维方法方面的重大改变。有人曾这样描述 19 世纪人类科学的曙光:"19 世纪的最初 25 年,此时以工业革命为转机,人类社会已经天光大亮了。这个时代,资本主义高度发展。与成熟的资本主义社会相伴随的经济危机,开始周期袭来。在打破了过去僵化的世

界观之后,科学研究也开辟了新的领域。新的发明和新的发现接连不断地涌现出来,19世纪建设文明的篇章就由此展开……从而出现了科学的黄金时代。欧几里得几何学的诞生,能量守恒定律的确立,电报通信技术的飞速发展。……以铁为原料、以煤为动力的大工业取得了巨大发展。达尔文《物种起源》像一发巨型炮弹炸开,把进化思想带进了哲学、艺术、政治、宗教、社会以及其他一切领域。……革命性的动力——电能的出现和应用,电动力开始代替蒸汽动力,这是生产中的革命变革。与此同时,19世纪的风格是,科学家——工程师——商人,而不是17、18世纪的科学家——数学家——哲学家的风格了。"①

20世纪欧洲备受战争蹂躏,第一次世界大战和第二次世界大战给欧洲各国带来很大的影响,在两次战争的夹缝时期欧洲的英国、法国、德国纷纷爆发了大规模的经济危机,整个欧洲风雨飘摇。第二次世界大战后,美苏两国迅速崛起成为世界性超级大国,美国在战争中大发战争财,战后凭借自己迅速膨胀的经济及军事实力企图称霸全球,苏联在这时成了美国的最大威胁,经过精心策划出笼的杜鲁门主义和马歇尔计划就是美国遏制苏联的重要计划,美苏对峙的冷战局面终于形成。昔日的欧洲强国英、法、德、意实力被削弱,沦为二等国家,美国为了进一步遏制苏联,把西欧纳入自身计划。第二次世界大战后科学技术的发展,生产资本进一步国际化和经济上各国的相互依赖使西欧领导人感到欧洲联合的必要性:"如果我们欧洲人不想在起了根本变化的世界里走下坡路的话……欧洲的联合是绝对迫切需要的。没有政治上的一致,欧洲各国人民将会沦为超级大国的附庸。"②欧共体在1950年通过法国外长舒曼提出的煤钢工业联合一体的舒曼计划确定下来,之后得到不断地扩大,为了进一步巩固、完善欧共体,欧洲开始了一体化的计划,即政治一体化和经济一体化。1993年世界上出现了一个拥有12个国家、3.4亿人口的欧洲共同体统一大市场,加强同美国、日本的竞争。20世纪西方历史中的重大事件还有80年代东欧剧变及戈尔巴乔夫对苏联的"改革"及苏联的解体。随着苏联的解体,世界两极格局崩溃,持续了半个世纪的冷战终于结束,世界格局走向多极。

二、当代西方文学的东方因素

人类文明的发展离不开各种文化的交流碰撞、互学互鉴。世界文学的形成,也是文明互鉴的结果。回顾西方现当代文学与思想发展历程,我们会发现类似海德格尔、叔本华、尼采、福柯、德里达、荣格等西方文论大家,都曾向东方文化、文学、文论学习,汲取养

①汤浅光朝.科学文化史年表[M].张利华,译.北京:科学普及出版社,1984:70-99.
②康拉德·阿登纳.阿登纳回忆录:第3卷[M].杨寿国,孙秀民,马仁惠,等译.上海:上海人民出版社,1973:1.

分。而在西方一些文学流派,如意象派、超验主义等,及其代表人物的文学思想与创作中,我们也能看到东方的影子。

（一）西方文学、文论的中国

透过一些实证性证据,我们会发现海德格尔、福柯、德里达、荣格等西方文论大家的思想之所以和中国文化、文论存在相通之处并非偶然,他们都或多或少都受到传入西方的中国文化与文论思想的影响,并自觉将中国元素吸纳进来。而像庞德、叶芝等西方诗人,则通过借鉴中国等东方元素,通过模仿东方的文学作品,创新出新的文论流派与文学作品。

德国哲学家马丁·海德格尔（Martin Heidegger）是 20 世纪存在主义哲学和现象学流派的代表人物,其思想对近现代西方文艺理论发展产生了重要影响。据相关史料记载,海德格尔曾对道家思想怀有浓厚兴趣,并从《老子》《庄子》中汲取营养,丰富他对"存在"问题及现象学的理论思索,这也是为何学者们在研究海德格尔和现象学时,会不自觉地将其与中国的老庄思想结合在一起。海德格尔曾多次在各种学术研讨会上和个人著作中公开引用《老子》《庄子》的原文来佐证或是阐发自己的观点,他在 1944—1945 年撰写的手稿《乡间路上的谈话》（Feldweg-Gesprache）中,曾坦白道,"在我的学生时代,我在一本关于中国哲学的著作中借鉴了两位思想家之间的简短对话,因为这让我印象深刻,尽管我之前并没有完全理解这些对话的含义"[1]。这段话出自《乡间路上的谈话》最后一部分《在俄罗斯战俘营里一个年轻人与一个年长者之间的夜谈》（Evening Conversation：In a prisoner of war camp in Russia, between a younger and an older man）,海德格尔在这部分的内容中,谈及了一个他在很多著作中都会讨论的话题,即"被抛掷于'存在'之中所带来的毁灭感"（the devastation that "consists in the abandonment of being"）,对于这种境况,海德格尔借鉴了道家的"无为"思想,认为我们能做的最谦虚的事,莫过于让自己平静地等待（calmly letting ourselves engage in waiting）。与此同时,在这篇文章的末尾,海德格尔还引用了《庄子》中关于"有用"与"无用"的讨论对话,来进一步论述人需要区分什么对他来说是真正"有用的""必要的"。受《老子》《庄子》等中国哲学典籍的启发,海德格尔在《乡间路上的谈话》也以"对话体"形式,展开他的思想论述。[2]据文献记载及学者统计,海德

---

①"In my student days I copied ['a short conversation between two thinkers'] from a historiological account of Chinese philosophy because it struck me, though I did not quite understand it earlier",参见《乡间路上的谈话》英译本：Martin Heidegger. Country Path Conversations[M]. Bloomington and Indianapolis：Indiana University Press, 2010：156.

②Jaap Van Brakel. Heidegger on Zhuangzi and Uselessness：Illustrating Preconditions of Comparative Philosophy[J]. Journal of Chinese Philosophy, 2015：3.

格尔至少在 13 个地方引用了《老子》《庄子》德文译本中的一些段落，①在其相关论述中，不乏对"老庄思想"的借鉴，在"老庄思想"的影响下，海德格尔渐渐形成一套独具创新性的存在主义哲学与现象学理论。

米歇尔·福柯(Michel Foucault)是法国当代杰出的思想家、哲学家和社会考古学家，其思想影响了西方文论流派的后结构主义转向，《词与物——人文科学考古学》(*Les Mots et les choses*：*une archeologie des sciences humaines*)是其解构主义思想的代表性著作。福柯在《词与物——人文科学考古学》前言中提及，他之所以想要写这么一本书，彻底清算西方知识史，是受到作家博尔赫斯曾引述的"某种中国百科全书"(certain Chinese encyclopedia)中对动物之分类的启发，在这部百科全书中，动物可以划分为：(a)属于皇帝的，(b)散发香气的，(c)驯服的，(d)乳猪，(e)美人鱼，(f)神话中的，(g)自由走动的狗，(h)包括在目前分类中的，(i)疯狂的，(j)数不清的，(k)用非常精细的骆驼毛刷绘制的，(l)等等，(m)刚刚打破水罐的，(n)远看像苍蝇的②。福柯认为这种中国式的动物分类打破了西方原有的、习以为常的分类秩序，"在这个令人惊奇的分类中，我们突然间理解的东西，通过寓言向我们表明为另一种思想具有的异乎寻常魅力的东西，就是我们自己思想的限度，即我们完全不可能那样思考"③，这种令福柯乃至西方人感到惊奇的中国式分类，启发福柯追问"我们"和"他者"的区别在哪里，启发福柯追问：为什么西方人不会像中国人那样思考？为什么中国人会如此思考问题？福柯在《词与物——人文科学考古学》中进一步为"中国分类法"寻找合理性及其依据，在此基础上又颠覆了一切分类的合理性，解构了此前被西方人所认为的一成不变的事物分类的合理性，并认为分类之所以"合理"，是因为确立这一分类及事物秩序的"人"给它贴上了种种合理化的标签。中国文化的传入，促使福柯在东西文化及逻辑思维模式差异的比较中，展开对西方传统知识结构的怀疑与反思。

雅克·德里达(Jacques Derrida)是法国著名哲学家、符号学家、文艺理论家，也是西方解构主义的领军人物。德里达在巴黎高等师范学院学习期间，受到他的朋友与室友——法国著名汉学毕仰高(Bianco)的影响，开始了解中国文化和汉语。德里达在《论文字学》(*Of Grammatology*)中谈及汉字的"音-义"关系之时，常常回想起他和友人毕仰高的关于中国与汉字的讨论。④德里达在《论文字学》一书中指出，在"语音中心主义"

①Jaap Van Brakel. Heidegger on Zhuangzi and Uselessness：Illustrating Preconditions of Comparative Philosophy[J]. Journal of Chinese Philosophy, 2015：1.

②Michel Foucault. The Order of Things：An Archaeology of the Human Sciences[M]. Routledge, 2002：Preface, p.xvi.

③Michel Foucault. The Order of Things：An Archaeology of the Human Sciences[M]. Routledge, 2002：Preface, p.xvi. 译文参见：米歇尔·福柯.词与物：人文科学考古学[M].莫伟民，译，上海：上海三联书店,2010：前言 1-2.

④Benoît Peeters.Derrida：A Biography[M].Translated by Andrew Brown.Cambridge：Polity Press,2013：.66-67.

（phonocentrism）影响下，西方人长期以来存在着"中国偏见"（Chinese prejudice）和"象形文字偏见"（hieroglyphist prejudice）。①德里达在书中通过颠覆传统的"言语/文字"的二元对立，向以"语音中心主义"为代表的逻各斯中心主义提出质疑和批判，打破了此前言语的权威地位。在德里达看来，一方面，言语和书写文字同属于表达意义的"工具"，二者在符号层面上相平等；另一方面，书写文字与言语相比不仅没有劣势，反而具有一些言语所没有的优势，比如书写文字具有"可重复性"（iterability），可以不考虑讲话者的意图等。②通过接触中国文化和汉字，德里达开启了言语和文字的比较研究，在对西方中心主义的反思中逐步建构起自己的解构理论。

卡尔·古斯塔夫·荣格（Carl Gustav Jung）是瑞士心理学家，精神分析学派的代表人物，其理论对西方文论的发展产生了重要影响。荣格对诸如《易经》《庄子》《礼记》等中国典籍有着广泛涉猎，并专文论述《易经》。荣格在 20 世纪 20 年代初便结识了著名汉学家和《易经》的德文翻译者卫礼贤（理查德·维尔海姆，Richard Wilhelm），并和卫礼贤就《易经》和中国文化等进行了广泛的讨论。当时荣格刚处在与弗洛伊德以及传统精神分析决裂时期，亟需寻找一个新的理论基点，来建立起自己的精神分析理论，《易经》和中国文化恰恰提供了这样一个基点。在和卫礼贤合著的《金花的秘密：中国生命之书》（*The Secret of the Golden Flower：A Chinese Book of Life*）中，荣格认为"《易经》中包含着中国文化的精神和心灵；几千年中国伟大智者的共同倾注，历久而弥新，仍然对理解它的人，展现着无穷的意义和无限的启迪"③，并提到从《易经》中可以找到一个足以动摇西方心理学基础的"阿基米德点"。④荣格认为《易经》中包含一种共时性原理，"建立在共时性原则基础上的思维方式，在《易经》中表现得最为充分，是中国思维方式的最集中的体现。而对于我们西方人来说，这种思维方式，从赫拉克利特之后，便在哲学史上消失，只是在莱布尼茨那里出现过一些低微的回声"⑤，受此启发，荣格提出"共时性原则"（synchronicity），并将"共时性原则"作为其精神分析学的理论基点。

英国学者以赛亚·伯林（Isaiah Berlin）在其著作《浪漫主义的根源》中曾经尝试为浪

---

①Jacques Derrida. Of Grammatology [M]. Translated by Gayatri Chakravorty Spivak. Baltimore and London：The Johns Hopkins University Press，1997：80.

②赵一凡，等.西方文论关键词[M].北京：外语教学与研究出版社，2006：261-262.

③Richard Wilhelm（tr），Carl Gustav Jung，Tung Pin Lu. The Secret of the Golden Flower：A Chinese Book of Life [M]. London：Kegan Paul，Trench，Trubner & co，1947：140. 译文参见：申荷永，高岚.《易经》与中国文化心理学[J]. 心理学报，2000：（3）：348-352.

④Richard Wilhelm（tr），Carl Gustav Jung，Tung Pin Lu. The Secret of the Golden Flower：A Chinese Book of Life [M]. London：Kegan Paul，Trench，Trubner & co，1947：140.

⑤Richard Wilhelm（tr），Carl Gustav Jung，Tung Pin Lu. The Secret of the Golden Flower：A Chinese Book of Life [M]. London：Kegan Paul，Trench，Trubner & co，1947，p.143. 译文参见：申荷永，高岚.《易经》与中国文化心理学[J]. 心理学报，2000（3）：348-352.

漫主义运动定性,他宣称:"浪漫主义的重要性在于它是近代史上规模最大的一场运动,改变了西方世界的生活和思想。对我而言,它是发生在西方意识领域里最伟大的一次转折。发生在19、20世纪历史进程中的其他转折都不及浪漫主义重要,而且它们都受到浪漫主义深刻的影响。"①雷内·韦勒克(René Wellek)更是在其巨著《近代文学批评史》中多次指出如果要追溯20世纪现代派文学的源头,那必然要将目光投向浪漫主义时代。然而长期以来,中外学术界都认为浪漫主义运动的爆发基本是受以英国为先导的工业革命、法国大革命以及欧洲民主、民族解放运动的影响,但实际上欧洲浪漫主义文学运动的发展中伴随着中国元素的触发与启迪。学者阿瑟·洛夫乔伊(Arthur O. Lovejoy)1933年发表《浪漫主义的中国之源》("The Chinese Origin of Romanticism")一文,提出了一个令文化与文学史学者无法忽视的话题:欧洲的浪漫主义,是否曾受到中国园林艺术的某种启发? 文章细致追溯证实了中国的园林(建筑)观或审美观在16—18世纪推进并促成了欧洲的"浪漫主义转向",指出中国的园林风格对欧洲人的审美观念和审美风尚所施加的影响要早于斯威策、肯特、布郎和布里奇曼提出的新的园林模式,甚至要早于蒲柏和艾迪生在18世纪初表达的新造园理想。威廉·坦普尔是英国造园理论家的先驱。他认为"师法自然"是造园的最重要准则(《坦普尔文集》第2卷),而这种"师法自然"便是来自中国园林的"洒落瑰奇"(shararadgi,中译为"不规则")。在因循守旧的古典主义园林理论面前,坦普尔直言,"中国人在构形上发挥了超乎寻常的想象力,那是一种惊人的炫目之美,轻易看不出任何程式或布局:虽然我们对这种美所知甚少,他们的语言中却有一个特别的词专门用来形容园林之美,即一瞥所见之美,他们说洒落瑰奇(shararadgi)就是美妙和赞美的意思,或表示推许。观察精美的印度罩袍的做工、中国屏风或瓷器上的画,人们会发现这种不规则之美"②。这一"不规则"的"中国风尚"影响了既是造园理论家亦是作家的艾迪生和蒲柏。艾迪生在《闲谈者》和《旁观者》中谈论把中国人的这一不规则之美当作他倡导的美学理想的实质的文字便是出自坦普尔。

作为当代西方文艺理论源头的新批评奠基人I.A.瑞恰慈(Ivor Armstrong Richards)在20世纪初把语义学、逻辑实证主义的语言学研究、行为主义的心理逻辑概念等引入文学批评之中,从而把文学批评带上了"科学"的轨道。这一创举使他当之无愧地被世人赞誉为"西方现代批评理论之父"。他深受中国文化的影响与启发,从1927年到1979年,他曾六次来华访问和工作,并在华度过了近五年的时光。在此之前从来没有任何一位拥有如此地位的西方学者像他那样长久、频繁地造访中国。这也是为何伊格尔顿(Terry Eagleton)在新著《批评的革命》(Critical Revolutionaries: Five Critics Who Changed the Way

①以赛亚·柏林.浪漫主义的根源[M].吕梁,等译,南京:译林出版社,2008:9-10.
②阿瑟·洛夫乔伊.观念史论文集[M].吴相,译,北京:商务印书馆,2018:132.

We Read)中称瑞恰慈在中国的状态比在英国更舒适①。可以说,除英国文化以外,中国文化是瑞恰慈思想的最大源头,他在《文学批评原理》(*The Principles of Literary Criticism*)中提出了"包容诗"(poetry of the inclusion)与"排他诗"(poetry of the exclusion)的概念。面对互相冲突的经验,有不少诗歌采用的是"排他"的方式,只写一种经验,因此是单式的平行发展的。而真正杰出的作品,其中必然包容对立经验的平衡,因为那才是最有价值的审美反应的基础。而满足于有限经验的诗只能是"排他诗",价值也较低。瑞恰慈的"包容诗"观念被新批评派看作是"张力(tension)论"的基础。而瑞恰慈所说的"包容诗",与儒学的中庸之道有关。在其与人合著的《美学基础》(1921)的头尾部分,瑞恰慈都引用了《中庸》。卷首引朱熹题解"不偏之谓之中,不易之谓之庸,中者天下之正道,庸者天下之定理"(朱熹《中庸章句》引程子曰)。他认为"平衡"(中)和"和谐"(庸)是艺术作品所取得的最高品质。他所说的"包容诗"或"综合诗",实为中和诗。他认为好诗总是各方面平衡的结果,对立的平衡是最有价值的审美反应的基础,比单一的经验更有审美价值,"排他诗"写欢乐则缺乏忧郁,写悲伤缺乏滑稽,写理想缺乏绝望。可见瑞恰慈想建立一种以中国儒家思想为基础的文学观念,即"中和"的文学观。另外,为了使西方更多地了解中国,他在北京翻译了《孟子》的部分内容,在中国朋友的帮助下还写就了《孟子论心》一书。在该书前言中,瑞恰慈表示对胡适在《中国哲学史》中宣称的"中国传统哲学只有历史意义,无益于现代"的说法大惑不解。他说他的理解正相反,他认为,西方的清晰逻辑,正需要"语法范畴不明"的中国思想方式加以平衡。正是对《孟子》中心章句的辨析,才完善了他语言意义的多重性观点,以期望找寻不同语言之间的可通约性原则。

埃兹拉·庞德(Ezra Pound)是美国诗人,也是意象派诗歌运动的重要代表人物。受到中国古典诗歌与汉字的影响与启发,庞德创造出意象派诗歌理论,为东西方诗歌的互相借鉴做出了卓越贡献。在美国学者欧内斯特·费诺罗萨(Ernest Fennolosa)的影响下,庞德开始对中国古诗与汉字产生浓厚兴趣,庞德整理和加工了费诺罗萨的两部遗稿《华夏集》(*Cathay*)和《作为诗歌载体的汉字》(*The Chinese Written Character As a Medium for Poetry*)。②其中《华夏集》共收录了19首中国古诗,庞德在翻译过程中虽多有不准确之处,却尽可能在保留原诗精神的前提下进行再创造,保证了英语诗歌的节奏韵律与诗意。而费诺罗萨关于汉字的观点,也深刻影响了庞德,费诺罗萨认为"中国诗中的方块字仍是象形字,每个字本身就是由意象组成的,因此中国作家在纸上写的是组合的图画"③,根据这一观点,庞德依据马修斯的《汉英辞典》(*English Dictionary*)和马礼逊的《汉语字典》(*A*

①Eagleton, Terry. Critical Revolutionaries: Five Critics Who Changed the Way We Read[M]. New Haven&London: Yale University Press, 2022:131.

②张子清. 美国现代派诗歌杰作:《诗章》[J]. 外国文学, 1998(1):81-84,94.

③赵毅衡. 意象派与中国古典诗歌[J]. 外国文学研究, 1979(4):4-11.

Dictionary of the Chinese Languagein Three Pans),对中国古诗与儒家典籍进行拆字法解读,"精确传译细节、词语、单个甚至破碎的意象"①,比如《论语》中的"子曰:学而时习之,不亦说乎?",庞德将繁体的习(習)拆分成"羽"和"白"两部分,将其翻译成"学习,伴着时光流逝飞去的白翅,岂不令人欣喜?"(Study with the seasons winging past, is not this pleasant?)②这种解读方式促使庞德关注意象,进而转变诗歌创作的理念。

(二)西方文学、文论的印度元素

南亚和印度是世界文明的起源地之一,印度的宗教哲学是世界上历史最悠久的宗教哲学之一,在印度诞生了诸如佛教、印度教(婆罗门教)等不仅在印度,还在世界具有广泛且深刻影响力的宗教教派。回顾近现代西方文论的形成与发展,我们会发现叔本华等对西方文论产生着重要影响的哲学大家的思想,以及艾略特、美国超验主义等诗人与流派的文学思想及其创作,都受到了印度文化,特别是印度宗教的影响。

叔本华(Arthur Schopenhauer)是德国著名哲学家,也是唯意志论的创始人和主要代表。叔本华在他的代表作《作为意志和表象的世界》(*Die Welt als Wille und Vorstellung*)中谈及他的哲学思想有三个影响来源,分别是柏拉图、康德和《奥义书》(*Upanishads*),③而叔本华哲学的几个重要命题,其来源都可以追溯到《奥义书》的思想。在本体论方面,叔本华有两个重要观点:一是世界是我的表象,二是世界是我的意志。"世界是我的表象"这一观点与《奥义书》中所阐述的有关摩耶之幕的主要教义相一致,"摩耶"意为"欺骗""骗局",转义为外表世界的创造者,而"摩耶之幕"则指遮蔽真实世界的帷幕,叔本华认为表象世界就是世界本身所表现出来的摩耶世界,而世界的一切表象都由主体自我产生。④叔本华认为作为我的表象的那个世界是变换的,并非世界的本质,这个世界还有一个真正内在的本质的东西,那就是"世界是我的意志","身体的感受"则被叔本华当作走向意志世界的出发点,当这一感受与意志相契合时,则为欢乐,与意志相违背时,则为痛苦,大自然中的万事万物也是如此,都是人身体意欲的客体化,叔本华在此将主体与客体世界相连接、相统一了起来。⑤"世界是我的意志"这一观点与《奥义书》所表达的"我即世界,世界即我"核心教义不谋而合,《奥义书》中有言:"大梵者,此全世界皆是也","其人也,尽弃一切法,无'我所'亦无我慢,皈依大梵主,'汝为彼''我为大梵','凡此皆大梵

①Edwin Gentzler. Contemporary Translation Theories[M]. London and New York:Routledge, 1993:19. 转引自杨平. 中西文化交流视域下的《论语》英译研究[M]. 北京:光明日报出版社,2011:120.

②Ezra Pound(tr). Confucian Analects[M]. London:Peter Owen Limited, 1933:9.

③Arthur Schopenhauer (translated by E.F.J. Payne). The World as Will and Representation, Vol. I [M]. New York:Dover Publications, Inc.,1966:Preface to the First Edition, p.xv.

④赵伟民,蔡函甫.《奥义书》对叔本华哲学的影响[J]. 中国文化研究, 1996(4):116-120.

⑤赵伟民,蔡函甫.《奥义书》对叔本华哲学的影响[J]. 中国文化研究, 1996(4):116-120.

也夫'。世间无有任何异多者"①,印度哲学的"梵我同一"思想深深影响和启发了叔本华对世界和人生本体论的探索,并促使他克服传统西方哲学切断主客体联系的局限性。与此同时,叔本华还吸收了《奥义书》中涉及的人生痛苦并于痛苦中寻求解脱的相关思想。《奥义书》认为,由于自我受到表象世界,即摩耶之幕的遮蔽,会错把各种感官行为和刺激当作真实的东西来追求,由此不断产生欲望,成为"欲望的奴隶、幻觉的仆人",并不断渴望获得满足,当自我欲望无法得到满足时,就会因欲望的折磨而感到痛苦、悲伤。②叔本华在《作为意志和表象的世界》中也持有同样的看法,认为人生来就是痛苦的,欲望和挣扎是人的全部本质,而要摆脱这种痛苦的困扰,方法不在于设法满足各种欲望,而是要放弃各种欲求,摆脱各种活动的纠缠及其纷扰。叔本华的这一观点也可追溯至《奥义书》的教义,在《奥义书》中,人必须克服自己的欲望,放弃意志,才能寂灭一切,摆脱生死流转和因果轮回,从痛苦中解脱出来,回归永恒的梵天之中,与之合一并获得极乐。③

艾略特(Thomas Sterns Eliot)是西方现代派诗人的先驱人物,在 20 世纪的英美文学中占有重要地位,同时也是英美新批评派的奠基人之一,被称为"现代文学批评大师"。长诗《荒原》(The Waste Land)是艾略特最负盛名的作品,也是艾略特诗学思想在诗歌创作上的实践与呈现。艾略特认为:"作家唯有诉诸客观象征物——包括意象、场景、事件、典故、引语等——其艺术功能是为作者的情思提供物质载体,才能以较大的自由度和创造性,完成情感的艺术表现",而"优秀诗人能得心应手地借助有规范和约束功能的表现手段——客观对应物,赋予自由无序的情感以凝定的形态与确定的秩序,并将其转化为自由灵活、复义多变的象征,把个人情绪转变为普遍情感。"④艾略特在《荒原》中运用了大量典故意象,其中不仅有传说、神话中的典故,还涉及但丁、莎士比亚等古典文学典故,另外还纳入了佛教、基督教等宗教意象,这些典故与意象既是诗人情感的"客观对应物",也构成了全诗的隐喻结构。受到哈佛大学的白璧德、兰曼、伍兹、桑塔耶那等学者以及东方文化研究热潮的影响,艾略特在大学时期对东方哲学逐渐产生兴趣,系统学习梵文和巴利语。同时,他还选修了一位日本教授开设的佛教课程,接触到包括《吠陀经》《奥义书》《瑜伽经》《薄伽梵歌》在内的古印度经典。⑤这些都影响了艾略特的创作,为他在《荒原》中纳入印度宗教意象和元素打下了基础,艾略特本人也在《基督教和文化》(*Christianity and Culture*)一书中写道,他自己的诗歌显示了印度思想和情感的影响。⑥在

---

①徐梵澄,译. 五十奥义书[M].北京:中国社会科学出版社, 1984: 681.

②赵伟民,蔡函甫.《奥义书》对叔本华哲学的影响[J]. 中国文化研究, 1996(4):116-120.

③赵伟民,蔡函甫.《奥义书》对叔本华哲学的影响[J]. 中国文化研究, 1996(4):116-120.

④张松建. T.S.艾略特诗学新探:四个关键词的研究[J]. 文艺争鸣, 2014(6):99-106.

⑤乔艳丽. T.S.艾略特的东方宗教情愫[J]. 北京第二外国语学院学报, 2012,34(2):45-50,39.

⑥Thomas Stearns Eliot. Christianity and Culture[M]. New York: Houghton Mifflin Harcourt,1949:190-191.

《荒原》中,艾略特运用了"轮子"这一印度佛教意象。在佛教中,"轮子"常常用来隐喻"轮回",在"轮回"中,生命在天、人、阿修罗、饿鬼、畜生、地狱等六道迷界中生死相续,犹如车轮没有止息地旋转,生命只有中断这种轮回,才能抵达"涅"彼岸。艾略特在"死者葬仪"一章中,借助梭斯脱里斯夫之口说道,"这是带着三根杖的人,这是转轮""我看到一群人,绕着圈子走","轮子""转轮"这一意象,象征了伦敦人单调循环的生活和虽死犹生的绝境。①

19世纪30、40年代,美国新英格兰地区掀起一场以拉尔夫·沃尔多·爱默生(Ralph Waldo Emerson)、亨利·戴维·梭罗(Henry David Thoreau)等人为核心的超验主义运动,这场文学和哲学运动带来了美国文学的第一次繁荣且影响深远。美国超验主义尚真、主情、重直觉和想象、主张自然万物的统一,爱默生等人从印度文化与典籍中汲取了不少养分,在某种程度上,美国超验主义的出现是东方文化的种子在西方土壤生根发芽的结果。古印度宗教哲学思想的核心是要人达到"梵我合一"最高境界。印度宗教还认为,对精神影响最大的是自然,这些都和美国超验主义的主要理念相契合。美国超验主义流派的灵魂人物爱默生在哈佛求学时期,就受到印度思想熏陶并接触了《福者之歌》《奥义书》等印度哲学宗教经典,在此之后,他对印度哲学与宗教表现出持续的兴趣。19世纪40年代早期,爱默生与梭罗在他们所创办的、用以传播超验主义思想的刊物《日晷》(The Dial)上,发表了《摩奴法典》(the Laws of Manu)、《吠陀经》(the Vedas)等古印度法典和宗教典籍的摘录。② 1845年夏,爱默生他在5月写给约翰·查普曼的信中写道:"我有一本书非常想要,这本书的书名是《薄伽梵歌及克雷什纳与阿琼的对话》(The Bhagavat-Geeta, or Dialogues of Kreeshna & Arjoon),由查尔斯·威尔金斯(Charles Wilkins)从梵语或婆罗门古语翻译而来……"③由此可见,爱默生并不满足于对印度典籍某些段落的了解,他还开始主动寻找印度典籍的完整版本,学习更多的古印度思想,以进一步发展完善美国超验主义流派的文学思想。

(三)西方文学、文论的阿拉伯、波斯元素

阿拉伯地区不仅是东西方交流的桥梁与中介,诞生于这片地域的阿拉伯文学与伊斯兰文化还广泛传播到世界各地并产生重要影响。波斯则是诗歌的国度,在这里涌现出菲

①乔艳丽. T.S.艾略特的东方宗教情愫[J]. 北京第二外国语学院学报, 2012, 34(2):45-50,39.

②Russell B. Goodman. "East-West Philosophy in Nineteenth-Century America: Emerson and Hinduism"[J]. in Journal of the History of Ideas, Vol. 51, No. 4, 1990: 632.

③"There is a book which I very much want," he wrote to John Chapman in May, "of which this is the title. ' The Bhagavat Geeta, or Dialogues of Kreeshna & Arjoon';…Translated from the original in the Sanskreet, or ancient language of the Brahmins, by Charles Wilkins; London: C. Nourse; 1785." 参见 Ralph L. Rusk, ed. The Letters of Ralph Waldo Emerson, III [M]. New York: Columbia University Press, 1939: 288.

尔多西、鲁米、萨迪、哈菲兹等众多闻名世界的大诗人,群星璀璨;古波斯帝国国教琐罗亚斯德教是世界上最古老的宗教之一,在基督教和伊斯兰教出现之前盛行一时。西方诸如歌德、尼采等大学者,纷纷从近东地区汲取思想与文化的养分。

德国著名思想家、文学家歌德(Johann Wolfgang von Goethe)一生著述浩瀚,《西东合集》(West-östlicher Divan)为歌德晚年成熟诗艺的结晶,这本诗集横跨东西方文化,集中展现了歌德对东方文化的认同。《西东合集》起笔于 1814 年,1819 年首次问世,此后经过诗人不断补充完善,到 1827 年定稿出版,与此同时,1827 年歌德首次提出了"世界文学"的概念。歌德《西东合集》的创作及其晚年所持有的世界文学的视野与观点,离不开他一直以来对东方文化艺术系统深入的学习与研究。其中,近东阿拉伯、波斯地区的文学与宗教对歌德产生了主要的影响。早在青年时期,歌德就通晓伊斯兰教的《古兰经》,阅读阿拉伯、波斯的文学作品,歌德对波斯诗人哈菲兹(Hafez-e)尤其偏爱,哈菲兹的《诗歌集》也给予歌德新的创作灵感和精神动力。他在《西东合集》的附注中写道:"我早就对哈菲兹和他的诗歌感兴趣,但我所接触到的文学游记报刊和其它一些东西并没有给我一个明确的概念和对这位伟人的价值以及文学功绩的认识。然而,当我 1813 年春天得到他的作品的完整译本后,我便怀着特殊偏爱把握他的禀性,才试图拿自己的创作和他攀比。这项有益的研究活动帮助我超越了时代隔阂,并最终使我安然享受到祥和的果实。"[1]歌德从哈菲兹的诗歌中了解到了东方的炽热、真挚与浪漫,他为之感动并由衷地敬仰哈菲兹这位大诗人,他还希望能和这位哈菲兹比肩同行,模仿哈菲兹创作,并达到东西方艺术与精神的高度结合。紧接着,1814 年冬季,歌德开始研究阿拉伯艺术,并收集了土耳其、波斯等地区的民间传说和游记作品,希望对东方文化作出系统全面的了解,一直到 1815年 5 月,歌德都沉浸于对东方文化的研究与发现中,这一时期他创作的大量诗歌,并将所有的诗歌编排成组诗,使之形成一个整体。《西东合集》中的诗歌均以波斯、阿拉伯等东方诗人为楷模,均融入了近东地区的伦理、民俗、宗教、哲理以及社会生活等许多领域的题材,比如"冬天和帖木儿"这首诗就取材于一首阿拉伯诗歌,原诗描写了帖木儿率军侵略明代中国而失败的故事,歌德读了这一故事的意大利语译本后,也用同一题材作诗影射率军进攻俄罗斯而失败的拿破仑。"人生五过"则是一首生活哲理诗,取材于哈默尔《东方宝库》中的译作。[2]《西东合集》是歌德研究阿拉伯、波斯等近东地区文学文化,并将东方元素融入诗歌创作的一次集中的成果展现,这部诗集最初的书名为《西东合集,或者联结东方的德意志诗集》,其中也体现了歌德希望联结东方与西方的世界胸怀与文学理想。对东方文化认识的日渐加深,也促使歌德逐渐形成"走向世界文学"的愿景与追求。

[1]Goethes Werke, Hamburger Ausgabe, hrsg.v.Erich Trunz, Bd.2, dtv, München 1988, S.382f. 转引自聂军. 神游东方的精神之旅:歌德的抒情组诗《东西合集》的产生背景[J]. 国外文学, 2000(1):80-88.

[2]聂军. 神游东方的精神之旅:歌德的抒情组诗《东西合集》的产生背景[J]. 国外文学, 2000(1):80-88.

德国著名哲学家、思想家、文化评论家尼采(Friedrich Wilhelm Nietzsche)对东方文化亦有广泛涉猎,其思想对西方近现代的诸多文学家和文论家都产生过重要影响。尼采 24 岁时成为瑞士巴塞尔大学的德语区古典语文学教授,专攻古希腊语、拉丁文文献,他对希腊和拉丁等古典语言文学的深入研究也让他开始接触波斯的古代历史及其文化,在他的作品集中,包括他笔记中都留下了不少关于古代波斯人及其文化的书写与记录。尼采对波斯人抱有一种较高的崇敬态度,他对波斯人最深切的兴趣和钦佩在他讨论波斯人循环的历史和时间观念时表现出来,尼采在谈及波斯人的历史观、时间观时说道:"我必须向波斯的查拉图斯特拉致敬,因为波斯人是第一个全面思考历史的人。"①波斯的历史时间概念在某种程度上类似于尼采自己的"永恒轮回"思想,或者说波斯人的观念促使尼采的"永恒轮回"思想得以进一步发展。在波斯文化的影响下,尼采选择古波斯帝国宗教琐罗亚斯德教的创始人"查拉图斯特拉"作为其哲学的"先知",创作了《查拉图斯特拉如是说》(Also Sprach Zarathustra)这一部里程碑式的作品,尼采通过查拉图斯特拉之口表达自己的思想,宣讲未来世界的启示。

三、当代西方文学概况

(一)文学主流

19 世纪西方文学基本上有两大主流:浪漫主义与现实主义。除这两大主流外,还出现了象征主义、自然主义、唯美主义等文学流派。

在浪漫主义文学流派中,代表人物有英国的华兹华斯、拜伦、雪莱,法国的代表人物有夏多布里昂、乔治·桑、雨果,德国的代表人物有霍夫曼、海涅,俄国的有普希金、莱蒙托夫,美国的有霍桑、惠特曼等。19 世纪现实主义文学流派中也涌现了大量优秀作家,法国的司汤达、梅里美、福楼拜、巴尔扎克,英国的狄更斯、勃朗特姐妹、哈代,俄国的果戈理、屠格涅夫、陀思妥耶夫斯基、契诃夫、列夫·托尔斯泰,北欧与中欧的密茨凯维奇、裴多菲、易卜生,美国的马克·吐温、豪威尔斯等都是杰出的代表,为 19 世纪文学作出了巨大的贡献。同时,19 世纪的文坛上还出现了以波德莱尔、梅特林克为代表的象征主义,以左拉、莫泊桑为代表的自然主义,以王尔德为代表的唯美主义等文学流派,鲍狄埃等人的巴黎公社文学与詹姆斯的心理现实主义文学也丰富了 19 世纪文坛的文学创作,但这些都不是文学的主流。

---

①Friedrich Nietzsche. Sämtliche Werke, kritische Studienausgabe, ed[J]. Giorgio Colli and Mazzino Montinari, 15 vols., Munich: Berlin, 1999: 53.

乔治·戈登·拜伦是英国浪漫主义的代表性人物,自小被父亲遗弃,母亲性格阴郁,常常责骂他。加之他天生跛足,生理的缺陷、家庭环境的冷漠使他从小养成了忧郁、孤独、倔强、反抗的性格,所谓以个人反抗为主要精神气质的"拜伦式"英雄大概源于此。10岁时,拜伦继承祖产和世袭爵位,后来得以进入剑桥大学学习文学和历史,他兴趣广泛,阅读了大量作品,拥有射击、赌博、饮酒、打猎等多种爱好。1808年他到南欧和西亚旅行,写下了游记作品《恰尔德·哈洛尔德游记》。拜伦的"东方叙事诗"由《异教徒》《阿比道斯的新娘》《海盗》《莱拉》《克林斯的围攻》《巴里西那》等作品组成,塑造了一批孤独高傲、反抗社会的拜伦式英雄形象。长篇叙事诗《唐璜》是拜伦的代表作,诗作写到第十七章第十四节时,他突然因病去世。这部叙事诗长期以来被看作英国浪漫主义时期最出色的作品之一,故事讲述16岁的唐璜受有夫之妇引诱被母亲送往国外,在海上遇险,希腊少女海黛搭救了他,两人相爱。海黛的父亲粗暴地干涉他们的恋情,海黛伤心而死。唐璜被当成女奴进入土耳其后宫,王妃爱上了他。他从土耳其后宫逃出,在战争中成为俄军中的大英雄,到了彼得堡后受到女皇的恩宠,最后出使英国。拜伦的诗作对后世诗人产生了巨大的影响,海涅、密茨凯维奇、缪塞、普希金、莱蒙托夫等诗人均受到他的影响。

维克多·雨果是法国最杰出的诗人、剧作家、小说家和文艺理论家,雨果对法国文学19世纪文学产生了巨大影响,萨特曾说雨果"是我国极少数的真正受到民众欢迎的作家之一,可能是唯一的一位"。① 雨果留下的作品有诗作《东方集》《秋叶集》《黄昏歌集》《心声集》《光与影集》,戏剧作品成就不大,后来雨果放弃了戏剧创作,开始小说创作。《巴黎圣母院》是雨果的代表性作品,讲述的是15世纪发生在巴黎的事情。吉卜赛女郎爱斯梅拉达在街头卖艺,巴黎圣母院的副主教弗罗洛对她起了邪念,指使圣母院里奇丑无比的撞钟人卡西莫多劫持了爱斯梅拉达。弓箭队队长费比斯救出了爱斯梅拉达,并成为她的情人。弗罗洛刺伤了费比斯嫁祸于爱斯梅拉达并处她以极刑。卡西莫多在行刑时将她救回,弗罗洛再次要挟爱斯梅拉达满足自己的淫欲,遭到拒绝后重新给她执刑。愤怒的卡西莫多将弗罗洛从钟楼顶上推下,自己抱着爱斯梅拉达的尸体遁入墓地。几年后,人们发现了抱在一起的尸骸。

列夫·尼古拉耶维奇·托尔斯泰是19世纪俄国最杰出的现实主义作家。托尔斯泰被称为"俄国革命的镜子",他的作品有自传体三部曲《童年》《少年》《青年》,短篇小说集《塞瓦斯托波尔故事》,中篇小说《一个地主的早晨》《哥萨克》,长篇小说《战争与和平》《安娜·卡列尼娜》《复活》。《安娜·卡列尼娜》中的安娜是上流社会的贵妇人,还是少女时代的时候她就由姑母做主嫁给了比她大20岁的省长卡列宁。卡列宁伪善自私、做

---

①萨特.什么是文学?［M］//沈志明,艾珉.萨特文集:第7卷.北京:人民文学出版社,2000:182.

事刻板、一切按照理性原则行事,生命力匮乏,他的主要兴趣在官场。真诚、善良、富有激情与旺盛生命力的安娜与他形成鲜明对比,夫妻之间除了客套再无任何共同语言。在一次偶然的机遇中,安娜认识了渥伦斯基,沉睡的爱情被唤起了,渥伦斯基也疯狂地爱上了她。安娜抛弃一切,勇敢地追求自己的爱情,却被上流社会看作道德败坏的女人,她因抛弃了儿子遭到上流社会的谴责,安娜内心的负疚感与危机感日益剧增,折磨着她的心灵。渥伦斯基成了她最后的精神寄托,然而,在短暂的新鲜感过后,渥伦斯基重新返回上流社会的交际中,抛弃了安娜,这使安娜受到最沉重的打击。精神上的痛苦使她卧轨自杀,用生命向罪恶的世界提出抗议和控诉。长篇小说《复活》是托尔斯泰后期代表作,讲述贵族青年聂赫留朵夫在出席法庭陪审时,发现被告卡秋莎·玛丝洛娃是多年前被自己占有并抛弃的情人。他良心发现,意识到自己才是真正的罪犯,开始展开营救玛丝洛娃的行动。最后,玛丝洛娃还是被流放到西伯利亚,聂赫留朵夫随同前往。在流放的过程中,玛丝洛娃得到西蒙松的尊重与照顾,玛丝洛娃又回归到原有的纯洁与开朗。在失望中,聂赫留朵夫接受了西蒙松和玛丝洛娃结婚的事实。

(二) 文学倾向

20 世纪西方文学呈现出三种倾向:一种为对西方文明的延续,这类文学以 20 世纪西方现实主义文学为代表;一种为对西方文明的反叛,这类文学以 20 世纪俄苏文学为代表;最后一种为对西方文明的蜕变,以 20 世纪西方现代主义文学为代表。

在 20 世纪现实主义文学中,法国的罗曼·罗兰,英国的劳伦斯,德国的布莱希特,美国的杰克·伦敦、德莱塞与海明威最为著名。在 20 世纪俄苏文学中,前期出现的高尔基、马雅可夫斯基,中期出现的肖洛霍夫、法捷耶夫,后期出现的帕斯捷尔克、艾特玛托夫等对世界文坛起了一定影响。在 20 世纪西方现代主义文学中,出现了以卡夫卡、奥尼尔为代表的表现主义文学,以艾略特为代表的后期象征主义文学,以萨特、波伏瓦、加缪为代表的存在主义文学,以普鲁斯特、乔伊斯、伍尔芙、福克纳为代表的意识流文学。

奥地利小说家弗兰茨·卡夫卡是欧洲现代派小说的鼻祖,生于布拉格一个犹太家庭,父亲专横暴虐,他从小生活在令人窒息的家庭环境中,造成了性格上的怯弱、孤独、内向。创作于 1912 年的《判决》反映了紧张的父子关系,描写了儿子在父亲的逼迫下忍不住顶撞了父亲,父亲当场判他死刑,儿子冲出房门,投河自尽的悲剧。《变形记》描写了一位推销员一觉醒来却发现自己变成一只甲壳虫的故事。在成为甲壳虫之后,主人公竟然不为自己所遭遇的悲惨命运而伤心,而是想着无法上班后可能给家庭带来的负面影响。他由于失去了工作,遭到父母的唾弃,房客也因为他而要求搬走,最后就连最爱的妹妹也开始讨厌他,他只有在亲人的迫害下悲惨死去。长篇小说《审判》是卡夫卡具有代表性的著作,写主人公约瑟夫·K 在 30 岁生日的早晨突然被法院宣布逮捕。没有人告诉他犯了什么罪,他越是想为自己辩白越是将自己陷入绝境。后来,在一个乱哄哄的预审法庭里,他被宣判死亡,在 31 岁生日前,K 被架到一个荒凉的采石场杀死。《城堡》写主人公 K 孤身一人抵达一个村落,想到城堡里去会见城堡长官 CC 伯爵,但无论如何也到达不了城堡的故事,在作品中,城堡象征着国家统治机构、权力和神秘力量,无论经过什么样的努力最终都无法到达。

T.S.艾略特是 20 世纪最著名的诗人和文学批评家,他的《传统与个人才能》一文被戴维·洛奇称为"可能是 20 世纪用英语写的最著名的评论文章"。长诗《荒原》被认为是20 世纪最难读懂的一部天书,书中多用典故,跳跃的时空、奇特的语言与烦琐的典故使作品显得十分晦涩难懂。《荒原》原稿 800 多行,后经庞德删改成为我们今天看到的 434行。全诗分为五章:第一章死者葬仪;第二章弈棋;第三章火诫;第四章水里的死亡;第五章雷霆的话;独特的艺术风格使它得到了前所未有的关注。《空心人》描写西方现代人内心灵魂的丧失和精神世界的空虚,里面的大多诗句都是在《荒原》中删除的诗句,全诗弥漫着悲观主义和虚无主义色彩。长诗《四个四重奏》由各自独立的四首诗《烧毁的诺顿》《东科克》《干燥的萨尔维奇斯》和《小吉丁》组成,这四首诗在时间上代表春、夏、秋、冬四个季节,在意义上代表空气、土、水、火四大元素。

詹姆斯·乔伊斯出生于爱尔兰首都都柏林的一个小公务员家庭,9 岁时因父亲失业而失学,11 岁时进入教会学校学习,曾写过评论易卜生戏剧的评论并得到易卜生的赞许,这促使他走上文学道路。后来,乔伊斯又结识了威廉·叶芝,1904 年写下了自传体小说《一个年轻艺术家的画像》。《尤利西斯》是一部具有深意的意识流小说,全部故事发生在 1904 年 6 月 16 日这一天早晨 8 点到第二天凌晨 2 点。《尤利西斯》模仿荷马史诗《奥德修纪》的结构,记录了主人公布卢姆在外飘荡的一天,他在早上 8 点离家,收到了邮差给妻子莫莉送来的情人的信,接着参加了一位朋友的葬礼,中午来到报社做广告,再来到图书馆查阅报纸,遇到斯蒂芬。下午 3 点多,布卢姆为妻子买了一份廉价的色情小说,晚8 点,布卢姆来到海滨,看到几个姑娘,布卢姆偷看了一名叫格蒂的女孩的内衣,因此欲火中烧。晚 10 时,来到妇产医院看望一位临产的朋友的妻子,后来和一帮人到一家妓院,斯蒂芬疯狂跳舞产生幻觉,在逃跑过程中与两个英国士兵发生争执,布卢姆跑来营救斯蒂芬。最后布卢姆带斯蒂芬回家,希望斯蒂芬住在自己家,但斯蒂芬没有答应。最后布卢姆上楼和妻子莫莉简单交谈后迅速睡去。

(三)文学特点

20 世纪后半期的西方文学呈现出多样性特点,以尤奈斯库、贝克特为代表的荒诞派戏剧,以罗伯-格里耶、西蒙为代表的新小说,以纳博科夫、海勒为代表的黑色幽默和以阿斯图里亚斯与马尔克斯为代表的魔幻现实主义流派成为西方 20 世纪文学的一道亮丽风景线。

除上面提到的作家外,享有盛誉的犹太小说家索尔·贝娄成为美国文坛的风云人物,他通过自己几十年间对美国社会知识界的观察,写出了深刻地反映美国知识分子受伤心理的小说,小说《洪堡的礼物》中的洪堡是20世纪30至40年代的诗人,最初他相信理性,自制自律,爱情专一,后来由于恐怖主义的影响及国际政治的变动,美国出现种族歧视等政策,造成了洪堡一贯奉行的道德标准行为规范的垮塌,洪堡的学生查理则是和洪堡完全不同的人,他贪恋女色、玩弄权术、阿谀奉承、交游广泛,是一个放荡落魄的文人形象。小说以刻画美国知识分子受伤心理著名,在1976年获得诺贝尔文学奖。

俄裔美国小说家弗拉基米尔·纳博科夫是20世纪西方文坛最杰出和最富争议的作家。他生于俄国彼得堡的一个贵族家庭,祖父是沙皇时代的司法大臣,父亲爱好文学,担任俄国文学基金会会长,同时还是帝国司法长官。后家道中落寄居柏林,又漂泊到巴黎,1940年前往美国。凭着自幼对蝴蝶的热爱得以进入哈佛大学比较动物学博物馆。1948年后,在康奈尔大学教授俄罗斯文学和欧洲文学,成为后现代名家,他的学生中不乏托马斯·品钦这样的名人。1955年出版的《洛丽塔》给美国文坛带来一场风暴,同时使作家纳博科夫名利双收。《洛丽塔》讲述的是一位40岁的男人疯狂地爱上了一位12岁的女孩的故事,早期被冠以色情小说的恶名,后来人们发现这是一部伟大的书,具有极高的文学价值。作品中对于主人公内心隐秘世界的描写及富有想象力的表达给读者提供了一种审美快感,是其获得认可的主要原因。纳博科夫在作品中揭示了人性的复杂、隐秘、多变,采用意识流的手法提示心理变态的危险性。

玛格丽特·杜拉斯是一位个性迥异、特立独行的法国女作家,不幸的童年遭遇、父亲的过早去世、母亲的忍耐坚强给她的创作打下了深刻的烙印。小说《太平洋大堤》以母亲为原型,描写了一位为了保护土地筑坝挡水却遭遇失败的故事,这一经历来自她母亲的亲身遭遇,这部作品给作者带来很大声誉。1984年发表的《情人》是一部自传性小说,杜拉斯回忆了自己少女时代在印度支那的生活:生活困顿的寡妇养活着两个儿子和一个女儿,母亲坚强努力却无法改善日益紧张的生活,只好睁只眼闭只眼默认12岁的女儿与27岁的中国富商的儿子恋爱,为的是从女儿情人的身上可以得到救济生活的金钱。然而,中国富商却坚决反对儿子的恋爱,为儿子另选佳人,少女在悲戚中眼看中国情人的远去。龚古尔文学奖的评委这样评价这部小说:"杜拉斯的《情人》聚焦于个人的心灵史,折射着人生与社会的现实,具有着洞烛世事的人性的亮度与意义。其间的情感力量充满着巨大的活力,在时间的长河里生生不息,令人惊叹。肉体的欢爱是短暂的、瞬间的,而情感的审美在时间与距离中显得恒久、真实而又可贵。"

加西亚·马尔克斯是哥伦比亚当代著名作家,1947年开始发表短篇小说集《周末后的一天》,1955年发表第一部长篇小说《落叶》,引起文坛关注。《百年孤独》是马尔克斯最重要的代表作,也是拉丁美洲魔幻现实主义的经典巨著,被翻译为 30 多种文字在全世界范围内发行。小说以一个虚构的小镇马孔多的兴衰为线索,描写了布恩蒂亚家族七代人充满神奇色彩的生活经历:布恩蒂亚和表妹乌苏娜结婚后,担心他们会生下因近亲结婚而生出的长猪尾巴的孩子,一直拒绝与丈夫同房。布恩蒂亚与邻居在斗鸡时战胜了对方,却遭到对方的讥笑,对方当众抖出布恩蒂亚的老婆拒绝与他同房的秘密。布恩蒂亚一怒之下杀了邻居阿吉拉尔,从此他的鬼魂日夜骚扰布恩蒂亚家。布恩蒂亚被迫带领全家及部分族人远走他乡。他们来到了一个叫马孔多的地方,布恩蒂亚的大儿子何塞·阿卡迪奥在儿子出生后不辞而别,后来又自杀而死,小儿子奥雷良诺在内战开始时就投奔自由派,有着传奇般的经历,最后厌倦内战去了马孔多。曾孙女雷梅苔丝吸引了见过她的所有男子,后来却乘上床单飞上天空。六世孙奥雷良诺·布恩蒂亚与其姑妈纵欲后生下了长猪尾巴的男孩,这个男孩是家族的第七代。一天,奥雷良诺在外出回家后发现,长猪尾巴的男孩被蚂蚁吃掉拖往洞穴。在一瞬间,奥雷良诺破解了吉卜赛人 100 年前用梵语写在羊皮书上的预言:"这个家族的第一个将被绑在树上,家族的最后一个人将被蚂蚁吃掉。"一阵飓风吹起,马孔多从地球上消失了。

四、原典选读

荒 原(节选)

"因为有一次我亲眼看见西比尔被关在一只笼子里悬挂在库米城,当孩子们问她:'西比尔,你想要什么?'她答道,'我想死'。"①

献给埃兹拉·庞德

高明的匠师②

---

①引自古罗马作家佩特罗尼乌斯(Petronius? —66)所著史诗体喜剧式传奇小说《萨蒂利孔》(Satyricon)第 48 章。西比尔是库米城(意大利西南部古城)的著名预言家;她在罗马诗人维吉尔的史诗《埃涅伊德》中曾引导埃涅阿斯穿越冥府。西比尔受阿波罗的恩赐得享永生不死,但她忘却了要求青春常在,因此及至年老色衰,躯体萎缩,威望亦随之下降。

作者佩特罗尼乌斯是荒淫的罗马皇帝尼禄的密友,出身富家,终生追逐享乐,也是尼禄的亲信之一,授"起居郎"。《萨蒂利孔》详尽记录了当时流行的享乐生活,因此具有重要历史价值,且文笔典雅,机智风趣。

②埃兹拉·庞德(Ezra Pound),现代著名美国诗人,20 世纪英语世界新诗运动旗手之一。他首先推荐发表艾略特的诗作,并帮助艾略特最后删改《荒原》,艾略特因此尊称他为"高明的匠师"。按高明的匠师一词原系《神曲·炼狱篇》中(第 26 歌第 117 行)褒扬普罗旺斯诗人阿诺特·但尼尔的用语。

一 死者的葬礼

四月是最残忍的月份,从死去的土地里

培育出丁香,把记忆和欲望

混合在一起,用春雨

搅动迟钝的根蒂。

冬天总使我们感到温暖,把大地

覆盖在健忘的雪里,用干燥的块茎

喂养一个短暂的生命。

夏天卷带着一场阵雨

掠过斯塔恩贝格湖①,突然向我们袭来;

我们滞留在拱廊下,接着我们在阳光下继续前行,

走进霍夫加登②,喝咖啡闲聊了一个钟头。

Bin gar Keine Russin, stamm′aus Litauen, echt deutsch.③

那时我们还是孩子,待在大公的府邸,

我表哥的家里,他带我出去滑雪橇,

我吓坏啦。他说,玛丽,

玛丽,用劲抓住了。于是我们就往下滑去。

在山里,在那儿你感到自由自在。

夜晚我多半是看书,到冬天就上南方去。

这些盘曲虬结的是什么根,从这堆坚硬如石的垃圾里

长出的是什么枝条? 人之子,④

你说不出,也猜不透,因为只知道

一堆破碎的形象,这里烈日暴晒,

死去的树不能给你庇护,蟋蟀不能使你宽慰,⑤

而干燥的石头也不能给你一滴水的声音。只有

这块岩石下的阴影,⑥

---

①湖在慕尼黑附近。从这句起以下 8 行描述的情景令人忆起第一次世界大战前欧洲的堕落。论者以为诗人受玛丽·拉丽施伯爵夫人自传《我的过去》(伦敦,1913)的感兴,但据艾略特夫人称,诗人前此并未见到该书,而是从伯爵夫人言谈中了解到上述情景。

②慕尼黑城内一座小公园。

③德语:"我根本不是俄国人,我从立陶宛来,一个地道的德国人。"

④见原注第 20 行。

⑤见原注第 23 行。

⑥参阅《旧约·以赛亚书》第 32 章第 1-2 节:"凭公义行政的王","像避风所和避暴雨的隐秘处,又像河流在干旱之地,像大磐石的影子在疲乏之地。"

（走进红岩下的阴影下面来吧，）
我就会给你展示一样东西既不同于
早晨在你背后大步流星的影子
也不同于黄昏时分升起的迎接你的影子；
我会给你展示在一把尘土中的恐惧。

　　　　Firsch weht der wind
　　　　Der Heimat zu
　　　　Mei Irisch Kind,
　　　　Wo weilest du?①

"一年前你最先给我风信子；
他们叫我风信子姑娘。"
——可是等咱们从风信子花园回家,时间已晚,
你双臂满抱,你的头发都湿了,我一句话
都说不出来,眼睛也看不清了,我既不是
活的也不是死的,我什么都不知道,
茫然谛视着那光芒的心,一片寂静。
Oed und leer das Meer.②

索梭斯特里斯太太,③著名的千里眼,
患了重感冒,可她仍然是
人所熟知的欧洲最聪明的女人,
她有一副邪恶的纸牌④。你瞧,她说,
这张是你的牌,淹死的腓尼基水手⑤,
（那两颗珍珠就是他的眼睛。⑥ 你瞧!）
这是 Belladonna,⑦岩石圣母,
善于应变的夫人。

---

①德语,歌词为:"微风乍起/吹向我的祖国,/我的爱尔兰孩子,/你在哪儿等我?"（见瓦格纳的歌剧,海员忆起在爱尔兰的女友时的唱词）参阅原注第31行。
②德语:"大海荒芜而空寂。"并参阅原注第42行。
③一个冒牌的算命女人,她袭用了埃及法老索梭斯特里斯的名字。艾略特无疑取自阿尔德斯·赫胥黎的小说《铬黄》中的一个喜剧场景。
④指泰罗特纸牌。牌有四组,由寻找金杯传说的诸象征构成:长矛、杯、剑和碟,共72张。参阅原注第46行。
⑤参阅本诗第4部分《死于水》。
⑥此行引自莎剧《暴风雨》第1幕第2场第398行,系精灵爱丽尔所唱的歌。
⑦意大利语,即"美丽的夫人",但亦是一种有毒植物（nightshade,颠茄）和能使眼睛发亮如玻璃一般的眼睛化妆品的名称。这里可能指圣母玛利亚,据上下文应系达·芬奇所绘的"岩石圣母"油画像,象征教会的庇护,圣母则象征现代爱情的精神干涸。

这张是拥有三根权杖的男人,①这是轮子,②

而这是独眼商人,③这张牌,

尽管是空白的,是他背上扛着的东西,

却不准我看那到底是什么。我没有去找

那个被吊死的人④,害怕被水淹死。

我看见簇拥的人群围成一个圆圈走。

谢谢你。假若你见到亲爱的埃奎顿太太,

请告诉她我要亲自把占星图给她送去:

现如今你得非常小心。

虚幻的城市,⑤

在冬天早晨的棕色浓雾下,

人群流过伦敦桥,那么多人,⑥

我没有想到死神竟报销了那么多人。

偶尔发出短促的叹息,⑦

每个人眼睛都盯着自己的脚尖。

他们涌上山冈,冲下威廉王大街,

那儿圣玛丽·沃尔诺斯教堂的大钟

沉重的钟声正敲着九点的最后一响。⑧

我看见一个熟人,我叫住他:"斯特森!⑨

你不就是在梅利和我一起在舰队里的吗!⑩

---

①泰罗特纸牌中的一张牌,三根权杖喻一个成功的商人在检查他的船队时在附近地上插下的三根木杖。另有解释为:三根权杖象征男性生殖器和埃及神西里斯的转生。艾略特在注释中说,他"武断地"将持三根权杖的人与渔王(Fisher King)相联系;而在杰西·韦斯顿的书中,则系圣母与新生的象征。参阅诗人的注释。

②轮子,即命运之轮,也可能指佛教的轮回。

③即后面第 3 部分中的尤吉尼德斯先生。与第 4 部分《死于水》中的"淹死的腓尼基水手"相映照,据杰西·韦斯顿称,腓尼基商人大都是为举行丰产祭祀典礼供应粮食的商人。这个商人被称为"独眼",因纸牌上仅是半面侧身像。他背上负载的殆为世间的邪恶或获得丰产的秘诀。

④在这张牌上,他的一只脚被吊在十字架上,象征丰饶多产之神的自我牺牲,他为了能复活而给大地和人民再次带来丰饶多产而死。

⑤参阅原注第 60 行。

⑥参阅原注第 63 行。

⑦参阅原注第 64 行。

⑧参阅原注第 68 行。圣玛丽·沃尔诺斯教堂在伦敦市金融区。人群流过伦敦桥进入市区工作。这里第一次提到教堂系暗示圣杯传说中的那座濒于倾圯的小教堂。

⑨斯特森是伦敦熟知的一个帽子制造商,这里用以代表一个普通的商人。

⑩梅利战役(公元前 260)发生在古罗马与迦太基之间进行的第一次布匿战争期间,战争爆发的原因与第一次世界大战同,都是为了攫取经济利益,战争以罗马取胜结束。梅利战役与诗中说话人和斯特森参加的第一次世界大战融合为一。

去年你栽在你花园里的那具尸体，

开始发芽了没有？今年会开花吗?

要不就是突然来临的霜冻惊扰了它的苗床?

啊,要让狗离那儿远远的,狗爱跟人亲近,

不然它会用爪子把尸体又刨出来![①]

你！伪善的读者！——我的同类——我的兄弟!"[②]

二 弈 棋[③]

她坐的椅子,像金碧辉煌的宝座,[④]

映照在大理石上熠熠生光,高擎明镜的

灯台石柱雕刻着果实累累的葡萄藤蔓

一个金色的丘比特从藤蔓中偷偷往外张望

（另一个却把眼睛藏在他的翅膀后面）

明镜把七枝灯座吊灯的烛光反照得加倍明亮,

当她的珠宝从锦匣中射出

炫目的闪光与灯光相遇

桌面上便反射出一片霞光；

象牙的、彩色玻璃的小瓶

打开了瓶塞,里面藏着她那些调制的奇异香水,

粉末的,或液体的软膏——扰乱了,淹没了

在芳香氤氲中的感官;袅袅上升的香气

被窗外新鲜空气拂动

把烛光的延长的火焰扇得更旺,

烟雾窜进细工雕刻的凹形镶板[⑤],

拂动着方格天花板上的图案。

巨大的铜制的海洋树林

锻烧成翠绿和橘红色,镶嵌着彩色宝石,

一个镂刻的海豚在林间阴翳的光线下翻腾戏水。

在那古老的壁炉上方,

---

①参阅原注第 74 行。

②参阅原注第 76 行。

③标题取自托马斯·米德尔顿(Thomad Middleton,1570—1627)的剧作《弈棋》,但情节则引自剧作家另一剧本《女人提防女人》,剧中媳妇在房中被人诱奸,其婆母则被有意邀往隔壁房间弈棋为戏,使诱奸终于乘隙成事。

④参阅原注第 77 行。

⑤参阅原注第 92 行。

仿佛是一扇眺望林木葱郁的窗子①

挂着菲洛梅尔变形的画图,②她被野蛮的国王

那么粗暴地强行非礼;③但夜莺曾在那儿

用她那不可亵渎的歌声充塞了整个荒漠④

而她仍在啼叫,今天这世界仍继续在啼叫,

向猥亵的耳朵叫着"佳佳"⑤。

还有往昔的轶事旧闻

展示在四周墙上;惹人注目的形体

身子或向前倾,或倚斜着,叫这四壁围住的房间噤声。

楼梯上步履蹀躞。

火光下,发刷下,她的长发

散成点点火星

化为语言,接着又将是一片死寂。

"今晚我心情很乱,是的,很乱。陪着我。"

"跟我说话。为什么你总不说话。说呀。"

"你在想什么? 想什么? 是什么呀?"

"我从来不知道你在想什么。想想看。"

我想咱们是住在耗子的洞穴里⑥

死人连他们的尸骨都丢失了。

"那是什么声音?"

是门下面的风⑦。

"这会儿又是什么声音? 风在干什么?"

没有什么,是没有什么。

"难道你什么都不知道?

什么都没有看见?

什么都不记得吗?"

---

①参阅原注第98行。

②参阅原注第99行。

③奥维德在《变形记》中描绘菲洛梅尔被她的妹夫、国王特鲁斯奸污,后变为夜莺。

④参阅原注第100行。

⑤伊丽莎白王朝以来诗歌中对夜莺啼声的描写。这个悲剧性的神话已沦为一则淫乱的故事。

⑥参阅原注第115行。

⑦参阅原注第118行。

我记得那些珍珠原是他的眼睛。

"你是活的还是死的？你脑子里难道什么都没有?①"

可是

哦哦哦哦这种莎士比亚式的"拉格"②——

多么文雅

多么聪明③

"现在我该干些什么事？我该干什么呢？

"我就这样冲出去，走在大街上

"披头散发的，就这样。咱们明天又干些什么呢?

"咱们到底要干什么?"

热水十点钟供应。

如果下雨，四点钟来一辆轿式马车。

然后咱们就下一盘棋，

一面睁大着永远醒着的眼睛等待那一下敲门声。

丽尔的丈夫从部队复员的时候，④我说——

我可不喜欢吞吞吐吐，我亲口对她这么说，

请快点儿，时间到啦⑤

如今阿尔伯特要回来啦，你把自己打扮得漂亮点儿。

他准想知道你把他给你镶牙齿的钱

到底干了什么。他给了钱，当时我在场。

你把它们全拔了，丽尔，装一副漂亮的，

他说，我发誓，我连瞧你一眼都受不了。

我也不能再忍受下去了，我说，想想可怜的阿尔伯特，

他在部队里待了四年，他想快快活活过日子，

要是你不让他快活，自有别人愿意呢，我说。

喔，有吗，她说。差不离儿，我说。

那我倒想知道该向谁表示感谢啦，她说，瞪了我一眼。

请快点儿，时间到啦

要是你不喜欢那样，你不妨将就着那么干嘛，我说。

---

①参阅原注第 126 行。

②莎士比式的拉格(Shakespeherian Rag)，拉格实际就是黑人音乐爵士乐拉格泰姆(ragtime)歌曲。是 1912 年齐格菲尔德轻松歌舞剧团的风行一时的剧目。

③这两行引自"拉格"歌曲的歌词。

④指第一次世界大战结束从部队复员。以下一段，据艾略特谈，系基于艾略特夫妇所雇女仆讲述的故事。原稿显示，第 153 行和第 164 行系艾略特第一个妻子维维恩·艾略特(Vivien Eliot)的建议。

⑤英国酒吧间侍者在营业时间已过，准备关门打烊时的惯常用语。

别人可是能挑三拣四的,要是你做不到的话。

可要是阿尔伯特跑了,那可不是因为没人警告过你。

你应该感到害臊,我说,你看上去多像个老古董。

(可她还只是三十一。)

我没法子,她说,拉长了脸。

这都怪我吃的那些药片,不想再有孩子啦,她说。

(她已经有了五个,生小乔治几乎要了她的命。)

药房老板说没事儿,可我再也不似往常了。

你真是个十足的大傻瓜,我说。

呃,要是阿尔伯特不让你安生,还会有孩子,我说,

你不想有孩子,那你结婚为什么来着?

请快点儿,时间到啦

嗯,那个星期天阿尔伯特回了家,他们有只新鲜熏腿,

他们邀我去吃饭,趁新鲜品尝一下熏腿的美味——

请快点儿,时间到啦

请快点儿,时间到啦

晚安,比尔。晚安,露。晚安,梅。晚安。

谢谢,谢谢。再见。再见。

再见,太太们,再见,好太太们,再见,再见。①

——汤永宽,译.上海译文出版社,1994.

变形记②(节选)

一

　　一天早晨,格里高尔·萨姆沙从不安的睡梦中醒来,发现自己躺在床上变成了一只巨大的甲虫。他仰卧着,那坚硬得像铁甲一般的背贴着床,他稍稍一抬头,便看见自己那穹顶似的棕色肚子分成了好多块弧形的硬片,被子在肚子尖上几乎待不住了,眼看就要完全滑落下来。比起偌大的身躯来,他那许多只腿真是细得可怜,都在他眼前无可奈何地舞动着。

　　"我出什么事啦?"他想,这可不是梦。他的房间,一间略嫌小了些、地地道道的人住的房间静卧在

---

①参阅《哈姆雷特》第4幕第5场(72—74行),奥菲利亚在发疯投河自杀前的一段台词。

②这是卡夫卡短篇小说的代表作。从作者当时致其未婚妻费丽丝·鲍威尔的信中可以看出,该作写于1912年11月下旬至12月上旬。卡夫卡曾想以《儿子们》为题,将它与《判决》《司炉》结集出版,未果。后于1915年发表在勒奈·布克尔编辑的《白色书页》上。同年由莱比锡库尔特·沃尔夫出版社出版了单行本。作者曾为此书的封面设计致函这家出版社:"封面上可千万别画上那只昆虫啊。"最后,封面上的图像画的上一个孤苦的青年哭泣着走出家门。——编者

四堵熟悉的墙壁之间。在摊放着衣料样品的桌子上方——萨姆沙是旅行推销员——，挂着那幅画，这是他最近从一本画报上剪下来并装在了一只漂亮的镀金镜框里的。画上画的是一位戴毛皮帽子围毛皮围巾的贵夫人，她挺直身子坐着，把一只套没了她的整个前臂的厚重的皮手筒递给看画的人。

格里高尔接着又朝窗口望去，那阴暗的天气——人们听得见雨点敲打在窗格子铁皮上的声音——使他的心情变得十分忧郁。"还是再睡得一会儿，把一切晦气事统统忘掉吧。"他想，但是这件事却完全办不到，因为他习惯侧向右边睡，可是在目前这种状况下竟无法使自己摆出这个姿势来。他试了大约一百次，闭上眼睛，好不必看见那些拼命挣扎的腿，后来他开始在腰部感觉到一种还从未感受到的隐痛，这时他才不得不罢休。

"啊，天哪，"他想，"我挑上了一个多么累人的差事！长年累月到处奔波。在外面跑买卖比坐办公室做生意辛苦多了。再加上还有经常出门的烦恼，担心各次火车的倒换，不定时的、劣质的饮食，而萍水相逢的人也总是些泛泛之交，不可能有深厚的交情，永远不会变成知己朋友。让这一切都见鬼去吧！"他觉得肚子上有点痒痒；便仰卧着慢慢向床头挪近过去，好让自己头抬起来更容易些；看清了发痒的地方，那儿布满了白色小斑点，他不明白这是怎么回事；想用一条腿去搔一搔，可是立刻又把腿缩了回来，因为这一碰引起他浑身一阵寒战。

他又滑下来回复到原来的姿势。"这么早起床，"他想，"简直把人弄得痴痴呆呆了。人必须要有足够的睡眠。别的推销员生活得像后宫里的贵妇。譬如每逢我上午回旅店领取已到达的订货单时，这帮老爷们才在吃早饭。我若是对老板来这一手，我立刻就会被解雇。不过话说回来，谁知道被解雇对我来说是否就不是一件很好的事呢。我若不是为了我父母亲的缘故而克制自己的话，我早就辞职不干了，我就会走到老板面前，把我的意见一股脑儿全告诉他。他非从斜面桌上掉下来不可！坐到那张斜面桌上并居高临下同职员说话，而由于他重听人家就不得不走到他跟前来，这也真可以说是一种奇特的工作方式了。嗯，希望还没有完全破灭；只要等我积攒好了钱，还清父母欠他的债——也许还要五六年吧——我就一定把这事办了。那时候我就会时来运转，不过眼下我必须起床，因为火车五点钟开。"

他看了看那边柜子上滴滴答答响着的闹钟。"天哪！"他想。六点半，指针正在悠悠然向前移动，甚至过了六点半了，都快六点三刻了。闹钟难道没有响过吗？从床上可以看到闹钟明明是拨到四点钟的；它一定已经闹过了。是闹过了，可是这可能吗？他睡得可并不安稳，但是也许睡得更沉。可是现在他该怎么办？下一班车七点钟开，要搭这一班车他就得拼命赶，可是货样还没包装好，他自己则觉得精神甚是不佳。而且即使他赶上这班车，他也是免不了要受到老板的一顿训斥，因为公司听差曾等候他上那班五点钟开的火车并早已就他的误车作过汇报了。他是老板的一条走狗，没有骨气和理智。那么请病假如何呢？这可是令人极其难堪、极其可疑的，因为他工作五年了还从来没有病过。老板一定会带着医疗保险组织的医生来，会责备父母养了这么一个懒儿子并凭借着那位医生断然驳回一切抗辩，在这位医生看来他压根儿就是个完全健康、却好吃懒做的人。再说，在今天这种情况下医生的话就那么完全没有道理吗？除了有一种在长时间的睡眠之后确实是不必要的困倦之外，格里高尔觉得自己身体很健康，甚至有一种特别强烈的饥饿感。

他飞快地考虑着这一切，还是未能下定决心离开这张床——闹钟恰好打响六点三刻——这时有人小心翼翼敲他床头的房门。"格里高尔，"有人喊——是母亲在喊——，"现在六点三刻。你不想出门了?"好和蔼的声音！格里高尔听到自己的回答声时大吃一惊，这分明是他从前的声音，但这个声音中却掺和着一种从下面发出来的、无法压制下去的痛苦的叽喳声，这叽喳声简直是只在最初一瞬间让那句话保持清晰可听，随后便彻底毁坏了那句话的余音，以至人们竟不知道，人们是否听真切了。格里高尔本想回答得详细些并把一切解释清楚，可是在这样的情形下他只得简单地说："是，是，谢谢母亲，我这就起床。"隔着木头门外面大概觉察不出格里高尔声音中的变化，因为一听到这句话母亲便放下心来，踢踢踏踏地走了。但是这场简短的谈话却使其余的家里人都注意到格里高尔令人失望地现在还在家里，而这时父亲则已经敲响了侧边的一扇门，敲得很轻，不过用的却是拳头。"格里高尔！格里高尔！"他喊，"你怎么啦?"过了一会儿他又用更低沉的声音催促道："格里高尔！格里高尔！"而在另一扇侧门旁边妹妹却轻声责怪道："格里高尔? 你不舒服吗? 你需要什么东西吗?"格里高尔向两边回答说："我马上就好了。"并努力以小心翼翼的发音以及在各个词儿之间加上长长的休止来使他的声音失去一切异乎寻常的色彩。父亲也走回去吃他的早饭去了，妹妹却悄声说："格里高尔，开开门，我求你了。"可是他却根本不想去开门，而是暗自庆幸自己由于经常旅行而养成的这种小心谨慎的习惯，即便在家里他晚上也是要锁上门睡觉的。

首先他想静悄悄地、不受打扰地起床，穿衣并且最要紧的是吃早饭，然后才考虑下一步的行动，因为他分明觉察到，躺在床上他是不会考虑出什么名堂来的。他记得在床上曾经常感受过某种也许是由于睡姿不好而造成的轻微的疼痛，及至起床时才知道这种疼痛纯属子虚乌有，现在他急于想知道，他今天的幻觉将会怎样渐渐消逝。声音的变化无非是一种重感冒、一种推销员职业病的前兆而已，对此他没有丝毫的怀疑。

要掀掉被子很容易，他只需把身上稍稍一抬，它自己就掉下来了。可是下一步就难了，特别是因为他的身子宽得出奇。他本来用胳膊和手就可以坐起来；可是他现在没有胳膊和手，却只有这众多的小腿，它们一刻不停地向四面八方挥动，而且他竟无法控制住它们。他想屈起其中的一条腿，这条腿总是先伸directly笔直；他终于如愿以偿把这条腿屈起来了，这时所有其余的小腿便像散了架，痛苦不堪地乱颤乱动。"可别无所事事地待在床上。"格里高尔暗自思忖。

他想先让下身离床，可是他尚未见过、也想象不出是什么模样的这个下身却实在太笨重；挪动起来十分迟缓；当他最后几乎发了狂，用尽全力、不顾一切向前冲去时，他却选择错了方向，重重地撞在床腿的下端，一阵彻骨的痛楚使他明白，眼下他身上最敏感的部位也许恰好正是他的下身。

所以他便试图先让上身离床，小心翼翼地把头转向床沿。这也轻易地做到了，尽管他身宽体重，他的躯体却终于慢慢地跟着头转动起来。可是等到他终于将头部悬在床沿外边时，他又害怕起来，不敢再以这样的方式继续向前移动，因为如果他终于让自己这样掉下去，他的脑袋不摔破那才叫怪呢。正是现在他千万不可以失去知觉，他还是待在床上吧。

但是，当他付出同样的辛劳后又气喘吁吁像先前那样这般躺着，并且又看到自己的细腿也许更厉害地在相互挣扎，想不出有什么办法可以平息这种乱颤乱动时，他又心想，他不能老是在床上待着，即便希望微乎其微，也要不惜一切代价使自己脱离这张床，这才是最明智的做法。可是他同时也没有忘记提醒自己，三思而后行比一味蛮干强得多。这当儿，他竭力凝神把目光投向那扇窗户，但是遗憾的是，甚至连这条狭街的对面也都裹在浓雾中，这一片晨雾实在难以让人产生信心和乐观的情绪。"已经七点了,"方寸闹钟响时他暗自思忖,"已经七点了,可是雾一直还这么重。"他带着轻微的呼吸静静地躺了片刻,仿佛他也许期盼着这充分的寂静会使那种真实的、理所当然的境况回归似的。

但是随后他便心想:"七点一刻以前我无论如何也要完全离开这张床。到那时候公司里也会有人来询问我的情况的,因为公司七点前开门。"于是他开始设法完全有节奏地将自己的整个身子从床上摆荡出去。倘若他以这样的方式让自己从床上掉下去,着地时他将尽量昂起脑袋,估计脑袋还不至于会受伤。后背似乎坚硬;跌在地毯上后背大概不会出什么事。他最担心的还是那必然会引起的巨大响声,这响声一定会在一扇扇门后即使不引起恐惧也会引起焦虑。可是这件事做起来得有点胆量。

当格里高尔已经将半个身子探到床外的时候——这种新方法与其说是一种艰苦的劳动,还不如说是一种游戏,他永远只需要一阵一阵地摆荡——他忽然想起,如果有人来帮他一把,这一切将是何等的简单方便。两个身强力壮的人——他想到了他的父亲和那个使女——就足够了;他们只需要把胳膊伸到他那拱起的背下,这么一托把他从床上托起来,托着这个重物弯下腰去,然后只需小心翼翼耐心等待着他在地板上翻过身来,但愿细腿们一触到地便能发挥其作用。那么,姑且不管所有的门都是锁着的,他是否真的应该叫人来帮忙呢?尽管处境非常困难,想到这一层,他禁不住透出一丝微笑。

——张荣昌,译.上海译文出版社,2012.

尤利西斯(节选)

即席演说

他用阴沉沉的声调对杰·J.奥莫洛伊说:

——你得明白,泰勒是从病床上爬起来参加会的。我不信他事先准备了发言稿,因为会场里连一个速记员都没有。他的脸又黑又瘦,周围蓬蓬松松一圈胡子,脖子上随便地围着一条领巾,那样子看起来好像他已经是(虽然实际上他并不是)奄奄一息的人了。

说到这里,他的视线缓缓地从杰·J.奥莫洛伊移到斯蒂汾的脸上,然后又立即投向地上寻找着什么。他一低头,他那未经研光的衬衫领子在后面翘了起来,露出被衰败的头发蹭上的污渍。他一面继续寻找着,一面说:

——菲茨吉本说完之后,约翰·F.泰勒就站起来回答。简单地说,就我的回忆所及,他的发言是这样的。

他坚定地抬起了头。他的眼睛又作了一番思索。两只无计可施的蛤蜊在厚重的镜片中游动,在寻找出路。

他开始了:

——主席先生,女士们,先生们:刚才听到我那位博学的朋友对爱尔兰青年的教导,我不禁深感钦佩。我感到似乎已经离开本国,到了一个遥远的国度,已经不在现代,而是处在很久以前的一个时代中,仿佛置身于古代的埃及,正在聆听一位埃及的大祭司教训青年摩西。

听的人都将烟卷夹在指间听他讲,一缕缕青烟袅袅上升,和他的演说一起绽开花朵。我们的香烟缭绕上升。崇高的词句要来了。注意。你自己能不能动手来一点呢?

——我仿佛听到那位埃及大祭司提高了声音,用的是同样傲慢,同样盛气凌人的语调。我听到了他的话,并且从他话中的含义获得了启示。

前人所示

我获得启示,受腐蚀者未必不善良,盖因绝顶善良与无善可言者均不可能遭受腐蚀也。唉,你该诅咒!那是圣奥古斯丁。①

——你们犹太人为何不接受我们的文化、我们的宗教、我们的语言?你们是一个游牧无定居的部落;我们是一个强大的民族。你们既没有城镇,也没有财富;我们的城镇中有繁忙的人群,我们还有大批配备着三排桨、四排桨的大船,满载各式各样的货物,航行在已知世界四面八方的海洋。你们是刚刚脱离原始状态;我们却拥有文学、僧侣、悠久的历史,以及整套的政治组织。

尼罗河。

幼儿、汉子、雕像。

婴儿玛丽们跪在尼罗河畔,蒲草的摇篮②:一个在战斗中善于随机应变的男子汉:石角、石须、石心。

——你们拜的是一个局限一地不为人知的偶像,我们的庙宇却宏伟而神秘,供奉着伊希斯和俄赛里斯,何露斯和阿蒙·拉。你们爱的是奴役、威慑和鄙视:我们拥有雷电和海洋。以色列上弱小的,人员稀少:埃及是一支强大的队伍,装备着令人胆战心惊的武器。你们被人称作流浪汉和卖苦力的:我们的名字威震全世界。

一个闷哑的饿嗝切断了他的话。他勇敢地提高声音盖过了它:

——但是,女士们,先生们,如果青年摩西当时听从了这一套观点,如果他在这种高傲的教导前低下了脑袋,丧失了斗志,丢掉了主心骨,那他就决不会率领神选的民族脱离奴境,也不会在白天追随云柱③了。他决不会到西奈山顶的雷电阵中去和神明对话,也决不会满脸放射着灵感的光芒从山顶下来,怀中抱着用亡命者的文字镌刻着律条的石板。

他停止了,眼望着他们,享受着一时间的沉静。

---

①圣奥古斯丁(354—430)为基督教思想家,主张凡是存在的事物都有其善处。本段斯蒂汾所引词句出于其《忏悔录》(397)。

②据《圣经·出埃及记》,摩西出世正值以色列人在埃及受压迫最甚之时,一切以色列男婴须溺毙,三个月的摩西由母亲和姐姐藏在蒲草篮子内而获救。

③按《圣经·出埃及记》,摩西率领以色列人离开埃及时,上帝白天用云柱、晚上用火柱为他们引路。

不祥之兆——对于他!

杰·J.奥莫洛伊不无遗憾地说:

——然而,他却在尚未到达天主许诺的国土之前就去世了。

——病虽缠绵,人们亦曾多次预感其不久人世,但届时仍不免惊愕,莱纳汉说。伟大前程已成史迹。

走廊里响起了一大群脚板奔跑的声音,啪嗒啪嗒地上了楼梯。

——那才是口才呢,教授说。无人反驳。

随风而去。穆拉格马斯特和历代王都塔拉的那些人群。连绵多少里的耳朵。声嘶力竭的民族保护者的言语随风四散。他的声音庇护着一个民族①。已经消逝的音波。阿卡沙秘录②,记载着一切地方任何地点发生的所有一切。要爱他,赞颂他;再也不要提我。

我有钱。

——先生们,斯蒂汾说。作为议程单上的下一个项目,我是否可以建议本院现在休会?

——你真使我惊诧不已。这不会是法国式的客套吧? 奥马登·伯克先生问。据我看来,这钟点在古代的客店,用比喻的语言说吧,正是那酒瓮最令人惬意的时辰。

——事不宜迟,应即付诸表决。凡同意者请曰然,莱纳汉宣布。反对者请曰否。我宣布此案通过。具体目标酒棚为何……? 我投票赞成穆尼酒店!

他一边领头先走,一边还在谆谆告诫:

——咱们将坚决拒绝饮用烈性饮料,如何? 对,坚决不。无论其如何不。

紧跟在他后面的奥马登·伯克先生把雨伞往前一捅以示同盟:

——来你的吧,麦克德夫!③

——有其父必有其子! 主编拍拍斯蒂汾的肩膀说。咱们走。我那些倒霉钥匙哪儿去了?

他在口袋里乱摸一阵,掏出了已经揉皱的打字信纸。

——口蹄疫。我知道。没有问题的。给发表。在哪儿呢? 没有问题的。

他把信纸塞回口袋,走进里间办公室去了。

姑存希望

杰·J.奥莫洛伊要跟他进去,却先悄悄地对斯蒂汾说:

——我希望你这辈子能看到它发表出来。迈尔斯,等一下。

他也走进里间办公室,并且随手关上了门。

——来吧,斯蒂汾,教授说。不赖吧,是不是? 有预见。Fuit Ilium!④ 多风的特洛伊遭了劫。人世

---

①1843 年奥康内尔曾举行特大集会(最大两次在塔拉山和穆拉格马斯特;塔拉山大会参加者估计达数十万以至一百万人),号召爱尔兰人民团结一致争取建立独立的爱尔兰议会。

②通神学认为阿卡沙上一种一般人感觉不到的神秘星光,其中记录着太初以来一切人的活动、思想和感觉。

③麦克德夫为莎剧《麦克白》中的人物,麦克白在获知麦克德夫已注定执行其死刑时说此话。

④拉丁文:"伊里昂曾经存在!"系罗马诗人维吉尔史诗词句,表示特洛伊已被希腊军消灭。伊里昂即特洛伊。

间的王国,地中海的主人如今成了贱民。

第一个报童啪嗒啪嗒地从他们后边的楼梯上跑下来,冲上街道大声喊叫起来:

——赛马号外!

都柏林。我还有许多、许多东西需要学。

他们向左转,沿着修道院街走。

——我也若有所见,斯蒂汾说。

——是吗? 教授说着跳了一下,凑上他的脚步。克劳福德会跟上来的。

另一个报童飞快地冲过他们旁边,一面大声喊叫着:

——赛马号外!

可爱的脏兮兮的都柏林

都柏林人。

——两位都柏林的维斯太贞女①,斯蒂汾说,年纪不小而心地虔诚,住在芬伯莱巷,一位住了五十年,另一位住了五十三年。

——那地方在哪儿? 教授问。

——在黑坑附近,斯蒂汾说。

潮湿的夜晚,散发着饥饿的面团的气息。依着墙。她蒙着绒布披肩,披肩下的脸上闪烁着油脂的光。狂乱的心。那卡沙秘录。快,心肝儿!

上吧。敢作敢为。要有光②。

——她们要上纳尔逊纪念塔顶去看都柏林的景色。她们用一个红铁皮的信箱式储蓄盒,攒下了三先令十便士的钱。三便士和六便士的她们都晃出来了,一便士的是用一把小刀拨弄出来的。两先令三的银币,一先令七的铜币。她们戴上帽子,穿上最好的衣服,还各自带了雨伞,以防万一下雨。

——两位明智的处女,马克休教授说。

原样的生活

——她们在马尔伯勒街上凯特·柯林斯小姐开的北城餐室,买了一先令四便士的杂碎肉冻,四片面包。到了纳尔逊纪念塔,她们又向塔前一个女孩买了二十四枚熟李子,为了吃碎肉冻时解渴。在入口处,她们交了两个三便士给那位守十字转门的先生,然后就慢慢地往上爬那螺旋形的楼梯,一面爬一面不断地哼着,互相鼓励着,怕着黑,喘着气,一个问一个拿着碎肉冻没有,赞颂着天主和圣母,嚷着要回下去,从墙洞里张望着。荣耀归于天主。她们没有想到塔有这么高。

她们的名字一个叫安妮·卡恩斯,一个叫弗洛伦斯·麦凯布。安妮·卡恩斯有腰疼病,她擦一位太太给她的卢尔德矿泉水,那位太太从一位苦难会神父那里弄到了一瓶。弗洛伦斯·麦凯布星期六晚饭时吃了一只猪脚,喝一瓶双 X 啤酒。

---

①维斯太为罗马掌管灶火的女神,神庙中有六名女祭司,均为处女,任期 30 年。
②据《圣经·创世记》,这是上帝创造世界时说的第一句话。

——否定,教授说着点了两次头。维斯太处女。我能看到她们的形象。咱们的朋友怎么还不来?

他转回了身子。

一群报童正奔下台阶,向四面八方跑去,不停地喊叫着,挥动着手中的白色报纸。紧接着,迈尔斯·克劳福德也出现在台阶上了,帽子像光环似的围着他的绯红的脸。他正在和杰·J.奥莫洛伊说话。

——来吧,教授挥舞着胳膊喊叫。

他又和斯蒂汾并肩走起来。

——不错,他说。我看到她们的形象了。

布卢姆归来

在《爱尔兰天主教周报》和《都柏林便士周报》报馆附近,气喘吁吁的布卢姆先生被卷进了一阵狂奔报童的旋风中间。他喊叫道:

——克劳福德先生! 等一下!

——《电讯报》! 赛马号外!

——什么事? 迈尔斯·克劳福德停了一步说。

一个报童冲着布卢姆先生的脸叫嚷:

——拉恩芒斯大惨案! 风箱咬孩子!

见主编

——就是这份广告的事,布卢姆先生说。他扑哧扑哧地喘着气,一面从口袋里掏出那张剪报,一面从报童群中向台阶那边挤去。我刚才和钥驰先生谈过了。他愿意再登两个月,他说,以后他看情况。但是他要求《电讯报》星期六粉红版上也给他来一段,吸引人们的注意。他还要求从《基尔肯尼人民周报》复制,要上不太晚的话,我和南内蒂参议员说过了。我能在国立图书馆找到的。钥匙府①,您明白吗?但是他基本上已经答应了续登。不过他要求稍微给他捧捧场。我怎么和他说呢,克劳福德先生?

吻吾腚

——请你告诉他,他可以吻我的屁股,好吗? 迈尔斯·克劳福德说,还挥舞着手臂加强语气。告诉他,这是马厩内部消息。

有一点火气。小心暴风。都上街喝酒去了。臂挽着臂。远处鹰架似的是莱纳汉的游艇帽。他那一套吹拍。我纳闷会不会是那个年轻的代达勒斯带的头。今天脚上倒是一双好靴子。上回见到他的时候,他是露着脚后跟的。刚才不知道在哪里走了泥地。粗心大意的角色。上午他在爱尔兰镇是干什么?

——这个,布卢姆先生收回了眼光说,要是我能把图样找来,我看是值得给他一小段的。他会登这份广告,我想。我就告诉他……

────────────

①他姓钥驰,利用姓名谐音。

吻吾超爱腚

——他可以来吻我的超级爱尔兰屁股,迈尔斯·克劳福德转回头来大声喊。他愿意什么时候来都行,你告诉他。

布卢姆先生站在那儿琢磨着他究竟是什么意思,正要露出笑容,他却已经跨着抽筋似的大步走了。

筹措款项

——Nulla bona①,杰克,他说。他把手举到下巴那儿比着。我是一直陷到这儿了。我自己也在钻铁箍。就在上星期,我还在到处找人给我保一笔账呢。对不起,杰克。实在是心有余而力不足。只要我有一点儿办法筹措,我怎么也会帮忙的。

杰·J.奥莫洛伊板着脸,一声不响地跨着步。他们赶上了前面的人,和他们并排走着。

——他们吃完了碎冻肉和面包,用包面包的纸擦了擦二十个指头,就往靠近栏杆的地方挪过去。

——你用得着的,教授对迈克斯·克劳福德解释说。两位都柏林老姑娘登上了纳尔逊纪念塔顶。

这擎天柱子!
——蹒跚一号如是说

——有新意,迈克斯·克劳福德说。可以发排。赶上皮匠的达格尔会。两个老妖婆,是吧?

——可是她们怕塔会倒,斯蒂汾继续讲。她们眺望着那些屋顶,争论着哪个教堂在哪儿:拉恩芒斯的蓝色圆顶、亚当夏娃堂、圣劳伦斯、奥图尔教堂。但是她们看着看着觉得头晕,于是撩起了裙子……

两位略略越轨的女性

——且慢,迈克斯·克劳福德说。可不能诗兴大发不顾一切。咱们这儿可是在大主教辖区之内。

——垫着条纹衬裙坐了下去,仰头瞅着这位独把儿奸夫的雕像②。

——独把儿奸夫!教授叫起来。说得好!我明白。我明白你是什么意思。

女士赠都柏林市民
飞降弹丸高速陨石,信念

——仰着脑袋,脖子发酸,斯蒂汾说。她们太累了,不愿抬头看也不愿低头看,连话都懒得说了。她们把那袋子李子放在两人中间,一枚又一枚地吃起李子来,嘴上流出李子汁时用手绢擦,吃了李子就慢慢地从栏杆间隙向下面吐核。

他突然发出一阵年轻的大笑,算是结束了。莱纳汉和奥马登·伯克听见笑声,回头招呼了一下,又继续领头穿过马路向穆尼酒店走去。

---

①拉丁文,执法人员用语,表示欠债人无财物可出售抵债或作抵押。
②纳尔逊曾在海战中损失一臂,又曾与英国驻那不勒斯公使夫人有染,形成轰动一时的桃色新闻。

——完了？迈尔斯·克劳福德说。她们总算没有太过分。

哲人迎头痛击傲海伦

斯巴达人咬牙

伊塔刻人誓死拥珀。

——你使我想到安提西尼①，教授说，他是哲人高尔吉亚的弟子。人们评论他说，谁也不知道他最怨恨的是别人还是他自己。他是一个贵族和一个女奴生的孩子。他写了一部书，在书中把美的桂冠从阿戈斯人海伦的头上摘下，给了苦命的珀涅罗珀。

苦命的珀涅罗珀。珀涅罗珀·富贵。②

他们准备横过奥康内尔大街。

喂喂，总机！

八条线路上的电车，都在各自的轨道上挺着毫无动静的集电器站住了，不论是开往或是来自拉思芒斯、拉思梵汉、黑岩、国王镇和道尔盖、沙丘草地、陵森德和沙丘碉楼、唐尼布鲁克、帕默斯顿公园和上拉思芒斯，全都纹丝不动，因电流短路而沉静了。出租马车、轻便马车、送货车、邮政车、布劳汉姆式的私人马车、满载矿泉汽水，瓶子在板条箱里哐当哐当响着的平板车，——哐当哐当的奔驰着，马蹄得得，迅速地。

何名？——此外——何处？

——可是你把它叫什么呢？迈克斯·克劳福德问。她们是在哪里买的李子？

维吉尔式，老师说。学生

热中摩西老人

——把它叫做，等一等，教授说。他拉开长嘴巴琢磨着。叫做，我想一想。叫做：Deus nobis hæc otia fecit。③

——不，斯蒂汾说。我把它叫做《登比斯迦山望巴勒斯坦》④或是《李子的寓言》。

——我明白了，教授说。

他发出富有含义的笑声。

——我明白了，他又说了一次，兴致更高了。摩西与神赐的国土。是咱们给他的启发，他对杰·J.

---

①安提西尼（公元前444？—前370），古希腊哲学家，主张以品德为重，因此伊塔刻王后珀涅罗珀（尤利西斯妻）比斯巴达王后海伦更美。

②"富贵"即"里奇"（Rich）。珀涅罗珀·富贵或里奇系16世纪英国贵妇人，不忠于丈夫。

③拉丁文："上帝为我们创造安宁。"罗马诗人维吉尔诗句。

④据《圣经·申命记》，摩西率领以色列人出埃及后，本人却按照上帝意旨在到达目的地迦南之前去世，去世前登上比斯迦山遥望了迦南（今巴勒斯坦）全境。

209

奥莫洛伊补充说。

> 缺手不扫兴,裙衩更动心。
>
> 安晕晕然,弗洛踉踉跄跄
>
> ——然而焉能责怪她们?

——独把儿奸夫,他说着露出了沉重的笑容。我觉得很有意思,我承认。

——两位老姑娘也觉得很有意思的,迈尔斯·克劳福德说,万能的天主知道事实如此。

——金隄,译.人民文学出版社,2018.

等待戈多(节选)

第一幕

乡间的一条路。一棵树。

黄昏。

爱斯特拉冈坐在一个低低的土墩上,想脱掉靴子。他用两手使劲拉着,直喘气。他停止拉靴子,显出精疲力竭的样子,歇了会儿,又开始拉靴子。

如前。

弗拉季米尔上。

爱斯特拉冈 (又一次泄了气)毫无办法。

弗拉季米尔 (又开两腿,迈着僵硬的、小小的步子前进)我开始拿定主意。我这一辈子老是拿不定主意,老是说,弗拉季米尔,要理智些,你还不曾什么都试过哩。于是我又继续奋斗。(他沉思起来,咀嚼着"奋斗"两字。向爱斯特拉冈)哦,你又来啦。

爱斯特拉冈 是吗?

弗拉季米尔 看见你回来我很高兴,我还以为你一去再也不回来啦。

爱斯特拉冈 我也一样。

弗拉季米尔 终于又在一块儿啦!我们应该好好庆祝一番。可是怎样庆祝呢?(他思索着)起来,让我拥抱你一下。

爱斯特拉冈 (没好气地)不,这会儿不成。

弗拉季米尔 (伤了自尊心,冷冷地)允不允许我问一下,大人阁下昨天晚上是在哪儿过夜的?

爱斯特拉冈 在一条沟里。

弗拉季米尔 (羡慕地)一条沟里!哪儿?

爱斯特拉冈 (未做手势)那边。

弗拉季米尔 他们没揍你?

爱斯特拉冈 揍我?他们当然揍了我。

弗拉季米尔　还是同一帮人？

爱斯特拉冈　同一帮人？我不知道。

弗拉季米尔　我只要一想起……这么些年来……要不是有我照顾……你会在什么地方……？（果断地）在这会儿，你早就成一堆枯骨啦，毫无疑问。

爱斯特拉冈　那又怎么样呢？

弗拉季米尔　光一个人，是怎么也受不了的。（略停。兴高采烈地）另一方面，这会儿泄气也不管用了，这是我要说的。我们早想到这一点就好了，在世界还年轻的时候，在九十年代。

爱斯特拉冈　啊，别啰嗦啦，帮我把这混账玩意儿脱了吧。

弗拉季米尔　手拉着手从巴黎塔①顶上跳下来，这是首先该做的。那时候我们还很体面。现在已经太晚啦。他们甚至不会放我们上去哩。（爱斯特拉冈使劲拉着靴子）你在干吗？

爱斯特拉冈　脱靴子。你难道从来没脱过靴子？

弗拉季米尔　靴子每天都要脱，难道还要我来告诉你？你干吗不好好听我说话？

爱斯特拉冈　（无力地）帮帮我！

弗拉季米尔　你脚疼？

爱斯特拉冈　脚疼！他还要知道我是不是脚疼！

弗拉季米尔　（愤怒地）好像只有你一个人受痛苦。我不是人。我倒是想听听你要是受了我那样的痛苦，将会说些什么。

爱斯特拉冈　你也脚疼？

弗拉季米尔　脚疼！他还要知道我是不是脚疼！（弯腰）从来不忽略生活中的小事。

爱斯特拉冈　你期望什么？你总是等到最后一分钟的。

弗拉季米尔　（若有所思地）最后一分钟……（他沉吟片刻）希望迟迟不来，苦死了等的人。这句话是谁说的？

爱斯特拉冈　你干吗不帮帮我？

弗拉季米尔　有时候，我照样会心血来潮。跟着我浑身就会有异样的感觉。（他脱下帽子，向帽内窥视，在帽内摸索，抖了抖帽子，重新把帽子戴上）我怎么说好呢？又是宽心，又是……（他搜索枯肠找词儿）……寒心。（加重语气）寒——心。（他又脱下帽子，向帽内窥视）奇怪。（他敲了敲帽顶，像是要敲掉沾在帽上的什么东西似的，再一次向帽内窥视）毫无办法。

　　（爱斯特拉冈使尽平生之力，终于把一只靴子脱下。他往靴内瞧了瞧，伸进手去摸了摸，把靴子口朝下倒了倒，往地上望了望，看看有没有什么东西从靴里掉出来，但什么也没看见，又往靴内摸了摸，两眼出神地朝前面瞪着。）

爱斯特拉冈　呃？什么也没有。

弗拉季米尔　给我看。

爱斯特拉冈　没什么可给你看的。

---

①指巴黎的埃菲尔铁塔，高300米。

弗拉季米尔 再穿上去试试。

爱斯特拉冈 (把他的脚察看一番)我要让它通通风。

弗拉季米尔 你就是这样一个人,脚出了毛病,反倒责怪靴子。(他又脱下帽子,往帽内瞧了瞧,伸手进去摸了摸,在帽顶上敲了敲,往帽子里吹了吹,重新把帽子戴上)这件事越来越叫人寒心。(沉默。弗拉季米尔在沉思,爱斯特拉冈在揉脚趾)两个贼有一个得了救。(略停)是个合理的比率。(略停)戈戈。

爱斯特拉冈 什么事?

弗拉季米尔 我们要是忏悔一下呢?

爱斯特拉冈 忏悔什么?

弗拉季米尔 哦……(他想了想)咱们用不着细说。

爱斯特拉冈 忏悔我们的出世?

（弗拉季米尔纵声大笑,突然止住笑,用一只手按住肚子,脸都变了样儿。）

弗拉季米尔 连笑都不敢笑了。

爱斯特拉冈 真是极大的痛苦。

弗拉季米尔 只能微笑。(他突然咧着嘴嬉笑起来,不断地嬉笑,又突然停止)不是一码子事。毫无办法。(略停)戈戈。

爱斯特拉冈 (没好气地)怎么啦?

弗拉季米尔 你读过《圣经》没有?

爱斯特拉冈 《圣经》……(他想了想)我想必看过一两眼。

弗拉季米尔 你还记得《福音书》吗?

爱斯特拉冈 我只记得圣地的地图。都是彩色图。非常好看。死海是青灰色的。我一看到那图,心里就直痒痒。这是咱俩该去的地方,我老这么说,这是咱们该去度蜜月的地方。咱们可以游泳。咱们可以得到幸福。

弗拉季米尔 你真该当诗人的。

爱斯特拉冈 我当过诗人。(指了指身上的破衣服)这还不明显?(沉默)

弗拉季米尔 刚才我说到哪儿……你的脚怎样了?

爱斯特拉冈 看得出有点儿肿。

弗拉季米尔 对了,那两个贼。你还记得那故事吗?

爱斯特拉冈 不记得了。

弗拉季米尔 要我讲给你听吗?

爱斯特拉冈 不要。

弗拉季米尔 可以消磨时间。(略停)故事讲的是两个贼,跟我们的救世主同时被钉死在十字架上。有一个贼——

爱斯特拉冈 我们的什么?

弗拉季米尔 我们的救世主。两个贼。有一个贼据说得救了,另外一个……(他搜索枯肠,寻找与"得救"相反的词汇)……万劫不复。

爱斯特拉冈 得救,从什么地方救出来?

弗拉季米尔 地狱。

爱斯特拉冈 我走啦。(他没有动)

弗拉季米尔 然而……(略停)……怎么——我希望我的话并不叫你腻烦——怎么在四个使徒都在场——或者说在附近,可是只有一个使徒谈到有个贼得了救。(略停)喂,戈戈,你能不能回答我一声,哪怕是偶尔一次?

爱斯特拉冈 (过分地热情)我觉得你讲的故事真是有趣极了。

弗拉季米尔 四个里面只有一个。其他三个里面,有两个压根儿没提起什么贼,第三个却说那两个贼都骂了他。

爱斯特拉冈 谁?

弗拉季米尔 什么?

爱斯特拉冈 你讲的都是些什么?(略停)骂了谁?

弗拉季米尔 救世主。

爱斯特拉冈 为什么?

弗拉季米尔 因为他不肯救他们。

爱斯特拉冈 救他们出地狱?

弗拉季米尔 傻瓜!救他们的命。

爱斯特拉冈 我还以为你刚才说的是救他们出地狱哩。

弗拉季米尔 救他们的命,救他们的命。

爱斯特拉冈 嗯,后来呢?

弗拉季米尔 后来,这两个贼准是永堕地狱、万劫不复啦。

爱斯特拉冈 那还用说?

弗拉季米尔 可是另外的一个使徒说有一个得了救。

爱斯特拉冈 嗯?他们的意见并不一致,这就是问题的症结所在。

弗拉季米尔 可是四个使徒全在场。他们当中只有一个谈到有个贼得了救。为什么要相信他的话,而不相信其他三个?

爱斯特拉冈 谁相信他的话?

弗拉季米尔 每一个人。他们就知道这一本《圣经》。

爱斯特拉冈 人们都是没知识的混蛋,像猴儿一样见什么学什么。

　　(他痛苦地站起身来,一瘸一拐地走向台的极左边,停住脚步,把一只手遮在眼睛上朝远处眺望,随后转身走向台的极右边,朝远处眺望。弗拉季米尔瞅着他的一举一动,随后过去捡起靴子,朝靴内窥视,急急地把靴子扔在地上。)

弗拉季米尔　呸!(他吐了口唾沫)

（爱斯特拉冈走到台中,停住脚步,背朝观众。）

爱斯特拉冈　美丽的地方。(他转身走到台前方,停住脚步,脸朝观众)妙极了的景色。(他转向弗拉季米尔)咱们走吧。

弗拉季米尔　咱们不能。

爱斯特拉冈　干吗不能?

弗拉季米尔　咱们在等待戈多。

爱斯特拉冈　啊!(略停)你肯定是这儿吗?

弗拉季米尔　什么?

爱斯特拉冈　我们等的地方。

弗拉季米尔　他说在树旁边。(他们望着树)你还看见别的树吗?

爱斯特拉冈　这是什么树?

弗拉季米尔　我不知道。一棵柳树。

爱斯特拉冈　树叶呢?

弗拉季米尔　准是棵枯树。

爱斯特拉冈　看不见垂枝。

弗拉季米尔　或许还不到季节。

爱斯特拉冈　看上去简直像灌木。

弗拉季米尔　像丛林。

爱斯特拉冈　像灌木。

弗拉季米尔　像——。你这话是什么意思? 暗示咱们走错地方了?

爱斯特拉冈　他应该到这儿啦。

弗拉季米尔　他并没说定他准来。

爱斯特拉冈　万一他不来呢?

弗拉季米尔　咱们明天再来。

爱斯特拉冈　然后,后天再来。

弗拉季米尔　可能。

爱斯特拉冈　老这样下去。

弗拉季米尔　问题是——

爱斯特拉冈　直等到他来为止。

弗拉季米尔　你说话真是不留情。

爱斯特拉冈　咱们昨天也来过了。

弗拉季米尔　不,你弄错了。

爱斯特拉冈　咱们昨天干什么啦?

弗拉季米尔　咱们昨天干什么啦?

爱斯特拉冈　对了。

弗拉季米尔　怎么……(愤怒地)只要有你在场,就什么也肯定不了。

爱斯特拉冈　照我看来,咱们昨天来过这儿。

弗拉季米尔　(举目四望)你认得出这地方?

爱斯特拉冈　我并没这么说。

弗拉季米尔　嗯?

爱斯特拉冈　认不认得出没什么关系。

弗拉季米尔　完全一样……那树……(转向观众)……那沼地。

爱斯特拉冈　你肯定是在今天晚上?

弗拉季米尔　什么?

爱斯特拉冈　是在今天晚上等他?

弗拉季米尔　他说是星期六。(略停)我想。

爱斯特拉冈　你想。

弗拉季米尔　我准记下了笔记。

　　　　(他在自己的衣袋里摸索着,拿出各式各样的废物。)

爱斯特拉冈　(十分凶狠地)可是哪一个星期六? 还有,今天是不是星期六? 今天难道不可能是星期天! (略停)或者星期一? (略停)或者星期五?

弗拉季米尔　(拼命往四周围张望,仿佛景色上写有日期似的)那绝不可能。

爱斯特拉冈　或者星期四?

弗拉季米尔　咱们怎么办呢?

爱斯特拉冈　要是他昨天来了,没在这儿找到咱们,那么你可以肯定他今天决不会再来了。

弗拉季米尔　可是你说我们昨天来过这儿。

爱斯特拉冈　我也许弄错了。(略停)咱们暂时别说话,成不成?

弗拉季米尔　(无力地)好吧。

　　　　(爱斯特拉冈坐到土墩上。弗拉季米尔激动地来回踱着,不时刹住脚步往远处眺望。爱斯特拉冈睡着了。弗拉季米尔在爱斯特拉冈面前停住脚步。)

爱斯特拉冈　(惊恐地意识到自己的处境)我睡着啦! (责备地)你为什么老是不肯让我睡一会儿?

弗拉季米尔　我觉得孤独。

爱斯特拉冈　我做了个梦。

弗拉季米尔　别告诉我!

爱斯特拉冈　我梦见——

弗拉季米尔　别告诉我!

爱斯特拉冈 （向宇宙做了个手势）有了这一个,你就感到满足了?（沉默）你太不够朋友了,狄狄。我个人的噩梦如果不能告诉你,叫我告诉谁去?

弗拉季米尔 让它们作为你个人的东西保留着吧。你知道我听了受不了。

爱斯特拉冈 （冷冷地）有时候我心里想,咱俩是不是还是分手比较好。

弗拉季米尔 你走不远的。

爱斯特拉冈 那太糟糕啦,实在太糟糕啦。（略停）你说呢,狄狄,是不是实在太糟糕啦?（略停）还有路上的行人是多么善良。（略停。甜言蜜语地哄）你说是不是,狄狄?

弗拉季米尔 你要冷静些。

爱斯特拉冈 （淫荡地）冷静……冷静……所有的上等人都说要镇静。（略停）你知道英国人在妓院里的故事吗?

弗拉季米尔 知道。

爱斯特拉冈 讲给我听。

弗拉季米尔 啊,别说啦!

爱斯特拉冈 有个英国人多喝了点儿酒,走进一家妓院。鸨母问他要漂亮的、黑皮肤的还是红头发的。你说下去吧。

弗拉季米尔 别说啦!

（弗拉季米尔急下。爱斯特拉冈站起来跟着他走到舞台尽头。爱斯特拉冈做着手势,仿佛作为观众在给一个拳击家打气似的。弗拉季米尔上,他从爱斯特拉冈旁边擦身而过,低着头穿过舞台。爱斯特拉冈朝他迈了一步,刹住脚步。）

爱斯特拉冈 （温柔地）你是要跟我说话吗?（沉默。爱斯特拉冈往前迈了一步）你有话要跟我说吗?（沉默。他又往前迈了一步）狄狄……

弗拉季米尔 （并不转身）我没有什么话要跟你说。

爱斯特拉冈 （迈了一步）你生气了?（沉默。迈了一步）原谅我。（沉默。迈了一步。爱斯特拉冈把他的一只手搭在弗拉季米尔的肩上）来吧,狄狄。（沉默）把你的手给我。（弗拉季米尔转过身来）拥抱我!（弗拉季米尔软下心来。他们俩拥抱。爱斯特拉冈缩回身去）你一股大蒜臭!

弗拉季米尔 它对腰子有好处。（沉默。爱斯特拉冈注视着那棵树）咱们这会儿干什么呢?

爱斯特拉冈 咱们等着。

弗拉季米尔 不错,可是咱们等着的时候干什么呢?

爱斯特拉冈 咱们上吊试试怎么样?

（弗拉季米尔向爱斯特拉冈耳语。爱斯特拉冈大为兴奋。）

弗拉季米尔 跟着就有那么多好处。掉下来以后,底下还会长曼陀罗花。这就是你拔花的时候听到吱吱声音的原因。你难道不知道?

爱斯特拉冈　咱们马上就上吊吧。

弗拉季米尔　在树枝上?(他们向那棵树走去)我信不过它。

爱斯特拉冈　咱们试试总是可以的。

弗拉季米尔　你就试吧。

爱斯特拉冈　你先来。

弗拉季米尔　不,不,你先来。

爱斯特拉冈　干吗要我先来?

弗拉季米尔　你比我轻。

爱斯特拉冈　正因为如此!

弗拉季米尔　我不明白。

爱斯特拉冈　用你的脑子,成不成?

　　　　　　(弗拉季米尔用脑子。)

弗拉季米尔　(最后)我想不出来。

爱斯特拉冈　是这么回事。(他想了想)树枝……树枝……(愤怒地)用你的头脑,成不成?

弗拉季米尔　你是我的唯一希望了。

爱斯特拉冈　(吃力地)戈戈轻——树枝不断——戈戈死了。狄狄重——树枝断了——狄狄孤单单的一个人。可是——

弗拉季米尔　我没想到这一点。

爱斯特拉冈　要是它吊得死你,也就吊得死我。

弗拉季米尔　可是我真的比你重吗?

爱斯特拉冈　是你亲口告诉我的。我不知道。反正机会均等。或者差不多均等。

弗拉季米尔　嗯? 咱们干什么呢?

爱斯特拉冈　咱们什么也别干。这样比较安全。

弗拉季米尔　咱们先等一下,看看他说些什么。

爱斯特拉冈　谁?

弗拉季米尔　戈多。

爱斯特拉冈　好主意。

弗拉季米尔　咱们先等一下,让咱们完全弄清楚咱们的处境后再说。

爱斯特拉冈　要不然,最好还是趁热打铁。

弗拉季米尔　我真想听听他会提供写什么。我们听了以后,可以答应或者拒绝。

爱斯特拉冈　咱们到底要求他给咱们做些什么?

弗拉季米尔　你当时难道没在场?

爱斯特拉冈　我大概没好好听。

弗拉季米尔　哦……没提出什么明确的要求。

爱斯特拉冈　　可以说是一种祈祷。

弗拉季米尔　　一点不错。

爱斯特拉冈　　一种泛泛的乞求。

弗拉季米尔　　完全正确。

……

——施咸荣,译.人民文学出版社,2002.

第二十二条军规(节选)

第三十九章　不朽之城①

　　约塞连没有正式请假就跟着米洛擅自离队;飞机正朝罗马巡航飞行。这时米洛责备地摇摇头,虔诚地噘起嘴唇,以教士的口吻告诉约塞连,说他感到羞愧。约塞连点点头。米洛又说,约塞连把枪挎在屁股上倒退着溜达,又拒绝再飞战斗任务,这是在给自己出丑。约塞连点点头。这是对自己中队的背叛,又让上级感到难堪。他还把米洛置于一种非常不便的境地。约塞连又点点头。官兵们开始发牢骚了。约塞连只知道考虑自身的安全,而米洛、卡思卡特上校、科恩中校和前一等兵温特格林这样的人却都在竭尽全力打赢战争,这未免很不公平。飞满七十次任务的人开始抱怨了,因为他们不得不飞满八十次,于是就有了这样的危险:他们有些人也可能会挎上枪,开始倒退着溜达。士气越来越低落,这全是约塞连的过错。国家正处在危险的边缘;他胆敢行使自由、独立等传统权利,也就危及这些权利本身了。

　　米洛唠叨个没完,约塞连坐在副驾驶座上不住地点头,努力不去听他闲扯。约塞连满脑子想着内特利的妓女,想着克拉夫特、奥尔、内特利、邓巴、小桑普森、麦克沃特,还有他在意大利、埃及和北非见过的贫穷、愚笨、疾病缠身的人,这样的人他在世界其他地区也听说过。斯诺登和内特利的妓女的小妹妹也让他良心不安。约塞连觉得自己明白了内特利的妓女为什么认定他对内特利的死负有责任,为什么要杀死他。她为什么不该这样? 这是一个男人的世界,她和每一个更年轻的人都有充分的权利为降临在他们头上的一切非自然的灾难谴责他和每一个更年长的人;正如她自己,即使满怀悲伤,也应当为降临在她的小妹妹和所有比她小的孩子们头上的种种人为的苦难而受到谴责。到时候总得有人出来担当。每个受害者都是犯罪者,每个犯罪者又都是受害者,总得有人在某个时候站出来,设法打断那条危及所有人的传统习俗的可恶锁链。非洲一些地方,小男孩仍然被成年奴隶贩子偷去卖钱;那些买主把他们开膛破肚,除去内脏,然后吃掉。约塞连大为惊异,那些孩子竟然能忍受如此野蛮的牺牲却没有流露出丝毫惧怕和痛苦。他想当然地认为他们就是这样坚忍地顺从的,如若不然,他想,这种习俗肯定早就消亡了,因为无论对财富或长寿的渴望多么强烈,他觉得,都不至于拿孩子的痛苦去换。

　　他在捣乱,米洛说。对此约塞连又一次点点头。他不是团队里的好成员,米洛说。约塞连点点头。米洛告诉他,如果他不喜欢卡思卡特上校和科恩中校管理大队的方式,那么得体的做法是去俄国,而不是在此兴风作浪。约塞连总算忍住了,没有指出如果卡思卡特上校、科恩中校和米洛不喜欢他在此兴

---

　　①指罗马。

风作浪的方式,那么他们全都可以去俄国。卡思卡特上校和科恩中校一直都待约塞连很好,米洛说;上次轰炸弗拉拉之后,他们不是发给他一枚勋章并提升他为上尉吗? 约塞连点点头。难道他们没有供给他饮食,按月发给他军饷? 约塞连又点点头。米洛确信,如果他前去向他们道歉,收回他放出的话,承诺飞八十次任务,他们一定会宽大为怀的。约塞连说他会仔细考虑。这时米洛放下轮子,朝着跑道滑降下去,于是约塞连屏住呼吸,祈求平安降落。真是滑稽,他怎么真的厌恶起飞行来了?

飞机降落后,他看到罗马一片废墟。机场八个月前曾遭轰炸,四周已围上了铁丝网,白色碎石铺就的路面被推土机推成了平顶的瓦砾堆,堆在入口的两侧。罗马斗兽场只剩下破败的外壳,君士坦丁凯旋门已经倒塌。内特利的妓女的公寓已是满目疮痍。妓女们都走了,只剩下那个老太婆。公寓的窗户都被砸烂了。她身上裹着一层层的毛衣和裙子,头上蒙着一条深色围巾,坐在电炉旁一张木椅子上,双臂抱拢,正用一只破铝壶烧开水。约塞连进门时,她正在大声地自言自语,一看见他就开始呜咽。

"走了。"

他还没来得及问,她就呜咽道。她抱住胳膊肘,坐在那张吱吱嘎嘎的椅子上悲伤地前后摇晃。"走了。"

"谁走了?"

"都走了。可怜的年轻姑娘全都走了。"

"去哪儿了?"

"出去了。赶出去,赶到街上去了。她们全都走了。可怜的年轻姑娘全都走了。"

"被谁赶出去了? 谁干的?"

"那些可恶的戴硬白帽拿棍子的高个士兵。还有我们的警察。他们拿着棍子来,把她们往外赶。连外套都不让她们带上。可怜的姑娘们。他们只管把她们赶出去挨冻。"

"他们逮捕她们了吗?"

"他们把她们赶走了。就这么把她们赶走了。"

"如果不逮捕她们,那为什么要把她们赶走呢?"

"我不知道,"老太婆抽泣道,"我不知道。谁来照顾我呢? 现在那些可怜的年轻姑娘全都走了,还有谁来照顾我呢? 谁来照顾我呢?"

"一定有个理由,"约塞连固执地说,用拳头使劲砸着手掌心,"他们总不能就这么闯进来,把所有人都赶出去吧。"

"没有理由,"老太婆呜咽道,"没有理由。"

"他们有什么权利这么做?"

"第二十二条军规。"

"什么?"约塞连又惊又怕,当即僵住了,只觉得浑身上下开始刺痛,"你刚才说什么?"

"第二十二条军规,"老太婆重复道,上下晃着脑袋,"第二十二条军规。第二十二条军规说,他们有权利做任何我们不能阻止他们做的事情。"

"你到底在讲些什么?"约塞连迷惑而愤怒地抗议,冲她喊叫道,"你怎么知道是第二十二条军规? 到底是谁告诉你是第二十二条军规的?"

"那些戴硬白帽拿棍子的大兵。姑娘们在哭。'我们做错什么事了吗?'她们问。那些大兵说没有,还是用棍子头把她们往门外顶。'那你们为什么要赶我们出去呢?'姑娘们问。'第二十二条军规。'那些人说。他们只是翻来覆去地讲'第二十二条军规,第二十二条军规'。这是什么意思,第二十二条军规?什么是第二十二条军规?"

"他们没有给你看看?"约塞连问道,愤怒而紧张地跺着脚走来走去,"你都没叫他们念给你听?"

"他们不需要给我们看第二十二条军规,"老太婆回答道,"法律说他们不需要。"

"什么法律说他们不需要?"

"第二十二条军规。"

"哎呀,真该死!"约塞连痛苦地喊道,"我敢打赌,它根本就不存在。"他停住脚步,愁闷地环顾了一下房间,"老头在哪儿?"

"不在了。"老太婆悲伤地说。

"不在了?"

"死了,"老太婆对他说,极为哀痛地点点头,手掌朝着脑袋按了按,"这里破了。前一分钟还活着,后一分钟就死了。"

"但他不可能死了!"约塞连叫道,固执地想要争辩。可他当然知道那是真实的,知道那是合乎逻辑因而是真实的:那老头再次和大多数人走在了一起。

约塞连转身出去,步履沉重地在公寓里转了一圈。他满面愁容,怀着悲观的好奇把所有房间窥视了一遍。玻璃用品全让那些大兵拿棍子砸了。窗帘和被单被撕得稀烂,乱七八糟扔了一地。椅子、桌子和梳妆台都掀翻了。所有砸得碎的东西都被砸碎了。再彻底的野蛮摧残也不过如此。每一扇窗户都打破了,黑暗像乌云一般穿过破碎的窗格涌进每一个房间。约塞连能够想象那些戴着硬白帽的高大宪兵咚咚的沉重脚步。他能够描摹他们乱砸乱摔时那副凶狠、恶毒的亢奋模样,还有他们那种虚伪、残酷的正义感和献身精神。所有可怜的年轻姑娘都走了。所有人都走了,只剩下这个穿着厚重的灰褐色毛衣、戴着黑色头巾的老太婆,而她很快也会走的。

"走了,"她悲伤地说,这时约塞连刚走回来,都还没来得及开口,"现在谁来照顾我呢?"

约塞连没有理会这个问题。"内特利的女朋友——有人有她的消息吗?"他问。

"走了。"

"她那个小妹妹,她怎么样了呢?"

"走了。"老太婆的声调没有任何变化。

"你知道我在说什么吗?"约塞连严厉地问道,同时逼视着她的眼睛,确认她不是在昏迷中对他讲话的。他提高了嗓门。"那个小妹妹怎么样了,那个小女孩?"

"走了,走了,"老太婆不高兴地耸耸肩回答道,被他的追问惹恼了,低低的哀泣声变得高了起来,"一起被赶了出去,赶到大街上去了。他们都不让她带上外套。"

"她去哪儿了?"

"我不知道。我不知道。"

"谁来照顾她呢?"

"谁来照顾我呢?"

"她不认识别的什么人,是吗?"

"谁来照顾我呢?"

约塞连往老太婆腿上扔了些钱——真是古怪,多少错误似乎留下钱便可以弥补——然后大踏步走出公寓,一边下楼梯,一边猛烈地诅咒第二十二条军规,尽管心里明白根本就没这回事。第二十二条军规并不存在,对此他确信无疑,但这没用。问题在于每个人都认为它存在,而这才是远为糟糕的,因为不存在对象或条文可以嘲笑或批驳,可以指责、批评、攻击、修正、憎恨、谩骂、啐唾沫、撕成碎片、踩在脚下或者烧成灰烬。

外面又冷又黑,空气中弥漫着无孔不入、死气沉沉的薄雾,在建筑物未打磨的大石块上,在纪念碑的底座上滴落。约塞连急忙赶回米洛那儿认错。他有意撒谎,说什么他很抱歉,许诺只要米洛愿意利用在罗马的全部影响力,帮助他找到内特利的妓女的小妹妹,那么卡思卡特上校要他再飞多少次任务他就飞多少。

"她才是个十二岁的处女,米洛。"他急切地解释道,"我想赶快找到她,不然就太晚了。"

听了他的请求,米洛温厚地一笑。"你在找的十二岁处女正好在我这儿,"他眉开眼笑地说,"这个十二岁处女其实已有三十四岁,但她是吃低蛋白饮食长大的,父母非常严格,一直没有跟男人睡过觉,直到——"

"米洛,我说的是个小女孩!"约塞连极不耐烦地打断他,"难道你不明白? 我不是想跟她睡觉。我想帮助她。你也有女儿。她才是个小孩子,在这座城市孤苦无依,没有人照顾她。我是要保护她不受伤害。难道你不明白我在说什么吗?"

米洛当然明白,而且深受感动。"约塞连,我为你骄傲,"他异常激动地叫道,"我真的为你骄傲。看到你并不是满脑子只想着性事,你不知道我有多高兴。你是讲道义的人。我当然有女儿,我完全明白你在说什么。我们会找到那个女孩的。别着急。跟我来吧,哪怕把这座城市翻个底朝天,我们也要找到那个女孩。跟我来吧!"

约塞连上了米洛·明德宾德的 M&M 指挥车,一起飞快地开到警察总部去见一位皮肤黝黑、邋里邋遢的警长。那人蓄着两撇细长的小胡子,敞着上衣,他们走进办公室时,他正在跟一个长着肉赘和双下巴的矮胖女人鬼混。他一见米洛,不禁喜出望外,丑态毕现地朝米洛点头哈腰、巴结奉承,好像米洛是什么达官显贵似的。

"啊,米洛侯爵,"他喜气洋洋地叫道,看都不看一眼就把那个一脸不悦的肥胖女人推出了门,"你怎么不早告诉我要来呢? 我会为你举办盛大宴会。请进,请进,侯爵,我几乎以为你不会再来我们这里了。"

米洛知道一刻也不能耽搁。"你好,路易吉,"他说着点了点头,匆促得几乎显得粗鲁了,"路易吉,我需要你帮忙。我这位朋友要找个女孩。"

"女孩,侯爵?"路易吉说,沉思地挠着脸,"罗马有的是女孩。对一个美国军官来说,找个女孩应该不太难吧。"

"不,路易吉,你没弄明白。这是个十二岁的处女,他必须马上找到她。"

"啊,是这样,现在我明白了,"路易吉敏捷地说,"找处女也许要花点时间。但如果他去汽车站等,进城找工作的年轻乡下姑娘就在那儿下车,我——"

"路易吉,你还是没弄明白。"米洛粗鲁而不耐烦地呵斥道,弄得警长一阵面红耳赤,于是急忙立正,慌乱地开始扣制服扣子。"这个女孩是他家的一个朋友,一个老朋友,我们想帮助她。她只是个孩子。她孤孤单单的就在这座城市的什么地方,所以我们必须尽快找到她,免得遭人伤害。现在你明白了吗?路易吉,这事对我极为重要。我有个女儿,跟这个女孩一般年纪。此刻,世界上再没有比及早救出这个可怜的孩子更重要的事情了。你愿意帮忙吗?"

"是,侯爵,现在我明白了,"路易吉说,"我将尽我所能找到她。不过今晚我没人手。今晚我所有的人都要去打击非法烟草买卖。"

"非法烟草?"米洛问。

"米洛。"约塞连声音微弱地哀叫一声,心沉了下去,立刻觉得一切都完了。

"是,侯爵,"路易吉说,"非法烟草的利润实在太高,几乎没法控制走私活动。"

"非法烟草的利润真的这么高吗?"米洛极感兴趣地问,铁锈色的眉毛贪婪地高高扬起,鼻子哑哑地嗅着。

"米洛,"约塞连冲他叫道,"听我说,好吗?"

"是,侯爵,"路易吉回答道,"非法烟草的利润非常高。走私活动是国家丑闻,侯爵,真的是国耻。"

"这是事实吗?"米洛心不在焉地笑着说,着了魔似的朝门口走去。

"米洛!"约塞连大叫道,冲动地跳上前去阻拦他,"米洛,你必须帮助我。"

"非法烟草。"米洛露出癫痫病般的渴望之色对他说,一边顽强地挣扎着想过去,"让我走。我得去走私非法烟草。"

"留下来帮我找到她吧,"约塞连恳求道,"你可以明天去走私非法烟草。"

但米洛听不进去,只是一味往前推,不算凶猛却也无法阻拦。他头上冒汗,双眼狂热地燃烧着,嘴唇抽搐,口水直淌,好像被某种盲目的执著攫住了。他平静地呻吟着,好像处于某种微弱的、本能的焦虑之中,嘴里不停地重复着:"非法烟草,非法烟草。"约塞连终于发现根本没法跟他讲道理,只好沮丧地给他让路。米洛像子弹一样冲了出去。警长又解开制服扣子,轻蔑地看了约塞连一眼。

"你还在这儿干什么?"他冷冷地问,"想要我逮捕你吗?"

约塞连走出办公室,下了楼梯,来到暗黑的坟墓般的大街上。在门厅里,他遇上了那个长着肉赘和双下巴的矮胖女人,她正往里走。外面没有米洛的影子。没有一扇窗户亮着灯。空荡荡的人行道突然变得很窄,就这样延伸了好几个街区。他能看见长长的鹅卵石斜坡的顶端,是一条灯火通明的宽阔大道,警察局几乎就在底部。入口处,昏黄的灯泡在潮湿中哑哑作响,就像打湿了的火炬。空中飘洒着寒冷的细雨。他顺着斜坡慢慢往上走,很快就来到一家安静、舒适、诱人的餐馆前。窗户上挂着红色天鹅绒窗帘,门边是一块蓝色霓虹灯招牌,上面写着:托尼餐馆。佳肴美酒。勿进。蓝色霓虹灯招牌上的文字只让他稍微惊讶了那么一刹那。他身处这个奇怪、扭曲的环境中,任何怪异的事物都不再显得怪异。那些高耸的建筑物的顶部都倾斜着,形成一种奇特的超现实主义的透视,而街道也显得倾斜了。他竖起暖和的羊毛外套的领子,紧紧裹了裹身子。夜晚阴湿寒冷,一个男孩穿着单薄的衬衫和单薄的破裤子,赤着脚从黑暗中走出来。男孩长着一头黑发,他需要理发,需要鞋子袜子。他憔悴的面容苍白而忧郁。他经过时,双脚踩在潮湿的人行道上的雨水坑里,发出可怕的轻微的吮吸般的声响。约塞连被他的穷困打动了,从心底里深深同情他,以至于想一拳打烂他那张苍白、忧郁、憔悴的脸,把他打没,因为这男孩让他想起这同一天夜里生活在意大利的所有苍白、忧郁、憔悴的孩子,他们全都需要理发,需要鞋子袜子。他还使约塞连想起残疾人,想起又冷又饿的男人女人,想起所有那些愚钝、温顺、虔诚而目光紧张的母亲们,在这同一天夜里坐在户外,毫无知觉地在这同样阴冷的雨中袒露着冰凉的动物般的乳房,给婴儿喂奶。奶牛。几乎是同时,一个喂奶的母亲抱着用黑色破布裹着的婴儿缓步走过。约塞连也想把她打烂,因为她让他想起了那个穿着单薄衬衫和单薄破裤子的赤着脚的男孩,想起了在一个除了少数精明、寡廉鲜耻的人之外所有人都从未得到温饱和公正的世界上,那一切令人战栗和惊讶的苦难。这是怎样一个龌龊的世界!他想知道,即使在自己繁荣的国度,这同一天夜里有多少人缺衣少食,多少房舍四壁透风,多少丈夫烂醉如泥,多少妻子遭受毒打,多少孩子被欺侮、被虐待、被遗弃?多少家庭渴望食物,却因没钱而买不起?多少人伤心欲绝?那同一天夜晚会发生多少起自杀事件,又有多少人精神失常?多少小业主和地主会成功?多少赢家变为输家,成功变为失败,富人变为穷人?多少聪明人愚蠢至极?有多少美满的结局充满了不幸?多少老实人是骗子,多少勇敢者是胆小鬼,多少忠诚的人是叛徒,多少圣徒道德败坏,多少人身居要职却为了几个小钱向流氓出卖灵魂,多少人根本就没有灵魂?多少奉公守法之路充满了诡骗?多少最美好的家庭是最糟糕的,多少好人就是坏人?你把他们全加起来,然后扣除,也许就剩下孩子们了,可能还有阿尔伯特·爱因斯坦,再加上什么地方的一个老提琴手或雕刻家。约塞连在孤独的痛苦中走着,觉得与世隔绝了,而那个面容憔悴的赤脚男孩的凄惨影像在他脑海里总也挥之不去,直到他终于拐弯上了大道才得以解脱,这时他碰见一个盟军士兵躺在地上抽搐——一个年轻的中尉,长着一张苍白、稚气的小脸。六个来自不同国家的士兵使劲按住他身体的不同部位,努力想帮助他,让他不要动。他牙关紧咬,含混不清地喊叫着、呻吟着,眼睛直往上翻。"别让他咬掉舌头了。"约塞连身旁一个矮个子中士机敏地警告道,于是第七个士兵扑了上去加入这场撕扭,使劲按住这犯病中尉的脸。突然之间这帮扭斗者赢了,却又你望望我,我望望你,没了主意,因为被他们牢牢压住的年轻中尉一下子僵直不动了,他们不知道该拿他怎么办才好。一股痴傻的恐慌从一张绷紧的粗蠢面孔迅速传播到另一张。"你们为什么不把他抬起来,放到那辆汽车的引擎盖上去呢?"站在约塞连背后的一个下士慢条斯理地说。这话似乎有道理,于是那七个士兵抬起年轻的中尉,小心翼翼地把他摊放在一辆停着的汽车的引擎盖上,一边仍然按住他身上每个挣扎的部位。他们在停着的汽车的引擎盖上把他放好以后,又开始紧张不安地大眼瞪小眼,不知道接下来该拿他怎么办才好。"你们为什么不把他从汽车的引擎盖上抬下来,平放到地上呢?"约塞连背后那个下士又慢条斯理地说。这似乎也是个好主意,于是他们动手把他抬回到人行道上,可是还没等他们把他放好,一辆侧边闪着红色聚光灯的吉普车飞快地开了过来,前座是两个宪兵。

"出了什么事?"司机喊道。

"他正在抽搐,"一个士兵正扭住年轻中尉的一条腿回答道,"我们正按住他,不让他动。"

"很好,他被拘捕了。"

"我们应该拿他怎么办?"

"保持对他的拘捕!"宪兵叫道,为这个玩笑嘶哑地笑弯了腰,然后驾着吉普车一溜烟走了。

约塞连想起自己没有准假条,便谨慎地从这群陌生人身边走过,朝着前方远处雾蒙蒙的黑暗中传来低沉人声的地方走去。满地水洼的宽阔的林荫大道上,每半个街区就有一盏低矮、弯垂的路灯,透过迷蒙的褐色雾气,闪烁着神秘怪诞的光芒。他听见头顶上一扇窗户里,一个不幸的女人在恳求:"请不要,请不要。"一个沮丧的年轻女子穿着黑色雨衣,黑发遮面,眼睛低垂着走了过去。在下一个街区的公共事务部门外,一位醉酒的女士被一个醉醺醺的年轻士兵逼得一步步退到一根有凹槽的科林斯式①圆柱上,他的三个全副武装的醉醺醺的伙伴则坐在附近的台阶上观看,两腿间的酒瓶里只剩不多的酒了。"请不要,"醉酒的女士哀求道,"我现在要回家去。请不要。"约塞连扭身朝他们张望时,一个坐着的士兵挑衅地骂了一声,操起一个酒瓶子朝约塞连扔了下来。酒瓶落到远处,只听一声闷响,毫不伤人地碎了。约塞连双手插在衣兜里,继续迈着无精打采、不紧不慢的步子走开了。"来吧,宝贝,"他听见那个醉醺醺的士兵口气坚决地催促道,"现在轮到我了。""请不要,"那个醉酒的女士哀求道,"请不要。"就在下一个街角,从一条狭窄、弯曲的侧街深处那浓厚、无法穿透的黑暗中,清清楚楚地传来有人铲雪的神秘声音。铁铲刮擦水泥地面的有节奏的、吃力的、可以唤醒鬼魂的声音吓得他心惊肉跳。这时他走下路缘,正要穿过这凶险的巷子,于是急忙加快步子,一路往前,直到这挥之不去的刺耳的声音被远远抛在后面。现在他知道走到哪儿了;如果他一直往前走,很快就会来到林荫大道中央那干涸的喷泉处,再往前走七个街区,就是军官公寓了。突然,他听到前面阴森可怖的黑暗中传来野蛮的嗥叫声。街角的路灯已经灭了,半条街笼罩在黑暗之中,一切都显得模糊而不协调。十字路口对面,一个男人正拿着棍子打一条狗,就像拉斯科尔尼科夫梦中的那个人拿着鞭子在抽那匹马。约塞连拼命想闭目不见、充耳不闻,可是办不到。那条狗拴在一条旧麻绳上,声嘶力竭、惊恐万状地哀号着、尖叫着,毫无反抗地匍匐在地上扭来扭去,但那人还是拿着沉重的、扁平的棍子一个劲地打它。一小群人在围观。一个矮胖的女人走上前去,请求他住手。"少管闲事!"那人粗声粗气地叫道,举起棍子,好像连她也要一块打似的。那女人遭此轻贱,满面羞惭,窘迫地退了回去。约塞连加快步子离开,几乎跑了起来。这个夜晚充满了种种恐怖的景象,他觉得假如基督来这世界走一遭,自己也知道他会有什么感觉——就像精神病医生穿过满是疯子的病房,又像被盗者穿过满是盗贼的囚室。此时就算出现一个麻风病人,也会令人愉快! 在下一个街角,一个男人正在野蛮地毒打一个小男孩,一群成年人一动不动地围观着,无人出面干预。约塞连觉得这场面似曾相识,不由得恶心地倒退了几步。他觉得先前什么时候一定目睹过同样的恐怖场景。既视感? 因这不祥的巧合,他颤抖起来,内心充满了疑虑与恐慌。这是前一个街区他看到的同样场景,尽管其中的细节似乎很不相同。到底发生了什么事? 会有一个矮胖的女人走出来,请求那男人住手吗? 他会抬手打她,而她会退却吗? 没有人动。那男孩不停地哭叫,好像沉浸在麻木的疼痛之中。那男人扬起巴掌,沉重而响亮地击打孩子的脑袋,一次次把他打倒在地,却又猛地把他揪起来,好再度把他打倒。阴郁、畏缩的人群中,似乎没人因为关心这个被打得昏厥的男孩而出面制止。男孩最多只有九岁。一个邋遢女人正在无声地哭泣,拿一块脏抹布捂着脸。男孩瘦弱极了,头发也该剪了,鲜血从两只耳朵里流出来。约塞连快步穿过空阔的大道,走到另一边去,避开这令人作呕的一幕,却发现脚下踩着了几颗人的牙齿;在雨水湿透而闪闪发亮的人行道上,这些牙齿散落在几摊被噼噼啪啪的雨点打得黏

---

①科林斯为古希腊著名奴隶制城邦。

糊糊的血迹附近，像尖锐的指甲那样互相戳着。臼齿和打断的门牙散落得到处都是。他踮起脚尖绕过这片怪异的地方，走近一道门廊，只见里面一个士兵拿着一块湿透的手帕捂着嘴在哭泣。他摇摇晃晃快软下去了。另外两个士兵搀扶着他，他们肃然而焦躁地等待着军用救护车，可是等它终于闪着琥珀色雾灯叮叮咣咣到来时，却没理会他们而一路开到下一个街区去了。在那儿，一个势单力薄抱着书本的意大利平民和一大群带着手铐、警棍的警察发生了冲突。那尖叫、挣扎着的平民本是个皮肤黝黑的人，却给吓得面色煞白。许多身材高大的警察揪住他的胳膊和大腿，把他举了起来。这时他的眼睛紧张而绝望地悸动着，像蝙蝠的翅膀在扑打。他的书撒了一地。那些警察把他抬到救护车敞开的后门，再扔进车里去时，他刺耳地尖叫着"救命"，但因为激动而哽咽。"警察！救命！警察！"车门关了，又上了闩，于是救护车飞驰而去。警察把他团团围住的时候，这人竟然尖叫着向警察求救，滑稽和惊恐之中透出一种毫无幽默的反讽之意。听见这种徒劳而可笑的呼救声，约塞连只得苦笑了，随后他便猛然醒悟，这呼救可能还有一层含义。他惊恐地意识到，这也许并不是在向警察呼救，而是一个危在旦夕的朋友英勇地从坟墓里发出的警告，呼求每一个不是佩带警棍和手枪的警察的人以及另外一帮佩带警棍和手枪的警察前来支持他。"救命！警察！"那人是这样叫喊的，他也许是在大声地报告危险。想到这儿，约塞连立刻偷偷从警察旁边溜走，却又差点被一个四十岁的粗壮女人的脚绊倒。这女人正急急忙忙、做贼心虚地穿过十字路口，一边偷偷摸摸、满怀恶意地朝后面一个八十岁的老妇人瞟着。那老妇脚踝上缠着厚厚的绷带，颤巍巍地追赶着她，眼看着追不上了。老妇人踩着碎步往前走，大口大口喘着粗气，并且烦乱、焦躁地对自己嘟囔着。这一场景的性质是明确无误的，这是一场追逐。前面得胜的女人已经穿过宽阔大道的一半，后面的老妇才刚刚走到人行道边。粗壮女人扭头匆匆一扫后面步履艰难的老妇人，露出恶毒、轻蔑、幸灾乐祸的微笑，既不怀好意，又充满忧虑。约塞连知道，只要那个处于困境的老妇人叫喊一声，他就会出来帮她；他知道，只要她痛苦地尖叫一声向他求助，他就会冲上前去，抓住那个粗壮的女人，把她带到近旁那帮警察面前。但是那老妇人极为凄惨、苦恼地嘟囔着，看都没看他一眼就过去了。很快，前面那个女人消失在越来越深的黑暗之中，只剩下老妇人孤零零、茫然无助地站在大路中央，不知道该往哪里去。约塞连满心羞惭，扭过头去匆匆走了，因为他没有给她任何帮助。他一边落荒而逃，一边偷偷心虚地往回望，唯恐老妇人现在会跟上来。他暗自庆幸，那细雨飘洒、绝无光亮、几乎不透明的夜幕把一切都遮盖起来了。暴众……警察的暴众——除了英国，一切都在暴众、暴众、暴众的手里。到处都在手持棍棒的暴众的控制之下。

约塞连的外套领子和肩膀都湿透了。他的袜子潮湿冰冷。前面那盏路灯也黑黑的，灯泡被打碎了。建筑物和模糊的人影无声无息地从他身旁闪过，好像永远漂浮在某种散发恶臭、无边无际的潮水之上，一去不返。一个高个子僧侣走过身旁，他的脸整个包在粗糙的灰色蒙头斗篷里，连眼睛都藏在里面。前面传来踩在泥水坑里的脚步声，一直朝他走来，他害怕这又是一个赤脚的男孩。他与一个瘦骨嶙峋、面无血色、神情忧郁的男人擦肩而过，那人穿着黑色雨衣，面颊上有一块星形伤疤，一侧太阳穴上有一片表面光滑的凹陷，足有鸡蛋大小。一个年轻女人穿着咯吱作响的草鞋突然冒了出来，她整张脸都给毁了，一片极其可怖的粉红、斑驳的烧灼伤痕露着新生的皮肉，皱巴巴地从脖颈开始，经过两颊，一路延伸到眼睛上面！约塞连不敢看上一眼，他不禁毛骨悚然。绝不会有人爱上她的。他感到十分沮丧；他渴望跟某个他能爱上的姑娘睡觉，她会抚慰他，刺激他，会哄他睡觉。一帮拿棍棒的家伙正在皮亚诺萨岛上等着他。姑娘们全都走了。伯爵夫人和她的儿媳已不再对他的胃口。他已经太老,不爱玩乐了,再也没有那个时间了。露西安娜走了,也许死了;即使没死,大概也快了。阿费的那个丰满的荡妇连同她那枚下流的贝雕戒指一起消失了,而达克特护士也为他感到羞耻,因为他拒绝飞更多的战斗任务,还会惹来流言蜚语。这附近他唯一认识的姑娘就是军官公寓里那个不好看的女佣,绝对没有一个男人跟她睡过觉。她的名字叫米迦列拉,但是男人们却用下流的东西来称呼她,只要叫起来声音悦耳,就能引得她孩子一般快乐地咯咯傻笑。因为她不懂英语,还以为他们是在奉承她,开些善意的玩笑呢。每次看着他们胡作非为,她的内心就真切充满了陶醉的喜悦。她是个快乐、勤劳、头脑简单的姑娘,识不了几个字,只勉强能写自己的名字。她直直的头发是沤过的稻草的颜色。她皮肤发黄,眼睛近视,从来没有男人跟她睡过觉,因为从来没有男人想跟她睡觉——除了阿费。就在这天晚上,阿费强奸了她,之后用手捂住她的嘴,把她关在衣橱里近两个小时,直到宵禁的汽笛响起来,这时她再出去就是违法的了。

然后,他把她扔出了窗外。她的尸体还躺在人行道上,这时约塞连来了,他礼貌地挤进一圈正在围观的神情严肃、手拿昏暗提灯的邻居中。他们退缩着给他让路的时候,怨毒地朝他怒目而视。他们愤恨地指着二楼那些窗户,私下的对话里满是严厉的谴责。尸体摔得血肉模糊,这可怜的、不祥的、血淋淋的惨象吓得约塞连心脏怦怦乱跳,惊恐不已。他猫着腰钻进门厅,闪电般冲上楼梯,进了公寓。只见阿费正颇不自在地来回踱步,脸上带着装模作样、略显不安的笑。阿费摆弄着烟斗,似乎有点心绪不宁,他向约塞连保证,一切都会好的,没有什么可担心的。

"我只强奸了她一次。"他辩解道。

约塞连吓了一跳。"可你杀了她,阿费! 你杀了她!"

"噢,强奸了,我只得这么做。"阿费极为傲慢地回答道,"我当然不能让她到处去讲我们的坏话,对吧?"

"可是你到底为什么要碰她呢? 你这愚蠢的杂种!"约塞连叫道,"你要姑娘,难道不能上大街找一个? 城里到处是妓女。"

"噢,不,我不能。"阿费吹嘘道,"我一辈子从不花钱干这事。"

"阿费,你疯了吗?"约塞连差点说不出话来,"你杀了一个姑娘。他们会把你关进监狱的!"

"噢,不,"阿费强笑了一声,"不会是我。他们不会把老伙计阿费关进监狱的。不会因为杀了她。"

"可你把她扔出了窗户,她的尸体还在街上躺着呢。"

"她没有权利上街,"阿费回答道,"已经宵禁了。"

"笨蛋! 你难道不知道自己干了些什么吗?"约塞连真想抓住阿费那肥实的、毛虫般柔软的肩膀把他摇醒,"你杀人了。他们就要把你关进监狱了。他们甚至会绞死你!"

"噢,我可不觉得他们会那么做。"阿费快活地咯咯一笑回答道,不过眼见得他是越来越紧张了。他粗短的手指笨拙地摆弄着烟斗,不知不觉抖掉了一些烟丝。"不,先生,他们不会这样对待老伙计阿费的。"他又咯咯笑了起来,"她不过是个女佣。我可不认为他们会为一个小小的意大利女佣而大惊小怪,现在每天都要死掉成千上万的人。你说呢?"

"你听!"约塞连叫喊道,几乎是高兴了。他支起耳朵,看着阿费脸上的血色一点点退去,只听得汽笛在远处哀鸣,是警车汽笛,随后,几乎是在刹那间上升为一种咆哮、尖锐、汹涌的压倒一切的嘈杂之声,似乎要从四面八方闯进房间包围他们。"阿费,他们是来抓你的,"他叫喊着,想要压过噪声,好让阿费听见,心底却涌起了一股同情,"他们是来逮捕你的,阿费,你还不懂吗? 你不能害死另一个人而逃脱惩罚,即便她是个可怜的女佣。知道了吗? 难道你不懂吗?"

"噢,不,"阿费坚持道,僵硬地打了个哈哈,露出虚弱的微笑,"他们不是来逮捕我的。不会抓老伙计阿费的。"

突然之间他一脸病容。他瘫坐在椅子上,浑身哆嗦,表情呆滞,一双粗短而皮肤松弛的手在腿上颤抖不已。汽车嘎的一声停在门外。聚光灯立刻射进窗口。车门砰地关上了,警笛尖叫。嘈杂的叫喊声越来越响。阿费脸都绿了。他只是一味机械地摇着脑袋,脸上是一种古怪而麻木的微笑,嘴里单调、虚弱、空洞地重复着,他们不是来抓他的,不是来抓老伙计阿费的,不,先生。他就这样拼命想说服自己事情就是如此,即使听到沉重的脚步声冲上楼梯,咚咚地穿过楼梯平台,甚至拳头在门上以无情的、震耳欲聋的力量猛砸了四下时,他都还不甘心。随后,公寓房门被猛地推开,两个高大、野蛮、强壮的宪兵迅速冲了进来,他们目光冰冷,结实有力的下巴紧绷着,十分严厉。他们大步穿过房间,逮捕了约塞连。

他们逮捕了约塞连,因为他没有通行证就来了罗马。

他们为擅自闯入向阿费道歉,随后一边一个夹住约塞连,钢铁般的手指牢牢钳住他的腋下,把他带了出去。一路上,他们什么话也没对他说。外面一辆关上门的汽车旁边,还有两个高大的宪兵拿着警棍、戴着坚硬的白色钢盔等着他们。他们把约塞连推上汽车后座,汽车立刻轰响着离开,穿过雨幕和浑浊的雾气,迂回曲折地开向一处警察局。宪兵们把他锁在一间四面都是石头墙壁的牢房里,关了一夜。天亮时,他们给了他一只便桶,随后开车把他押往机场,那儿又有两个巨人般的宪兵拿着警棍、戴着坚硬的白色钢盔等在一架运输机旁边。他们到来时,飞机引擎已经发动起来了,绿色的圆柱形引擎罩上,渗出的水汽凝结成小水珠,微微颤动着。那些宪兵彼此之间一句话也不说,连头都不点一下。约塞连从未见过如此硬邦邦的面孔。飞机降落在皮亚诺萨岛,又有两个沉默的宪兵在跑道旁等着他们。现在共有八个宪兵了。他们遵守着严格的纪律,列队进入两辆汽车。车轮嗡嗡响着一路开过四个中队的驻地,来到大队司令部大楼前,在那儿还是有两个宪兵在停车场等候他们。他们走向大楼入口时,这十个高大强壮、目标明确、沉默不语的宪兵高塔一般围着他。走在煤渣路上,他们的脚步整齐响亮地踩出嚓嚓的声响。他感觉到他们走得越来越快,不由得惊恐起来。那十个宪兵每一个都显得威猛无比,一拳就能把他打死。他们只消把厚实、强壮、巨石般的肩膀朝他身上挤压过去,顷刻就能叫他一命呜呼。他没有一点自救的办法。他们紧紧排成两个单列夹着他快速行进时,他甚至弄不清是哪两个宪兵牢牢钳住他的腋下的。他们加快脚步,果断而有节奏地小跑上了宽阔的大理石楼梯,这时他感觉好像是双脚离地在往前飞。到了楼梯平台,仍旧是两个高深莫测的宪兵一脸冷酷地在等着他们,然后领着他们所有人以更快的步伐走过长长的、悬在宽阔门厅上方的楼厅。他们行进在暗色的瓷砖地面上,隆隆作响,就像一阵巨大的、急促的鼓声回荡在空荡荡的大楼中央。此刻他们走得越发迅速,步伐越发精准了,一路奔向卡思卡特上校的办公室。他们把约塞连推进办公室,让他面对他的死期。他的耳朵开始嗡嗡作响,只见科恩中校正舒舒服服地坐在卡思卡特上校办公桌的一角,带着和蔼的笑容等着他,说:

"我们要送你回国了。"

——吴冰清,译.译林出版社,2019.

百年孤独(节选)

三

庇拉尔·特尔内拉的儿子出生两星期后就被送到祖父母家。乌尔苏拉拗不过丈夫的顽固——他无法容忍家中新生的一星血脉流落在外——只好不情不愿地接受,但前提条件是不能向孩子透露真实身份。孩子继承了何塞·阿尔卡蒂奥的名字,后来大家为了避免混淆只叫他阿尔卡蒂奥。那一时期村里活动频繁,家中活计不断,孩子的照料退居其次,被托付给一个叫比西塔西翁的瓜希拉印第安女人。她和兄弟为逃避部落中肆虐多年的失眠症来到这里,两人温顺又勤快,乌尔苏拉便收留了他们帮忙做家务。就这样,阿尔卡蒂奥和阿玛兰妲在学会卡斯蒂利亚语之前先学会了瓜希拉语,还学会了喝蜥蜴汤吃蜘蛛卵,乌尔苏拉则忙于大有前途的糖果小动物生意,对此一无所知。马孔多变了样。跟着乌尔苏拉一起来的人四处宣扬它土地肥美、位置又比大泽区优越,于是昔日僻静的小村落很快变成繁华的城镇,有了手工作坊和店铺,还开通了一条永久商道。第一批穿尖头靴戴耳环的阿拉伯人就沿商道而来,用玻璃珠链交换金刚鹦鹉。何塞·阿尔卡蒂奥·布恩迪亚一刻也不能平静。他着迷于眼前的现实,认为这比自己广袤的幻想世界更为神奇,因而对炼金实验完全丧失了兴趣。他将漫长时日中饱受锤炼的材料搁置一旁,又变回了创业之初那个富于进取心的男子,那时他忙于设计街道规划新居,以保证人人享有平等权益。他在新落户的居民中赢得极大尊重,任何人铺设地基或修造围栏都要先咨询他的意见,大家还一致决定由他掌管土地的分配。走江湖的吉卜赛人又来了,这次把流动游艺会变成了大型赌场。人们兴高采烈地表示欢迎,相信何塞·阿尔卡蒂奥会一道归来。但他并没有出现,吉卜赛人也没有带蛇人来,在乌尔苏拉看来有关儿子的唯一线索也没了着落。镇上因此拒绝吉卜赛人扎营,并将他们视为贪欲与堕落的传播者,不许他们以后再踏上这片土地。但何塞·阿尔卡蒂奥·布恩迪亚也明确表示,梅尔基亚德斯以他悠远的智慧和神奇的发明对村子的发展壮大作出过不可磨灭的贡献,马孔多的大门将永远对他古老的部落敞开。然而据那些周游各地的旅人说,梅尔基亚德斯的部落由于逾越了人类知识的界限,已从大地上被抹去。

何塞·阿尔卡蒂奥·布恩迪亚至少暂时从幻想的种种煎熬中解脱出来,很快便营造出一种井然有序的实干氛围,其中只批准一项自由:释放从建村伊始就以歌声欢快报时的群鸟,代之以家家户户各备一台音乐钟。这些雕刻精美的木钟是用金刚鹦鹉从阿拉伯人那里换来的,由何塞·阿尔卡蒂奥·布恩迪亚统一校准。每隔半小时镇上便响起同一乐曲的欢快和弦,一到正午更是蔚为壮观,所有时钟分秒不差地同时奏响整曲华尔兹。那些年间,也是何塞·阿尔卡蒂奥·布恩迪亚决定在街上种植巴旦杏代替金合欢,并且发现了能使树木经久不衰的方法,但一直秘不示人。多年以后,马孔多已经遍布锌顶木屋,那些最古老的街道上却依然可见巴旦杏树蒙尘的断枝残干,然而已无人知晓出自谁人手植。当父亲忙于整治市镇,母亲一心扩展家业,每天两次用树枝穿着糖制的小鸡小鱼出门销售,奥雷里亚诺则从早到晚待在被遗弃的实验室里,完全凭自己的探索掌握了金银器工艺。他身量大长,哥哥留下的衣服很快都不合身了,便开始穿父亲的衣服,只是得让比西塔西翁收紧衬衣修剪裤子,因为奥雷里亚诺没有他们那样魁伟的身材。青春期的他失去了甜美的童音,变得沉默寡言孤独入骨,但却恢复了呱呱坠地时流露出的执著眼神。他全神贯注于金银艺实验,甚至到了废寝忘食的地步。何塞·阿尔卡蒂奥·布恩迪亚担心他过于专注,认为他或许需要一个女人,便给了他家里的钥匙和一些零钱。奥雷里亚诺却用钱买来盐酸配制王水,还把钥匙镀了层金。不过他的古怪之处与阿尔卡蒂奥和阿玛兰妲相比又算不得什么,那两个孩子早就开始换牙,却依然整天跟在印第安女人后面,顽固地不肯说卡斯蒂利亚语而只说瓜希拉土语。"你有什么可抱怨的,"乌尔苏拉对丈夫说,"有发疯的父母就有发疯的儿女。"正当她哀叹自己命不好,认定儿女们的怪癖与猪尾巴同样可怕时,奥雷里亚诺眼神定定地望着她,令她感到一阵茫然。

"有人要来了。"他说。

和往常一样,乌尔苏拉听到他发表预言又试图用家庭主妇的常识来解释。有人来再正常不过。每天都有数十个外乡人经过马孔多,从未引发混乱,更无须事先神秘预告。然而,奥雷里亚诺对一切逻辑解说浑不在意,对自己的预感确信不疑。

"我不知道是谁,"他坚持道,"但不管是谁,人已经在路上了。"

果然,到了星期天,丽贝卡来了。此时她只有十一岁。几位皮草商人带着她从马纳乌雷辛苦跋涉而来,受人之托将她连同一封信送到何塞·阿尔卡蒂奥·布恩迪亚家,却又说不清楚托付他们的人究竟是谁。她的所有行李包括一个小衣箱、一把绘有彩色小花的小摇椅和一个帆布口袋,袋里装着她父母的骨殖,一刻不停地发出咯啦咯啦的响声。那封带给何塞·阿尔卡蒂奥·布恩迪亚的信中充满温情的话语,可见纵然岁月蹉跎天各一方,写信人依然对他深情不改,并且出于基本的人道精神将这个无依无靠的孤儿送来这里。孩子算乌尔苏拉的远房表妹,因而也是何塞·阿尔卡蒂奥·布恩迪亚的亲人,尽管关系上要更远些。她是难忘的挚友尼卡诺尔·乌略亚和他可敬的妻子丽贝卡·蒙铁尔的女儿,愿他们在天国安息,一并送来他们的骨殖,盼以基督徒的礼仪安葬云云。信中提到的名字和末尾的签名都清晰可辨,然而何塞·阿尔卡蒂奥·布恩迪亚和乌尔苏拉都不记得有这些亲戚,也从不认识叫这个名字的写信人,更不用提还是在遥远的马纳乌雷。从女孩那里也无法获得更多信息。从来到的那一刻起,她就一直坐在摇椅上吮手指,一双受惊的大眼睛打量着所有人,不曾流露出能听懂别人提问的迹象。她穿着已显破旧的黑色斜纹布衣裳,脚上是漆皮脱落的短靴。头发拢到耳后,用黑带子束住两个发髻。披肩上的图案沁染汗渍已无法辨认,一颗食肉动物的犬牙配上铜托系在右手腕上当作抵抗"邪眼"的护身符。青绿色的皮肤,圆滚紧绷如一面鼓的肚子,都显示出她体弱多病、忍饥挨饿的历史甚至要比自身的年龄更久远,然而食物端上来的时候,她却任凭盘子搁在腿上尝也不尝。大家几乎要相信她是个聋哑儿,直到印第安人用他们的语言问她要不要喝点儿水的时候,她才眼神一动仿佛认出了他们,点了点头。

家人没有办法,只得把她收留下来。奥雷里亚诺耐心地在她面前从头到尾念了一遍圣徒节期表,但她对所有名字都没有反应,家人只好根据信中她母亲的名字叫她丽贝卡。那时马孔多还没死过人,自然没有墓地,他们只得暂时将骨殖袋收藏起来,等将来有合宜的地方再下葬。很长一段时间这些遗骨在家中到处碍事,总在意想不到的地方出现,像母鸡抱窝似的咯咯作响。丽贝卡过了很久才融入家庭生活。她总是缩到家中最偏僻的角落,坐在摇椅上吮吸手指。什么都无法引起她的注意,除了那些钟表奏出的音乐,她每过半小时就会瞪着受惊的眼睛四下寻找,仿佛想在空中某个位置找到那乐声。数天过去,她什么也不肯吃。谁都无法理解她居然没有饿死,后来印第安人——他们一刻不停、悄无声息地在家里走来走去,一切都逃不过他们的眼睛——发现她只喜欢吃院子里的湿土和用指甲刮下的石灰墙皮。显然她父母或是其他抚养人曾斥责过这一恶习,因为她总是心有愧疚暗中行事,藏起口粮来等没人时再享用。从那以后,家里开始对她严加监视。他们在院子里洒牛胆汁,往墙壁上涂辣椒油,相信用这些方法可以遏制她的恶习。然而她找寻泥土时显得异常狡黠机智,乌尔苏拉不得不采取更严厉的手段。乌尔苏拉在小锅里放入橘汁,兑上大黄晾了一整夜,次日让她空腹喝下。没人说过这就是治疗食土怪癖的特效药,但乌尔苏拉却相信任何苦味的食物进入空腹都会令肝脏产生反应。丽贝卡拼命反抗,力气之大与瘦小身量根本不符,他们不得不像扳倒一头小牛犊似的逼她服药,却难以制止她的乱踢乱蹿,无法忍受她在撕咬和吐口水之余古怪难解的呼号。印第安人听得目瞪口呆,说那是他们语言中最污秽的辱骂。乌尔苏拉知道后,在药物治疗之外又加上了皮带抽打。永远无从确知,究竟是大黄或毒打,还是二者一起最终发挥了效用,总之几个星期后丽贝卡显出康复的迹象。她加入到阿尔卡蒂奥和阿玛兰妲的游戏中,他们把她当姐姐看待。她胃口颇佳,刀叉也用得不错。不久家人又发现她的卡斯蒂利亚语说得和印第安土语一样流利,手头活计也干得出色,还会哼唱音乐钟奏出的华尔兹舞曲,配上滑稽的自编歌词。大家很快就接纳她为家庭新成员。她和乌尔苏拉最亲,连乌尔苏拉的亲生儿女都比不上。她管阿玛兰妲和阿尔卡蒂奥叫小妹妹小弟弟,称奥雷里亚诺为叔叔,呼何塞·阿尔卡蒂奥·布恩迪亚为爷爷。于是,她和其他家人一样名正言顺地用上了丽贝卡·布恩迪亚的姓名,那也是她一生用过的唯一姓名,直到去世从未玷污。

丽贝卡改掉食土的恶习后,被安排到其他孩子的房间睡觉。一天夜里,和他们睡在一起的印第安女人突然醒来,听见一种奇怪的响声在角落里时断时续。她以为有动物溜进房间,警觉起来,却发现丽贝卡坐在摇椅上吮着手指,双眼像猫眼一般在黑暗中放光。比西塔西翁心中充满恐惧和难逃宿命的凄苦,她在那双眼睛里认出了威胁他们的疫病,正是这种疫病逼得她和兄弟背井离乡,永远抛下了他们古老的王国,抛下了公主与王子的尊贵身份。这就是失眠症。

天亮的时候,印第安人卡塔乌雷失去了踪影。他姐姐比西塔西翁留了下来,认定了自己的宿命:就算逃到天边,这致命的疫病也会穷追不舍尾随而至。没有人理会她的惊恐。"要是不用睡觉,那再好不过。"何塞·阿尔卡蒂奥·布恩迪亚说,"那样我们就有更多的时间可用。"但印第安女人向他们解释,失眠症最可怕之处不在于让人毫无倦意不能入睡,而是会不可逆转地恶化到更严重的境地:遗忘。也就是说,患者慢慢习惯了无眠的状态,就开始淡忘童年的记忆,继之以事物的名称和概念,最后是个人的身份,以至失去自我,沦为没有过往的白痴。何塞·阿尔卡蒂奥·布恩迪亚笑得喘不过气来,认为这不过是又一种印第安人杜撰的疾病。乌尔苏拉为防万一,还是将丽贝卡和其他孩子隔离开来。

几个星期后,比西塔西翁的恐惧似乎平息了下去。有天晚上何塞·阿尔卡蒂奥·布恩迪亚在床上辗转反侧,难以入睡。乌尔苏拉也醒着,问他怎么了,他回答:"我又想起了普鲁邓希奥·阿基拉尔。"他们一刻也没睡着,但到了第二天感觉疲劳尽去,便把不眠之夜抛在了脑后。午饭时候,奥雷里亚诺惊异地讲起他如何一整夜都在实验室忙着给一枚别针镀金,准备在乌尔苏拉的生日送给她,但此刻却仍然感觉良好。到了第三天,大家在该入睡的时刻还是毫无睡意,这才意识到已连续五十多个小时没有合眼,终于警觉起来。

"孩子们也都醒着。"印第安女人的话里带着宿命意味,"这病一旦进了家门,谁也逃不了。"

他们果然染上了失眠症。乌尔苏拉从母亲那里学过各种草药的效用,熬制了乌头汤让所有人服下去,可他们仍然睡不着,整天醒着做梦。在这种清醒的梦幻中,他们不仅能看到自己梦中的形象,还能看到别人梦见的景象,一时间家里仿佛满是访客。丽贝卡坐在厨房角落里的摇椅上,梦见一个和自己相貌极其相似的男人,他身着白色亚麻衣裳,衬衫领口别着一粒金扣,给她带来一束玫瑰。陪伴他的还有一位女士,用纤细的手指拣出一枝玫瑰簪在她发间。乌尔苏拉知道那男人和女人是丽贝卡的父母,但一番努力辨认之后,还是确信从未与他们谋面。与此同时,由于何塞·阿尔卡蒂奥·布恩迪亚一个永远无法原谅自己的疏忽,家中出品的糖果小动物仍源源不断地在镇上出售。大人小孩都津津有味地吮咽着可口的绿色失眠小公鸡、美味的粉红失眠小鱼和柔软的黄色失眠小马,于是到了星期一凌晨整个镇子都醒着。一开始没人在意。恰恰相反,人们都因不用睡觉而兴高采烈,因为那时候马孔多有太多的事情要做,时间总不够用。他们夜以继日地工作,很快就把活儿都干完了,凌晨三点便无所事事,听着音乐钟数华尔兹的音符。那些想睡觉的人,不是因为疲倦而是出于对睡眠的怀念,试遍了各种消磨精力的方法。他们聚在一起不停地聊天,一连几个小时重复同样的笑话,甚至把阉鸡的故事演化到令人无法容忍的地步。那是一个讲不完的故事,讲故事的人问大家要不要听阉鸡的故事,如果大家说"要",他就说没让大家说"要",而是问大家要不要听阉鸡的故事;如果大家说"不要",他就说没让大家说"不要",而是问大家要不要听阉鸡的故事;如果大家都不说话,他就说没让大家不说话,而是问大家要不要听阉鸡的故事;而且谁也不许走,因为他没让人走,而是问大家要不要听阉鸡的故事。就这样继续下去,整夜整夜重复这一恶性循环。

何塞·阿尔卡蒂奥·布恩迪亚意识到失眠症已经侵入镇子,便召集起各家家长,把自己所知的失眠症情形讲给他们听。众人决定采取措施防止灾难扩展到大泽区的其他村镇。他们把用金刚鹦鹉跟阿拉伯人换来的小铃铛从山羊脖子上摘下,放在镇子入口,供那些不顾岗哨的劝告和恳求坚持进镇的来客使用。那时节走在马孔多街道上的所有外乡人都要摇动小铃铛,好让病人知道自己是健康人。他们在镇上逗留期间禁止一切饮食,因为疫病无疑只经入口之物传播,而所有食品饮料都已沾染失眠症。这项举措成功地将疫病控制在村镇之内。隔离卓有成效,后来人们就将紧急情况视为常态。生活恢复秩序,工作照常进行,没人再为睡眠这一无用的习惯担忧。

还是奥雷里亚诺想出了办法,在接下来的几个月中帮助人们抵御失忆。这发现本出于偶然。他属于第一批病人,已是老练的失眠者,并借此掌握了高超的金银器工艺。一天他在寻找用来捶打金属箔片的小铁砧时,却想不起它的名称。父亲告诉他:"砧子。"奥雷里亚诺把名称写在纸上,用树胶贴在小铁砧底部:砧子。这样,他相信今后就不会再忘记。当时他还没想到这便是失忆开始的症状,因为那东西的名称本不好记。没过几天,他发现自己对实验室里几乎所有器物都叫不出名来。于是他依次注明,这样只需看一下标签就可以辨认。当父亲不安地告诉他自己童年最深刻的记忆都已消失时,奥雷里亚诺向他传授了这一方法。何塞·阿尔卡蒂奥·布恩迪亚先在家中实行,而后推广到全镇。他用小刷子蘸上墨水给每样东西注明名称:桌子,椅子,钟,门,墙,床,平锅。他又到畜栏为动物和植物标上名称:奶牛,山羊,猪,母鸡,木薯,海芋,香蕉。随着对失忆各种可能症状的研究不断深入,他意识到终会有那么一天,人们即使能通过标签认出每样事物,仍会记不起它的功用。于是他又逐一详加解释。奶牛颈后所挂的名牌便是一个极好的例子,体现出马孔多居民与失忆作斗争的决心:这是奶牛,每天早晨都应挤奶,可得牛奶。牛奶应煮沸后和咖啡混合,可得牛奶咖啡。就这样,人们继续在捉摸不定的现实中生活,只是一旦标签文字的意义也被遗忘,这般靠词语暂时维系的现实终将一去不返。

通往大泽区的路口立起一块牌子,上写马孔多;中心大道立有一块更大的牌子,上书上帝存在。各家各户都已写好用来记住物品和情感的简要说明。这套做法需要高度的警醒和坚强的毅力,因而很多人选择了向虚拟现实的魅力屈服,寄情于自我幻想,这纵然不切实际却更能与人安慰。庇拉尔·特尔内拉在这场造梦运动中出力最多,她成功地将纸牌算命从推演未来应用到追溯过往。借助这一方法,失眠者开始生活在由纸牌萌生的模棱两可的世界中。在模糊的追忆中,父亲是四月初到来的肤色黝黑的男人,母亲是左手戴金戒指肌肤呈麦色的女人,出生日期则简化为最近一个有云雀在月桂树上啼叫的星期二。何塞·阿尔卡蒂奥·布恩迪亚对这些寻求慰藉的方式深感无奈,决定制造当初曾想用来记录吉卜赛人神奇发明的记忆机器。该装置的设计基于以下原理:每天清晨将一生获得的知识从头至尾复习一遍。他把它想象为一种旋转辞典,人坐在中轴位置用摇把操纵,在几小时内令生活中最必要的知识都从眼前经过。当他做好大约一万四千张卡片的时候,通往大泽区的路上出现了一位衣衫不整的老人,他用小铃铛摇出悲凉的声响以表示未染上失眠症,拖着一件绳索紧系的鼓囊囊的行李,拉着一辆黑布蒙住的小车。他径直来到何塞·阿尔卡蒂奥·布恩迪亚家门前。

比西塔西翁开了门,但并不认识他,以为他想要兜售什么,还不知道在这个已经深陷失忆泥沼的村镇任何物品都没有市场。这是一位风烛残年的老人,尽管声音也因犹疑时断时续,双手颤抖仿佛质疑着事物的真实存在,但仍可以明显看出,他来自另一个世界,来自人们可以安睡并拥有记忆的世界。何塞·阿尔卡蒂奥·布恩迪亚看见他坐在客厅里,一边用几经补缀的黑色礼帽扇风,一边带着同情的神色认真阅读贴在墙上的一个个标签。何塞·阿尔卡蒂奥·布恩迪亚分外殷勤地向他打了个招呼,担心他是曾经相识而现在已不记得的故人。但来访者看出了他的做作,感觉到自己已被遗忘,那并不是心中暂时的尚可补救的遗忘,而是另一种更残酷且不可逆转的遗忘,他对此绝不陌生,因为那正是死亡的遗忘。于是他都明白了。他打开塞满稀奇物件的行李,掏出一个小手提包,里面满是瓶瓶罐罐。他给何塞·阿尔卡蒂奥·布恩迪亚喝下一种淡色液体,重新燃起了他的记忆之光。泪水濡湿了他的双眼,随后他才意识到自己置身于一间各种物品都贴着标签的荒唐屋子里,为墙上煞有介事的蠢话而惭愧。他随即又认出了来人,脸上顿时焕发出欢喜的光彩。那人是梅尔基亚德斯。

——范晔,译.南海出版公司,2017.

思考题

1. 试论述19世纪浪漫主义文学与19世纪现实主义文学的文学特点。

2. 为什么说艾略特是20世纪现代主义文学之父?《荒原》有何艺术特点?

3. 如何理解《等待戈多》中的"戈多"?

4. 试论述《百年孤独》中的魔幻现实主义艺术特征。

扩展阅读

拜伦.唐璜[M].查良铮,译.北京:人民文学出版社,1995.

惠特曼.草叶集[M].楚图南,等译.北京:人民文学出版社,1997.

司汤达.红与黑[M].罗玉君,译.上海:上海译文出版社,1979.

巴尔扎克.高老头[M].傅雷,译.北京:人民文学出版社,1978.

卡夫卡.卡夫卡小说选[M].孙坤荣,等译.北京:人民文学出版社,1994.

乔伊斯.尤利西斯[M].萧乾,等译.上海:译林出版社,1994.

第二编 艺 术

　　一部讲述西方文化的书，不能不给西方艺术留下应有的篇幅，本部分就是基于这个原因而编写的。

　　除文学之外，艺术包含的内容极其广泛，纵然保守估算，如今也应当数出诸如音乐、美术、舞蹈、戏剧、电影、电视等门类。但显而易见，本书无法把所有艺术门类在西方历史上的发展情况一一叙述。因此，本书采用"推选代表"的办法，重点叙述西方美术的发展历程。

　　实际上，"艺术"（Art）这个词原本就指建筑、雕塑、绘画等在现代汉语中以"美术"来指称的艺术门类；而且，美术（视觉艺术）本身蕴涵着一种潜能，可以在感觉层次和精神层面上作为全体艺术的代表之一；视觉在人类感官中具有重要地位，艺术史上的变革经常以美术为实验室。故本编从美术入手介绍西方艺术。

　　本编遵从全书的体例和叙述结构，按时间线索，分六章分别讲述古希腊罗马艺术、中世纪艺术、文艺复兴艺术、从巴洛克到罗可可艺术、近现代西方艺术、当代西方艺术，力求用精选的材料和简洁的文字，为非艺术专业的读者提供一幅连续的速写，使其了解西方美术的演变历程，并以此为端绪，让读者把握西方艺术作为西方文化建构力量的历史图景，从而进一步穿透表象，由个别推及一般，认识艺术的普遍性。

　　虽然本编在容量上受限于全书整体结构，但仍试图在生活与艺术、艺术家与作品、美学评判与文化追问、历史传承与实验创新等不同层面,让沉默的图像开口说话,使读者在时间长河中与艺术家共鸣,从而反观当下的生活,重温人类精炼化的情感,从而更好地感受生活的意义。

文化素质教育应该通过有魅力的方式轻松实现,而不应成为一种额外的负担。所以本编始终站在对话者的位置上,与历史对话,与读者叙谈,希望至少以平实的写作风格,使读者在不知不觉中了解西方艺术史,切实感受艺术世界的生动性。

第六章　古希腊古罗马艺术

希腊人创造了"人"的意识逐步觉醒的文化。罗马人虽然以武力征服了希腊,但却被希腊文化征服。希腊人为探求知识与美的平衡而创造神明;罗马人把从希腊文明中汲取的智慧用于建构人间的天堂。从古希腊到古罗马,"古典艺术"的内涵日渐丰富,汇聚成西方艺术的源头。

一、古希腊艺术

在人类历史上,希腊人首先挣脱了巫术的桎梏,发现智力是人类的特权①。他们把万事万物降到了人的尺度,按照自己的形象创造神,孕育出"神人同形同性"的神话体系。在这个体系中,智力、想象力和史诗结为一体。原始宗教出于恐惧,希腊神话却是人的自信心的写照。它把原始时代迷乱的传说改写为人类掌握自身命运的史诗。马克思说:"希腊神话不只是希腊艺术的武库,而且是它的土壤。"②正是这一片土壤,将希腊艺术培育成人的艺术。古希腊人体雕像从僵硬古拙到舒展自如的风格演变,形象地书写了一部人类从大自然中挣扎、苏醒、成熟并获得自信的历史。温克尔曼将古希腊艺术的审美品格概括为"高贵的单纯,静穆的伟大"③,在其所指之处,存在着人的尊严。

---

①热尔曼·巴赞.艺术史[M].刘明毅,译.上海:上海人民美术出版社,1989.

②马克思.《政治经济学批判》导言:马克思文艺论著选讲[M].北京:中国人民大学出版社,1982:182.

③温克尔曼(John Joachin Winckelmann,1717—1768),德国古典美学家,是近代欧洲最早对古希腊艺术进行研究从而开创了美术史论的学者。他在《关于在绘画和雕刻中摹仿希腊作品的一些意见》(1755)中写道:"无论就姿势还是就表情来说,希腊艺术杰作的一般优点在于高贵的单纯和静穆的伟大。"见莱辛《拉奥孔》第一章的引文,朱光潜译,人民文学出版社1979年版,第5页。

古希腊艺术可追溯至荷马时期(公元前 12 世纪—公元前 8 世纪)①,因其美术遗物主要是带几何纹饰的陶器和几何造型的随葬小雕刻品,该时期也被称为"几何风格时期"。但我们通常把古希腊艺术划分为古风(公元前 7 世纪—公元前 6 世纪)、古典(公元前 5 世纪—公元前 4 世纪)和希腊化(公元前 3 世纪—公元前 1 世纪)三个发展时期。

(一)古希腊雕刻

从公元前 7 世纪起,希腊雕刻历经古风,走向古典,在技术上日益精进,在美学上不断成熟,反映了人类童年时期最伟大的艺术活力。

1.古风时期:古风的微笑

公元前 7 世纪至公元前 6 世纪,由于受埃及、美索不达米亚、克里特等地艺术的影响,希腊雕刻多为宗教奉献而作,在造型上采用埃及正面律,人物直立,动作僵硬。脸上统一挂着微笑的表情,称为"古风的微笑"(图 6-1)。这微笑如同"快乐的象形文字",其背后是人自觉为人的欣喜——大自然再也无法用变幻无常的面孔来吓唬他们了。在古风时期,希腊人体造型呈现出一条清晰的变化线索,最初双腿并立,然后将一条腿探出,最后把重心落到一条腿上,身体松弛下来,变化为"歇站式"的希腊造型,如同他们一步步解除了对陌生世界的恐惧。

2.古典时期:和谐美的范本

古典时期的建筑和雕刻以明晰而充满生气的形式,凝聚着雅典公民社会的价值观,传达了希腊思想中的理性精神。雕刻作品依托公共建筑,维持着纪念性与装饰性的平衡,最大限度地发挥出造型艺术表现人的完美与创造和谐美的能力。古典风格历经三个阶段走向成熟,最后产生分化。

古典初期的雕刻仍未完全脱离古风残影,严谨有余,活泼不足,故称"严肃的样式",主要表现在神庙雕刻上。最早摆脱古风限制的雕刻家是米隆(Myron),他的作品(图 6-2)将运动的灵活性注入人体,创造了古典样式的最早范本。这个时期的另一件名作《路德维希的宝座》(图 6-3)代表了古典初、盛期过渡阶段的抒情风格。这是在一个石头座椅上刻下的浮雕,因被意大利人路德维希发现而得名。椅子背面描绘阿佛洛狄忒从水中诞生,造型简练而松弛,线条和动态回荡着音乐般的旋律。

古典盛期的雕刻作品气势恢宏而充满阳刚之气,称为"崇高的样式"。这种崇高不是靠规模而是靠比例取得的。因为雅典不像东方帝国那样把艺术用作"重威"的道具。建筑和雕刻并非按帝国的规模,而是按城市的规模来设计的。不论是神庙中的艺术,还是其他公共场合的艺术,都以"人"为中心,通过合情合理的规模,体现出"人的尺度"。

---

①荷马时期以荷马史诗作者的名字命名,希腊神话即在这个时期开始形成。

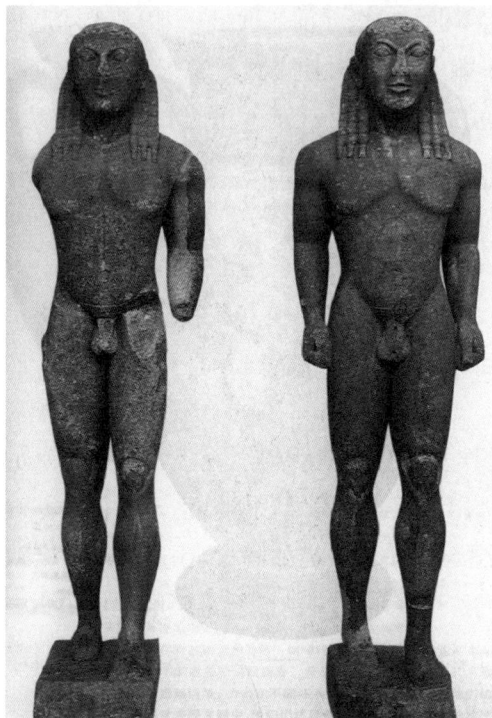

图 6-1 《克利俄比斯和拜吞兄弟》,公元前 615—公元前 590 年,大理石,高 218 cm、216 cm,德尔菲考古博物馆

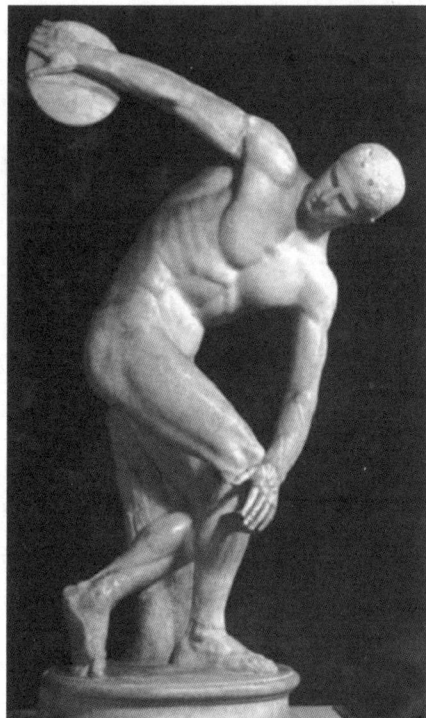

图 6-2 米隆《掷铁饼者》,公元前 450 年,大理石摹,原为青铜,高 155 cm,罗马国立博物馆

图 6-3 《路德维希的宝座》,公元前 460 年,大理石,高 104 cm,罗马国立博物馆

公元前 5 世纪中期,希腊雕刻技术有了质的飞跃,能够把人体的关节和动势再现得栩栩如生。雕像各部分开始围绕多个轴心转动,再也不像过去那样沿着一条垂直线呆板

地矗立着,自如的动态表明人性表现再也不必受到造型的排挤。

希腊艺术家并非服役的奴隶,他们是工程承包人或自由的受雇者,除了需要适应一定的主题要求,并无额外的身心负担,故能全力以赴发挥才能。古典时期最伟大的雕刻家菲狄亚斯(Pheidias)突出地体现了这种生机勃勃的创作状态。由他主持创作的帕提侬神庙(Temple of Parthenon)雕刻采用浮雕形式,在建筑物的重要构件上讲述神的故事。该作品技术精湛,造型典雅而充满力度之美,形象浩繁却似一气呵成,构成了节奏起伏、波澜壮阔的画面。

菲狄亚斯的作品表达了雕刻家对诸神超然品格的理解——他们有无限宁静的表情,有如婴孩,尚未濡染尘世之苦。帕提侬神庙东三角楣墙上的《命运三女神》(图 6-4)①和雕刻家采用"克利舍列凡丁"技法(Chryselephantine)②制作的《雅典娜神像》(图 6-5),生动地告诉人们什么是"高贵的单纯"和"静穆的伟大"。

图 6-4　菲狄亚斯《命运三女神》,公元前 430 年,大理石,高 186 cm,罗马国立博物馆

与菲狄亚斯同时代而稍晚出现的波利克勒特斯(Polyclitus)是一位青铜制作家,也是毕达哥拉斯学派的门徒,写有《法则》一书,表述了这个学派关于"数的和谐"的思想。据此,他提出人体头长与身长的理想比例为 1∶7,从而成为总结人体比例的第一人。他创作的青铜像《荷矛者》(图 6-6)专用于图解其"法则"。作品把人体的精确结构与动态平衡融为一体,为希腊雕刻奉行的"对偶倒列"(Contrapposto)原则提供一个经典阐释:人体取歇站式,张弛度呈对角线呼应,邻接部分则一松一紧,交替变化,从而将一种非对称均衡的关系赋予人体,取得了具体而生动的效果③。

①在希腊神话中,"命运三女神"分别名为克洛托、拉克西斯、阿特罗波斯。
②这是用黄金、象牙包木胎来制作雕像的一种综合性雕刻技法。
③根据"数的和谐"理论,毕达哥拉斯学派对比例、大小、结构、节奏等概念进行阐释,建立了一套形式美学,简而言之就是统一中有变化,变化中有统一。"对偶倒列"的人体造型即是对这一原则的运用。

图 6-5 菲狄亚斯《雅典娜神像》,公元前 447—公元前 443 年,罗马时代大理石摹作,高 1200 cm,雅典国立博物馆

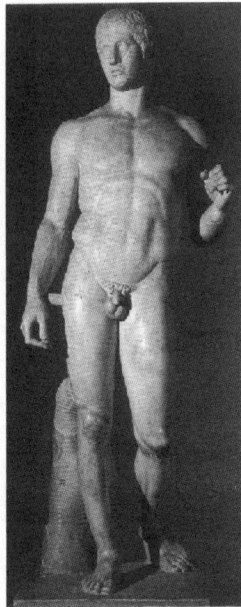

图 6-6 波利克勒特斯《荷矛者》,公元前 5 世纪,罗马时代大理石摹作,高 198 cm,那不勒斯国家考古博物馆

伯罗奔尼撒战争的失败挫伤了雅典人的民族精神,个人主义开始滋长。公元前 4 世纪,希腊雕刻进入古典后期。神话主题支配的戏剧性的崇高造型减少了,人物造型趋向柔和化,不重视肌肉而重视身段,故称"优美的样式",主要以普拉克西特列斯(Praxiteles)的作品为代表。与此同时,史珂帕斯(Skopas)发展了一种悲剧性的情感风格,遂形成古典后期的两种美学倾向。二者的共同性在于个性美加强而理想美减弱:人物表情减弱了淡漠感,出现了细微的心理差别。

普拉克西特列斯塑造的人物姿势恬静,表情愉悦,柔和化的人体透着诗意的美。他创作了古希腊最早的全裸女性人体雕塑《尼多斯的阿佛洛狄忒》。同样出自普拉克西特列斯之手的《赫尔美斯和幼年酒神》(图 6-7),是唯一留存至今的古希腊大理石雕像真迹①。赫尔美斯修长的身躯可为"优美的样式"提供例证。

以前,希腊雕刻中的人物不论有怎样的喜悦或悲伤,都保持着沉静的姿态和安详的表情。而史珂帕斯的作品却让人物内心的骚动传导到动作与表情之中。《美勒德》以剧烈的肢体翻转,描绘了女神醉酒时的情态。《尼奥贝》群像(图 6-8)表现底比斯王后尼奥贝因炫耀多子而遭嫉恨,招致七子七女被阿波罗射杀的故事,其虽是惊心动魄之作,但人体美并未因激烈的情绪而遭到破坏。这确如莱辛针对希腊艺术所说:"美就是古代艺术家的法律。"②

①该作品 1877 年出土于奥林匹亚赫拉神庙遗址。
②莱辛.拉奥孔[M].朱光潜,译.北京:人民文学出版社,1979:11.

图 6-7 普拉克西特列斯
《赫尔美斯和幼年酒
神》,公元前 350—公元
前 340 年,高 215 cm

图 6-8 史珂帕斯《尼奥贝》,公元前 430
年,大理石,高 149 cm,罗马国立博物馆

马其顿国王亚历山大的宫廷雕塑师留西珀斯(Lysippes)是一名出色的青铜制作者,其才能备受宫廷赏识,据说亚历山大只恩准他一人为自己造像,他一生共创作了 1500 多件雕像,在处理健美型人物时尤其得心应手。他的男性人体雕塑既有阳刚之气又充满心理的敏感。例如,《在休息的赫拉克勒斯》(图6-9)就有大力神一般的体魄和哲学家一般的沉思的面容,表现出这位希腊大英雄在激战过后的疲惫之态和阑珊心情。在波利克勒特斯理论的基础上,留西珀斯为人体比例进一步赋予了理想美的秩序,他认为最理想的人体头身比例是 1∶8。

3.希腊化时期:自然主义的合唱

随着马其顿国王亚历山大的对外战争,希腊艺术被传播到东方,影响远及印度河流域。这个时期被称为"希腊化时期"(即希腊艺术的传播时期)。

希腊本土雕刻保持了和谐美的余绪,最引人入胜的作品是《米洛斯的阿佛洛狄忒》(图 6-10)和《萨莫色雷斯的胜利女神像》。前者集优美、典雅、庄严于一身,可谓希腊人体美学的一个经典符号。后者为纪念希腊海军大败托勒密舰队而作,雕像的头与手今已不存,但鼓动的双翼仍展现出胜利女神傲岸而喜悦的风姿。

图 6-9　留西珀斯《在休息的赫拉克勒斯》，公元前 320 年，青铜，高 42.5 cm，卢浮宫

图 6-10　《米洛斯的阿佛洛狄忒》，希腊化时期，大理石，法国卢浮宫

　　在向东传播的过程中，希腊艺术形成了几个海外中心，分布在小亚细亚地区及爱琴海的大小岛屿之中，如罗德岛、培尔加蒙和埃及的亚历山大里亚。在这些地方，希腊雕刻将其高超的写实技术用于表现人类的各种情态，汇成自然主义的大合唱，不论是老年和幼年、生与死，还是欢笑与悲伤、柔情与放纵……都有丰富的表现。在北非的突尼斯和埃及等地，流浪汉、醉汉、乞丐、渔夫、孩子(图 6-11)经常作为雕刻的题材，栩栩如生地再现了生活的千姿百态。

　　在培尔加蒙和罗德岛，史珂帕斯式的悲剧风格和留西珀斯式的阳刚气质被发扬光大。古典时期健美的运动员，变成了激烈的斗士，如现藏卢浮宫的《自由民角斗士》炫耀着发达的肌肉，《垂死的高卢人》《自杀的高卢人》宣泄着昂奋的情绪。柏林培尔加蒙博物馆的《宙斯祭坛》以相互穿插重叠的高浮雕形象，表现了希腊众神与巨人混战的场面，将斗争、痛苦和死亡汇成激情的节奏，竖立了希腊化时期的战争纪念碑。

　　创作于 1 世纪中期的《拉奥孔群像》(图6-12)，是现存希腊雕刻中距今最近的一件杰作，作者为罗德岛学派的三位雕刻家：阿基桑德罗斯、波留多罗斯和阿忒托罗斯。作品取材于希腊传说：在特洛伊战争中，特洛伊城的阿波罗神庙祭司拉奥孔因识破希腊人用木马伏兵攻城的诡计而触怒众神。作为惩罚，雅典娜派出两条巨蛇去绞死拉奥孔和他的两个儿子。

　　作品逼真地表现出巨蛇缠身之时三人痛苦挣扎的情景。与此同时，它特别显示了希腊艺术平衡人类各种对立经验的能力——痛苦与隐忍、激烈与沉静——这些极端要素被

协调到了某种"合适"的程度,形象地阐释了古希腊艺术以和谐为宗旨的审美理想。拉奥孔的面部表情更是耐人寻味。在死亡来临的一刻,不像是恐惧,更像是悲悯。在莱辛看来,这种表情是希腊造型艺术以美为最高法则的见证。而在温克尔曼看来,在这尊雕像中,"身体的苦痛和灵魂的伟大仿佛都经过衡量,以同等的强度均衡地表现在雕像的全部结构上"[1],足以作为希腊艺术"高贵的单纯和静穆的伟大"的见证。但是,如果我们在拉奥孔的表情中看到了大彻大悟,就会感到其中有一种对冤冤相报的讽刺。

图 6-11 波厄多斯《抱鹅的男孩》,公元前 3 世纪,高 81 cm,大理石

图 6-12 《拉奥孔群像》,1 世纪中期,罗德岛学派,大理石,高 184 cm,梵蒂冈博物馆

(二)古希腊建筑

为了表达对神明的敬畏,希腊人在古风时代就开始建设神庙,神庙建筑是古希腊建筑艺术的主要部分。希腊神庙是俄林波斯山上众神的行宫,作为众神偶尔来巡视和居住的地方,无须营造神秘气氛,其造型是单纯而节制的。祭神活动一般只在神庙外举行,神庙内放置神像,作为神的栖身之地。因此建筑师不太看重内部空间的处理,而把重点放在外观设计上。在希腊人的观念中,功能性建筑此时尚无发展空间。

1.神庙建筑的基本结构

希腊神庙的原型是一种被称为"麦加隆"(Megaron)的住宅建筑。它被迈锡尼贵族用于接待客人,属于木结构的梁柱体系,门前有浅浅的柱廊,由两根柱子支撑起坡度很大的屋顶。当这种样式被用来建造神庙时,建筑师用石头代替了木头,并突出柱子的作用。

---

①莱辛.拉奥孔[M].朱光潜,译.北京:人民文学出版社,1979:6.

圆柱在发展中日渐增多,最终把整个建筑包围,希腊神庙由此奠定了它的基准样式——围柱式。

古希腊建筑有三种柱式。古风时期产生了多利安柱式(Doric order)和爱奥尼亚柱式(Ionic order),流行于整个古典时期。前者主要流行于希腊半岛中部和南部,以及意大利南部、西西里岛;后者主要流行于小亚细亚沿海和爱琴海诸岛。古典后期,伯罗奔尼撒半岛的科林斯城邦又出现了一种柱式,称为科林斯柱式(Corinthian order),在希腊化时期甚为流行。

三种柱式皆有凹槽,但前少后多,依次递增。多利安柱式柱身较粗,无柱础,柱顶只有一个方形顶板。爱奥尼亚柱式柱身变细,最显著特征是柱头上有向外张开的大卷涡饰,有柱础。科林斯柱式是在爱奥尼亚式建筑的基础上发展起来的,柱身更加纤细,装饰更华丽,柱头以形似倒钟和花篮的毛茛花叶饰为特征。神庙建筑的这几种柱式,清晰地反映了古希腊建筑由阳刚到秀美、由朴素到华丽、由单纯到精致的变化线索。这也正是希腊造型美学演变的基本路径(图6-13)。

图6-13 希腊神庙的柱式示意图,从左至右,分别为多利安柱式、爱奥尼亚柱式、科林斯柱式

2.雅典卫城与帕提侬神庙

雅典卫城早在迈锡尼时代就存在了,建在雅典西南郊的一座山丘上,曾经是雅典人御敌的城塞,后来渐失军事价值,变成公共活动的场所。希波战争摧毁了这座城中之城,

战后,雅典人花了40余年(公元前448—公元前406)进行重建,设计者是希腊著名建筑师伊克提诺斯和卡列克诺底斯。

雅典卫城集中了希腊建筑艺术的精华。重要建筑物包括卫城山门、帕提侬神庙(图6-14)、尼开神庙、伊克瑞翁神庙等。帕提侬神庙(Parthenon Temple)是主题性建筑,为祭祀雅典城市保护神而建。它以多利安柱式为基调,结合爱奥尼亚柱式,结构复杂而造型单纯。精当的比例以及局部对整体的服从,反映了希腊人的秩序观念。此外,值得一提的是伊列克瑞翁神庙南侧门厅中的女像柱(caryatid),它以真实的少女形象,把雕刻有机地融入建筑,构思新颖奇特。

图6-14 帕提侬神庙,公元前447—公元前432年,雅典卫城,大理石,30.88 m×69.5 m

3.古希腊剧场

古希腊人很早就开始修建剧场,剧场既用于看戏,也用于举行各种比赛和公民集会。古希腊剧场规模大、实用性强,在希腊公共生活中的地位仅次于神庙。这些剧场大都背靠山坡修建,因势造型,半圆形的观众席逐排升高,并有放射形的通道。表演区位于剧场中心平地,其后有化妆间和道具间。公元前4世纪中期,位于伯罗奔尼撒半岛东北部沿海、以医神阿斯库拉庇乌斯为保护神的城邦埃皮道罗斯,兴建了围绕阿斯库拉庇乌斯神庙的庞大建筑群。其中的阿斯库拉庇乌斯露天剧场全用大理石建成,直径达140米,堪称古典后期希腊建筑中最壮观的作品。

(三)古希腊绘画

古希腊有蜡画、湿壁画、镶嵌画等绘画形式。文字记载,古希腊绘画曾十分繁荣,但由于历史变迁,壁画和其他独立的绘画作品几乎荡然无存。幸运的是,古希腊各时代均有大量的陶瓶留存至今。绘在陶瓶表面的图画,为今人提供了了解希腊绘画艺术的直接资料。

希腊瓶画的历史相当久远,可追溯到克里特和迈锡尼时期,也贯穿了整个希腊艺术的发展历程。公元前8世纪至公元前5世纪,希腊瓶画先后出现了四种风格样式——东方风格、黑绘式风格、红绘式风格和白底线描式风格。

东方风格的纹饰灵感主要来自埃及和两河流域,如东方式的动植物变体纹样等。黑绘式风格就是用黑色的釉料把图案涂黑,背景保持陶土的赭红色,有剪影效果,用刀刻的线条来表现轮廓和细部。从黑绘式开始,希腊瓶画形成了以人物为主角的叙事性风格,题材多取自神话和英雄传说。公元前540年前后,埃克西吉亚斯(Exekias)创作的《阿喀琉斯与阿甲斯掷骰子》(图6-15)描绘两位希腊英雄在特洛伊战争的战斗间隙掷骰子取乐的场面,表现了希腊绘画由"画其所知"到"画其所见"的转变。红绘式与黑绘式刚好相反,即把背景涂黑,图案部分留下赭红的陶土色,并用笔勾描线条。红绘式代表了希腊瓶画的成熟水平,也标志着绘画技术的飞跃进步。公元前500年左右的一件署名攸弟米德斯的双耳瓶,描绘一对父母送子出征,儿子的左腿用"缩短法"(Foreshortening)进行了透视处理,表现出从正面看到的样子(图6-16)。英国艺术史家贡布里希称这代表了"一场真正的山崩巨变"[①]。他认为这标志着希腊画家抛弃了概念化的处理方式,开始使绘画形象取决于视觉角度。公元前5世纪末,希腊瓶画出现了一种白底线描式风格,作品多为大型绘画的翻版,并渐离神话题材,多表现世俗的场面。这时,希腊画家的兴趣也大多转向了大型绘画,瓶画结束了辉煌时期。

图6-15　埃克西吉亚斯《阿喀琉斯与阿甲斯掷骰子》,公元前540年,黑绘式瓶画,梵蒂冈博物馆

图6-16　攸弟米德斯《出征的战士》,约公元前540年,红绘式瓶画,慕尼黑古代美术馆

---

①贡布里希.艺术发展史[M].范景中,译.天津:天津人民美术出版社,1988:43.

二、古罗马艺术

罗马人尽管以武力征服了希腊,却自觉地被希腊文化征服。在对希腊发动战争的过程中,他们不忘把大量希腊艺术品和希腊匠师掳掠回国,不论是共和制还是帝制的罗马,都在灿烂的希腊艺术中窥见了一种可与其不断扩大的地盘相匹配的文化梦想。这使得罗马艺术首先是模仿希腊艺术的产物。

然而,罗马人曾深受伊特鲁斯坎(Etruscan)文化的影响。伊特鲁斯坎人是非印欧语系的民族,有自己的宗教,但不如希腊人那样敬神。他们生前追逐享乐,死后讲究厚葬。后者是为了寄托其延续世俗生活的愿望。伊特鲁斯坎人有从死去的亲人脸上拓下面具的习俗,他们留下的艺术品也多与墓葬有关,包括墓室壁画、骨灰罐、陶棺。骨灰罐和陶棺盖上塑有死者形象,饶有希腊古风时代的造型趣味。

伊特鲁斯坎的世俗文化深深浸渍了罗马人的灵魂,盛行于希腊文化中的那种以对知识和艺术的追求代替生活享乐的观念,始终没能冲淡其物欲氛围。他们把从希腊吸收的智慧用于建构世俗生活的天堂。在建筑方面,罗马人的主要兴趣在于市政工程而不是神庙;在雕刻方面,他们学到了希腊的写实技术,但主要不是用于雕刻神像,而是用来塑造人物肖像。于是,罗马人一边学习希腊艺术,一边涤除其理想化的神明气质,发展出一种实用主义的艺术体系。

(一)古罗马建筑

公元前1世纪,恺撒成了共和外衣下的罗马独裁者。恺撒热爱排场如同热爱权力,他制定了一套建设罗马城的计划,梦想这座城市具有帝都般的风采。屋大维建立帝制后,继续为装点权力的荣华而推行一种名为"奥古斯都式"(Augustan)的帝国艺术。其后至少200年中,历代罗马皇帝前赴后继,鼓励采用希腊范例,不断为"奥古斯都式"增添内容。其结果是在历史上形成了"希腊-罗马"艺术大综合的景观。

罗马艺术首先通过城市和建筑显示出来,并偕同装扮建筑和城市的雕像,把一种宏大壮丽的罗马风格推广到帝国各地。至今,在横跨欧、亚、非的昔日罗马帝国疆土内,被岁月风霜剥蚀过的罗马时代光荣的废墟还常常可见。

罗马人致力于市政工程建设——道路、桥梁、水道、公共浴池、广场、剧场、竞技场。这些建筑极好地反映了罗马人热爱世俗享乐的风气。有的工程设施至今仍在发挥作用,如法国南部尼姆附近的迦尔水闸大桥,今天依然昼夜不息地引水穿过平原和河谷,静静地灌溉田野(图6-17)。

图6-17　迦尔水闸大桥，1世纪，高49 m，长273 m，法国南部近尼姆城20千米处

　　古罗马还有专为帝王评功摆好和追逐排场而设计的纪念性建筑——凯旋门和纪功柱。它们一半是建筑，一半是雕刻，纯用于宣传，无实用功能。凯旋门曾遍布帝国各地，一般横跨路口，可容行人和车辆通过，经常见证罗马军队出征和凯旋。其建筑形制前后经历了从一跨式(如提图斯凯旋门)到三跨式(如塞维努斯凯旋门、君士坦丁凯旋门)的演变。建于奥古斯都时期的提图斯凯旋门(公元81年)是早期凯旋门中最精美的作品。而建于公元312年的君士坦丁凯旋门则以圆柱、小拱门、立像、高浮雕结合的造型，堪称三跨式凯旋门中最豪华的范例(图6-18)。纪功柱为炫耀皇帝的战功而设，是一根直指苍穹的高大圆柱，柱顶一般立有一尊皇帝的雕像。柱身有饰带环绕，饰带上刻着旌表皇帝的事迹的图画。罗马城如今尚存图拉真纪功柱。

图6-18　君士坦丁凯旋门，312，意大利罗马

古罗马建筑广泛采用埃及人、伊特鲁斯坎人曾用过的拱券结构①，并综合运用多利安柱式、爱奥尼亚柱式和科林斯柱式等希腊柱式，进行系统性的多层叠加，创造了古代世界最早的多层建筑。对柱式的安排显示了罗马人的美学鉴赏力：多利安柱式、爱奥尼柱式、科林斯柱式被自下而上依次安排，取得了基础稳定、轻重得宜的视觉效果。这种柱式运用从罗马大剧场(又称科洛西姆竞技场，Colosseum，图6-19)中可见一斑。

图 6-19　科洛西姆竞技场，75—82 年，高 57 m，20000 m²

罗马人学习伊特鲁斯坎人的技术，用石灰石和火山灰合成灰浆，并在奥古斯都时代发展出一种慢干的混凝土技术，引起了古代建筑技术的革命性变化。从此，人类造出了比过去任何一个时代都更高更宽的建筑。

得益于技术上的可能，罗马建筑首次明确了建筑的功能性概念，要求实体为空间服务，从而在实体与空间的关系上表现出与希腊建筑的区别。罗马人既用拱券和圆顶系统充实了西方古典建筑的语汇，也首度将"适用、坚固、美观"作为基本尺度输入建筑学概念，使建筑获得了清晰定义②。如果说古希腊建筑好像是用建筑技术构造的雕刻，那么古罗马建筑才称得上是恰如其分的建筑，它们造型宏大、使用方便，取得了实用与审美的平衡。

罗马人喜欢把大理石用作建筑装饰材料。大理石是豪华的象征。在一份申请建设神庙的报告中，维特鲁威写道："如果它是大理石建的，那么，除具有艺术的精美之外，它还拥有来自豪华和巨大费用的庄严，它应当被看作建筑中第一流和最伟大的作品之

---

①许多古埃及的砖混建筑都有拱门和拱顶。罗马人既已吞并了埃及，不可能不知道埃及人的这项技术。
②公元1世纪初罗马建筑师维特鲁威(Marcus Vitruvius Pollio)在《建筑十书》中明确提出了这三大原则。

一。"①维特鲁威这话是写给屋大维看的,他真能体察皇帝的用心!屋大维临终时感慨罗马城还是一个砖砌的城市,他告诫人们要把它变成一座大理石城市。此后,罗马公共建筑——神庙、竞技场、凯旋门等——统统用大理石贴面,高贵的莹白色使城市熠熠生辉。

(二)古罗马雕刻

罗马人保留了伊特鲁斯坎人为死者翻制面模的风俗,受此影响,肖像雕刻得到特别重视,也从整体上赋予了罗马雕刻一种自然主义色彩。由于有希腊技术的帮助,罗马雕刻将真实再现对象的能力发挥得淋漓尽致。

罗马肖像雕刻留下了形形色色的人物形象,从帝王到平民,各阶层的人物应有尽有,无不生动逼真。屋大维在自传中提到,罗马城里为他树立的雕像就有 80 座。其中仍有好几件遗留至今,典型如《披着铠甲的奥古斯都立像》(图 6-20),指向前方的手势、手中的权杖、腿上的小爱神、甲胄上的浮雕,处处可见对皇帝的神化,但雕刻家显然希望在歌功颂德与真实再现人物形象之间取得平衡。而且并非所有帝王雕像都采用了这种气宇轩昂的模式,后世帝王雕像中神性的成分逐渐减少,个性的成分逐渐增多:《提图斯像》中的皇帝是一个谦谦君子,《马可·奥里略骑马像》充满哲人的内省和忧郁(图 6-21),《卡拉卡拉皇帝像》揭露了一位暴君的色厉内荏(图 6-22)。除帝王雕像外,古罗马雕刻还有众多生气勃勃的普通人形象,如《高髻妇女胸像》(图 6-23),不仅留下了一位生者的肖像,而且记录了当时流行的女性妆扮。人们目睹这些雕像中的男人、女人、老人、儿童、少年、夫妻,恍若有重返古罗马社会之感。

图 6-20 《披着铠甲的奥古斯都立像》,1 世纪,大理石,梵蒂冈博物馆

①修·昂纳,约翰·弗莱明.世界美术史[M].毛君炎,李维琨,李建群,等译.北京:国际文化出版公司,1989:159.

图 6-21 《马可·奥里略骑马像》，161—180 年，青铜镀金，高 424
cm，罗马卡比多利亚美术馆

图 6-22 《卡拉卡拉皇帝像》，3 世纪，罗
马国家博物馆

图 6-23 《高髻妇女胸像》，约 90
年，真人大，罗马卡比多利亚博物馆

　　希腊雕刻为罗马雕刻提供了技术支持和灵感源泉,但罗马雕刻更注重情感表现和戏剧性效果,这与罗马帝国的理想是相匹配的。将卡拉卡拉温泉浴场冷水大厅中的大理石作品《赫拉克勒斯勇士》与希腊雕刻家留西珀斯的青铜作品《在休息的赫拉克勒斯》进行对比,我们很容易看出这种联系和区别。

　　浮雕是罗马雕刻中最引人注目的部分,既用于装饰建筑也用于装饰石棺,具有史诗般的容量、磅礴的气势和戏剧化的氛围,并在技术上有所发展。帝国初期修建的奥古斯都和平祭坛以皇室、元老、功臣和受检阅的士兵队伍组成祭祀行列,饶有希腊神庙饰带浮雕的风味,但人物分层排列及环境表达却可见透视的企图,这是罗马浮雕出现的新元素。凯旋门和纪功柱上的浮雕以其集中性和充满活力的表现,代表了罗马浮雕的艺术水平。《提图斯凯旋门》为纪念弗拉维王朝第二代皇帝提图斯做太子时平息犹太人暴动而建。其中有一段描绘士兵们兴高采烈地抬着从耶路撒冷神庙里虏获的七烛台等宝物行走在大街上的情景,跌宕的动势,使不多的人物构图获得了人欢马跃的效果。《图拉真纪功柱浮雕》(图6-24)记录图拉真大帝两次与达契亚人①战斗的盛况,以总长180米的23圈浮雕带缠绕柱身,呈螺旋形上升而逐渐加宽,从出征前的敬神仪式直到战后凯旋,组成极其复杂的场面。人物达2500个之多,仅图拉真大帝就以不同姿态出现了两百多次。它的长度和叙事容量超过了历史上任何一件描绘战争的浮雕作品。

图6-24 《图拉真纪功柱浮雕》下部,114年,罗马,通高38 m,柱身高27 m,柱径3 m,浮雕缠绕柱身23圈,总长180 m

①达契亚人(Dacii),今罗马尼亚人的祖先。

(三) 古罗马绘画

古罗马绘画保留了希腊绘画的形式,湿壁画和镶嵌画留存较多,公元79年因维苏威火山爆发而被火山灰淹没的庞贝古城保存了大量壁画[①]。

罗马人喜欢用壁画来装饰室内墙面。这些画幅制巨大,往往占满整堵墙壁。画面有边,边框饰有花纹。画中填满底色,常画有建筑,并用阴影和直观性透视表现立体感和空间感,造成一种"幻景式风格",以幻觉的空间扩大了实际的空间。庞贝遗址中的《酒神秘仪图》《赫拉克勒斯和依法》《采花妇女》《苦闷的美狄亚》《面包房夫妇像》,罗马城中的《阿多普兰特尼的婚礼》(图 6-25)等湿壁画作品,是用直观手法表现幻觉性真实的杰作。

图 6-25 《阿多普兰特尼的婚礼》,局部,古罗马壁画,92 cm×242 cm,罗马出土,梵蒂冈博物馆

镶嵌画在古罗马获得了高度发展。遗存集中在庞贝古城和罗马城的卡拉卡拉温泉浴场。《伊苏斯之战》(图 6-26)由公元前4世纪末古希腊画家埃勒特利斯、菲洛萨努斯合作的壁画翻制而来,是罗马镶嵌画中最有名的作品,1831年发现于庞贝遗址的一所住宅中。作品共花去了500万块马赛克才得以完成,描绘公元前330年秋马其顿国王亚历山大击败波斯国王大琉士三世的战斗场面。画中,两军对垒,亚历山大率军冲入敌阵。枪矛交错,人仰马翻,动势激烈。两军统帅遥遥相对,将杂沓的人马集零成整。一棵似被闪电击倒的大树暗示了战斗发生的环境;而从队伍中倾斜伸过来的那一排长矛,既表现了空间深度,又给人千乘万骑之感。

①庞贝城从18世纪中期起被陆续发掘出来。

图 6-26 《伊苏斯之战》,公元前 2 世纪—1 世纪,古罗马镶嵌壁画,271 cm×512 cm,庞贝遗址出土,那不勒斯国家艺术博物馆

思考题

1.本章提到:"古希腊人体雕像从僵硬古拙到舒展自如的风格演变,形象地书写了一部人类从大自然中挣扎、苏醒、成熟并获得自信的历史。"你同意这种说法吗？请说明理由。

2."歇站式""对偶倒列"等人体处理方式代表了古希腊人怎样的形式美观念？

3.如何看待古希腊艺术的"崇高的样式"？你认为它与希腊城邦社会体制有联系吗？

4.请从种类、形态、结构出发,谈谈古罗马与古希腊的建筑观念之别。

5.古罗马艺术从古希腊艺术中学习了什么？其独特性何在？

扩展阅读

苏珊·伍德福德.剑桥艺术史:古希腊罗马艺术[M].钱乘旦,译.南京:译林出版社,2009.

保罗·麦克金德里克.会说话的希腊石头[M].晏绍祥,译.杭州:浙江人民出版社,2000.

章利国.希腊罗马美术史话[M].北京:人民美术出版社,2004.

热尔曼·巴赞.艺术史[M].刘明毅,译.上海:上海人民美术出版社,1989.

张石森,刘慕.古希腊与古罗马艺术[M].呼和浩特:远方出版社,2006.

郑振铎.希腊罗马的神话与传说[M].上海:上海书店出版社,2000.

莱辛.拉奥孔[M].朱光潜,译.北京:人民文学出版社,1979.

温克尔曼.论古代艺术[M].邵大箴,译.北京:中国人民大学出版社,1989.

约翰·B.沃德-珀金斯.罗马建筑[M].吴葱,张威,庄岳,等译.北京:中国建筑工业出版社,1999.

弗拉维奥·孔蒂.希腊艺术鉴赏[M].陈正平,译.北京:北京大学出版社,1988.

麦尔克姆·科利奇.罗马艺术鉴赏[M].曹吉祥,译.北京:北京大学出版社,1988.

第七章 中世纪艺术

中世纪艺术依附基督教而发展。由于教会垄断了知识,在漫长的一千年中,大多数西方人目不识丁,艺术成为简化的表意符号——建筑和雕刻是"石头的圣经",绘画是色彩调和的致幻剂——以典型的宗教象征主义,营造着上帝的世界。

一般来说,中世纪艺术由如下几种类型构成:早期基督教艺术(2—5世纪)、拜占庭艺术(5—15世纪)、蛮族艺术(5—10世纪)、罗马式艺术(10—12世纪)、哥特式艺术(12—15世纪)。

一、早期基督教艺术

早期基督教艺术的主题来自《圣经》(《旧约》和《新约》),形式上被象征手法主宰,充满说教性质和概念化色彩,用以训诲文盲教徒皈依教门。公元1—4世纪,基督教艺术处于从模仿"希腊—罗马"样式的稚拙作品向表达宗教需要的艺术形式的过渡时期,标志着艺术支持教会的开始及基督教图像学的形成。

"米兰赦令"颁布后,礼拜仪式转入公开,但由于罗马帝国缺乏财力,无力给教会太多资助,教会遂借用现有民用公共建筑,添上祭坛和耳堂,改造成一种丁字形布局的教堂,称为"巴西利卡式"(Basilica,图7-1),奠定了基督教教堂的基本样式。

早期教堂采用镶嵌壁画来装饰墙面和天顶。这些用染色碎石、陶片以及彩色玻璃镶嵌的马赛克,具有斑斓的色彩效果和明确的象征含义。例如,蓝色象征天国,红色象征圣爱,白色象征圣洁,金色象征神圣。同时,壁画放弃了古罗马绘画表现三维空间的努力,采用平面构成的方式处理形象。壁画中大量出现对耶稣事迹的描绘,如"基督降生""基督受难""善良的牧羊人"(图7-2)等。

图 7-1 罗马圣玛利亚教堂内景,巴西利卡式,5 世纪改建落成

图 7-2 《善良的牧羊人》,425年,镶嵌画,拉文纳普拉西狄亚教堂

二、拜占庭艺术

为了适应"政教合一"的社会制度,拜占庭艺术高度程式化,以简化、抽象的形式塑造出刻板威严的形象。8 世纪和 9 世纪,拜占庭帝国内部曾两次出现了以维护精神纯粹性为诉求的偶像破坏运动,迫使艺术向东方靠拢,伊斯兰教和闪米特艺术中普遍可见的几何纹一度取代了原有的造型风格。

拜占庭建筑结合罗马穹顶和希腊丁字形布局,以大小不同的圆弧顶连续构成四周侧翼,形成高大的内部空间。但这种空间敞而不亮,暗淡的光线造成神秘的气氛。建筑服从于实体与空间相互作用的节奏。立面倾斜着,与天顶相接,就好像它们正在向天空驶去。墙壁和屋顶上分布着巨大的镶嵌画;透过闪烁的金色,圣徒们向外凝视着。建于 6

257

图 7-3 圣索菲亚大教堂,建于532—537 年,伊斯坦布尔,拜占庭式(上图)

图 7-4 《狄奥多拉皇后及随从》,镶嵌画,意大利拉文纳圣维他尔教堂(左图)

世纪的伊斯坦布尔圣索菲亚大教堂是其著名实例。15 世纪入侵的土耳其人曾将这座教堂改为清真寺,在四角立起了四座尖塔(图 7-3)。在东欧各地随处可见拜占庭建筑的变体,如俄罗斯教堂的屋顶。

马赛克镶嵌画在拜占庭艺术中占有显著地位。意大利拉文纳的圣维他尔教堂的镶嵌壁画十分有名:教堂的主祭坛上方是《荣耀基督》,两边描绘着皇室成员参拜基督的行列:一边是《查士丁尼皇帝及随从》,一边是《狄奥多拉皇后及随从》(图 7-4);皆为平面效果,人物被有意拉长,样子庄严而近于刻板;色彩和明暗被简化到不能再简的程度。基督教绘画样式于此可见一斑。

三、蛮族艺术

蛮族艺术的原始遗物主要是手工艺品,如金银器皿等。这些工艺品的图案设计结合抽象和具象元素,在程式化造型中发挥了想象力。其纹饰主题可追溯到远古西亚和地中海地区,并提示了"克尔特—日耳曼"动物风格样式的来源和蛮族人的迁移状况。我们可在来自斯堪的纳维亚半岛的一件装饰船头的兽头造型中,领略到蛮族"动物风格"的风貌(图7-5)。

蛮族人在征服西欧的过程中,陆续信仰基督教。日耳曼艺术家踊跃把视觉艺术变成图解《圣经》的符号。在蛮族人占领的地区,古典人物造型几乎绝迹,雕塑和绘画以线性手法表达着怪诞的趣味。

8世纪后,渐趋文明化的蛮族纵横欧洲大陆。法兰克王国的加洛林王朝(751—987)和"神圣罗马帝国"的奥托王朝(10世纪)前后掀起了两次以宫廷为中心的"文艺复兴"运动,梦想恢复昔日罗马帝国的光荣,发展出一种带有古典色彩的、肃穆宏大的艺术风格。德国科隆大教堂有一尊大约10世纪末时期的木雕圣像,称为"杰罗十字架"(图7-6),是中世纪以来的第一件大型圆雕,它以前所未有的半裸形象,表现基督在十字架上承受痛苦,充满悲剧性的情感张力。

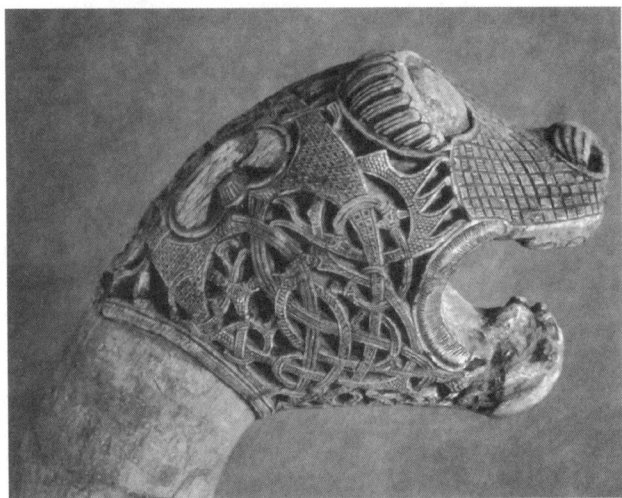

图7-5 奥塞斯堡船的兽头,约825年,木质,约高12.7 cm,奥斯陆,奥尔德沙克莎姆林大学

图7-6 杰罗十字架,969—976年,187 cm×165 cm,德国科隆大教堂

在这一时期,圣书(《圣经》和福音书)手抄本甚为流行。其装帧工巧,由各种动物形象穿接形成精美的图案,可见"动物风格"的另一种呈现。插图同样具有概念化的象征主义特点。爱尔兰林迪法恩修道院主教埃德弗里斯的《林迪法恩福音书》(*Book of*

Lindisfarne)(图 7-7)是最有名的作品。

图 7-7　《林迪法恩福音书》插页,698—721 年,大英博物馆

四、罗马式艺术

"罗马式艺术"(Romanesque Art)是 10—12 世纪盛行于欧洲的一种宗教艺术风格,随 11 世纪的朝圣热潮而兴起。它受古罗马、拜占庭和叙利亚艺术的影响,采用古罗马的拱顶和梁柱结合的建筑体系,并用大量"纪念碑式"雕刻来装饰教堂,将建筑、雕塑结合为一体。

罗马式建筑由巴西利卡式演化而来,但把丁字形布局改为拉丁十字形,并广泛运用为拱券和交错扶壁系统。教堂为石质屋顶,壁厚窗小,配有塔楼,形似城堡。后来,塔楼逐渐被固定于西面正门两侧,成为罗马式建筑的标志。著名建筑实例有法国圣赛宁大教堂(图 7-8)、英国达勒姆大教堂、意大利比萨大教堂等。

在狭窄的建筑构件内,罗马式雕刻以混合的造型风格疯狂地交互缠绕,汇成狂热的大合唱。教堂门廊上方有一块半圆形的额板浮雕,以表现"最后的审判"为常见,将基督的审判、罪人的乞怜、魔鬼的张狂,交织成世界末日的景象,从而宣示着教会的权威。如法国奥顿大教堂(Autun Cathedral)额板浮雕即其一例(图 7-9)。嵌板浮雕中也常出现带领"四活物"的基督[①]。"四活物"本是福音传道者的象征,但在此却潜伏着深深的阴郁。

[①]其形象组合取自圣约翰《启示录》。"四活物"包括狮子、人、牛和鹰,象征了福音书的作者,即福音传道者。狮子代表圣马可,有人头者代表圣马太,公牛代表圣路加,鹰代表圣约翰。《旧约》就曾有这样的幻境描写,在《以西结书》第一章第 4 至 12 节中,以西结看见"四活物"举着上帝的宝座。《新约·圣约翰启示录》再次描写了这个幻境。据福音书诠释者解释:狮子,象征至上的权威;牛,象征谦卑的侍奉;人,象征高度的睿智;鹰,象征属灵的奥妙。四个特点合起来,则得到了基督的完美象征。

法国圣特罗菲米教堂的门廊浮雕是其代表作。

图 7-8 圣赛宁大教堂,约 1080—1120 年,法国图卢兹

图 7-9 最后的审判,11 世纪,法国奥顿大教堂山墙浮雕,朗格多克学派

罗马式教堂以沉重的石头、威严的拱顶、厚厚的墙壁、小小的窗户和牢狱似的光线,建起了一座禁锢人性的囚笼;罗马式雕刻以纠缠的构图、运动的节奏、扭曲的形象、惊惧的情感,渲染着令人震怖的激情,从而将一种宗教性的表现主义气质赋予罗马式艺术,并整个地将其营造成为悲观的艺术。

五、哥特式艺术

"哥特式"(Gothic)一词原是意大利文艺复兴时期的学者对 12 至 13 世纪以来的一种艺术风格的蔑称,他们贬其为蛮族哥特人的劣等风格①。其实,哥特式艺术代表了欧洲中世纪艺术的最高成就。

罗马式渲染了宗教悲观的方面,哥特式却表现了基督的仁慈和圣母的柔情,是一种乐观主义的宗教艺术。宫廷恋爱的观念和士兵传奇,通过哥特式风格,为基督教艺术带来了从未有过的世俗性。

哥特式建筑是哥特式艺术最重要的部分。外观上以锐利的尖顶先声夺人,该形态来源于撒克逊古代建筑;而其对塔楼的运用和十字形布局则取自罗马式建筑。哥特式将所有建筑元素都在垂直方向上进行了强调。这是由其骨架券结构(或称肋穹结构)支撑起来的。这种结构在 12 世纪早期(1140—1144)的法国巴黎圣德尼斯(St Denis)修道院的改建设计中被首次运用。设计者是修道院院长苏哲神父。

哥特式建筑以垂直方向的推挤力表现升腾之势,以动感节奏代替了静态体块。内部空间高大宽阔,实现了高、光、数的建筑理念。其灵巧飞升之势,带动了信徒们的宗教情感,仿佛他们将要被带离尘世,飞向天国。

法国作为哥特式建筑之乡,有着哥特式风格的纯正范例,重要代表如巴黎圣母院、夏特尔大教堂、亚眠大教堂等。此外,英国的索尔兹伯里大教堂和威斯敏斯特大教堂、德国的科隆大教堂、意大利的米兰大教堂等,则反映了哥特式建筑的地方性变体。

哥特式建筑的窗户既多又大,导致哥特式建筑产生了另一个重要特征,即教堂内部的彩色玻璃画——窗孔镶嵌着小块染色玻璃,基本色调为红、蓝、紫三色,通过光线折射,产生出光彩夺目和超世神秘的效果。

哥特式建筑装饰着许多雕刻品,这些雕刻尽管仍然附属于建筑,但体感浑厚的造型却跃跃欲试地宣告着雕塑脱离建筑构件的趋势,为恢复古代圆雕开辟了道路。同时,众多的雕像把哥特式教堂变成了内容浩繁的百科全书。

在造型风格上,哥特式雕刻融化了中世纪神性艺术的坚冰,表现出世俗意味。雕刻中的圣母在 12 世纪还是神学观念的化身,到 13 世纪,却变成一个与婴孩嬉戏的母亲了。曾经在罗马式教堂正门中央君临天下的基督,被移置于窗间壁,将严峻的表情换成了慈父般的微笑。人性的慈爱在石头中复苏,诞生出一种"哥特式写实主义"的雕塑风格。12—13 世纪,法国部分地区的雕刻几乎重演了希腊雕刻的古典化历史。从夏特尔大教堂

---

①在拉斐尔给教皇利奥十世的一封信中,就以轻蔑的口气谈到了这种"哥特式"艺术。

的王家门廊(Royal Porch)、巴黎圣母院的圣安娜门廊(Ste-Alle Plrch)到夏特尔大教堂南北门廊、巴黎圣母院的圣母门廊(Porch of the Virgin),留下了一条"哥特式写实主义"走向成熟的线索。而兰斯大教堂(Reims Cathedral)的雕刻作品,其写实水平完全不在古典时期的希腊作品之下,以至于成为欧洲其他地区哥特式雕刻艺术的范本。

英国哥特式雕刻吸收了兰斯风格中的优美成分,同时以拉长的形体,显示出绅士般的略为做作的优雅。德国雕刻将其表现主义的空幻感融入兰斯式造型的优雅趣味中,为写实作品贯注了一种忧郁气息。意大利雕刻以其自矜的传统与法国影响几经较量,有限度地接受了哥特式,但在15世纪又重新投入地中海传统的怀抱,为欧洲艺术翻开了新的一页。

思考题

1.为什么说中世纪艺术是一种宗教象征主义艺术?

2."巴西利卡式"(Basilica)建筑如何奠定了基督教教堂的基本样式?

3.请用实例说明基督教绘画的程式化特点。

4.蛮族艺术在哪些方面取得了成就?

5.哥特式艺术与哥特人有关系吗? 为什么说它是一种乐观的艺术?

扩展阅读

安妮·谢弗-克兰德尔.剑桥艺术史:中世纪艺术[M].钱乘旦,译.南京:译林出版社,2009.

乔治·扎内奇.西方中世纪艺术史[M].陈平,译.杭州:中国美术学院出版社,2006.

赖瑞莹.早期基督教艺术[M].台北:台湾雄狮图书股份有限公司,2001.

托马斯·F.马太.拜占庭艺术[M].卢峭梅,译.北京:中国建筑工业出版社,2004.

廖旸.蛮族艺术[M].石家庄:河北教育出版社,2003.

王琳.罗马式艺术[M].石家庄:河北教育出版社,2003.

洪洋.哥特式艺术[M].石家庄:河北教育出版社,2003.

马利亚·克里斯蒂娜·高佐莉.哥特艺术鉴赏[M].彭小樵,译.北京:北京大学出版社,1988.

李建群.欧洲中世纪美术[M].北京:中国人民大学出版社,2010.

啸声.西方中世纪雕刻[M].南昌:江西美术出版社,1993.

黄宗贤,吴永强.中西雕刻比较[M].石家庄:河北美术出版社,2003

第八章 文艺复兴艺术

文艺复兴时期的艺术是形象的人文主义。虽然建筑、雕塑和绘画仍然需要宗教提供立身之所,但以人为本位的观念却为之提供了源泉。艺术既作为反映现实的镜子,又追求理想美的表达。艺术家以博学多才而受称赞,他们在创造"第二自然"的过程中,实现了科学与艺术、真与美的平衡。

文艺复兴信奉"人是万物的尺度"。尽管君主和教会专制依然支配着人的生活,但在这种信念的照耀下,神学日益捉襟见肘,理性的天空日趋明朗。在造型艺术中,大千世界被形象地固定到了人的尺度。

一、意大利文艺复兴艺术

意大利是文艺复兴运动的发源地,人文主义艺术在 15 至 16 世纪日渐发展成熟,经历了早期(15 世纪)和盛期(16 世纪)两个发展阶段。

(一)意大利早期文艺复兴艺术

早在 13 世纪,雕塑家皮萨诺父子(Nicola Pisano,1220—1284;Giovanni Pisano,1245/1250—1314)、画家奇马布埃(Cimabue,1240—1302)和杜乔(Duccio,约 1250—1318),就分别在其浮雕和壁画创作中渗入世俗情调和古典元素,预兆了文艺复兴的曙光。其后,乔托(Giotto di Bondone,约 1266—1337)开创了佛罗伦萨纪念碑画派,被公认为文艺复兴绘画的先驱者。乔托在教堂壁画的创作中,用人文主义眼光处理宗教题材,并以初步的透视在平面中制造深度幻觉,引起了绘画空间观念的革命。由他创立的集中统一的构图原则,为叙事性绘画提供了基本的结构语汇。

进入 15 世纪,文艺复兴运动以佛罗伦萨城邦为中心展开。创造"第二自然"的愿望驱使艺术家致力于解剖、透视和大气效果的分析。古典作品因其对人的表现和对比例、平衡、节奏等问题的有效处理而成为范本。同时,艺术家们为博取订件和荣誉各显其能,展开竞争,提高了自己的社会地位。从乔托时代起,艺术家开始在作品上签上姓名,表明他们不再是中世纪默默无闻的工匠。

15 世纪初,佛罗伦萨在建筑、雕刻和绘画领域分别出现了三位大师:布鲁内莱斯基、多纳太罗、马萨乔,这标志着早期文艺复兴的来临。布鲁内莱斯基(Filippo Brunelleschi, 1377—1446)从建筑设计出发,对透视原理作了精心研究,为文艺复兴绘画提供了科学方法的前导。在建筑上,他根据哥特式的肋穹结构,重新探索出已被前人遗忘的古罗马穹顶技术,最终解决了佛罗伦萨大教堂穹顶设计的难题(图 8-1)。这座高达 107 米的八角形建筑,影响了以后数个世纪的穹隅结构系统①。布鲁内莱斯基的建筑名作还有帕齐礼拜堂、佛罗伦萨育婴堂等。多纳太罗(Donato di Niccolò di Betto Bardi, 1386—1466)的雕刻作品最早摆脱哥特式风格束缚,奠定了文艺复兴的造型基础。他把中世纪一直寄生于建筑的雕像解放成为独立的空间实体。他用青铜铸造的《大卫》是中世纪以来第一尊以真人为模特儿创作的雕像(图 8-2)。这件作品不仅前所未有地把大卫塑造成一个英俊少年,而且恢复了古典造型的对偶倒列姿势,使运动和静止获得了微妙的平衡。多纳太罗

图 8-1 佛罗伦萨大教堂穹顶,布鲁内莱斯基

图 8-2 多纳太罗《大卫》,1432—1433 年,青铜,高 158 cm,佛罗伦萨国立巴契诺艺术馆

①这座教堂的钟楼是由前一个世纪的乔托设计的,被称为"乔托之塔"。

图 8-3　马萨乔《出乐园》，1424—1427 年，湿壁画，208 cm×88 cm，佛罗伦萨卡尔米纳教堂布兰卡奇礼拜堂

的另一件青铜铸像《加塔梅拉塔骑马像》，容易使人想起古罗马的《马可·奥里略骑马像》，但通体散发着 15 世纪人文主义者的骄傲。马萨乔（Masaccio，1401—1428）是在意大利画家中第一个全面掌握了透视法、人体解剖学和明暗对比法的画家，他综合运用这些方法表现人们惯于接受的宗教主题，创造出真实可感的画面，成为 15 世纪绘画的第一个开拓者。其名作有《出乐园》（图 8-3）和《纳税钱》。

以佛罗伦萨为中心，15 世纪是一个群星璀璨的时代。除了以上三位大师，在建筑领域，阿尔伯蒂（Alberti，1404—1472）著有《建筑十书》，并在设计中实现了空间与实体、整体与细节、功能与装饰的相互整合，被誉为"万能的天才"。在雕塑领域，吉伯尔蒂（Lorenzo Ghiberti，1381—1455）的优美风格与多纳太罗的崇高风格并立。他把一生奉献给了佛罗伦萨大教堂洗礼堂铜门浮雕的创作。委罗基奥（Andrea del Verrocchio，1435—1488）紧随多纳太罗之后，把宏伟而富有戏剧性的造型推向了一个新阶段。此外，波拉约奥罗（Antonio Pollaiuolo，约 1429—1498）、奎尔恰（Quercia，1374—1438）等也创作了不平凡的作品，获得了荣誉。在绘画领域，卡斯塔诺（Andrea del Castagno，1421—1457）、乌切洛（Paolo Uccello，1379—1475）、基尔兰达约（Domenico Ghirlandaio，1449—1494）等与马萨乔一道，沿着乔托之路，推进了纪念碑画派的发展。他们致力于透视、明暗和解剖的研究，为科学绘画体系增添了实力。修士画家安琪利科（Fra Angelico，1400—1455）、利皮（Fra Filippo Lippi，1406—1469），以及戈佐利（Benozzo Gozzoli，1420—1497）、威涅齐亚诺（D. Veneziano，1410？—1457）、波提切利（Sandro Botticelli，1445—1510）等人，则代表了佛罗伦萨抒情画派的发展过程。

抒情画派（Lyricist）以装饰线条、主观色彩和浪漫情调为特色，在抒情性与描绘性之间维持平衡。其中，波提切利是 15 世纪佛罗伦萨画坛最后的大师。他第一个突破了宗教题材的限制，如其两幅蛋彩画《春》与《维纳斯的诞生》（图 8-4），以表现古代神话而超越宗教主题，反映出人文主义倾向。他的作品以非定向集中的构图、优美的线条和温柔的诗意，集抒情画派之大成。

图 8-4　波提切利《维纳斯的诞生》，1485 年，布上蛋彩，172.5 cm×278.5 cm，佛罗伦萨乌菲齐美术馆

在佛罗伦萨画坛之外，15 世纪意大利画坛还活跃着锡耶纳画派、翁布里亚画派、帕都亚画派、威尼斯画派等。锡耶纳画派以神秘的抒情性见称，其特点见之于萨塞塔（Stefano di Giovnni Sassetta，1400—1450）的作品。翁布里亚画派结合了写实、装饰和抒情诸要素，以弗朗切斯卡（Piero della Francesca，约 1416—1492）、佩鲁吉诺（P.Perugino，1445—1523）为代表。弗朗切斯卡以光的运用为透视表现开拓了新境界。帕都亚画派以合理的空间布局闻名，曼坦尼亚（Andrea Mantegna，1431—1505）的大场景描绘和大透视构图代表了这一特征。威尼斯画派则开始了对色彩表现力的探索，乔凡尼·贝利尼（Giovanni Bellini，约 1430—1516）以有温暖色调的祭坛画宣告——绘画是色彩的艺术。

（二）意大利盛期文艺复兴艺术

意大利文艺复兴运动在 16 世纪初进入全盛期。艺术家在上一个世纪已有成果的基础上，进一步探索方法、改进技巧，在真与美的平衡中发挥想象力和艺术表现的才能，一时间杰作涌现，大师辈出。

1.文艺复兴三杰

意大利 16 世纪最伟大的艺术家达·芬奇、米开朗基罗、拉斐尔，被誉为"文艺复兴三杰"。他们是博学多才的天才式巨匠，为文艺复兴精神提供了伟大化身。

达·芬奇（Leonardo da Vinci，1452—1519）以无限的好奇心、不倦息的探索，成为博学多才者的典型。他把科学研究和艺术幻想美妙地结合起来，赋予了科学绘画体系以艺术的神韵。他对透视学、光学、解剖学等均有独到研究，并以人文主义的热情，在"人的尺度"中探索其表现力。他发明的"薄雾法"（Sfumato），以柔和调配的色彩表现出大气氛围，为逼真现实的画面注入了生动的元素。

达·芬奇有着完美主义的自我要求，一生留下了难以数计的手稿和草图，但真正完

图 8-5　达·芬奇《蒙娜丽莎》，
1503—1506 年，布面油画，77 cm×53
cm，卢浮宫

成的作品不多。在《岩间圣母》、《最后的晚餐》、《蒙娜丽莎》(图 8-5)、《圣母子与圣安娜》这些已完成的作品中，伴随着特殊问题的解决，艺术家以充满活力的造型和生动入微的刻画，为艺术创造"第二自然"提供了范本。

米开朗基罗(Michelangelo Buonarroti, 1475—1564)具有雕刻家、画家、诗人、建筑师等多重身份，特别是在雕塑领域做出了无与伦比的贡献。他性格执拗，精力充沛，在其漫长生命的大部分时间里一直顽强地工作着。他的作品充满刚健的气质、磅礴的气势和悲壮的激情，表现了独特的"巨人式的愤怒"。

米开朗基罗为基督教文化中的灵与肉的冲突赋予了特殊而完美的艺术形式。他的雕刻作品似乎总是在呈现精神从肉体中寻求解放的经历，强大的体魄反衬着充满磨难的灵魂。在《大卫》、教皇朱诺二世陵墓雕塑《摩西》(图 8-6)、《奴隶》、《俘虏》等作品中，在美第奇礼拜堂系列雕塑《晨》《夜》《昼》《暮》中，一个个刚刚脱离石头的生命，外表沉静，内心动荡，以动与静的危险平衡显示了"巨人式的愤怒"。浑厚的体量、坚实的造型、膨胀的力度，使它们成为古典雕塑的经典之作。在绘画创作中，米开朗基罗也对体积、动势和力的表现情有独钟。梵蒂冈西斯廷教堂的天顶画《创世纪》和立面壁画《最后的审判》，也许是 16 世纪效果最强烈的作品，但不是由于色彩，而是由于运动和体积：数百个旋转翻飞的裸体汇成了力的狂风，冲垮了古典的堤坝，已是巴洛克的预言之作了。

拉斐尔(Raphael Sanzio, 1483—1520)以乐观主义取代了米开朗基罗的悲剧性。他把达·芬奇的绘画技术与米开朗基罗的恢宏气势结合一体，使宗教虔敬和哲理沉思归于和谐，创造了均衡而端庄的视觉效果，为古典美提供了精致的诠释。拉斐尔对圣母主题的喜好成为其风格的标识，他的系列圣母画散发着柔和甘美的气息，令人足以忘掉生活的艰辛(图 8-7)。他的壁画结合了优美的造型和宏伟的构图，成为纪念性绘画的经典。在梵蒂冈教皇宫签字大厅，拉斐尔留下了如梦如幻的天顶画和壁画。他以象征神学、哲学、法律、诗学四大主题的壁画而闻名。其中，表现哲学主题的《雅典学院》形象地寓言了人类在自由讨论中获得思想、接近真理的过程，代表了融知识性与幻想性为一体的人文主义绘画特色。

图 8-6 米开朗基罗《摩西》,1515 年,大理石,高 235 cm,罗马圣彼得教堂

图 8-7 拉斐尔《西斯廷圣母》,1513—1514 年,布面油画,265 cm×196 cm,德累斯顿国家美术馆

2.威尼斯画派

威尼斯是意大利东北部的一个海港城市,水天一色,风景秀丽。由于远离罗马教廷,这里宗教气息淡薄,商业繁荣,生活富庶,享乐和奢靡一度成风。15 至 16 世纪形成的威尼斯画派反映了追求感官刺激的风尚。画家们乐于描绘诗意的自然风光、华丽的生活场面和性感的女人体,将宗教主题变化为抒发世俗情怀的面纱。同时,他们把色彩作为感性传达的直接手段,空前提高了色彩在绘画中的地位。

提到威尼斯画派,有必要先了解油画诞生和传播的情况。油画技术诞生于 15 世纪二三十年代,以尼德兰画家凡·爱克兄弟(Van Eyck Brother)发明的调油技术为标志。这种技术经由威尼斯被传到意大利。

作为威尼斯画派的奠基者,乔凡尼·贝利尼培养了两个伟大的弟子乔尔乔涅和提香。经过两人的推动,威尼斯的色彩成就在 16 世纪被发扬光大。乔尔乔涅(Giorgione,1477—1510)将人物和风景组织在温暖而柔和的色调中,增强了色彩的抒情性。他的《沉睡的维纳斯》(图 8-8)、《田园合奏》、《暴风雨》等作品,以诗意的情景和梦幻般的美而引人遐想。提香(Tiziano Vecellio,1490? —1576)依靠幸运的长寿完成了一名有抱负的艺术家的志向。他摆脱素描造型的支配,全凭色彩为基础作画,使威尼斯画派与佛罗伦萨、罗马等地流行的绘画观念渐行渐远。他以直觉融通色彩,第一个追求笔触表现力,并通过对颜料、材质、肌理价值的开掘,丰富了色彩技巧,创立了本体性的油画语言,因而有理由被称为"油画之父"。提香的作品有广泛的题材,但不变的是磅礴的气势和辉煌的色调。他用浓烈的色彩和奔放的运动表达激情,追逐狂欢,为乐观、自由、享乐、奢侈的16世纪威尼斯生活提供了生动的记录(图8-9)。

图8-8 乔尔乔涅《沉睡的维纳斯》,1510—1511年,布面油画,108.5 cm×175 cm,德累斯顿国家美术馆

图8-9 提香《劫掠欧罗巴》,1559—1562年,布面油画,185 cm×205 cm,波士顿依莎贝拉博物馆

与提香同时生活在威尼斯的洛伦佐·洛托(Lorenzo Lotto,约 1480—1556)是一个孤独的画家,喜欢独处和远游,最后在寺院中度过残年。他的作品有强烈的光线和响亮的色彩,但表现的不是豪华而是孤傲,与提香代表的威尼斯主流风格大相径庭。但提香的风格在丁托列托、委罗奈塞两位后起画家的作品中得到延续。丁托列托(Tintoretto,1518—1594)结合提香的色彩和米开朗基罗的形体,常以异常的透视、喧嚣的节奏和强烈的明暗给人惊诧。委罗奈塞(Paolo Veronese,1528—1583)主要从事壁画创作,在明快的色彩和庞大的构图中呈现威尼斯的豪华生活,其名作《利未的家宴》(原名《西门家的宴会》),描绘基督和圣徒喝得酩酊大醉,把宗教圣餐演绎为酗酒的闹剧,画家为此被宗教裁判所传唤。

生活在北意大利巴马城的柯勒乔(Antonio Correggio,1489—1534)可谓威尼斯画派的同路人。他以高超的色彩技巧,发展了一种优雅、欢愉而充满幻想的风格。他还能够在天花板上制造幻觉,使天国的景象赫然呈现。在巴马大教堂的天顶壁画《圣母升天》中,圣母和围绕着她的圣徒旋转着升向天空,奋飞的旋律令人目不暇接,把观众提前带入了巴洛克天顶画的魔幻世界。

3.意大利 16 世纪建筑大师

布鲁内莱斯基和阿尔伯蒂创立的古典建筑风格,至 16 世纪普遍绽放于意大利各城市。在崇奉天主教的佛罗伦萨和罗马,宏伟的建筑物赋予宗教以可见的庄严。在崇尚享乐的威尼斯,古典法则被用于装扮城市的美。佛罗伦萨人雅可波·桑索维诺(Jacopo Sansovino,1486—1570)设计的威尼斯圣马可图书馆,有着精致的细节和端庄的整体,好像时刻提醒着人们注目威尼斯明丽的天空和阳光。

16 世纪意大利建筑设计的两个重要环节是由勃拉曼特和帕拉弟奥一前一后构成的。勃拉曼特(Donato Bramante,1444—1514)生于乌尔宾诺,活动于罗马。他从 15 世纪的建筑思想出发,以统一内聚的结构和造型,使建筑获得了有机性。其名作包括圣彼得大教堂、圣多马索宫、坦比艾多礼拜堂(图 8-10)等,皆为中央穹窿式建筑,有着罗马式建筑的整一风范。圣彼得大教堂是文艺复兴建筑的巅峰之作,其建设旷日持久。勃拉曼特为之提供了核心布局,此外有许多大师参与了设计,米开朗基罗为之设计了穹顶。以后,相继有巴洛克大师马德尔诺(Carlo Maderno,1556—1629)、贝尔尼

图 8-10　勃拉曼特:坦比艾多礼拜堂,罗马

尼分别设计了正立面和柱廊广场。

帕拉弟奥(Andrea Palladio,1508—1560)生活在北意大利,是比勃拉曼特晚一代的建筑大师,有着渊博的学识,曾出版有《古建筑测绘图集》和《建筑四书》。他的作品以朴素、宏伟和与自然环境协调为特点。他设计的罗敦达别墅(Villa Rotonda)又称为"圆厅别墅"(图 8-11),坐落于威尼斯附近的维琴察,以四面相同的造型和优美的环境布置,把建筑与自然融为一体,极受后世推崇。

图 8-11 帕拉弟奥:罗敦达别墅,维琴察

4.样式主义

16 世纪 20 至 30 年代,意大利的绘画和雕刻领域兴起了"样式主义"(Mannerism)潮流,并影响了西班牙、尼德兰、德国和法国等地的艺术。

"样式主义"也称"矫饰主义"或"风格主义"。在文艺复兴盛期大师的完美成就面前,后起艺术家感到无法超越,于是另辟蹊径。他们不以自然为师,而是把大师作品中的某一个要素抽取出来,通过极端发挥而形成某种样式或风格,从而表现出对古典原则的强烈背离。

样式主义以变形的手法处理形象,注重视觉的新奇甚于内容的传达。绘画常以对角线为轴心安排形象,有变异的人物造型、不完整的建筑背景、随意运用的光线。雕塑则打破了内聚的团块造型,以复杂的轮廓线和高难度的力向平衡而出奇。样式主义的代表画家有巴米基安尼诺(Parmiianino,1503—1540)(图 8-12)、蓬托尔莫(Jacopo da Pontormo,1494—1556)、布龙齐诺(Agnolo Bronzino,1503—1572)等人;在雕塑领域,则以姜波罗那(Giambologna,1529—1608)、切利尼(Benvenuto Cellini,1500—1571)等为代表。威尼斯画家丁托列托、委罗奈塞的造型风格也可见受此影响的痕迹。

二、文艺复兴时期的非意大利艺术

15至16世纪,在阿尔卑斯山以北的广大地区,也逐渐出现了新文化和新艺术的曙光。首先是尼德兰取得了跟意大利性质不同,却具有同等价值的成就。德国紧随其后,诞生了一流的艺术大师。

(一)文艺复兴时期尼德兰艺术

尼德兰(Netherland)的人口主要是条顿人和拉丁人,其艺术传统属于哥特式体系。14世纪末,雕刻一度走在前列。克劳斯·斯吕特尔(Claus Sluter,1350—1406)为勃艮第公爵的查普莫尔修道院制作的喷泉雕塑《摩西井》,有硕大的体积和充足的量感——耶稣戴着被嘲弄的荆冠,剧烈地扭着头,伟大的痛苦令人久久难忘。这种充满心理深度的写实主义拉开了尼德兰文艺复兴艺术的序幕。

15世纪的尼德兰绘画受细密画(Miniature)传统影响,精于细节描绘。这种影响渗入

图8-12 巴米基安尼诺《长颈圣母》,1535年,木板油画,216 cm×132 cm,佛罗伦萨乌菲齐美术馆

图8-13 扬·凡·爱克《阿尔诺芬尼夫妇像》,1434年,木板油画,81.8 cm×59.7 cm,伦敦国家美术馆

到罗伯特・康宾（Robert Campin，约 1375—1444）、凡・爱克兄弟的创作中。他们是文艺复兴尼德兰画坛的奠基人。凡・爱克兄弟指胡伯特・凡・艾克（Hubert Van Eyck，约 1370—1426）和扬・凡・爱克（Jan Van Eyck，约 1390—1441），他们因找到了一种简易的调油技法，而被公认为油画技术的创始人。兄弟俩在比利时根特市圣贝文教堂合作完成了 24 面屏风画《根特祭坛画》，可能是现存最早的油画作品。扬・凡・爱克的名气更大，其传世名作《阿尔诺芬尼夫妇像》（图 8-13）、《圣母与罗林大主教》等，可使人一睹基于细密画传统的写实风格。

15 世纪尼德兰画坛前后活跃着一批重要画家，如凡・维登（Rogier van der Weyden，1399—1464）、古斯（Hugo van der Goes，1440—1482）、鲍茨（Dieric Bouts，1415—1475）、梅姆林（Hans Memling，1430—1494）、杨斯（Geertgen tot Sint Jans，1460—1496）等，他们发掘传统手法，为表现世俗生活打开了道路。此外，希罗尼穆斯・博什（Hieronymeus Bosch，1450—1516）是一位奇特的画家。他的作品用相当细腻的写实手法，在全景式构图和怪诞的形象中构造了梦幻的鬼魅世界，仿佛与 20 世纪的超现实主义遥远贯通。其实，博什的艺术植根于尼德兰民间传说的土壤，那些机智变形的形象不过是民间古老智慧的寓言。

16 世纪初，尼德兰成了西班牙哈布斯堡王朝的属地，在意大利文艺复兴与宗教改革运动两种思潮的冲击下，形成了一种新的文化氛围。老彼得・勃吕盖尔（Pieter Bruegel，the Elder，1525—1569）即生活在这样的时代。他原居荷兰，16 世纪 60 年代迁居布鲁塞尔，曾受红衣主教格兰维拉的资助[1]，因擅长描写农民生活而被人称为"农民的勃吕盖尔"。他的作品以朴厚的塑造和鲜艳的色彩，描写农民婚嫁、舞蹈、作乐等情景，构成了尼德兰农村的乡风民俗图画（图 8-14）。老勃吕盖尔以谑浪笑傲的态度处理形象，常在一种准俯视的辽阔构图中布置众多的人物，造型夸张有如漫画，留有博什风格的痕迹，故也被称为"新博什"和"滑稽的勃吕盖尔"。

自然风景在尼德兰绘画中备受关注，帕提尼尔（Joachim Patinir，1485—1524）潜心研究风景，在其《逃亡埃及》等作品中，人物沦为风景的陪衬。德国文艺复兴绘画大师丢勒在日记中称其为"未来的风景画家"[2]。随后，老勃吕盖尔进一步用风景压倒了人物和故事性主题，如《冬猎》，猎人带着猎狗穿越林间只是一个冰封世界的点缀。作品表现出尼德兰特殊的地形风貌和大自然的季节特征，显示了画家对自然风景的直接兴趣，堪称欧洲风景画的先驱之作。

---

①老彼得・勃吕盖尔的生平资料主要来自 17 世纪荷兰人曼德尔《尼德兰画家传》。
②1521 年，丢勒访问安特卫普时与帕提尼尔相识。

图 8-14　老勃吕盖尔《农民的舞蹈》,1568 年,木板油画,114 cm×164 cm,维也纳艺术史博物馆

（二）文艺复兴时期德国艺术

德国艺术属于北欧哥特式体系。当文艺复兴美学已上升为原则,为欧洲其他国家普遍接受时,后期哥特式仍在此保持着魅力。15 世纪上半叶,德国艺术主要在建筑上体现出成就,其风格是哥特式的。绘画也仍限于金色背景和装饰性的平面处理,新因素萌发缓慢。哥特式建筑肆意扩张的窗户,限制了墙壁面积,也限制了壁画的生存空间。作为教堂壁画的替代物,木板祭坛画在德国获得了发展。15 世纪,绘画从两种相左的倾向开始,最初分别以斯特凡·洛赫纳（Stephan Loohner,约 1410—1451）和康拉德·维茨（Conrad Witz,约 1400—1445）为代表。洛赫纳的作品延续了后期哥特式传统,弥漫着缠绵的情调。维茨发展了一种描绘精确的风景画风格,欲再现大自然景观。

15 世纪中叶,以古登堡（GutenBerg,1400—1468）印制第一部《圣经》为标志,活版印刷术在德国诞生①。与此同时,德国人和意大利人在古老技术的基础上,发展了金属版刻技术。由于布纹纸质量的提高,木版刻印和镌银装饰结合,成为一项使用便利的方法。这些成果不仅带来了印刷业的飞跃变革,也使版画获得了发展空间。从木刻到铜版,德国艺术家制作出了越来越精美的图画,从而以版画的繁荣显示了德国文艺复兴艺术的独特成就。

文艺复兴影响德国之初,著名画家有马丁·松高尔（Maartin Schongauer,1450—1491）、老汉斯·荷尔拜因（Hans Holbein,the Elder,1465—1524）,他们的作品反映出 15 世纪德国绘画开始形成新的样式。

---

①1455 年,古登堡在美因茨印制的《圣经》,是欧洲第一部采用活版印刷的书籍。早期印刷术只是作为手抄本的代用品,直到 16 世纪,人文主义者才开始利用印刷术,图像与书籍也才有了真正的结合。

阿尔布雷希特·丢勒(Albrecht Durer,1471—1528)是 16 世纪德国最重要的艺术大师。他以艺术家的热情追求知识,以科学家的精神钻研艺术。他不仅是伟大的画家,还是杰出的雕刻家和建筑设计师,在工程理论方面也卓有建树,留下了大量的日记和手稿,其渊博的学识堪与意大利文艺复兴大师媲美。

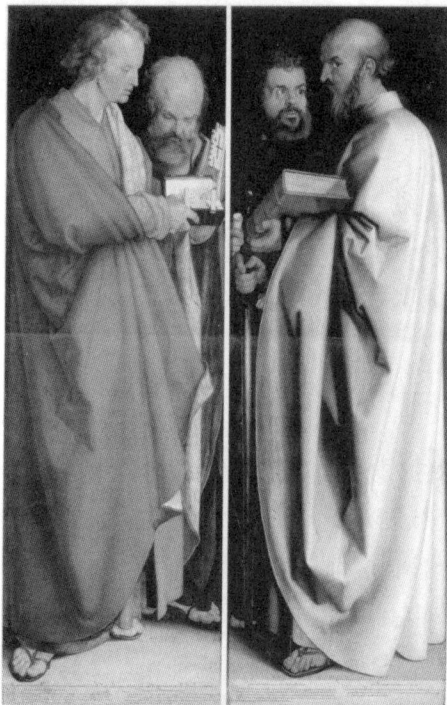

图 8-15　丢勒《四使徒》,1526 年,木板油画,
左右各 214.5 cm×76 cm,慕尼黑老绘画馆

丢勒两度游学意大利,最终实现了南北欧艺术的融合。他的作品有日耳曼人的严谨和幻想以及对大自然的热爱,还有意大利人的稳重和人文主义气质。他用油画塑造了一系列意志坚强、充满自信的人物肖像,为新兴道德和智慧提供了化身。其系列自画像,以敏感矜持的形象表达了人文主义者对个性的推崇和艺术家对自我才能和地位的确认。《四使徒》(图 8-15)以顶天立地的构图,把约翰、彼得、马可和保罗四位使徒塑造成正义而崇高的纪念碑。丢勒也是一位版画大师,如其木刻《圣约翰启示录》《书斋中的圣彼埃罗》《忧郁》,铜版画《圣尤斯塔司》《亚当和夏娃》等,无不是严谨与幻想水乳交融的杰作。而《一大块草皮》《兔子》等作品,见证了丢勒是最早留下姓名的水彩画家。

小荷尔拜因、克拉纳赫、格里内瓦尔德是与丢勒同时代的德国绘画名家。小荷尔拜因(Hans Holbein, the Youner,1497—1543)以肖像画闻名,1532 年受聘担任英王亨利八世的宫廷画师,直到客死异乡。他用可靠的写实技术,不加感情色彩地为王公贵族、富翁名流画像,好似为那个时代的人物留下了照片。克拉纳赫(Lucas Cranach,1472—1553)主要活动在德国北部的萨克逊州,曾为不少人文主义者和新教活动家画过肖像,也从事情节性创作。后者有复杂的线性构图,往往借宗教旧题吟咏新事。但他引人注目的作品是那些晚年创作的神话作品,如《春妖》《帕里斯的审判》等,画中的裸体散发着阵阵暧昧气息,男人和女人被放置在古老的森林和山峦中,勾起人们浪漫的联想。格里内瓦尔德(Mathis Grunewald,约 1475—1528)实指活动在阿莎芬堡的画家马西斯·戈特哈特·尼塔哈德(Mathis Gothardt Nithardt),真名被长久遗忘。他在阿尔萨斯圣安东尼修道院医院礼拜堂画出了艺术史上效果最强烈的祭坛画《伊森海姆祭坛画》。这是一组三联屏风的组画,外面是《耶稣被钉上十字架》(图 8-16),内有《受胎告知》《圣诞》《复活》等。作品将哥特式造型结合于新的光色技巧,创造了摄人心魄的宗教表现主义图画,于此我们可感到日耳曼民族潜伏在冷峻背后充满幻想的情感放纵。

图 8-16 格里内瓦尔德《伊森海姆祭坛画·耶稣被钉上十字架》,约1510—1515 年,木板油画,2.4 m×3 m,法国科尔玛,下林登博物馆

（三）文艺复兴时期法国艺术

意大利文艺复兴的影响在 15 世纪下半叶就渗透到法国,15 世纪有两个画派主宰法国画坛:图尔画派和普罗旺斯画派,分别以让·富盖（Juan Fouquet,1420—1481）和夏隆东（Enguerrand Quarton or Charonton,1410—1466）为代表,他们在本乡本土的细密画风中渗入了意大利影响。16 世纪,法国国王弗朗西斯一世（1515—1547 年在位）请来意大利画家罗索和普里马蒂乔领导装饰枫丹白露王宫,形成一个"枫丹白露画派",促进了法国艺术从后期哥特式向文艺复兴风格的北方形式转化。这时,法国艺术开始有了包容性。在绘画领域,卡隆（Caron,1521—1599）的作品以端庄的构图、严谨的刻画显示出古典趣味,克洛埃父子[①]则谨慎地保持了重视细节描写的北派传统。雕刻一般结合着建筑,在造型上显示出意大利风范。让·古戎（Jean Goujon,1510—1568）敏感地消化了意大利影响,其着衣造型的水平不在古典范例之下。最杰出的作品是 1547—1549 年间在称为"圣洁者喷泉"的巴黎安诺桑墓地外壁镌刻的浮雕《巴黎圣洁者喷者·水神》（图 8-17）。在五块条屏形画面上各有一个持水罐的女神,但彼此相连,构成一个递变的整体。美丽而

①让·克洛埃（J.Clouet,1485—1541）和弗·克洛埃（F.Clouet,1510—1572）。

图 8-17　让·古戎《巴黎圣洁者喷泉·水神》,1547—1549 年,高 235 cm,卢浮宫

性感的女神在造型上经历了几次转折。连续的构图、回旋的动势、无常的节奏,处处把人带入"水"的意境。杰尔曼·皮隆(Germain Pilon,1535—1590)也在陵墓雕刻领域取得成就。《亨利二世夫妇陵墓雕像》中的王后跪像有端庄的美感,但卧着的国王夫妇却裸露着干瘦的躯体,实为意大利样式与法国传统结合的产物。

意大利人在 16 世纪受到法国人的盛情欢迎,他们一个接一个造访此地,使法国艺术接受意大利影响成为习惯。枫丹白露王宫、卢浮宫西翼、桑波古堡,在这种影响下动工。宫廷建筑由中世纪风格转向意大利式的古典主义;城堡根据古典长方形的样式加以改造,全部的意大利形式都用到了,如拱、壁柱等,但哥特式垂直造型依然是新建筑体系的一部分。

(四)文艺复兴时期西班牙艺术

西班牙艺术在 15 世纪即渗入意大利和尼德兰的影响。16 世纪上半叶,查理五世全力提倡学习意大利,但根深蒂固的宗教势力却使人文主义始终难以与本传统相融。16 世纪中叶以后,菲利普二世执政,一心想把艺术变成宣传王权的工具,需要宗教配合,意大利样式主义借机找到了传播的土壤。

西班牙艺术本来充满痛苦的精神性,敏感的形式、阴郁的情调常能引起宗教信徒的共鸣。在这样的氛围中,埃尔·格列柯(El Greco,1541—1614)受到热烈欢迎。格列柯①生于希腊克里特岛,1577 年前往西班牙,居住在有浓厚宗教氛围的托莱多城。他的作品中既有宗教题材,又有神话传说。散漫的透视,调子低沉而对比强烈的色调,弯弯曲曲的线条,斜扫的笔触,使他的作品具有强烈的表现主义特征。当拉长变形的人物,穿着硬纸板似的衣衫,出没在火焰般颤动的色彩中时,观者好似被画家带入了一个空幻无常的世界(图 8-18)。

───────────────

①"格列柯"意为"希腊人",画家原名多麦尼科·特奥科普洛斯(Domenico Theotocopoulos)。

图 8-18　格列柯《拉奥孔》,1610年,布面油画,142 cm×193 cm,华盛顿国家艺术画廊

思考题

1.本章提到:"文艺复兴时期的艺术是形象的人文主义。"你同意这种说法吗? 请说明理由。

2.15 世纪佛罗伦萨艺坛出现了哪些新变化? 这些变化的意义何在?

3.文艺复兴科学造型体系有哪些具体内涵?

4.从文艺复兴时期的创作表现看,南北欧艺术有着怎样的差异?

5.有人说,米开朗基罗的艺术表现一种"巨人式的愤怒"。你认为这种说法的依据何在?

扩展阅读

罗萨·玛利亚·莱茨.剑桥艺术史:文艺复兴艺术[M].钱乘旦,译.南京:译林出版社,2009.

瓦萨利.意大利艺苑名人传[M].刘耀春,等译.武汉:湖北美术出版社,2003.

贡布里希.艺术的故事[M]范景中,译.南宁:广西美术出版社,2008.

奥托·本内施.北方文艺复兴艺术[M].戚印平,毛羽,译.杭州:中国美术学院出版社,2001.

傅雷.世界美术名作二十讲[M].2 版.北京:生活·读书·新知三联书店,1997.

约翰·T.帕雷提,加里·M.拉德克.意大利文艺复兴时期的艺术[M].朱璇,译.桂林:广西师范大学出版社,2005.

沃尔夫林.古典艺术:意大利文艺复兴艺术导论[M].潘耀昌,陈平,译.北京:中国人民大学出版社,2004.

徐庆平.意大利文艺复兴美术[M].北京:中国人民大学出版社,2004.

迟柯.从神性向人性的升华[M].武汉:湖北美术出版社,2002.

雅各布·布克哈特.意大利文艺复兴时期的文化[M].何新,译.北京:商务印书馆,1997.

弗拉维奥·孔蒂.文艺复兴艺术鉴赏[M].李宗慧,译.北京:北京大学出版社,1988.

第九章　从巴洛克到罗可可艺术

16 世纪晚期以来,宗教改革、荷兰独立、英国革命等事件,使欧洲进入了天主教与新教、议会民主与君权专制交错并立的时代,改变了欧洲历史发展的进程。与社会状况相对应,17 世纪的欧洲艺术呈现出多种风格并存的局面。信仰天主教的意大利和佛兰德斯地区,盛行巴洛克风格;商业繁荣但崇尚节俭的荷兰,兴起了现实主义的市民艺术;君权至上的法国,盛行宏大庄严的古典主义艺术;清教主义影响下的英国,艺术则被当成偶像崇拜和奢靡作风的帮凶遭到打击。

从 17 世纪起,欧洲艺术的中心从意大利转向法国。路易十四时代达到鼎盛的波旁王朝君主专制,把艺术变成政治教化和装点盛世的工具,理性至上成为口号,古典原则得到强化。但进入 18 世纪,随着路易十四统治的结束,上流社会的"一本正经"随即崩溃,及时行乐的风尚促成了罗可可艺术的蔓延。与此同时,启蒙思想家抨击道德堕落和奢靡之风,他们重树理性大旗,将"自由、平等、博爱"作为艺术的终极目标,主张艺术为社会进步担负责任。受此影响,具有现实精神和社会批判性的市民艺术与罗可可艺术构成充满张力的向面。

一、巴洛克时代的艺术

巴洛克(Baroque)作为时代标志,泛指 17 至 18 世纪(1630—1750)的欧洲艺术,这是文艺复兴艺术和近代艺术的过渡时期。

(一)意大利艺术

随着文艺复兴时期的大师相继谢世,意大利艺术产生分化,形成了巴洛克风格和卡拉瓦乔主义两种潮流。此外,这里诞生了世界上第一个美术学院。

1.巴洛克艺术

巴洛克风格产生于罗马,基于罗马教廷和耶稣会(Society of Jesus)面对新教势力挑战而极欲重振天主教的愿望。罗马教廷希望借助艺术家的才智,帮助人们坚定信仰。从16世纪晚期起,一批来自欧洲各地的艺术家被聘请到罗马,从事教堂建设和装饰工作。他们用华美的形式渲染天国,创造了罗马教廷和耶稣会人士心中的奇观。"巴洛克"即源于这种天主教艺术风格。作为艺术风格的代称,"巴洛克"一词来源不明,一说来自葡萄牙语,意为"不圆的珍珠";一说来自意大利语,意为奇形怪状。18世纪古典主义者用此作贬义,指其为一种反常、扭曲和怪诞的风格。事实上,巴洛克风格是样式主义受宗教热情支配而变异的产物,它以贯穿动感旋律的结构统一性,融合写实性、装饰性和宗教幻想,将建筑、雕塑与绘画结合成了有机的艺术整体。

建筑师波罗米尼和雕刻家、建筑师贝尔尼尼是最有代表性的巴洛克艺术家。波罗米尼(Francesco Borromini,1599—1667)被誉为"巴洛克建筑之父",他设计的罗马圣·卡罗教堂(图9-1),以垂直强调的布局和弦弧线造型,造成动荡和虚幻的旋律,唤起人们超升天国的想象。贝尔尼尼(GianLorenzo Bernini,1598—1680)用建筑、雕刻、绘画的整体设计去装饰城市空间,可谓有史以来第一位环境艺术家。他完成过教皇陵墓、城市广场等许多建筑设计,又在雕刻方面充分展示了巴洛克造型艺术的实绩。《阿波罗与达芙妮》(图

图9-1 圣·卡罗教堂,1638—1641年,罗马,波罗米尼

9-2)和《圣德列萨的迷惑》是艺术史上经常提到的两件名作。前者是迫于激情、羞涩与慌乱的形象,幻觉般地凝铸了一个变化的瞬间。后者在构图、造型和细节上,从各方面煽动着激情,将宗教喜悦演化为肉欲的狂欢。这些作品经典地呈现了巴洛克艺术表现激情和运动的特点。

图 9-2　贝尔尼尼《阿波罗与达芙妮》,1622—1623 年,大理石,高 243 cm,罗马波尔查府邸

在 17 世纪的意大利,独立绘画陷入低潮,画家致力于与雕刻家、建筑家联合,共同为神圣的建筑创造天国荣耀的景象。巴洛克绘画在教堂天顶画和壁画中创造了令人难以置信的奇观。它们用线的透视表现空间,用非透视的光线营造神秘,从墙壁到天顶,造成了尘世与天堂幻移的景象。柯尔托纳(Pietro da Cortona,1596—1669)、卓尔达诺(Luca Giordano,1634—1705)、高 里(Giovanni Battista Gaulli,1639—1709)等人创作的天顶画,使一座座巴洛克教堂变成魔幻的世界。置身其间,仿佛天门已经打开,屋顶不复存在。

意大利画家的巴洛克兴趣一直延续到 18 世纪。威尼斯画家提埃波罗(Giovanni Basttista Tiepolo,1696—1770)是其中代表。他运用传统湿壁画和油画技术,依靠简练的色彩,把壁画和天顶画发展成一种轻快、幻想而富有装饰味的艺术。在意大利、德国和西班牙,都留有他辉煌灿烂的作品。德国维茨堡主教宫的天顶画和壁画可见证其运用色彩制造幻觉的魅力。这是提埃波罗带领两个儿子完成的,其色彩艺术的影响力持续到 19 世纪。

2.卡拉瓦乔主义

17 世纪初,意大利画家卡拉瓦乔(Michelangelo de Caravaggio,1573—1610)突破宗教和理想美的戒律,在艺术史上第一个把基督和圣人画成普通百姓的样子,由此确立了一种具有现实主义内涵的绘画观,即以真实与否为标准来处理画面,不回避生活中的贫困与丑。这种绘画观广泛地影响了 17 世纪的欧洲画坛,故有"卡拉瓦乔主义"之称。人们说卡拉瓦乔叩开了 17 世纪绘画的大门。

在视觉形式上,卡拉瓦乔把丁托列托用过的聚光法发扬光大,取得了强光黑影的对比效果。当基督、圣母或圣徒带着强光从幽暗中浮现出来时,《圣经》中的故事便戏剧性地发生在人们眼前(图 9-3)。卡拉瓦乔虽然对巴洛克的豪华不感兴趣,但他的聚光法却

图9-3　卡拉瓦乔《圣母升天》,1606 年,
布面油画,369 cm×245 cm,卢浮宫

容易使人联想到教堂中的光线,亦可谓其以光线的运用体现了巴洛克风格之一端①。这种聚光法在 17 世纪欧洲画坛上流布甚广,少有画家不受影响。

3.美术学院的诞生

1598 年,意大利北部城市波伦亚的卡拉契兄弟创立了一所美术学院,史称"波伦亚学院",这标志着学院美术教育的诞生。卡拉契兄弟总结和提炼文艺复兴盛期大师的风格和技巧,把它们上升为一套知识体系,即以理想美为目标,以拉斐尔的艺术为典范,同时把米开朗基罗的素描、达·芬奇的解剖、提香的色彩作为教学范本。这成为法兰西绘画雕塑学院建立学院派体系的蓝本。

卡拉契兄弟包括卢多维柯·卡拉契(Ludovico Carracci,1555—1619)与其堂兄弟安尼巴勒·卡拉契(Annibale Carracci,1560—1609)、阿戈斯提诺·卡拉契(Agostino Carracci,1557—1602)。在创作上安尼巴勒成就最高。此外,学院培养出来的优秀学生圭多·雷尼(Guido Reni,1575—1642)②也享有盛誉。他们将学院教学原则运用于创作,在波伦亚、罗马、威尼斯、巴马等地的教堂和宫殿中,留下了壮丽而单纯的画面,成为学院派古典艺术的楷模。

(二)佛兰德斯艺术

巴洛克风格首先在天主教国家获得回应。荷兰独立后,尼德兰佛兰德斯地区仍然受西班牙统治,信奉天主教,在受巴洛克风格冲击的过程中,产生了自己的艺术大师。鲁本斯(Peter Paul Rubens,1577—1640)以其灿烂华丽、动势澎湃的画面,为独立绘画的巴洛克风格提供了生动诠释。其《圣乔治杀龙》、《劫夺琉西珀斯的女儿》(图9-4)、《阿马松之战》、《玛丽·美第奇的一生》等作品,由曲线、色彩和动势演奏出巴洛克金曲。他博学多才,精力旺盛,开设了一个规模巨大的工场,留下了众多作品。他率先确立了一种由暗到明、由薄到厚的作画步骤,影响至今;他首次把笔触的表现力提到本体论高度,推动了油画技巧的进步。鲁本斯也同时是一位极具包容性的大师,其最后十年创作的肖像和风景

---

①加拿大艺术史学者罗杰尔·李(Roger Lee,1943—)把巴洛克艺术的特点概括为"光线、写实、心理、幻觉"四个范畴。见朱铭《外国艺术史》,山东教育出版社,1986 年版,第 354 页。

②圭多·雷尼师从于卢多维柯·卡拉契,并在卢多维柯去世后接替了波伦亚学院的院长职位,后来又被任命为罗马圣路加美术学院院长。

作品重现了北欧传统风范。

在鲁本斯的学生和助手中,唯有凡·代克(Anthony Van Dyck,1599—1641)在历史上留下了声誉。他主要作为肖像画家,发展了一种与鲁本斯的阳刚气质不同的文秀之美。他的自画像曾经带领了一种时尚,引起众多摹仿。凡·代克晚年担任了英王查理一世的宫廷画师,对18世纪英国肖像画产生了深远影响。

巴洛克风格并未全面占领佛兰德斯画坛,仍有画家保持着朴厚的乡土传统。正是这些画家的创作推进了绘画向分工更细的专门化方向发展。鲁本斯的远房亲戚约尔丹斯(Jacob Jordaens,1593—1678)就是这样的一

图9-4　鲁本斯《劫掠琉西珀斯的女儿》,约1616—1618年,布面油画,222 cm×209 cm,慕尼黑老绘画馆

位画家。他采用传统方法,以世俗态度描绘民间神话和宗教故事。在他反复演绎"豆王的节日"和"萨提尔在农民家做客"两个题材的画面中,人们看到了一种欢乐而朴野的乡风民俗。

（三）法国古典主义艺术

法国古典主义(Le Classicisme)是在弥漫全欧的巴洛克美学氛围中产生的,但有鲜明的政治性和国家主义色彩。简而言之,在服从政治的前提下,古典主义有理性至上和崇古主义两大特点。在美学上,推崇庄重、典雅、和谐的理想美标准;同时将体裁、题材等而论之,形成一种等级制美学。例如,认为宗教题材和历史题材是高级的题材,风景题材、静物题材是低级的题材等。

在铁血宰相黎塞留和路易十四掌权期间,为渲染权力的荣耀,宫廷制定了庞大的艺术计划。1655年成立的法兰西皇家美术学院①巩固和完善了学院派艺术教育体系,一步步使"学院主义"(Academicism)成为美学标准。1666年,由宫廷出资,皇家美术学院在卢浮宫举办了世界上第一个由官方资助的展览会,称为法国沙龙(Salon)②美术展,以后形成定制,成了法国国家美术展,并被其他国家效仿。这标志着绘画和雕刻脱离建筑装饰,发展为独立的展示对象。

①这是在1648年成立的法兰西雕塑绘画学院的基础上组建的。
②Salon,源于意大利语,原指客厅,17世纪法国人用来指贵妇人在客厅接待名流或学者的聚会。这种沙龙聚会后来风靡欧美各国,至19世纪达到鼎盛。同时,沙龙也用作上流社会文化或官方文化的代名词。

路易十四聘请了许多艺术家来改造和装饰他的宫殿,其中最有名的作品是卢浮宫和凡尔赛宫。建筑师路易·勒·沃(Louis Le Vau,1612—1670)、多尔贝(Francois d'Orbay,1631—1697)、佩罗(Claud Perrault,1613—1688)、芒萨尔(Jules Hardouin Mansart,1646—1708),园林师勒诺特尔(Andre Le Notre,1613—1700),画家勒布朗,雕塑家普热(Pierre Puget,1622—1694)、杰拉尔东(Francois Girardon,1628—1715)等人在这两座宫殿中显示了才能。

卢浮宫始建于1204年,16世纪曾采用勒斯哥(Pierre Lescot,1510—1578)的方案扩建了西翼,路易十四时代进行了东翼的扩建。国王选中了路易·勒·沃、佩罗、勒布朗的设计方案①。改建后的卢浮宫使法国建筑中首次出现立柱和截顶式窗户,其严密和庄重的效果,为法国古典主义建筑提供了范本。

凡尔赛宫位于巴黎西南18千米处。1624年,路易十三决定把原有古堡改建为行宫,但规模不大。路易十四时期,路易·勒·沃、多尔贝、芒萨尔受命将其改造成了世界上最壮丽的宫殿。这是一个由宫殿、园林、道路组成的庞大的帝王宫苑,外部庄严,内部华丽,以庞大的规模演奏着巴洛克与古典主义混成的交响曲。勒诺特尔设计的几何式的园林布局,代表了欧洲古典主义园林模式,即追求理性秩序,崇尚人工美,体现出人对大自然的诠释态度(图9-5)。

法国宫廷对意大利艺术的态度类似于罗马帝国对待古希腊艺术,即依仗意大利美学为王权镀金。为了使法国艺术家有直接学习意大利艺术的机会,法国政府还在罗马设立

图9-5 凡尔赛宫(鸟瞰图),1655—1680年,路易·勒·沃、多尔贝、芒萨尔、勒诺特尔等设计

①1665年,意大利巴洛克大师贝尔尼尼曾被聘请来巴黎参加设计,但其方案被否决。

了皇家美术学院。17 世纪最初 30 年间,法国艺术较多地受到巴洛克和卡拉瓦乔样式的影响,其后进入古典主义时代。

瓦伦丁(Valentin de Boulogne,1591—1634)、拉图尔(Georges de La Tour,1593—1652)和勒南兄弟(Le Nain Brothers)①发挥了卡拉瓦乔式聚光法。瓦伦丁的画有平衡稳定的构图、强光黑影的效果;拉图尔用极简练的造型配合夜光表现,画中常用一支蜡烛或油灯照亮,有"烛光画家"之称(图 9-6);勒南兄弟改变了以农民为取笑对象的绘画模式,把他们塑造成有尊严的形象。光线常在他们的画中斜穿而过。

法国学院制度由于得到宫廷支持而迅速完善。作为法兰西雕塑、绘画学院的第一任院长,勒布朗(Charles Le Brun,1619—1690)的作品代表了学院派的追求。其继任米涅尔(Pierre-Francois Mignard,1612—1695)及比利时艺术家尚拜勒(Philippe de Champaigne,1602—1674)也在学院中占有举足轻重的地位。

真正使法国 17 世纪绘画获得历史地位的,是以普桑和洛兰为代表的古典主义。普桑(Nicolas Poussin 1594—1665)30 岁后即在意大利度过,只有一次短暂回国经历,但在当时的法国画坛上享有盛誉。他的作品多借神话或宗教主题,既有田园牧歌的情景,又有宏大庄严的场面,但统统达到了知识与美的平衡。如其《花神的庆典》是对伊甸园时代的

图 9-6 拉图尔《油灯前的抹大拉·马利亚》,1640 年,布面油画,117 cm×92 cm,卢浮宫

图 9-7 普桑《诗人的灵感》,1630 年,布面油画,184 cm×214 cm,卢浮宫

---

①指安东尼·勒南(Antoine Le Nain,1588—1648)、路易·勒南(Louis Le Nain,1593—1648)、马修·勒南(Mathien Le Nain,1607—1677)三位兄弟画家。他们常合作,作品署名为"勒南",其中路易·勒南的水平最高。

美好重现;《诗人的灵感》是对柏拉图"灵感神授"说的顿悟(图9-7);《阿尔卡迪亚的牧人》是对死亡超脱的沉思;由《春》《夏》《秋》《冬》组成的寓意风景画《四季》,超越实景,把高山、森林、湖泊合为一画,是按理想美标准创造的古典主义风景画。这种理想的风景在洛兰(Claude Lorrain,1600—1682)那里得到更加淋漓尽致的发挥。洛兰专事风景画创作。他的作品阳光明媚,常出现罗马郊外的风光和古代建筑废墟,触动着人们的思古之情。在19世纪之前,洛兰画中的景色成了欧洲旅行者寻找的目标。英国贵族甚至按照其风景画模式来设计庭园,从而产生了欧洲园林的一个新品种——自然风景园。

(四)荷兰市民艺术

1609年从尼德兰独立出来的荷兰共和国,是一个欣欣向荣的国家,思想自由,商业繁荣,艺术开始市场化。为了赢得顾客,画家们术业有专攻,产生了专事肖像、风俗、风景、静物等题材的画家,并通过竞争,把写实技术提高到了前所未有的水平。新教信仰和俭朴传统又鼓励人们崇尚以淳朴为美,故此形成具有现实主义特点的荷兰画派。

图9-8 哈尔斯《弹曼陀铃的小丑》,木板油画,71 cm×62 cm,卢浮宫里茨故居

一生都在哈列姆作画的哈尔斯(Frans Hals,1581—1666)以肖像画开创了荷兰画派的现实主义风格。他的作品以热烈奔放为主调,人物常常挂着灿烂的笑容(图9-8)。轻快的笔触、明亮的色彩,仿佛是要用欢快的情绪驱逐画中人的贫困与烦恼。

荷兰画派最重要的代表者伦勃朗(Rembrandt van Rijn,1606—1669),本来是一位阿姆斯特丹的职业肖像画家,但最终成为荷兰历史上最伟大的画家之一。伦勃朗少年得志,命运多舛,36岁那年因把一幅顾主要求的肖像画表现成情节性的故事画《夜巡》而遭遇官司,从此开始了戏剧性的人生变化,一步步堕入贫困。但他坚持理想,一生留下了数量可观的作品,包括油画、素描、铜版画、木刻和蚀刻版画。他的作品表现了对人生酸甜的感受、对大自然的爱和对人类本性的洞察。在油画技术上,他采用厚堆法来加强颜料的表现力,推进了油画的近代发展。他全面实践了"卡拉瓦乔主义"的精髓,不仅把聚光法发展成为一种富有色彩感、光感和心理深度的绘画语言,而且超越完美主义的教条,始终直面现实,不美化对象,不回避丑,表现了生活的丰富性和真实性,创造了诚挚的艺术(图9-9)。

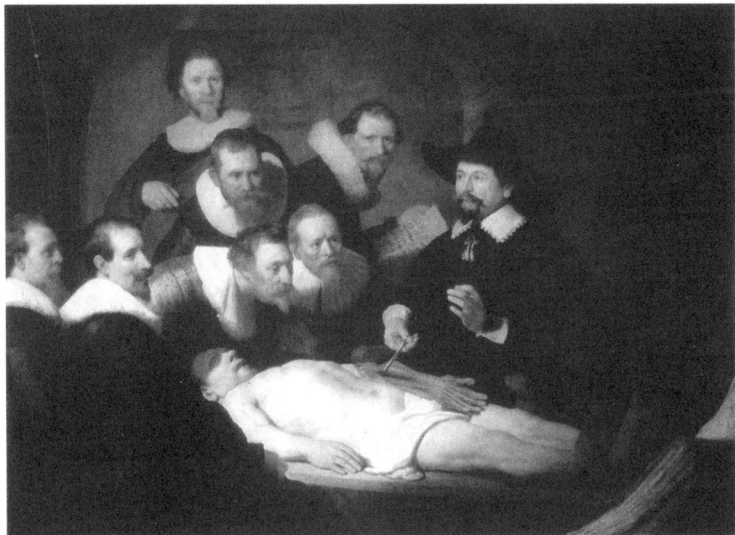

图 9-9　伦勃朗《杜普教授的解剖课》,1632 年,布面油画,169.5 cm×216.5 cm,海牙毛里茨故居

　　17 世纪荷兰艺术市场需要一种小幅室内挂画,一批从事专业题材的画家应运而生。他们主要集中在阿姆斯特丹、哈列姆、德尔夫特等商业繁荣的大城市。以前,画家靠委托人的订件生活,现在他们则不得不兜售事先完成的作品,这引起了激烈的市场竞争和技术比赛。习惯上把与哈尔斯、伦勃朗同时代的这些以商品画为职业、术有专攻的荷兰画家称为"荷兰小画派"。在这些画家中,风俗画家维米尔(Johannes Vereemer,1632—1675)显示了最高水平。他善于以室内场景表现普通市民的生活,阳光穿过窗户照进室内,映照着物体细腻的质感,故有"窗边的画家"之誉(图 9-10)。雷斯达尔(Jaccob van Ruisdael,1628—1682)和霍贝玛(Meindert Hobbema,1638—1709)是一对曾为师生的风景画家,他们的作品分别表现了大自然的咆哮和宁静的一面。此外,荷兰小画派超越宗教寓意,创立了以审美为旨趣的"静物"(Still life)概念,从而突破古典主义的等级制美学,提高了静物画的地位。他们描绘经过精心挑选和布置的珍馐佳肴、日用器皿、水果花卉。在贝耶林(Abranham van Beyeren,1620—1690)、考尔夫(Willem kalf,1619—1693)等人的画中,静物得到了精致的表现(图9-11)。

　　(五)西班牙艺术

　　17 世纪的西班牙经济落后,艺术却空前繁荣。教会需要艺术来宣扬宗教思想,宫廷需要艺术点缀享乐生活。教堂和宫廷充斥着巴洛克艺术的壮观,但一种世俗性的生活图画也广受欢迎,当时流行着一种叫作"波德格诺斯"(Bodeganos)的绘画风格①,以描绘日常

---

　　①"波德格诺斯"风格,意即"厨房画"或"小酒馆风格"。

图 9-10　维米尔《持水壶的少妇》,1664—
1665 年,布面油画,45.7 cm×40.6 cm,纽约
大都会博物馆

图 9-11　贝耶林《宴会桌》,1667 年,布面油画,
141 cm×122 cm,洛杉矶美术博物馆

生活为特点,形式上采用卡拉瓦乔式,注重光影效果。

　　17 世纪上半叶,西班牙活跃着三个重要画派:巴伦西亚画派、塞维利亚画派和马德里画派。巴伦西亚画派以里巴尔塔(Francisco Ribalta,1555—1628)和里贝拉(Jusepede de Ribera,1591—1652)为代表,塞维利亚画派以苏巴朗(Francisco de Zurbaran,1598—1664)和委拉斯凯兹为代表。其中,委拉斯凯兹(Diego Velazquez,1599—1660)是具有划时代意义的绘画大师。

　　委拉斯凯兹大半生在马德里做宫廷画家,围绕他也形成了一个马德里画派。委拉斯凯兹首先是一位肖像画家,他精彩地描绘了国王、太子、公主、教皇以及普通人的系列肖像。这些作品体现了"波德格诺斯"的精神旨趣,即完全依现实感来处理人物,不因对象地位尊卑而有别。他为菲利普四世画的众多肖像,表现出君王的傲慢和一位艺术爱好者的自信。《教皇英诺森十世像》,画出了这个处于权力顶端的教会领袖强悍的性格和操劳的心。《宫娥》则把宫廷中的日常生活、孩子的天真顽皮表现得生动自然(图 9-12)。委拉斯凯兹还创作了大量神话和风俗题材的作品,如《镜前的维纳斯》《纺织女》等,前者是 17 世纪西班牙唯一的裸体女神像,后者给予了劳作的女工同情的关注。

图 9-12　委拉斯凯兹《宫娥》,1656 年,布面油画,318 cm×267 cm,马德里普拉多博物馆

委拉斯凯兹是油画直接画法的开创者。他依靠色彩语言转换对象,以直接的绘画处理还原真实,从不雕琢细节,但形象栩栩如生。他拒绝卡拉瓦乔式的聚光法,用自然光表达色彩。他的笔触蓬松流利、大气磅礴,保持了感觉的新鲜生动。这使他对近代油画产生了极重要的影响。

委拉斯凯兹之后,擅长描绘圣母像和街头流浪儿的穆立罗(Bartolone Esteban Murilo,1617—1682)成为西班牙最有声望的画家。圣母像为他博得了"西班牙的拉斐尔"的称号。那是长着孩子般脸容的黑发圣母,被一群小天使簇拥着,四周烟雾缭绕。穆立罗画的街头流浪儿感人至深,可见画家对这些孩子的生活了如指掌。1660 年,穆立罗创立塞维利亚美术学院,收留了大量街头流浪儿。

二、罗可可时代的艺术

在路易十四时代,法国社会为政治和权力崇拜所支配,艺术是政治的道具。"太阳王"离世后,上流社会压抑不住享乐的诱惑。华多的《契尔桑画店》(图 9-13)为新旧风尚的转变给出了寓言:在一家画店里,工人们忙于把路易十四的画像装进箱子,与此同时,两位衣着入时的青年人正跪在一幅裸女画前看得津津有味。作为对人生苦短、及时行乐的社会风气的回应,罗可可艺术诞生了。

图 9-13　华多《契尔桑画店》,1720 年,布面油画,163 cm×306 cm,柏林莎洛顿伯格藏

（一）罗可可风格

"罗可可"（Rococo），从法语词 Rocaille 转化而来，原指一种贝壳形装饰图案，后来被用于标志一种艺术风格。18 世纪，其产生于法国，流行于德国、奥地利以及俄罗斯等地。它是在晚期巴洛克风格基础上发展出的一种形式。不过，巴洛克为教会服务，罗可可为宫廷和上流社会服务。在建筑上，罗可可追求装饰效果；在绘画和雕塑领域，罗可可以艳情内容和美的形式追求感官愉悦。罗可可建筑提供了一个舞台，使各艺术门类联合发挥作用。在建筑内部，王室和贵族成员的肖像点缀着宫殿和府邸的客厅，精美的吊灯、墙面上的弦弧线、镶金嵌银的家具，组成了一个享乐生活的天堂。总之，罗可可是一种形式大于内容的艺术。

凡尔赛宫的落成，刺激了欧洲各地的王侯和主教，他们都想坐拥太阳王的奇观，于是巴洛克建筑风格演化成一种国际潮流，并产生出一种既华丽铺张又不失古典主义庄严的晚期巴洛克风格。这些建筑集中在德国南部、奥地利和波希米亚地区①。奥地利保留至今的希尔德布兰特（Lucas von Hiderbrandt，1668—1745）设计的欧根王侯城堡以及普兰德陶尔（Jakob Prandtauer，1660—1726）设计的梅尔克修道院是晚期巴洛克风格的代表作。两者都依山而建，繁复的装饰已可见罗可可意趣。

在晚期巴洛克的基础上，罗可可建筑在造型上更加倾向高耸，不过装饰才是其主要着眼点。宫殿和府邸的房间一般呈椭圆形或八角形，墙上经常装有几面大镜子，白色墙面镶嵌着纹样繁多的金线。曲线被大量运用，家具造型也紧贴曲线节奏。每一个细节都被精致地雕琢。屋子里光线充足，既华贵又舒适。波夫朗（Germain Boffrand，1667—1754）设计的苏比茨官邸即为众多实例中的一个。

（二）法国艺术

以路易十五的情人蓬巴杜夫人、杜巴莉夫人为代表的巴黎贵妇人，引领了一种女性化的沙龙美学，并在 18 世纪上半叶的法国时尚界和艺术界起了支配作用。罗可可绘画以美化妇女和歌咏恋爱为主题，主要描绘无所事事的男女们幽会、玩乐的情景；即便神话题材也被改造为后花园偷情的故事。画家们发挥色彩的感性功能，将豪华的场面、亲切的风景、魅惑的女人体，混合成艳情艺术的金曲。以华多（Jean-Antoine Watteau，1684—1721）、布歇（Francois Boucher，1703—1770）、弗拉戈纳（Jean-Honore Fragonard，1732—1806）为代表，前后构成了罗可可绘画风格的发展链条。他们以牧歌式和恋爱式的主题、与风景配合的幻想场面、贯穿曲线韵律的造型，营造出欢快、刺激的画面，形象地阐释了

---

①波希米亚（Bohemia），捷克和斯洛伐克西部地区。

"罗可可"的含义。但其轻松的笔法和灵动的色彩,预示了 19 世纪色彩主义的兴起(图 9-14)。

图 9-14 布歇《躺在沙发上的奥达丽克斯》,1752 年,布面油画,59 cm×73 cm,慕尼黑老绘画馆

不过,在 18 世纪的法国画坛,罗可可风格虽占主流,却未一统天下。当时,既有采用罗可可形式而不表现艳情主题的绘画,也有与罗可可旨趣对立的市民风俗画和道德寓意画。后者是启蒙主义美学观的产物。皇家美术学院院士夏尔丹(Jean-Baptiste Simeon Chrdin,1699—1779),首先以质朴无华的静物画和市民风俗画,弹奏了罗可可时代华丽乐章的变奏曲。他直率地面对题材,为日常用品、家庭生活场景贯注了真挚的情感与动人的和平。他突破了荷兰小画派那种通过刻意摆放来描绘静物的方式,而是表现日常物品的本来状态,折射出它们与生活发生的关系,被狄德罗赞为"大魔术师"(图 9-15)。格瑞兹(Jean-Baptiste Greuze,1725—1806)更是极受狄德罗赞誉,因为他以带有道德训诫意味的城乡风俗画,贯彻了启蒙思想家的道德教育主张。他的一系列围绕家庭伦理的作品,如《乡村里的订婚》《父亲的诅咒》等,反映了其伦理化的美学观与创作特色。

18 世纪法国雕塑仍未脱离古典主义轨道,但对建筑的依附关系却有所增加。同时小雕刻品激增,成为豪宅的装饰品。18 世纪上半叶,库斯图、亚当、斯罗米三大家族在法国雕塑界享有盛望,但最有成就的,却是先后拥有皇家美术学院院长之尊的法尔孔奈与彼加勒。法尔孔奈(Etienne-Maurice,1716—1791)知识渊博,在艺术上有很强的适应性才能,为蓬巴杜夫人工作期间创作的《浴女》《丘比特》等,是甜美柔和的罗可可作品;而在俄国完成的《彼得一世骑马像》(亦即《青铜骑士》),却又是古典风格的庄严肖像。彼加勒(Jean-Bapiste Pigalle,1714—1785)的作品则以巴洛克式的动势与激情,突破了法国雕塑惯有的端庄。

图 9-15　夏尔丹《铜质给水器》,1734 年,布面油画,28.5 cm×23 cm,卢浮宫

图 9-16　乌东《伏尔泰坐像》,1779—1781年,大理石,高 130 cm,法兰西喜剧院

活跃于 18 世纪下半叶的雕刻大师乌东(Jean-Antoine Houdon,1741—1828)堪称古罗马以来最伟大的肖像雕刻家。在他的作品中,既有如伏尔泰、莫里哀、卢梭、布封、格鲁克、富兰克林、华盛顿等名人雕像(图 9-16),也有无数不知名者的雕像,但无不真实生动,充满现实感。他的雕塑风格在古典主义与现实主义之间架起了一座桥梁,深刻地影响了19 世纪欧洲写实主义雕塑的发展。

(三)英国艺术的崛起

英国近代艺术的渊源可追溯到 16 世纪。1534 年,英王亨利八世与罗马教皇决裂,建立了英国国教会。英国新教徒捣毁宗教形象,结束了中世纪文明。半个多世纪后,文艺复兴的余波混合着巴洛克潮流缓慢登陆英伦,产生出一种可称为"帕拉弟奥式"的建筑风格。曾两度游学意大利的宫廷建筑师琼斯(Inigo Jones,1573—1652)首先传播了帕拉弟奥的建筑理念,其核心是崇尚古典法则,排斥巴洛克式的情感放纵和装饰泛滥。1666 年,雷恩爵士(Sir Christopher Wren,1632—1723)受命为在一场大火中焚毁的一些伦敦教区设计教堂,如圣保罗教堂等。他的设计受到了巴洛克风格的影响,但仍保持着古典的克制。18 世纪,"帕拉弟奥式"风格依然不衰。伯林顿勋爵(Lord Burlington,1695—1753)与威廉·肯特(Willian Kent,1685—1748)合作设计的克里斯威克府邸,坐落于伦敦近郊,对这种建筑风格进行了经典陈示。

围绕着乡间宅邸(counry house),此时英国产生出一种近代园林形式——风景庭园(landscape garden,或称自然风景园)。由银行家亨利·霍尔二世(Henry Hoare Ⅱ,1705—1785)在威尔特郡设计的斯托尔海德庭园(Stourhead Garden,图 9-17)即为典范之作。它的建筑部分以古典样式为基础,园林部分则受了风景画的影响①,草地、树丛、小径、湖泊,"即冈峦之体势"②,尽量顺应自然。英国人认为,凡尔赛宫规整的花园不过是帝王专制的象征,而真正服务于人的园林,则应表达自由,反映出大自然本身的美。威廉·肯特认为,自然界拒绝直线。

图 9-17　斯托尔海德庭园,1741 年,英格兰威尔特郡沃敏斯特,亨利·霍尔二世设计

自 16 世纪下半叶,肖像画在英国画坛得到特殊发展,并先后受到荷尔拜因和凡·代克两位外来画家的影响。到 18 世纪,绘画题材才开始丰富起来。威廉·荷加斯(William Hogarth,1697—1764)代表了这种转变,因而成为英国近代第一个有影响的画家。他利用油画和铜版画创作连续的图画,记录城市中放荡和堕落的生活,讽刺中上层社会的庸俗、奢侈和荒淫,也经常描绘伦敦街头和下层社会的生活。他自称其作品为"道德题材"。如《妓女生涯》《浪子生涯》《时髦婚姻》等(图 9-18),与格瑞兹的作品有异曲同工的效果。

风景画在 18 世纪成为英国绘画的重要品种。它是从殖民时期的"风土地形图"演变而来的,作画手段从素描淡彩到水彩、油画而逐渐丰富。这个世纪前期流行怀古风景画,后期流行抒情风景画。同时还流行着一种风景和肖像配合的风景肖像画。乔舒亚·雷诺

①直接范本是法国古典主义画家洛兰的风景画。
②语出［唐］王勃《滕王阁序》。

图 9-18　荷加斯《时髦婚姻·婚姻契约》，1743—1745 年，布面油画，69.6 cm×90.8 cm，伦敦国家美术馆

图 9-19　庚斯博罗《蓝衣少年》，1770 年，布面油画，177.8 cm× 112.1 cm，加利福尼亚州圣马力诺城亨廷顿图书馆藏

兹、托马斯·庚斯博罗提供了风景肖像画的代表之作。雷诺兹（Sir Joshua Reynolds，1723—1792）是英国皇家美术学院的创立者（1768）。他的作品将巴洛克气质综合于古典主义理想之中，创造了高贵典雅而又富丽堂皇的"宏伟的肖像"，从而赋予肖像画以历史画的地位。庚斯博罗（Thomas Gainsborough，1727—1788）却以直接的绘画处理，打破了雷诺兹的学院派理想主义，为英国绘画贯注了感性的激情，也使罗可可风格焕发了生机（图 9-19）。

（四）俄罗斯艺术

俄罗斯文化是在东正教传统中发展起来的。18 世纪初，彼得大帝（1682—1725）执政，实行效法西欧的改革，俄罗斯艺术开始接受以学院派为内容的欧洲影响。18 世纪中叶，俄罗斯仿照法兰西皇家美术学院模式建立了自己的皇家美术学院,又直接聘请法国人当教师。俄国人处处以法国人为师,女皇叶卡捷琳娜二世(1762—1796)甚至自称法国启蒙主义者的学生,继续提倡与西方接触。那时,俄国人经常到法国、意大利和德国旅行,不乏了解西方文化的机会。国内创办的期刊也不失时机地宣传西欧音乐、文学和美术的新动向。整个18世纪的俄罗斯艺术呈现出"全盘西化"的特征,尤其深刻地打上了法国古典主义艺术的烙印。

(五)美国艺术

建国之初的美国画家多在欧洲接受教育,赴英国皇家美术学院和德国杜塞尔多夫美术学院学习的尤其多。由于与英国的特殊关系,美国早期艺术受到的最大影响来自英国。18世纪较杰出的画家如科普利、威斯特、斯图亚特等,都与英国有很深的关系。科普利和威斯特先后定居伦敦,是率先在欧洲获得声望的美国画家。科普利(Jhon Singleton Copley,1738—1815)1785年展出的大型历史画《查理一世要求交出五名被控的下院议员》曾是欧洲绘画转向现实题材的代表作之一。威斯特(Benjamin West,1738—1820)在雷诺兹死后接任了英国皇家美术学院院长。在英国文化影响下,肖像画成了18世纪美国画坛的主业。斯图尔特(Gilbert Stuart,1755—1828)曾两度赴英求学,在威斯特门下娴熟地掌握了古典肖像画技法,回国后定居纽约,为华盛顿等许多美国开国元勋画过肖像,并因此成名。

思考题

1. 与文艺复兴时期相比,17世纪欧洲的建筑、雕塑、绘画在视觉风格上有哪些重要变化?

2. 贝尔尼尼曾被路易十四邀请到巴黎参加卢浮宫改建设计,但他的设计方案被否决了,你认为最可能的原因是什么?

3. 巴洛克艺术与洛可可艺术有哪些差异?

4. 你认为洛可可艺术是一种颓废的艺术吗? 请说明理由。

5. 美术学院的创立对欧洲美术教育产生了哪些影响? 你怎样评价?

扩展阅读

梅因斯通.剑桥艺术史:17世纪艺术[M].钱乘旦,译.南京:译林出版社,2009.

斯蒂芬·琼斯.剑桥艺术史:18世纪艺术[M].钱乘旦,译.南京:译林出版社,2009.

米奈.巴洛克与洛可可:艺术与文化[M].孙小金,译.桂林:广西师范大学出版社,2004.

李春.欧洲17世纪美术[M].北京:中国人民大学出版社,2004.

彼得·伯克.制造路易十四[M].郝名玮,译.北京:商务印书馆,2007.

雅克·勒夫隆.凡尔赛宫的生活[M].王殿忠,译.济南:山东画报出版社,2005.

萨拉·柯耐尔.西方美术风格演变史[M].欧阳英,樊小明,译.杭州:中国美术学院出版社,2008.

吴永强.西方美术史[M].长沙:湖南美术出版社,2006.

陈志华.外国古建筑二十讲[M].北京:生活·读书·新知三联书店,2002.

雷·H.肯拜耳,等.世界雕塑史[M].钱景长,钱景渊,译.杭州:浙江美术学院出版社,1989.

弗拉维奥·孔蒂.巴罗克艺术鉴赏[M].李宗慧,译.北京:北京大学出版社,1992.

张石森,岳鑫.巴洛克与罗可可艺术[M].呼和浩特:远方出版社,2006.

第十章　近现代西方艺术

工业革命摧毁了传统手工艺，动摇了艺术旧有的存在基础，诞生出一个与精神性、想象力、创造性紧密结合的领域——技艺让位于感性的杰出，公众趣味让位于精英价值，能工巧匠让位于艺术家，艺术家跃升为"天才"。

在备享殊荣的同时，艺术家也开始付出代价。处于工匠的地位时，艺术家只要有手艺，生活就有保障；而社会的追捧使这种安全感丧失了，为了赢得关注，他们开始追求与众不同。从此，"风格"（Style）向艺术创作提出了要求。

19 世纪以来，展览会日益在艺术家的事业和公众生活中显示出重要性。艺术家独立组织的民间展览会作为新事物，不断挑战着官方展览的权威，从而鼓励了自由创作，并使创新日渐成为艺术世界首认的价值。

一、近代西方艺术

19 世纪新古典主义、浪漫主义、现实主义和印象派的兴起，标志着西方艺术逐步进入近代。它们之间复杂的扬弃关系首度引起了西方艺术对传统的超越。

（一）新古典主义（Neoclassicism）

新古典主义艺术产生于法国大革命前夜，是对罗可可艺术的反叛。因为在激进的革命者眼中，罗可可艺术是波旁王朝糜烂的象征。出于政治革命的需要，新古典主义者借鉴 17 世纪古典主义，崇尚理性，以庄重、典雅、和谐为审美标准，提倡表现严肃、重大的题材。可是，随着大革命的沉浮，新古典主义也经历了变迁，从早期的革命艺术演化为后期的官方艺术，并成了学院派的代名词。大卫和他的学生安格尔是新古典主义不同时期的代表画家,从两人的艺术生涯中,我们可清晰地看到这种变化。

图 10-1 大卫《荷拉斯兄弟之誓》,1784 年,布面油画,330 cm×425 cm,卢浮宫

大卫(Jacques Louis David,1748—1825)借大革命而功成名就,先后为革命政权和拿破仑皇帝效劳,其作品有严肃的主题和庄严的描绘,表面冷静,背后却藏着急切的政治功利。《荷拉斯兄弟之誓》(图 10-1)、《处决儿子的布鲁特斯》、《马拉之死》等,是对革命的鼓动和歌颂;而表现拿破仑系列盛典的作品,却是在为新的专制唱赞歌。后者意在将拿破仑的业绩美化为令人追忆的罗马帝国的荣耀。在大卫艺术的引领下,古罗马成为法国人梦中的理想。

图 10-2 安格尔《泉》,1856 年,布面油画,163 cm × 80 cm,巴黎奥赛博物馆

安格尔(Jean Auguse Dominique Ingres,1780—1867)在大革命时代度过一生,但他对革命毫无兴趣,而是把精力和热情贡献给了艺术形式的研究。安格尔有一套古典主义绘画观,但其创作却与之存在矛盾。安格尔认为历史题材应在一切题材之上,而他最精美的作品却是女性人体雕塑和肖像画(图10-2);他坚称素描就是一切,但他的不少作品,尤其是描绘近东题材的图画,却充满敏感的色彩,甚至使人嗅到浪漫主义气息。他的作品为绘画史提供了写实技术与古典美结合的完美典范。正是由于安格尔的出现,新古典主义美学被推向至境并成为学院派标准。

热拉尔(Gerard,1770—1837)、吉洛德(Girodet,1767—1824)、格罗(Gros,1771—1835)、普吕东(Prud'hon,1758—1823)等,均出自大卫门下。与安格尔相比,他们的作品浪漫气息更浓,留下了新古典主义向浪漫主义转变的痕迹。

新古典主义雕塑以意大利雕塑家卡诺瓦（Canova，1757—1822）的作品最有代表性。他在罗马的法兰西美术学院任教，对法国雕塑界影响巨大。卡诺瓦曾取材于古代神话，创作了像《丘比特之吻》（图 10-3）这样的有着梦幻般效果的美丽作品。而他受邀为拿破仑及家人塑造的雕像，造型沉稳庄重，充满古典气质。卡诺瓦的作品是艺术史上第一次应博物馆要求而创作的，代表了近代艺术家工作目标的转变。

图 10-3　卡诺瓦《丘比特之吻》，1793年，大理石，高 135 cm，卢浮宫

（二）浪漫主义（Romanticism）

浪漫主义是在 18 世纪晚期与新古典主义同时兴起的一种艺术思潮。作为新古典主义的异端，浪漫主义突出艺术家的主体性，强调情感的价值与想象力的作用，追求个性美。同时，浪漫主义有一种"生活在别处"的情怀，表现为缅怀中世纪，向往异国情调，推崇民族主义，尊重民族民间艺术的地位。

浪漫主义以个性对共性、创造性对模仿性的抵抗，显示出对学院派古典主义的背离，从而导致了西方艺术的分化，为现代主义艺术观念作出了预言。为适应情感表现，浪漫主义绘画反对新古典主义绘画将素描置于色彩之上，推崇色彩的表现价值。但浪漫主义并非统一的艺术风格，林林总总的浪漫主义艺术可概括为两种类型：激情浪漫主义和哲理浪漫主义。其代表分别见之于法国和德国。

法国浪漫主义以革命式的热情、巴洛克式的运动节奏、响亮的色彩为特征。席里柯（Théodore Géricault，1791—1824）首先创造了激情和运动交织的绘画风格。他的油画《梅杜萨之筏》（图 10-4）以动荡的构图、惨烈的景象表现出人在自然灾难中的无助，从而突破了古典主义的冷漠无情，为法国浪漫主义提供了先驱之作。接着，德拉克罗瓦（Eugène Delacroix，1978—1863）借历史、文学题材和当代事件，以史无前例的色彩造型、激越的动势、表达艺术家的激情和幻想，把法国浪漫主义绘画推向至境（图 10-5）。此外，法国绘画还经常出现近东和北非的景象，这是拿破仑远征带给艺术家的遐想，从而以异国情调为法国绘画增添了浪漫主义色彩。

在雕塑创作中，法国浪漫主义也以热烈、动势、激越见长，吕德（Fransois Rude，1784—1855）创作的巴黎凯旋门浮雕《马赛曲》（图 10-6）、罢里（Antoine-Louis Barye，1796—1875）塑造的凶猛动物可为其代表之作。此外，吕德的弟子卡尔波（Jean-Baptiste Carpeaux，1827—1875）综合巴洛克和罗可可风格，以轻盈的动态和喜悦的表情，把一种抒情的浪漫风格留在了卢浮宫和巴黎大歌剧院门前。

图 10-4　席里柯《梅杜萨之筏》,1818 年,布面油画,491 cm×716 cm,卢浮宫

图 10-5　德拉克罗瓦《自由引导人民》,1830 年,布面油画,260 cm×350 cm,卢浮宫

德国浪漫主义以内省、忧郁的气质,创造了一种诗性的哲理风格,充满宗教感、神秘性和超自然的灵性。弗里德里希(Caspar David Friedrich, 1774—1840)创立的"月光风景画"和"拿撒勒派"(Nazarener School)宗教神秘主义绘画为之提供了代表。月光、拂晓、墓地经常出现在弗里德里希的画中,构成了时间流转、天地寥廓的景象。当空旷的背景和孤独的人影依靠敏感的色彩呈现在观者面前时,人们倍感自然的威严和人生的无常(图 10-7)。

浪漫主义是一个全欧性质的运动,法国浪漫主义和德国浪漫主义不过是提供了一种象征的视界,但可借此把握到各种浪漫风格的大体走势。

西班牙画家戈雅(Francisco de Goya, 1746—1828)的创作以激情、想象力和色彩,丰富地体现了浪漫主义的含义。他的三大铜版画——《卡普里马乔》《战争的灾难》《迪斯巴拉蒂斯》,充塞着巫婆、幽灵、恶魔、蠢驴、骗子、杀人狂等"颠倒世界"的怪异形象,构思之奇令人惊叹。他的油画《1808 年 5 月 3 日夜枪杀起义者》(图 10-8)表现拿破仑军队处决西班牙抵抗者的情景,毫不回避血腥和恐怖,营造了惊心动魄的效果,激荡着浪漫的激情。同时,他的想象力、变形能力以及对大色块表现力的发掘,启示了现代绘画的道路。

图 10-6 吕德《马赛曲》,1833—1836 年,石灰石,12.7 m×6 m,巴黎爱德华星形广场凯旋门浮雕

图 10-7 弗里德里希《雪中墓地》,1810 年,布面油画,110.4 cm×171 cm,柏林国家美术馆

图 10-8 戈雅《1808 年 5 月 3 日夜枪杀起义者》,1814 年,布面油画,266 cm×345 cm,马德里普拉多博物馆

布莱克(William Blake,1757—1827)和弗塞里(Henry Fuseli,1741—1825)的神秘主义绘画,代表了英国早期浪漫主义风格。尤其是布莱克在书籍插图中呈现的幻想世界(图 10-9),与戈雅的艺术有异曲同工之妙;而其冥想的特征又可与德国浪漫主义建立精神的共鸣。这种神秘的浪漫风格一头连着文学,一头通向宗教,影响了下一代艺术家,如"拉斐尔前派"(Pre-Raphael School)那种蕴涵道德寓意的怀旧、感伤的画面便可与之呼应,从而构成英国浪漫主义早晚期回环的历史景观。

英国浪漫主义最华丽的乐章是由透纳(William Turner,1775—1851)用风景画抒写的。他通过对风暴、飞雪和海景的描绘,表现了无形的自然力量。在减弱轮廓的造型、松散的结构、粗豪的用笔和迷幻的光色中,取得了独特风格。这种风格尤以其澎湃之势,与法国浪漫主义殊途同归。更重要的是,透纳与德拉克罗瓦一样,自觉地探索光与色的关系,并早于法国印象派画出了与光色融通的图画(图 10-10)。

图 10-9 布莱克《永恒之神》,1794 年,蚀刻加水彩,伦敦大英博物馆

图 10-10 透纳《战舰特米雷勒号最后以一次归航》,1838 年,布面油画,91 cm×122 cm,伦敦国家美术馆

(三)现实主义(Realism)

现实主义的概念来源于法国画家库尔贝(Gutave Courbet,1819—1877)1855 年为挑战官方沙龙而自办的一次个人画展[1]。与当时流行的新古典主义针锋相对,表达了一种艺术与现实的新型关系,即主张艺术舍弃"美"的题材,直面现实,不回避丑和生活中的黑

----

[1]这次画展取名为"现实主义——库尔贝画展(Le Realiam,G·Courbet)"。

暗现象。同时,由于现实主义促使艺术家画其所见而不再画其所知,也激励了形式的探索,为印象派的产生提供了观念前导。

卡拉瓦乔只是把圣人画成普通老百姓,库尔贝却描绘赤裸裸的现实,动摇了古典传统的基础,在艺术史第一次显示出颠覆性。他在 1855 年的自办画展中展出的《画室》和《奥尔南的葬礼》,以及如《打石工》《库尔贝先生,你好!》(图 10-11)等作品,一方面遭来沙龙的谩骂;另一方面如他自己所说,给"资产阶级"以不小的惊吓。杜米埃(Honore Daumier,1809—1879)是与库尔贝较类似的具有革命性的法国画家,而且更是一个社会批判家。他以讽刺性漫画著称。如《立法大肚子》《高康大》《三等车厢》(图 10-12)等作品,用夸张的形象,把当权者的贪欲和受压迫者的苦难暴露无遗。他的石版画和油画也采用漫画造型,其简练的形式颇有现代感。

图 10-11　库尔贝《库尔贝先生,你好!》,1854 年,布面油画,129 cm×149 cm,蒙比利埃-法布尔博物馆

图 10-12　杜米埃《三等车厢》,1862 年,布面油画,64.4 cm×90.2 cm,渥太华加拿大国家美术馆

现实主义精神也在更早的巴比松画派(The group of Barbizon)那里显示出来。这是指 19 世纪 30—50 年代聚集在巴黎郊外枫丹白露森林小镇巴比松生活和作画的一批画家。最有名的是被誉称为"巴比松七星"的柯罗(Jean-Baptiste-Camille Corot,1796—1875)、米勒(Jean-Francois Millet,1814—1875)、卢索(Theodore Rousseau,1812—1867)、狄亚兹(Narcisse-Virgile Diaz,1808—1970)、特罗容(Constant Troyon,1810—1865)、杜比尼(Charles-francois Daubigny,1817—1878)、杜普雷(Jules Dupre,1811—1889)。这一批画家受到英国风景画家康斯太勃尔的影响,主张走出户外,对景写生,研究空气和阳光的变化,成为印象派的直接先驱。他们的作品描绘自然风光,反映田家风俗和农民生活,表现出对大自然和平凡生活的兴趣。其中,柯罗以减弱情节性的画面和简练的形式感,蕴涵了现代绘画的主要旨趣(图 10-13)。米勒以人道主义的同情心和朴素厚实的描绘,塑造

了"高贵的野蛮人"形象,以此赋予了农民前所未有的尊严(图10-14)。

图10-13　柯罗《孟特芳丹的回忆》,1864年,布面油画,65 cm×89 cm 卢浮宫

图10-14　米勒《晚钟》,1859年,布面油画,55.5 cm×66 cm,巴黎奥赛博物馆

作为巴比松画派心灵导师的康斯太勃尔(John Constable,1776—1837),是与透纳同时期的英国风景画家。他以自然主义的眼光,研究乡村和大海风光,创造了质朴而潇洒的风格。如果说透纳的作品是表现大自然咆哮的乐章,康斯太勃尔的作品就是精神与自然和谐的诗篇。在色彩与光的关系研究上,康斯太勃尔成果斐然,影响重大。德拉克罗瓦参观其《干草车》一画后把《希奥岛的屠杀》的天空部分刮掉重画,这说明,是康斯太勃尔为德拉克罗瓦的色彩研究注入了深度。[①]

(四)印象派(Impressionism)

印象派诞生于19世纪70年代。1874年印象派画家在巴黎盖尔波瓦咖啡馆举办首次展览,其间,巴黎《喧噪》杂志记者勒鲁瓦针对莫奈的油画《日出·印象》发表评论,并以此把这些画家讽刺为"印象派"。

印象派是在写实主义臻于极致并受到照相技术冲击的情况下产生的[②]。当时正在形成的科学色彩学为之提供了支持,而库尔贝的现实主义观念和透纳、康斯太勃尔、德拉克罗瓦、巴比松画派的色彩探索则为之提供了前导。印象派主张画其所见,以光和色彩为媒介,表现瞬间真实。由于对视觉性的突出并创立了全新的绘画语言,印象派加深了视觉艺术与传统的裂痕,在空间平面化、色彩抒情性、图式非描绘性几个层面上,激起了革命性的反响,启示了现代绘画的方向。

---

①1824年,在康斯太勃尔送交巴黎世博会的《干草车》一画中,德拉克罗瓦注意到:"他所用的各种不同的对比色彩,从远处看,产生了一种振动的效果。"因而受到启发,即一种色彩可用不同强度的对比色来表现。他将此命名为"类似纺织法"。这正是以后印象派运用色彩的基本原则。

②1839年,法国画家、化学家达盖尔发明了银版摄影术,宣告摄影技术的诞生,传统绘画由此面临严峻挑战。

艺术史上经常提及的印象派画家有马奈、莫奈、雷诺阿、德加、毕沙罗、西斯莱、摩里索、卡萨特等。

马奈（Edouard Manet, 1832—1883）首先注意到外光条件下的光源的复杂性,他第一个远离明暗,依靠光源色、环境色来表现对象的色彩关系,被印象派尊为精神导师。其实马奈从不参加印象派画展,也不承认自己是印象派,但他比所有印象派画家都走得更远。他曾因展出《草地上的午餐》和《奥林匹亚》（图 10-15）而饱受非议,因为它们不假宗教、神话主题作掩

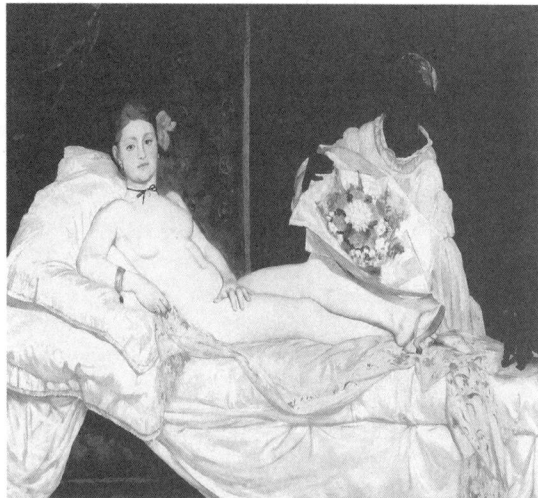

图 10-15 马奈《奥林匹亚》,1863 年,布面油画,129.5 cm×189.9 cm,巴黎奥赛博物馆

饰,就让现实生活中的裸体直接出场了。他用笔触、材质和平面关系构成简练的视觉实体,使形式脱离主题和题材,成为独立的审美对象。他的探索包含了现代艺术的主要旨趣。

印象派画家崇尚东方艺术尤其是日本画,马奈是十分突出的一位,他汲取浮世绘版画的形式特点,在大面积的黑白对比中处理色彩关系,显示出对焦点透视的否定和对平面表现力的开掘,从而推进了欧洲绘画的空间观念向现代转变。

莫奈（Claud Monet, 1840—1926）是一位全心全意表现外光的画家,几乎不在室内作画。19 世纪 60 年代后期和整个 70 年代,他一直在进行"光与色的效果实验"。他的作品把光的颤动作为基本主题,采用非混合的色彩,以分离的笔触,追寻色随光动的变化之态,代表了典型的印象派风格。其晚年创作的《睡莲》系列亦可见一条从画其所见到纯形式表现的变化轨迹。关于莫奈影响力的传说不绝,例如,他的《日出·印象》为印象派博得了名字（图 10-16）,他的《干草垛》曾使抽象派大师康定斯基获得灵感。

雷诺阿（Pierre-August Renoir, 1841—1919）是出名的乐天派,喜欢画人物,尤其是妇女和儿童。他的作品充满阳光和鲜花的气息,风移影动,姗姗可爱。古典造型与印象派的色彩结合,鹅毛般飘逸松软的笔触,赋予它们以鲜明的视觉特点（图10-17）。德加（Edgar Degas, 1834—1917）记录了歌剧院、芭蕾舞排练场、赛马场的情景,并以描绘室内光和女性人体著称。他的作品快照般地凝固人物运动的瞬间,构图随意剪裁,动作扣人心弦。他喜欢用色粉笔作画,油画也有色粉笔的神韵,笔触蓬松流利,生动粲然（图10-18）。作为印象派画家中最年长的一位,毕沙罗（Camille Pissarro, 1830—1903）为这个画派发展了一种有着致密结构、富有质感的风格,既保持了空间透视和体积造型,又闪烁

着灿烂的光与色。西斯莱(Alfred Sisley,1839—1899)是英国侨民的后代。他特别擅长表现天空。他画的天空本身具有肌理、结构和层次,并以行将离去的动势引人入胜。

图 10-16　莫奈《日出·印象》,1872 年,布面油画,50 cm×65 cm,巴黎马蒙达博物馆

图 10-17　雷诺阿《包厢》,1874 年,布面油画,80 cm×63 cm,伦敦科陶德艺术馆

图 10-18　德加《舞台上的舞女》,1877 年,纸上粉彩,64 cm×44 cm,巴黎奥赛博物馆

莫里索(Berthe Morisot,1841—1895)和卡萨特(Mary Cassat,1845—1926)是两位女性画家。前者是法国本地人,是马奈的弟媳;后者是德加的挚友,来自美国。二人自始至终地参加了印象派运动。莫里索以潇洒自如的笔法表现女性的日常生活;卡萨特以浮世绘版画般的构图留下了大量母亲与孩子的镜头。

印象派在当时就发生了广泛影响,如活跃在英国画坛的两位美国画家惠斯勒和萨金特的作品便有印象派风格的痕迹。不过,惠斯勒(James Whistler,1834—1903)从印象派出发,走到了现代艺术的边缘。他使用色彩不是为了画其所见,而是为了画其所想。他经常故意给自己的作品取上音乐标题,如《画家的母亲》(图10-19)(又名《灰色和黑色的改编曲》)、《白衣少女》(又名《白色交响曲》)等,实际上是想创造一种纯绘画效果。1877年,惠斯勒标价二百金币展出了一幅《黑色和金色的夜曲:散落的烟火》,为此遭

图10-19　惠斯勒《画家的母亲》,1884年,布面油画,73.6 cm×114.8 cm,费城艺术博物馆

到批评家罗斯金的猛烈抨击,说他是在对观众行骗,结果引起了一场名誉权诉讼[1]。与惠斯勒相反,萨金特(John Singer Sargent,1856—1925)从印象主义出发,却回到了古典主义。他用印象派的光色技法,为上流社会人物塑造了一系列华贵而甜美的肖像。

(五)新印象主义(Neo-Impressionism)

在印象派运动方兴未艾的1880年前后,修拉(Georges Seurat,1859—1891)和西涅克(Paul Signac,1863—1935)根据当时的光学和色彩学理论,按照互补色等色彩并置对比的原理,开始探索一种理性的有章可循的色彩体系,从而诞生了新印象主义。他们在画面中用小纯色点的精心排列来代替印象派组织松散的笔触,故又称"点彩派"。展出于第8届印象派画展的作品《大碗岛的星期天下午》(图10-20)是修拉的经典之作。

新印象主义把印象派感性的色彩发展为理智化的用色体系,把"浪漫的印象主义"变成了"科学的印象主义",可谓印象主义理论的形象化诠释。虽然他们的画面看起来不比印象派绘画生动,但却演化出一种具有构成性的平面装饰风格,与现代绘画的旨趣更近了一步。

---

①惠斯勒起诉罗斯金的这场官司以惠斯勒胜诉而告终,但他为此付出了倾家荡产的代价。最后,他出版了一部书,叫作《惠斯勒对罗斯金——艺术与艺术批评》。

图 10-20　修拉《大碗岛的星期天下午》,1884—1886 年,布面油画,207 cm×308 cm,芝加哥艺术学院

(六) 在西欧之外

19 世纪俄罗斯和美国的艺术依然处在消化西欧艺术影响的过程中,与同时代的欧洲艺术主流保持着一种时差性的距离。

1.近代俄罗斯艺术

19 世纪俄罗斯文学和音乐取得高度成就,发展了令世界瞩目的戏剧和芭蕾舞艺术。不过画家和雕塑家仍然是学院派的崇拜者。当法国艺术极力丢开文学的拐杖而尝试着探索纯视觉语言的表现力时,俄罗斯美术却加强了主题和情节的比重。皇家美术学院的布留洛夫(Karl Pavlovich Briullov,1799—1852)以宏大的主题性场面,将古典主义的崇高风格发挥至极。费罗托夫(Pavel fedotov,1815—1852)创作的风俗画以戏剧性的表现手法,讽刺了社会上的市侩风气和虚伪道德。1870—1923 年间,"巡回展览画派"(Peredvizhniki)称雄画坛。该画派揭露现实,关注民生,记录历史事件和俄罗斯自然风光,具有鲜明的现实主义特点。

克拉姆斯柯依(Ivan Nikolaevich Kramskoy,1837—1887)是巡回展览画派的早期领袖和肖像画名家。他为包括托尔斯泰、涅克拉索夫在内的许多俄罗斯文化名人画过像。代表其成熟风格的作品《无名女郎》以高贵美丽的女性形象而引人遐想。列宾(Iliya Efimovich Repin,1844—1930)是巡回展览画派最有代表性的画家。他的作品以高度的写实技巧、戏剧性的情节,浓缩了俄罗斯人民的苦难生活,反映出他们对压迫的反抗、对新生活的渴望。如其名作《伏尔加河上的纤夫》(图 10-21)简直就是在为苦难的人民塑造雕像。苏里科夫(Vasili Ivanovich Surikov,1819—1910)以历史画著称,其名作如《近卫军临刑的早晨》《女贵族莫洛卓娃》等,以不偏不倚的历史态度和悲剧性的场面,谱写了俄罗斯民族命运的史诗。

图 10-21　列宾《伏尔加河上的纤夫》,1873 年,布面油画,130.5 cm×281 cm,圣彼得堡俄罗斯博物馆

巡回展览画派的风景画也历来令人称道。希施金(Ivan Shishkin, 1832—1898)描绘庄严粗犷的北国森林,达到了宏伟气魄与精细刻画完美融合的境界,因而博得"森林肖像画家"的美誉。列维坦(Isaak Ilitsch Levitan, 1861—1900)的作品思想深邃,意境悠远,仿佛要把人的心情带向广袤遥远的地方。

2.近代美国艺术

1825 年建立的美国国家设计学院,继续向美国国内传播欧洲学院派艺术。在肖像画居于主流、保守趣味笼罩画坛的情况下,"哈德逊画派"的风景画吹来了一股新鲜空气。以托马斯·科尔(Thomas Cole, 1801—1848)、乔治·英尼斯(George Inness, 1925—1894)为代表的一批画家,以户外写生、室内加工的手段描绘洛基山脉、哈德逊河的风景,将北美洲的山川大地呈现于既有现实主义观察又有浪漫抒情性的图画之中,预告了美国画风的崛起。

19 世纪下半叶,美国画风从两位画家的艺术中显露出来。霍默(Winslow homer, 1836—1910)的作品质朴地描绘了从新英格兰到墨西哥湾流的风光,滔天的海浪和倔强的生命形象点明了美国精神的实质(图 10-22)。艾肯斯(Thomas Eakins, 1844—1916)直率地描绘裸体、肖像和包括拳击场、外科手术在内的美国城市生活情景。他们的色彩运用和造型风格都显露出不同于欧洲绘画的特点。

图 10-22　霍默《生命线》,1871 年,布面油画,144.3 cm×162.5 cm,巴黎奥赛博物馆

二、西方现代艺术的开端

印象派固然创立了新的绘画语言,但其"画其所见"的主张受到后起艺术家的批评,如高更称其为"无头脑"的艺术,于是诞生了后印象派,他们利用印象派的色彩成就来表现主观现实,促成了西方艺术从整体上摆脱模仿论,出现向内转的趋势。同时,象征主义、新艺术运动的兴起,在强化这一趋势的同时,引起了形式与内容的关系、艺术与生活的关系的逆转,产生了形式优先的观念和艺术功能观的分化:一方面,精英艺术和大众艺术分道扬镳,实验性创作成为一部分艺术家的选择;另一方面,艺术与生活的联系更加紧密,从中诞生出了现代设计。在这种复杂的变革气候中,西方艺术走出了现代主义的第一步。

(一)后印象主义(Post-Impressionism)

"后印象主义"是英国画家、批评家罗杰·弗莱(Roger Fry,1866—1934)在 1911 年提出的一个概念,指 19 世纪 80 年代后期到 20 世纪初在法国兴起的一股绘画潮流,以塞尚、梵高、高更三位画家为代表。他们对印象派展开批判性回应,以远离客观描绘、走向主观表现的一致倾向,开辟了现代主义艺术的方向。

塞尚(Paul Cezanne,1839—1906)主要以静物为母题进行实验。他的作品以近于几何化的形色结构,打破了文艺复兴以来焦点透视法则对绘画的支配,为绘画创作发掘平面潜力、建立现代型空间树立了典范,并开拓了构成主义方向(图10-23)。塞尚意在创立一种客观化的艺术真实,为其"画面自有其真实性"的观念赋予形象的表达,表明艺术是现实世界的等价物,而不是现实世界的摹本。他为现代主义艺术奠定了观念基础,提供了基本语汇,被誉为"现代绘画之父"。

梵高（Vicent Willem van Gogh, 1853—1890）在风景、静物、人物等广泛的题材上释放激情。他以耀眼的色彩、厚厚的色层、火焰般的笔触，把绘画形式变成了表达艺术家心灵生活和情感状态的直接语言。他的作品否定了绘画对文学性叙述的依赖，将视觉传达提高到前所未有的水平，开辟了表现主义的方向（图 10-24）。梵高的创作集中于生命中的最后十年，留下了殉道者般的生平故事，从而提供了一种寓言，促使人们将表现主义艺术看成是与生活一体的艺术。

图 10-23 塞尚《苹果与橙子》，约 1895—1990 年，布面油画，74 cm×93 cm，巴黎奥赛博物馆

高更（Paul Gauguin, 1849—1903）远离都市，与太平洋上的原始土著共同生活。他的作品故意减弱技巧，以平涂的色彩、大色域的构成、稚拙的形象，构造出一个梦幻般的纯真世界（图 10-25）。他发展了一种"综合主义"（Synthetism）的美学观，即以绘画手段综合记忆经验，使主观世界客观化，以表达其重回伊甸园的梦想。他从原始艺术寻找借鉴，为世纪末兴起的象征主义提供了新的绘画语言。

图 10-24 梵高《星月之夜》1889 年，布面油画，73 cm×92 cm，纽约现代美术博物馆

图 10-25 高更《两位塔希提妇女》，1899 年，布面油画，93.9 cm×71.7 cm，纽约大都会艺术博物馆

法国画家图鲁兹-劳特累克（Toulouse-Lautrec, 1864—1901）是在后印象派画家活跃时期的另一位重要画家。由于身体残疾，他只在夜总会、歌舞伎、赛马场等几个有限的题材

上进行创作。他从浮世绘版画中得到启发，其作品将透视性与平面性、描绘性与装饰性融为一体，有浓厚的现代感。受油画和石版画两种技法经验引导，他的作品以大量运用波浪形和螺旋形线条为特色。

（二）象征主义（Symbolism）

我们知道，象征主义最初是一个文学运动，后来扩展到音乐和美术。它主张通过直观的形象来探查和表现"超验的理念世界"，将哲理与诗性融于音乐化的形式之中，把人引向与自然同一的境界。象征主义认为，是形式统一了艺术的内容而不是内容统一了艺术的形式，诞生出"形式即内容"的现代主义观点。

象征主义源于对工业文明的不满，反映出世纪末情绪中的一种逃离现实、重返伊甸园的愿望，但象征主义的更深渊源却在浪漫主义。作为晚期浪漫主义的代表，英国拉斐尔前派的创作就已表现出象征主义倾向。

拉斐尔前派主要是一个绘画流派，诞生于1848年，以皇家美术学院学生亨特（W.Hunt，1827—1910）、但丁·罗塞蒂（Dante Rossetti，1828—1882）、米莱斯（J.Mill1ais，1829—1896）等人成立"拉斐尔前派兄弟会"（Pre-Raphael Brotherhood）为标志。从法国来此任教的青年教师布朗（Ford Madox Brown，1821—1893）也加入他们的活动。社会思

图10-26　但丁·罗塞蒂《贝娅塔·贝雅特丽齐》1864—1870年，布面油画，86.4 cm×66 cm，伦敦泰特美术馆

想家和艺术批评家罗斯金为他们提供了辩护和支持。这一批画家厌弃学院派艺术，提出"回到自然"的口号，主张学习拉斐尔以前的早期文艺复兴艺术。他们从基督教道德立场出发，常到《圣经》和文学作品中寻找题材。其作品表达了对工业革命冲击传统生活秩序的不满，流露出怀旧和感伤情调，有时带有说教气息，寓意晦涩难懂，但注重细节真实的描绘，并追求装饰效果，兼有文学性和唯美色彩，在许多方面已具备了象征主义品格（图10-26）。拉斐尔前派有一批后继者，其中如阿瑟·休斯（A.Hughes，1832—1915）、史蒂文斯（Stevens，1818—1875）、瓦兹（G.Watts，1817—1904）等人的作品，更以其神秘、幻想和装饰效果，与象征主义产生了直接共鸣。

对高更艺术推崇备至的艺术理论家阿尔贝·奥里耶（G.Alert Aurier，1865—1892）曾在自己办的《法兰西水星》杂志上，发表了《绘画里的象征主义：高更》一文，把象征主义绘画的特点概括为："理式的（Idestic）、象征的、综合的、主观的、装饰的。"我们也可在此

看到它与晚期浪漫主义的联系点。

　　早期象征主义画家从写实手法开始,逐渐过渡到变形手法。代表人物有法国画家摩罗、夏凡纳、雷东和瑞士画家勃克林等。摩罗(Gustave Moreau,1826—1898)的作品多取材自宗教和神话题材,以严谨的造型和装饰的色彩,表现神秘情景(图10-27)。夏凡纳以描绘巴黎先贤寺(Panthéon)壁画等大型公共建筑壁画闻名,其画面平坦、柔和,超越情节性,将寓意与装饰融为一体。勃克林(Arnold Bocklin,1827—1901)发展了一种带有传奇性和森冷氛围的悲剧风景画,特别表达了对死亡的沉思。雷东(Odilon Redon,1840—1916)把象征主义带入了非写实的变形画面中。他的作品以平面构成的形式、怪诞而温和的梦境,与浪漫主义和超现实主义前后相接(图10-28)。

　　1889年,巴黎朱利安学院的一批学生成立了一个艺术团体,取名为"纳比"(Nabis,希伯来语,意为"先知"),故称"纳比派"。他们不满印象派画其所见的主张,将高更奉为精神导师,致力于建立一种将色彩感、装饰性和象征价值融合一体的艺术。主要成员有塞律西埃(Paul Serusier,1863—1927)、维亚尔(Edouard Vuillard,1868—1940)、博纳尔(Pierre Bonnard,1867—1947)、德尼(Maurice Denis,1870—1943)、卢塞尔(Ker-Xavier Roussel,1867—1944)等。他们以对高更综合主义理念的贯彻,使纳比派成为象征主义的重要画派。除了追求象征寓意的表达,纳比派艺术家充分实践了以形式创造内容的艺术

图10-27　摩罗《施洗约翰的头在显灵》,
1876年,纸上水彩,105 cm×72 cm,卢浮宫

图10-28　雷东《俄耳甫斯》,约1803—1810年,色
粉笔,68.8 cm×56.8 cm,卢浮宫

新思想。在创作中,他们将印象派的色彩、浮世绘版画的平面构成和当时方兴未艾的新艺术运动产生的装饰元素综合起来,创造出了鲜明的形式风格。

(三)新艺术运动(Art Nouveau)

1895 年 12 月 26 日,出版商萨穆尔·宾(Samuel Bing,1838—1905)在巴黎普罗旺斯路 22 号开设了一家名为"新艺术之家"(La Maison Art Nouveau)的设计室,该设计室成员在 1900 年的巴黎国际博览会上展出的作品受到时人关注,"新艺术"这个名字也传播开来,用来形容 19 至 20 世纪之交流行于欧洲的一场艺术与设计潮流。

新艺术运动的前源是 19 世纪 60 年代产生的英国工艺美术运动(The movement of Art and Craft)。这个运动是从本·琼斯(B.Joones,1833—1898)和威廉·莫里斯(William Morris,1834—1896)等人发起的"新拉斐尔前派"运动中产生的。其中,莫里斯显示了最大的重要性,被誉为"现代设计之父"。他追随罗斯金和"拉斐尔前派"的基督教伦理思想,坚持道德化的艺术观,认为机器大生产剥夺了手工艺匠师的工作权利,因而加以激烈反对。1861 年创办的"莫里斯美术用品公司"坚持用手工作业设计和生产壁纸、挂毯、家具、镶嵌玻璃等室内用品。莫里斯从雏菊、果实、柳树和葡萄等植物形态中抽取元素设计壁纸,创造了一种动感的曲线纹样,为随后兴起的新艺术运动提供了基本视觉符号。

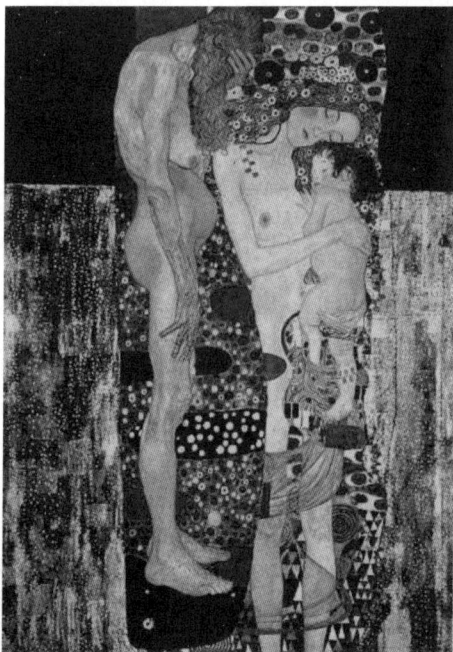

图 10-29 克利姆特《女人的三个阶段》,1905 年,布面油画 180 cm×180 cm 罗马国家现代美术馆

新艺术运动承认了工业生产的价值,故此推动了早期现代设计的进程。它的影响极其广泛,一方面提高了生活的审美质量;一方面使绘画朝着唯美主义和追求形式感的方向迈进了,足以代表现代主义诞生前夜的艺术存在状态。

新艺术运动并无统一的风格,在各国也名称各异。例如,在法国被称为"现代风格"(Modern style),在奥地利称"维也纳分离派"(Vienna Secession),在德国称"青年风格"(Jugendstil),在西班牙称"现代主义者"(Modernista),在意大利称"自由风格"(Stile Liberty)……维也纳分离派鲜明主张艺术创新和艺术为生活服务。其领袖人物克利姆特(Gustav Klimt,1862—1918)将人物变形地处理于装饰性图案中,创造了美感与性感结合的画面,代表了新艺术运动的典型绘画风格

（图10-29）。此外，英国插图画家比亚兹莱（Aubery Beardsley,1872—1898）的"日本式"的风格、瑞士画家霍德勒（Ferdinand Hodler,1853—1918）的梦幻场景，都从不同侧面反映了新艺术运动时期艺术家的风格追求。

新艺术运动亦曾影响俄国，集中于芭蕾舞而见出成就，包括其舞台、道具、服装等。而俄罗斯艺术家中最有现代倾向的要数巡回展览画派晚期画家谢洛夫（Valentin Alexandrovich Serov,1865—1911）。他尝试了印象派以来的许多新形式，如《少女与桃》等早期作品洋溢着印象派的光色，而晚期的《鲁宾斯坦像》等作品则已是现代风格了。他还参加过一个名为"艺术世界"的团体。这是19世纪80年代后期由一群有创新倾向的戏剧赞助人、舞台设计师、诗人、美术家、学者组成的团体，活动持续到20世纪初，代表了俄罗斯现代艺术的萌芽。

（四）建筑与雕塑的变革

19世纪西方建筑复兴了许多历史风格，尤其是美国企图在一个新大陆上再现欧洲传统。理查森（Henry Hobson Richardson,1838—1886）设计的波士顿三位一体教堂是罗马式教堂的翻版；阿普约（Richard Upjohn,1802—1878）设计的纽约三位一体教堂则是耸立云天的哥特式建筑；而美国第三任总统杰斐逊（Thomas Jefferson,1743—1826）任州长期间亲自设计的弗吉尼亚州议会大厦，则是对文艺复兴建筑风格的继承。19世纪下半叶，建筑师不满足单纯的复兴，他们把各种历史形式糅合到一座建筑中，产生出折中主义的离奇风格。

英国工业革命催生了全新的建筑技术。大量生产的铸铁构件能够轻易解决从前无法处理的难题，只需窗户玻璃就足以构成四壁。1851年伦敦世界博览会的水晶宫，展示了新技术革命的建筑成果。1889年建成的巴黎埃菲尔铁塔则赤裸地炫耀着铸铁的成就，这是献给为庆祝法国大革命100周年而举办的国际博览会的礼物。19世纪80至90年代，"芝加哥学派"（Chicago School）以鲜明的美国特色创造了有史以来第一批摩天大楼，高达13层的高楼是由铸铁结构支撑起的庞然大物。

19世纪欧美雕塑以肖像雕刻和作为建筑装饰的大型寓意性雕塑为主。创作者追随绘画领域的潮流，对巴洛克风格、新古典主义和浪漫主义作了折中的发挥，但本质上倾向学院派。这种状况直到19世纪末才被突破。法国雕塑大师罗丹（Auguste Rodin,1840—1917）的作品以夸大的比例、粗糙的质感、流动的韵律，架起了一道传统与现代承前启后的桥梁。他的《地狱之门》至今仍是雕塑史上最有浩瀚效果的作品。在凹凸的青铜材质造成的光影效果中，众多挣扎翻滚的人体看上去就好似浮动的幽灵。人们一度称罗丹是印象主义雕塑家，就是因为他在雕塑中留下的这种"笔触感"，罗丹也以此为雕塑创作输入了尊重材料的观念（图10-30）。罗丹的弟子马约尔（Aristide Mailllol,1861—1944）、布德尔(Antoine Bourdelle,1861—1929)、德斯比奥(Charles Despiau,1874—1946)等,将建筑学法则引入雕塑,以"建"和"造"代替传统雕塑的"雕"和"塑",为现代雕塑观念奠定了基础。

图 10-30　罗丹《加莱义民》,1886 年,210 cm×241 cm×198 cm,青铜,华盛顿赫什奥恩博物馆和雕塑公园

三、西方现代主义艺术

20 世纪上半叶的欧美艺术以"后印象派"为引子,在反传统和探索艺术自律性的主题下走向现代主义,表现为形式主义和非理性主义两条道路。

(一)野兽派和立体主义

现代主义艺术运动以法国为中心,以探索形式表现力为开端。第一个明确的现代主义艺术流派是巴黎野兽派。与此同时,立体主义以近于抽象的形式,重申了塞尚"画面自有其真实性"的观念。这两个流派,一个侧重色彩,一个侧重形体,从追求非描绘性(non-representation)开始,将艺术带到抽象的边缘,标志着西方艺术开始其现代主义历程。

1.野兽派(Fauvism)

"野兽派"本来是批评家沃塞勒(Louis Vauxcelles,1870—1943)对出席 1905 年秋季沙龙展（Salon d'Automne）①的一批新派艺术家作品的谑称。这批人物由三路组成：一是出自巴黎美术学院摩罗画室的马蒂斯（Henri Matisse，1869—1954）、路奥（Georges Rouault，1871—1958）、马尔克（Albert Marquet，1875—1947）；二是来自该学院夏杜工作室的弗拉芒克（Maurice de Vlaminck，1876—1959）和德兰（Andre Derain，1880—1954）；三是来自巴黎国立美术学院博纳尔画室的勃拉克（Georges Braque，1882—1963）和杜菲（Raul Dufy，1877—1953）。其中，马蒂斯是取得了国际影响的现代主义绘画大师，著有《画家笔记》以阐明野兽派的主张。他的作品以曲线构图和装饰性色彩为特色，为野兽派绘画提供了标志（图 10-31）。野兽派认为绘画应该是"一把舒适的安乐椅"，为人们提供愉悦价值。他们志在用色彩、线条等形式元素建立一种纯粹的视觉结构，使形式自身可以存在，而不再为描绘自然事物服务，从而进一步明确了塞尚关于"画面自有其真实性"的思想，以追求形式的独立性，宣告了西方绘画与传统彻底决裂。

2.立体主义（Cubism）

"立体主义"得名于马蒂斯和沃塞勒在 1908 年巴黎独立沙龙展览会上对勃拉克一幅风景画的形容，但毕加索 1907 年创作的《亚威农的少女》（图 10-32）已标志着立体主义的

图 10-31 马蒂斯《奢华 2 号》，1907—1908 年，布面酪素画，208.6 cm×139 cm，哥本哈根国家艺术博物馆

图 10-32 毕加索《亚威农的少女》，1907 年，布面油画，243.8 cm×233.7 cm，纽约现代艺术博物馆

①"秋季沙龙"成立于 1903 年，是一个由自由艺术家组织的美术展览会，策划者主要包括后来被称为"野兽派"的艺术家。

诞生。立体主义采用非洲黑人雕刻的变形处理手法,将塞尚的结构观念推向抽象发展的道路。基本特点在于:将客体对象分解成几何形,然后重组为具有平面关系的画面。这种方法称为分析立体主义。1921 年毕加索又将拼贴画引入创作,创立了以综合材料为特征的综合立体主义。

立体主义最重要的代表是毕加索和勃拉克。他们创立的立体主义原则深刻地影响了 20 世纪各种现代主义形式的探索。同时,毕加索一生以多变的画面风格和跨门类的艺术实验,成了以创新为价值的 20 世纪现代主义艺术家的经典符号。

立体主义有许多风格的形式演化。例如,莱热(Fernand leger,1881—1955)利用机器形态,发展出"机械立体主义"。格利斯(Juan Gris,1887—1927)将重叠、穿插和透明效果引入立体主义结构。而在立体主义基础上发展出的纯粹主义(Purism)和俄耳甫斯主义(Orphism)则促进了抽象主义的诞生。"纯粹主义"是由奥占芳(Amédéé Ozenfant,1886—1966)和勒·柯布西耶(Le Corbusier,1887—1965)建立的,他们以机械的纯粹感和平面的装饰感,把立体主义改造成为一种建筑式的机器结构。"俄耳甫斯主义"是立体主义理论家阿波利奈尔(Guillaume Apollinaire,1880—1918)发明的概念,主张视觉艺术音乐化,即要求绘画脱离现实表象或文字主题,成为抽象结构。代表画家是罗伯特·德劳内(Robert Delaunay,1885—1941)和库普卡(Frantisek Kupka,1871—1957)。

立体主义也在雕塑领域进行实验,引起了传统雕塑观念的颠覆。传统雕塑是连续封闭的体量,立体主义把空间综合为形体结构的一部,创造了第一批现代主义雕塑。1907 年毕加索创作的青铜作品《费尔南德·奥利维尔头像》,为立体主义雕塑的问世提供了预言之作。接着,阿基本科(Alexander Archipenko,1887—1964)、杜尚-维龙(Raymond Duchamp-Villon,1876—1918)、利普希茨(Jacques Lipchitz,1891—1973)、亨利·劳伦斯(Henri Laurens,1885—1954)、扎德金(Ossip Zadkine,1890—1966)等人或采用建筑结构,或采用综合材料,或采用色彩,在不同方向上完善了立体主义雕塑(图 10-33)。

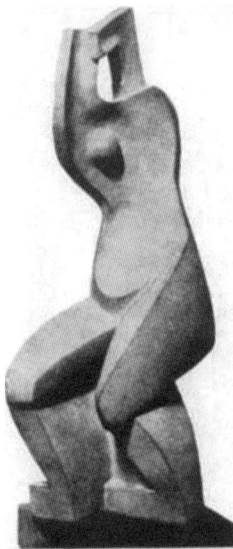

图 10-33　阿基本科《绿色的凹面》,青铜,高 38.3 cm,私人藏

(二)表现主义(Expressionism)

表现主义是 20 世纪早期主要流行于德国及北欧诸国的艺术潮流,与日耳曼文化传统有深刻的精神联系。它出自浪漫主义系统,以表现艺术家的个体情感为特点。但表现主义的情感不是日常的、易于理解的情感,而是在直觉与潜意识等内在人格生命领域获得的隐秘体验。其就近源泉是梵高艺术。作为"世纪末情绪"

的反映,表现主义还着意于表现郁闷与痛苦的主题。

表现主义绘画运用扭曲的形象、情绪化的色彩、自由的线条取得视觉冲击和情感表现力。挪威画家蒙克(Edvard Munch,1863—1944)、比利时画家恩索尔(James Ensor,1860—1949)、法国画家路奥的创作具有先驱意义。蒙克的艺术总是围绕着死亡、忧郁和孤独的主题,以简练的线条、强烈夸张的形象、触目惊心的色彩,表现出极为痛苦的精神性。他的《呐喊》等作品是表现主义的代表作(图10-34)。恩索尔的"面具画"是黑色幽默的最早图画(图10-35)。路奥将色彩连接着精神的欢乐与痛苦,是野兽派画家中唯一具有表现主义深度的画家。

在表现主义运动中,德国表现主义取得了最引人注目的成就。德国艺术本来具有表现主义传统,中世纪哥特式艺术、16世纪格里内瓦尔德的艺术、19世纪弗里德里希和拿撒勒派的神秘浪漫主义显示了这一传统。20世纪的德国表现主义,体现于"桥社"和"青骑士派"两个团体的创作中。

桥社(Die Brücke)标志着德国表现主义的问世,其1905年诞生于德累斯顿,1913年解散,得名自尼采的著作,取其联合起来通向未来之意。主要成员有凯尔希纳(Ernst Ludwig Kirchner,1880—1938)、施米特-罗特鲁夫(Schmidt-Rottluff,1884—1976)、佩希施

图10-34 蒙克《呐喊》,1893年,板上油画及蛋彩,90.8 cm×73.7 cm,奥斯陆挪威国家美术馆

图10-35 恩索尔《令人惊骇的面目》,1883年,布面油画,134.6 cm×114 cm,布鲁塞尔比利时皇家美术馆

坦(M.Pechstein,1881—1955)、赫克尔(Erich Heckel,1883—1970)等。他们并无统一的作

画风格,但共同表现出对中世纪艺术、原始艺术,以及"青年风格派"新艺术风格的欣赏。他们用木刻的感觉作画,情绪化地使用色彩,变形而夸张地造型,用以沟通艺术家的内在体验。其中,凯尔希纳以城市夜景画和街头妓女形象,表现了现代都市生活的快速节奏和人们的孤独与空虚,引人共鸣(图10-36)。诺尔德(Emil Nolde,1867—1956)也曾短暂参加过桥社活动,他的作品主要围绕基督的故事和舞蹈的场面,以弥满的构图、强烈的色彩构成高度个性化的形式,为德国表现主义提供了经典图画(图10-37)。

图10-36 凯尔希纳《德累斯顿街头》,1908年,布上油画,150.5 cm×200.4 cm,纽约现代艺术博物馆

图10-37 诺尔德《围着金牛犊的舞蹈》,1910年,布上油画 189.7 cm×105.1 cm,慕尼黑巴伐利亚国家绘画博物馆

青骑士派(Der Blaue Reiter)是1911年从慕尼黑"新艺术家协会"中分裂出来的成员组建的一个艺术团体,得名自康定斯基的一幅同名油画。主要成员有康定斯基、马尔克(Franz Marc 1880—1916)(图10-38)、亚夫伦斯基(Alexejvon Jawlensky,1864—1941)、马克(August Macke,1887—1914)等。他们举办展览,出版了名为《青骑士年鉴》的刊物,介绍各种新艺术动态。1912年的展览会,勃拉克、德兰、弗拉芒克、毕加索、克利都受邀参展。

青骑士派广泛吸收了各种新的视觉语汇,把野兽派的色彩、立体主义简化与重组的理论,用于实现表现主义愿望。其中,康定斯基创造了一种沟通音乐体验、表现情感激荡的抽象绘画,可叫作"热抽象"或"情感抽象",构成了抽象主义艺术的重要一翼,成为日后美国抽象表现主义的先驱。

表现主义运动以德国为中心,但在北欧以及作为现代艺术之都的巴黎,也有一些画家的创作具有表现主义特点,代表了这一潮流的国际化。

奥地利的柯柯希卡(O.Kokoschka,1886—1980)、埃贡·希尔(Egon Schiele,1890—1918)是日耳曼系统内重要的表现主义画家。柯柯希卡的色彩与笔触总是有先声夺人的效果,他那如虫子般蠕动的笔触尤其使人难忘(图 10-39)。埃贡·希尔与克利姆特有师承关系,但把维也纳分离派的装饰美演化成了一种战栗、紧张的神经质图画,冷硬的线条、腐蚀性的色彩,使性感与死亡难解难分。

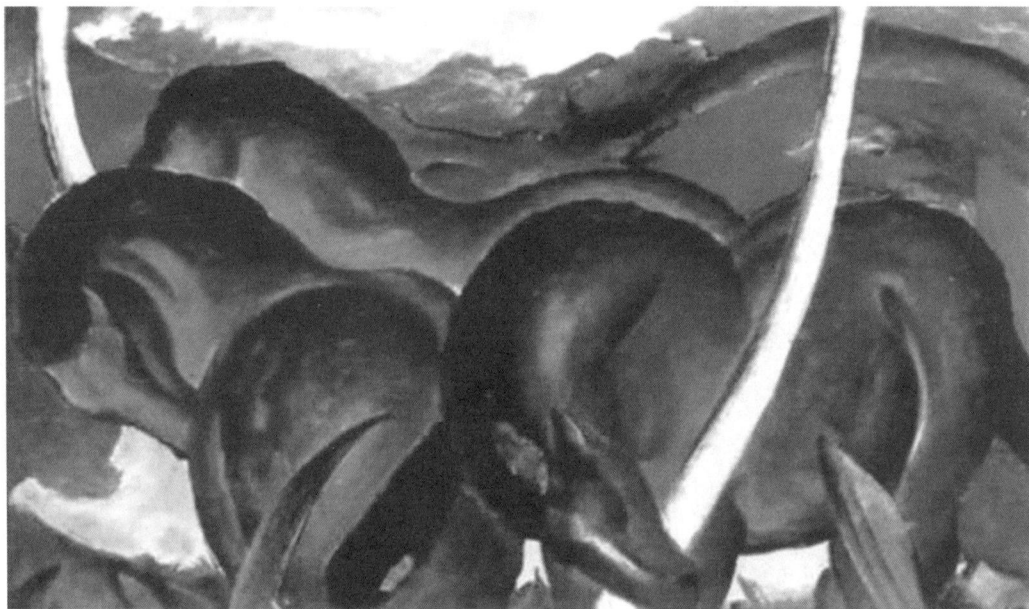

图 10-38 马尔克《蓝马》,1911 年,布上油画,103.5 cm×180 cm,明尼阿波利斯,沃克尔艺术中心

图 10-39 柯柯希卡《音乐的力量》,1918 年,布上油画,100 cm×151.5 cm,艾恩德霍芬,范·阿尔贝美术馆

　　1905—1913 年的巴黎聚集了一批画家,他们过着放浪形骸的生活。例如,意大利人莫迪尼阿尼(Amedeo Modigliani,1884—1920)、俄国犹太人苏丁(Chaim Soutine,1894—1943)、保加利亚人帕斯森(Jules Pscin,1885—1930)、波兰人基斯林(Moise Kisling,1891—1953)、法国人郁特里罗(Maurice Utrillo,1885—1955)等。他们在创作上以具象风格见长,但形式强烈、敏感而有幻想色彩,被泛称为巴黎画派(L'école de Paris)。其中,

莫迪尼阿尼和苏丁尤具代表性。前者以一种有幻想性主题的肖像画和人体画,表现了源于其放荡生活的病态的敏感(图10-40)。人物有拉长的面部和身躯,极具个人特点。后者以任意选取的题材、狂乱的笔法宣泄着喜怒无常的情感,其烈度有甚于梵高。

(三)未来派(Futurism)

第一次世界大战前夕,意大利米兰兴起了一个激进主义文艺运动,其以诗人马利奈蒂(Filippo Tommaso Marinetti,1876—1944)1909年发表第一份《未来主义宣言》为诞生标志并得名。未来派谴责传统,鼓吹革命,尤其欣赏革命的形式。他们着迷于现代工业的动力之美,热衷速度的表现,从而将艺术带离浪漫主义的田园,引向对现代文明的表现与赞美之中。

1911年未来派在米兰举办了第一次展览,1912年到巴黎开展,后来又在伦敦、柏林、布鲁塞尔、海牙、阿姆斯特丹、慕尼黑举办巡回展览,逐渐跃升为国际性艺术运动。波丘尼(Umberto Bocci,1866—1916)、巴拉(Giacomo Balla,1871—1958)、塞弗里尼(Gino Severini,1883—1966)、卡腊(Carlo Carrà,1881—1966)等,是未来派的代表艺术家。他们

图10-40 莫迪尼阿尼《坐着的裸女》,1916年,布上油画,92 cm×60 cm,伦敦科陶德美术馆

图10-41 波丘尼《空间中连续运动的独特形式》,1913年,青铜,高110.5 cm 纽约现代艺术博物馆

采用立体主义语汇和点彩派技巧,直观地再现运动节律和速度之美,也常以狂欢式的繁杂场面营造强烈效果。波丘尼的创作显示了未来派的最高成就。在其绘画作品中,《美术馆里的骚动》以奔流的人群和明灭变幻的点彩,图解了"摧毁博物馆"的口号;《城市的增长》以光线瓦解物体的势能、冲撞的形体,引发出城市的活力如山洪暴发。《内心状态之一:告别》《骑自行车的人的动态》等,用近乎抽象的立体主义结构表现出加速和增殖的运动节律。波丘尼还创立了未来主义雕塑,如其《空间中连续运动的独特形式》塑造了一个昂首阔步向前疾走的人,形体结构处处成为运动过程和速度的传达媒介(图10-41)。

(四)抽象主义(abstraction)

所有 20 世纪早期的现代主义运动,都企图建立一种基于主观的、非描绘性的艺术,这种趋势终于在康定斯基、俄国形式派和荷兰"风格派"那里演化为纯粹的抽象主义艺术。康定斯基的表现性抽象、俄国形式派和荷兰"风格派"的几何抽象,构成了抽象主义的两个类型。

1.俄国形式派

20 世纪初,俄国艺术以矫枉过正的姿态,走到反传统的前列,掀起了一场形式主义运动。它前后经历了辐射主义、至上主义两个阶段,并诞生出具有国际影响的构成主义雕塑。此外,康定斯基的表现性抽象也萌芽于俄国。

辐射主义(Rayonnism)是由"钻石甲克派"(Jank of Diamonds group)创立的,产生于1910 年。代表人物有拉里昂诺夫(Mikhail Larionoy, 1881—1964)和冈察洛娃(Natalia Goncharova,1881—1962)等。他们采用立体主义的体面结构表现光辐射所产生的运动效果,与意大利未来派有相同旨趣。至上主义(Suprematism)是由马列维奇(Kasimir Malevich,1878—1953)提出的一个概念,主张抛弃一切再现因素,获得纯形式效果。马列维奇还将飞行器、金属声音、无线电报、磁铁引力等科技性动感[1]引入绘画主题,将其表现为抽象的视觉关系。构成主义(Constructivism)是由塔特林(Vladimir Tatlin, 1895—1956)、加博(Naum Gabo,1890—1977)、佩夫斯奈(Anton Pevsner,1886—1962)等人创立的现代雕塑概念。他们根据立体主义思想,将建筑结构引入雕塑,打破了雕塑与建筑的界限。基本手法是用金属、玻璃、木块、纸板、塑料等综合材料组构成为雕塑(图10-42)。随着这些俄国艺术家出走西方,构成主义在 20 世纪 20 年代以后演化为国际潮流。英国艺术家赫普沃思(Barbara Hepworth,1903—1975)、本·尼科尔森(Ben Nicholson,1894—

---

[1]马列维奇的这些实验成果,通过利西茨基(El Lissitzky,1890—1956)传播到德国和美国,对抽象主义绘画与雕塑运动、现代建筑和现代设计产生了重要影响。

图 10-42 塔特林《第三国际纪念碑模型》,木、铁、玻璃,圣彼得堡,俄罗斯国立博物馆

图 10-43 蒙德里安《红黄蓝构成》,1930 年,油画,127 cm×127 cm,纽约现代艺术博物馆

图 10-44 卢梭《梦》,1910 年,布面油画,204.5 cm×298.5 cm,纽约现代艺术博物馆

1982)夫妇亦为构成主义雕塑名家。

2.荷兰风格派(De Stiijl)

风格派是由荷兰画家蒙德里安(Piet Mondrian, 1872—1944)和凡·杜斯堡(T. V. Doesburg, 1883—1931)合作创立的一个抽象主义流派,名称来源于他们 1917 年创办的《风格》杂志。1920 年蒙德里安又将其绘画理念称为"新造型主义"(New Plasticism)。他们主张抛弃一切描绘、比喻和浪漫的因素,使绘画限定在一种冷静的数学关系中。蒙德里安坚持以直线和原色为基本要素,把红、黄、蓝三原色和黑、白、灰调子分割和组合为简化的图形,从而以无个性、无情感的形式代表了抽象主义的极致。虽然他为这种矩阵式的画面赋予了一种神秘主义的哲学阐释,称其表现了宇宙的终极真实,但其影响却是在平面设计领域(图 10-43)。

(五)幻想艺术与形而上画派

与形式主义并行,现代艺术的另一个趋势是非理性主义的幻想表现。其源泉可追溯到古埃及艺术、中世纪艺术、尼德兰博什艺术以及 19 世纪的浪漫主义和象征主义之中。高更、雷东、恩索尔等人的艺术则引起了它们的现代转化。

20世纪的幻想风格,以法国画家卢梭、俄国画家夏加尔、瑞士画家克利、意大利"形而上画派"为代表。卢梭(Henri Rousseau,1944—1910)有意识地弱化技巧,创立了一种原始主义的天真画风,用于表现对热带丛林和戈壁的幻想(图10-44)。夏加尔(Marc Chagall,1889—1985)吸收许多流派的语汇,创造了植根于犹太文化的"心灵写实"图画(图10-45)。克利(Pall Klee,1879—1940)以"原始人的真诚"对待形式,用形式激发幻想,又用幻想引导形式,把形与色深入到植物生长般的脉络之中,创造了沟通生命本源的、有机的幻想艺术,与超现实主义直接相通(图10-46)。

"形而上画派"(Scuola metafisica)是意大利画家契里柯、卡腊、莫兰迪(Giorgio Morandi,1890—1964)等在1917年组织的一个画派,主张超越表面真实,表现隐藏在事物背后的"形而上"的真实。他们常以直线组合的有透视的画面,来表现艺术家的白日梦,为超现实主义提供了前源。契里柯(Giorgio de Chirio,1888—1978)的作品以真实的事物构成不真实的情境,静悄悄地展示着梦游者的街道和广场,代表了形而上画派的风格(图10-47)。

(六)达达主义(Dadaism)

达达主义是在第一次世界大战期间的1916年产生于苏黎世,战后流行于纽约、科隆、

图10-45 夏加尔《我的村庄》,1911年,布上油画,192.1 cm×151.4 cm,纽约现代艺术博物馆

图10-46 保罗·克利《破坏与希望》,1916年,布上油画,40.3 cm×33 cm,伯尔尼美术馆

巴黎的一个文艺运动,具有虚无主义的特征,提倡反传统、反审美、反艺术。"达达"(Dada,德语,意为木马玩具)一词,是"无意义"的表征,艺术家出于反战情绪,以此嘲讽西方理性文明实质上的非理性。

达达主义首先是一种反讽手段,目的在于以毒攻毒,即以非理性的方式控诉人类的非理性和战争的疯狂。它以噪声音乐、任意组词的诗歌、拼贴画等形式制造偶然效果,颠覆了传统的艺术概念。但它对自由联想和机遇性原则的推重,却进一步解放了艺术家的想象力,对超现实主义产生了直接影响。

达达主义运动的重要人物有法国艺术家马塞尔·杜尚(Marcel Duchamp,1887—1968)、让·阿尔普(Jean Arp,1887—1966)、毕卡比亚(Francis Picabia,1879—1953)、德国艺术家施威特(Kurt Sshwitters,1887—1948)等。其中,杜尚是20世纪艺术史上影响最为深远的叛逆者,他创立的"现成品艺术"(ready-made art)成为波普艺术等"后现代艺术"反复运用的手段(图10-48)。

(七)超现实主义(Surrealism)

超现实主义是20世纪20至40年代以巴黎为中心展开的一场文学、美术、电影运动,是由理论家是安德烈·布列东(Andrea Breton,1896—1966)发起和领导的。该运动以弗

图10-47 契里柯《一条街道的忧郁和神秘》,1914年,布上油画,87 cm×71.4 cm,纽约现代艺术博物馆

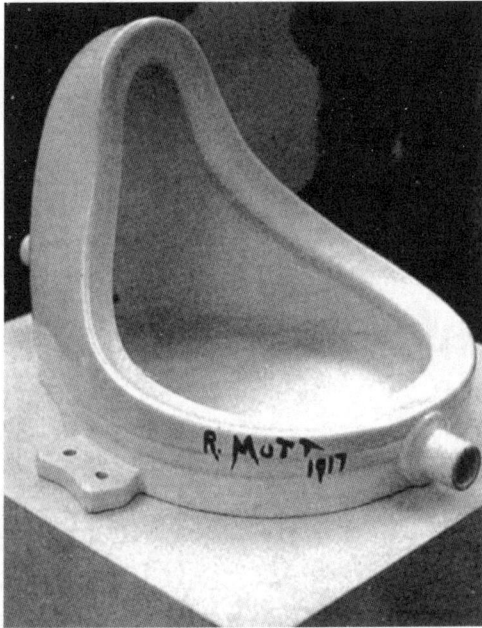

图10-48 杜尚《泉》,1917年,瓷便器,现成品,巴黎蓬皮杜艺术中心

洛伊德主义为号召,提倡心理自动主义（Automastism）,主张从直觉和潜意识中发掘源泉,表现艺术家的梦幻世界。达达主义的机遇性创作和形而上画派的幻想就此融为一体。1925年,巴黎皮埃勒（Pierre）美术馆举办了第一届超现实主义展览,出席者包括毕加索、克利、米罗、阿尔普、契里柯、恩斯特、马松等人。以后有唐居依、马格利特、达利、贾柯梅蒂、马塔等陆续加入。

在创作形态上,超现实主义可分为"有机超现实主义"和"具象超现实主义"两种风格。但共同精髓在于有机性,即强调创作过程的机

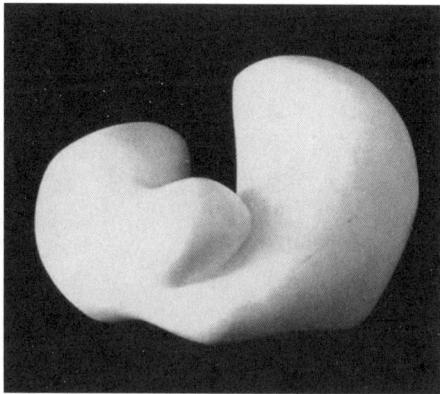

图 10-49　让·阿尔普《人类的具体化》,1935/1949 年,铸石,根据 1935 年的石膏作品,高 49.5 cm,纽约现代艺术博物馆藏

遇性,是"心理自动主义"的自然产物。"有机超现实主义"利用从生物有机体中抽取的形状构成画面,有似于昆虫、微生物、人体轮廓、动物骨骼组织。以西班牙画家米罗（Joan Miro,1893—1983）、法国艺术家让·阿尔普（Jean Arp,1887—1966）（图 10-49）、马松（André Masson,1896—1987）、唐居依（Yves Tanguy,1900—1957）等人的作品为代表。"具象超现实主义"采用写实手法表现梦幻情景,以西班牙画家达利（Salvador Dali,1904—1989）、比利时画家马格利特（Rene Magritte,1898—1967）等为代表。达利的作品以逼真的刻画,构成色彩刺眼、形象怪诞的画面,展现出一个妄想狂的世界,好像是在为弗洛伊德学说提供病理证明（图 10-50）。马格利特是在契里柯作品的影响下走上超现实主义道路的,他以日常事物为元素,表现了身边世界的神秘性和哲理性（图 10-51）。

(八)20 世纪独立雕塑家

布朗库西、亨利·摩尔、贾柯梅蒂、考尔德等雕塑家代表了 20 世纪的一种现代艺术家类型,他们在多数时候置身于形形色色的运动之外,显示了其独立性和作为艺术家的个人天才。生活在法国的罗马尼亚雕塑家布朗库西（Constantin Brancusi,1876—1957）发展了一种带有原始气质的雕塑风格,前所未有地发挥材料潜力,创造了最简练的形式。他的作品主要围绕人物,在如"吻""睡""飞翔"等这些反复运用的主题上,不断创造和谐,表现了人与宇宙世界的基本关系,深刻地启示了 20 世纪雕塑的实验性发展（图 10-52）。英国雕塑家亨利·摩尔（Henry Moore,1898—1986）将东方传统元素纳入现代实验之中,以流动的有机形式、虚实相生的节奏,创造了沟通生命、自然与造物的形体。

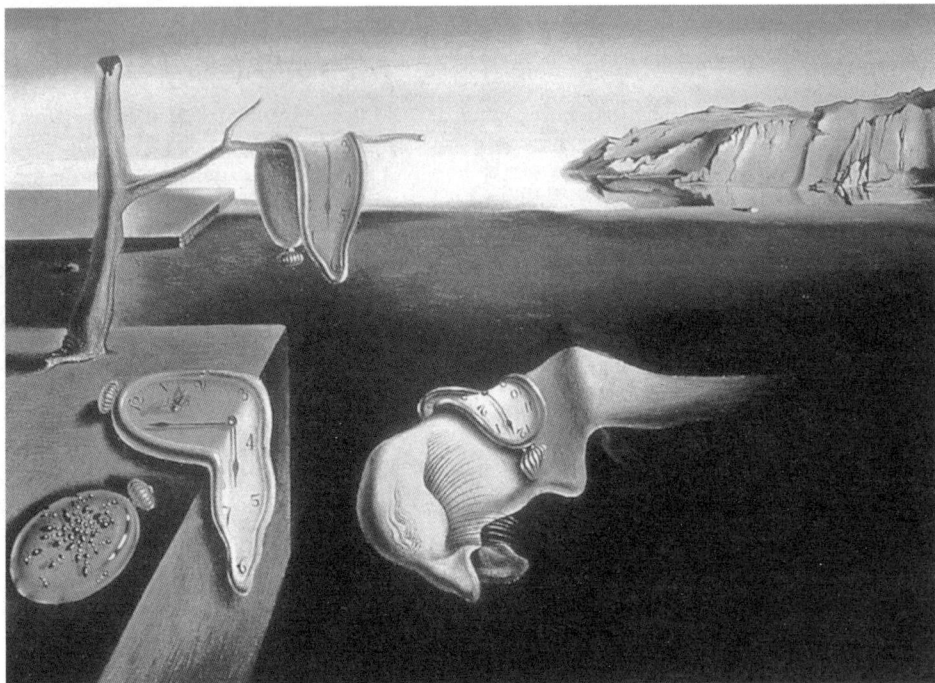

图 10-50　达利《记忆的永恒》,1931 年,布面油画,24.1 cm×33 cm,纽约现代艺术博物馆

图 10-51　马格利特《比利牛斯的城堡》,1959 年,布上油画,199.7 cm×140 cm,纽约,亨利·托格纳藏

图 10-52　布朗库西《吻》,1912 年,石灰石,高 58.4 cm,费城艺术博物馆

在其反复演绎的"斜倚人体"和"母与子"两个主题中,可见其风格的走向与特色(图10-53)。法国雕塑家贾柯梅蒂(Alberto Giacometi,1901—1966)曾参加过超现实主义团体,但更多时候独立创作。他的作品以极度纤细的形体和无限放大的空间,暗示了存在的虚无为萨特存在主义哲学提供了视觉符号。美国人考尔德(Alexander Calder,1898—1976)是活动造型实验的主要代表。从尝试雕塑存在的可能性出发,考尔德经历了装配、综合材料、色彩、自然与机械动力等多种尝试,最终完善了活动雕塑这一 20 世纪全新的雕塑形式。

图 10-53　亨利·摩尔《斜倚人体》1975 年,青铜,214.1cm×120 cm×136.9 cm,日本大原美术馆

思考题

1. 法国 19 世纪新古典主义艺术与 17 世纪的古典主义艺术有无本质的区别? 请说明理由。

2. 在艺术史上,库尔贝的现实主义观念有承前启后的作用,请具体谈一谈。

3. 你认为是哪些因素促成了印象派的产生?

4. 与欧洲传统艺术相比,现代主义艺术在整体上发生了哪些转折?

5. 浪漫主义观念对现代主义艺术发生影响的表现何在?

扩展阅读

唐纳德·雷洛兹.剑桥艺术史:19世纪艺术[M].钱乘旦,译.南京:译林出版社,2009.

罗斯玛丽·兰伯特.剑桥艺术史:20世纪艺术[M].钱乘旦,译.南京:译林出版社,2009.

休·昂纳,约翰·弗莱明.世界美术史[M].毛君炎,等译.北京:国际文化出版公司,1989.

何政广.库尔贝:写实主义大师[M].石家庄:河北教育出版社,2000.

约翰·雷华德.印象画派史[M].平野,殷鉴,甲丰,译.北京:人民美术出版社,1983.

迈克尔·列维.西方艺术史[M].孙津,王宁,顾明栋,译.南京:江苏美术出版社,1987.

郝伯特·里德.现代绘画简史[M].刘萍君,译.上海:上海人民美术出版社,1979.

H.H.阿森纳.西方现代艺术史:绘画·雕塑·建筑[M].邹德侬,巴竹师,刘珽,译.天津:天津人民美术出版社,1986.

邵大箴.西方现代美术思潮[M].成都:四川美术出版社,1990.

瓦尔特·赫斯.欧洲现代画派画论选[M].宗白华,译.北京:人民美术出版社,1980.

富永黎一.西洋美术图史:300图[M].王振华,吴晓农,蒋志学,等译.北京:人民美术出版社,1990.

第十一章　当代西方艺术

第二次世界大战以后,纽约取代巴黎成为世界艺术之都,从此,西方艺术中现代主义与后现代主义交织,在"先锋艺术"(avant-garde art)的旗帜下,不断进行艺术新的可能性的实验,开始走向"当代艺术"。

一、先锋艺术的美国化

美国公众接触欧洲现代艺术,始于1913年在纽约举办的军械库展览(Armory Show),参展作品虽然引起了激烈的争论,却激励了年轻艺术家。第一次世界大战至20世纪20年代,接受欧洲现代艺术影响的美国艺术家愈来愈多,从立体主义到表现主义均有人尝试。一些在乡土风光中寻找题材的美国画家,也以同样广泛的风格表现主题。不过其中的地方主义画派却大力发展中西部特色,致力于维护"美国化",表现出对现代艺术的抵抗。在20世纪30年代的经济大萧条时期,美国联邦政府制订了"以作品换月薪"的艺术资助计划,在客观上鼓励了实验艺术的发展。这一个时期的现代艺术,表现出对政治、经济、民族等社会和文化问题的介入。

1945年后,纽约以其文化多元化的胸襟,跃升为世界艺术中心。种种新潮艺术在此粉墨登场,演绎了20世纪下半叶光怪陆离的艺术场面。在形形色色、标新立异的艺术场面背后,隐藏着一个主流,即创作的过程化与艺术的生活化。

(一)西方艺术的当代发展特点

受美国艺术的影响,20世纪中叶以来,西方现代艺术强化了"进步"和反传统的观念,产生了至今仍具影响的一些趋势:①艺术门类界限消失——走向综合化,表现为装置艺术、行为艺术等"集成艺术"(Assemblage art)泛滥;②艺术与生活界限消失——走向大众化,表现为波普艺术的产生和"艺术大师"的隐退;③文化参与性增强——走向观念化,表现为以"观念"代替艺术,个性和风格遭到漠视;④反传统观念极化——走向反艺术,导致了多元化为表、一元化为里的"现代性专制";⑤民族界限消失——走向国际化,表现为全球艺术的西方化,非西方文化元素的运用往往沦为寻找看点的"后殖民"符号。

(二)抽象表现主义作为转折点

美国本土诞生的第一个现代主义艺术运动,是流行于20世纪40至60年代的抽象表现主义(Abstract Expressionism),它标志着西方艺术从前期现代主义向后期现代主义的转化,对20世纪下半叶先锋艺术的发展有深远影响。抽象表现主义追求一种既抽象又服从于艺术家自我表现的艺术,包括行动绘画和色域绘画两种形式。

行动绘画(Action Painting)是批评家罗森伯格(Harold Rosenberg,1906—1978)发明的一个词语,用以形容霍夫曼(Hans Hoffmann,1880—1966)、波洛克(Jackon Pollock,1912—1956)和德·库宁(Willem De Kooning,1904—1997)等人的绘画风格。其中,波洛克的滴洒绘画(Drip Painting)最接近于这一概念。他把画布移到地面,用画笔或油彩桶、漏斗往画布上滴洒颜料,创立了"行动绘画"的样板(图11-1)。这种作画方式意味着实现了超现实主义的"心理自动主义"主张,进一步将达达主义用于破坏的机遇性手段演变为一种建设性因素;同时强化了行为与过程的意义,其中包含着行为艺术的预言;而巨大的尺幅和无始无终的画面拉近了作品与观众的距离,为实现创作与接受的同一化提供了启迪。波洛克的实验,成了第二次世界大战后新美国绘画的象征,把全世界关注实验艺术的目光吸引到了美国。一些用类似方式作画的欧洲画家,被称为塔希主义(Rachelism)。[①]

图 11-1 波洛克在他的长岛画室里进行"行动绘画"创作,1950 年

①塔希(Rache),法语,意为斑点、污渍,法国美术评论家 M.塔皮耶在 1952 年用"塔希主义"一词,意为斑污派或涂抹派,显然是受到了抽象表现主义的影响。这一派的代表画家有法国的 J.阿特兰、C.布仁、G.马蒂厄、F.阿勒、J.福特里埃和 J.迪比费、德国的沃尔斯等。

色域绘画(Colour Field Painting)是用大片的抽象色块组成画面,无焦点、无边界,具有深邃玄冥的视觉效果。纽曼(Barnett Newman,1905—1970)、罗斯科(Mark Rothko,1903—1970)、莱因哈德(Ad Reinhardt,1913—1967)、路易斯(Morris Louis,1912—1962)、马瑟韦尔(Robert Motherwell,1915—1991)、古斯滕(Philip Guston,1913—1980)等人的作品可为代表。其中,纽曼、罗斯科、莱因哈德的作品表现独特的宗教情感,充满悲剧性力量(图11-2)。

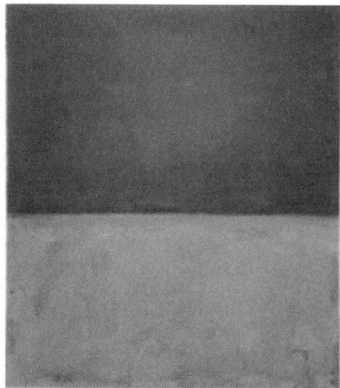

图11-2 罗斯科《无题》,1969年,塑胶彩布 157.8 cm×176.9 cm,华盛顿国立美术馆,罗斯科1986年捐赠

20世纪60年代末,色域绘画被"硬边艺术"(Hard Edge)所取代,在斯特拉(Frank Stella,1936—)、诺兰德(Kenneth Noland,1924—1999)、艾伯斯(Josef Alerbs,1888—1978)等人的画中,色块被限定在清晰的边界之内,平面取代了深空,抽象取代了表现,稳定取代了偶然,抽象表现主义就此宣告终结。

二、波普化与观念化

波普化和观念化是20世纪下半叶西方现代艺术的一个显著趋势。借此,现代主义隐退,后现代主义登场。带动这种趋势的首先是波普艺术和观念艺术。

(一)波普艺术

波普艺术(Pop[①] art)是由英国批评家阿罗威(Laurence Alloway,1926—1990)提出的一个概念,意为流行的、大众的艺术。它采用达达主义挪用和拼接的手段,但涤除了达达主义的批判性和反讽性,而是以大众文化为基础,对日常生活用品和大众传播媒介上的公众人物形象进行复制和编排,构成展示时代生活的视觉符号,反映了当代社会艺术与生活一体化的趋势。

第一件波普作品是英国艺术家汉密尔顿(Richard Hamilton,1922—2011)1956年创作的拼贴画《是什么使今天的家庭如此不同? 如此有魅力?》(图11-3)。其用剪贴画报的方式拼贴成,展现了一幅时髦家庭的场景。汉密尔顿将波普艺术的特点概括为普及的(为大众设计)、短期的(消费完即止)、廉价的、批量生产的、年轻的(针对小青年)、玩巧的、俏皮的、性感的、商业化的,并从创作方式上将其称为"次生的、过滤材料的新风景"。

---

①Pop 是 Popular 的缩写。

20世纪60年代,波普艺术成为潮流,尤其流行于美国,并被叫作"新达达主义",涌现了沃霍尔、劳申伯格、贾斯帕·约翰斯(Jasper Johns,1930—)(图11-4)、维塞尔曼(Tom Wesselmann,1931—2004)、奥登伯格(Claes Oldenburg,1928—)、利希滕斯坦(Roy Lichtenstein,1923—1997)等波普艺术家。其中,沃霍尔(Andy Warhol,1928—1987)是20世纪60年代明星级的波普艺术家。他曾以排列展出鸡汤罐头盒和布利洛肥皂盒等美国人的日用品而闻名。他还把娱乐明星、政治人物的照片放大和重复排列,制作成丝网版画展出。他用这种方式制作的美国性感女明星玛丽莲·梦露的系列面像(图11-5),几乎

图11-3 汉密尔顿《是什么使今天的家庭如此不同? 如此有魅力?》,1956年,拼贴,26 cm×24.8 cm,蒂宾根美术学院

图11-4 贾斯帕·约翰斯《画过的青铜》(《两罐啤酒》),青铜,雕塑,14 cm×20.3 cm×12.1 cm,私人藏

图11-5 安迪·沃霍尔《玛丽莲·梦露》,1967年,丝网印刷,每一幅92 cm×92 cm,广岛现代美术馆

成了波普艺术的标志性符号。另一位有名的波普艺术家劳申伯格(Robert Rauschenberg,1925—2008)发明了用油彩加实物、拼贴而构成的"结合绘画"(Combing Pinting)和用生活或工业废品等非永久性材料装配构成的作品"集成艺术"(图 11-6)。此外,波普艺术在法国叫作"新写实主义",以克莱因、克里斯托、阿尔曼(Fernandez Arman,1928—2005)等人为代表。

(二)观念艺术

"观念艺术"(Conceptual Art),或译为"概念艺术"。广义上包括 20 世纪下半叶以来的所有先锋艺术形式。因为它们都是从消解传统的"艺术"概念出发,表现为对某种新的艺术概念的图解。核心理念是艺术的根本要素是思想(idea)而非最后的成品。狭义上的

图 11-6　劳申伯格《构成》,1955—1959 年,129.9 cm×182.9 cm,剥制的公山羊标本与轮胎,纽约卡斯蒂利美术馆

观念艺术,秉承达达主义和杜尚的观念,以暴露思想的方式,消解形式对艺术作品的支配性,以此颠覆传统艺术概念。艺术家将记录构思过程的文字、草图、速写、标题、图片、摄影等资料直接展出,以突出方案性和过程性为特点,自称"反形式艺术"或"形而上艺术"。

观念艺术采用了先锋艺术的所有非架上手段,不仅包括废品集成、场景装置,身体表演,还囊括了录音、录像等新媒体手段。在展览现场,人们常可看到和听到记录讨论过程的录像、录音,以及电视访问、报道的影像资料。同时,观念艺术家追求创作与批评的一体化,常充当现场解说员,从而表白自己做了什么、正在做什么和将要做什么。

观念艺术运动兴起于 20 世纪 60 年代的美国,并在 20 世纪 70 年代以后逐渐流行。代表人物有柯苏斯(Joseph Kosuth,1945—　)、卡瓦拉(On Kawara)、莱斯·莱文(Les Levine,1935—　)、阿特金森(Trry Atkinson)、鲍德温(Micheael Baldwin)、汉斯·哈克(Hans Haacke)、胡布勒(Huebler)、班布里吉(D.Bainbridge)等。其中,柯苏斯堪称观念艺术的先驱者和理论家。20 世纪 60 年代末,他在《国际画刊》上发表了一篇长文《遵循哲理的艺术》,提出了观念艺术的主要论点。柯苏斯把杜尚奉为现代艺术的开端,把此前一切号称先锋艺术的形式主义实验统统排除在现代艺术之外。照他的说法,现代艺术只意味着"观念"本身、现存物品和艺术家在创作时从事的一系列活动。他的《一把和三把椅子》(图 11-7)如今已成为观念艺术的经典作品。它是由一把真实的椅子、一张椅子的放大照片和一组从字典上拷贝下来的关于"椅子"的名词解释所组成的场景。后两者一左一右地贴在墙上,前者放在中央。这提供了一个由表象到实体、由实体到概念的事物三种存在方式演变过程的示例。它好像在对观众发问:到底哪一个更真实? 在此,柯苏斯

不仅演绎了柏拉图的真理观,而且提供了"观念艺术"的比喻,展示了一个艺术家是如何将抽象观念变成为艺术形象的过程。

图 11-7　柯苏斯《一把和三把椅子》,1965 年,实物,照片,文字;木折椅子:82.2 cm×37.8 cm× 15.2 cm×53 cm;照片:61.3 cm× 62.2 cm,纽约现代艺术博物馆

三、多元的景观

20 世纪下半叶的西方艺术在波普化、观念化的趋势中,诞生出许多新的艺术形式,构成了光怪陆离的多元化景观。直到今天,其仍方兴未艾。

(一)行为艺术

行为艺术译自表演艺术(Performing Art),是以艺术家身体为媒介的表演活动,或称"身体艺术"(Body Art)。特征是以过程取代结果、以行动消解客体作品。它与波普艺术的观念类同,即主张艺术与生活一体化。

行为艺术的先期形式是偶发艺术(Happening Art)。这是由美国艺术家阿伦·卡普罗(Allan Kaprow,1927—)创立的一种无主题、无情节、以兴之所至为特征的表演活动,卡普罗将其称为"行为拼贴"。其一般在画廊或仓库内进行,有灯光、道具、音响,但无观众。1959 年,卡普罗在纽约鲁本美术馆进行了首次表演,名为《6 部分中的 18 个偶发事件》。美国较有名的表演者还有吉姆·戴恩(Jim Dine,1935—)和波普艺术家奥登伯格等人。此外,英、德、奥等国的行为艺术家也有活跃的表现。

行为艺术是从"行动绘画"的概念中衍生出来的。不过,行动绘画是要获得一幅画,行为艺术却将行为本身视为作品,把艺术家的身体变成欣赏对象。

行为艺术可追溯到 20 世纪 50 年代法国画家马修(Georges Mathieu,1921—)、美国音乐家约翰·凯奇(John Milton Cage,1912—1992)以及日本"具体派"(Gutai Group)艺术

家白发一雄(Kazuo Shiraga,1924—2008)等人的表演(1955)。其中,约翰·凯奇1953年进行的无声音的音乐演奏《4分33秒沉默》十分有名。

图 11-8　伊夫·克莱因《人体测量》,1960年,行为艺术

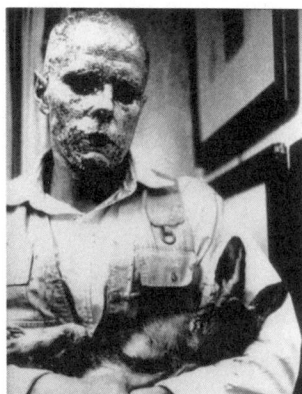

图 11-9　博伊于斯《如何向死兔讲解绘画》,1963年,行为艺术

与偶发艺术相比,行为艺术有更多的设计,表演环境更大,与公众联系更紧密。它最初在画廊进行,逐步发展到街头、剧院和广场,并邀约观众参与,使表演者与观众的身份模糊化。参加者有美术家、诗人、音乐家、舞蹈家、戏剧家等。总之,艺术门类之间、艺术与非艺术之间的界限被消除了。

行为艺术盛行于20世纪60至70年代。法国"新现实主义"艺术家伊夫·克莱因(Yves Klein,1928—1962)的《人体测量》(1960,图11-8)、激浪派(Fluxus)艺术家博于伊斯(Joseph Beuys,1921—1986)的《如何向死兔讲解绘画》(1963,图11-9)、意大利"贫穷艺术"艺术家曼佐尼(Piero Manzoni,1933—1963)的《艺术家的大便》(1961)曾经轰动一时。英国艺术家布吕斯利(Stuart Brisley,1933—　)、美国艺术家克里斯·伯登(Chris burden,1946—　)、"维也纳行动派"艺术家如斯瓦兹柯格勒(Rudolf Schwarzkogler,1940—1969)则以对自己进行身体折磨而著称。

(二)欧普艺术

"欧普艺术"(OP Art),即"光的幻觉艺术"(Optical illusion Art),简称"光效应艺术",20世纪60年代产生于欧美。它利用光学原理和人的错视经验,以明暗或色彩渐变,或以不同纹样的重复、错位、中断的排列,构成幻觉图像。荷兰"风格派"借用东方神秘主义哲学来装点自己的抽象艺术,而欧普艺术却只在意视觉效果,具有后现代主义特征,即放弃宏大叙事,削平意义深度。

欧普艺术家使用直尺、圆规等工具作画,有各种标准画法,作品可精确复制。它排除了艺术家的个性和艺术作品的唯一性等传统观念,将艺术改变为能够批量复制、大规模

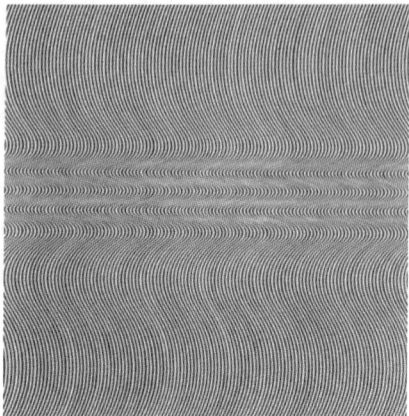

图 11-10 赖利《流动》,1964 年,板上混合材料,148.3 cm×15.2 cm×149.5 cm,纽约现代艺术博物馆

生产的工业产品,与波普艺术殊途同归。

1965 年,在纽约杜旺画廊举办了首次欧普艺术大展,展示了艺术家们严谨实验的成果。世界各地都有光效应艺术的实验者。如法国的瓦萨雷利(Victor Vasarely,1908—1997)、英国女性艺术家赖利(Bridget Riley,1931—)、美国的安努茨基维奇(Richard Anuszkiewicz,1930—)、以色列的阿加姆(Yaacov Agam Jacob Gipstein,1928—)等。其中,瓦萨雷利和赖利影响最大(图 11-10)。

"最低限艺术"(Minimal Art)是一个雕塑运动,又称"初级构成"(Primary Structure)或"ABC艺术",20 世纪 60 年代兴于美国,流行于英国、加拿大、澳大利亚、日本等地。它要求把造型简化到最低状态,使之成为无个性、无联想细节的基本形体的呈现,反对现存品、拼贴、集成一类的杂合形式,一般用一个单纯的几何体或数个几何体的连续重复构成作品。

最低限艺术的观念可追溯到俄国的至上主义和荷兰的新造型主义,是抽象主义的延续。不过,它与欧普艺术一样,反对附加任何含义,以物的呈现为目的。作品依靠机器生产,是标准化的工业产品。艺术家提供一个设计,而无须亲自动手制作。由于与工业的联系,这种"初级构成"抛弃了大多数传统雕塑材料,而将钢铁等工业金属材料上升为艺术媒介。

(三)最低限艺术

焊工出身的美国雕塑家大卫·史密斯(David Smith,1906—1965),第一个把钢铁雕塑扩展到纪念性的尺度,确立了钢铁在现代雕塑材料中的地位。20 世纪 60 年代以来,以创作最低限艺术而有名的艺术家有美国的托尼·史密斯(Tony Smith,1912—1980)、加德(Donald Judd,1928—1994)、莫里斯(Robert Morris,1931—)、罗伯特·史密森,英国的安东尼·卡罗(Anthony Caro,1924—)、菲力普·金(Phillip King,1934—)、澳大利亚的米德莫(Clement Meadmore,1929—2005)等(图 11-11)。

图 11-11 加德《10 个单位》,1967 年,不锈钢和有机玻璃,沃思堡现代艺术博物馆

（四）大地艺术

大地艺术（Land Art）是一种在户外进行的以大自然为媒介的艺术样式，20世纪60至70年代流行于欧美，表达了对商业化艺术、博物馆艺术的抵抗。

大地艺术的前奏是由"最低限艺术"的室内形式演变而来的装置艺术，即综合布置房间形成一个场景，把室内的墙壁、天花板、地面、空间、参观者统统变成作品的一部分。这是现代雕塑追求建筑式结构的逻辑发展。大地艺术的创作者多从装置艺术起步。最初在室内布置一些岩石标本、泥土、木材或航空摄影的大地影像，演变为户外创作，构造有大自然尺度的壮观。

欧美20世纪60至70年代从事"大地艺术"创作的艺术家很多，有许多作品见于记载。有影响的艺术家首推美国的罗伯特·史密森（Robert Smithson，1938—1973）、米切尔·黑泽（Michael Heizer，1944— ）以及法国的克里斯托（Jaracheff Christo，1935— ）等人。史密森1970年在美国犹他州大盐湖上用砂石筑起一道巨型的"螺旋形防波堤"，提供了大地艺术的经典作品。黑泽1969—1970年在美国内华达州一片空地上挖了20万吨沙土，留下两个大凹坑，他称之为"双负空间"。克里斯托以捆扎著称，从椅子、书本到海岸、桥梁、峡谷，统统都进行过捆扎（图11-12）。他最壮观的作品是1972年在科罗拉多大峡谷拉起的长381米、面积20万平方英尺的《山谷幕》。

图11-12 克里斯托《包扎海岸线》，1969年，聚乙烯合成纤维，长1英里，澳大利亚

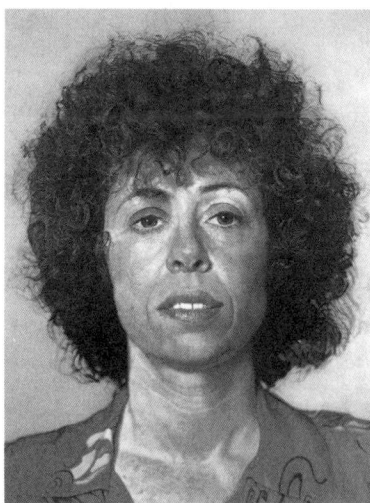

图11-13 克洛斯《琳达》，1976年，布面丙烯颜料，274.3 cm×213.4 cm，佩斯美术馆

（五）照相写实主义

照相写实主义（Photographic Realism）又称超级写实主义（Super Realism），是 20 世纪 60 年代末在美国兴起、20 世纪 70 年代流行于欧美的艺术风格。与传统写实主义不同，照相写实主义排除艺术家的个性因素，以精确复制对象为目的。画家以照片为基础作画，雕塑家从真人身上翻模造型，具有工业化的标准性和传媒化的克隆性。同时，照相写实主义以再现当代生活环境、物件和人物为内容，显示出与波普艺术的相似特点。莱斯利（Alfred Leslie，1927—　　）、克洛斯（Chuck Close，1940—　　）等人的肖像作品（图 11-13），杜安·汉森（Duane Hanson，1925—1996）、安德烈亚（John de Andrea，1941—　　）等人的人物雕塑，忠实地体现了超级写实主义原则。埃斯蒂斯（Richard Estes，1932—　　）、莫利（Malcolm Morley，1931—　　）、波森（Stephen Posen，1939—　　）、戈因斯（Ralph Goings，1928—　　）等画家，则以逼真地再现建筑物、环境和现代物品而见长。

（六）新媒体艺术的渊源

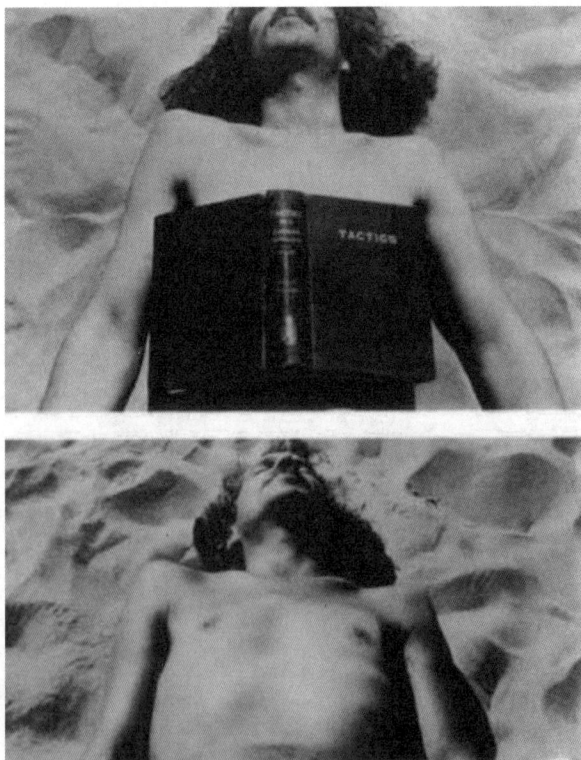

图 11-14　奥本海默《读本位置》，影像艺术

新媒体艺术即是用电影、电视、网络等现代科技制造的传播媒介为载体的艺术形式，集图、文、影像、声音和互动为一体，或称影像艺术。由于当代数字技术和网络媒体的发展，人们把新媒体艺术往往界定为网络媒体艺术。其实，新媒体是一个具有历史相对性的概念，经历了一个发展历程。在行为艺术兴起的时代，鉴于行为艺术是一个随时间而起又随时间消失的过程，艺术家便采用影像手段留下资料并加以传播，这些手段包括摄影、摄像。于是从行为艺术中衍生出的"身体艺术"（Body Art）概念，还意味着以影像为媒介，突出艺术家的身体，而将其行为边缘化。这样便产生了一种融合行为、身体与影像在内的多媒体艺术形式，并最终被影像媒介所控制，回归视觉艺术。如阿孔奇（Vito Acconci，1940—　　）描

述触觉体验的录像、萨马拉斯(Lucas Samaras,1936—   )创作的自体变形照相、奥本海默(Dennis Oppenheim,1938—   )的《读本位置》(图 11-14)等,都可算是新媒体艺术的雏形。装置艺术、大地艺术等非永久性作品的纪录影像也与此类似。不过,它们还显得只是另一种艺术类型的记录和传播手段。而 20 世纪 70 年代以来兴起的新媒体艺术,则在构思之始就将影像手段作为艺术语言运用。这就是说,新媒体艺术以自身为目的,而不是别种艺术的记录手段。

思考题

1.有人说 20 世纪下半叶以来的"先锋艺术"是一种"美国式艺术",你同意这种观点吗? 请说明理由。

2.与前期现代主义艺术相比,20 世纪后半期的现代艺术产生了哪些变化?

3.波普艺术与达达主义艺术有什么联系和区别?

4.你认为有哪些因素促成了新媒体艺术的产生?

5.你是否认同"艺术史终结"的看法? 请说明理由。

扩展阅读

罗斯玛丽兰·伯特.剑桥艺术史:20 世纪艺术[M].钱乘旦,译.南京:译林出版社,2009.

爱德华·卢西·史密斯.1945 年以后的现代视觉艺术[M].陈麦,译.上海:上海人民美术出版社,1988.

罗伯特·休斯.新的冲击:写给大众的西方现代艺术的百年历史[M].欧阳昱,译.天津:百花文艺出版社,2000.

吴永强.外国美术史:传统与现代[M].海口:海南出版社,2004.

克莱门特·格林伯格.艺术与文化[M].沈语冰,译.桂林:广西师范大学出版社,2009.

卡巴内.杜尚访谈录[M].王瑞芸,译.桂林:广西师范大学出版社,2001.

瓦尔特·本雅明.摄影小史、机器复制时代的艺术作品[M].王才勇,译.南京:江苏人民出版社,2006.

孙津.波普艺术:断层与绵延[M].长春:吉林美术出版社,1999.

徐淦.观念艺术[M].北京:人民美术出版社,2004.

阿瑟·丹托.艺术的终结[M].欧阳英,译.南京:江苏人民出版社,2005.

刘悦笛.艺术终结之后[M].南京:南京出版社,2006.

第三编　哲　学

西方文化的灵魂是西方哲学。虽然从产生的时间看,西方哲学要晚于西方的文学和艺术,但它一经产生,就成为影响整个西方文化的理论基础。所以,我们可以肯定地说,不深入了解西方哲学,就不可能真正把握西方文化的精髓。

"西方哲学"中的"西方",绝不是一个简单的地理概念,更不是一个现行的政治概念,它指的是一种区别于中国和印度等东方哲学形态的、主要产生于欧洲并流行于欧美的独特哲学源流。为了帮助读者朋友先从总体上对学习西方哲学的相关问题有一个大致了解,我们按照通行的做法,写下了这篇"导言"。在这里,我们打算讲三个问题。

一、哲学与哲学史

从严格的意义上说,"哲学"是古代希腊人首先创立并奉献给人类的无价之宝。在他们那里,我们现在所谓的"哲学"被称为"philosophia"。它是个合成词,由"philos"和"sophia"这两个单词构成,其含义是"热爱智慧"。所以,"哲学"就其纯粹的词源意义而言,很简单,可以称为"爱智之学"。

但是,如果要给这简单的"哲学"下一个精确的学科性质的定义,却是非常困难的事情。因为不同的哲学派别和不同的哲学家对"哲学"的理解很不一样,从古至今,根本就没有一个被普遍认可的标准定义。如果一定要给一个相对固定的说法,我们只能说,哲学是一种与科学和宗教既密切相关又根本不同的理论化了的世界观。它与科学一样,要运用理性(只有少数哲学家不是这样)去探究客观事物的本性和本质,但它的结论没有也不可能有科学(尤其是自然科学)那样的确定性,更缺乏实证性。所以,科学的结论大家都愿意接受,而哲学的结论人人均可提出异议。它与宗教一样,试图在精神层面给人以终极关怀,使人的灵魂得到安顿,但它依靠的主要是理性而非信仰。这是哲学的魅力与价值所在。它是世界观,即对世界及其中万物的观点和看法,但又不是表象的、零散的意见,而是系统化、理论化、思辨化了的东西。

古代希腊哲学的集大成者亚里士多德认为,哲学的产生需要两个前提性的条件,即闲暇与好奇。不为生计奔波,满足了生活必需的人,才有闲情逸致去思考,忙于生计的人脑袋里是装不下哲学的;即使有了闲暇,只想着如何声色犬马,对不知道或不理解的事情置若罔闻,没有追问和探究的冲动,也产生不了哲学。在闲暇和好奇同时具备的背景下产生的哲学,被亚里士多德认为是唯一自由的学问,因为其他知识都有某种外在的实用目的,因而都要为其服务并受其牵制,唯有哲学,由于没有任何自身之外的实际用途,其目的就在爱智求真本身,所以是自由的。

哲学史顾名思义,就是哲学思想发展的历史。每门学科都有自己的发展史,但哲学史与其他学科史不同。其他学科史,尤其是自然科学史,一般只具有记录该学科如何发展演变的历史意义,对于学习该学科当下形态的知识内容,没有特别重要的意义,如学习数学的学生,无须一定要学习数学史。但是,学习哲学不同,如果不学习哲学史,学习哲学就无从谈起。正如黑格尔所说,哲学就是哲学史,同理,我们也可以反过来说,哲学史就是哲学。

哲学与哲学史之所以存在着这种独特的复杂关系,究其根本,原因还在于哲学本身具有的独特性质。哲学关注和研究的问题,从本质上讲,都没有终极的标准答案,因此仁者见仁,智者见智,万古常新。历史上的每一种哲学,每一位哲学家,都在以自己特有的方式努力回答这些问题,但从来没有哪一种哲学,能够真正代表所有的哲学而被认为就是哲学本身,能够一劳永逸地最终解决这些问题。他们所做的贡献,主要是为后来者继续探讨这些问题留下一条条思路,提供一种参考。所以,每一位试图研究哲学,关注哲学问题的人,都必须认真学习哲学史,了解历史上的哲学家是怎样思考的,才能理清自己的思路,阐发出自己的独特观点。

二、西方哲学的历史分期和基本特征

西方哲学产生于公元前6世纪的希腊,距今已有2600多年的历史。如何对这2600年的哲学进行分期,学术界有不同的观点。我们参考一般世界史的分期(但具体的时间划分不太一样),将西方哲学分为四个时期,即古希腊哲学、中世纪哲学、现代哲学和当代哲学。

古希腊哲学开始于公元前6世纪初的米利都学派,结束于公元529年(其标志性的事件是,罗马皇帝查士丁尼一世下令关闭了雅典所有的哲学学校),也被称为古希腊罗马哲学。罗马人没有创造出自己独特的哲学思想,只是继承和发挥了希腊人的哲学,所以我们把这一时期的哲学统称为古希腊哲学。它又可以分为早期希腊哲学、古典时期希腊哲学和晚期希腊哲学三个阶段。它是整个西方哲学的源泉,地位十分重要。

中世纪哲学广义地说,起始于2世纪的教父哲学(这与前面的划分有时间上的重叠,但按思想发展的逻辑,只能如此划分),结束于文艺复兴时代,持续了近1500年。之所以把"文艺复兴"归入这一时期,是因为不仅它打着复古的旗号,而且就其内容看,也没有从根本上创造出系统性的新东西。中世纪哲学也可以分为三个阶段,即教父哲学、经院哲学和文艺复兴时期哲学。

现代哲学(国内学术界一般称为"近代哲学",我们这里按照英文"Modern Philosophy"称作"现代哲学")开始于17世纪,其创始人是英国的培根和法国的笛卡尔,结束于19世纪末20世纪初。也有人把19世纪中叶马克思主义哲学的产生作为划分现、当代哲学的分界线。现代哲学按照逻辑和时间结合来划分,可以分为经验论和唯理论哲学、法国启蒙哲学、德国古典哲学、后黑格尔哲学等四个阶段。

当代哲学开始于20世纪,距今才一百余年。虽然历史短暂,但派别复杂,不好划分。我们只能按其思想的大致倾向,分为科学主义思潮、人本主义思潮和宗教哲学思潮。

虽然上述四个时期各有自己不同的关注重点,并形成了各自的鲜明特色,但从总体上看,它们作为西方哲学的不同发展阶段,也呈现出了明显区别于东方哲学的一些共同的基本特征。把握这些基本特征,对于我们深入了解西方哲学及其与中国等东方哲学的差异,是非常必要的。

我们认为,西方哲学最基本的特征主要有以下五点。

第一,以爱智为目的。希腊人确立的爱智慧、尚思辨、学以致知的理性传统,被后来的多数哲学家继承。他们把追求知识和真理本身作为自己的使命,沉醉于对纯粹智慧的挚爱与探究,不太关注理论有没有或有什么样的实际效用。或者说,他们建构理论的根本目的,在于理论本身,而不在于它的应用。这一点与重德性、尚事功、学以致用的传统中国哲学有着明显的区别。

第二,以逻辑为方法。我们译为"逻辑"的这个词,在西方语言中,来源于古希腊文"logos"。它的动词形式是"lego",而"lego"的基本意思是"说话",所以,从词源意义上看,作为名词的"logos"就是"话语""言说"。任何人以任何方式说话,都不能胡言乱语,必须讲规则,有道理,因此"logos"一词就有了"规则"和"道理"的意思。为了系统地研究这些"规则",亚里士多德创立了逻辑学(英文的"logic"就源自"logos")。由于亚里士多德的逻辑学是演绎逻辑,重视分析论证和概念推理,不太重视归纳,又由于亚里士多德是古代希腊哲学的集大成者,所以这奠定了西方哲学重分析推理的基本方法论特色。而我们的传统中国哲学与西方式的逻辑方法不同,不大注重细致的分析和推理,重视的是宏论与体悟。

第三,以批判为动力。任何理论,都是在对前人思想的批判与继承中建立和发展的。由于"哲学"的本义是爱智,本质是批判,所以在西方哲学的历史长河中,其发展的主要动力不是继承,而是批判。哲学家本着爱智求真的共同愿望,展开了对前人和同代人真诚而又尖锐的批判(有些人还对自己进行自我批判),并在批判中推进理论的深入。亚里士多德对老师柏拉图的批判就是一个典例,他那句"吾爱吾师,吾更爱真理"的宣示,已成为千古传颂的名言。有不少的哲学家,甚至把自己的著作题为"某某批判"。中国哲学也讲究批判,甚至还出现过先秦时期"百家争鸣"的壮观场面,但从总体上看,尤其在涉及学派内部的前后关系时,更多的是继承,而不是批判。

第四,以科学与宗教为背景。这一特点,早在西方哲学的源头希腊哲学那里就已经明显形成了。古希腊哲学脱胎于宗教神话,又在最后融入基督教,这是不争的事实,同样不争的是,在古希腊人那里,哲学和科学一开始并不分家。虽然在后来,哲学和科学、宗教分离了,但它们之间的关系到了如此紧密的程度,以至于当代英国著名哲学家罗素把哲学看成介于科学和宗教之间的一门学科。正因为西方哲学具有科学背景,它才成为一种知识类型的哲学,也正因为有了宗教背景,它才呈现出明显的本体论特征,痴迷于对世界万物,尤其是对人的终极关怀。当然,西方哲学也有社会背景,但相对于科学与宗教而言,没有那么密切。中国哲学在这一点上正好相反,它主要以社会为背景,与科学和宗教离得远些,所以,中国哲学更多呈现的是人伦性质。

第五,以职业学者为主体。这个特点,虽然不涉及哲学的内容,是从哲学家的身份角度来讲的,但同样重要。因为任何理论都是人创造的,而创造理论的人具有什么样的身份,往往对理论的性质和内容有很大影响。从总体上看,西方哲学家的主体队伍是职业学者,他们以教书育人、著书立说为业,自办学校或在某一学术机构任职,不参与或不太在意官场上的事情,与复杂的社会政治生活保持着一定距离,所以,他们的身份比较超脱,呈出世状态,其建构的学说自然也就超脱些。相反,中国哲学家的主体队伍与政治的关系要密切得多,他们抱着"齐家、治国、平天下"的雄心壮志,不少人都接触甚至深入官场,即使没有入仕的人,也以入世的积极心态高度关注着社会政治的风云变幻,因此,他们建立的理论,很难那么超脱。

三、学习西方哲学的意义和方法

学习和了解西方哲学,具有多方面的重要意义。

第一是"益智",即有益于理论思维能力的提高。哲学是逻辑严密、高度思辨的理论体系,在哲学家们穷究义理的探索过程中,充满着睿智。我们学习哲学,犹如做思维体操,在这过程中,活络大脑,活跃思想,使自己变得聪明起来,我们的理论思维能力,就能够在与诸多先哲的对话交流中得到潜移默化的提高。我们认为,这是学习哲学最大的意义。

第二是"明理",即有助于我们明白大千世界的许多道理。每一个人,无不面对五光十色的自然、复杂多变的社会和丰富多彩的人生,也无不经常感到困惑与无助。哲学研究的,正是自然、社会、思维和人自身的本质和最一般的规律。哲学家们探讨这些问题的方式及其所得的各种答案，无疑可以成为我们分析和处理这些问题的参考。当我们逐渐明白了各种正反现象背后的许多道理时，就可以化迷茫为清醒，变冲动为理智。

第三是"助学"，即有助于更好学习自己的专业知识。无论要学好什么专业，都有一个方法问题。虽然各门科学都有自己特殊的方法，但哲学可以作为一般的方法论原则帮助我们的专业知识学习。哲学的批判本质、怀疑精神、理性原则、辩证法则，以及哲学家们思考和解决问题的角度、方法等，都可以成为我们学习专业知识的借鉴。

学习西方哲学有着和学习其他东西一样的方法，但更重要的是，我们要明确哲学中典型的学习方法。概括而言，学习哲学最主要的就是要坚持"问与思"。

这里的"问"，指问题、问号、追问。我们学习西方哲学，固然要学习知识，即了解哲学家们说了些什么，有哪些值得我们记住的东西，但这还远远不够，更为重要的是，要懂得在自己的脑袋里打问号，即进一步追问：他们为什么要这样说？他们的说法到底怎么样？因为我们都知道，任何哲学家提出的任何观点，都不会无的放矢，总有一定的背景，且总是针对一定的问题。我们同样也知道，任何哲学家建构的任何思想，都不是十全十美或荒谬绝伦的，总有其优劣得失，合理性与局限性并存。如果在我们能知道他们所说"是什么"的基础之上，去深入追问他们"为什么"要这样说，并评判他们说得"怎么样"，那么，我们的学习就不是机械记忆性的，更不是盲目接受性的（这两种学习方法对于哲学来说，无疑是天敌），而是批判追问性的，我们就能在知其然的同时知其所以然。

所谓的"思"，指的当然是思考或思想。前面所说"问"的那些内容，无疑属于"思"，而且是深入的"思"，但那种"思"，是在与哲学家们所提问题"对话"意义上的，也就是说，是我们在思想上穿越时空，去和大多已成历史人物的哲学大师们平等讨论。而这里所说的"思"，特指我们在学习西方哲学时，要联系现实和未来进行思考，换句通俗的话说，就是理论联系实际，历史结合现实。由于哲学研究的对象是自然、社会、人类及其思维的本质和最一般规律。所以，哲学家们的看法或结论，往往具有超越时空的意义，那些在历史长河中发生沧桑变化或失去曾经有价值的东西，都是些现象之类的东西。例如,古代希腊哲学在时间上离我们有 2000 多年,在空间上距我们也有好几千千米,但哲人们讨论的对象和问题与我们今天面临的相比,并没有也不应该有根本性质的变化,他们关于世界和人生提出的许多观点,对于我们依然有重要的启迪意义。我们在学习西方哲学的过程中,只有注意联系大千世界的当下现实和自己所处的人生境遇,去对比性地思考与体味哲人们的问题、思路和结论,才能有真正属于自己的切实收获。相反,如果我们抱着置身事外的心理或纯粹读"书"的态度来学习这门西方哲学,除了记得一些知识性的人物作品、名言警句之外,是不会有多少益处的。如果是这样,就枉费了我们自己的有限时间和宝贵精力。

第十二章　古希腊哲学

古希腊哲学是整个西方哲学的源头,是东西方文化交融碰撞的产物。城邦众多的古代希腊之所以成为哲学的故乡,不是哲学家们个人奇思妙想的灵光闪现,而是由它特定的社会历史条件、丰厚的思想文化背景、独特的地理位置和适宜的生活方式等诸多因素共同决定的。

与其他形态的哲学以及后来的西方哲学相比,古希腊哲学从总体上看,具有以下一些基本特点:理性思辨是它的基本精神,探讨"自然、本性"(pusis)是它的基本内容,朴素直观是它的基本性质,论断上的绝对主义是它的基本形态,与科学和神话不分是它的基本表现。

古希腊哲学前后持续了 1000 余年,大体可以分为三个发展阶段。①早期自然哲学。以雅典以外的其他城邦为主要活动地区,代表人物主要有米利都派的泰勒斯(Thales,盛年约在公元前 585 年)、毕达哥拉斯派的毕达哥拉斯(Pythagoras,盛年约在公元前 532 年)、爱非斯派的赫拉克利特(Heraclitus,盛年约在公元前 504—公元前 501 年)、爱利亚派的巴门尼德(Parmenides,盛年约在公元前 504—公元前 501 年)和原子论者德谟克利特(Democritus,盛年约在公元前 420 年)。②中期(也称古典时期)体系性哲学。以处于社会经济文化发展黄金时期的雅典为活动地区,代表人物是一脉相承的苏格拉底(Socrates,公元前 469—公元前 399)、柏拉图(Plato,公元前 427—前 347)和亚里士多德(Aristotle,公元前 384—公元前 322)。这是整个古希腊哲学的高峰时期。③晚期伦理性哲学。以雅典和其他城邦为活动地区,代表人物主要有幸福论的伊壁鸠鲁(Epicurus,约公元前 342—公元前 270)、斯多亚派的芝诺(Zeno,约公元前 336—公元前 264)、怀疑派的皮浪(Pyrrhon,约公元前 365—公元前 270)和新柏拉图主义的普罗提诺(Plotinus,有人译为柏罗丁,204—270)。

古希腊哲学派别复杂、人物众多,内容丰富,但由于篇幅所限,加之早期和晚期哲学家们的著作大多已经佚失,现存只有一些从古代其他著作家作品中收集来的所谓残篇,所以,我们这里只选了6段有代表性的原著供大家阅读。对古希腊哲学兴趣大的读者,可以直接读成本的原著。

原典选读

古希腊哲学的起源和传承等情况

第欧根尼·拉尔修是2世纪时的著作家,他的《名哲言行录》是古代世界唯一一部流传下来的全面记述古希腊哲学家思想和生平的著作,因而被学术界公认为研究古希腊哲学和思想史不可替代的经典史料。该书共10卷,记录了近100位哲学家或政治人物。这里选的是全书的总序言全文。

在这篇序言中,第欧根尼·拉尔修按照自己的理解讨论了为什么只能说哲学起源于古希腊,并概要性地介绍了古希腊哲学的派别传承、名称缘由、主要内容等,可以作为我们从总体上了解古希腊哲学的重要参考。

[1.1]有些人断言,哲学活动开始于野蛮人①。他们列举道,波斯人产生了祆教僧侣②,巴比伦人或亚述人出现了迦勒底学派③,印度人有苦行僧④,而在凯尔特人和高卢人中则有叫作德鲁伊达⑤或圣仪崇拜者。他们的依据是亚里士多德⑥在《麦基库斯篇》以及索提翁⑦在《后继者》第二十三卷中的说法。他们还说,厄孔是腓尼基人,扎摩尔克斯是色雷斯人,阿特拉斯则是利比亚人。

按照埃及人的说法,赫淮斯托斯⑧是尼罗河的儿子,哲学就起源于他,而祭司和预言家是其代言人。

[1.2]赫淮斯托斯比马其顿的亚历山大早48863年;在此期间发生了373次日蚀和832次月蚀。

---

①这里的"野蛮人"泛指不说希腊语的非希腊人。几乎所有的希腊著作家都持这种称谓,第欧根尼·拉尔修只是沿袭而已。

②这里是意译,直译为"麻果斯"。这个词既指古代波斯一个叫"麻果斯"族的人,也指古波斯专门给人解梦的先知、僧侣,并引申为巫师、会法术的人等。英文的magic(魔术、巫术等)源出于此。

③迦勒底人是古代闪米特人的一支,初占领底格里斯河和幼发拉底河河口的下游冲积地,后逐渐成为巴比伦王国的统治部族。这里的"迦勒底学派"可能指该部族中擅长占星、预言者们。

④古代印度教的一派哲人,他们奉行禁欲苦行,喜欢沉思默想和裸体出游。

⑤古代高卢及不列颠和爱尔兰僧侣团成员。据说该团成员研究过自然科学,通过僧侣式的牺牲而成为先知,从事法官和教师工作,但后来成为爱尔兰、威尔士和基督教传说中的术士和男巫。

⑥可能不是我们熟知的那个亚里士多德。

⑦古代希腊传记作家,鼎盛时期约在公元前200—前170年。

⑧希腊神话中的火神和锻冶之神,宙斯和赫拉的儿子。

柏拉图主义者赫尔谟多洛斯在他的数学著作中断言,波斯人左洛阿斯特瑞斯起始的祆教僧侣活动是在特洛伊沦陷之前 5000 年;但吕底亚人克桑托斯却认为,从左洛阿斯特瑞斯到薛西斯远征之间间隔了 6000 年,而且在提到那次事件后,他还接连谈到了许多祆教僧侣,如厄斯塔纳斯、阿斯特拉姆普苏库斯、古布瑞阿斯和帕扎塔斯,一直到波斯被亚历山大征服。

[1.3]但是,这些作者们忘记了,他们归之于野蛮人的那些成就实际上属于希腊人,正是从希腊人那里,不仅是哲学,而且人类自身才得以开始。例如请看,密塞俄斯①就是雅典人,里诺斯②则是忒拜人。据说前者是欧谟尔珀斯③的儿子,是编制神谱和制造地球仪的第一人,而且他还认为,万物起始于一,又复归于一。他死于法勒隆④,下面是他的墓碑铭文:

> 在这法勒隆的土地里,
> 躺着欧谟尔珀斯可爱儿子密塞俄斯那衰弱的躯体;

雅典的欧谟尔匹底人就是从密塞俄斯的父亲那里得到他们的名字的。

[1.4]里诺斯是赫尔墨斯⑤和缪斯女神乌剌尼阿斯的儿子。他创作了一首诗,描述宇宙的诞生、太阳和月亮的行走以及动植物的生长。他的诗作是这样开篇的:

> 时间存始之日,
> 就是万物生长之时。

当阿那克萨戈拉宣称万物最初同一,是"奴斯"⑥才给它们安排秩序时,他的观点实际上是从这里借用的。里诺斯死在优卑亚,被阿波罗射杀了,下面是他的墓碑铭文:

> 死后得到这块土地的忒拜人里诺斯,
> 是头顶王冠的缪斯女神乌剌尼亚之子。

因此,哲学只能起源于希腊人,它的名字不接受野蛮人的任何称谓。

[1.5]但是,那些将哲学的发明归于野蛮一族的人又抬出了色雷斯人俄耳甫斯⑦,称这位年代久远者为哲学家。就我而言,考虑到他关于神的一些说法,很难知道是否应当把他称为哲学家,这个人毫不犹豫地把一切人类的苦难,甚至那些由少数人用舌头动作所导致的淫荡行为都归罪于诸神。据传他死于女人之手;但按他在马其顿的第厄的墓碑铭文记载,他死于雷劈。这一铭文如下:

> 在这里缪斯女神埋下了

---

①也汉译为穆赛俄斯。希腊神话中的歌手、诗人、预言家。
②也汉译为利诺斯。希腊神话中早死的美少年。后来的神话把他描绘成一位哲人。
③也汉译为欧摩尔波斯。希腊神话传说中的得墨忒耳的祭司,被认为是波塞冬和喀俄涅的儿子。
④雅典的一个港口。
⑤也汉译为赫耳墨斯。古代阿耳卡狄亚的神,后来成为奥林匹亚山诸神之一,被认为是宙斯之子。他最初是自然界强大力量的化身,后来成为畜牧之神,牧人的保护者。再后来,又成了"信使"。
⑥这里是音译,可意译为"心灵""理性"等。
⑦可能说的是希腊神话中发明了音乐和作诗法的那个俄耳甫斯。据说他因为拒绝参加秘祭激怒了酒神的狂女而死在她们手里。

行吟诗人①色雷斯的俄耳甫斯，

至高的宙斯用霹雷击毙了他。

[1.6]然而,持哲学起源于野蛮人这一说法的人们,还在不同国家以各种形式散布其论调。至于印度苦行僧和德鲁伊达人,据说他们以谜语的形式表达哲学,并要求人们敬拜诸神,弃戒邪恶,践行勇敢。克雷塔尔科斯在他的第十二卷中断言,苦行僧在任何情况下都漠视死亡;他还说,迦勒底人致力于天文学,并预测未来;波斯祆教僧侣则忙于敬神、牺牲和祈祷,并暗示只有他们才能倾听神的声音。他们提出了关于神的本质和生成的观点,将之归因为火、土和水;他们认为使用雕像有罪,尤其谴责将男女差别归因于神的观点。

[1.7]他们讨论正义,认为火葬是渎神的;但如索提翁在其第二十三卷中所说,他们却不认为与母亲或女儿结婚有什么不虔之处。他们还进行占卜,预测未来,宣称神对他们显现。他们还说空气弥漫着各种形象,像蒸汽一样流出,进入敏锐的先知们的眼睛里。他们禁止人们佩戴饰物和金器。他们的衣服是白色的;以干草和树叶为床;以蔬菜、干酪和粗面包为食;他们用芦苇秆作拐杖,而且据说有这样的习俗,即把它插进干酪,挑起他们要吃的那一块。

[1.8]亚里士多德在其《麦基库斯篇》中以及德浓②在其《历史》第五卷中说,他们对魔术技法完全不熟悉。德浓说,左洛阿斯特瑞斯这个名字直译过来就是"星星崇拜者";赫谟多鲁也持这一说法。亚里士多德在其《论哲学》的第一卷中断定,波斯祆教僧侣比埃及人更古老;他还说,他们相信两种本原,即善的精灵和恶的精灵,其中一个名叫宙斯,或厄洛马斯德斯,另一个称作哈德斯③或阿瑞马尼俄斯。这一说法在以下著述中得到了证实:赫尔米珀斯④关于祆教僧侣的第一卷、欧多克索斯⑤的《环球航行》以及忒俄珀姆珀斯⑥《菲利匹可》的第八卷。这最后一位著作家说,按照波斯祆教僧侣的看法,人有来生,并且不朽,世界将由他们的姓氏持续存在。这一说法得到了罗得斯⑦的欧德谟斯⑧的确认。但赫卡泰俄斯⑨说,按照他们的观点,神由出身所定。索洛伊的克勒阿尔科斯⑩在《论儿童教养》中断言,印度的苦行僧是波斯祆教僧侣的后代;有些人认为犹太人也源出于与此相同的祖先。此外,那些就波斯祆教僧侣有过著述的人还批评希罗多德。他们认为,薛西斯决不会把标枪投向太阳,也不会把镣铐扔进海洋,因为按祆教僧侣的信条,它们都是神。但神的雕像毁于薛西斯却是极有可能的。

[1.9]关于神和正义,埃及人的哲学有如下述。他们认为质料是本原,然后从中分离出四种元素,进

---

①原文直译应为"竖琴",这里意译为"行吟诗人"。

②也汉译为狄农。公元前4世纪的希腊历史学家。

③即"冥国""地狱"。从希腊文的构词上看,是"看不见的"意思。有时希腊人称之为塔耳塔洛斯、厄瑞玻斯,罗马人称之为俄耳库斯。

④有学者汉译为赫尔米波斯。古代希腊的一位传记作家和立法者,约生活于公元前3世纪。

⑤参见本书第八卷第八章的介绍。

⑥古代希腊的历史学家和修辞学家,约出生于公元前380年。

⑦也有人汉译为"罗得"。是爱琴海东南部的一个岛屿,其首府是罗得斯城。

⑧生活于公元前4世纪后半叶,亚里士多德的学生和朋友。

⑨约公元前550—公元前476年,米利都人,哲学家、地理学家和历史学家。

⑩亚里士多德的学生,希腊的博学之士。

而产生出各种生物。太阳和月亮是神,并被分别命名为厄西里斯①和伊西斯②;按照马涅托斯③在其《自然学说摘要》中,以及赫卡泰俄斯在其《埃及哲学》第一卷中的说法,他们把甲虫、蟒蛇、鹰以及其他动物当作神。他们还为这类动物建造雕像和庙宇,因为他们不知道神的形状。

[1.10]他们认为宇宙是生成的,也会毁灭,且呈球形;星星是火,由于其中火的混合情况,地球上会发生各种事情;当月亮掉进地球的影子中时,就会发生月蚀;灵魂是不死的,并继续寄于另一躯体;雨由大气的变化所引起;关于其他各种现象,如赫卡泰俄斯和阿里斯塔戈拉斯④所述,他们都给出了自然的说明。他们制定了有关正义的各种规则,并将它们归于赫尔墨斯;他们把那些对人有用的动物认作了神。他们还声称发明了几何学、天文学和算术。关于哲学的起源问题,就说这么多。

[1.11]第一个使用哲学这个名称、并称自己为哲学家的人是毕达哥拉斯,因为按照旁托斯⑤的赫拉克勒德斯⑥在其《论无气息》中的说法,当他在西库翁⑦与西库翁或佛利俄斯的王子勒翁对话时断言:除神之外,没有人是智慧的。很快,人们就把这种研究称作智慧,称这类人为贤者,意在表明其灵魂达到了完美境界;而从事研究的人就是哲学家或智慧爱好者。智者是对智慧之人的另一称谓,不仅包括哲学家,也包括诗人。因此,当克拉提诺斯⑧在《阿尔希洛希》中称赞荷马和赫西俄德时,他就给了他们这样的称呼。

[1.12]人们习惯性地把以下几人视为贤者:泰勒斯、梭伦、佩里昂德洛斯、克勒俄布洛斯、喀隆、彼亚斯和皮塔科斯。除这些之外,还可以加上司库塞人阿那卡尔西斯、赫恩人密松、叙利亚人斐瑞居德斯和克里特人厄皮美尼德斯;有些人甚至还加上了僭主佩希斯特拉托斯。关于贤者就说这么多。

哲学的产生有两个起源,即一方面开始于阿那克西曼德,另一方面则开始于毕达哥拉斯。前者是泰勒斯的学生,毕达哥拉斯则受业于斐瑞居德斯。前一派被称作伊奥尼亚派,因为教导阿那克西曼德的泰勒斯是米利都人,因而也是伊奥尼亚人;后一派从毕达哥拉斯那儿得名意大利派,因为他一生的大部分时间都在意大利从事爱智活动。

[1.13]第一个派别即伊奥尼亚派,结束于克雷托马科斯、克律希珀斯和忒俄弗拉斯托斯;意大利派则结束于伊壁鸠鲁。伊奥尼亚派从泰勒斯开始,经由阿那克西曼德、阿那克西美尼、阿那克萨戈拉、阿尔刻拉俄斯的代代传承,到苏格拉底,他引入了伦理学;从苏格拉底传到他的学生们苏格拉底派,尤其是传到柏拉图这个老学园的创建者;从柏拉图经由斯彪西珀斯和克塞诺克拉特斯,到珀勒蒙、克冉托尔、克拉特斯和中期学园的创建者阿尔克西拉俄斯的代代师承,再到新的哲学学园的创建者拉居德斯以及卡尔涅阿德斯和克雷托马科斯。这条线延续到了克雷托马科斯。

[1.14]另一条线则结束于克律希珀斯,即经由苏格拉底到安提司特涅斯,到犬儒学派的第欧根尼、

---

①也汉译为俄西里斯。古代埃及的自然界死而复生之神希腊人把他同狄奥尼索斯(酒神)混成一体。
②古代埃及最重要的女神。她是丰产和母性的庇护者,司生命和健康的女神。
③埃及高级祭司,鼎盛年约在公元前280年,著有一部三卷本的埃及史。
④可能指的是一位不能确定年代的喜剧作家。
⑤在黑海南边沿岸一带地方,小亚细亚北部。在希腊神话中,旁托斯是该亚的儿子,海的化身。所以,当它作为一个普通名词时,指"海、大海"。
⑥参见本书第五卷第六章的介绍。
⑦位于伯罗奔尼撒半岛北部的一个城邦。
⑧被阿里斯托芬等人视为老式阿提卡喜剧时期最伟大的诗人之一。

经忒拜的克拉特斯、基提翁的芝诺、克勒昂特斯的传承,再到克律希珀斯。还有一条线结束于忒俄弗拉斯托斯,即从柏拉图到亚里士多德,再到忒俄弗拉斯托斯。以这种方式,伊奥尼亚学派至此结束。

在意大利学派那里,其师承关系是这样的:从斐瑞居德斯到毕达哥拉斯,再后是他的儿子特劳格斯,继而是克塞诺法涅斯,到巴门尼德,到芝诺,到留基伯斯,再到德谟克利特;德谟克利特有很多学生,其中尤其有瑙希法涅斯和瑙居德斯,他们再传到伊壁鸠鲁。

[1.15]可以把哲学家们划分为独断论者和怀疑论者。凡对事物作出断定,认为其可知的人都是独断论者,凡对事物悬置断定,认为不可知的人都是怀疑论者。此外,有些哲学家在其身后留有作品,有些则什么也没写,根据一些人的说法,这样的例子有苏格拉底、斯提尔朋、菲利珀斯、墨涅德谟斯、皮浪、忒俄多洛斯、卡尔涅阿德斯、布律松;按有些人的说法,毕达哥拉斯和开俄斯的阿里斯通也属于此类人物,虽然他们写了少量信件。还有一些人,所写的东西不超过一篇,如墨里索斯、巴门尼德、阿那克萨戈拉。芝诺的著作很多,克塞诺法涅斯更多,德谟克利特、亚里士多德、伊壁鸠鲁和克律希珀斯,则是一个比一个还多。

[1.16]在哲学家中,有些学派的名称来自城市,如埃利斯派、麦加拉派、厄瑞特里亚派和库瑞涅派;有些来自办学所在的地点,如学园派和斯多亚派;有些来自偶遇的境况,如漫步学派①;有些来自被嘲讽的绰号,如犬儒学派;有些来自其主张,如幸福论者;有些来自其想望,如热爱真理者、批驳者、比对者;有些来自他们的老师,如苏格拉底派、伊壁鸠鲁派,如此等等;有些由于他们对自然的考察而得到自然学家的名称,有些则因为他们对伦理的研究而被称为伦理学家;而那些忙于语辞技巧的人就是时髦的辩证家。

[1.17]哲学有三个部分:自然学、伦理学、辩证法。自然学讨论宇宙以及其中的所有事物;伦理学研究生活及其与我们相关的所有事物;辩证法则统领这两者所使用的论理规则。自然学到阿尔刻拉俄斯时达至鼎盛;伦理学,正如我们已说,开始于苏格拉底;而辩证法则起始自爱利亚的芝诺。在伦理学领域形成了十个学派,它们是学园派、库瑞涅派、埃利斯派、麦加拉派、犬儒派、厄瑞特里亚派、辩证派、漫步派、斯多亚派和伊壁鸠鲁派。

[1.18]这些学派的创立者如下:老学园,柏拉图;中期学园,阿尔克西拉俄斯;新学园,拉居德斯;库瑞涅派,库瑞涅的阿里斯提珀斯;埃利斯派,埃利斯的斐多;麦加拉派,麦加拉的欧几里德斯;犬儒派,雅典的安提司特涅斯;厄瑞特里亚派,厄瑞特里亚的墨涅德谟斯;辩证派,迦太基的克雷托马科斯;漫步派,斯塔吉拉的亚里士多德;斯多亚派,基提翁的芝诺;伊壁鸠鲁派则得名于伊壁鸠鲁本人。

希珀伯托斯②在其著作《论流派》中断言,共有以下九个派别或学派:第一,麦加拉派;第二,厄瑞特里亚派;第三,库瑞涅派;第四,伊壁鸠鲁派;第五,安尼克里派;第六,忒俄多洛斯派;第七,芝诺派或斯多亚派;第八,老学园派;第九,漫步派。这其中,没有犬儒派,没有埃利斯派,也没有辩证派。

[1.19]由于皮浪派的结论极不确定,几乎无人承认他们是一个派别;有些人根据他们的某些观点说它是一个学派,但根据另外的观点又说它不是。看来他们还是一个学派,因为我们的看法是:只要在面

---

①指亚里士多德创立的学派,因其在漫步中讨论问题而得名。以前有些中译本译为“逍遥学派”,既不符合希腊文原文的含义,更易引起人们的误解,产生“风花雪月”之类的联想。

②公元前3世纪末期至前2世纪早期的希腊哲学史家。

对事物现象时,遵循或看起来遵循某种规则,我们就说它是一个学派;根据这个标准,我们称怀疑派为一个学派应当是有很好理由的。但是,如果我们用"学派"这个词的意思是指具有一种遵循独断的倾向,那么,他们就不应该被称为一个学派,因为他们根本就没有独断的教条。关于哲学的起源、接续、不同部分以及哲学派别的数目,我们就说这么多。

[1.20]此外,不久前,亚历山大里亚的珀塔谟诺斯创立了折衷学派,并从每一派别的学说中摘编了一个精选集。根据他自己在其《基本原理》中的说法,真理的标准有二:(1)判断被其形成的东西,它是主导性的;(2)判断经由形成的东西,例如最精确的知觉意象。他的全部原则是质料、动因、性质和地点;因为一个事物的生成,既源出于什么和被什么所生,又成为什么性质和在什么之中进行,这四种要素都要具备。他认为一切东西所趋向的目的是生命,生命在所有德性中完善,但如果没有合乎自然的身体状况和外部条件,这个目的也不能够达到。

现在要说的是关于哲学家们本人的事情,第一个先谈泰勒斯。

——徐开来、溥林,译.广西师范大学出版社,2010.

研究哲学的缘由

这段话选自柏拉图的《第七封信》(他所有书信中最长也最重要的),是他写给他的学生狄翁的朋友和支持者的,中心意思是叙述他如何与狄翁结识以及他的三次西西里之行,从而为自己和狄翁辩护。我们从这段话中可以清楚地看到柏拉图思想的鲜明特点——让哲学为他的政治理想服务,也可以看到他在《国家篇》(有人译为《理想国》)中设计的"哲学王"思想的缘由。

我年轻的时候,也有和其他许多人相同的经历,我希望自己成年后立即参与政治生活。但当这样的时机到来时,政治形势却发生了下列变化。

那时存在的政府,为大多数人所不满,于是发生了革命。革命是由51个人领导的,其中11名在城邦,10名在比雷埃夫斯港,——这些地方都需要管理市场、处理市政问题。"三十寡头"的统治建立了,成为最玩忽职守的统治者。这里面有许多人是我的亲戚和朋友。他们也确实立即邀请我与他们共事,觉得这似乎十分相宜。由于年轻,我那时的感受并无惊人之处。我相信他们是城邦的管理者,会领导城邦摆脱不正义的生活方式而享受正义的生活。所以,我非常热切地关注着他们,注视着他们的行动。但我看到的是,时间不长,他们就搞得怨声载道,使人人都怀念前期,觉得那是黄金时代。更有甚者,他们竟敢陷害我的老朋友苏格拉底。我敢毫不犹豫地说他是当时最公正的人。他们派他跟别人一起用武力去捉拿一个公民以把他处死。目的在于,这样一来,不论苏格拉底是否愿意,他总是介入了他们的活动。但苏格拉底拒绝服从,宁愿冒受极刑的风险也不愿参与他们渎神的活动。我看着这一切以及其他类似的行为,心中十分愤怒,便使自己丝毫不介入当时还在进行的罪恶行径。但不久以后,"三十寡头"的统治连同当时存在的整个政府都被推翻了。我心中又一次升起了要参与政治、管理业务的愿望,虽然不如以前那样迫切。这时许多可悲的事件正在发生,乱世之中,在某些事情上,人们对他们的仇敌报复得过分也不足为奇。无论如何,在流放中回来的人还是显得比较温和的。但好景不长,他们中一些有权势的人,在法庭上指控我们的朋友苏格拉底,罪名是亵渎神明——这恰是在一切人中苏格拉底最不应受的。用这个罪名,这些人控告了他,还有一些人谴责并杀死了他——但实际上正是这个人,在以前他们自己不幸处于流放中时,拒绝参加逮捕他们的一个朋友的渎神活动。

我思考着这些事情,思考着这些人治理城邦的方式,思考着他们的法律及习俗。越是思考这些,年龄越是增长,我越觉得正确管理城邦事务之难。没有忠实的朋友和可靠的伙伴,做任何事业也不会成功。由于我们的城邦已不再按祖先制定的原则和制度来统治,要进行公正的治理实在不是易事。而要很快地获得另外的新朋友也根本不可能。除此而外,成文法和习惯均被败坏,世风急转日下。因此,尽管我一开始极度热心于从事政治活动,但一旦想到所有这些事情,看到它们如何以惊人的速度向四面八方急速恶化着,我变得头晕目眩,迷茫不知所从。尽管我继续考虑着用何种方式可以改善这些事情及整个政治,但一涉及政治行动,我却不断地等待合适的时机。直到最后,看看所有现存的城邦,我意识到它们都处于极坏的统治之下,它们的法律已经败坏到无可救药的地步,除非外来一场剧烈的变动和极大的运气。我不得不宣告,必须颂扬正确的哲学,通过它,一个人可以认识到公众生活和私人生活中的各种正义的形式。因而,除非真正的哲学家获得政治权力,或者城邦中拥有权力的人,由于某种奇迹,变成了真正的哲学家,否则,人类中的罪恶将永远不会停止。

——苗力田,译.中国人民大学出版社,1989.

事物分有同名理念而存在

这段话出自柏拉图的早中期著作《斐洞篇》。该篇的内容是苏格拉底在监狱中的最后一次谈话,主题虽然是论证灵魂不死,但其中对柏拉图哲学的核心思想——理念论也有精彩的论述。在体裁上,该篇是转述性的,由苏格拉底的学生斐洞向一位名叫厄刻克拉忒斯的毕达哥拉斯派成员叙述苏格拉底最后一场谈话内容。和柏拉图的其他对话一样,该篇的主角是苏格拉底,接受教诲的刻贝刻和西米阿斯都是他的学生和朋友。

……因此,我将试图向你揭示我已经把握到的那种原因;我也要再次回到那些经常谈过的东西,并从它们出发,通过假定有着某种独自在其自身的美、善、大,以及其他诸如此类的。如果你赞同我并且承认有这些东西,那我就希望根据这些东西向你揭示原因,并发现灵魂是不死的。

那就假定我赞你,刻贝斯说道,这样你就能尽快引出你的结论。

那么请你考虑一下,苏格拉底说,你是否会像我一样也同意那些随之而来的东西。因为在我看来,如果除了美本身之外其他某个东西也是美的,那么它是美的,这根本不是由于别的,而只是由于分有那个美〈本身〉；并且我要说所有东西都是像这样。你同意这样的原因吗？

我同意，刻贝斯说。

那么，苏格拉底说道，我就既不再懂得，也不再能够认识其他那些智慧的原因了；但假如有人对我说，任何东西为何是美的，那是因为它或者具有像花一样的颜色，或者形状，或者任何其他诸如此类的，那么，我一方面不理会其他那些东西——因为在所有其他那些东西中我只是感到心神迷乱，一方面单纯地、质朴地，甚或头脑简单地在自己那里坚持下面这点，那就是：除了那个美〈本身〉的在场，或者〈与它〉结合——无论它怎样被称呼——之外，没有任何其他什么会使之美；因为我尚不能坚决主张这点，而只是坚决主张所有美的东西都根据美而是美的。因为在我看来这是对我自己和他人做出的最稳妥的回答；并且如果我守住这点，我认为我就永不会失败，而下面这一回答对我和任何其他人来说都是稳妥的，那就是：根据美，各种美的东西成为美的。莫非在你看来不是这样？

在我看来是这样。

那么，也根据大，大的东西才是大的，以及较大的东西才是较大的；也根据小，较小的东西才是较小的？

是的。

那么你就不会接受下面这点，如果有人说一个人由于〈他的〉头而比另一个人是较高大的，并且较矮小的人也由于这同一个〈头〉而是较矮小的；相反，你会郑重宣称，你只会说：所有较大的东西，仅仅由于大它才比另外某个东西是较大的，并且由此，即由于大，它是较大的；而较小的东西也仅仅由于小才是较小的，并且由此，即由于小，它是较小的。我认为你会担心某个相反的说法将反对你，如果你说由于头某人是较高大的并且某人是较矮小的话：首先，由于这同一个〈头〉，较高大的东西是较高大的，较矮小的东西是较矮小的；其次，由于头——它〈自身〉是小的——，较高大的东西是较高大的，而这肯定是件怪异的事情，即由于某种小的东西而某个东西是大的。抑或你不担心这点？

刻贝斯笑着说，我肯定担心。

那么，苏格拉底说道，难道你就不担心说，十比八是更多的，乃是由于二，并且由于这个原因它才超出，而不是因为多以及由于多？并且两肘尺比一肘尺是更长的，乃是由于〈两肘尺的〉一半，而不是由于长？肯定有着同样的担心。

肯定，刻贝斯说道。

然后呢？通过把一增加到一上，增加就是产生出二的原因，或者通过〈把一〉分开，分开〈就是产生出二的原因〉，难道你就不警惕会这么说吗？其实你会大声喊道，你不知道每个东西会以其他什么方式产生，除了通过分有每个东西自己的、它要分有的所是之外；在〈所提到的〉这些情况那儿，你没有二得以产生的其他任何原因，除了对二性的分有之外，并且那些将要是二的东西都必须分有二性，而任何将要是一的东西也必须分有一性；而那些分开、增加以及其他诸如此类的精妙〈原因〉，你都不会理会，而是把它们作为回答让给那些比你更智慧的人。而你自己，如常言所说，或许会因害怕你自己的影子和无经验而将坚持那稳妥的假设，并相应地做出回答。但如果有人针对假设本身，你将不予理睬，也不会进行回答，直到你考察了从那假设出发的那些东西在你看来彼此是和谐的还是不和谐的为止。而当你必须对那个假设本身给出说明时，或许你会以同样的方式进行给出，即再假设另一个从高处显得最好的假设来,直至你抵达某个充分的东西为止;但你不会如那些好争辩的人那样把本源和由之出发的各种东西同时搅合在一起来谈,如果你真的想发现某种是者的话,是这样吗? 的确对于那些人来说,关于这点或许根本不〈值得〉任何的讨论和关心;因为即使他们基于〈他们的〉智慧把所有东西都搅拌在一起,但他们也足以能够让自己感到心满意足。而你呢,假如你真的属于那些热爱智慧的人,我认为你会如我所说的那样去做。

你说得非常对,西米阿斯和刻贝斯同时说道。

厄刻克拉忒斯:宙斯在上,斐多啊,〈他俩〉肯定〈说得〉合理。因为我惊讶地认为他何等清楚明白地说了这些事情,即使是对那有着少量理智的人。

斐洞:的确,厄刻克拉忒斯,所有在场的人也都这么认为。

厄刻克拉忒斯:甚至我们这些不在场,但现在听了的,也都这么认为。但此后被说的是些什么呢?

斐洞:我记得,在他〈说的〉这些被认可了,并且下面这点也得到了同意之后——每个形式都是某种东西,并且其他的东西通过分有它们而从它们那儿取得自己的名称——他接下来这样问道:如果你说事情就是如此,他说,那么,每当你说西米阿斯同苏格拉底相比是较高大的,而同斐洞相比是较矮小的,那你岂不是在说,那时两者——大和小——都是在西米阿斯身上?

——溥林,译.商务印书馆,2021.

什么是科学与智慧

本段选自亚里士多德哲学代表作《形而上学》第一卷的第一章,是他全书的开篇之辞。在这里,他力图通过从感觉到经验,再到技术、科学和智慧这样由低到高的比较,来说明科学和智慧到底是什么。在阅读这段话时,需要特别注意几点:其一,这里的"科学",也可以翻译为"知识",在希腊文中它们是同一个词;其二,他把越不实用,越思辨,离生活必需越远的知识看得越高级,越有智慧,所以,哲学在所有的知识中最高级;其三,本文最后一句话中的"智慧"指的是哲学,因此,学术界一般认为这是他给哲学下的定义之一,即哲学"是关于那些本原和原因的科学"。

第一卷

【1】求知是所有人的本性。对感觉的喜爱就是证明。人们甚至离开实用而喜爱感觉本身,喜爱视觉尤胜于其他。不仅是在实际活动中,就在并不打算做什么的时候,正如人们所说,和其他相比,我们也更愿意观看。这是由于,它最能使我们识别事物,并揭示各种各样的区别。

动物生来自然具有感觉,它们中有一些从感觉得到了记忆,有些则没有。由于这个缘故,那些有记忆的动物就比不能记忆的动物更聪明,更善于学习。那些听不到音响的动物,虽然聪明但不能学习,例如蜜蜂,以及这类的其他动物。只有那些不但有记忆而且有这种感觉的动物才能学习。

那些靠表象和记忆生活的动物,很少分有经验,唯有人类才凭技术和推理生活。人们从记忆得到经验,同一事物的众多记忆导致单一的经验。看来经验大致类似科学和技术,人们通过经验得到了科学和技术。包洛斯(Polos)说得好,经验造成技术,无经验诉诸偶然。当一个对同类事物的普遍判断从经验的众多观念生成的时候,技术也就出现了。例如,判断某物对患着某种疾病的卡里亚有效,对苏格拉底以及其他许多这样个别的人有效,这是经验的。而判断对按类来划分的患着某种病的人,例如对患痴呆症的人,患胆囊炎的人和发烧的人全都有效,那就属于技术。

对实际活动说来,经验和技术似乎并无差别,而我们看到,那些有经验的人比那些只懂道理而没有经验的人有更多的成功机会。其原因在于经验只知道特殊,技术才知道普遍。一切实际活动,一切生成都与个别相关,除非是在巧合的意义上,医生所治疗的并不是人,他或者是卡里亚,或者是苏格拉底,或者是如此称谓的其他人,他恰巧是个人。如若一个医生只懂道理,而没有经验,只知道普遍而不知其中的个别,行医时就要屡遭失败。治疗更主要的是治疗个人。尽管如此,我们认为认识和技能更多地属于技术而不是经验,有技术的人比有经验的人更加智慧,因为智慧总是伴随着认识。其所以如此,是因为有技术的人知道原因,有经验的人却不知道。有经验的人只知道其然,而不知道其所以然;有技术的人则知道其所以然,知道原因。所以我们说,各行各业的技师比工匠更受尊重,懂得更多,更加智慧,他们知道所做事情的原因(工匠们像某些无灵魂的东西,他们做事情,但不知其所做的事情,例如火的燃烧;不过无灵魂的东西按照某种本性来做着每件事情,工匠们则通过习惯)。技师之所以更加智慧,并不在于实际做事情,而由于懂得道理,知道原因。

总而言之,知与不知的标志是能否传授。所以,我们主张技术比经验更接近科学,技术能够传授而经验不能传授。所以,我们断言感觉不是智慧,尽管要知道个别事物主要通过感觉,但它们不告诉关于任何事物的为什么,例如火为什么热,而只知火热。

那超越人所共有的感觉而最初发现了技术的人之所以使人们感到惊奇,不仅由于某一发现之实用,而且由于其智慧与众不同。在被发现的越来越多的技术中,有的为生活必需,有的供消磨时间。与前者相比较,后者总被当作更加智慧的,因为这些技术的科学,并不是为了实用。只有在全部生活必需都已具备的时候,在那些人们有了闲暇的地方,那些既不提供快乐也不以满足必需为目的的科学才首先被发现。由此,在埃及,数学技术首先形成,在那里僧侣等级被允许有闲暇。

在伦理学中谈到过技术和科学,以及和其他诸如此类东西的区别。我们现在要讲的这些道理原因在于,所有的人都主张,研究最初原因和本原才可称为智慧。前面已经说过,有经验的人比具有某些感觉的人更有智慧,有技术的与有经验的相比,技师和工匠相比,思辨科学与创制科学①相比均是如此。所以,很清楚,智慧是关于某些本原和原因的科学。

——苗力田,译.中国人民大学出版社,1993.

---

① hai de theoretikai ton poietikon.

科学的分类及三种思辨科学的研究对象

　　这段选文出自亚里士多德《形而上学》第六卷第一章,是他所有著作中讲述科学分类问题最为集中和全面的地方。亚里士多德对人类作出的重要贡献之一是他在西方思想史上第一个对知识(科学)进行了系统的分类。他把全部知识分为三类,即思辨知识、实践知识和创制知识,其中思辨知识的地位最高,因为它们不仅研究普遍的存在,还对其是什么作出证明。思辨知识又按照其研究对象的不同分为数学、物理学(直译应为"自然学")和神学。由于神学研究的是永恒、不动而可分离存在的实体,是神圣而崇高的东西,所以,是第一哲学。

　　需要说明的是,虽然他的代表作以《形而上学》为书名,但这是后人在编纂他的手稿时取的,他自己从来没有用过"形而上学"一词,而是用"神学"或"第一哲学"。

第六卷

　　【1】我们寻求的是存在物的本原和原因,很显然这些事物是作为存在。身体健康和精力充沛有着某种原因,数学上有着本原、元素和原因。总之,一切思想以及包含某种思想的学问都是或者较为严密地或者较为松散地研究原因或本原。一切知识都是关于某种存在或种的,并对之进行考察,而不是关于单纯的或作为存在的存在,也不对它的是什么作出说明,而是由此出发,或者使它在感觉上更加明显,或者把是什么当作一个假设,这样或者较为必然地或者较为松散地证明他们所研究的种中固有的属性。所以很显然通过这种途径,得到的既不是实体的证明,也不是是什么的证明,不过是用另一种方式来显示。同样,他们也没有说明其所研究的种到底存在还是不存在。因为揭示事物的是什么和说明它是否存在属于同一种思想进程。所以,物理学正好研究存在的某一个种(是关于这样一种实体的知识,在其自身之中包含运动和静止的本原)。很显然,它既不是实践科学,也不是创制科学。创制的本原或者是心灵或理智,或者是技术,或者是某种潜能,它们都在创制者之中。实践的本原即意图则在实践者中,因为意图的对象和作为之结果是同一的。如若把全部思想分为实践的、创制的和思辨的,那么物理学就是某种思辨的。不过它思辨那种能够运动的存在,仅仅思辨那种在定义上大多不能独立于质料的实体。我们应该揭示是其所是和定义是如何存在的,离开了这一点我们的寻求将一无所得。

　　那些规定了的东西或是什么,或者类似扁鼻,或者类似扁平的,两者的区别在于扁鼻是与质料结合在一起的(扁鼻即是扁平的鼻子),而扁平则脱离于感性质料。如果在物理学中一切用语类乎扁鼻,例如鼻子、眼睛、面孔、肌肉、骨骼,以及一般的动物;又如叶、根、皮以及一般的植物(它们的定义都离不开运动且永远具有质料),应怎样寻求和规定物理对象的是什么以及为何思辨灵魂的有些部分——在不脱离质料的范围内——会属于研究物理学的人,这就清楚了。

这样看来,物理学显然属某种思辨领域,数学同样是思辨的,但现在还不清楚它的对象是否既不运动又能分离。不过有一些数学对象作为不动的和可分离的东西被加以思辨还是清楚的。如若存在着某种永恒、不动和可分离的东西,很显然认识它们的应该是思辨科学,而不是物理学(物理学是关于某些运动着的东西的),也不是数学,而是先于两者的科学。物理学所研究的是可分离的但并不是不运动的东西,某些数学研究不运动,却也不能分离存在而是在质料之中的东西,只有第一哲学才研究既不运动又可分离的东西。一切原因都必然是永恒的,这些原因尤其是永恒的,因为它们是那些可见的神圣事物的原因。故思辨的哲学有三种,数学、物理学和神学(用不着证明,如若神圣的东西在什么地方,它就在这种本性中)。最崇高的知识所研究的应该是那类最崇高的主题。

思辨科学比其他学科更受重视,神学比其他思辨科学更受重视。人们会提出疑问,第一哲学是以普遍为对象呢,还是研究某个种,或某一本性?因为即使在数学中研究方式也不是一样的,几何学和天文学研究某种本性,而普遍则对一切是共同的。设若在自然组成的物体之外没有别的实体,那么物理学就会是第一科学。设若存在着不动的实体,那么应属于在先的第一哲学,在这里普遍就是第一性的。它思辨作为存在的存在、是什么以及存在的东西的属性。

——苗力田,译.中国人民大学出版社,1993.

思辨是最大的幸福

这段话选自亚里士多德伦理学代表作《尼各马科伦理学》的第十卷第七章。在这里,他在不否认人们追求世俗幸福的基础上,提出了思辨是最大最完满幸福的著名论断。因为在他看来,人是理性动物,理智是人的灵魂中区别于其他动物最本质、最高贵、最神圣的功能,理智的活动是思辨,而思辨最符合自足、闲暇、本己快乐等幸福生活的要求,所以,思辨是最大的幸福。亚里士多德的这种看法,与他第一哲学中阐述的根本观点是一脉相承的。

【7】如若幸福就是合乎德性的现实活动,那么,就很有理由说它是合乎最高善的,也就是人们最高贵部分的德性。不管这东西是理智还是别的什么,它自然地是主宰者和领导者,怀抱着高尚和神圣,或它自身就是神圣的,或是我们各部分中最神圣的。可以说合于本己德性的现实活动就是完满的幸福了。像所说的那样,这就是思辨活动。

这种主张与以前所说的真理看来是一致的,思辨活动是最强大的(因为理智在我们中是最高贵的,理智所关涉的事物具有最大的可知性),而且它持续得最久。我们的思辨比任何行为都更能持续不断。我们认为幸福应伴随着快乐,而德性活动的最大快乐也就是合于智慧的活动,所以,哲学以其纯洁和经久而具有惊人的快乐,很有理由认为,对知识的享受比对知识的探索更为快乐。所说的自是,最主要须归于思辨活动。智慧的人和公正的人一样,在生活上都有所必需。但在这一切都得到充分供应之后,公正的人还需一个其公正行为的承受者和协同者。节制的人和勇敢的人以及其他的人,每个人都是这样。只有智慧的人靠他自己就能够进行思辨,而且越是这样他的智慧就越高。当然有人伴随着活动也许更好些,不过他仍然是最为自足的。只有这种活动才可以说由于自身被热爱,在理论思维之外,从这种活动中什么也不生成。而从实践活动中,我们或多或少总要得到另外的东西。幸福存在于闲暇之中,我们是为了闲暇而忙碌,为了和平而战斗。各种实践德性的活动在政治活动中和战争行为中,有关这一类的实践就不能说是闲暇的。战争行为完全不能闲暇(谁也不会为了战争而进行战争或挑动战争,只有十足的杀人狂,才会为战争和屠杀而对邻人作战)。政治活动也不闲暇,在政治活动之外,所寻求的是权势和荣誉以及自身和公民的幸福。不过这和政治活动是两回事,显然是被当作另外的东西来追求的。如若政治行动和军事行动以辉煌和伟大取胜,而它们是无闲暇的,并不是由于它们自身而选择,而是为了追求某一目的,那么,理智的活动则需要闲暇,它是思辨活动,它在自身之外别无目的可追求,它有着本己的快乐(这种快乐加强了这种活动),它有着人可能有的自足、闲暇、孜孜不倦,还有一些其他的与至福有关的属性,也显然与这种活动有关。如若一个人能终生都这样生活,这就是人所能得到的完满幸福,因为在幸福之中是没有不完全的。

这是一种高于人的生活,我们不是作为人而过这种生活,而是作为在我们之中的神。他和组合物的差别有多么巨大。这种活动和其他德性的活动的差别也有多么巨大。如若理智对人来说就是神,那么合于理智的生活相对于人的生活来说就是神的生活。不要相信这样的话,作为人就是想人的事情,作为有死的东西就想有死的事情,而是要竭尽全力去争取不朽。在生活中去做合于自身中最高贵部分的事情。它的体积虽小,但能量巨大,其尊荣远超过一切。这也许就是每个人自己,因为这是它主要的、较好的部分。如若一个不去选择自己的生命,而去选择别人的生命,这是令人难以置信的。前面所说的与现在相一致。对每一事物是本己的东西,自然就是最强大、最使其快乐的东西。对人来说这就是合于理智的生命。如若人以理智为主宰,那么,理智的生命就是最高的幸福。

——苗力田,译.中国人民大学出版社,1994.

思考题

1. 古希腊哲学是从古希腊的宗教、神话中分离出来的,哲学与这两者有着怎样的不同?

2. 柏拉图毕生追求政治权力与哲学智慧的结合,他把这视为人类理想生活的基础。你如何看待柏拉图的这种主张? 你如何理解哲学对人类生活的意义?

3. 柏拉图指出,我们除了具有来自经验的知识,还具有非经验的关于理念的知识。你如何理解柏拉图所说的这种知识? 倘若有人问你:"为什么 2+3=5?"你该如何回答?

4. 亚里士多德认为,思辨是最大的幸福。你认为幸福的生活该具备怎样的特质? 成功、财富等在其中扮演了怎样的角色?

扩展阅读

苗力田.古希腊哲学[M].北京:中国人民大学出版社,1989.

柏拉图.柏拉图全集[M].王晓朝,译.北京:人民出版社,2003.

亚里士多德.形而上学[M].苗力田,译.北京:中国人民大学出版社,2003.

亚里士多德.尼各马科伦理学[M].苗力田,译.北京:中国人民大学出版社,2003.

第欧根尼·拉尔修.名哲言行录[M].徐开来,薄林,译.桂林:广西师范大学出版社,2010.

马可·奥勒留.沉思录[M].何怀宏,译.北京:三联书店,2008.

第十三章　中世纪哲学

中世纪(Middle Ages,约476—1453)是一个基督教信仰全面支配欧洲人社会生活的时代。追求理智探究的哲学也不例外,受到了神学信仰的深深影响。这一时期的哲学家大都也是神学家,哲学的理智探究始终在神学信仰的笼罩之下,被后者规定了"论域"。

在基督教早期传播阶段,希腊教父查士丁(Justin,约100—165)面对古希腊哲学的深厚传统,力图把基督教描述为真正的哲学(他第一个提出"基督教哲学"这一概念);而拉丁教父德尔图良(Tertullian,145—220)则把基督教理解为超理性的信仰,无需哲学。他说:"让斯多亚派、柏拉图、辩证法与基督教相混合的杂种滚开吧!我们在有了耶稣基督之后不再要奇异的争论,在欣赏了福音书之后不再需要探索!"4世纪后期,基督教逐渐成为罗马帝国的主导宗教,并出现了奥古斯丁(Augustine,354—430)这样杰出的教父。他吸收了柏拉图、亚里士多德等人的哲学,奠定了一系列基督教神学理论。随着日耳曼蛮族的不断入侵和西罗马帝国的崩溃,曾经灿烂辉煌的古典文化丧失殆尽,西欧陷入了长达三百多年的"黑暗时代"。直到9世纪以后,西欧社会才逐渐恢复。11世纪起,西欧出现了所谓的"经院哲学"。经院哲学家们不是简单地诉诸信仰,而是更多地借鉴了亚里士多德的理论,力图用理性来论证信仰。经院哲学又被称为"繁琐哲学",原因是它非常讲究繁琐的概念辨析和亚里士多德式的逻辑论证。不论是安瑟伦的"信仰寻求理解",还是阿伯拉尔的"理解导致信仰",都肯定了理性对信仰的意义。但经院哲学终究还是神学的"婢女","神学可以凭借哲学来发挥,但不是非要它不可,而是借它来把自己的义理讲得更清楚些"。

这部分的选文包括了安瑟伦和阿奎那对上帝存在的证明,以及阿奎那论神学与哲学的关系。从基督教信仰的角度来说,上帝存在是无需证明的。但安瑟伦和托马斯分别提出了两种哲学意义上的证明:逻辑的证明和实存的证明。不过,对于神学来讲,哲学终究不是必需的。在第三节中,阿奎那主张神学高于哲学,哲学是神学的奴仆。

原典选读

安瑟伦对上帝存在的证明

安瑟伦认为,上帝概念(那无法设想有比之更大的存在者)本身就蕴含了上帝的存在。试比较以下两个概念:a.一个仅仅存在于理性中的无法设想有比之更大的存在者;b.一个既存在于理性中,也实际存在着的无法设想有比之更大的存在者。安瑟伦认为,相对于 a 而言,b 是一个更大的存在者,因而一个真正无法设想有比之更大的存在者应该不仅存在于理性中,还应是实际存在着的。

安瑟伦的这个证明又被称为"本体论证明",即从上帝概念推导出上帝存在。这个证明在后来的笛卡尔、斯宾诺莎、黑格尔等人那里以各种变化了的形式出现,但也遭到了康德、罗素等人的批评。批评者的一个基本观点是:这个证明混淆了概念意义上的存在(being)和实存意义上的存在(existence),逻辑上存在的东西并不必然地就实存。

第 2 章　上帝确实存在,即使愚人在心里说:没有上帝

因此,将理解赐予信仰的主啊! 请你在你认为合适的范围内,让我理解你是像我们所信仰的那样存在着,你就是那为我们信仰的对象。我们相信你就是**那无法设想有比之更大的存在者**(aliquid quo nihil maius cogitari posit)。或者仅仅因为愚顽之人在心里说:没有上帝(dixit insipiens in corde suo:non est Deus),难道就根本没有这样性质的存在者了么? 但是,就是这样的愚顽之人,当他听见我说的这样一个存在者,即**那无法设想有比之更大的存在者**的时候,即使他尚不能理解这个对象实际地存在着,他也能理解他所听到的对象,理解他所理解的对象存在于他的理性中。因为,一个对象存在于理性中是一回事;理解到这个对象实际存在着,这是另一回事。例如,当一个画家在预先设想他以后将要画的东西时,他已经让那东西存在于他的理性中,但他还尚未理解那幅画实际存在着,因为他还没有完成它。但是,当他已经完成这幅画之后,他不仅让那幅画存在于他的理性中,他也理解它实际地存在着,因为他已经把它画出来了。

因此,甚至愚人也会确信**那无法设想有比之更大的存在者**至少存在于理性中,因为,当他听说这个存在者的时候,他能够理解;凡为他所理解的,定存在于他的理性中。然而可以肯定的是,**那无法设想有比之更大的存在者**不能仅仅存在于理性中。因为,假如它仅仅存在于理性中,那么就还可以设想一种

比他更伟大的东西,它既存在于理性中,还实际地存在着。所以,如果**那无法设想有比之更大的存在者**仅仅存在于理性中,那么,**那无法设想有比之更大的存在者**自身就成了那可以设想有比之更大的存在者了,但这显然是不可能的。因此,**那无法设想有比之更大的存在者**无疑既存在于理性中(in intellectu),也存在于现实中(in re)。

第 3 章　上帝不能被设想为不存在

上帝乃那无法设想有比之更大的存在者。那能被设想为不存在的东西,不是上帝。

上帝是如此真实,以至于不能设想他不存在。因为,一个不能被设想为不存在的存在者完全是可能设想的,这种存在者要比那个能被设想为不存在的东西更为伟大。因此,如果**那无法设想有比之更大的存在者**居然能被设想为不存在,那么,**那无法设想有比之更大的存在者**自身就不是**那无法设想有比之更大的存在者**,但这只能是自相矛盾。因此,**那无法设想有比之更大的存在者**是如此真实,以至于它不能被设想为不存在。

哦,主,我们的上帝! 那样的存在者就是你。因此,主啊! 我的上帝,你是如此真实确切地存在着,以至于你不可能被设想为不存在。因为,如果某个心灵能设想出一个比你更好的存在者,那这受造物将上升于造物主之上,并对造物主作出判断,然而这是极其荒谬的。事实上,除了你自己,其他任何存在着的存在者都能被设想为不存在。唯有你才是万有中最真实的,才在万有中有着最高的存在性;而其他的一切都没有如此高的真实性,他们只有低级的存在性。既然你是万有中的最高存在,这对于理性的心灵来说,是如此显然,为什么愚人还会在心里说:没有上帝? 除了他心智迟钝,是一个愚人外,还会有什么?

第 4 章　愚人如何在他的心中说他所不能设想的事

一件事情可以以两种方式加以设想:①因指称事物的语词而设想该事物;②就理解到该事物本身而设想该事物。就第一种意义,上帝能被设想为不存在;但就第二种意义,就绝不可能。

但是,由于在心里说和设想本是一回事,那么,愚人是怎样在心里说他不能设想的事呢? 或者,他是怎样不能设想他在心里所说的事呢? 假如真有这样一个愚人,一方面他设想了,是因为他在心里说了;另一方面他在心里没说,是因为他不能设想。于是,一件事在心里被说和被设想其意义就不仅仅只有一种。因为,就指称事物的语词被设想而设想该事物,这是一种意义;理解到该事物本身,这又是一种意义。就前一种意义,上帝能被设想为不存在;但就后一种意义,就绝不可能。正如没有一个理解了火和水的**所是**(id quod sunt ignis et aqua)的人,会设想火实际上就是水,而就语词而言这是可以的;同样,没有一个理解了上帝**所是**(id quod Deus est)的人能设想上帝不存在,即使他可能会毫无意义或在某种不相干的意义上在心里说这些话。因为上帝就是**那无法设想有比之更大的存在者**。凡真切理解了这点的人,必然会明白这个存在者是如此真实,以至于在思想上绝不会认为他不存在。因此,凡理解了上帝是这样存在的人,就绝不会设想上帝不存在。

　　感谢你,仁慈的主,谢谢你。因为靠你的光照(te illuminante)我已如此清楚地理解了那先前由于你的眷顾(te donante)而让我信仰的东西,以至于即便我不愿相信你存在,我也不能不理解到你存在。

——溥林,译.中国人民大学出版社,2005.

阿奎那对上帝存在的证明

　　阿奎那对上帝存在的证明采取了与安瑟伦不同的思路。安瑟伦是从上帝概念出发论证上帝存在的,这是一种"先天证明",而阿奎那则是从实存的经验世界出发来论证上帝存在的,是一种"后天证明":a.世界上存在着运动的物体,而运动是由他物引起的,因而必有一个第一推动者;b.世界上存在着一个因果的系列,一个东西要么作为结果,由另一个东西引起,而那另一个东西又必有它的原因,如此不断上溯,必有一个第一原因;c.世界上的一切东西都是偶然的、有生灭的,它们必依赖一个必然的东西;d.世界上的事物具有不同程度的完善性,而一个较不完善的东西必以一个较完善的东西为其原因,如此上推,必有一个最完善者;e.世界上的东西都有一个目的,一个东西以另一个为目的,另一个又复以别一个为目的,如此必有一个最终极的目的。

　　阿奎那的上述论证吸收了古希腊和中世纪阿拉伯众多哲学家的思想。他的论证又被称为上帝存在的宇宙论证明和目的论证明。这些证明的问题是:它们往往暗含着一些本身尚有待证明的前提或设定。

　　上帝的存在,可从五方面证明:

　　首先从事物的**运动或变化**方面论证。在世界上,有些事物是在运动着,这在我们的感觉上是明白的,也是确实的。凡事物运动,总是受其他事物推动;但是,一件事物如果没有被推向一处的潜能性,也是不可能动的。而一件事物,只要是现实的,它就在运动。因为运动不外是事物从潜能性转为现实性。一件事物,除了受某一个现实事物的影响,绝不能从潜能性变为现实性。例如,用火烧柴,使柴发生变化,这就是以现实的热使潜在的热变为现实的热。但是,现实性和潜能性都不是一个东西,二者也不同时并存;虽然二者也可以在不同方面并存。因为既成为现实的热就不能同时是潜在的热;它只可以作为潜在的冷。因此,一件事物不可能在同一方面、同一方向上说是推动的,又是被推动的。

　　如果一件事物本身在动,而又必受其他事物推动,那么其他事物又必定受另一其他事物推动,但我们在此决不能一个一个地推到无限。因为,这样就会既没有第一推动者,因此也会没有第二、第三推动者。因为第一推动者是其后的推动者产生的原因,正如手杖动只是因为我们的手推动。所以,最后追到有一个不受其他事物推动的第一推动者,这是必然的。每个人都知道这个第一推动者就是上帝。

　　第二,从**动力因的性质**来讨论上帝的存在。在现象世界中,我们发现有一个动力因的秩序。这里,我们决找不到一件自身就是动力因的事物。如果有,那就应该先于动力因自身而存在,但这是不可能

369

的。动力因,也不可能推溯到无限,因为一切动力因都遵循一定秩序。第一个动力因,是中间动力因的原因;而中间动力因,不管是多数还是单数,总都是最后的原因的原因。如果去掉原因,也就会去掉结果。因此,在动力因中,如果没有第一个动力因(如果将动力因作无限制的推溯,就会成为这样情况),那就会没有中间的原因,也不会有最后的结果。这是显然不符合实际的。因此,有一个最初的动力因,乃是必然的。这个最初动力因,大家都称为上帝。

第三,从**可能和必然性**来论证上帝的存在。我们看到自然界事物,都是在产生和消灭的过程中,所以它们又存在,又不存在。它们要长久存在下去,是不可能的。这种不能长久存在的东西,终不免要消失。所以,如果一切事物都会不存在,那么迟早总都会失去其存在。但是,如果这是真实的,世界就始终不该有事物存在了。因为事物若不凭借某种存在的东西,就不会产生。所以,如果在一个时候一切事物都不存在,这就意味着任何事物要获得存在,也不可能了。这样一来,就在现在也不能有事物存在了——这样的推想,是荒谬的。因此,一切存在事物不仅是可能的,而且有些事物还必须作为必然的事物而存在。不过,每一必然的事物,其必然性有的是由于其他事物所引起,有的则不是。要把由其他事物引起必然性的事物推展到无限,这是不可能的。正如上述动力因的情形一样。因此我们不能不承认有某一东西:它自身就具有自己的必然性,而不是有赖于其他事物得到必然性,不但如此,它还使其他事物得到它们的必然性。这某一东西,一切人都说它是上帝。

第四,从事物中发现**的真实性的等级**论证上帝的存在。一切事物,它们的良好、真实、尊贵等,有的具有较多,有的具有较少。其多少的标准,是指不同的事物,按它以不同的方式和最高点近似的程度来决定。有如某一事物被称为比较热,是按它比较更接近最热的东西来决定的。所以,世界上一定有一种最真实的东西,一种最美好的东西,一种最高贵的东西,由此可以推论,一定有一种最完全的存在。这些在真理中最伟大的东西,在存在中也必定是伟大的,这正如亚里士多德在《形而上学》第二章(933b 30)上所述的。在任何物类中,这种最高点就是那个物类中一切物类的原因。有如火,那是热的最高体,也是一切热的事物的原因。亚里士多德在上述书中(933b 25)这样说过。因此,世界上必然有一种东西作为世界上一切事物得以存在和具有良好以及其他完美性的原因。我们称这种原因为上帝。

第五,从**世界的秩序**(或目的因)来论证上帝的存在。我们看到:那些无知识的人,甚至那些生物,也为着一个目标而活动;他们活动起来,总是或常常是遵循同一途径,以求获得最好的结果。显然,他们谋求自己的目标并不是偶然的,而是有计划的。但是,一个无知者如果不受某一个有知识和智慧的存在者的指挥,如像箭受射者指挥一样,那他也不能移动到目的地。所以,必定有一个有智慧的存在者,一切自然的事物都靠它指向他们的目的。这个存在者,我们称为上帝。

——北京大学哲学系外国哲学史教研室.西方哲学原典选读.商务印书馆,1997.

阿奎那:神学高于哲学,哲学是神学的奴仆

神学分为两部分,一是思辨的神学,一是实践的神学,它在思辨和实践两方面都超过其他科学。通常,我们说一种思辨科学超过其他科学,不外指它的确实性比其他科学高,或者它的题材比其他科学更高贵,而神学在这两方面都超过其他思辨科学。说它有较高的确实性,是因为其他科学的确实性都来源于人的理性的本性之光,这是会犯错误的;而神学的确实性则来源于上帝的光照,这是不会犯误的。

说它的题材更为高贵,这是因为神学所探究的,主要是超于人类理性的优美至上的东西,而其他科学则只注意人的理性所能把握的东西。至于一般实践科学,它的高贵系于它是否引向一个更高的目的。如政治学、军事学,是因为军事的目的是朝向国家政治的目的。而神学的目的,就其实践方面说,则在于永恒的幸福,而这种永恒的幸福则是一切实践科学作为最后目的而趋向的目的。所以说:神学高于其他科学。

【回答,二】:神学可能凭借哲学来发挥,但不是非要它不可,而是借它来把自己的义理讲得更清楚些。因为神学的原理不是从其他科学来的,而是凭启示直接从上帝来的。所以,它不是把其他科学作为它的上级长官而依赖,而是把它们看成它的下级和奴仆来使用:有如主要科学使用附属科学、政治学使用军事学一样。神学这样使用其他科学,这绝不是因为其他科学有自己的缺点或不足之处,而只是因为我们的理智本身有缺点,我们很容易把我们通过自然的理性所得到的知识(这是其他科学的出发点)引向超乎理性之上的东西,引向神学的范围内去。

——北京大学哲学系外国哲学史教研室.西方哲学原典选读.商务印书馆,1997.

思考题

1. 安瑟伦上帝存在论证的根本思路是从上帝这个概念出发,演绎论证上帝的实存。你认为安瑟伦的论证成立吗?

2. 阿奎那上帝存在论证的根本思路是从经验世界的实存出发,递归论证上帝的实存。你认为阿奎那的论证成立吗?

3. 在你的理解中,神学与哲学是一种怎样的关系?

扩展阅读

奥古斯丁.忏悔录[M].周士良,译.北京:商务印书馆,1963.

汉斯·昆.基督教大思想家[M].包利民,译.北京:社会科学文献出版社,2001.

奥尔森.基督教神学思想史[M].吴瑞诚,徐成德,译.北京:北京大学出版社,2003.

第十四章　现代哲学

在 15 至 16 世纪,西欧社会发生了一系列影响深远的思想和文化变革,其中最重要的当属文艺复兴和宗教改革。这些变革从根本上动摇了罗马教会政教合一的格局,人此岸的现实生活不再仅仅只是彼岸的天国生活的准备。但直到 17 世纪,科学理性精神和哲学批判意识才最终被确立为思想的根本原则。一种新的生活形态——现代生活形态——逐渐在思想中获得了表达和反思,这就形成了"现代哲学"(modern philosophy)。

现代科学是塑造现代生活的一个极其强大的力量。虽然在古希腊就有对自然的经验研究(如《亚里士多德全集》2~6 卷中记载的很多研究),但学者们普遍认为,作为一种独特的知识探究方法的科学是 16 至 17 世纪发生在欧洲的科学革命(从哥白尼到牛顿)所导致的成果。如何从哲学上理解和反思科学研究的方法及科学知识的性质,就成了这一时期哲学的一个重要任务。17 世纪被称为"方法的时代",哲学家们集中探讨了,通过怎样的方法才能有效地获得可靠的知识。在此问题上有两个基本的思路:培根所开启的经验主义传统和笛卡尔所开启的理性主义传统。前者强调科学研究中经验观察和实验的重要性,主张在感性材料的基础上进行经验的归纳;后者则强调数学分析和演绎推理的重要性,主张以自明的观念或原则为起点进行逻辑的演绎。但这两者各执一端,缺乏综合的视野,最终,前者走向了怀疑论,后者走向了独断论。直到康德才通过"人为自然立法"的主张把感性的材料与先验的要素结合起来,论证了探究经验世界的科学知识具有的逻辑必然性和普遍有效性。

现代形态的生活不同于古典形态的生活及中世纪形态的生活的一个根本方面就是,它是围绕着"理性主体性"(rational subjectivity)原则而展开的。理性主体性主张,人的生活不应该被人从属其中的宇宙(自然)秩序规定,也不应该被凌驾于人类之上的上帝规定,而应该是自我规定的。这一主张建立在一种对人之为人的本性的新理解之上。古希腊哲人们早就提出,人之为人的本性乃在于他的理性(logos),但古希腊哲人们一般认为,人的"理性"根源于宇宙的"理性"。现代哲人们则认为,人是凭借着一些完全源于自身的纯粹概念和先验原则来理解世界和人类自身,来展开人的道德和政治实践的,所谓理性也只是一种自发的纯粹概念能力和先验原则能力,只是一种自我规定的力量。在此意义上,现代哲学揭示了人的存在的自由本性。

这部分的选文包括:①培根的《新工具》,②笛卡尔的《哲学原理》,③康德的"答复这个问题:'什么是启蒙运动?'",④康德的《纯粹理性批判·第二版序言》,⑤康德的《道德形而上学奠基》,⑥黑格尔的《精神现象学·序言》,⑦黑格尔的《哲学史讲演录·导言》。①②是理解科学方法的两种进路;③是对"自我规定的生活"的著名申张;④以"哥白尼式变革"揭示了现代认识论中的主体性特征;⑤论证了人的道德实践所彰显出的人的自由本性;⑥揭示了"新时代"(die neue Zeit)的思想主张;⑦是对人类精神的历史性命运的一种理解。

原典选读

培根:《新工具》选读

弗朗西斯·培根(1561—1624),英国哲学家。他曾试图撰写一部名为《伟大的复兴》的巨著,但最终只完成了第二部分《新工具》(1620)。他还著有《学术的进展》(1605)、《新大西岛》(1624)等。培根最为人熟知的一句名言是"知识就是力量",这是科学理性冲破蒙昧的宗教专制的第一声呐喊,也揭示出了知识所蕴含的解放性力量,以及人在知识中所挣得的尊严和崇高。

自16世纪以来,科学在解释和改造自然及人类社会生活方面获得了巨大的成功。但在此前的中世纪,人类在(自然)知识领域却长期停滞不前。培根深深不满于这种状况,呼吁科学需要一次伟大的复兴,"必须给人类的理智开辟一条与以往完全不同的道路,提供一些别的帮助,使心灵在认识事物的本性方面可以发挥它本来具有的权威作用"。他提出的方法是,"要依靠感官的那种闪烁不定、时明时暗的亮光,穿过经验的丛林,通过各种特殊现象向前迈进"。(《伟大的复兴》序)

培根指出了以往阻碍人们在知识的道路上取得进展的诸多原因。一方面中世纪经院哲学所依赖的亚里士多德形式逻辑并不能帮助我们发现新的知识。更根本地,有四种假象扰乱了人心,妨碍了科学,它们就是"族类假象""洞穴假象""市场假象"和"剧场假象"。而要想获得新的科学知识,就必须采用从感性材料出发的科学归纳方法:首先搜集特殊的事例,然后"根据一种正当的上升阶梯和连续不断的步骤,从特殊的事例上升到较低的公理,然后上升到一个比一个高的中间公理,最后上升到最普遍的公理"(《新工具》)。从特殊事例到普遍公理的归纳过程中,"三表法"有着重要的作用,这就是特殊事例的"本质或具有表""差异表"或"接近中的缺乏表""程度表"或"比较表"。通过这种对特殊事例详尽的分析、比较,就可以发现可靠的知识。

一一

正如现有的科学不能帮助我们找出新事功,现有的逻辑亦不能帮助我们找出新科学。

一二

现在所使用的逻辑,与其说是帮助着追求真理,毋宁说是帮助着把建筑在流行概念上面的许多错误固定下来并巩固起来。所以它是害多于益。

一三

三段论式不是应用于科学的第一性原理,应用于中间性原理又属徒劳;这都是由于它本不足以匹对自然的精微之故。所以它是只就命题迫人同意,而不抓住事物本身。

一四

三段论式为命题所组成,命题为字所组成,而字则是概念的符号。所以假如概念本身(这是这事情的根子)是混乱的以及是过于草率地从事实抽出来的,那么其上层建筑物就不可能坚固。所以我们的唯一希望乃在一个真正的归纳法。

一五

我们的许多概念,无论是逻辑的或是物理的,都并不健全。"本体""属性""能动""受动"及"本质"自身,都不是健全的概念;其他如"轻""重""浓""稀""湿""燥""生成""坏灭""吸引""排拒""元素""物质""法式"以及诸如此类的概念,就更加不健全了。它们都是凭空构想的,都是界说得不当的。

一六

我们的另一些属于较狭一种的概念,如"人""狗""鸽"等,以及另一些属于感官直接知觉的概念,如"冷""热""黑""白"等,其实质性不致把我们引入迷误;但即便是这些概念有时仍不免因物质的流动变易和事物彼此参合之故而发生混乱。至于迄今为人们所采用的一切其他概念,那就仅是些漫想,不是用适当的方法从事物抽出而形成起来的。

一七

这种任意性和漫想性,在原理的构成中也不减于在概念的形成中;甚至即在那些确借普通归纳法而获得的原理中也不例外;不过总以在使用三段论式所绎出的原理以及较低级的命题中为更多得多。

一八

科学当中迄今所做到的一些发现是邻于流俗概念,很少钻过表面。为要钻入自然的内部和深处,必须使概念和原理都是通过一条更为确实和更有保障的道路从事物引申而得;必须替智力的动作引进一个更好和更准确的方法。

一九

钻求和发现真理,只有亦只能有两条道路。一条道路是从感官和特殊的东西飞越到最普遍的原理,其真理性即被视为已定而不可动摇,而由这些原则进而去判断,进而去发现一些中级的公理。这是现在流行的方法。另一条道路是从感官和特殊的东西引出一些原理,经由逐步而无间断的上升,直至最后才达到最普通的原理。这是正确的方法,但迄今还未试行过。

……

三八

现在劫持着人类理解力并在其中扎下深根的假象和错误的概念,不仅围困着人们的心灵以致真理不得其门而入,而且即在得到门径以后,它们也还要在科学刚刚更新之际聚拢一起来搅扰我们,除非人们预先得到危险警告而尽力增强自己以防御它们的猛攻。

三九

围困人们心灵的假象共有四类。为区分明晰起见,我各给以定名:第一类叫作族类的假象,第二类叫作洞穴的假象,第三类叫作市场的假象,第四类叫作剧场的假象。

四〇

以真正的归纳法来形成概念和原理,这无疑乃是排除和肃清假象的对症良药。而首先指出这些假象,这亦有很大的效用;因为论述"假象"的学说之对于"解释自然"正和驳斥"诡辩"的学说之对于"普通逻辑"是一样的。

四一

族类假象植基于人性本身中,也即植基于人这一族或这一类中。若断言人的感官是事物的量尺,这是一句错误的话。正相反,不论感官或者心灵的一切觉知总是依个人的量尺而不是依宇宙的量尺;而人类理解力则正如一面凹凸镜,它接受光线既不规则,于是就因在反映事物时掺入了它自己的性质而使得事物的性质变形和褪色。

四二

洞穴假象是各个人的假象。因为每一个人(除普遍人性所共有的错误外)都各有其自己的洞穴,使自然之光屈折和变色。这个洞穴的形成,或是由于这人自己固有的独特的本性;或是由于他所受的教育和与别人的交往;或是由于他阅读一些书籍而对其权威性发生崇敬和赞美;又或者是由于各种感印,这些感印又是依人心之不同(如有的人是"心怀成见"和"胸有成竹",有的人则是"漠然无所动于中")而作用各异的;以及类此等等。这样,人的元精(照各个不同的人所秉受而得的样子)实际上是一种易变多扰的东西,又似为机运所统治着。因此,赫拉克利特(Heraclitus)曾经说得好,人们之追求科学总是求诸他们自己的小天地,而不是求诸公共的大天地。

四三

另有一类假象是由人们相互间的交接和联系所形成,我称之为市场的假象,取人们在市场中有往来交接之意。人们是靠谈话来联系的;而所利用的文字则是依照一般俗人的了解。因此,选用文字之失当害意就惊人地障碍着理解力。有学问的人们在某些事物中所惯用以防护自己的定义或注解也丝毫不能把事情纠正。而文字仍公然强制和统辖着理解力,弄得一切混乱,并把人们岔引到无数空洞的争论和无谓的幻想上去。

四四

最后,还有一类假象是从哲学的各种各样的教条以及一些错误的论证法则移植到人们心中的。我称这些为剧场的假象;因为在我看来,一切公认的学说体系只不过是许多舞台戏剧,表现着人们自己依照虚构的布景的式样而创造出来的一些世界。我所说的还不仅限于现在时兴的一些体系,亦不限于古代的各种哲学和宗派;有见于许多大不相同的错误却往往出于大部分相同的原因,我看以后还会有更多的同类的剧本编制出来并以同样人工造作的方式排演出来。我所指的又还不限于那些完整的体系,科学当中许多由于传统、轻信和疏忽而被公认的原则和原理也是一样的。
……

九五

历来处理科学的人,不是实验家,就是教条者。实验家像蚂蚁,只会采集和使用;推论家像蜘蛛,只凭自己的材料来织成丝网。而蜜蜂却是采取中道的,它在庭园里和田野里从花朵中采集材料,而用自己的能力加以变化和消化。哲学的真正任务就正是这样,它既非完全或主要依靠心的能力,也非只把从自然历史和机械实验收来的材料原封不动、囫囵吞枣地累置在记忆当中,而是把它们变化过和消化过而放置在理解力之中。这样看来,要把这两种机能,即实验的和理性的这两种机能,更紧密地和更精纯地结合起来(这是迄今还未做到的),我们就可以有很多的希望。

……

一〇二

特殊的东西乃是数目极其庞大的一支军队,而且那支队伍又是如此星罗棋布,足以分散和惑乱我们的理解力,所以我们若只凭智力的一些小的接战、小的攻击以及一些间歇性的运动,那是没有多大希望的。要想有希望,必须借着那些适用的、排列很好的、也可说是富有生气的"发现表",把与探讨主题有关的一切特殊的东西都摆开而排起队来,并使我们的心就着那些"发现表"所提供的、经过适当整理和编列的各种补助材料而动作起来。

一〇三

即使特殊的材料已经恰当有序地摆列在我们面前,我们还不应一下子就过渡到对于新的特殊东西或新的事功的查究和发现;或者,假如我们这样做了,无论如何亦不应停止在那里。虽然我不否认,一旦把一切方术的一切实验都集合起来,加以编列,并尽数塞入同一个人的知识和判断之中,那么,借着我上面所称作"能文会写"的经验,只需把一种方术的实验搬到另一些方术上去,就会发现出许多大有助于人类生活和情况的新事物——虽然我不否认这点,可是从这里仍不可能希望得到什么伟大的东西;只有从原理的新光亮当中——这种新原理一经在一种准确的方法和规律之下从那些特殊的东西抽引出来,就转过来又指出通向新的特殊东西的道路——方能期待更伟大的事物。我们的这条路不是一道平线,而是有升有降的,首先上升到原理,然后降落到事功。

一〇四

但我们却又不允许理解力由特殊的东西跳到和飞到一些遥远的、接近最高普遍性的原理上(如方术和事物的所谓第一性原则),并把它们当作不可动摇的真理而立足其上,复进而以它们为依据去证明和构成中级原理。这是过去一向的做法,理解力之被引上此途,不止是由于一种自然的冲动,亦是由于用惯了习于此途和老于此道的三段论式的论证。但我们实应遵循一个正当的上升阶梯,不打岔,不躐等,一步一步,由特殊的东西进至较低的原理,然后再进至中级原理,一个比一个高,最后上升到最普遍的原理;这样,亦只有这样,我们才能对科学有好的希望。因为最低的原理与单纯的经验相差无几,最高的、最普遍的原理(指我们现在所有的)则又是概念的、抽象的、没有坚实性的。唯有中级公理却是真正的、坚实的和富有活力的,人们的事务和前程正是依靠着它们,也只有由它们而上,到最后才能有那真是最普遍的原理,这就不复是那种抽象的,而是被那些中间原理所切实规限出的最普遍的原理。

这样说来,对于理解力切不可赋以翅膀,倒要系以重物,以免它跳跃和飞翔。这是从来还没有做过的;而一旦这样做了,我们就可以对科学寄以较好的希望了。

一〇五

在建立公理当中,我们必须规划一个有异于迄今所用的、另一形式的归纳法,其应用不应仅在证明和发现一些所谓第一性原则，也应用于证明和发现较低的原理、中级的原理，实在说就是一切的原理。那种以简单的枚举来进行的归纳法是幼稚的，其结论是不稳定的，大有从相反事例遭到攻袭的危险；其论断一般是建立在为数过少的事实上面，而且是建立在仅仅近在手边的事实上面。对于发现和论证科学方术真能得用的归纳法，必须以正当的排拒法和排除法来分析自然，有了足够数量的反面事例，然后再得出根据正面事例的结论。这种办法，除柏拉图一人而外——他是确曾在一定程度上把这种形式的归纳法应用于讨论定义和理念的——至今还不曾有人实行过或者企图尝试过。但是为要对这种归纳法或论证作很好的和很适当的供应以便利它的工作，我们应当准备许许多多迄今还没有人想到的事物，因此我们也就必须在此中比迄今在三段论式中作出更大的努力。我们还不要把这种归纳法仅仅用于发现原理，也要把它用于形成概念。正是这种归纳法才是我们的主要希望之所寄托。

一〇六

在用这样一种归纳法来建立原理时，我们还必须检查和核对一下这样建立起来的原理，是仅仅恰合于它所依据的那些特殊的东西，还是范围更大和更宽一些。若是较大和较宽，我们就还要考究，它是否能够以对我们指明新的特殊东西作为附有担保品的担保来证实那个放大和放宽。这样，我们才既不致拘执于已知的事物，也不致只是松弛地抓着空虚的影子和抽象的法式而没有抓住坚实的和有其物质体现的事物。一旦这种过程见诸应用，我们就将终于看到坚实希望的曙光了。（《新工具》第一卷）

——许宝騄，译.商务印书馆,1984.

笛卡尔:《哲学原理》选读

笛卡尔(1596—1650)，法国哲学家。主要作品有《谈谈方法》(1637)、《第一哲学沉思集》(1641)、《哲学原理》(1644)。

笛卡尔不仅作为最重要的科学家之一，亲身参与了现代科学的革命，他还从哲学上探讨了科学知识和科学方法的特性。他把全部的知识比喻为一棵树，形而上学是树根，物理学是树干，其他各部门科学是树枝。整个知识之树要是牢固的，根基就一定要坚实可靠，不可动摇。为了发现不可怀疑的坚固基石，笛卡尔采取了一个方法论意义上的"普遍怀疑"的策略，看通过普遍的怀疑，能不能发现有不可怀疑的东西。最终，他认为，虽然我们可以怀疑其他一切东西，但"我在怀疑"这件事情本身确实不可怀疑的。怀疑是一种思想，而思想必然会有一个思想者即"我"。笛卡尔所说的"我"是一个思想的主体，思想是"我"的本质属性，作为思维的自我就成了"知识大厦"的第一块基石。笛卡尔接着从自我的存在论证了上帝的存在，然后通过这个全能、至善的上帝的保证，肯定了物质世界的存在，肯定了只要我们充分运用上帝预先置入我们心中的自然之光（理性），就可以发现上帝置入自然之中的恒常规律。笛卡尔对我们错误认识的解释是：上帝既赋予了我们理智（认识能力和选择能力），又赋予

378

了我们自由意志。但理智是较狭小有限的，而意志却是广大无限的。我们很容易把意志扩展到我们的理智所理解不到的东西上去。于是我们就很容易陷入迷惘，把恶的当成善的，或者把假的当成真的。笛卡尔主张，我们只应将注意力放在我们领会得完满的事物上。

在哲学史上，笛卡尔第一次把"自我"作为绝对的起点，"我思故我在"也成为哲学的第一原则，上帝存在甚至都是通过自我的存在而得到证明的。这体现出了现代主体性的基本立场。当然，我们可以看到，上帝在笛卡尔的形而上学中依然扮演着关键的角色，是"自我"通向物质世界的桥梁；而上帝存在的证明也不是只有通过"自我"这一条路，仅凭上帝概念本身就可以证明上帝的存在。

第一章 论人类知识原理

1.要想追求真理，我们必须在一生中尽可能地把所有事物都来怀疑一次。

从前我们既然有一度都是儿童，而且我们在不能完全运用自己的理性之时，就已经对于感官所见的对象，构成各种判断，因此，就有许多偏见障碍着我们认识真理的道路；我们如果不把自己发现为稍有可疑的事物在一生中一度加以怀疑，我们就似乎不可能排除这些偏见。

2.凡可怀疑的事物，我们也都应当认为是虚妄的。

此外，如果把我们能够怀疑的事物都认为是虚妄的，那也是有益的。这样，我们就可以更加明白地发现出具有最大确实性的和最易认识的事理。

3.在立身行事方面，我们不可同时采取怀疑态度。

同时我还应当说，只有在思维真理时，我们才可以采用这种普遍怀疑态度。因为在人事方面，我们往往不得不顺从大概可靠的意见，而且有时我们纵然看不到两种行动哪一种概然性较大，我们也得选择一种，因为在摆脱怀疑之前，往往会错过行动的机会。

4.我们为什么怀疑可感的事物。

我们现在既然只打算从事研究真理，我们首先就要怀疑；落于我们感官之前的一切事物，和我们所想象的一切事物，其中是否有一种真是存在的？我们所以如此怀疑，第一是因为我们据经验知道，各种感官有时是会犯错误的，因而要过分信赖曾经欺骗过我们的事物，也是很鲁莽的。第二是因为在梦中我们虽然不断地想象到或知觉到无数的物象，可是它们实在并不存在。一个人既然这样决心怀疑一切，他就看不到什么标记，可借以精确地分辨睡眠和觉醒的状态。

5.为什么我们也可以怀疑数学的解证。

此外，我们还要怀疑我们一向认为最确定的其他事物，甚至于要怀疑数学的解证，以及我们一向认为自明的那些原理。我们所以要怀疑，第一是因为我们曾经看见人们在这些事体方面犯过错误，而且把我们认为虚妄的事物认为是绝对确定而自明的。不过主要的原因仍是：我们知道创造我们的那位上帝是全能的，因为我们还不知道，上帝是否有意把我们这样创造出来，使我们即使在自己认为最熟悉的事物方面也永远受到欺骗。因为我们的观察既然指教我们，我们有时是要受骗的，那么我们为什么不能永久受骗呢？如果我们认为全能的上帝不是我们人类的创造者，而认为我们是自己存在的，或依靠其他方法存在的，那么，我们愈认为自己的创造者没有权力，我们就愈有理由相信我们并不十分完美，以至不会继续受骗。

6.我们有一个自由意志，可借以不同意可疑的事物，因而避免错误。

可是，不论创造我们生命的是谁，不论他如何有力，如何骗人，我们依然意识到自己有一种自由，使我们借以不相信任何不明显、不确定的事物，并因而防止受骗。

7.我们在怀疑时，不能怀疑自己的存在，而且在我们依次推论时，这就是我们所得到的第一种知识。

我们既然这样地排斥了稍可怀疑的一切事物，甚至想象它们是虚妄的，那么我们的确很容易假设，既没有上帝，也没有苍天，也没有物体；也很容易假设我们自己甚至没有手没有脚，最后竟没有身体。不过我们在怀疑这些事物的真实性时，我们却不能同样假设我们是不存在的。因为要想象一种有思想的东西是不存在的，那是一种矛盾。因此，我思故我在的这种知识，乃是一个有条有理进行推理的人所体会到的首先的、最确定的知识。

8.我们从此就发现出人心和身体的区别来，或能思的事物和物质的事物的分别来。

这就是发现人心本性的最好方法，也就是发现心与身体的差异的最好方法。因为我们既然假设，除了我们的思想以外，没有别物真正存在，那么，我们在考察自己的本来面目时，就分明看到，凡身体所具有的广袤、形相、位置的移动，以及其他相似的情节，都不属于我们的本性——只有思想除外。因此，我们对自己的心所具有的意念，是在我们对任何物质事物所具有的意念以前存在的，而且它是较为确定的，因为我们在已经知道自己是在思想时，我们仍然在怀疑有任何身体存在。

9.思想（cogitatio）是什么？

所谓思想，就是在我们身上发生而为我们所直接意识到的一切，因此，不只是理解（intelligere，entendre）、意欲（velle）、想象（imaginari），就是知觉（sentire，sentir）也和思想（cogitare，penser）无异。因为如果我在说话、看物、行走时，我是存在的；而如果我依靠视觉和走路了解我的眼睛或腿的动作（这些都是身体的动作），那么这个结论就并不是绝对确定的，因为，就如在梦中那样，我虽不会张眼，或移动位置，甚至也许没有身体，可是我也可以设想自己在见物或行走。但是，如果我只指感觉本身，或对于视或行的那种意识，那么这种知识分明是确定的，因为这只是指人心说的，而只有人心才能知觉或意识到自己的视或行的动作。

10.最简单最自明的意念，往往被理论的定义弄得暧昧起来。我们不应把这些意念归诸由研究得来的认识之列，因为它们是与生俱来的。

我在这里所以不解释我所用过的其他一些名词或下文中将要用的那些名词，乃是因为在我看来，它们的意义是完全自明的。我常见一些哲学家虽然好以理论的定义来解释那些最简单最自明的真理，可是他们往往正因此陷于错误。因为他们这种做法只会使那些真理更加暧昧。我曾说，在任何能按条理进行推论的人看来，我思故我在的这个命题，是最基本、最确定的。我说这话时并不因此就否认我们必须知道什么是思想、存在和确实性，否认必须知道先存在才能思想的这个真理等；不过因为这些都是最简单的概念,而且它们自身也不足以使我们认识任何存在的事物。因此,我就觉得,在这里列举它们是不恰当的。

11.我们如何知道自己的心比知道自己的身体还清楚。

要想使人知道,我们对于心的知识如何比对于身体的知识较为在先,较为确定,甚至较为明白,则我们必须说,各种性质是不能属于虚无的,这乃是依照良知可以极其明白看到的一个道理。因此,我们不论在什么地方看到一些性质,在那地方一定有一种事物或实体,为那些性质所依托。这种良知还指示我们说,我们在一种事物或实体发现的性质愈多,则我们对该物或实体知道得愈为明白。不过我们在我们心中所见到的性质分明比在任何别的事物中所见到的为多。因为不论在任何场合,我们在知道一种事物时,同时必然更确乎知道我们自己的心。例如,我如果因为触着地球,看到地球,因而判断地球是存在的,则我更可以本着同样根据和更大的理由,相信我的心灵是存在的。因为我虽然以为自己触着地球,可是它也许是不存在的;但是我既然如此判断,则这样判断的心,当然不能不在。关于呈现于我们的心灵的一切物象,我们都可以如此说。

12.为什么这层道理不是人人所同样知道的。

那些不曾循序渐进地推论过的人,对于这个题目,或者有别的意见,因为他们根本就不曾很细心地把心和身分别清楚。因为他们虽然不难相信他们自己存在着,而且这种信念比对于任何别种事物的信念还大,可是因为他们不知道,所谓他们自己,是单指他们的心灵说的(如果问题涉及形而上学的确实性)。反而以为他们自己就是眼所见、手所触的那些身体,并且误认那些身体有知觉能力,因此,他们就不能清晰地了解心灵的本性。

13.在何种意义下,我们对于别的事物的知识是依靠于我们对上帝的知识的。

不过,能这样地自知的人心虽然还在怀疑别的一切事物,可是它在张目四望,以求扩展其知识时,它就在自身中首先发现了许多事物的观念;而且它如果只是思维它们,既不确认,也不否认,除了它自己以外还有别的事物和那些观念相应;那么,它也不至有陷于错误的危险。此外,人心还发现了某些共同意念,并由此构成各种解证,这些解证带着很大的确信,使我们只要注意它们,它们就足以使我们不可能怀疑它们的真实。例如,人心在其自身中就有数目和形相的观念,而且在其普通的意念中,还有等量加等量,结果亦相等等原理。由此就容易解证,三角形的三角等于两直角等。我们只要注意这一类的结论所由以推演出来的那些前提,我们就会相信它们的真实。不过因为人心不能永远注意思维这些前提,当它只记得结论而不记得演绎的步骤,并且不确知造物者是否把它造得易于受骗时(即使在看来最明显的事物方面),它就看到有正当理由可以怀疑那一类结论的真实,并且以为自己在发现它的造物主以前,不能有任何确定的知识。

14.从包含在我们对上帝的概念中的必然存在,我们可以充分推断出他的存在来。

人心后来在复检其具有的各种观念时,它就发现了一个极其主要的观念——一个全知、全能、全善的神明观念。它看到,在这个观念中,不止含有可能的偶然的存在(如它在它所明白知觉到的其他一切事物的观念中那样),而且含有绝对必然的、永恒的存在。例如,因为在三角形的观念中,必然含有"三角和等于两直角"这个观念,因此,人心就坚决相信,三角形的三角是等于两直角的;同样,它既然看到,在至极完美的神明观念中,含有必然的、永恒的存在,因此,它也当显然断言,这个至极完美的神明就存在着。

15.必然的存在并不在同样方式下包含在我们对别的事物的意念中,其中只含有偶然的存在。

人心如果认为,在它对任何别的事物的观念中,它并不能发现出其中含必然的存在,则它更容易确信上述结论的真实。因为,只根据这种情节,它就会看出,至极完美的神明观念不是由它自己构成的,而且知道,它不是表象一个幻想,而是表象一个真实不变的本性。这种本性,人心既然只能设想它是必然存在的,因此,它就必然存在着。

16.许多偏见障碍许多人不能明白看到上帝存在的必然性。

我们的心如果首先完全摆脱一切偏见,则它一定不难同意上述的这种真理。但是我们既然在别的一切事物方面惯于分别本质和存在,惯于任意想象许多现在和过去都不存在的事物的观念,那么,我们的思想如果不专心思维至极完美的神明,我们就容易怀疑;我对他所持的这个观念,是否也是我们任意造成的,或者至少说,是否属于那种并不包含根本存在的事物。

17.在我们对于一个事物的观念中,客观的(表象的)完美性愈大,则它的原因亦愈完美。

当我们进一步思维我们心中的各种观念时,我们很容易看到,如果我们把它们只当作思想的一些情状来看,它们是没有什么差异的,但如果我们把它们同它们所表象的物象一参照,它们就大相差异了。它们所含的客观的完美性愈大,则它们的原因也愈完美。这种情形正和一个人对于一架极精巧的机器具有观念一样。在这里我们正有权利询问,他是怎样得到这个观念的,例如,他是在别处见过别人所造的这种机器呢,还是他充分精确地学了机械科学,或者具有充分的天才,不在任何地方看见那类东西,就能够自己发明一个呢?因为所有的巧思妙构,在那个观念中虽只有客观的存在(如在图画中似的),可是它在其原始的主要的原因(不论这种原因是什么)中,一定不仅有客观的或表象的存在,而且还有确实是形式的或显著的存在。

18.我们由上文所说,又可以推断出上帝的存在来。

这样,因为我们在自己心中发现出上帝的(或至极完美的存在)观念来,我们就有权利询问,我们是由什么根源得来这个观念的。我们会发现出,它所表象的那些完美品德是伟大无边的,因而使我们十分相信,我们只能由至极完美的神明得到它,也就是由实在存在着的上帝得到它。因为我们可以根据良知明白看到,不止任何事物不能由无中生出,不止更完美的事物不能由不甚完美的事物生出(就是说不甚完美的事物不能为较完美的事物的动因和总因),而且我们自身或身外,如果没有一种原型,实际包括着向我们表象的一切完美品德,则我们便不可能得到任何事物或表象的观念。不过,因为我们绝对不能在自己身上发现出我们对之有观念的那些绝对的完美品德,我们就必须断言,它们存在于与我们的本性不同的一种本性中,那就是说,它们存在于上帝身上,至少曾经在他身上存在过。而且我们可以根据它们的无限性很明白地推断它们仍是在那里的。

19.我们虽然不能了解上帝的本性,可是我们对于他的完美品德,比对于别的事物还知道得更清楚。

人们如果习于思维上帝这一观念,并且体会他的无限完美的品德,则上述的真理将对他们显得充分确实而明显。因为我们虽然不能了解那些品德(因为无限者的本性就在于其不能为有限事物所了解),可是我们存想起那些品德来,仍比存想物质的事物较为清晰,较为明白。因为,它们是很单纯的,不被界限所障蔽的,因此,我们存想起它们来,便更为清楚。任何观察都不能比这种观察更为重要,更能启发人的理解,因为这个对象的完美品德既无限制,我们在考察它时,就感到满意和确信。

20.我们不是自己的原因,只有上帝是我们的原因,因此,就有一位上帝。

不过这一层不是人人所曾观察到的。我们在有了精妙机器的观念时,虽然往往很精确地知道自己是由何种方式得到这些观念的,可是我们并不记得,上帝这一观念是在何时传给我们的(因为我们知道它是常在我们心中的);因此,我们必须继续复检,考察我们的造物主,因为我们心中确实具有一位上帝的无限完美品德的观念,因为据良知看来,我们极其清楚,一种事物如果能知道较自己为完美的另一种事物,则它一定不是自己存在的原因,因为若是如此,它就该把自己所知道的完美品德都给了自己。因此,我们只得说,它一定是由具有所有那些完美品德的神来的,也就是说一定是由上帝来的。

21.只有我们生命的绵延,足以解证出上帝的存在来。

如果我们思考时间的本性,或事物的绵延,我们就会明白看到上述解证的事实。因为绵延之为物,其各部分都是不相依属的,而且是永不共存。因此,我们不能根据我们目前存在的这个事实,就必然断言说,下一刻我们也将存在,除非某种原因(原来产生我们的那种原因)好像会继续产生我们,就是说,保存我们。因为我们很容易理解,我们并没有保存自己的能力,而有能力借其自身来保存我们的那位神,一定也凭着更大的理由保存他自己,一定不需要任何别的事物来保存他,因此,他就不能不是上帝了。

22.在按这里所说明方式认识上帝的存在时,我们也可以在单凭良知所能认识的范围内,认识他的一切品德。

我们如以上帝这一观念来证明上帝的存在,那是有很大好处的,那就是:我们同时还在自己柔弱本性所允许的范围内,知道他是什么样的。因为我们在思考上帝这个与生俱来的观念时,我们就看到,他是永恒全知、全能的,是一切真和善的源泉,一切事物的创造者,而且它所具有的无限完美的品德(或善),分明是毫无缺点的。

23.上帝不是有形体的,他并不像我们一样要以感官来知觉,而且他也不希望发生罪恶。

因为世界上许多事物虽然也具有几分完美性,可是它们是多少有些残缺的、有限的,因此,那一类事物都是不能在上帝身上存在的。广袤既是物体的本性,而且地方的广袤既然会有可分性,这就表示出一种缺点来,因而我们可以确知,上帝不是物体。在人的方面,他们能用感官来知觉每一种完美的性质,不过每种感官都有被动性,这就表示它是有依靠性的,因此,我们必须断言,上帝是完全不具有感官的。此外,他的意志作用和理解作用也不像我们一样,要借助各种分别的动作,他是借单一的、一律的、最简单的动作来理解、意欲并促动一切实际存在的事物的。他并不希望发生罪恶,因为罪恶只是存在的否定。

24.从了解上帝进到了解万物时,我们必须记住,我们的理解是有限的,上帝的能力是无限的。

不过,我们知道,只有上帝是一切已存在或将存在事物的真正原因。因此,我们如果以自己对于上帝的知识,来阐明他所创造的各种事物,并且企图根据自己心中的天赋意念来加以推断,那么我们就会无疑地遵循最好的推论方法,因为我们这样做,就可以得到最完美的科学,即由原因推知结果。不过要使我们的企图完全免于错误,我们就必须小心谨慎,心中尽量记住,造万物的上帝是无限的,而我们是完全有限的。

25.上帝所启示的纵然不是我们所能理解的,我们也应该完全相信它们。

因此,如果上帝给我们或别人启示一些不是我们智慧的自然能力所能理解的有关他自己的事情,如下凡投生、三位一体等神秘之事,虽然我们不能明白地理解它们,我们也不该不相信它们。在他的广大的本性中,甚至在他所创造的事物中,虽有许多事物不是我们所能了解的,我们也不必惊异。

26.关于无限,我们不必企图理解,我们只要把那些无界限的事物,如世界的广袤、物质各部分的可分性,以及星宿的数目等。认为是无定限的即可。

因此,我们就不应在无限方面兴起各种争执,使自己感到困惑。因为以我们这种有限的生物,来决定无限,那是荒谬的,而且,要想以有限来把握无限,那就无异给无限以一种限制。因此,人们如果问起,无限长的线的一半是否还是无限,无限的数目是双是单等,我们就可以不必置答,因为人们只有在想象自己的心是无限时,似乎才会发出这些问题。在我们方面,关于我们在意义上发现不出界限来的事物,我们不说它们是无限的,只说它们是无定限的。就如,我们所能想象到的广袤,绝不会已经到了极限,无法想象得更大。因此,我们就说,可能事物的体积是无定限的。而且一个物体所分割的最小部分,既然仍可以在想象中分割成更小的部分,那么,我们就不妨认为任何数量都可以分成数目无定限的部分。此外,我们所想象的星宿不论如何多,我们总还能再想象,上帝创造的星宿比这更多,因此,我们也可以假设它们的数目是无定限的。说到别的例证,也是一样。

27.无定限和无限有什么分别。

我们所以要称那些事物为无定限的,而不称它们为无限的,乃是要想只把"无限"这个头衔留给上帝。我们所以如此,第一因为我们不仅发现他在任何方面没有限制,而且我们还确实设想,他就不容有任何限制。第二因为我们并不同样地确实设想别的事物在各部分都无限制,我们只是消极地承认,它们的界限(如果有的话)不是我们所能发现的。

28.我们不应当考察万物的目的,只应当考察它们的动因。

最后,我们也不从上帝或自然在创造自然事物时所定的目的方面来寻找自然事物的理由,因为我们不当擅想自己可以同神明来共商宏图。我们只当把他认为是一切事物的动因,并且把他所赋予我们的良知,应用在他愿意让我们窥知一二的他的一些品德上,以便发现,关于我们凭感官所见的那些结果,我们必须作出什么结论。只是我们应该记住前边所说过的话,就是,在良知的命令不违反上帝的启示时,我们才应该信赖良知。

29.上帝不是我们错误的原因。

这里我们所应当考察的上帝的第一种品德,就是:他是绝对真实不妄的,而且是一切光明的源泉。因此,要说他会欺骗我们,或者完全是使我们陷于自己所能意识到的那些错误的原因,那分明是矛盾的说法。因为欺人之技,在人类中间虽可以表示人心的巧妙,可是那种欺人的意向,无疑是由恶意、恐惧或怯懦而来的。因此,它是不能透于上帝的。

30.因此,凡我们所能明白知觉的一切都是真实的,因此,我们就可以摆脱上述的种种怀疑。

由此,可以得出结论,良知或上帝所给我们的知识能力,只要它能认识任何对象,清晰地、明白地理解那个对象,它就永远不会了解不真实的对象。因为如果上帝所给我们的这种官能是贻误人的,而且使我们在正确运用它时会认假作真,那么上帝就委实应当得到骗子这个头衔了。这样,我们的最大怀疑就根本铲除了,我们也就不能再怀疑,我们是否由于本性的关系,在那些我们看来最明显的事物方面也会受骗。这个原理也可用以反驳我们所列举的一切怀疑的根据。因此,数学的真理是不能怀疑的,因为这些都是属于最明白的真理之列的。如果我们在醒时或睡时借感官来知觉任何事物,只要能把明白的和清晰的知识同暧昧的和纷乱的知识分开,我们就容易把真理发现出来。在这个题目上,我也就不必多费唇舌了,因为在"沉思集"中我已经充分研究过,而且下面的文章也足以更精确地解释这一层。

31.我们的错误在上帝方面讲只是一些否定,不过在我们方面讲,它们乃是一些缺性。

虽然上帝不是骗子,我们却往往陷于错误,因此,我们如果想探究错误的起源和原因,以便防止它们,那我们就必须说,它们依靠我们的意志,而不是依靠我们的理解,而且要产生它们,也不必一定要上帝参与其间。因此,从上帝方面来思考,它们只是一些否定,而从人类方面思考,就成了缺性。

32.我们只有两种思想方式,一为理解的知觉作用,一为意志的动作。

因为我们所能意识到的一切思想方式可以分为概括的两类,一类是理解的知觉作用或效力,一类是意志的作用或效力。就如,凭感官而进行的知觉作用、想象作用,或对纯粹仅能用智力了解的事物的概想作用,都是知觉的各种不同的情状,至于欲望、厌恶、确认、否认、怀疑等,都是意欲的各种不同的情状。

33.我们所判断的事物,如果不是我们所未充分了解的,则我们的判断永不会错误。

我们对于一件事物,如果不构成任何判断,则我们在了解它时,不至于有错误的危险;即使我们已对它构成一种判断,可是我们所同意的如果只是我们所明白地、清晰地知觉到的,则我们也不会陷于错误。我们所以常发生错误,乃是因为我们对于自己所判断的事物,并没有精确的知识,就贸然进行判断。

34.在判断时,意志和理解都是必需的。

我承认,在判断时理解是必需的,因为我们万不能假设我们能够判断我们所不了解的东西。不过要想同意我们在任何程度下所知觉到的事物,意志也是在所必需的。但在构成一个判断时,我们并不一定要完全了解一种事物,因为有许多事物,我们纵然对它们只有很模糊、很纷乱的知识,我们也可以同意。

35.意志较理解的范围为大,这就是我们错误的来源。

其次,智力的认识,只扩及呈现于它面前的不多几件事物,永远是有限制的。而在另一方面,在某种意义下,意志可以说是无限的,因为我们看到,任何人的意志的对象,甚至是上帝的无限意志的对象,都可以成为我们意志的对象。因此,我们往往易于使意志超出我们所能明白了解的那些对象以外。既然如此,则我们偶尔错误,也就不足为奇了。

36.我们的错误不能诿诸上帝。

不过,上帝虽然没有给我们一个全知的理解,我们却万不能因此就说他是我们错误的造成者,因为被创造的智力其本性就是有限的,而有限的智力其本性就是不能把握一切事物的。

……

——关文运,译.商务印书馆,1959.

康德:回答这个问题——什么是启蒙?

康德(1724—1804),德国哲学家。主要著作有《纯粹理性批判》(1781/1787)、《未来形而上学导论》(1783)、《道德形而上学奠基》(1785)、《实践理性批判》(1788)、《判断力批判》(1790)、《纯然理性限度内的宗教》(1793)、《道德形而上学》(1797)、《实用人类学》(1798)等。

康德把自己孜孜探求的问题概括为四个:"我能够知道什么?""我应当做什么?""我可以希望什么?""人是什么?"前三个问题最终都关涉最后一个问题。人是什么? 这是哲学的永恒话题,是人类的自我反思和自我认识。自古希腊以来,理性就被理解为人与其他动物的区别所在,被理解为人之为人的规定。康德开启的德国观念论对人区别于其他动物的这个"理性"给出了一个概念论的阐述:我们与其他动物不同的地方在于,我们是凭借着特定的概念或理念去理解世界和我们自身,并展开我们的实践活动的。康德这里所说的概念、理念不是像桌子、树、狗这样的东西。我们需要通过经验才能形成后面这些概念,康德称这样的概念为"经验性的概念";但康德要探究的是那些先于经验、并使得经验得以可能的概念,他称这样的概念为"先验性的概念"。先验概念并不源于我们之外的东西,而是源于我们的理性自身。是我们的理性自身主动地提供了我们认识的先验概念框架,规定了我们行动的普遍法则。在这个意义上,人是一种自由的存在,他是双重的立法者:他为自然立法,其结果就是自然律;他也为自己立法,其结果就是道德律。康德以及德国观念论所理解的自由不是随心所欲(实际上是被欲望的对象支配),也不仅仅是消极地摆脱一切外在束缚,而是积极地合乎理性地生活。

在下面这段选文中,康德把启蒙运动理解为"要有勇气运用你自己的理智"这个呼吁。人作为人天生就是有理智能力的,只不过我们会由于懒惰或怯懦而放弃自己运用理智,听凭他人规定我们自己的生活。要摆脱这种自己加给自己的不成熟状态,首先就要公开运用自己的理智。

启蒙就是人从他咎由自取的受监护状态走出。受监护状态就是没有他人的指导就不能使用自己的理智的状态。如果这种受监护状态的原因不在于缺乏理智,而在于缺乏无须他人指导而使用自己的理智的决心和勇气,则它就是咎由自取的。因此,Sapere aude[要敢于认识]! 要有勇气使用你自己的理智! 这就是启蒙的格言。

为什么有这么大一部分人,在自然早就使他们免除外来的指导(naturaliter maiorennes,自然方面的成年人)之后,仍然乐意终生保持受监护状态? 为什么另外一些人如此容易自命为他们的监护者? 其原因就是懒惰和怯懦。受监护状态是如此舒适。如果我有一本书代替我拥有理智，有一位牧师代替我拥有良知，有一位医生代替我评判饮食起居，如此等等，那么，我就甚至不需要自己操劳。只要我能够付账，我就没有必要去思维；其他人会代替我承担这种费劲的工作。绝大部分人（其中有全体女性）除了由于迈向成年是艰辛的之外，也认为它是很危险的；那些监护人已经在为此操心，他们极好心地担负起对这些人的指挥之责。他们首先使自己的家畜变得愚蠢，小心翼翼地提防这些安静的造物胆敢从他们将其关入其中的学步车跨出一步，然后向这些家畜指出如果试图独自行走它们就会面临的危险。这种危险固然并不那么大，因为在摔几次跤之后，它们会最终学会走路的；然而，这一类的例子毕竟造成胆怯，并且通常吓阻一切进一步的尝试。

因此，对于每一个人来说，都难以挣脱几乎已经成为其本性的受监护状态。他甚至喜欢上了受监护状态，而且眼下确实没有能力使用自己的理智，因为人们从来没有让他做这样的尝试。章程和公式，这些理性地运用或者毋宁说误用其天赋的机械性工具，是一种持续的受监护状态的脚镣。无论谁甩脱这脚镣，都仍然会即便跳过极窄的沟，也是没有把握的一跃，因为他还不习惯这样的自由运动。因此，只有少数人得以通过其自己的精神修养挣脱受监护状态，并仍然走得信心十足。

但是，公众给自己启蒙，这更为可能；甚至，只要让公众有自由，这几乎是不可避免的。因为在这里，甚至在广大群众的那些被指定的监护人中间，也总是有一些自己思维的人，他们在自己甩脱了受监护状态的桎梏之后，将在自己周围传播一种理性地尊重每个人的独特价值和自己思维的天职的精神。在这方面特别的是：之前被他们置于这种桎梏之中的公众，之后在其一些自己没有能力进行任何启蒙的监护人的煽动下，却强迫他们留在桎梏之下；培植成见是非常有害的，因为成见最终也将使它们的制造者或者继承者自食其果。因此，公众只能逐渐地达到启蒙。通过一场革命，也许将摆脱个人的独裁和利欲熏心的或者惟重权势的压迫，但却绝不会实现思维方式的真正改革；而是无论新的成见还是旧的成见都成为无思想的广大群众的学步带。

但是，这种启蒙所需要的无非是自由；确切地说，是在一切只要能够叫做自由的东西中最无害的自由，亦即在一切事物中公开地运用自己的理性的自由。但现在，我听到四面八方都在喊：不要理性思考！军官说：不要理性思考，而要训练！税务官在说：不要理性思考，而要纳税！神职人员在说：不要理性思考，而要信仰！（世界上只有一位君主说：理性思考吧，思考多少、思考什么都行；但是要服从！）这里到处都是对自由的限制。但是，什么样的限制有碍启蒙呢？什么样的限制无碍启蒙甚至有助于启蒙呢？——我的回答是：对其理性的公开运用必须在任何时候都是自由的，而且惟有这种使用能够在人们中间实现启蒙；但是，对理性的私人运用往往可以严加限制，毕竟不会因此而特别妨碍启蒙的进步。但是，我把对其理性的公开运用理解为某人作为学者在读者世界的全体公众面前所作的那种运用。至于他在某个委托给他的公民岗位或者职位上对其理性可以作出的那种运用，我称之为私人运用。于是，好多涉及共同体利益的事务秩序有某种机制，凭借这种机制，共同体的一些成员必须纯然被动地行事，以便政府通过一种人为的协调来使他们为公共的目的服务，或者至少使他们不破坏这些目的。在这里，当然不能允许理性思考，而是必须服从。但是，如果机器的这个部分同时把自己视为整个共同体的成员，甚至视为世界公民社会的成员，因而具有一个通过著作来面向真正意义上的公众的学者的身份，那么，他当然能够理性思考，由此并不会损害他部分地作为被动成员所从事的事务。这样，如果一位军官被其长官命令做某件事,他在值勤时要对这个命令的合目的性或者有用性大声挑剔,这就会十分有害;他必须服从。但是,按理不能阻止他作为学者对军务中的错误作出评论,并把这些评论交给公众去评判。公民不能拒绝缴纳向其征收的捐税;甚至如果这样的义务是他应当履行的,那么对这样的义务的滥加指摘就可以当做一种丑行(它可能引起普遍的违法)来加以惩罚。尽管如此,同一位公民如果作为学者公开地表达自己的思想,反对这样一些捐税的不适当或者甚至不义,则他的行动并不违背一位公民的义务。同样,一位神职人员有责任按照他所服务的教会的信条对其教义问答课程的学生和教区信众宣讲;因为他就是按照这个条件被录用的。但是,他作为学者有充分的自由甚至天职,把他经过谨慎检验的、善意的关于那种信条中有错之处的所有想法,以及关于更好地安排宗教事务和教会事务的建议告诉民众。在此,这也不是什么能够归咎于他的良知的事情。因为他把自己依据其职务作为教会代理人所教导的东西,设想为他没有自由的权力按照自己的想法去教导,而是他被聘用来按照规定并且以另一个人的名义去宣讲某种东西。他将会说:我们的教会教导这或者那;这就是教会所使用的证据。在这种情况下,他从规章中为自己的教区信众谋取一切实际的好处,他自己却会并非深信不疑地赞同这些规章,尽管如此仍能够自告奋勇地去阐述它们,因为其中并非完全不可能隐含着真理,但无论如何,至少其中毕竟没有任何与内在宗教相矛盾的东西。因为如果他相信在其中发现与内在宗教相矛盾的东西,那么,他就会不能凭良知来履行自己的职务;他会必须放弃良知。因此,一位被聘用的教师在自己的教区信众面前运用自己的理性,纯然是一种私人运用;因为这些信众即便人数众多,也始终只不过是一种内部的聚会;而且就此而言,他作为教士并不是自由的,也不可以是自由的,因为他是在履行一项外来的委托。与此相反,作为通过著作对真正的公众亦即世界说话的学者,神职人员在公开运用自己的理性时享有一种不受限制的自由,去使用他自己的理性,并且以他自己的人格说话。因为人民(在宗教事务中)的监护者自己又应当是受监护的,这是一件荒唐的事情,其结果是使种种荒唐的事情永恒化。

但是,难道不是一个神职人员的团体,例如一个教会会议,或者一个值得尊敬的 Classis[长老监督会](如其在荷兰人中间自称的),应当有权以誓约的方式在自己内部对某个不变的信条承担义务,以便这样对其每一个成员,并借此对人民行使一种不断的最高监护,甚至使这种监护永恒化吗?我要说:这是完全不可能的。这样一个为永远阻止人类的一切进一步的启蒙而缔结的契约,是绝对无效的,即便它由最高的权力、由帝国议会和最隆重的和约来批准。一个时代不能联合起来,共谋将下一个时代置于一种状态,使其必然不可能扩展自己的知识(尤其是十分迫切需要的知识),涤除错误,并且一般来说在启蒙上继续进步。这会是一种违背人的本性的犯罪,人的本性的原初规定恰恰在于这种进步;因此,后代完全有权把那些决议当做以未经授权的和犯罪的方式作出的,而抵制它们。关于一国人民,能够通过决议产生出来作为法律的一切,其试金石在于如下问题:一国人民是否能够让自己承担这样一种法律呢?现在,仿佛是在期待一种更好的法律,这在一段确定的短时间内是可能的,目的是引进某种秩序;因为人们同时允许每一位公民,特别是神职人员,以一位学者的身份公开地,亦即通过著作对当前制度的缺陷作出自己的评论,而采用的秩序还一直延续下去,直到对这些事情的性状的洞识公开达到如此程度并得到证实,以至于它能够通过其声音(尽管不是所有声音)的联合而为君主提出一项建议,以便保护那些例如按照自己对更好的洞识的概念而同意变更宗教制度的教区信众,而又毕竟不妨碍那些想守旧的教区信众。但是,哪怕是在一个人的一生之内,同意一种持久的、不容任何人公开怀疑的宗教宪章,并且由此而在人类向着改善的进程中仿佛消除一段时间,使它徒劳无功,甚至由此而遗祸后代,这是绝对不允许的。一个人虽然能够对他个人,而且在这种情况下也只是在若干时间里,在他应该知道的东西上推迟启蒙;但放弃启蒙,无论是对他个人,甚或是对于后代,都叫做侵犯和践踏人的神圣权利。但是,一国人民根本不可以对自己作出决定的事情,一个君主就更不可以对人民作出决定了;因为他的立法威望正是基于,他把整个人民的意志统一在他自己的意志中。如果他只是关注让一切真正的或者自以为的改善与公民秩序共存,那么,他就能够让他的臣民们除此之外只是自己去做他们为了自己的灵魂得救而认为必须做的事情;这种事情与他无关,但要提防一个人用暴力阻碍别人尽自己的全部能力去规定和促进这种事情。如果他由于认为他的臣民们用来试图澄清自己的洞识的著作应当受到他的政府监督而插手此事,不仅他从自己的最高洞识出发来这样做,为自己招致 Caesar non est supra grammaticos[恺撒并不比语法学家更高明]的指责,而且更甚者,他把自己的至上权力降低到如此程度,在他的国家里支持一些暴虐者的宗教专制来对付其余的臣民,那么,这甚至有损他的威严。

如果现在有人问:我们目前是生活在一个已启蒙的时代吗?那么回答就是:不是! 但却是生活在一个启蒙的时代。说人们如目前的情况,在整体上来看,已经处在或者哪怕只是能够被置于在宗教事务中无须他人的指导而自信妥善地使用自己的理智的水平上,还相差甚远。然而,现在毕竟为人们敞开了自由地朝此努力的领域,而且普遍启蒙或者走出人们咎由自取的受监护状态的障碍逐渐减少,对此我们却毕竟有清晰的迹象。就这方面来说,这个时代是启蒙的时代,是弗里德里希世纪。

一位君主,如果他认为,说他把在宗教事务中不给人们规定任何东西,而是让人们在这方面有充分的自由,这并不有失其身份,因此他甚至自动拒绝宽容这个高傲自大的名称,那他自己就是已启蒙的,而且作为至少在政府方面首先使人类摆脱受监护状态并任由每个人在一切涉及良知的事情上使用自己的理性的君主,他理当受到心怀感激的世界和后世的颂扬。在他治下,值得尊敬的神职人员尽管有其职责,仍可以以学者的身份自由地和公开地向世界阐述他们在这里或者那里偏离已被采纳的信条的判断和洞识,以供检验;而其他每个不受职责限制的人就更是这样了。这种自由精神也向外传播,甚至是在它必须与一个误解自身的政府的外在障碍进行斗争的地方。因为对于这个政府来说毕竟闪现着一个榜样,在自由时不必对公共的安定团结有丝毫的担忧。人们在自动地逐渐挣脱粗野状态,只要不是有人蓄意想方设法把他们保持在这种状态之中。

我把启蒙亦即人们走出其咎由自取的受监护状态的要点主要放在宗教事务中,因为就艺术和科学而言,我们的统治者们没有兴趣扮演其臣民们的监护人;此外,那种受监护状态如其是所有受监护状态中最有害的一样,也是最有损声誉的。但是,一位促进启蒙的国家元首,其思维方式再继续前进,并将看出:甚至就其立法而言,允许其臣民们公开地运用自己的理性,乃至于以对已立之法的一种坦率的批评来公开地向世界阐述自己关于更好地拟订法律的想法,这并没有危险;对此,我们有一个光辉的榜样,还没有一位君主由此超过我们所敬爱的那位君主。

但是,也惟有自己已启蒙、不惧怕阴影、但同时手中握有一支训练有素且人数众多的军队以保障公共安定的君主,才能够说一个共和国不可以斗胆说出的话:理性思考吧,思考多少、思考什么都行;只是要服从! 在这里,就这样展示出人类事务的一种令人惊讶的、出乎意料的进程;正如通常在宏观上观察

389

这种进程时也是一样,其中几乎一切都是悖谬的。一种较大程度的公民自由似乎有利于人民的精神自由,但却给它设下了不可逾越的限制;与此相反,一种较小程度的公民自由却给这种精神获得了尽其一切能力展开自己的空间。当自然在这个坚硬的外壳下把它精心照料的胚芽亦即自由思考的倾向和天职展开来之后,这个胚芽就逐渐地反过来影响人民的性情(人民由此逐渐地变得能够有行动的自由),并最终也甚至影响政府的原理,政府发现,按照如今不止是机器的人的尊严来对待人,对政府自己是有益的。①

普鲁士哥尼斯贝格

1784 年 9 月 30 日

——李秋零,译.中国人民大学出版社,2010.

康德:《纯粹理性批判·第二版序言》选读

康德的哲学通常被称为"批判哲学",它的基本任务就是探究纯粹理性自发的概念能力究竟能够产生哪些先验概念和原则,它们运用的范围和界限又在哪里。

以笛卡尔为代表的理性主义者以数学为榜样,试图从超越经验的先天观念——例如,自我、上帝等——出发,进行"形而上学知识"的推演。康德称这种传统形而上学的探究是"独断论的",它以为,单纯通过逻辑的推演,我们就可以获得关于超验实在的知识。然而,对于这些超验的东西,我们无从根据经验来检验其真理性。形而上学的知识陷入独断的泥沼里,但经验科学的知识却突飞猛进,最终在牛顿那里达到了近代科学的顶峰。康德早年对牛顿物理学有过深入的研究,笃信数学和牛顿物理学的普遍必然性。然而,由培根发端的经验主义传统发展到休谟,却对科学知识的真理性提出了怀疑。休谟彻底的经验主义只承认研究观念与观念之间关系的数学和逻辑学的普遍必然性,却否认涉及观念和事实之间关系的自然科学的普遍必然性。在休谟看来,科学知识只是一些偶然的结论,是我们心理的习惯性联想。如何从哲学上回应休谟的挑战,捍卫科学的尊严,这是康德哲学的一个基本目标。

普遍必然的知识(康德的表达是"先天综合判断")何以可能? 康德认为,这是因为"对象依照知识"。这就是康德著名的"哥白尼式变革",它揭示了人在认识上的主体性地位。人在认识的过程中绝不是被动的,而是主动地用源于理性自身的感性直观形式、知性范畴来接受和整理感性材料,把规律性赋予

---

①今天,即 9 月 30 日,我在毕兴的 9 月 13 日的《每周报道》上读到本月的《柏林月刊》的通告,其中提到门德尔松先生对同一个问题的回答。我尚未看到他的回答,否则它就会制止现在这个回答了,现在它能出现在这里,只是为了试一试,巧合在多大程度上能够带来思想的一致。

这些感性材料,从而"造成"一个有着普遍必然性规律的经验("现象")自然世界。

然而,知性范畴及其原理只有运用于感官的对象才能获得有效的知识,一旦我们超出了可能经验的范围,妄图用它们来发现诸如灵魂、上帝之类超验东西的所谓"知识",则我们是在误用它们,只会产生种种的"幻相"。

对属于理性的工作的那些知识所作的探讨是否在一门科学的可靠道路上进行,这可以马上从它的后果中作出评判。如果这门科学在做了大量的筹备和准备工作之后,一旦要达到目的,就陷入僵局,或者,经常为了达到目的而不得不重新回头去另选一条路;又比如,如果那些各不相同的合作者不能像遵守这个共同的目标所应当的那样协调一致:那么我们总是可以确信,这样一种研究还远远没有走上一门科学的可靠的道路,而只是在来回摸索。而尽可能地找到这条道路,即便有些包含在事先未经深思而认可了的目的中的事情不得不作为徒劳的而加以放弃,这就已经是对理性作出的贡献了。

逻辑学大概是自古以来就已经走上这条可靠的道路了,这从以下事实可以看出:它从亚里士多德以来已不允许作任何退步了,如果不算例如删掉一些不必要的细节、或是对一些表述做更清楚的规定这样一些改进的话,但这些事与其说属于这门科学的可靠保障,不如说属于它的外部修饰。还值得注意的是,它直到今天也不能迈出任何前进的步子,因而从一切表现看它都似乎已经封闭和完成了。因为,如果最近有些人设想要扩展这门科学,于是有的塞进来一章心理学,讨论各种认识能力(如想象力,机智),有的塞进来一章形而上学,讨论知识的起源或依据对象的不同而来的各种确定性的起源(观念论、怀疑论等),有的塞进一章人类学,讨论偏见(其原因和对付手段)。那么,这就是起因于他们对这门科学的固有本性的无知。当人们让各门科学互相跨越其界限时,这些科学并没有获得增进,而是变得面目全非了;但逻辑学的界限是有很确切的规定的,它不过是一门要对一切思维的形式规则作详尽的摆明和严格的证明的科学而已(不管这些思维是先天的还是经验性的,具有什么起源和对象,在我们内心碰到的是偶然的障碍还是本性上的障碍)。

逻辑学获得如此巨大的成功,它的这种长处仅仅得益于它所特有的限制,这种限制使它有权、甚至有义务抽掉知识的一切对象和差别,因而在其中知性除了和自身及其形式之外,不和任何别的东西打交道。可以想见,当理性不单和自身、而且也要和对象发生关系时,对于理性来说,选定一条可靠的科学道路当然会更加困难得多;因此逻辑学可以说也只是作为入门而构成各门科学的初阶,当谈及知识时,我们虽然要把逻辑学当作评判这些知识的前提,但却必须到堪称真正的和客观的那些科学中去谋求获得这些知识。

现在,只要承认在这些科学中有理性,那么在其中就必须有某种东西先天地被认识,理性知识也就能以两种方式与其对象发生关系,即要么是仅仅规定这个对象及其概念(这对象必须从别的地方被给予),要么还要现实地把对象做出来。前者是理性的理论知识,后者是理性的实践知识。这两者的纯粹部分不管其内容是多还是少,都必定是理性在其中完全先天地规定自己对象的、必须事先单独加以说明的部分,并且不能与那出自别的来源的东西相混淆;因为如果我们盲目地花掉我们的收入,而不能在经济陷人困窘以后分清楚收入的哪一部分开销是可以承受的,哪一部分开销是必须裁减的,那就是一种糟糕的经营了。

数学和物理学是理性应当先天地规定其对象的两门理论的理性知识,前者完全是纯粹地规定,后者至少部分是纯粹地、但此外还要按照不同于理性来源的另一种知识来源的尺度来规定。

数学自人类理性的历史所及的最早的时代以来,在值得惊叹的希腊民族那里就已走上了一门科学的可靠道路。但是不要以为,数学就像理性只和自己打交道的逻辑学那样,很容易地一下就走上了、或不如说为自己开辟了那条康庄大道。我倒是相信,数学(尤其是还在埃及人那里时)长时期地停留在来回摸索之中,而这场变革要归功于一场革命,它是由个别人物在一次尝试中幸运的灵机一动而导致的,从那以来人们就不再迷失这条他们必须采取的道路,一门科学的可靠途径就为一切时代,且在无限的范围内被选定并被勾画出来了。这一比发现绕道好望角的路途更为重要得多的思维方式革命的历史及那位实现这一革命的幸运者的故事,没有给我们保存下来。但毕竟,在第奥根尼·拉尔修流传给我们的传说中,他提到据称是几何学的演证的那些最不重要的、按照常识简直都用不着证明的原理的发现者,这说明,对于由发现这一新的道路的最初迹象而引起的变革的怀念,必定曾对数学家们显得极为重要,因此才没有被他们所忘记。那第一个演证出等边三角形的人(不管他是泰勒斯还是任何其他人),在他心中升起了一道光明;因为他发现,他不必死盯住他在这图形中所看见的东西,也不必死扣这个图形的单纯概念,仿佛必须从这里面去学习三角形的属性似的,相反,他必须凭借他自己根据概念先天地设想进去并(通过构造)加以体现的东西来产生出这些属性,并且为了先天可靠地知道什么,他必须不把任何东西、只把从他自己按照自己的概念放进事物里去的东西中所必然得出的结果加给事物。

自然科学踏上这条科学的阳关道要缓慢得多:因为这只不过是一个半世纪的事:考虑周全的维鲁兰姆的培根的建议一方面引起了这一发现,另一方面,由于人们已经有了这一发现的迹象,就更加推动了这一发现,而这一发现同样也要通过一场迅速发生的思维方式革命才能得到解释。我在这里只想讨论在经验性的原则上建立起来的自然科学。

当伽利略把由他自己选定重量的球从斜面上滚下时,或者,当托利拆利让空气去托住一个他预先设想为与他所知道的水柱的重量相等的重量时,抑或在更晚近的时候,当施塔尔通过在其中抽出和放回某种东西而把金属转变为石灰又把石灰再转变为金属时,在所有这些科学家面前就升起了一道光明。他们理解到,理性只会看出它自己根据自己的策划所产生的东西,它必须带着自己按照不变的法则进行判断的原理走在前面,强迫自然回答它的问题,却绝不只是仿佛让自然用襻带牵引而行;因为否则的话,那些偶然的、不根据任何先行拟定的计划而作出的观察就完全不会在一条必然法则中关联起来了,但这条法则却是理性所寻求且需要的。理性必须一手执着自己的原则(唯有按照这些原则,协调一致的现象才能被视为法则),另一手执着它按照这些原则设想出来的实验,而走向自然,虽然是为了受教于它,但不是以小学生的身份复述老师想要提供的一切教诲,而是以一个受任命的法官的身份迫使证人们回答他向他们提出的问题。这样,甚至物理学也必须把它的思维方式的这场带来如此丰厚利益的革命仅仅归功于这个一闪念:依照理性自己放进自然中去的东西,到自然中去寻找(而不是替自然虚构出)它单由自己本来会一无所知、而是必须从自然中学到的东西。自然科学首先经由这里被带上了一门科学的可靠道路,因为它曾经许多个世纪一直都在来回摸索,而没有什么成就。

形而上学这种完全孤立的、思辨的理性知识，是根本凌驾于经验教导之上的，亦即是凭借单纯的概念的(不像数学是凭借概念在直观上的应用的)，因而理性在这里应当自己成为自己的学生。对于这个形而上学来说，命运还至今没有如此开恩，使它能够走上一门科学的可靠道路；尽管它比其他一切科学都更古老，并且即使其他的科学全部在一场毁灭一切的野蛮的渊薮中被吞噬，它也会留存下来。因为在形而上学中，理性不断地陷入困境，甚至当它想要(如同它自以为能够的)先天地洞察那些连最普通的经验也在证实着的法则时也是这样。在这里，人们不得不无数次地走回头路，因为他发现，他达不到他所要去的地方，至于形而上学的追随者们在主张上的一致性，那么形而上学还远远没有达到这种一致，反而成了一个战场，这个战场似乎本来就是完全为着其各种力量在战斗游戏中得到操练而设的，在其中还从来没有过任何参战者能够赢得哪怕一寸土地、并基于他的胜利建立起某种稳固的占领。所以毫无疑问，形而上学的做法迄今还只是在来回摸索，而最糟糕的是仅仅在概念之间来回摸索。

那么，在这方面还未能发现一门科学的可靠道路的原因何在呢？难道这条道路是不可能的吗？大自然究竟通过什么方式使理性沉溺于这种不知疲倦的努力，要把这条道路当作自己最重要的事务之一来追踪呢？更有甚者，如果理性在我们的求知欲的一个最为重要的部分不仅是抛开了我们，而且用一些假象搪塞并最终欺骗了我们，我们又有什么理由来信任我们的理性！要么，这条道路只是至今没有达到；我们又可以凭借什么征兆来对下一次的探求充满希望，认为我们会比在我们之前的其他人更为幸运呢？

我不能不认为，通过一场一蹴而就的革命成为今天这个样子的数学和自然科学作为范例，也许应予以充分注意，以便对这两门科学赖以获得那么多好处的思维方式变革的最基本要点加以深思，并在这里至少尝试着就这两门科学作为理性知识可与形而上学相类比而言对它们加以模仿。向来人们都认为，我们的一切知识都必须依照对象；但是在这个假定下，想要通过概念先天地构成有关这些对象的东西以扩展我们的知识的一切尝试，都失败了。因此我们不妨试试，当我们假定对象必须依照我们的知识时，我们在形而上学的任务中是否会有更好的进展。这一假定也许将更好地与所要求的可能性、即对对象的先天知识的可能性相一致，这种知识应当在对象被给予我们之前就对对象有所断定。这里的情况与哥白尼的最初的观点是同样的，哥白尼在假定全部星体围绕测者旋转时，对天体运动的解释已无法顺利进行下去了，于是他试着让观测者自己旋转，反倒让星体停留在静止之中，看看这样是否有可能取得更好的成绩。现在，在形而上学中，当涉及对象的直观时，我们也能够以类似的方式来试验一下。如果直观必须依照对象的性状，那么，我就看不出我们如何能先天地对对象有所认识；但如果对象(作为感官的客体)必须依照我们直观能力的性状，那么我倒是完全可以想象这种可能性。但由于要使直观成为知识我就不能老是停留于它们之上，而必须把它们作为表象与某个作为对象的东西相关联，并通过那些表象来规定这个对象，所以我可能要么假定，我用来作出这种规定的那些概念也是依照该对象的。这样一来，我如何能先天地对它知道些什么这样的问题就使我又陷入了同一个困境；要么，我就假定诸对象，或者这是一样的，诸对象(作为被给予的对象)唯一在其中得到认识的经验，是依照这些概念的，这样我马上就看到了一条更为简易的出路，因为经验本身就是知性所要求的一种认识方式，知性的规则则必须是我还在对象被给予我之前因而先天地就在我心中作为前提了，这个规则被表达在先天的概念中，所以一切经验对象都必然依照这些概念且必须与它们相一致。至于那些仅仅通过理性、也就是必然地被思考，但却完全不能在经验中被给出（至少不能像理性所设想的那样被给出）的对象，那么对它们进行思考的尝试（因为它们倒是必定可以被思考的）据此就成了一个极好的试金石，用来检验我们采取的思维方式之改变了的方法的东西，这就是：我们关于物先天地认识到的只是我们自己放进它里面去的东西。

这一试验按照我们所希望的那样成功了，它在形而上学的第一部分中，也就是在它研究那些先天概念（它们能使经验中与之相适合的相应对象被给予出来）的部分中，向形而上学许诺了一门科学的可靠道路。因为根据思维方式的这一变革，我们可以很好地解释一门先天知识的可能性，并更进一步，对于那些给自然界、即经验对象的总和提供先天基础的法则，可以给它们配以满意的证明，而这两种情况按照至今所采取的方式都是不可能的。但是从我们先天认识能力的这一演绎中，在形而上学的第一部分，却得出了一个意外的、对形而上学的第二部分所研讨的整个目的看上去极为不利的结果，这就是：我们永远不能借这种能力超出可能经验的界限，但这却恰好是这门科学的最根本的事务。然而，这里面也就正好包含着反证我们理性的先天知识的那个初次评价的结果之真理性的实验，即这种知识只适用于现象。相反，自在的事物本身虽然就其自己来说是实在的，但对我们却处于不可知的状态。因为那必然推动我们去超越经验和一切现象之界限的东西就是无条件者，它是理性必然在自在之物本身中、并且完全有理由为一切有条件者追求的，因而也是诸条件的系列作为完成了的系列所要求的。现在，如果我们假定我们的经验知识是依照作为自在之物本身的对象的，那就会出现这种情况，即无条件者绝不可能无矛盾地被设想；相反，如果我们假定我们的物的表象正如它们给予我们的那样，并非依照作为自在之物本身的物，反而这些对象作为现象是依照我们的表象方式的，上述矛盾就消失了；因此无条件者绝不可能在我们所知的（被给予我们的）那些物那里去找，倒是必须到我们所不知道的、作为自在之物本身的物那里去找；如果是这样，那就表明我们最初只是作为试验而假定的东西得到了证明。现在，当否认了思辨理性在这个超感官领域中的一切进展之后，仍然留给我们来做的是作一次试验，看看是否能在它的实践知识中发现一些依据，来规定无条件者这个超验的理性概念，并以某种合乎形而上学的愿望的方式、借助于我们只不过在实践的意图上才可能的先天知识，来超出一切可能经验知识的界限。而在这样一种处理中思辨理性倒总是至少为我们作出这样一种扩展留下了余地，它必须让这个位置仿佛是空在那里，因而仍然听便于我们，我们甚至还受到了思辨理性的催促，要我们在可能的时候用理性的实践依据去充实那个位置。

于是，纯粹思辨理性的这一批判的任务就在于进行那项试验，即通过我们按照几何学家和自然科学家的范例着手一场形而上学的完全革命来改变形而上学迄今为止的处理方式。这项批判是一本关于方法的书，而不是一个科学体系本身；但尽管如此，它既在这门科学的界限上、也在其整个内在结构方面描画了它的整体轮廓。因为纯粹思辨理性本身具有的特点是，它能够且应当根据它为自己选择思维对象的各种不同方式来衡量自己的能力、甚至完备地列举出它为自己提出任务的各种方式，并这样来描画形而上学体系的整体轮廓。因为，就第一点而言，在先天知识中能够赋予对象的无非是思维主体从自身中取出来的东西；而就第二点来说，形而上学在认识原则方面是一个完全分离的、独立存在的统一体，在其中，像在一个有机体中那样，每一个环节都是为着所有其他环节，所有环节又都是为着一个环节而存在的，没有任何一个原则不同时在与整个纯粹理性运用的全面的关系中得到研究而能够在一关系中被可靠地把握住的。但在这方面形而上学也有其难得的幸运,这种幸运是任何别的与对象打交道的理性科学(因为逻辑学只是和思维的一般形式打交道)所不能分享的,这就是:一旦它通过这部批判而走上了一门科学的可靠道路,它就能够完全把握住属于它的整个知识领域,因而完成它的工作,并将其作为一种永远不能再有所增加的资本存放起来供后人使用,因为它只和原则及它给自己的原则所规定的限制打交道。因此这种完备性也是它作为基础科学所要求的,关于它我们必须能够说:nil actum reputans, si quid superesset agendum(只要还有什么要做的留下来,它就还不算是完成了)。

但如果人们要问,我们打算凭借由批判所澄清的、但也因此而达到一种持久状态的这样一种形而上学给后人留下的,究竟是一种什么样的财富呢? 粗略地浏览一下这部著作,人们会以为,它的用处总不过是消极的,就是永远也不要冒险凭借思辨理性去超越经验的界限,而这事实上也是这种形而上学的第一个用处。但这个用处马上也会成为积极的,只要我们注意到,思辨理性冒险用来超出其界限的那些原理,若更仔细地考察,其不可避免的后果事实上不是扩展了我们的理性运用,而是缩小了它,因为这些原理现实地威胁着要把它的原本归属于其下的感性界限扩展到无所不包,从而完全排斥掉那纯粹的(实践的)理性运用。因此,一个限制那种扩展的批判,虽然就此而言是消极的,但由于它同时借此排除了那限制甚至威胁要完全取消理性的实践运用的障碍物,事实上就具有积极的和非常重要的用途,只要我们确信纯粹理性有一个完全必要的实践运用(道德运用),它在其中不可避免地要扩展到感性的界限之外,为此它虽然不需要从思辨理性那里得到任何帮助,但却必须抵抗它的反作用而使自己得到保障,以便不陷入自相矛盾。否认批判的这一功劳有积极的作用,这就好比是说,警察没有产生积极的作用,因为他们的主要工作只不过是阻止公民对其他公民可能感到担忧的暴力行为发生,以便每个人都能安居乐业而已。在这部批判的分析部分将要证明,空间和时间只是感性直观的形式、因而只是作为现象的物实存的条件,此外如果不能有与知性概念相应的直观给予出来,我们就没有任何知性概念、因而也没有任何要素可达到物的知识,于是我们关于作为自在之物本身的任何对象不可能有什么知识,而只有当它是感性直观的对象、也就是作为现象时,才能有知识。由上述证明当然也就推出,理性的一切思辨的知识只要有可能,都是限制在仅仅经验的对象之上的。尽管如此,有一点倒是必须注意的,就是在这方面毕竟总还是有一个保留,即:我们正是对于也是作为自在之物本身的这些同一对象,哪怕不能认识,至少还必须能够思维。因为,否则的话,就会推导出荒谬的命题:没有某种显现着的东西却有现象。现在让我们假定,由于我们的批判而成为必要的这一区别,即作为经验对象的物与作为自在之物本身的同一些物的区别,权当它没有作出。那么,因果性原理、因而自然机械作用的原理在规定这些物时就必然会绝对一般地适用于一切物,把它们当做起作用的原因。因而关于这同一个存在物,例如说人的灵魂,我就不能不陷入明显的自相矛盾,说灵魂的意志是自由的,同时又还是服从自然必然性的,因而是不自由的;因为我在两个命题中是按照同一个含义、也就是作为一般物(作为自在的事物本身)来设想灵魂的,并且,没有经过预先的批判也不可能作别的设想。但如果这个批判没有弄错的话,它在这里教我们从两种不同的意义来设想对象,也就是或者设想为现象,或者设想为自在之物本身;如果对它的这些知性概念的演绎是正确的,因而因果律也只用在第一种意义的物身上,也就是就这些物是经验对象的范围内来运用,而不再把它们又按照第二种意义置于这条原理之下,那么,这同一个意志就被设想为在现象中(在可见的行动中)必然遵循自然法则、因而是不自由的。然而,另一方面又被设想为属于物自身,并不服从自然法则,因而是自由的,在这里不会发生矛盾。现在,尽管我从第二方面来考察时并不能通过思辨理性(更不能通过经验观察)来认识我的灵魂,因而也不能把自由当作一个我把感官世界中的效果归于其下的存在物的属性来认识,因为否则我就必须根据这个存在物的实存来确定地认识它,却又不是在时间中认识它(这是不可能的,因为我无法把任何直观加之于我的概念)。然而,我毕竟可以思维自由,就是说,自由的表象至少并不包含矛盾,如果我们批判地区分两种(即感性的和智性的)表象方式并因此而限制纯粹知性概念、因而也限制由它们而来的那些原理的话。如果现在假定,道德必然要以作为我们意志的属性的自由(最严格意义上的)为前提,因为,自由举出我们理性中那些本源的实践原理作为自己的先天证据,这些原理没有自由的前提是绝对不可能有的;但又假定思辨理性已证明自由完全不可能被思维:那么必然地,那个前提,也就是道德的前提,就不得不让位于其反面包含某种明显的矛盾的那个前提,从而自由连同其德性(因为如果不是已经以自由为前提的话,德性的反面就不会包含矛盾)也将不得不让位于自然机械作用。但如果是这种情况:由于我在道德上不再需要别的,只需要自由不自相矛盾,因而至少毕竟是可思维的,而一定要进一步看透它,则它对于同一个行动的自然机械作用(从另一种关系设想)就不会有任何障碍了。这样,德性的学说保持了自己的位置,自然学说也将保有自己的位置。但如果不是批判预先教导我们,对于物自身我们无法避免自己的无知,一切我们可以在理论上认识的东西都限制在单纯现象的范围内,那么这一切是不可能发生的。对纯粹理性的批判原理的积极作用的这种探讨,同样可以在上帝概念和我们灵魂的单纯本性的概念上指出来,但为了简短起见我暂不谈它。所以,如果我不同时取消思辨理性对夸大其词的洞见的这种僭妄,我就连为了我的理性的必要的实践运用而假定上帝、自由和灵魂不死都不可能。因为思辨理性为了达到这些洞见就必须使用这样一些原理,这些原理由于事实上只及于可能经验的对象,即使把它们用在不能成为经验对象的东西之上,它们也实际上总是将这东西转变成现象,这样就把纯粹理性的一切实践的扩展都宣布为不可能的了。因此我不得不悬置知识,以便给信仰腾出位置,而形而上学的独断论、也就是没有纯粹理性批判就会在形而上学中生长的那种成见,是一切阻碍道德的无信仰的真正根源,这种无信仰任何时候都是非常独断的。所以,如果一门按照纯粹理性批判的标准来拟定的系统的形而上学可以不太困难地留给后人一笔遗产,那么这笔遗产绝不是一件小小的赠予;只要我们注意一下通过一门科学的可靠道路一般所能得到的理性教养,并与理性的无根基的摸索和无批判的轻率漫游作个比较,或者也注意一下对渴望知识的青年时代在时间利用上的改善,青年人在通常的独断论那里这么早就受到这么多的鼓动,要对他们一点也不理解的事物、对他们在其中乃至世界上任何人在其中都会一无所见的东西随意玄想,甚至企图去捏造新的观念和意见,乃至忽视了去学会基本的科学知识;但最大的收获还是在人们考虑到这一无法估量的好处时,即:在所有未来的时代里,一切反对道德和宗教的异议都将以苏格拉底的方式、即最清楚地证明对手的无知的方式结束了。因为在这个世界上一直都有某种形而上学存在,并且今后还将在世上遇见形而上学,但和它一起也会碰到一种纯粹理性的辨证论,因为辩证论对纯粹理性是自然的。所以哲学的最初的和最重要的事务就是通过堵塞这一错误的根源而一劳永逸地消除对形而上学的一切不利影响。

即算在科学领域中发生了这一重要的变革,而思辨理性不得不承受在它至今所想象的财产方面的损失,然而,一切普遍的人类事务及人世间从纯粹理性的学说中所引出来的一切好处,都仍然保持在其向来存在的有利状态中，损失的只是学派的垄断，而绝不涉及人类的利益。我要问问最固执的独断论者，关于由实体的单纯性推出我们的灵魂在死后继续存在的证明，关于从主观上和客观上的实践的必然性的那些细致的然而无用的区分得出与普遍机械作用相对立的意志自由的证明，或者关于从一个最高实在的存在者的概念中(从变化之物的偶然性和第一推动者的必然性中)推出上帝存有的证明，当这些证明从学派那里走出来之后，是在任何时候到达过公众那里并可能对他们的信念产生过最起码的影响呢？如果这种情况并未发生，如果它甚至永远也不能被期望，因为普通人类知性不适合于这样细致的思辨；如果事情相反，在第一个证明方面，每个人都可察觉到的他天赋的素质，即永远也不能通过尘世的东西(它对于人的全部使命的天禀是不充分的)来满足的素质，已经必然导致了对来世生活的希望，就第二个证明来说，单是对义务的清楚表达，在与爱好的一切要求的对立中，就已经必然导致了自由的意识，最后，谈到第三个证明，单是从大自然中到处看得出来的庄严的秩序、美和仁慈，就已经必然导致了对一个智慧的和伟大的创世者的信仰，如果完全只凭这些，就已经必然导致了在公众中流行的信念，只要这信念立于理性的根基；那么，这宗财产不仅是原封未动地保留着，而且赢得了更大得多的威望，因为各个学派从此学会了在涉及普遍人类事务的观点上不自以为有更高更广的洞见，除非是广大(对于我们最值得关注的)群众也同样容易达到的洞见，因而只把自己限制在对这种普遍可理解的、对道德目的是足够的论据的培养上。所以这种变革只涉及学派的狂妄要求，这些学派喜欢在这方面(在其他许多别的方面他们是有权这样做的)让人把自己看作是这样一些真理的唯一的行家和保管者，他们只是把这些真理的用法传达给公众，但却把它们的钥匙由自己保管着(quod mecum nescit, solus vult scire videri)。然而，思辨哲学家的某种较为合理的要求毕竟也被关注到了。思辨哲学家仍然是一门公众所不知道但却对他们有用的科学、亦即理性批判的科学的唯一保管人；因为这门科学是永远不能通俗化的，但它也没有必要通俗化；因为民众很少想到那些精致地编造出来的对有用真理的论证，同样也不曾想到过也是那么细致的对这些论证的反驳；反之，由于学派以及每个致力于思辨的人都不可避免地要陷入两难，所以学派就有义务通过对思辨理性权利的彻底的研究一劳永逸地防止那种丑闻，这是连民众也必定会或迟或早由于那些争执而碰上的，这些争执是形而上学家们(最后还有作为形而上学家的神职人员)都不可避免地毫无批判地卷入进来的，后来他们又伪造出自己的学说来。只有这种彻底的研究，才能从根子上铲除唯物论、宿命论、无神论、自由思想的不信、狂信和迷信，这些是会造成普遍的危害的，最后还有唯心论和怀疑论，它们更多地给学派带来危险而很难进入到公众中去。如果政府愿意关心学者事情，那么促进这种唯一能使理性的工作立足于坚实基础上的批判的自由，就是政府对科学和人类的贤明的关怀，这比支持可笑的学派专制要得体得多，这些学派当他们的蛛网被破坏时就大叫公共的危害，但公众对这些蛛网却毫不在意，所以也从来不会感到自己有什么损失。

　　这个批判并不与理性在其作为科学的纯粹知识中所采取的独断处理处在对立中(因为这种处理任何时候都必须是独断的，亦即从可靠的先天原则严格地证明的)，而是与独断论相对立，即与那种要依照理性早已运用的原则、单从概念(哲学概念)中来推进某种纯粹知识而从不调查理性达到这些知识的方式和权利的僭妄相对立。所以独断论就是纯粹理性没有预先批判它自己的能力的独断处理方式。因此这一对立不是要以自以为通俗的名义为肤浅的饶舌作辩护，更不是要为推翻整个形而上学的怀疑论说话；相反，这个批判对于促进一门彻底的、作为科学的形而上学是一种暂时的、必要的举措，这种形而上学必然会是独断的、按照最严格的要求系统化的，因而是合乎学院规则地（而不是通俗化地）进行的；对它的这一要求是毫不含糊的，因为它自告奋勇地要完全先天地因而使思辨理性完全满意地进行它的工作。在实行批判所制定的这一计划时，亦即在形而上学的未来体系中，我们将有必要遵循一切独断哲学家中最伟大的哲学家、著名的沃尔夫的严格方法，是他首先作出了榜样（他通过这一榜样成了至今尚未熄灭的德意志彻底精神的倡导者），应如何通过合乎规律地确立原则、对概念作清晰的规定、在证明时力求严格及防止在推论中大胆跳跃，来达到一门科学的稳步前进，他也正因此而曾经特别适合于使这样一门作为形而上学的科学能够通过对工具、也就是对纯粹理性本身的批判而为自己预先准备好场地，如果他想到了这一点的话：他没有这样做，这不能怪他，毋宁要怪那个时代的独断的思维方式，当时的和所有以前时代的哲学家们在这点上相互之间没有什么好指责的。那些抵制他的学问方式但同时又拒绝纯粹理性的批判程序的人，其意图不是别的，只能是摆脱科学的约束，把工作变成儿戏，把确定性变成意见，把哲学变成偏见。

......

——邓晓芒，译.人民出版社，2004.

康德：《道德形而上学奠基》选读

康德认为，人的先验认识能力只有运用于可能经验的对象，才能获得合法的知识。但上帝、不朽的灵魂、自由的意志等这些东西却是不可能出现在直观和经验中的。如此一来，传统形而上学研究的这些东西就不能形成合法的知识了。我们只能认识现象世界，却无法认识本体世界。不过，现象与本体的区分终究为实践理性留下了地盘。本体世界虽然不能为理性的理论运用所认识，但却能够被理性的实践运用所把握。

理性的认识能力的运用（理性的理论运用）建立起一个遵从必然自然规律的现象世界，人也身处其中。然而，康德发现，人的行动与自然的过程有着本质的区别：有理性者的行动是有意志的，他不像自然过程那样"按照法则"来运作，而是"按照对法则的表象"来行动。也就是说，人的行动不是受本能的驱使，不是被自然规律决定了的，而是有意识的、自主的行动。人的这种自由活动的领域就是道德领域。在道德的领域，人超越感性（欲望、爱好、本能等）的支配，自由地按照理性颁定的实践法则来行动。

在下面这段选文中，康德辨析了，唯有出于义务（不只是合乎义务）——而不是出于利己意图或好恶倾向——的行为才具有道德的价值，而义务则是由于尊重理性给自己颁定的道德规律而产生的行为必然性。自由是人的道德的存在前提，道德则是人的自由的认识前提。我们可以在道德责任中领会到人之为人的自由本性，我们也应该在道德实践中践行人的自由本性。

第一章　由普通的道德理性知识到哲学的道德理性知识的过渡

在世界之内,一般而言甚至在世界之外,除了一个善的意志之外,不可能设想任何东西能够被无限制地视为善的。知性、机智、判断力及其他能够被称为精神的才能的东西,或者在下决心时的勇气、果断、坚韧这些气质的属性,毫无疑问在许多方面都是善的和值得期望的。但是,如果应当应用这些自然禀赋,其特有性状因而叫做性格的意志不是善的,那么,它们也可能是极为恶的和有害的。幸运的赐予也是这样。归于幸福名下的权力、财富、荣誉、甚至健康和全部福祉以及对自己的状况的满意,如果不是有一个善的意志在此矫正它们对心灵的影响,并借此也矫正整个行动原则,使之普遍地合乎目的,它们就使人大胆,且往往因此也使人傲慢。更不用说一个有理性且无偏见的旁观者,甚至在看到一个丝毫没有纯粹的和善的意志来装点的存在者却总是称心如意时,决不会感到满意。这样,看起来善的意志就构成了配享幸福的不可或缺的条件本身。

一些属性甚至有助于这个善的意志本身,能够大大减轻它的工作,但尽管如此却不具有任何内在的无条件的价值,而是始终还以一个善的意志为前提条件。善的意志限制着人们通常有理由对它们怀有的尊崇,不允许把它们视为绝对善的。在情绪和激情方面的节制、自制和冷静的思虑,不仅在许多方面是善的,而且看起来甚至构成了人格的内在价值的一个部分。然而,还远远不能无限制地宣称它们是善的(不管古人如何无条件地颂扬它们)。因为如果没有一个善的意志的原理,它们就可能成为极其恶的,而一个恶棍的冷静不仅使他危险得多,而且也直接使他在我们眼中比他不具有这种冷静时更为可憎。

善的意志并不因它造成或者达成的东西而善,并不因它适宜于达到任何一个预定的目的而善,而是仅仅因意欲而善,也就是说,它就自身而言是善的;而且独自来看,其评价必须无可比拟地远远高于通过它为了任何一种偏好,甚至人们愿意的话为了所有偏好的总和所能实现的一切。即使由于命运的一种特殊的不利,或者由于继母般的自然贫乏的配备,这种意志完全缺乏贯彻自己的意图的能力,如果它在尽了最大的努力之后依然一事无成,所剩下的只是善的意志(当然不仅仅是一个纯然的愿望,而是用尽我们力所能及的一切手段),它也像一颗宝石那样,作为在自身就具有其全部价值的东西,独自就闪耀光芒。有用还是无效果,既不能给这价值增添什么,也不能对它有所减损。有用性仿佛只是镶嵌,为的是能够在通常的交易中更好地运用这颗宝石,或者吸引还不够是行家的人们的注意,但不是为了向行家们推荐它,并规定它的价值。

尽管如此,在关于纯然意志的绝对价值、亦即在评估它的时候不考虑一些好处的价值的这一理念中,仍有某种令人感到奇怪的东西,以至于即使就连普通理性也赞同这个理念,却还是必然产生一种怀疑:也许暗中有纯然好高骛远的幻想在作为基础,而自然就其把理性作为统治者赋予我们的意志这一意图而言,则可能被误解。因此,我们要从这个观点出发来检验这一理念。

在一个有机的、亦即合目的地为生命而安排的存在者的自然禀赋中,我们假定为原理的是:对于这个存在者里面的任何一个目的来说,除了最适合这一目的且与这一目的最相宜的器官之外,找不到别的任何器官。现在,假如在一个具有理性和意志的存在者身上,他的保存、他的顺利、一言以蔽之他的幸福,就是自然的真正目的的话,那么,选择受造物的理性来作为自己的意图的实现者,则是自然作出的一个极坏的安排。因为本能可以更为精确得多地规定受造物在这一意图中实施的一切活动,以及他的举止的整个规则,并且由此可以更为可靠得多地保住那个目的,胜于理性当时所能做的。而如果理性也已经被赋予这个受宠的受造物,那么,它也必须是仅供这个受造物来对自己的本性的幸运禀赋作出思考,为之惊赞,为之欣喜,并对仁慈的原因感恩戴德;而不是使它的欲求能力服从那种软弱而且不可靠的引导,或者在自然意图上马虎从事;一言以蔽之,自然会不让理性进入实践的应用,不让它妄自凭借自己微弱的见识为自己想出幸福和达到幸福的手段的方案;自然不仅自己承担目的的选择,而且也自己承担手段的选择,并且凭借睿智的预先安排把二者仅仅托付给本能。

事实上我也发现,一种开化了的理性越是意在生活与幸福的享受,人离真正的满意就越远。由此在许多人那里,而且在对理性的应用最跃跃欲试的人那里,如果他们足够坦率地承认的话,就产生出某种程度的厌理症,亦即对理性的憎恨,因为经过估算他们所得到的一切好处,且不说从日常奢侈的一切技艺的发明得到的好处,而是甚至说到从科学(对他们来说,科学看起来归根结底也是一种知性的奢侈)得到的好处,他们却发现自己事实上为自己招来的麻烦要甚于在幸福上的获益,最终在这方面羡慕更接近纯然的自然本能的引导、不允许其理性过多影响其所作所为的更平凡的人,而不是轻视他们。到了这一步,人们就必须承认,一些人极力抑制对理性在生活的幸福和满意方面应当为我们带来的好处的那种自吹自擂的颂扬,甚至把它贬低为无,他们的判断绝非悲观或者对世界主宰不知感恩戴德,而是这些判断暗中以关于他们的实存的另一个更有价值得多的意图的理念为基础,理性真正说来完全是被规定用于这个意图,而不是用于幸福,而人的私人意图大多数都必须把这个意图当做最高条件,处在它后面。

因为既然理性不够适宜于在意志的对象和我们的一切需要(理性有时甚至使需要增加)的满足方面可靠地引导意志,而一种与生俱来的自然本能却会更为确切得多地引导到这个目的,尽管如此理性仍然作为实践的能力,亦即作为一种应当影响意志的能力被分配给我们,所以,理性的真正使命必定是产生一个并非在其他意图中作为手段、而是就自身而言就是善的意志。如果自然在其他方面就分配其禀赋而言都是合目的地进行的,那么,理性对这项使命来说就是绝对必要的。因此,这个意志虽然不是惟一的和完全的善,但它却必须是最高的善,而且是其余一切善,甚至对幸福的一切要求的条件。在这种情况下,如果人们发觉,对第一种无条件的意图所需要的理性的陶冶,至少在此生以各种各样的方式限制着始终有条件的第二种意图亦即幸福的达成,甚至能够把它贬低为无,以免自然在这方面行事不合目的,那么,这完全可以与自然的智慧相一致,因为知道自己的最高使命在于确立一个善的意志的理性,在达成这一意图时只能有一种独特方式的满足,即因实现一个又仅由理性规定的目的而来的满足,尽管这与偏好的目的所遭受的一些损失是结合在一起的。

但是,一个就自身而言就应受尊崇的、无须其他意图就是善的意志的概念,如同它已经存在于自然的健康知性之中,不需要被教导,只需要被启蒙,在评价我们的行为的全部价值时它永远居于首位,并且构成其他一切价值的条件一样,为了阐明它,我们就要提出义务的概念。这个概念包含着一个善的意志的概念,尽管有某些主观的限制和障碍。但是,这些限制和障碍绝不会遮掩这个概念而使它不可认识,反而彰显它,使它表现得更为鲜明。

一些行为尽管在这种或者那种意图中可能是有用的,但已被认识到是反义务的,我在这里统统予以忽略；既然它们甚至是违背义务的，所以，它们根本不会有是否出自义务的问题。还有一些行为实际上是符合义务的，但人们对它们直接地来说并无任何偏好，而是因为被另一种偏好所驱使来实施它们的，我把它们也搁置一旁。因为在这里可以轻而易举地分辨，合乎义务的行为之所以发生，是出自义务，还是出自自私的意图？在行为是合乎义务的，而且主体除此之外还对它有直接的偏好时，要看出这种区别就困难得多了。例如，卖主不向没有经验的买主要价过高，而且在生意兴隆时聪明的商人也不要价过高，而是对每一个人都保持一个固定的共同价格，让一个小孩和其他任何人一样在他这里正常购物，这当然是合乎义务的。因此，人们得到诚实的服务；但是，这远远不足以使人因此相信，商人是出自义务和诚实的原理这样行事的；他的利益要求他这样做。但除此之外，在这里也不能假定他对买主还有一种直接的偏好，使他仿佛出自爱而在价格上一视同仁。因此，这个行为之所以发生，既不是出自义务，也不是出自直接的偏好，而仅仅是怀有自私的意图。

与此相反，保存自己的生命则是义务，此外每一个人也都对此还有一种直接的偏好。但因此缘故，大多数人对此怀有的经常是恐惧的担忧，毕竟没有任何内在的价值，他们的准则并没有任何道德的内容。他们保存自己的生命，虽然是合乎义务的，但却不是出自义务的。与此相反，如果逆境和无望的悲伤完全夺去了生命的趣味，如果不幸的人内心坚强，对自己的命运愤怒多于怯懦和沮丧，期望死亡，不爱生命却保存生命，不是出自偏好或者恐惧，而是出自义务，在这种情况下，他的准则就具有一种道德的内容。

力所能及地行善是义务，此外，有一些富有同情心的人，即便没有虚荣或者利己的其他动因，他们也对在周围传播愉快而感到一种内在的喜悦，如果别人的满足是他们引起的，他们也会为之感到高兴。但我认为，在这种场合，诸如此类的行为无论多么合乎义务，多么可爱，都不具有真正的道德价值，而是与其他偏好同属一类。例如对荣誉的偏好，如果它幸运地涉及事实上有益公众且合乎义务、因而值得敬重的东西，则它理应受到称赞和鼓励，但并不值得尊崇，因为准则缺乏道德内容，亦即不能出自偏好，而是只能出自义务去作出这些行为。因而，假定那位慈善家的心灵被他自己的悲痛所笼罩，这种悲痛消解了对他人命运的一切同情，而他总是还有能力施惠于其他穷困的人，但由于他自己的穷困就已经够他应付了，别人的穷困打不动他；而现在，在没有任何偏好再鼓动他去施惠的时候，他却从这种死一般的麻木中挣脱出来，没有任何偏好地、仅仅出自义务地作出这个行为；在这种情况下，这个行为才具有其真正的道德价值。进一步说：即使自然在根本上很少把同情置入某人心中；即使此人（在其他方面是一个正人君子）在气质上是冷漠的，对他人的不幸漠不关心，这也许是因为他甚至对自己的不幸也具有忍耐和刚毅的特殊禀性，在每一个别的人那里也预设或者甚至要求有诸如此类的禀性；即使自然原本就没有把这样一个人（他确实不会是自然的最坏产品）造就成为一个慈善家，他难道就不会在自身里面还发现一个源泉，赋予他自己一种比善良的气质所可能具有的价值更高得多的价值吗？当然如此！恰恰在这里，显示出性格的价值，而这种价值在道德上无可比拟地是最高的价值，也就是说，他施惠并不是出自偏好，而是出自义务。

保证自己的幸福是义务（至少间接地是义务），因为在诸多忧虑的挤迫中和在未得到满足的需要中对自己的状况缺乏满意，这很容易成为一种重大的诱惑去逾越义务。但是，即便在这里不考虑义务，一切人都已经自动地对幸福具有最强有力的和最热忱的偏好，因为正是在这个理念中，一切偏好都结合成为一个总和。只不过,幸福的规范大多具有这样的性状,即它对一些偏好大有损害,关于在幸福的名称下一切偏好的满足的总和,人毕竟不能形成一个确定的和可靠的概念;因此毫不奇怪,一个惟一的、就其许诺的东西和能够得到满足的时间而言确定的偏好,比一个游移不定的理念更有分量。而人,例如一个足痛风患者,可能选择享受他中意之事,忍受他能够忍受之事,因为经过他估计,他在这里至少不由于对应当存在于健康之中的幸福也许没有根据的期待,就牺牲当前时刻的享受。但是,即便在这一场合,如果对幸福的普遍偏好并不决定他的意志,如果健康对他来说至少并不如此必然属于他的估计,那么在这里,和在所有其他场合一样,就还剩下一条法则,即不是出自偏好、而是出自义务来促进他的幸福,而且在这时,他的所作所为才具有真正的道德价值。

毫无疑问,要求爱自己的邻人,甚至爱我们的仇敌的那些经文也应当如此理解。因为作为偏好的爱是不能被要求的,但出自义务本身的行善,即使根本没有偏好来驱使,甚至有自然的和无法抑制的反感来抗拒,却是实践的爱,而不是病态的爱。这种爱就在意志之中,而不是在感觉的倾向之中,在行动的原理之中,不是在温存的同情之中;惟有这种爱才是可以要求的。

第二个命题是:一个出自义务的行为具有自己的道德价值,不在于由此应当实现的意图,而是在于该行为被决定时所遵循的准则,因而不依赖行为的对象的现实性,而仅仅依赖该行为不考虑欲求能力的一切对象而发生所遵循的意欲的原则。我们在行动时可能有的意图以及作为意志的目的和动机的行为结果,都不能给予行为以无条件的和道德的价值,这一点由上文已可清楚知道。因此,这种价值如果不在与行为的预期结果相关的意志之中,它能够在什么地方呢? 它不能在任何别的地方,只能在意志的原则中,而不考虑由这些行为能够造成的目的;因为意志处在其形式的先天原则和其质料的后天动机的中间,仿佛是处在一个十字路口,而且既然它毕竟必须被某种东西所规定,所以当一个行为出自义务而发生时,它就必须被一般意欲的形式原则所规定,因为它被剥夺了一切质料的内容。

第三个命题是出自前两个命题的结论,我将这样来表述它:义务就是出自对法则的敬重的一个行为的必然性。对于作为我打算采取的行动之结果的客体来说,我固然能够有偏好,但决不会有敬重,这正是因为它仅仅是一个意志的结果,而不是一个意志的活动。同样,对于一般而言的偏好来说,无论它是我的偏好还是另一个人的偏好,我也不可能有敬重。我顶多可能在第一种场合认可它,在第二种场合有时可能甚至喜欢它,也就是说,把它看做是有益于我的利益的。惟有仅仅作为根据、但绝不作为结果而与我的意志相联结的东西,不为我的偏好服务而是胜过它、至少在选择时把它完全排除在估量之外的东西,因而纯然的法则本身,才能是敬重的对象,从而是一条诫命。如今,一个出自义务的行为应当完全排除偏好的影响,连带地排除意志的任何对象;因此,在客观上除了法则,在主观上除了对这种实践法则的纯粹敬重,从而就是即便损害我的一切偏好也遵从这样一种法则的准则①之外,对于意志来说就不剩下任何东西能够决定它了。

因此,行为的道德价值不在于由它出发所期待的结果,因而也不在于任何一个需要从这个被期待的结果借取其动因的行为原则。因为这一切结果(自己的状态的舒适性,甚至对他人的幸福的促进)也能够通过别的原因来实现,因而为此不需要一个理性存在者的意志,而最高的和无条件的善却只能在

①准则是意欲的主观原则;客观原则(也就是说,当理性对欲求能力有完全的支配力的时候,也会在主观上充当一切理性存在者的实践原则的东西)则是实践的法则。

这样的意志中发现。因此,不是别的任何东西,而是当然仅仅发生在理性的存在者里面的法则的表象自身,就它而非预期的结果是意志的规定根据而言,构成了我们在道德上所说的如此优越的善;这种善在依此行动的人格本身中已经在场,但不可首先从结果中去期待它。①

但是,一个法则的表象,即便不考虑由此所期待的结果,也必须规定意志,以便意志能够绝对地和没有限制地叫做善的。什么样的法则能够如此呢?既然我从意志去除了一切可能从遵循某一个法则使它产生的冲动,所以,剩下来的就只有一般行为的普遍合法则性了。惟有这种合法则性应当充任意志的原则,也就是说,我决不应当以别的方式行事,除非我也能够希望我的准则应当成为一个普遍的法则。如今在这里,惟有一般而言的合法则性(不以任何一种规定在某些行为上的法则为基础)才是充任意志的原则、而且在义务不应当到处都是一个空洞的妄念和荒诞的概念的时候就必须充任意志的原则的东西;普通的人类理性在其实践的判断中也与此完全契合,在任何时候都牢记上述原则。

例如问题是:如果我处在困境中,我就不可以作出一项有意不履行的承诺吗? 在这里,我很容易作出这一问题的意义可能有的区别:作出一项虚假的承诺,这是聪明的,还是合乎义务的? 前者毫无疑问经常发生。尽管我清楚地看出,靠这一借口来摆脱当前的困境是不够的,而是必须考虑,从这个谎言中会不会日后对我产生比我现在所摆脱的麻烦更大得多的麻烦呢? 而既然在我自以为的一切精明中,后果并不很容易预见,以至于一旦失去信誉,对我来说可能比我现在要避免的一切祸害都更为不利得多,所以在这里按照一个普遍的准则行事,并且养成除非有意遵守就不许诺的习惯,岂不是更为明智的行为吗? 然而,我在这里马上就发现,这样一种准则毕竟始终只是以令人担心的后果为基础的。如今,出自义务而真诚,与出自对不利后果的担心而真诚,毕竟是某种完全不同的东西,因为在第一种情况中,行为的概念自身就已经包含着对我的一个法则,而在第二种情况中,我却必须首先环顾别处,看对我来说可能有什么后果与此相联系。因为如果我背离义务的原则,那么,这肯定是恶;但如果我背弃我的明智准则,则这有时可能对我十分有利,尽管保持它当然更可靠。然而,为了就回答"一个说谎的承诺是否合乎义务"这一问题而言以最简捷而又最可靠的方式获得教诲,我问我自己:我对我的准则(通过一个虚假的承诺使自己摆脱困境)应当被视为一个普遍的法则(不仅适用于我,而且也适用于别人)真的会感到满意吗? 我真的会对自己说:每一个人如果处在他不能以别的方式摆脱的困境中的时候,都可以作出一种虚假的承诺? 于是我马上就意识到,我虽然能够愿意说谎,但却根本不能愿意有一个说谎的普遍法则;因为按照这样一个法则,真正说来就根本不会有承诺,因为我就自己将来的行为而言

---

① 有人可能指责我,说我在敬重这个词后面仅仅托庇于一种隐晦的情感,而不是用一个理性概念在这个问题中作出清晰的答复。然而,尽管敬重是一种情感,它也毕竟不是一种通过影响而接受的情感,而是通过一个理性概念而自己造成的情感,因而与前一种可以归诸偏好或者恐惧的情感有类的区别。我直接认做对我是法则的东西,我亦以敬重认识之,敬重仅仅意味着我的意志无须对我的感官的其他影响的中介就服从一个法则的意识。意志直接为法则所规定以及对此的意识就叫做敬重,以至于敬重被视为法则对主体的结果,而不被视为法则的原因。真正说来,敬重是一种损害我的自爱的价值的表象。因此,这是既不被视为偏好的对象、也不被视为恐惧的对象的某种东西,尽管它与二者同时有某种类似之处。所以,敬重的对象仅仅是法则,而且是我们加诸我们本身、就自身而言必然的法则。作为法则,我们服从它,而不征求自爱的意见;作为我们自己加诸我们的,它却是我们的意志的一个结果,并且在第一方面与恐惧有类似性,在第二方面与偏好有类似性。对一个人格的所有敬重真正说来只是对那个人格为我们提供范例的法则(正直等法则)的敬重。由于我们也把扩展我们自己的才能视为义务,所以我们在一个有才能的人格身上也表现出一个法则的范例(通过练习而在这方面变得与它类似),而这就构成我们的敬重。一切道德上的所谓兴趣都仅仅在于对法则的敬重。

对其他人预先确定我的意志,而这些人却并不相信我的这种预先确定,或者,如果他们轻率地相信,也会以同样的方式回报我,这种预先确定就是徒劳的;从而我的准则一旦被当成普遍的法则,就必然毁灭自己本身。

因此,我根本不需要高瞻远瞩的洞察力就能知道,为了使我的意欲在道德上是善的,我应当怎么办。即便对世事的进程没有经验,即便不能把握世事进程的所有自行发生的意外变故,我也只问自己:你能够也愿意你的准则成为一个普遍的法则吗? 如果不能,这个准则就是应予抛弃的,而且这虽然不是因为由此你或者还有他人将面临的一种不利,而是因为它不能作为原则适于一种可能的普遍立法;但对于这种立法来说,理性迫使我给予直接的敬重,我虽然现在尚未看出这种敬重的根据何在(哲学家可以去研究这一点),但毕竟至少懂得:这是对远远超出由偏好所赞许的东西的一切价值的那种价值的赏识,而且我出自对实践法则的纯粹敬重的行为的必然性,就是构成义务的东西,而任何别的动因都必须为义务让路,因为义务是一种就自身而言即善的、其价值超乎一切东西的意志的条件。

这样,我们就在普通人类理性的道德认识中一直达到了它的原则;普通人类理性尽管当然不如此在一个普遍的形式中抽象地思维这一原则,但毕竟在任何时候都现实地记得它,并把它用做自己的判断的圭臬。在此,如果人们不教给普通人类理性丝毫新东西,只是像苏格拉底所做的那样,使它注意自己的原则,那就很容易指出,它手拿这个罗盘,在一切出现的事例中都能够清楚地知道如何分辨什么是善、什么是恶、什么是合乎义务的、什么是违背义务的;因而不需要任何科学和哲学就能够知道,为了成为诚实的和善的,甚至成为睿智的和道德的,人们就必须怎么办。甚至事先就能够推断出这一点,即了解每一个人都必须做、因而也必须知道的东西,这也是每一个人、甚至最普通的人的事情。在这里,人们毕竟能够不无惊赞地看到,在普通的人类知性中,实践的判断能力超过理论的判断能力竟是如此之多。在理论的判断能力中,如果普通理性敢于脱离经验的法则和感官的知觉,它将陷入全然的不可理解和自相矛盾之中,至少将陷入不确定、隐晦和反复无常的混沌中。但在实践的判断能力中,只有在普通知性把一切感性的动机从实践法则中排除掉的情况下,判断力才开始表现得十分优越。在这种情况下,无论普通知性是想用自己的良知或者用与应当被称做对的东西相关的其他要求作出刁难,还是也想真诚地为了教导自己而规定行为的价值,它都变得甚至敏锐起来。而最多的是,它在后一种情况下能够希望做得恰到好处,就像无论哪一位哲学家都可期待的那样;甚至在这方面几乎比哲学家还更有把握,因为哲学家毕竟没有与普通知性不同的原则,但却可能因一大堆外来的、与事情不相干的考虑轻易地搅乱自己的判断,使之偏离正确的方向。据此,在道德事务上只要有普通的理性判断就够了,而且搬出哲学,顶多是为了更为完备地、更易理解地展现道德的体系,此外更方便地展现其应用原则(但更多的是其讨论原则),而不是为了甚至在实践方面使普通人类知性脱离其幸运的淳朴,通过哲学把它带上一条研究和教导的新路上,这岂不是更可取吗?

清白无辜是一件美好的事情,只不过很糟糕的又是,它不能被很好地保持,容易受到诱惑。因此,甚至智慧——它通常在于行止,比在于知识更多——也毕竟需要科学,不是为了从它学习,而是要为自己的规范带来承认和持久性。人在自身中,感觉到一种强大的抵制力量,来反对理性向他表现得如此值得尊重的所有义务诫命;这种感觉就在于其需要和偏好,他把这些需要和偏好的全部满足统统归摄在幸福的名下。如今,理性不对偏好有所许诺,毫不容情地、因而仿佛是以拒绝和无视那些激烈且显得如此合理的要求来颁布自己的规范。但由此就产生出一种自然的辩证法,也就是说,产生出一种癖好,即以玄想来反对义务的那些严格的法则,怀疑它们的有效性,至少是怀疑它们的纯粹性和严格性,并尽可能使它们顺应我们的愿望和偏好,亦即在根本上败坏它们,使其丧失一切尊严;这样的事情,甚至普通的实践理性归根结底也不可能同意的。

因此,普通的人类理性并不是由于任何一种思辨的需要(它只要满足于仅仅是健康的理性,就绝不会感觉到这种需要),而是甚至出自实践的根据,才被迫走出自己的范围,一步跨入一种实践哲学的领域,以便在那里为其原则的源泉及其正确的规定,与依据需要和偏好的准则相比,获得说明和明晰的指示,使自己脱离由于这两方面的要求而陷入的困境,以免冒因它容易陷入的暧昧而失去一切真正的道德原理的危险。因此,当实践上的普通理性陶冶自己的时候,在它里面就不知不觉地产生出一种辩证法,迫使它求助于哲学,正如普通理性在理论应用中所遇到的一样。因此,实践理性与理论理性一样,除了在对我们的理性的一种完备的批判中之外,不能在别的地方找到安宁。

——李秋零,译.中国人民大学出版社,2010.

黑格尔:《精神现象学·序言》选读

黑格尔(1770—1831),德国哲学家。著有《精神现象学》(1807)、《逻辑学》(1812、1813、1816)、《哲学百科全书》(1817、1827、1830)、《法哲学原理》(1820),还有后人整理出版的《哲学史讲演录》《历史哲学讲演录》《美学讲演录》《宗教哲学讲演录》等。

黑格尔继承了康德开启的德国理念论传统,主张人是凭借源于纯粹理性(黑格尔称为"精神",Geist)自身的先验概念(黑格尔称为"纯粹思维规定",Denkenbestimmungen)来理解自然世界,展开社会实践的。正因如此,自然世界才显现出普遍的规律性,人类社会也才显现为趋向合理性。思想既构成自然事物的普遍本质,也构成精神事物的普遍本质。在黑格尔理解的哲学体系中,"逻辑学"的任务就是研究那些纯粹的思维规定所构成的完整体系,而"应用逻辑学"——即自然哲学和精神哲学——的任务则是认识和把握在自然和社会、历史中的逻辑形式。

但普遍的规律和理性是不能被感官知觉的,"星球运动的规律并不是写在天上的"。我们只有经过思想的反思,才能逐渐认识到事物的真实本性是作为能思主体的"我"的精神的产物,是"我"的自由的产物。黑格尔出版于1807年的《精神现象学》可以说就是"精神"自我领会的历程。它就通过对一系列自然意识形态的不断反思,最终揭示了思想与存在的统一性。此书被马克思视为黑格尔哲学的"真正起源和秘密"。因为,黑格尔哲学的一系列基本主张都在此书中得到了表达。

在下面的《精神现象学》序言选段中，我们可以看到，黑格尔主张，真理绝不是一个特定的结论或特定时期的形态，而应该被理解为经历了发展的整个体系。现今时代，哲学科学的任务就是把握这个真理的体系。而哲学之所以能够完成这一任务，是因为精神的自由已经上升为现今时代的原则。精神的本性在这个新的时代已经如冉冉升起的太阳，逐渐地、越来越充分地显现出来，哲学通过反思的方式终于可以把握到它。

一、当代的科学任务

1.真理之为科学的体系

在一本哲学著作的序言里，如果也像在普通的书序里惯常所做的那样先作一个声明，以说明作者所怀抱的著述目的和动机以及作者所认为他的著作与这同一问题上早期和同时的其他论著的关系，那么这样的一种声明似乎不仅是多余的，而且就一部哲学著作的性质来说是不适宜的、不合目的的。因为，在一篇序言里，不论对哲学作出怎么样周详的陈述，比如说，给哲学的趋势和观点，一般内容和结果作一种历史性的叙述，或就真理问题上各家各派的主张和断言作一种兼容并蓄的罗列，如此等等，毕竟不能算是适合于陈述哲学真理的方式和办法。而且，由于在本质上哲学所探讨的那种普遍性的因素本身就包含着特殊，所以在哲学里比在其他科学里更容易使人觉得，仿佛就在目的或最终结果里事情自身甚至其全部本质都已得到了表达，至于实现过程，与此结果相比，则根本不是什么本质的事情。相反，譬如在解剖学是什么（解剖学是就身体各部分之为僵死的存在物而取得的知识）这样的一般观念里，我们则深信我们尚未占有事实本身，尚未占有这门科学的内容，而必须进一步去探讨特殊。再者，在这样一种不配被称之为科学的知识堆积里，谈论目的之类普遍性的东西时所采用的方式，通常也就是叙述内容本身如神经、肌肉等时所使用的那种历史性的无概念的方式，两者没有什么不同。但在哲学里，如果也采取这样的一种方式先作说明，而哲学本身随后又证明这种方式不能把握真理，那就很不一致了。

同样，由于对某一哲学著作与讨论同一对象的其他论著所持有的关系进行规定，这就引进来一种外来的兴趣，使真理认识的关键所在为之模糊。人的见解愈是把真理与错误的对立视为固定的，就愈习惯于以为对某一现有的哲学体系的态度不是赞成就必是反对，而且在一篇关于某一哲学体系的声明里也就愈习惯于只在其中寻找赞成或反对。这种人不那么把不同的哲学体系理解为真理的前进发展，而毋宁在不同的体系中只看见了矛盾。花朵开放的时候花蕾消逝，人们会说花蕾是被花朵否定了的；同样地，当结果的时候花朵又被解释为植物的一种虚假的存在形式，而果实是作为植物的真实形式出而代替花朵的。这些形式不但彼此不同，并且互相排斥互不相容。但是，它们的流动性却使它们同时成为有机统一体的环节，它们在有机统一体中不但不互相抵触，而且彼此都同样是必要的；而正是这种同样的必要性才构成整体的生命。但对一个哲学体系的矛盾，人们并不习惯以这样的方式去理解，同时那把握这种矛盾的意识通常也不知道把这种矛盾从其片面性中解放出来或保持其无片面性，并且不知道在看起来冲突矛盾着的形态里去认识其中相辅相成的环节。

对这一类说明的要求以及为满足这种要求所作的努力，往往会被人们当成了哲学的主要任务。试问在什么地方一本哲学著作的内在含义可以比在该著作的目的和结果里表达得更清楚呢？试问用什么办法可以比就其与当代其他同类创作之间的差别来认识该著作还更确切些呢？但是，如果这样的行动不被视为仅仅是认识的开始，如果它被视为就是实际的认识，那它事实上就成了躲避事情自身的一种巧计，它外表上装出一副认真致力于事情自身的样子，而实际上却完全不作这样认真的努力。因为事情并不穷尽于它的目的，而穷尽于它的实现，现实的整体也不仅是结果，而是结果连同其产生过程；目的本身是僵死的共相，正如倾向是一种还缺少现实性的空洞的冲动一样；而赤裸的结果则是丢开了倾向的那具死尸。同样，差别毋宁说是事情的界限；界限就是事情终止的地方，或者说，界限就是那种不复是这个事情的东西。因此，像这样地去说明目的或结果以及对此一体系或彼一体系进行区别和判断等工作，其所花费的气力，要比这类工作乍看起来轻易得多。因为，像这样的行动，不是在掌握事情，而永远是脱离事情；像这样的知识，不是停留在事情里并忘身于事情里，而永远是在把握此外的事情，并且不是寄身于事情，献身于事情，而毋宁是停留于其自身中。对那具有坚实内容的东西最容易的工作是进行判断，比较困难的是对它进行理解，而最困难的，则是结合两者，作出对它的陈述。

在文化的开端，即当人们刚开始争取摆脱实质生活的直接性的时候，永远必须这样入手：获得关于普遍原理和观点的知识，争取第一步达到对事情的一般的思想，同时根据理由以支持或反对它，按照它的规定性去理解它的具体和丰富的内容，并能够对它作出有条理的陈述和严肃的判断。但是，文化教养的这个开端工作，马上就得让位给现实生活的严肃性，因为这种严肃性使人直接经验到事情自身；而如果另一方面，概念的严肃性再同时深入于事情的深处，那么这样的一种知识和判断，就会在日常谈话里保有它们应有的位置。

只有真理存在于其中的那种真正的形态才是真理的科学体系。我在本书里所怀抱的目的，正就是要促使哲学接近于科学的形式——哲学如果达到了这个目标，就能不再叫做对知识的爱，而就是真实的知识。知识必然是科学，这种内在的必然性出于知识的本性，要对这一点提供令人满意的说明，只有依靠对哲学自身的陈述。但是，外在的必然性，如果我们抛开了个人的和个别情况的偶然性，而以一种一般的形式来理解，那么它和内在的必然性就是同一个东西，即是说，外在的必然性就在于时间呈现它自己的发展环节时所表现的那种形态里。因此，如果能揭露出哲学如何在时间里升高为科学体系，这将是怀有使哲学达到科学体系这一目的的那些试图的唯一真实的辩护，因为时间会指明这个目的的必然性，甚至于同时也就把它实现出来。

2.当代的文化

当我肯定真理的真实形态就是它的这种科学性时，或者换句话说也一样，当我断言真理的存在要素只在概念之中时，我知道这看起来是与某一种观念及其一切结论互相矛盾的，这种观念自命不凡，并且已经广泛取得我们时代的信任。因此，就这种矛盾作一个说明，似乎不是多余的；即使这个说明在这里也只不过是与它自己所反对的那种观念同样是一个直接的断言而已。这就是说，如果说真理只存在于有时称之为直观有时称之为关于绝对、宗教、存在（不是居于神圣的爱的中心的存在，而就是这爱的中心自身的存在）的直接知识的那种东西中，或者甚至于说真理就是作为直观或直接知识这样的东西而存在着的，那么按照这种观念就等于说，为了给哲学作系统的陈述我们所要求的就不是概念的形式而毋宁是它的反面。按照这种说法，绝对不是应该用概念去把握，而是应该予以感受和直观；应该用语言表达和应该得到表述的不是绝对的概念,而是对绝对的感觉和直观。

对于这样的一种要求,如果我们从它的较为一般的关联上来理解它的出现,并且就自觉的精神当前所处的发展阶段来予以考察,我们就会发现自觉的精神已经超出了它通常在思想要素里所过的那种实体性的生活,超出了它的信仰的这种直接性,超出了它因在意识上确信本质与本质的内在和外在的普遍呈现已经得到了和解而产生的那种满足和安全。自觉的精神不仅超出了实质的生活进入于另一极端:无实质的自身反映,而且也超出了这种无实质的自身反映。它不仅仅丧失了它的本质性的生活而已,它并且意识到了它这种损失和它的内容的有限性。由于它拒绝这些空壳,由于它承认并抱怨它的恶劣处境,自觉的精神现在不是那么着重地要求从哲学那里得到关于它自己是什么的知识,而主要是要求再度通过哲学把存在所已丧失了的实体性和充实性恢复起来。为了满足这种需要,据说哲学不必那么着重地展开实体的重封密锁,并将实体提高到自我意识的水平上,不必那么着重地去把混乱的意识引回到思想的整齐和概念的单纯,而倒反主要地在于把思想所分解开来的东西搅拌到一起去,压制有区别作用的概念而建立关于本质的感觉体会。据说哲学不必那么着重于提供洞见而主要在于给予启发或启示。美、神圣、永恒、宗教与爱情都是诱饵,所以需要它们,乃是为了引起吞饵的欲望;保持并开拓实体的财富所依靠的力量,据说不是概念而是喜悦,不是事实自身冷静地循序前进的必然性而是我们对待它的那种激扬狂放的热情。

适应这种要求,就有一种非常紧张而几乎带有焦急和急躁情绪的努力,要想将人类从其沉溺于感性的、庸俗的、个别的事物中解救出来,使其目光远瞻星辰;仿佛人类已完全忘记了神圣的东西而正在像蠕虫一样以泥土和水来自足自娱似的。从前有一个时期,人们的上天是充满了思想和图景的无穷财富的。在那个时候,一切存在着的东西的意义都在于光线,光线把万物与上天联结起来;在光线里,人们的目光并不停滞在此岸的现实存在里,而是越出于它之外,瞥向神圣的东西,瞥向一个,如果我们可以这样说的话,彼岸的现实存在。那时候精神的目光必须以强制力量才能指向世俗的东西而停留于此尘世;费了很长时间才把上天独具的那种光明清澈引来照亮尘世之见的昏暗混乱,费了很长时间才使人相信被称之为经验的那种对现世事物的注意研究是有益和有效的。——而当务之急却似乎恰恰相反,人的目光是过于执著于世俗事物了,以至于必须花费同样大的气力来使它高举于尘世之上。人的精神已显示出它的极端贫乏,就如同沙漠旅行者渴望获得一口饮水那样在急切盼望能对一般的神圣事物获得一点点感受。从精神之如此易于满足,我们就可以估量它的损失是如何巨大了。

然而这种感受上的易于满足或给予上的如此悭吝,并不合于科学的性质。谁若只寻求启示,谁若想把他的生活与思想在尘世上的众象纷纭加以模糊,从而只追求在这种模糊不清的神性上获得模糊不清的享受,他尽可以到他能找得到的一些地方去寻找;他将很容易找到一种借以大吹大擂从而自命不凡的工具。但哲学必须竭力避免想成为有启示性的东西。

这种放弃科学而自足自乐的态度,更不可提出要求,主张这样的一种蒙昧的热情是什么比科学更高超一些的东西。这种先知式的言论,自认为居于正中心和最深处,蔑视规定和确切,故意回避概念和必然性,正如它回避那据说只居于有限世界之中的反思一样。但是,既然有一种空的广阔,同样也就有一种空的深邃;既然有一种实体的广延,它扩散到有限世界的纷纭万象里去而没有力量把它们团聚在一起,同样也就有一种无内容的深度,它表现为单纯的力量而没有广延,这种无实体的深度其实与肤浅是同一回事。精神的力量只能像它的外在表现那样强大，它的深度也只能像它在它自行展开中敢于扩展和敢于丧失其自身时所达到的那样深邃。而且，如果这种无概念的实体性的知识佯言已经把自身的特性沉浸于本质之中，并佯言是在进行真正的神圣的哲学思辨，那么这种知识自身就隐瞒着这样的事实：它不仅没皈依于上帝，反而由于它蔑视尺度和规定，就时而自己听任内容的偶然性，时而以自己的任意武断加之于上帝。——由于这样的精神完全委身于实质的毫无节制的热情，他们就以为只要蒙蔽了自我意识并放弃了知性，自己就是属于上帝的了，上帝就在他们睡觉中给予他们智慧了；但正因为这样，事实上他们在睡眠中所接受和产生出来的，也不外是些梦而已。

3.真理之为原则及其展开

此外，我们不难看到，我们这个时代是一个新时期的降生和过渡的时代。人的精神已经跟他旧日的生活与观念世界决裂，正使旧日的一切葬入于过去而着手进行他的自我改造。事实上，精神从来没有停止不动，它永远是在前进运动着。但是，犹如在母亲长期怀胎之后，第一次呼吸才把过去仅仅是逐渐增长的那种渐变性打断——一个质的飞跃——从而生出一个小孩来那样，成长着的精神也是慢慢地静悄悄地向着它新的形态发展，一块一块地拆除了它旧有的世界结构。只有通过个别的征象才预示着旧世界行将倒塌。现存世界里充满了的那种粗率和无聊，以及对某种未知的东西的那种模模糊糊若有所感，都在预示着有什么别的东西正在到来。可是这种逐渐的、并未改变整个面貌的颓毁败坏，突然为日出所中断，升起的太阳就如闪电般一下子建立起了新世界的形相。

但这个新世界也正如一个初生儿那样还不是一个完全的现实。这一点十分要紧，必须牢牢记住。首先呈现出来的才仅只是它的直接性或者说它的概念。我们不能说一个建筑物在奠基的时候就算是已经落成，同样我们也不能把对于一个全体所获得的概念视为是该全体自身。当我们盼望看见一棵身干粗壮、枝叶茂密的橡树，而所见到的不是橡树而是一粒橡实的时候，我们是不会满意的。同样，科学作为一个精神世界的王冠，也绝不是一开始就完成了的。新精神的开端乃是各种文化形式的一个彻底变革的产物，乃是走完各种错综复杂的道路并作出各种艰苦的奋斗努力而后取得的代价。这个开端乃是在继承了过去并扩展了自己以后重返自身的全体，乃是对这全体所形成的单纯概念。但这个单纯的全体，只在现在已变成环节了的那些以前的形态，在它们新的原素中以已经形成了的意义而重新获得发展并取得新形态时，才达到它的现实。

由于一方面新世界的最初表现还只是隐藏在它的单纯性中的全体，或者说，最初所表现的还只是全体的一般基础，所以另一方面过去的生活里的丰富内容对意识来说还是记忆犹新的。在新出现的形态里，意识见不到内容的展开和特殊化的过程了，但它更见不到的，则是将诸差别加以准确规定并安排出其间固定关系的那个形式的发展形成过程。没有这种发展形成过程，科学就缺乏普遍理解的可能性，就仿佛只是少数个别人的一种内部秘传的东西；我们所以说是一种秘传的东西，因为在这种情况下科学仅只才存在于它的概念或内在本性里；我们所以说它是少数个别人的，因为在这种情况下科学还没广泛地出现，因而它之客观存在是个别的。只有完全规定了的东西才是公开的、可理解的，能够经学习而成为一切人的所有物。科学的知性形式是向一切人提供的、为一切人铺平了的通往科学的道路，而通过知性以求达取理性知识乃是向科学的意识的正当要求；因为知性一般说来即是思维，即是纯粹的自我，而知性的东西则是已知的东西和科学与非科学的意识共有的东西，非科学的人通过它就能直接进入科学。

科学既然现在才刚开始,在内容上还不详尽,在形式上也还不完全,所以免不了因此而受谴责。但是如果这种谴责进而涉及科学的本质,那就很不公平了,这就犹如不愿意承认科学有继续展开的必要之不合理是一样的。这两方面(谴责科学不完全与反对科学继续发展)的对立,显然是科学文化上当前所殚精竭虑而还没取得应有的理解的最主要的关键所在。一方面的人在夸耀其材料的丰富和可理解性,另一方面的人则至少是在鄙视这一切,而吹嘘直接的合理性和神圣性。不论是纯然由于真理的力量,还是也同时慑于对方的声势,前者现在总算是归于沉寂,但他们虽然在事实根据上自觉为对方所压倒,却并未因此而停止他们的上述要求;因为那些要求是正当的,而还没得到满足。前者的这种沉寂,只有一半是由于后者的胜利,而另一半则是由于厌倦和冷淡;当诺言不断地引起期待而又始终不得实现时,通常总是产生厌倦和冷淡的。

后一派的人有时确实也非常方便地在内容上作出巨大的开展。他们的办法就是把大量的材料,即把已经熟悉的和整理就绪的东西搬进他们的领域里来;而且由于他们专门爱去注意奇特的和新奇的东西,他们就更好像是已经掌握了人类业已有所认知的一切其余的材料,同时还占有了尚未整理就绪的材料;这样,他们就把一切都归属于绝对理念之下,以致绝对理念仿佛已在一切事物中都被认识到了,并已成功地发展成为一门开展了的科学。但仔细考察起来,我们就发现他们所以达到这样的开展,并不是因为同一个理念自己取得了不同的形象,而是因为这同一个理念作了千篇一律地重复出现;只因为它外在地被应用于不同的材料,就获得了一种无聊的外表上的差别性。如果理念的发展只是同一公式的如此重复而已,则这理念虽然本身是真实的,事实上却永远仅只是个开始。如果认知主体只把唯一的静止的形式引用到现成存在物上来,而材料只是从外面投入于这个静止的要素里,那么这就像对内容所作的那些任意的想象一样不能算是对于上述要求的满足,即是说,这样做出来的不是从自身发生出来的丰富内容,也不是各个形态给自身规定出来的差别,而毋宁是一种单调的形式主义。这种形式主义之所以能使内容有差别,仅只因为这种差别已经是现成的而且已为众所熟知。

同时,这样的形式主义还认为这种单调性和抽象普遍性即是绝对;并断言凡不满足于这种普遍性的人,都是由于没有能力去掌握和坚持这种绝对的观点。如果说在从前,用另一方式来想象某一东西的那种空洞的可能性,曾经足够用以驳倒一种观念,而空洞的可能性,即,普遍性的思想,又曾具有现实知识的全部积极价值,那么现在,我们同样地看到,这种非现实的空洞形式下的普遍理念被赋予了一切价值;而且我们看到,区别与规定之被消融,或者换句话说,区别与规定之被抛入于空虚的无底深渊(这既不是发展出来的结论也不是本身自明的道路),就等于是思辨的方法。现在,考察任何一个有规定的东西在绝对里是什么的时候,不外乎是说:此刻我们虽然把它当作一个东西来谈论,而在绝对里,在 A＝A 里,则根本没有这类东西,在那里一切都是一。无论是把"在绝对中一切同一"这一知识拿来对抗那种进行区别的、实现了的或正在寻求实现的知识,或是把它的绝对说成黑夜,就像人们通常所说的一切牛在黑夜里都是黑的那个黑夜一样,这两种作法,都是知识空虚的一种幼稚表现。——形式主义既然在备受近代哲学的指斥和谴责之后,还又在哲学里面再生了出来,可见它的缺点虽然已为众所周知,但在绝对现实的知识没完全明了它自己的本性以前,形式主义将不会从科学里消失掉的。——由于我们考虑到,一般的概念先行出现,关于一般概念的阐述发挥随后出现,将使这种阐述易于理解,所以我们觉得在这里指出这个一般概念的梗概,是有益的,同时我们还想利用这个机会把一些形式予以破坏,因为习惯于这些形式,乃是哲学认识上的一个障碍。

……

——贺麟、王玖兴,译.商务印书馆,1981.

黑格尔:《哲学史讲演录·导言》选读

　　黑格尔把哲学理解为对事物的概念把握,它不同于对事物的感觉把握、情感把握、直觉把握或意志把握。哲学对经验科学的内容及其所提供的诸规定加以吸收,并超越它们,进而从自身出发,凭借概念的辩证法,发展出思维的全部内容,即纯粹的思维诸规定(Denkenbestimmungen)。不过,纯粹的思维规定并不是只有通过"逻辑科学"才能得到探究,事实上,思维诸规定已经历史性地显现在了哲学史上那些伟大哲学家们的思想中。

　　哲学史绝不简单地就是一个个哲学家及其思想、作品的杂乱堆积,他们的思想相互之间有着内在的关联。从某种角度来说,他们都在思考着同一个东西,即自由的"精神"(Geist)或"绝对"(das Absolute)。并且,按照时间的次序(不是绝对的,有偶然性的因素),他们逐渐地、越来越充分地领会和揭示出思想的全部普遍性,领会和揭示出精神的自由本性、人之为人的思想存在。

　　关于哲学史的意义,可以有多方面的看法。如果我们要想把握哲学史的中心意义,我们必须在似乎是过去了的哲学与哲学所达到的现阶段之间的本质上的联系里去寻求。这种联系并不是哲学史里面需要加以考虑的一种外在的观点,而真正是表示了它的内在本性。哲学史里面的事实,和一切别的事实一样,仍继续保持在它们的结果里,但却各在一种特定的方式下产生它们的结果。——这些就是我们在这里需要加以详细讨论的。

　　哲学史所昭示给我们的,是一系列的高尚的心灵,是许多理性思维的英雄们的展览,他们凭借理性的力量深入事物、自然和心灵的本质——深入上帝的本质,并且为我们赢得最高的珍宝,理性知识的珍宝。因此,哲学史上的事实和活动有这样的特点,即:人格和个人的性格并不十分渗入它的内容和实质。与此相反,在政治的历史中,个人凭借他的性情、才能、情感的特点,性格的坚强或软弱,概括点说,凭借他个人之所以为个人的条件,就成为行为和事件的主体。在哲学史里,它归给特殊个人的优点和功绩愈少,而归功于自由的思想或人之所以为人的普遍性格愈多,这种没有特异性的思想本身愈是创造的主体,则哲学史就写得愈好。

　　这些思想的活动,最初表现为历史的事实,过去的东西,并且好像是在我们的现实以外。但事实上,我们之所以是我们,乃是由于我们有历史,或者说得更确切些,正如在思想史的领域里,过去的东西只是一方面,所以构成我们现在的,那个有共同性和永久性的成分,与我们的历史性也是不可分离地结合着的。我们在现世界所具有的自觉的理性,并不是一下子得来的,也不只是从现在的基础上生长起来的,而是本质上原来就具有的一种遗产,确切点说,乃是一种工作的成果——人类所有过去各时代工作的成果。一如外在生活的技术、技巧与发明的积累,社会团结和政治生活的组织与习惯,乃是思想、发明、需要、困难、不幸、聪明、意志的成果,和过去历史上走在我们前面的先驱者所创获的成果。所以同样在科学里,特别在哲学里,我们必须感谢过去的传统,这传统有如赫尔德所说,通过一切变化的因而过去了的东西,结成一条神圣的链子,把前代的创获给我们保存下来,并传给我们。

但这种传统并不仅仅是一个管家婆,只是把她所接受过来的忠实地保存着,然后毫不改变地保持着并传给后代。它也不像自然的过程那样,在它的形态和形式的无限变化与活动里,仍然永远保持其原始的规律,没有进步。这种传统并不是一尊不动的石像,而是生命洋溢的,有如一道洪流,离它的源头愈远,它就膨胀得愈大。

这个传统的内容是精神的世界所产生出来的,而这普遍的精神并不是老站着不动的。但我们这里所须研究的,主要的也正是这普遍的精神。在个别的国家里,确乎有这样的情形,即:它的文化、艺术、科学,简言之,它的整个理智的活动是停滞不进的;譬如中国人也许就是这样,他们两千年以前在各方面就已达到和现在一样的水平。但世界精神并不沉陷在这种没有进展的静止中。单就它的本质看来,它就不是静止的。它的生命就是活动。它的活动以一个现成的材料为前提,它针对着这材料而活动,并且它并不仅是增加一些琐碎的材料,而主要的是予以加工和改造。所以每一世代对科学和对精神方面的创造所产生的成绩,都是全部过去的世代所积累起来的遗产——一个神圣的庙宇,在这里面,人类的各民族带着感谢的心情,很乐意地把曾经增进他们生活的东西,和他们在自然和心灵的深处所赢得的东西保存起来。接受这份遗产,同时就是掌握这份遗产。它就构成了每个下一代的灵魂,亦即构成下一代习以为常的实质、原则、成见和财产。同时这样接受来的传统,复被降为一种现成的材料,由精神加以转化。那接受过来的遗产就这样地改变了,而且那经过加工的材料因而就更为丰富,同时也就保存下来了。

这是我们时代的使命和工作,同样也是每一个时代的使命和工作:对于已有的科学加以把握,使它成为我们自己所有,然后进一步予以发展,并提高到一个更高的水平。当我们去吸收它、并使它成为我们所有时,我们就使它有了某种不同于它从前所有的特性。在这种吸收转化的过程里,我们假定一个已有的精神世界,并把它转变成为我们自己的一部分,因此足见:我们的哲学,只有在本质上与此前的哲学有了联系,才能够有其存在,而且必然地从此前的哲学产生出来。因此,哲学史的过程并不昭示给我们外在于我们的事物的生成(Werden),而乃是昭示我们自身的生成和我们的知识或科学的生成。

对于哲学史的任务所存在着的一些观念和问题的说明与解答,皆依赖于刚才所提示的这种关系的性质。明了这种关系,同时就足以更确切地说明这样一个主观目的,即通过哲学史的研究以便引导我们了解哲学的本身。明了这种关系,更可以给我们以处理哲学史的一些原则,因此对于这种关系的更详细的讨论,就是本篇导言的主要目的。当然我们必须对于哲学的目的有一个概念,因为这是很基本的。像前面所提到的那样:这里尚不能对这个概念加以科学的发挥。我们目前的讨论,目的不在于详细说明哲学概念的生成,而只在于提出一个初步的观念。

哲学的活动并不仅只是一个机械的运动,像我们所想象的太阳、月亮的运动那样——只是一种在无阻碍的时空中的运动。而在哲学史里,我们所了解的运动乃是自由思想的活动,它是思想世界理智世界如何兴起如何产生的历史。认为人之所以异于禽兽在于人能思想,乃是一个古老的看法,我们赞成这种看法。人之所以比禽兽高尚的地方,在于他有思想。由此看来,人的一切文化之所以是人的文化,乃是由于思想在里面活动并曾经活动。但是思想虽说是那样基本的、实质的和有实效的东西,它却具有多方面的活动。我们必须认为,唯有当思想不去追寻别的东西而只是以它自己——也就是最高尚的东西——为思考的对象时,即当它寻求并发现它自身时,那才是它的最优秀的活动。我们目前所研究的这种历史,就是思想自己发现自己的历史;而思想的情形是这样,即:它只能于产生自己的过程中发现自己;也可以说,只有当它发现它自己时,它才存在并且才是真实的。这样的产物就是各种哲学系统。思想藉以出发去发现它自己的这一系列的产生或发现,乃是一种有二千五百年历史的工作。

思想本质上既是思想,它就是自在自为和永恒的。凡是真的,只包含在思想里面,它并不仅今天或明天为真,而乃是超出一切时间之外,即就它在时间之内来说,它也是永远真,无时不真的。然而思想的世界如何会有一个历史呢? 在历史里所叙述的都是变化的,消逝了的,消失在过去之黑夜中,已经不复存在了的。但是真的、必然的思想——只有这才是我们这里所要研究的对象——是不能有变化的。这里所提出的问题,是我们首先想要加以考察的。其次,哲学之外还有很多重要的产物,这些产物也是思想的作品,但我们却必须排斥在我们的考察之外。这些作品就是宗教、政治史、法制、艺术与科学。问题是:这些作品如何区别于作为我们研究的对象的这种作品? 同时也是:它们彼此间在历史中的关系是怎样? 就这两个观点而论,为了使得我们获得一个正确的出发点起见,指出我们这里所说的哲学史是什么意义,是对我们有益的。第三,在进入个别的事实以前,我们首先必须有一个一般的概观,不然,我们就会只见部分而不见全体,只见树木而不见森林,只见许多个别的哲学系统,而不见哲学本身。我们愿意知道个别哲学与普遍哲学的联系。我们要求,对于全体的性质和目的有一个概括的观念,庶几我们可以知道,我们所期待的是什么。犹如我们首先要对于一个地方的风景加以概观,如果我们只流连于这风景的个别地方,我们就会看不到它的全景。事实上个别部分之所以有其优良的价值,即由于它们对全体的关系。这种情形在哲学里更是如此,在哲学史里也是如此。在历史里面,一般原则性的建立,比起在个别科学部门里面,好像没有那样的需要。因为历史最初好像只是一系列的偶然事变之相续。每一事实孤立着在那里,只有依时间才表示出它们的联系。但是,即使在政治史里面,我们对于这种外在联系,也就感觉到不满。我们要知道并预见它们的必然联系,在这种联系里,个别的事实取得它们对于一个目的或目标的特殊地位和关系,并因而获得它们的意义。因为历史里面有意义的成分,就是对"普遍"的关系和联系。看见了这个"普遍",也就是认识了它的意义。

……

——贺麟、王玫兴,译.商务印书馆,1983.

思考题

1.你认为培根的归纳方法单独地能够说明科学知识的特质吗?

2."自我"在笛卡尔知识大厦中处于什么位置?

3.你如何理解康德所概括的启蒙运动的口号:"要有勇气运用你自己的理智!"

4.康德是如何阐述知识的根据以及知识的限度的?

5.在你看来,怎样的行为才具有道德价值(才可以被称为"道德的")?

6.你如何理解思想在人类的诸多活动中所扮演的角色?

扩展阅读

笛卡尔.第一哲学沉思集[M].庞景仁,译.北京:商务印书馆,1986.

洛克.人类理解论[M].关文运,译.北京:商务印书馆,1959.

洛克.政府论:下篇[M].叶启芳,瞿菊农,译.北京:商务印书馆,2004.

休谟.人性论[M].关文运,译.北京:商务印书馆,1980.

卢梭.社会契约论[M].何兆武,译.北京:商务印书馆,2003.

康德.未来形而上学导论[M]//康德著作全集:第四卷.北京:中国人民大学出版社,2005.

康德.道德形而上学的奠基[M]//康德著作全集:第四卷.北京:中国人民大学出版社,2005.

黑格尔.小逻辑[M].贺麟,译.北京:商务印书馆,1980.

黑格尔.法哲学原理[M].范扬,张企泰,译.北京:商务印书馆,2009.

黑格尔.美学[M].朱光潜,译.北京:商务印书馆,1996.

第十五章　当代哲学

在现代思想中,人被理解为自我规定着的有理性者,(合)理性的思想是最终的根据。然而,自 19 世纪中期以来,哲学家们对这一点提出了各种各样的异议。奠定了 20 世纪思想基调的三个哲学家马克思、尼采、弗洛伊德分别指出,社会思想是被社会实存规定的;理性的真理之下涌动的是强力意志;意识只是冰山之一角,在它之下尚有庞大的潜意识领域。

20 世纪,哲学流派纷呈,新说不断。由于它离我们还太近,缺乏历史的沉积,因此我们还不能断定,哪些思想真正具有历史性的价值。不过,我们还是可以对 20 世纪的哲学作一个极其简单的勾勒。20 世纪早期,分别发端于弗雷格和胡塞尔的语言—分析哲学和现象学哲学提出了不同的哲学研究方法。前者主张通过对语言的逻辑分析来解决或消解传统的哲学问题;后者则提出了现象学的方法,力图把哲学改造为明见性(Evidenz)原则之下的纯粹意识分析,以此为知识和生活奠基。这两个思想主张分别引发了 20 世纪的两场思想运动:分析哲学运动以及现象学运动。20 世纪后期,另有两个很有影响的哲学方法:解释学方法及解构主义方法。前者强调理解的历史性,强调文本与理解者的视域融合;后者强调文本的多义性,强调文本中隐含着的被压抑或忽视的东西。它们在艺术和文化批评领域造成了很大的影响。

20 世纪哲学取得了较明显推进的研究领域是科学哲学和心智哲学。科学哲学家们最初试图对科学给出一种确定描述,以此来严格区分科学与非科学。但很快,哲学家们就发现,科学本身要被理解为一种不断变化发展的东西,科学知识存在着演化的现象。20 世纪 60 年代,库恩探讨了科学革命的结构,揭示了科学发展中的"范式转换"现象。其后,科学家们越来越关注科学作为人类的一种文化,与人类文化中其他因素的互动。哲学与心理学、生物学、神经科学、认知科学等学科的交叉融合使得哲学家们对心智、意识等传统哲学研究的对象有了更深入的探究。

　　这部分只选取了海德格尔的"哲学的终结和思的任务"以及维特根斯坦《哲学研究》的选段。这两个人被公认为是20世纪最重要的哲学家。我们透过这两个人的作品选段,可以感受到20世纪哲学不同于以往哲学的思考方式和思想主张。

原典选读

海德格尔:"哲学的终结和思的任务"

　　海德格尔(1889—1976),德国哲学家,著有《存在与时间》(1927)、《形而上学导论》(1935)、《林中路》(1950)、《在通向语言的途中》(1959)、《路标》(1967)等。

　　"存在"是海德格尔一生的思想主题。他区分了"存在"(das-Sein)与"存在者"(das-Seinde)。他主张,"存在是哲学真正的和唯一的主题"。然而,自柏拉图以来,作为形而上学的哲学却走上了歧途,专注于对存在者之存在,对最高存在者的追问(相、本体、上帝、自我),却遗忘了存在本身。此意义上的哲学在现代科学中进入"终结"(完成),科学以最极端的方式——也是一种危险的方式——规定和操纵着存在者之存在。在这哲学终结于科学的时代,不同于作为形而上学的哲学的思想担负起了前所未有的任务,这就是真正的思想存在本身。

　　在其一生的不同阶段,海德格尔尝试着以不同的方式思考存在本身。早期,他试图通过对此在(Da-sein)的生存论分析,建立起一个基础的存在论。中期,他试图通过对哲学的历史的考察,探究存在的真理以自身遮蔽的方式的显现。晚期,他试图通过对沉默的道说的倾听,领会存在对思想的召唤。

　　在本文中,海德格尔赋予了存在本身一个意象:林中空地(Lichtung)。唯有林中空地,才有让显现(Scheinenlassen),才有光明与黑暗的游戏,才有一切存在者之存在。对存在本身的思想必须要越过柏拉图的迷雾,回到巴门尼德的经验,因为,巴门尼德把真理就经验为去蔽(a-letheia)。从而,思的任务就是:放弃以往的思想,而去规定思的事情。

　　此标题命名着一种沉思的尝试。沉思执著于追问。追问乃通向答案之途。如若答案毕竟可得,那它必在于一种思想的转换,而不在于一种对某个事态的陈述。

　　本文具有一个更为广泛的关联背景。自1930年以来,我一再尝试其更原始地去构成《存在与时间》的课题。而这意味着，要对《存在与时间》的问题出发点作一种内在的批判。由此必得澄清，批判性的问题——即思想的事情是何种事情的问题——如何必然地和持续地归属于思想。所以，《存在与时间》这个标题的任务也将改变了。我们问：

一、哲学如何在现时代进入其终结了？

二、哲学终结之际为思留下了何种任务？

一、哲学如何在现时代进入其终结了？

哲学即形而上学。形而上学着眼于存在，着眼于存在中的存在者之共属一体，来思考存在者整体——世界、人类和上帝。形而上学以论证性表象的思维方式来思考存在者之为存在者。因为从哲学开端以来，并且凭借于这一开端，存在者之存在就把自身显示为根据[ἀρχή（本原），αἴτιον（原因），Prinzip（原理）]。根据之为根据，是这样一个东西，存在者作为如此这般的存在者由于它才成为在其生成、消亡和持存中的某种可知的东西，某种被处理和被制作的东西。作为根据，存在把存在者带入其当下在场。根据显示自身为在场性（Anwesenheit）。在场性之现身当前乃在于：在场性把各具本己方式的在场者带入在场状态。依照在场性之印记，根据遂具有建基特性——它是实在的存在者状态上的原因，是使对象之对象性得以成立的先验可能性，是绝对精神运动和历史生产过程的辩证中介，是那种价值设定的强力意志。

为存在者提供根据的形而上学思想的特性乃在于，形而上学从在场者出发去表象在其在场状态中的在场者，并因此从其根据而来把它展示为有根据的在场者。

关于哲学之终结的谈论意味着什么？我们太容易在消极意义上把某物的终结了解为单纯的中止，理解为没有继续发展，甚或理解为颓败和无能。相反地，关于哲学之终结的谈论却意味着形而上学的完成（Vollendung）。但所谓"完成"并不是指尽善尽美，并不是说哲学在终结处已经臻至完满之最高境界了。我们不仅缺乏任何尺度，可以让我们去评价形而上学的某个阶段相对于另一个阶段的完满性。根本上，我们也没有权利作这样一种评价。柏拉图的思想并不比巴门尼德的思想更见完满，黑格尔的哲学也并不比康德的哲学更见完满。哲学的每一阶段都有其本己的必然性。我们简直只能承认，一种哲学就是它之所是。我们无权偏爱一种哲学而不要另一种哲学——有关不同的世界观可能有这种偏爱。

"终结"一词的古老意义与"位置"相同："从此一终结到彼一终结"，意思即是从此一位置到彼一位置。哲学之终结是这样一个位置，在那里哲学历史之整体把自身聚集到它的最极端的可能性中去了。作为完成的终结意味着这种聚集。

纵观整个哲学史，柏拉图的思想以有所变化的形态始终起着决定性作用。形而上学就是柏拉图主义。尼采把他自己的哲学标示为颠倒了的柏拉图主义。随着这一已经由卡尔·马克思完成了的对形而上学的颠倒，哲学达到了最极端的可能性。哲学进入其终结阶段了。无论说人们现在如何努力尝试哲学思维，这种思维也只能达到一种模仿性的复兴及其变种而已。那么，难道哲学之终结不是哲学思维方式的中止吗？得出这个结论，或许还太过草率。

终结作为完成乃是聚集到最极端的可能性中去。只要我们仅仅期待发展传统式的新哲学，我们就不免太过狭隘地思这种聚集。我们忘了,早在希腊哲学时代,哲学的一个决定性特征就已经显露出来了:这就是科学在由哲学开启出来的视界内的发展。科学之发展同时即科学从哲学那里分离出来和科学的独立性的建立。这一进程属于哲学之完成。这一进程的展开如今在一切存在者领域中正处于鼎盛。它看似哲学的纯粹解体,其实恰恰是哲学之完成。

要说明此点,我们指出心理学、社会学和人类学(文化人类学)的独立性,指出作为符号逻辑和语义学的逻辑的作用,就绰绰有余了。哲学转变为关于人的经验科学,转变为关于一切能够成为人所能经验到的技术对象的东西的经验科学;人正是通过他的这种技术以多种多样的制作和塑造方式来加工世界,因此而把自身确立在世界中。所有这一切的实现在任何地方都是以科学对具体存在者领域的开拓为根据和尺度的。

现在,自我确立的诸科学将很快被控制论这样一门新的基础科学所规定和操纵。我们并不需要什么先知先觉就能够认识到这一点。

控制论这门科学是与人之被规定为行动着的社会生物这样一回事情相吻合的。因为它是关于人类活动的可能计划和设置的控制的学说。控制论把语言转换为一种信息交流。艺术逐渐成为被控制的而又起着控制作用的信息工具。

哲学之发展为独立的诸科学——而诸科学之间却又愈来愈显著地相互沟通起来——乃是哲学的合法的完成。哲学在现时代正在走向终结。它已经在社会地行动着的人类的科学方式中找到了它的位置。而这种科学方式的基本特征是它的控制论的亦即技术的特性。追问现代技术的需要大概正在渐渐地熄灭,与之同步的是,技术更加明确地铸造和操纵着世界整体的现象和人在其中的地位。

诸科学将根据科学规则——也即技术地——来说明一切在科学的结构中依然让我们想起出自哲学的来源的东西。任何一门科学都依赖于范畴来划分和界定它的对象领域,都在工具上把范畴理解为操作假设。这些操作假设的真理性不仅仅以它们的在研究之进步范围内所造出的效果为衡量尺度。科学的真理是与这种效果的功效相等同的。

哲学在其历史进程中试图在某些地方(甚至在那里也只是不充分地)表述出来的东西,也即关于存在者之不同区域(自然、历史、法、艺术等)的存在论,现在被诸科学当作自己的任务接管过去了。诸科学的兴趣指向关于分门别类的对象领域的必要的结构概念的理论。"理论"在此意味着:对那些只被允许有一种控制论功能而被剥夺了任何存在论意义的范畴的假设。表象—计算性思维的操作特性和模式特性获得了统治地位。

然而,诸科学在对其区域性范畴的无可逃避的假设中依然谈论着存在者之存在。只是它们不这样说而已。它们能够否认出自哲学的来源,但决不能摆脱这种来源。因为在诸科学的科学方式中,关于诸科学出自哲学的诞生的证物依然在说话。

哲学之终结显示为一个科学技术世界以及相应于这个世界的社会秩序的可控制的设置的胜利。哲学之终结就意味着植根于西方—欧洲思维的世界文明之开端。

但在哲学展开为诸科学这一意义上的哲学之终结,也必然是对哲学思维已经被置入其中的一切可能性的完全现实化吗?抑或,对思想来说,除了我们所刻画出来的最终可能性(即哲学消解于被技术化了的诸科学),还有一种第一可能性——哲学思维虽然必须由这种可能性出发,但哲学作为哲学却不能经验和接纳这种可能性了——是这样吗?

如若情形真是这样,那么在哲学从开端到终结的历史上,想必还有一项任务隐而不显地留给了思想,这一任务既不是作为形而上学的哲学能够达到的,更不是起源于哲学的诸科学可以通达的。因此我们问——

二、哲学终结之际为思留下了何种任务?

对思想的这样一项任务的思考就必定格外不可思议。有一种既不能是形而上学又不能是科学的思想吗?

有一项在哲学开端之际(甚至是由于这一开端)就对哲学锁闭自身,从而在后继时代里不断变本加厉地隐匿自身的任务吗?

一项看来似乎包含着认为哲学从未能胜任思想之任务,从而成了一部纯粹颓败的历史这样一个断言的思想的任务吗?

在这里,在这样一些断言中,难道不是含有一种企图凌驾于伟大的哲学思想家之上的傲慢自大么?

这个疑问在所难免,但它很容易打消。因为任何想对我们所猜度的思之任务有所洞见的尝试,都不免依赖于对整个哲学史的回溯;不待如此,这种尝试甚至必得去思那种赋哲学以一个可能历史的东西的历史性。

正因为这样,我们于此所猜度的那个思,必然不逮于哲学家的伟大,它更逊色于哲学。之所以逊色,是因为在工业时代被科学技术烙印了的公众状态中,这种思所具有的直接或间接的效果显然更逊色于哲学所具有的效果。

但是我们所猜度的思之所以保持着谦逊,首先是因为它的任务只具有预备性,而不具有任何创设的特性。它满足于唤起人们对一种可能性的期待,而这种可能性的轮廓还是模糊不清的,它的到来还是不确定的。

思想首先必须学会参与到为思想所保留和贮备的东西那里。在这种学会中思想为自己的转变作了预备。

我们所思的是这样一种可能性:眼下刚刚发端的世界文明终有一天会克服那种作为人类之世界栖留的唯一尺度的技术—科学—工业之特性。尽管这不会出于自身和通过自身而发生,但却会借助于人对一种使命的期备——不论人们倾听与否,这种使命总是在人的尚未裁定的天命中说话了。同样不确定的乃是,世界文明是否将遭到突然的毁灭,或者它是否将长期地稳定下来,却又不是滞留于某种持久不变,一种持存,而毋宁说是把自身建立在常新的绵延不断的变化中。

我们所猜度的预备性的思并不想预见将来,并且它也不能预见将来。它不过是尝试对现在有所道说,道说某种很久以前恰恰就在哲学开端之际,并且为了这一开端已经被道出的而又未曾得到明确的思想的东西。就眼下而言,以适当的简洁指出这一点,想必就足够了。为此,我们求助于一个由哲学提供出来的路标。

当我们追问思的任务之际,就意味着要在哲学的视野内规定思想所关涉的东西,规定对思来说还有争议的东西,也即争执(Streitfall)。这就是德语中"事情(Sache)"一词的意思。这个词道出了在眼下的情形中思想所关涉的东西,按柏拉图的说法,即事情本身($\tau\grave{o}\ \pi\rho\tilde{\alpha}\gamma\mu\alpha\ \alpha\acute{v}\tau\acute{o}$)(参阅《信札第七》341c7)。

在晚近时代里,哲学主动明确地召唤思想"面向事情本身"。我们不妨指出在今天受到特别关心的两例。我们在黑格尔1807年出版的《科学的体系:第一部,精神现象学》的"前言"中听到了这种"面向事情本身"的呼声。这个前言不是"现象学"的前言,而是《科学的体系》的前言,是整个哲学体系的前言。"面向事情本身"的呼声最终——这个"最终"按事情而言意味着首先——针对"逻辑学"。

在"面向事情本身"的呼声中重点强调的是"本身"。乍一听,这呼声含有拒绝的意思。与哲学之事情格格不入的那些关系被拒绝了。关于哲学之目标的空洞谈论即属于这类关系,而关于哲学思维之结论的空洞报告也在这类关系之列。两者决不是哲学之现实整体。这个整体唯在其变易中才显示出来。这种变易在事情的展开着的表现中进行。在表现(Dar-stellung)中主题与方法成为同一的。在黑格尔那里,这个同一性被称为观念。凭此观念,哲学之事情"本身"才达乎显现。但这一事情是历史地被规定的,亦即主体性。黑格尔说,有了笛卡尔的我思故我在(ego cogito),哲学才首次找到了坚固的基地,在那里哲学才能有家园之感。如果说随着作为突出的基底(subiectum)的我思自我,绝对基础(fundamentum absolutum)就被达到了,那么这就是说:主体乃是被转移到意识中的根据($\acute{v}\pi\circ\kappa\epsilon\acute{\iota}\mu\epsilon\nu\circ\nu$),即真实在场者,就是在传统语言中十分含糊地被叫做"实体"的那个东西。

当黑格尔在那个前言(荷尔麦斯特编辑,第19页)中宣称:"(哲学的)真理不仅应被理解和表述为实体,而且同样应被理解和表述为主体",这就意味着:存在者之存在,即在场者之在场性,只有当它在绝对理念中作为本身自为地现身当前时,才是明显的因而也才是完全的在场性。但自笛卡尔以降,理念即意谓知觉(perceptio)。存在向它本身的生成是在思辨辩证法中进行的。只有观念的运动,即方法,才是事情本身。"面向事情本身"的呼声的要求是合乎事情的哲学方法。

但哲学之事情是什么,这自始就被认为是确定了的。作为形而上学的哲学之事情乃是存在者之存在,乃是以实体性和主体性为形态的存在者之在场性。

一百年之后,"面向事情本身"的呼声重新在胡塞尔的论文《作为严格科学的哲学》中出现了,这篇论文发表在1910—1911年《逻各斯》杂志第一卷上(第289页以下)。这一呼声首先还是具有拒绝的意思。但在这里,拒绝的目标指向与黑格尔不同的另一方向。这种拒绝针对那种要求成为意识探究活动的真正科学方法的自然主义心理学。因为这种方法自始就阻挡着通向意向性意识的道路。但是,"面向事情本身"的呼声同时还反对历史主义,这种历史主义在关于哲学观点的讨论中和对哲学世界观类型的划分中丧失了自身。对此,胡塞尔在一段加重点号的文字中说(同上,第340页):"研究的动力必然不是来自各种哲学而是来自事情和问题。"

那么,什么是哲学研究的事情呢? 对胡塞尔来说与黑格尔如出一辙,都按同一传统而来,这个事情就是意识的主体性。胡塞尔的《笛卡尔沉思》不仅是1929年2月巴黎讲演的主题,不如说,它的精神在《逻辑研究》之后自始至终伴随着胡塞尔哲学研究的充满热情的道路。在其消极的同时也是积极的意义上,"面向事情本身"的呼声决定着方法的获得和阐发,也决定着哲学的程序,通过这一程序,事情本身才成为可证明的被给予性。对胡塞尔来说:"一切原则的原则"首先不是关于内容的原则,而是一个方法原则。在1913年出版的《纯粹现象学和现象学哲学的观念》一书中,胡塞尔专门用一节(第24节)

来规定"一切原则的原则"。胡塞尔说,从这一原则出发,"任何可设想的理论都不能迷惑我们"。(同上书,第 44 页)

"一切原则的原则"是:

> "任何原本地给予的直观都(是)认识的合法性源泉;在'直观'中原始地(可以说在其具体现实性中)向我们呈现出来的一切,(是)可以直接如其给出自身那样被接受的,但也仅仅是在它给出自身的界限之内……"

"一切原则的原则"包含着方法优先的论点。这一原则决定了唯有何种事情能够符合方法。"一切原则的原则"要求绝对主体性作为哲学之事情。向这种绝对主体性的先验还原给予并保证这样一种可能性:即在主体性中并通过主体性来论证在其有效结构和组成中,也即在其构造中的一切客体的客观性(存在者之存在)。因此先验主体性表明自身为"唯一的绝对的存在者"(《形式的和先验的逻辑》1929 年,第 240 页)。同时,作为关于存在者之存在的构造的"普遍科学"的方法,先验还原具有这一绝对存在者的存在样式,也即哲学之最本己的事情的方式。方法不仅指向哲学之事情。它并非只是像钥匙属于锁那样属于事情。毋宁说,它之属于事情乃因为它就是"事情本身"。如果有人问:"一切原则之原则"从何处获得它的不可动摇的权利? 那么答案必定是:从已经被假定为哲学之事情的先验主体性那里。

我们已经把对"面向事情本身"这个呼声的讨论选为我们的路标。它把我们带到通向一种对在哲学终结之际思的任务的规定的道路上去。我们已经到了哪里? 我们已经获得了这样一种洞见:对"面向事情本身"这个呼声而言先行确定的乃是作为哲学之事情的哲学所关涉的东西。从黑格尔和胡塞尔的观点——而且不光是他们的观点——来看,哲学之事情就是主体性。对这个呼声来说,有争议的东西并非事情本身,而是它的表现,通过这种表现,事情本身才成为现身当前的。黑格尔的思辨辩证法是这样一个运动,在这个运动中事情本身达乎其自身,进入其自身的在场(Präsenz)了。胡塞尔的方法应将哲学之事情带向终极原本的被给予性,也即说,带向其本己的在场了。

两种方法尽可能地大相径庭。但两者要表达的事情本身是同一东西,尽管是以不同的方式经验到的。

然而这些发现对我们洞察思的任务的尝试又有何助益呢? 只要我们仅仅空洞地讨论了一番这个呼声,而此外再无所作为,那么上述发现就是无所助益的。反之,我们必得要问:在"面向事情本身"这个呼声中始终未曾思的东西是什么? 以此方式追问,则我们就能注意到:恰恰就在哲学已经把其事情带到了绝对知识和终极明证性的地方,如何隐藏着不再可能是哲学之事情的有待思的东西。

但在哲学之事情及其方法中未曾思的是什么呢? 思辨辩证法是一种哲学之事情如何从自身而来自为地达乎显现并因此成为现身当前(Gegenwart)的方式。这种显现必然在某种光亮中进行。唯有透过光亮,显现者才显示自身,也即才显现出来。但从光亮方面来说,光亮却又植根于某个敞开之境,某个自由之境(Freien);后者能在这里那里,此时彼时使光亮启明出来。光亮在敞开之境(Offenen)中游戏运作,并在那里与黑暗相冲突。无论是在一个在场者遭遇另一个在场者的地方,或者一个在场者仅仅只是在另一个在场者近旁逗留的地方,即便在像黑格尔所认为的一个在场者思辨地在另一个在场者中反映自身的地方,都已有敞开性(Offenheit)在起支配作用,都已有自由的区域在游戏运作。只有这一敞开性也才允诺思辨思维的道路通达它所思的东西。

　　我们把这一允诺某种可能的让显现(Scheinenlassen)和显示的敞开性命名为澄明。在德语语言史中,"澄明"(Lichtung)一词是对法文 clairiere 的直译。它是仿照更古老的词语"森林化"(Waldung)和"田野化"(Feldung)构成起来的。

　　在经验中,林中空地与稠密森林相区别,后者在较古老的德语中被称为 Dickung。名词"澄明"源出于动词"照亮"(lichten)。形容词""明亮的(licht)与"轻柔的"(leicht)是同一个词。照亮某物意谓:使某物轻柔,使某物自由,使某物敞开,例如,使森林的某处没有树木。这样形成的自由之境就是澄明。在自由之境和敞开之境意义上的明亮的东西(das Lichte),无论是在语言上还是在事实上,都与形容词"licht"毫无共同之处,后者的意思是"光亮的"。就澄明与光的差异性而言,仍要注意这一点。但两者之间还是可能有某种事实的联系。光可以涌入澄明之中并且在澄明中让光亮与黑暗游戏运作。但决不是光才创造了澄明。光倒是以澄明为前提的。然而,澄明,敞开之境,不仅是对光亮和黑暗来说是自由的,而且对回声和余响,对声音以及声音的减弱也是自由的。澄明乃是一切在场者和不在场者的敞开之境。

　　思想必然要对这里称为澄明的那个事情投以特别的关注。于此我们不是从空洞的词语(如"澄明")那里抽取出空洞的观念,尽管在表面上太容易让人有这样的感觉。毋宁说,我们必须关注唯一的事情,我们合乎实情地以"澄明"的名称来命名这种事情。在我们现在所思的关联中,"澄明"这个词所命名的东西即自由的敞开之境,用歌德的话来说,它就是"原现象"(Urphänomen)。我们不妨说:一个"原事情"(Ur-sache)。歌德写道(《箴言与沉思》第 993):"在现象背后一无所有:现象本身即是指南。"这就是说,现象本身——在眼下的情形中即澄明——把我们摆到这样一个任务面前:在追问着现象之际从现象中学习,也即让现象对我们有所道说。

　　因此,思想也许终有一天将无畏于这样一个问题:澄明即自由的敞开之境究竟是不是那种东西,在这种东西中,纯粹的空间和绽出的时间以及一切在时空中的在场者和不在场者才具有了聚集一切和庇护一切的位置。

　　与思辨辩证法的思维方式相同,原始直观及其明证性也依赖于已然起着支配作用的敞开性,即澄明。明证的东西乃是能直接直观的东西。"明证"(Evidentia)一词是西塞罗对希腊文 ἐνάργεια 的翻译,也就是说,西塞罗把 ἐνάργεια 转换为罗马语了。这个词与 argentum(银辉)一词具有相同的词根,意指在自身中从自身而来闪亮和进入光明之中的东西。在希腊语中,人们谈论的不是看的行为,不是谈论目睹(videre),而是谈论闪亮和显现的东西。但是唯当敞开性已获得允诺时它才能显现。并不是光线才首先创造澄明,即敞开性。光线只不过是穿越澄明而已。唯这种敞开性才根本上允诺一种给予和接纳活动以自由之境,才允诺一种明证性以自由之境,于是乎,在这种自由之境中,给予、接纳和明证性才能够逗留并且必须运动。

　　所有明确地或不明确地响应"面向事情本身"这个呼声的哲学思想,都已经——根据其进程中并且借助于其方法——进入澄明的自由之境中了。但哲学对于澄明却一无所知。虽则哲学谈论理性之光,却并没有关注存在之澄明。唯有敞开之境才照亮 lumen naturale,即理性之光。理性之光虽然关涉于澄明,但却极少构成澄明,以至于我们不如说,它只是为了能够照耀在澄明中的在场者才需要这种澄明。

这不光是哲学之方法的真实情形，而且也是——甚至首先是——哲学之事情（即在场者之在场性）的真实情形。至于在主体性中，subiectum，根据（ύποκείμενον），亦即在其在场状态中的在场者也如何被思了，这个问题在这里不能详尽发挥了。读者可以参看我的《尼采》第二卷（1961 年）第 429 页以下的内容。

我们现在另有关心。不论在场者是否被经验，被掌握或被表达，作为逗留入敞开之境中的在场性始终依赖于已然起着支配作用的澄明。即便不在场者，除非它在澄明之自由之境中在场着，否则也不能成其为不在场者。

一切形而上学（包括它的反对者实证主义）都说着柏拉图的语言。形而上学思想的基本词语，也即形而上学对存在者之存在的表达的基本词语，就是 ε̃ιδος 即 ιδέα（相）：是存在者作为这样一个存在者在其中显示自身的那个外观（Aussehen）。而外观乃是一种在场方式。没有光就没有外观——柏拉图早已认识了这一点。但是倘没有澄明，就没有光亮。就连黑暗也少不了这种澄明。否则我们如何能够进入黑暗之中并在黑暗中迷途徘徊呢？然而在哲学中，这种在存在或在场性中起着支配作用的澄明本身依然是未曾思的，尽管哲学在开端之际也谈论过澄明。这种谈论在何处出现呢？以什么样的名称？

答曰：在巴门尼德的哲理诗中。就我们所知，他的哲理诗最早专门思了存在者之存在；尽管难得注意，它至今仍在由哲学解体而来的诸科学中回响。

巴门尼德倾听这样一种劝说：

> ...Χρεὼ δέ σε πάντα πυθέσθαι
>
> ἠμὲν' Ἀληθείης εὐκυκλέος ἀτρεμες ῆτορ
>
> ἠδέ βροτῶν δόξας, ταῖ s οὐκ ἔνι πίστις ἀληθης.
>
> ……而你当经验这一切：
>
> 无蔽之不动心脏，多么圆满丰沛，
>
> 而凡人之意见，无能于信赖无蔽者。
>
> ——《残篇》第一，第 28 行以下

这里道出了 Ἀλήθεια，即无蔽。它被称为圆满丰沛的，因为它在纯粹的圆球形轨道上旋转，在这个圆球形轨道上，开端和终结是处处同一的。在这一旋转中绝无扭曲、阻隔和锁闭的可能性。凝神冥思的人要去经验那无蔽之不动心脏。"无蔽之不动心脏"这个短语是什么意思呢？它意指着在其最本己的东西中的无蔽本身，意指一个寂静之所，这个寂静之所把首先允诺无蔽的东西聚集在自身那里。首先允诺无蔽的东西乃是敞开之境的澄明。我们问：敞开性为何？我们已经对以下事实有所思索：思想的道路——思辨的和直观的思想的道路——需要可穿越的澄明。而在这种澄明中也才有可能的显现，即在场性本身之可能的在场。

先于任何别的东西而首先允诺无蔽的，乃是这样一条道路，思想就在这条道路上追踪某个东西并且颖悟（vernehmen）这个东西：ὅπως ἔστιν...εῖναι，即在场如何现身在场着（Daβanwest Anwesen）。澄明首先允诺通往在场性的道路之可能性，允诺在场性本身的可能在场。我们必得把 Ἀλήθεια 即无蔽思为澄明,这种澄明才首先允诺存在和思想以及它们互为互与的在场。澄明的不动心脏乃是这样一个寂静之所,唯由之而来才有存在与思想也即在场性与颖悟的共属一体关系的可能性。

对思想的某种约束性的可能要求植根于上述这种亲密关系。倘没有对作为澄明的无蔽('Αλήθεια)的先行经验,则一切关于有约束和无约束的思想的谈论都还是无根基的。柏拉图把在场性规定为相(ὶδέα),这种规定的约束性从何而来?亚里士多德把在场解释为现实(ἐνέργεια),就何而言这种解释是有约束力的呢?

只要我们还没有经验到巴门尼德所必定经验过的东西,即无蔽('Αλήθεια),则我们甚至不可能去追问这些十分离奇地始终在哲学中被搁置起来的问题。通往无蔽的道路与凡人的意见游荡其上的街道马路大相径庭。无蔽('Αλήθεια)不是什么终有一死的东西,恰如它不是死亡本身。

我固执地把'Αλήθεια 这个名称译为无蔽,这样做却不是为了词源学的缘故,而是因为当我们合乎实情地思被命名为存在和思想的东西时我们所必须考虑的那个事情的缘故。无蔽犹如这样一个因素,在这个因素中才有存在和思想以及它们的共属一体性。虽则'Αλήθεια 在哲学开端之际就被命名了,但在后来的时代里哲学却没有专门思这个无蔽本身。因为自亚里士多德以降,作为形而上学的哲学的事情就是在本体论神学上(ontotheologisch)思存在者之为存在者。

如果情形果真如此,那么我们也就不可贸然下判断说,哲学无视某种东西,哲学把某种东西给耽搁了,并因此患有某个根本性的缺陷。我们指出在哲学中未曾思的东西,并不构成对哲学的一种批判。如若现在必须有一种批判,那么这种批判的目标毋宁说是那种自《存在与时间》以来变得愈来愈迫切的尝试,即追问在哲学终结之际思的一种可能的任务的尝试。因为现在才提出以下问题是相当迟了:为什么我们不再用通常流行的名称即"真理"一词来翻译'Αλήθεια?

答案必然是:就人们在传统的"自然的"意义上把真理理解为在存在者那里显示出来的知识与存在者的符合一致关系而言,而同样也就真理被解释为关于存在的知识的确定性而言,我们不能把'Αλήθεια 即澄明意义上的无蔽与真理等同起来。相反,'Αλήθεια,即被思为澄明的无蔽,才允诺了真理之可能性。因为真理本身就如同存在和思想,唯有在澄明的因素中才能成其所是。真理的明证性和任何程度上的确定性,真理的任何一种证实方式,都已经随着这种真理而在起支配作用的澄明的领域中运作了。

'Αλήθεια,亦即被思为在场性之澄明的无蔽,还不是真理。那么'Αλήθεια 更少于真理吗?或者,因为'Αλήθεια 才允诺作为符合和确定性的真理,因为在澄明领域之外不可能有在场性和现身当前化,所以'Αλήθεια 就更多于真理吗?

我们把这个问题当作一项任务委诸于思想。思想必须考虑:当它哲学地也即在形而上学的严格意义中——这种形而上学仅仅从其在场性方面来究问在场者——思考时,它究竟是否也能提出这个问题。

无论如何,有一点已变得清晰了:追问'Αλήθεια,即追问无蔽本身,并不是追问真理。因此把澄明意义上的'Αλήθεια 命名为真理,这种做法是不恰当的,从而也是让人误入歧途的。关于"存在之真理"的谈论,在黑格尔的《逻辑学》中是有其合理的意义的,因为真理在那里就意味着绝对知识的确定性。但是与胡塞尔一样,与一切形而上学一样,黑格尔也没有追问存在之为存在(Sein als Sein),亦即没有追问如何可能有在场性本身这样一个问题。唯当澄明决定性地运作之际,才有在场性本身。此澄明被命名为'Aλή̩θεια,即无蔽,但本身尚未被思及。

关于真理的自然概念并不意指无蔽,就是在希腊哲学中情形亦然。人们常常正确地指出,'αλή̩θεs这个词早在荷马那里就总是仅仅被用在 verba dicendi,用在陈述句中,因而是在正确性和可靠性的意义上被使用的,而不是在无蔽意义上。但这一提示首先仅只意味着:无论是诗人还是日常语言使用,甚或哲学,都没有设想自己面对这样一个追问任务:追问真理即陈述的正确性如何只有在在场性之澄明的因素中才被允诺而出现。

在这一问题的视界内,我们必须承认,'Aλή̩θεια,即在场性之澄明意义上的无蔽,很快就仅只被人们当作'ὀρθό̩τηζ 即表象和陈述的正确性而来经验了。但这样一来,认为有一种真理的本质转变即从无蔽到正确性的转变的断言,也是站不住脚的了。我们倒是应该说:'Aλή̩θεια,作为在思想和言说中的在场性和现身当前化的澄明,很快就进入肖似('ὀμοί̩ωσια)和符合(adaequatio)方面,也即达乎在表象和在场者的符合一致关系意义上的肖似方面。

但这一进程必然激起另一个问题:对于人的自然经验和言说来说,何以'Aλή̩θεια 即无蔽仅仅显现为正确性和可靠性?是因为人在在场之敞开性中的绽出的逗留盘桓仅只朝向在场者和在场者之现成的当前化吗?但是这除了意味着在场本身和与之相随的允诺着在场性的那个澄明始终被忽视了这样一回事情之外,还意味着别的什么呢?人们经验和思考的只不过是作为澄明的'Aλή̩θεια 所允诺的东西,'Aλή̩θεια 本身之所是却未被经验也未被思。

这一点依然蔽而不显。这难道是偶然的吗?莫非它的发生只是人类思维的某种疏忽粗糙的结果吗?或者,它的发生是因为自身遮蔽和遮蔽状态,即 Λή̩θη,本就属于无蔽('A-Λή̩θεια),并不是一个空洞的附加,也不是仿佛阴影属于光明,相反,遮蔽乃是作为无蔽('Aλή̩θεια)的心脏而属于无蔽——是这样吗?而且,在在场性之澄明的这一自身遮蔽中,难道不是甚至还有一种庇护和保藏——由之而来,无蔽才能被允诺,从而在场着的在场者才能显现出来——在起着支配作用吗?

倘情形是这样,那么澄明就不会是在场性的单纯澄明,而是自身遮蔽着的在场性的澄明,是自身遮蔽着的庇护之澄明。

倘情形是这样,那么我们以此追问才踏上哲学终结之际思之任务的道路。

但这难道不是全然虚幻的神秘玄想,甚或糟糕的神话吗?难道归根到底不是一种颓败的非理性主义,一种对理性的否定吗?

我反过来问:何谓理性(Ratio),奴斯(νοῦs),νοεῖν(思想)和颖悟(Vernehmen)?何谓根据和原则,甚至一切原则的原则?如果我们不是以一种希腊方式把'Aλή̩θεια 经验为无蔽,然后超出并越过希腊方式而把'Aλή̩θεια 思为自身遮蔽之澄明,那么上面的问题能够得到充分的规定吗?只要理性和合理性的东西在其本己特性中还是可疑的,那么,就连关于非理性主义的谈论也还是虚幻无据的。支配着现时代的科学技术的理性化日复一日愈来愈惊人地用它巨大的成效来证明自身的合法性。但这种成效却丝毫没有道说允诺理性和非理性以可能性的东西。效果证明着科学的理性化的正确性。但是可证明的东西穷尽了存在者的一切可敞开性吗?对可证明之物的固守难道没有阻挡通达存在者的道路吗?

也许有一种思想,它比理性化过程之势不可挡的狂乱和控制论的摄人心魄的魔力要清醒些。也许恰恰这种摄人心魄的狂乱醉态倒是最极端的非理性呢!

也许有一种思想,它超出了理性与非理性的分别之外,它比科学技术更要清醒些,更清醒些因而也能作清醒的旁观,它没有什么效果,却依然有自身的必然性。当我们追问这种思的任务时,首先要置疑的不仅是这种思想,而且还有对这种思想的追问。鉴于整个哲学传统,这就意味着——我们所有的人都还需要在思想方面接受教育,并且在此之前首先还需要对何谓在思想中受过教育和未曾受过教育这回事情有所认识。在这方面,亚里士多德在《形而上学》第四章(1006a 以下)中给了我们一个暗示:"……因为未曾受过教育就是不能分辨何处必须寻求证明,何处不需要寻求证明。"

这话大可细细品味。因为尚未确定的是,人们应以何种方式去经验那种不需要证明就能为思想所获得的东西。是以辩证法的中介方式呢,还是以原本给予的直观方式? 或者两者都不是? 唯有那种要求我们先于其他一切而允许其进入的东西的特性才能决定这一点。但是在我们还没有允许它进入之前,它又如何可能让我们作出决定呢? 这里我们处于何种循环——而且是不可避免的循环——中了?

莫非它就是 εὐκύκλεος' Ἀληθεία,即被思为澄明的那种圆满丰沛的无蔽本身吗?

那么,思的任务的标题就不是"存在与时间",而是澄明与在场性吗?

但澄明从何而来? 如何有澄明? 在这个"有(Es gibt)"中什么在说话?

那么,思的任务就应该是:放弃以往的思想,而去规定思的事情。

——陈小文,孙周兴,译.商务印书馆,1999.

维特根斯坦:《哲学研究》选读

维特根斯坦(1889—1951),奥地利人,后入英国籍,被公认为20世纪最杰出的哲学家之一。他的人生经历颇富传奇色彩,其哲学思想也极富原创性,对20世纪的哲学探究影响深远。构思于第一次世界大战战火中的《逻辑哲学论》(1922)是他有生之年唯一出版的著作。此书试图严格区分可以被语言描述的东西和不可说的东西,并力图构建起一套数理逻辑语言,用以精确地刻画可说的世界事态。此书的书写形式也有着非常强的逻辑特征,每一个主张都根据其层级归属而标上不同的序号,全书构成一个层次分明的严整体系。

但在20世纪30年代以后,维特根斯坦的思想逐渐发生了重大的变化。他认为,他早年的尝试其实恰恰是导致了哲学问题的根源:否定有着多种形式的日常生活和日常语言,企图构建一种单一本质的语言理论。他转而深入细致地观察日常语言的多种形式,描述它们,并揭示我们在本质主义的错误观念下对语言的误解,他还提出了一系列无法被系统化的技巧来避免这种误解。他的这些思考直到1953年才以遗著的形式由他的学生整理出版为《哲学研究》一书。这本书也是由一系列编有序号的片段构成,但片段之间缺乏《逻辑哲学论》那种严整的体系性。

在下面的《哲学研究》选文中,我们可以看到维特根斯坦对哲学的基本理解。他认为,哲学问题往往植根于对我们语言的逻辑的误解。而通过一系列对语言的澄清,可以克服"治疗"哲学因种种理论而导致的病症。

89.这些考虑给我们带来这样一个问题:在什么意义上逻辑是某种崇高的东西?

因为逻辑似乎具有一种特殊的深度——一种普遍的意义。逻辑看来似乎处于一切科学的底部——因为逻辑的研究探索一切事物的本性。它力图穷究事物的底蕴而从不去关心实际发生的究竟是这件事还是那件事。——它并非起源于对自然界的事实的兴趣,也不是来自把握因果联系的需要:它源自这样一种追求,即要理解一切经验事物的基础或本质。但是,为了这个目的我们似乎并不就得去寻找新的事实;相反,我们进行逻辑研究的本质就在于我们并不寻求通过这一研究而获知任何新的东西。我们需要理解某种原已一直在我们眼前的东西。因为,这正是我们在某种意义上似乎还不理解的东西。

奥古斯丁(《忏悔录》XI/14):"时间究竟是什么? 谁能轻易概括地说明它? 谁对此有明确的概念,能用言语表达出来?"——显然,对一个自然科学问题(例如,有关氢气的比重是什么的问题)我们是不能这样说的。这一种无人问及时我们知道,而当我们该要给它一种说明时就再也不知道的东西,正是我们需要来提醒自己想起的东西。(而且显然是由于某种原因很难使我们想起来的东西。)

90.我们觉得似乎必须透视现象,然而我们的研究不是指向现象,而是就像人们会说的那样,是指向现象的"可能性"的。也就是说,我们提醒自己注意我们关于现象所作出的陈述的种类。因此,奥古斯丁就回想人们关于事件的延续,及其过去、现在或将来所作的各种各样陈述。(这些当然不是关于时间,关于过去、现在与将来的哲学陈述。)

所以,我们的研究是一种语法研究。这种研究是通过消除误解来澄清我们的问题。与词的使用有关的误解,除了别的原因以外,还来自于对语言的不同领域中的表达形式所作的某些类比。——其中有些误解可以通过用一种表达形式替换另一种表达形式而消除;这可以称之为对表达形式的一种"分析",因为这一过程有时就类似于把一个事物分拆开来的过程。

91.但是,这样一来就可能使人感到对我们的语言形式有着某种最终的分析,因而每一个表达就都有一个完全确定的形式。也就是说,我们通常的表达形式似乎基本上是未经分析的;似乎在它们中有着某种隐藏着的东西需要阐明。如果这样做了,这个表达就完全得到澄清,我们的问题也就解决了。

也可以这样说:我们使表达式更加确切从而消除误解;这时,看上去我们似乎在努力达到一种特殊的状态,一种完全确切性的状态;似乎这就是我们的研究的真正目标。

92.在有关语言、命题、思想的本质的问题中就表达了上述的想法。——因为,如果在这些研究中我们也企图理解语言的本质,——它的功能、结构,——那么这却不是那种问题所要问的东西。因为那种问题把本质看作某种并不是已经摆在眼前的、经过重新安排就会变得一目了然的东西,而是看作某种处于表面之下的东西。某种在内部的,要透过去看才能看到的,将被分析所挖掘出来的东西。

"本质对我们是隐藏着的。"这就是我们的问题现在所采取的形式。我们问:"什么是语言?""什么是命题?"这些问题的答案应该是一劳永逸地给出的;是不依赖于任何未来的经验的。

93.有人可能会说,"命题是世界上最普通的东西",而另一个人则说:"命题——那是一种很不一般的东西",后面这个人不能简单地看一看命题在实际上是怎样工作的。因为,在涉及命题和思想时,我们的表达方法所使用的形式挡住了他。

为什么我们会说命题是某种很不一般的东西呢?一方面是由于命题被赋予了极大的重要性(而这是正确的)。另一方面,这一点,再加上对语言逻辑的误解,诱使我们认为,命题一定作出了某种不平常的、无与伦比的事情。误解使我们感到命题看起来似乎做了某种奇特的事情。

94."命题是一种很不一般的东西!"这里已经表现出了力图使我们的全部描述变得崇高起来的倾向,也就是这样一种倾向:认为在命题记号与事实之间有着一种纯粹的中介物。或者甚至企图把命题记号本身纯化和崇高化。——因为我们的表达的形式使我们去追求虚构的东西,从而以各种各样的方式阻碍我们,使我们不能看到除了普普通通的东西之外这里并没有涉及任何别的东西。

95."思想一定是某种无与伦比的东西"。当我们说并且意指:情况乃是如此这般,我们以及我们意指的东西不会在事实面前止步不前。但是,我们意指的是:这——是——如此。这个悖论(它具有自明之理的形式)还可以这样来表达:人们能够思想并非是事实的东西。

96.其他幻象也会从各个方面加到这里所说的这个特定的幻象上。思想、语言现在对我们来说显得是这个世界的一种独特的关联物,一幅图画。下面这些概念:命题、语言、思想、世界——似乎是一个排在另一个后面而且彼此等值。(但是,这些词现在用来作什么呢?我们还缺少应用这些词的语言游戏。)

97.思想为一个光轮所环绕。——思想的本质,即逻辑,呈现出一种秩序,而且是世界的先天秩序;也就是可能性的秩序,它对于世界和思想一定是相同的。但是,这种秩序看来一定是极其简单的。它先于一切经验,又必定贯穿于一切经验之中;不允许任何经验的模糊性和不确定性有影响它的可能——它一定得像最纯净的晶体一般。但是,这一晶体并不呈现为一种抽象;相反,它呈现为某种具体的东西,而且是最最具体的东西,简直可以说是最坚硬的东西。(《逻辑哲学论》5.5563)

我们有一种幻觉,即以为在我们的研究中,那些独特的、深邃的、本质的东西就在于企图通过这种研究把握语言的无可比拟的本质。也就是存在于命题、词、推论、真理、经验等概念之中的秩序。这种秩序乃是存在于所谓超-概念之间的超-秩序。可是当然,只要"语言""经验""世界"这些词有一个用法,那么它们的用法一定和"桌子""灯""门"这样一些词的用法一样的平凡。

98.一方面,我们语言中每个语句显然"就其现状而言就是井然有序的"。也就是说,我们并没有追求什么理想,好像我们日常的含糊的语句还没有具有无懈可击的意思而一种完善的语言还等着我们去构造似的。——另一方面,看来也很清楚,凡是存在意思的地方,也就一定有完美的秩序。——因此,即使最含糊的语句也一定有完美的秩序。

99.人们会说,一个语句的意思当然可以保留这样那样的悬而未决之处,但尽管如此,该语句仍必须具有一种确定的意思。一个不确定的意思就根本不是一个意思。——这就如同:一个不确定的边界根本就不是一个边界。在这里,人们也许是这样想:如果我说"我把这个人锁在房间里——只有一个门还开着"——那么,我根本就没有锁住他,他的被锁住只是个骗局。在这里人们将会说:"借此你还没有做出任何事情。"有洞的围墙如同没有围墙一样——但是是那样吗?

100."但是,如果在游戏的规则中有一些含糊的地方,那么这就不是游戏了。"——但是,这种情况真的会妨碍它成为游戏吗?——"也许你会把它叫做游戏,可是不管怎么说,它肯定不是一个完美的游戏。"也就是说:它被加进杂物了,变得不纯净了,而我现在感兴趣的是掺杂前的东西。——可是我要说:我们误解了理想物在我们表达方式中所起的作用。这也就是说:我们也应当把它叫做游戏,我们只是被理想物所眩惑,因而不能清楚地看出"游戏"一词的实际使用。

101.我们想要说,在逻辑中不可能有任何含糊性。我们现在被下面这种想法所吸引:理想物"必定"会在现实中被找到。与此同时,我们还看不出它是怎么会存在于现实中的,我们也不理解这一"必定"的性质。我们想它必定存在于现实中;因为我们想我们已经在现实中看到了它。

102.关于命题的逻辑结构的严格而清晰的规则对我们来说显得是某种属于背景的东西——隐藏在理解的媒介之中。我已经看到了它们(尽管是通过一种媒介):因为我理解命题记号,我用它来意指某种东西。

103.理想物在我们的设想中是不可动摇的。超出它之外:你总是必须转回来。根本没有外部,在外部你就无从呼吸。——这种看法从何而来?它就像戴在我们鼻梁上的一副眼镜,只有通过它我们才看到我们所看的任何东西。我们从来没有想到过要把它脱掉。

104.我们将本属于描述方式的东西断言给了事物。我们将给我们留下了深刻印象的比较的可能性当成了是对一种具有最高概括性的事态的知觉。

105.当我们相信我们必须在我们实际的语言中找到那种秩序,那种理想物时,我们便对通常称为"命题""词""记号"的东西变得不满意了。

逻辑所处理的命题和词被认为是纯粹而又明确的东西。于是我们就为真正记号的本性而绞尽脑汁地进行思考。——它也许是记号的观念?或者是当前此刻的观念。

106.在这里要使我们的头脑保持清醒是不容易的,——我们不容易看到:我们必须只考虑日常思维的对象而不走上歧路,幻想我们应当去描述极端微妙的东西——这种东西根本是不可能通过我们所掌握的手段来描述的。我们感到似乎我们必须用手指去修补一个撕破了的蜘蛛网。

107.我们越是仔细地去考察实际的语言,它和我们的要求之间的冲突就越尖锐。(因为逻辑的晶体般的纯粹性当然不是研究出来的:它是一种要求。)这种冲突渐渐变得不可容忍;我们的要求现在已有变成空洞之物的危险。——我们是在没有摩擦力的光滑的冰面上,从而在某种意义上说这条件是理想的。但是,正因为如此,我们也就不能行走了。我们想要行走:所以我们需要摩擦力。回到粗糙的地面上来吧!

108.我们看到,被我们称之为"语句""语言"的东西并没有我所想象的那种形式上的统一性,而是一个由多少相互关联的结构所组成的家族。——但是,这样一来,逻辑成了什么呢?它的严格性似乎由此而垮台了。——可是,在这种情况下,逻辑是不是整个儿消失了呢?——因为逻辑怎么能丧失它的严格性呢?当然不是通过压低它的严格性的价格的方式而使它丧失它的。——只有反转一下我们的整个考察问题的方式,才能使那种关于晶体般纯粹性的成见得以消除。(人们可以说:我们的考察必须反转,但是要转绕我们的实际需要这个枢轴来反转。)

逻辑哲学绝不是以与我们在日常生活中谈论语句和词的方式(如像当我们说:"这是一个中文语

句",或者说,"不,那只是看上去像文字,实际上它只是一种装饰花纹"这一类话时)不同的方式谈论它们的。

我们所谈论的是处于空间时间中的语言现象,而不是某种非空间、非时间的幻象。(只不过人们有可能以不同的方式对现象感到兴趣。)但是,我们谈论语言时就像我们在陈述象棋游戏的规则时谈论棋子那样,并不描述棋子的物理属性。

"词到底是什么东西?"这个问题就类似于"象棋中的棋子是什么东西?"

109.要说我们的考察不可能是科学的考察,那倒是对的。我们根本没有任何兴趣从经验上去发现"有可能相反于我们的先入之见而如此这般地思想"——无论这么想意指什么。(把思想看成是气态般媒质的观念。)我们不会提出任何一种理论。在我们的考察中必须没有任何假设性的东西。我们必须抛弃一切说明,而仅仅代之以描述。这种描述是从哲学问题中得到光明,也就是说,得到它的目的。这些问题当然不是经验上的问题;它们是通过察看我们语言的工作情况得到解决的,而且还是以这样的方式:我们是顶着误解它的冲动而认识到它的。这些问题不是通过提供新的经验,而是通过对我们一向知道的东西的整理安排而得到解决的。哲学是一场战斗,它反对的是用我们的语言作为手段来使我们的理智入魔。

110."语言(或思想)是某种无与伦比的东西"——这已表明是一种迷信(不是错误!)。它产生于语法的幻象。

现在那种深刻的印象已消退为这些幻象,这些问题。

111.这些问题产生于对我们的语言形式所作的错误解释。它们具有深刻性这一特点。它们是深刻的不安;它们的根子就像我们的语言形式一样深深地扎在我们之中,它们的意义就像我们语言的重要性一样重大。——让我们问问自己:我们为什么会感到一个语法玩笑是深刻的玩笑?(而这就是哲学的深刻性。)

112.一个已被吸收到我们的语言形式中来的比喻产生了一种虚假的表象。正是它使我们感到不安。"事情当然不是这样的!"我们说,"可是事情又必须是这样的"。

113."但事情当然是这样的——"我对自己一遍又一遍地说。我似乎感到,只要我能把目光绝对敏锐地集中在这个事实上,聚焦于它,那么,我就必定会把握住事物的本质。

114.《逻辑哲学论》"命题的一般形式是:事情是这样的"。——那就是人们无数次对自己重复的那种种类的命题。人们以为自己是在一次又一次地追踪着事物的本性,可是他们只是在沿着我们借以观察事物的本性的形式而行走。

115.一幅图画把我们俘虏了。我们不可能解脱出来,因为它就在我们的语言之中,而语言似乎执拗地要向我们重复这幅图画。

116.当哲学家使用一个词——"知识""存在""对象""我""命题""名称"——并试图把握事物的本质时,人们必须经常地问自己:这个词在作为它的老家的语言游戏中真的是以这种方式来使用的吗?——我们所做的乃是把词从形而上学的使用带回到日常的使用上来。

117.你对我说:"你理解这一表达,是吗?那么,——我就在你所熟悉的意思上来使用这个表达。"——就好像那种意思是那个词所带着的一种气氛,被带进词的每一种使用中。

例如,如果有人说"这在这儿"这个语句(在说该语句时他用手指着面前的一个对象)对他是有意思的,那么他就应当问问自己,这个语句实际上是在什么样的具体环境中才被使用的。在那里它的确是有意思的。

118.由于我们的研究似乎只是摧毁一切有趣的东西,即一切伟大的和重要的东西,(可以说摧毁了全部建筑物,留下来的只是一堆石块和瓦砾)那么,这种研究的重要性何在呢? 我们摧毁的只是些纸糊的房屋;我们是在打扫语言的大基础,而纸糊的房屋正是造在这个基础之上的。

119.哲学的成果是使我们发现了这个或那个明显的胡说,发现了理智把头撞到语言的界限上所撞出的肿块。正是这些肿块使我们看到了上述发现的价值。

120.当我谈论语言(词、语句等)时,我必须说日常的语言。这种语言对于我们所要说的东西是不是太粗糙、太物质性了呢? 那么,又怎样去构造另一种语言呢? ——而用我们已有的那种语言我们竟能开始做一些事情,这是多么奇怪!

当我对于语言作出说明时,我已经必须使用完全的语言(而不是某种初步的、临时的语言);这本身就表明,我能够陈述的只是语言的外部事实。

是的,但此时这些说明又怎么可能使我们满意呢? ——是呀。你的问题本身就是在这种语言中构写出来的。只要有东西需要问,问题就得用这种语言来表达。

而你的疑虑乃是误解。

你的问题涉及词,所以我必须谈论词。

你说:问题不在于词,而在于词的意义;而你把意义和词想象成同一类东西,虽然同时又是不同的东西。这里是词,这里是意义。这钱和这牛,人们可以用这钱买这牛。(但请对比:这钱和它的使用。)

121.有人可能会想:如果哲学谈到"哲学"一词的使用,那么,一定得有一种二阶哲学。但并非如此,就像正字法理论那样,它要处理各种词包括"正字法理论"一词,但并不因此就成了二阶的。

122.我们之所以不理解,一个主要根源就是我们没有看清楚词的使用。——我们的语法缺乏这种清晰性(Übersichtlichkeit)。清晰的表述(Die Üersichtliche Darstellung)就会产生理解,而这理解就在于"看到关联"。因此,发现和发明过渡性环节是很重要的。

对我们来说清晰的表象是一个极其重要的概念。它标志着我们的表述方式,标志着我们观察事物的方式。(这是不是一种"世界观"?)

123.哲学问题具有的形式是:"我不知道出路何在。"

124.哲学不应以任何方式干涉语言的实际使用,它最终只能是对语言的实际使用进行描述。

因为,它也不可能给语言的实际使用提供任何基础。

它没有改变任何东西。

它也没有改变数学。而数学的任何发现也都不能把它向前推进。"数理逻辑的主要问题"在我们看来,是一个数学问题,就像其他数学问题一样。

125.哲学的任务并不是通过数学或逻辑-数学的发现去解决矛盾,而是使我们有可能看清楚给我们造成麻烦的数学的现状:在矛盾解决之前的事态。(这并不意味着我们在绕过困难。)

这里的基本事实是,我们为一种游戏定下了规则,制订了一种技术,然后,当我们遵循这些规则行事时,结果并不像我们所设想的那样。因此,我们似乎可以说是被我们自己的规则绊住了。

这种与我们的规则所发生的纠缠正是我们需要弄懂的(即需要看清楚的)东西。

它有助于阐明我们关于意指某种东西的概念。因为在那些情况下,事情最终变得不是我们所意指、所预见的那样。

例如,在出现了矛盾时,我们说:"我并没有意指那样的东西。"

矛盾的市民地位,即它在市民世界中的地位:这就是哲学问题。

126.哲学只把一切都摆在我们面前,既不作说明也不作推论。——因为一切都一览无遗,没有什么需要说明。因为,隐藏着的东西,乃是我们不感兴趣的。

人们可以用"哲学"这个名称来称呼在一切新发现和新发明之前为可能的东西。

127.哲学家的工作就在于为一个特定的目的搜集提示物。

128.如果有人试图在哲学中提出论题,对这些论题就永远不可能产生争论,因为人人都会同意它们。

129.事物的那些对我们最重要的方面由于它们的简单和为人熟知而不为人所见。(人们不能注意到某种事物——因为它总在眼前。)他的探索的真正基础根本不引起他的注意,除非这一事实有时倒引起了他注意。——这就意味着:我们未能注意到那我们一旦看到便会发现是最显眼、最强有力的东西。

130.我们的清楚和简单的语言游戏并不是为了在将来使语言规则化的一种预备性的研究——并不是像不计摩擦和空气阻力的第一级近似那样。不如说语言游戏是作为比较的对象而提出的,它们应不仅通过相似而且通过相异来阐明我们的语言的实际状况。

131.因为在我们的断言中只有把模型表示为本来的样子,表示为一种供比较的对象——也可以说表示为一种尺规;而不是表示为实在必须与之符合的某种事先设想的观念(我们在搞哲学时那么容易陷入的那种独断主义),我们才能避免不适当和讲空话。

132.我们要在我们关于语言之使用的知识中建立一种秩序:具有特定目的的秩序;它是许多可能的秩序的一种,而不是唯一的秩序。为此,我们要经常地突出区别、而语言的日常形式很容易使我们忽略这些区别。这使得事情看起来好像我们把改造语言当作了自己的任务。

这样一种为了特定的实际目的而进行的语言的改造,为了防止实践中的误解而设计的对我们的术语的改善,则是完全可能的。但这些并不是我们必须对付的情况。我们的混乱是当我们的语言机器在空转而不是在正常工作时产生的。

133.我们的目标并不是以闻所未闻的方式来精心加工和完善我们使用词的规则系统。

因为我们所努力达到的清晰真的是完全的清晰。但是,这只意味着:哲学问题应当完全消失。

真正的发现是这样的发现:它使我能够中断哲学研究——如果我想这样的话。——这种发现使哲学得到安宁,从而使哲学不再被那些使哲学本身成为问题的问题所折磨。——相反,现在则是用实例来演示方法;而实例的系列可被人们中断。——诸问题都得到解决(困难被消除),而不是单独一个问题。

并没有一种哲学方法,尽管的确许多方法,正如有不同的治疗法一样。

——李步楼,译.商务印书馆,1996.

思考题

1. 海德格尔和维特根斯坦分别用各自不同的语言宣称哲学"终结"了。你认为哲学的精神等于历史上哲学家们的具体主张吗？哲学在现今时代是否真的走向了终结？

2. 有些人主张,哲学从根本上讲是发源于古希腊的欧洲文化的产物。那么,在你看来,学习西方哲学对中国人而言有着怎样的价值和意义？

3. 是否存在着一些普遍的道理,它们可以作为来自不同文化的人们共同生活的基础？

扩展阅读

尼采.查拉图斯特拉如是说[M].孙周兴,译.上海:上海人民出版社,2009.

胡塞尔.现象学的观念[M].倪梁康,译.北京:人民出版社,2007.

胡塞尔.哲学作为严格的科学[M].倪梁康,译.北京:商务印书馆,1999.

海德格尔.存在与时间[M].陈嘉映,王庆节,译.北京:三联书店,2006.

伽达默尔.真理与方法[M].洪汉鼎,译.北京:商务印书馆,2007.

萨特.存在与虚无[M].陈宣良,译.北京:三联书店,2007.

维特根斯坦.逻辑哲学论[M].贺绍甲,译.北京:商务印书馆,1996.

维特根斯坦.哲学研究[M].陈嘉映,译.上海:上海人民出版社,2005.

参考文献

[1] 北京大学哲学系外国哲学史教研室.西方哲学原著选读[M].北京:商务印书馆,1981.

[2] 安瑟伦.信仰寻求理解:安瑟伦著作选集[M].溥林,译.北京:中国人民大学出版社,2005.

[3] 培根.新工具[M].许宝骙,译.北京:商务印书馆,1984.

[4] 笛卡尔.哲学原理[M].关文运,译.北京:商务印书馆,1959.

[5] 康德.历史理性批判文集[M].何兆斌,译.北京:商务印书馆,1990.

[6] 康德.纯粹理性批判[M].邓晓芒,译.北京:人民出版社,2004.

[7] 康德.道德形而上学原理[M].苗力田,译.上海:上海人民出版社,2004.

[8] 海德格尔.面向思的事情[M].陈小文,孙周兴,译.2版.北京:商务印书馆,1999.

[9] 维特根斯坦.哲学研究[M].李步楼,译.北京:商务印书馆,1996.

[10] 艾金伯勒.比较文学的目的,方法,规划[M].戴耘,译//干永昌,廖鸿钧,倪蕊琴.比较文学研究译文集.上海:上海译文出版社,1985.

[11] 伯恩斯,拉尔夫.世界文明史[M].罗经国,沈寿源,袁士槟,等译.北京:商务印书馆,1987.

[12] 马克思,恩格斯.马克思恩格斯选集[M].北京:人民出版社,1995.

[13] 凡尔农.人神宇宙:为你说的希腊神话[M].马向民,译.台北:城邦文化事业股份有限公司,2003.

[14] 塞尔格叶夫.古希腊史[M].缪灵珠,译.北京:高等教育出版社,1955.

[15] 佩德利.希腊艺术与考古学[M].李冰清,译.桂林:广西师范大学出版社,2005.

[16] 霍莱斯特.欧洲中世纪简史[M].陶松寿,译.北京:商务印书馆,1988.

[17] 柳鸣九,郑克鲁,张英伦,等.法国文学史[M].北京:人民文学出版社,1979.

[18] 北京大学西语系资料组.从文艺复兴到十九世纪资产阶级文学家艺术家有关人道主义人性论言论选辑[M].北京:商务印书馆,1971.

[19] 布克哈特.意大利文艺复兴时期的文化[M].何新,译.北京:商务印书馆,1979.

[20] 薄伽丘.十日谈[M].方平,王科一,译.上海:上海译文出版社,1983.

[21] 别林斯基.别林斯基论文学[M].梁真,译.上海:新文艺出版社,1958.

[22] 中国大百科全书总编辑委员会《外国文学》编辑委员会,中国大百科全书出版社编辑部.中国大百科全书·外国文学[M].北京:中国大百科全书出版社,1982.

[23] 莎士比亚.莎士比亚全集[M].朱生豪,译.北京:人民文学出版社,1978.

[24] 赫尔.伏尔泰书信[M]//伯恩斯,拉尔夫.世界文明史,罗经国,沈寿源,袁士槟,译.北京:商务印书馆,1987.

[25] 朱光潜.西方美学史[M].北京:人民文学出版社,1979.

[26] 布瓦洛.诗的艺术[M].任典,译.北京:人民文学出版社,1959.

[27] 爱克曼.歌德谈话录[M].朱光潜,译.北京:人民文学出版社,1978.

[28] 韦勒克.近代文学批评史[M].杨岂深,杨自伍,译.上海:上海译文出版社,1987.

[29] 歌德.浮士德[M].郭沫若,译.北京:人民文学出版社,1959.

[30] 汤浅光朝.科学文化史年表[M].张利华,译.北京:科学普及出版社,1984.

[31] 阿登纳.阿登纳回忆录[M].杨寿国,孙秀民,马仁惠,等译.上海:上海人民出版社,1973.

[32] 萨特.什么是文学[M]//沈志明,艾珉.萨特文集.北京:人民文学出版社,2000.

[33] 朱狄.艺术的起源[M].北京:中国青年出版社,1999.

[34] 朱寰.世界上古中古史[M].北京:高等教育出版社,1986.

[35] 利基.人类的起源[M].吴汝康,吴新智,林圣龙,译.上海:上海科学技术出版社,1995.

[36] 布朗丛书公司.古代文明[M].老安,等译.济南:山东画报出版社,2003.

[37] 潘褘,方振宁.美索不达米亚艺术[M].桂林:广西师范大学出版社,2003.

[38] 郑殿华,李保华.走进巴比伦文明[M].北京:民主与建设出版社,2001.

[39] 李政.赫梯文明与外来文化[M].南昌:江西人民出版社,1996.

[40] 哈里特·克劳福德.神秘的苏美尔人[M].张文立,译.杭州:浙江人民出版社,2000.

[41] 令狐若明.走进古埃及文明[M].北京:民主与建设出版社,2001.

[42] 美国时代-生活图书公司.尼罗河两岸:古埃及[M].济南:山东画报出版社,2003.

[43] 刘文鹏.古代西亚北非文明[M].北京:中国社会科学出版社,1999.

[44] 扎马罗夫斯基.神秘的金字塔[M].赵永穆,许宏治,译.沈阳:辽宁教育出版社,2000.

[45] 李天祐.古代希腊史[M].兰州:兰州大学出版社,1991.

[46] 麦克金德里克.会说话的希腊石头[M].晏绍祥,译.杭州:浙江人民出版社,2000.

[47] 西班牙派拉蒙出版社.希腊雕塑与绘画[M].王嘉利,译.济南:山东美术出版社,2001.

[48] 西班牙派拉蒙出版社.罗马雕塑与绘画[M].陈东飞,译.济南:山东美术出版社,2001.

[49] 章利国.希腊罗马美术史话[M].北京:人民美术出版社,2004.

[50] 伍德福德,等.剑桥艺术史[M].罗通秀,钱乘旦,等译.北京:中国青年出版社,1994.

[51] 瓦萨里.意大利艺苑名人传[M].刘耀春,等译.武汉:湖北美术出版社,2003.

[52] 列维.西方艺术史[M].孙津,王宁,译.南京:江苏美术出版社,1987.

[53] 贡布里希.艺术发展史[M].范景中,译.天津:天津人民美术出版社,1988.

［54］昂纳,弗莱明.世界美术史［M］.毛君炎,李维琨,李建群,等译.北京:国际文化出版公司,1989.

［55］巴赞.艺术史［M］.刘明毅,译.上海:上海美术出版社,1989.

［56］福尔.世界艺术史［M］.张泽乾,张延风,译.武汉:长江文艺出版社,2004.

［57］契格达耶夫.美国美术史［M］.晨朋,译.北京:文化艺术出版社,1985.

［58］阿纳森.西方现代艺术史［M］.邹德侬,巴竹师,刘珽,译.天津:天津人民美术出版社,1986.

［59］刘汝礼,张少侠.西方美术发展史［M］.北京:人民美术出版社,1990.

［60］朱铭.外国美术史［M］.济南:山东教育出版社,1986.

［61］傅雷.世界美术名作二十讲［M］.北京:生活、读书、新知三联书店,1998.

［62］雷华德.印象画派史［M］.平野,殷鉴,甲丰,译.北京:人民美术出版社,1983.

［63］里德.现代绘画简史［M］.刘萍君,译.上海:上海人民美术出版社,1979.

［64］卢西-史密斯.当代西方美术运动［M］.殷泓,译.长沙:湖南美术出版社,1989.

［65］休斯.新的冲击［M］.欧阳昱,译.天津:百花文艺出版社,2002 .

［66］邵大箴.西方现代美术思潮［M］.成都:四川美术出版社,1990.

［67］陈丹青.纽约琐记［M］.长春:吉林美术出版社,2000.

［68］沃林格.抽象与移情［M］.王才勇,译.沈阳:辽宁人民出版社,1987.

［69］康定斯基.论艺术的精神［M］.查立,译.北京:中国社会科学出版社,1987.

［70］阿恩海姆.艺术与视知觉:视觉艺术心理学［M］.北京:中国社会科学出版社,1984.

［71］阿恩海姆.视觉思维:审美直觉心理学［M］.滕守尧,译.北京:光明日报出版社,1986.

［72］赫斯.欧洲现代画派画论选［M］.宗白华,译.北京:人民美术出版社,1980.

［73］潘诺夫斯基.视觉艺术的含义［M］.傅志强,译.沈阳:辽宁人民美术出版社,1987.

因时间仓促,本教材引用的某些文章及译文未能与著作人取得联系,见书后,请有关著作权人与重庆大学出版社或重庆市版权保护中心联系。

后　记

　　现有的《西方文化》教材,基本上是就西方论西方,过分突出西方文化的优越与强势,不自觉地落入了西方文明中心论的窠臼。事实上,任何文明都不是孤立发展的,文明的交流互鉴是人类文化发展的基本规律。本教材遵循人类文明互鉴规律,体现了人类命运共同体意识。本教材突出文明互鉴内容,在第一章中专门安排了古希腊文明受到东方文明的影响专节,在第三章增加了阿拉伯文化对西方文艺复兴的重要影响,还增加了东方文化对西方当代文化的影响。这部《西方文化》教材是教育部教学改革重点项目"文化原典导读与本科人才培养"、教育部新文科研究与改革实践项目"文史哲拔尖创新人才培养创新与实践"成果。在编写过程中,得到了有关部门和专家学者的支持,并广泛听取了高校教师和学生的意见建议,进一步修改和丰富了教材内容。

　　本教材由曹顺庆教授、赵渭绒教授主编,丁三东教授、吴永强教授任副主编。在编写过程中,由曹顺庆教授撰写教材大纲,并通读教材全文。教材第一版初稿第一编"文学"部分,赵渭绒教授撰写;第二编"艺术"部分,吴永强教授撰写;第三编"哲学"部分,丁三东教授撰写。教材第二版在第一版基础上引入文明互鉴和人类命运共同体的创新理念,由范菁撰写"古希腊文明的东方渊源",明钰撰写"西方文艺复兴的东方影响",刘诗诗与夏甜撰写"启蒙运动与文明互鉴""当代西方文学的东方因素",强化了西方文明与文化的东方影响与东方渊源。本教材在一定程度上纠正了我国西方文化教材长期以来仅从希腊文明与希伯来文明谈起、重在凸显西方文化价值的倾向,是目前国内唯一一本在西方文化中体现东方影响、强调东西方文明交流互鉴的教材。

2024 年 5 月